地球の歩き方 D38

2023～2024年版

ソウル
Seoul

COVER STORY

景福宮の守衛門交代式。
コロナで変わったのは新調されたマスク姿。黒いマスクは昔の衣装によく似合っていて、なんだかさらに凛々しくなったみたい。次に旅をする頃にはマスクが取れているのかもしれないけど、実は素顔もすてきな精鋭たち。
記念撮影もウェルカム！　さあ、確かめに行ってきて！

地球の歩き方編集室

SEOUL  CONTENTS

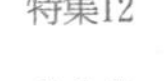

ソウルの基本

出発前に必ずお読みください！
旅の安全対策…11、365

コラム

ソウルのMAP INDEX

本文中に使われているマークについて

- MAP 地図参照ページ
- 住 所在地の住所
- 旧 旧住所
- TEL 電話番号
- URL 公式ウェブサイトのURL
- ツイッターのアカウント
- インスタグラムのアカウント
- 開 営業時間
- 休 休日
- CC 使用可能なクレジットカード
  - A アメリカン・エキスプレス
  - D ダイナース
  - J JCB
  - M マスターカード
  - V VISA
- 料 料金
- 交 交通アクセス

空港から市内へ

仁川国際空港第2ターミナル

仁川国際空港
MAP P.302
URL www.airport.kr

リムジンバスのチケット売り場

手荷物配送サービスSAFEX
URL www.safex.kr
第1ターミナル地下1階A'REX駅構内トラベルストア、第2ターミナル地下1階交通センター内A'REXトラベルセンターで手続き可能。事前にウェブサイトでの予約が必要。
料 Sサイズ W8000~(荷物の大きさによる)

ソウルの空の玄関口はおもに国際線の仁川国際空港と国内線と羽田、関空などの路線がある金浦国際空港のふたつ。

仁川国際空港から市の中心部へ

第1ターミナルの到着ロビー

2018年に第2ターミナルがオープンし、ますます便利になった仁川国際空港。第1ターミナルと第2ターミナルはシャトルバスで20分ほどかかるので、待ち時間も含めて時間に余裕をもとう。

手荷物配送サービス　空港で手荷物を預け、ソウル駅や弘大入口駅、各ホテルで受け取ることができる配送サービスSAFEXが空港鉄道駅にある。手ぶらで観光してホテルにチェックインできるので便利。ソウルからの出発時にも利用できる。

※記号説明用のサンプルです

掲載している店があるエリアを示しています。江北、江南など詳しいエリア分けについてはP.56～59のエリアナビのページをご参照ください。

江北◉中心部　仁寺洞

郵征総局
Post Office Memorial Hall
ウジョンチョングク
우정총국

郵征総局は1884年3月に設置された、韓国初の近代郵便業務の施設。実際に現在も郵便業務を行っている。併設された記念館では朝鮮王朝時代末期の使節団の報告書や韓国初の切手、高宗が発行したパスポートなどが展示されている。1900年代の郵便局を再現したコーナーもあり当時の制服も展示されている。

逓信記念館
MAP P.206-A1
住 59, Ujeongguk-ro, Jongno-gu
住 종로구 우정국로 59
旧 종로구 견지동 39-7
TEL (02) 734-8369
開 9:00~11:50、12:50~18:00
休 1/1、旧正月、チュソク
料 無料
交 地下鉄1号線 131 鐘閣駅2番出口徒歩6分
地下鉄3号線 328 安国駅6番出口徒歩4分

江南◉西部　加陽洞

許浚博物館
Heo Jun Museum
ホジュンバンムルグァン
허준박물관

ユネスコの「世界の記憶」にも記載されている「東医宝鑑」の著者、許浚（1537～1615年）の生涯や業績を伝える博物館。朝鮮時代に王宮中で使われる薬を調剤した内医院や韓医院がジオラマで再現されている。また『東医宝鑑』に書かれている薬草120種を植えた薬草園は緑豊かな公園となっている。

許浚博物館
MAP P.16-A1
住 87, Heojun-ro, Gangseo-gu
住 강서구 허준로 87
旧 강서구 가양2동 26-5
TEL (02) 3661-8686
URL www.heojun.seoul.kr
開 3~10月10:00~18:00
（土･日･祝~17:00）
11~2月10:00~17:00
※最終入場1時間前
休 月、1/1、旧正月とチュソク当日
料 ₩1000、7~18歳₩500、6歳以下･65歳以上無料。毎月第2･4土曜、旧正月とチュソク（当日を除く）、祝日は無料
交 地下鉄9号線 907 加陽駅1番出口徒歩11分
地下鉄5号線 515 鉢山駅3番出口前のバス停から6630、6645、6712番でソウルソジン学校（서울서진학교）下車。徒歩2分

info ユネスコの「世界の記憶」に記載されているのは「東医宝鑑」のほかに、『朝鮮王朝実録』、『訓民正音解例本』、『高麗八萬大蔵経』。そのほか日韓共同の朝鮮通信使に関する記録（2017年記載）もある。

126

- info はみ出し情報
- 読者投稿

読者投稿募集の詳細 ▶P.346

※記号説明用のサンプルです

■掲載情報のご利用にあたって　編集室では、できるだけ最新で正確な情報を掲載するように努めていますが、現地の規則や手続きなどがしばしば変更されたり、またその解釈に見解の相違が生じることがあります。このような理由に基づく場合、または弊社に重大な過失がない場合は、本書を利用して生じた損失や不都合などについて、弊社は責任を負いかねますのでご了承ください。また、本書をお使いいただく際は、掲載されている情報やアドバイスがご自身の状況や立場に適しているか、すべてご自身の責任でご判断のうえご利用ください。

■現地取材および調査時期　本書は「できるかぎり具体的ですぐに役立つ情報」をポリシーに編集されており、特に記載がないかぎり、情報は**2022年8月～2023年1月**に取材したものです。しかし、記述が具体的になればなるほど、現状との誤差が生じる可能性があります。**また新型コロナウイルスの影響もあり、実際に旅行される時点で状況が大きく変化していることが予想されます。**

■本書の特徴　本書は個人旅行者がソウルを中心に旅を楽しめるように、アクセス、ホテル、レストランなどの情報を豊富に掲載しています。また、ツアーでソウルを旅行される際にも十分活用できるようになっています。

■ホテルの記述　本書ではより具体的な情報を掲載すべく、実際に宿泊した体験をもとに宿泊年月、部屋番号などを明記した上で情報を掲載しています。そのほかのホテルリストについては実地に取材、見学した上で掲載しています。

■ホテルの料金について　本書で掲載している料金は、2022年12月に2023年2月中旬の平日1泊をホテル予約サイトで調べた料金です。韓国のホテルはシーズンや状況によって宿泊費の変動が大きいため、ご利用になる前に必ず

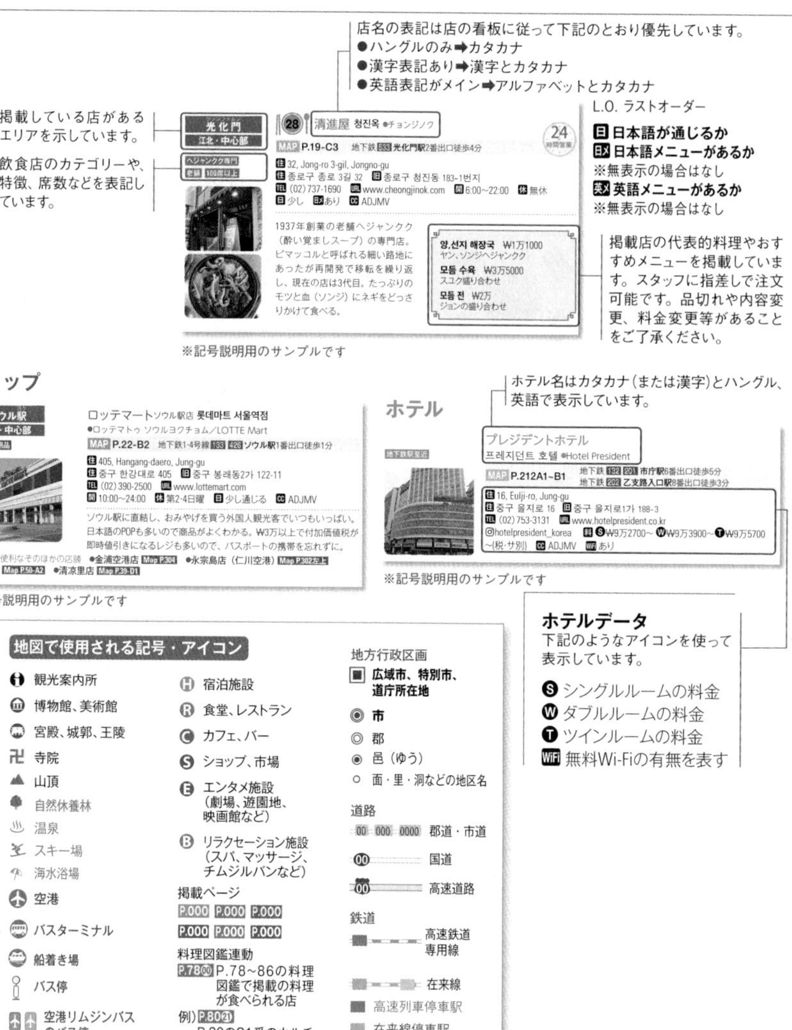

店名の表記は店の看板に従って下記のとおり優先しています。
●ハングルのみ➡カタカナ
●漢字表記あり➡漢字とカタカナ
●英語表記がメイン➡アルファベットとカタカナ
掲載している店があるエリアを示しています。
飲食店のカテゴリーや、特徴、席数などを表記しています。
光化門
江北・中心部
ヘジャンクク専門
老舗 100席以上
28 清進屋 청진옥 ●チョンジノク
24 時間営業
MAP P.19-C3 地下鉄533光化門駅2番出口徒歩4分
32, Jong-ro 3-gil, Jongno-gu
종로구 종로 3길 32 종로구 청진동 183-1번지
(02) 737-1690 www.cheongjinok.com 6:00~22:00 無休
日少し 日メあり CC ADJMV
1937年創業の老舗ヘジャンクク（酔い覚ましスープ）の専門店。ピマッコルと呼ばれる細い路地にあったが再開発で移転を繰り返し、現在の店は3代目。たっぷりのモツと血（ソンジ）にネギをどっさりかけて食べる。
양,선지 해장국 ₩1万1000
ヤン、ソンジヘジャンクク
모듬 수육 ₩3万5000
スユク盛り合わせ
모듬 전 ₩2万
ジョンの盛り合わせ
L.O. ラストオーダー
日 日本語が通じるか
日メ 日本語メニューがあるか
※無表示の場合はなし
英メ 英語メニューがあるか
※無表示の場合はなし
掲載店の代表的料理やおすすめメニューを掲載しています。スタッフに指差しで注文可能です。品切れや内容変更、料金変更等があることをご了承ください。
※記号説明用のサンプルです
ショップ
ソウル駅
江北・中心部
生鮮 日用品
ロッテマートソウル駅店 롯데마트 서울역점
●ロッテマトゥ ソウルヨクチョム／LOTTE Mart
MAP P.22-B2 地下鉄1·4号線133 426ソウル駅1番出口徒歩1分
405, Hangang-daero, Jung-gu
중구 한강대로 405 중구 봉래동2가 122-11
(02) 390-2500 www.lottemart.com
10:00~24:00 第2·4日曜 日少し通じる CC ADJMV
ソウル駅に直結し、おみやげを買う外国人観光客でいつもいっぱい。日本語のPOPも多いので商品がよくわかる。₩3万以上で付加価値税が即時値引きになるレジも多いので、パスポートの携帯を忘れずに。
観光客に便利なそのほかの店舗 ●金浦空港店 Map P.304 ●永宗島店（仁川空港） Map P.302左上 ●蚕室店 Map P.50-A2 ●清涼里店 Map P.39-D1
※記号説明用のサンプルです
ホテル名はカタカナ（または漢字）とハングル、英語で表示しています。
ホテル
地下鉄駅至近
プレジデントホテル
프레지던트 호텔 ●Hotel President
MAP P.212A1~B1 地下鉄132 201市庁駅6番出口徒歩5分 地下鉄202乙支路入口駅8番出口徒歩3分
16, Eulji-ro, Jung-gu
중구 을지로 16 중구 을지로1가 188-3
(02) 753-3131 www.hotelpresident.co.kr
@hotelpresident_korea 料 S₩9万2700~ W₩9万3900~ T₩9万5700~（税・サ別） CC ADJMV WiFi あり
※記号説明用のサンプルです
ホテルデータ
下記のようなアイコンを使って表示しています。
S シングルルームの料金
W ダブルルームの料金
T ツインルームの料金
WiFi 無料Wi-Fiの有無を表す
地図で使用される記号・アイコン
観光案内所
博物館、美術館
宮殿、城郭、王陵
寺院
山頂
自然休養林
温泉
スキー場
海水浴場
空港
バスターミナル
船着き場
バス停
空港リムジンバスのバス停 ➡詳細 P.306
宿泊施設
食堂、レストラン
カフェ、バー
ショップ、市場
エンタメ施設（劇場、遊園地、映画館など）
リラクセーション施設（スパ、マッサージ、チムジルバンなど）
掲載ページ
P.000 P.000 P.000
P.000 P.000 P.000
料理図鑑連動
P.78 00 P.78~86の料理図鑑で掲載の料理が食べられる店
例）P.80 21 P.80の21番のカルチジョリムを出す店
地方行政区画
広域市、特別市、道庁所在地
市
郡
邑（ゆう）
面・里・洞などの地区名
道路
00 000 0000 郡道・市道
00 国道
00 高速道路
鉄道
高速鉄道専用線
在来線
高速列車停車駅
在来線停車駅
旅客営業のない駅

その時点での宿泊費をご確認ください。本書で表示している料金はひと部屋あたりの部屋代です。観光ホテルの場合は税とサービス料がかかる場合があります。

■住所表示について　韓国では2007年から住所表示が変更になり、これまでの「地番」から「道路名＋番号」になりました。2014年からは道路名表示が法定表示となっています。また道路の行先表示板や、道路標示には英語併記も増えてきています。とはいえ、店舗カードに古い住所表記しかなかったり、タクシーの運転手には古い住所表記のほうが通じやすい場合もあります。そこで本書では、日本人が読める「新住所の英語表記」「ハングル新住所」「ハングル旧住所」をできる限り併記しています。状況に合わせてご活用ください。

■発行後の更新情報について　本書発行後に変更された掲載情報や訂正箇所は、「地球の歩き方」ホームページの本書紹介ページ内に「更新・訂正情報」として可能なかぎり最新のデータに更新しています（ホテル、レストラン料金の変更などは除く）。下記URLよりご確認いただき、ご旅行前にお役立てください。

URL **www.arukikata.co.jp/travel-support/**

■新型コロナウイルス感染症について　新型コロナウイルス（COVID-19）の感染症危険情報について、全世界に発出されていたレベル1（十分注意してください）は、2023年5月8日に解除されましたが、渡航前に必ず外務省のウェブサイトにて最新情報をご確認ください。

◎外務省 海外安全ホームページ・韓国危険情報

URL **www.anzen.mofa.go.jp/info/pcinfectionspothazardinfo_003.html#ad-image-0**

ジェネラルインフォメーション

韓国の基本情報

▶旅の韓国語
→P.367

国　旗
太極旗。白地の中心に赤と青の2色からなる円（太極円）が置かれ、そのまわりに4つの図象（卦）が配置されている。

正式国名
大韓民国
Republic of Korea
대한민국（テハンミングク）

国　歌
愛国歌（エグッカ）

面　積
約10万km²（朝鮮半島全体の45%、日本の約4分の1）

人　口
約5163万人

首　都
ソウル　Seoul　서울

元　首
尹錫悦（ユン・ソンニョル）大統領

政体・民族構成
民主共和国。韓民族

宗　教
キリスト教徒約29.3%（そのうちプロテスタントは約18.3%で、カトリックは約10.9%）、仏教徒約22.8%。信仰をもつ人は国民全体の約53.1%を占めている

言　語
公用語は韓国語。
文字は15世紀に創り出された表音文字の「ハングル」

●データ：外務省（2023年3月現在）

通貨と為替レート

▶両替、予算とお金
→P.352

通貨単位はウォン원で、記号は₩。
2023年3月現在、₩100が約10.4円。
紙幣は₩1000、₩5000、₩1万、₩5万。

硬貨は₩1、₩5、₩10、₩50、₩100、₩500があるが、₩1と₩5は事実上流通していない。

電話のかけ方

▶郵便･通信事情
→P.362

日本から韓国へかける場合　例 ソウルの（02）123-4567へかける場合

国際電話識別番号		韓国の国番号		市外局番（頭の0は取る）		相手先の電話番号
010※	+	82	+	2	+	123-4567

※携帯電話の場合は010のかわりに「0」を長押しして「+」を表示させると国番号からかけられる
※NTTドコモは事前にWORLD CALLに登録が必要

出入国

パスポート
滞在期間や入国目的によってさまざまだが、パスポートの残存期間は入国時3ヵ月以上あること。

ビ ザ
観光目的で90日以内の滞在の場合はビザは必要ないが、18～64歳の人はK-ETAの申請が必要。（2024年12月31日まで一時的に申請が不要となっている）。

▶旅の必要書類 →P.348
▶入国と出国 →P.355

日本からのフライト時間

ソウルには日本各地から直航便が運行されている。所要時間は羽田、成田から約2時間30分、関空から約2時間、新千歳から約3時間、中部から約2時間10分、福岡から約1時間20分。

▶日本からのアクセス →P.354

気　候

東京とソウルの月別平均気温 & 降水量グラフ

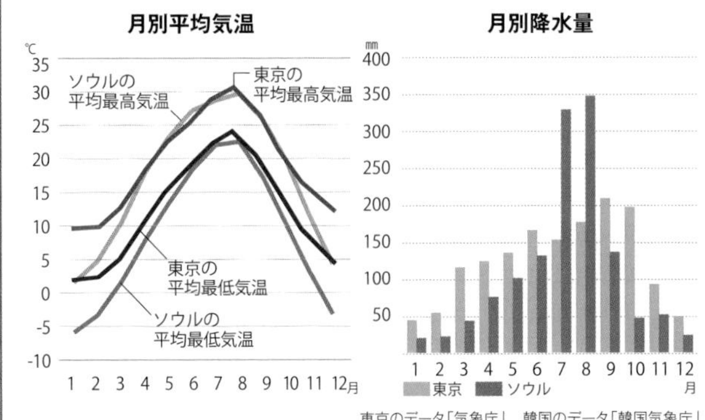

東京のデータ「気象庁」　韓国のデータ「韓国気象庁」

▶旅のカレンダー →P.64

時差とサマータイム

年間を通じて日本と韓国の間に時差はない。

ビジネスアワー

銀　行
月～金9:00～16:00、土・日・祝は休業する。ATMは24時間使えるところがほとんど。

郵便局
月～金9:00～18:00、土・日・祝は休業する。

ショップ
一般商店、デパートともに10:00～20:00のところが一般的。ファッションビルは深夜営業も多い。旧正月とチュソクは休む店が多い。

▶郵便･通信事情 →P.362
▶旅のカレンダー →P.64

韓国から日本へかける場合　例 (03) 1234-5678または090-1234-5678へかける場合

国際電話識別番号		日本の国番号		市外局番と携帯電話番号の最初の0を除いた番号		相手先の電話番号
001、002 005、008 00700	＋	81	＋	3または90	＋	1234-5678

祝祭日（おもな祝祭日）

▶旅のカレンダー
→P.64

韓国の祝祭日は新暦のものと旧暦のものがある。旧暦の祭日は毎年日付が変動する。旧暦の祭日は「ソルラル（旧正月）」、「プチョニムオシンナル（釈迦生誕日）」、「チュソク（日本でいう旧盆のようなもの）」の3つ。

1/1	新正月
2/9～11('24)、1/28～30('25)	ソルラル(旧暦大晦日～旧暦1月2日)
3/1	三·一節
4/10('24)	地方選挙
5/5	子供の日
5/27('23)、5/15('24)	釈迦生誕日
6/6	顕忠日
8/15	光復節
9/28～30('23)、9/16～18('24)	チュソク
10/3	開天節
10/9	ハングルの日
12/25	クリスマス

電圧とプラグ

▶ホテル
→P.272

韓国は電圧220Vで、プラグの形状はヨーロッパと同じSE型（C型も使える）がほとんど。日本は電圧110V、A型のプラグなので、日本の電化製品を利用するときは変換プラグや変圧器が必要になる。220V対応の日本の電化製品は変圧器は必要なく、変換プラグのみ必要。

220Vコンセント

映像ソフト

DVDの日本のリージョンコードは2、韓国は3。購入する際はリージョンフリー（オールリージョン）のものを。リージョンコードが異なると市販のプレーヤーでは再生できない。パソコンではリージョンコードの変更が可能だが、通常5回程度の回数制限がある。
ブルーレイのリージョンコードは日本、韓国ともにリージョンAなので、韓国で購入したブルーレイソフトは日本でそのまま再生することができる。

チップ

日本と同様に韓国にもチップの習慣はなく、基本的に不要。高級店での飲食代やホテル宿泊費などには、あらかじめサービス料が含まれている。

飲料水

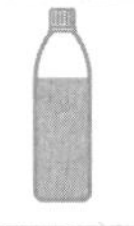

韓国の水道水は一般的に硬水と言われるが、ソウルの場合は軟水～中程度の軟水で、日本と同じか少しミネラルが多い程度。水道水は飲用できるが、気になる人はスーパーやコンビニなどでミネラルウオーターを購入しよう。日本と同様にレストランや食堂などで出される水は無料になっている。

生もの

食材や調理法が豊かな韓国では、なんでもおいしく食べたいもの。食中毒のリスクを見分けることは難しいが、魚介の刺身などの生もの、日本で禁止されている牛肉のユッケには注意。豚肉、牛ひき肉、内臓肉などの生焼け、淡水性の貝類やカニなどにリスクがあることは知っておこう。

郵　便

韓国では郵便局のことをウチェグクという。切手は郵便局のほか、一部の文房具店やホテルのフロントなどで購入できるが、コンビニでは売っていない。日本までの郵便料金は航空便のはがきは₩430、封書が₩570、小包は船便だと2kgまで₩1万5500、航空便だと2kgまで₩2万1000。EMSは500gまで₩2万3500。

都市部では随所に設置されている。差し入れ口は左がその市区(地域)行きで右がその他の地域行き

▶郵便・通信事情
→P.362

Wi-Fi

韓国ではWi-Fiのことをワイパイという。ほとんどのホテルではWi-Fiが無料で使え、カフェやレストランでも無料で使えるところが多い。人が集まる場所を中心に無料Wi-Fiが使えるエリアも多いが、場所や時間によっては接続が不安定で、速度も遅いことがある。無料では不安のある人には、より信頼性の高い有料のWi-Fiがあり、コンビニなどでプリペイドカードを購入して使う。そのほか、Wi-Fiルーターのレンタルや、現地のデータSIMの購入、スマホの海外パケット定額サービスなどを利用してネットにつなぐことができる。

▶スマートフォンで通信する
→P.363

税　金

日本の消費税に該当する付加価値税(VAT)が10%かけられている。外国人旅行者が「TAX FREE」のマークがある店で₩3万以上の買い物をし、手続きをすれば、最大9%の税金が還付される。タックスリファンドの対象でないホテルでの宿泊費やレストランでの飲食代などは還付されない。

▶免税ショッピング
→P.248

安全とトラブル

韓国の治安は一般的に悪くないが、日本大使館にはスリや置き引きなどの被害が報告されている。明洞や東大門でのスリ、チムジルバン（韓国式サウナ）での置き引きなどに注意。また、日本語で声をかけられてバーでぼったくられたり、カジノで高利貸しにはまったり、ルームメイトになった人に貴重品を持ち去られたりという事案もある。

●外務省　領事サービスセンター
TEL (03)3580-3311

●外務省　海外安全ホームページ
URL www.anzen.mofa.go.jp

**●警察緊急通報
（日本の110番に相当）**
TEL 112（電話を通して日本語通訳サービスを行っている）

**●火災、救急車
（日本の119番に相当）**
TEL 119（日本語可）

●観光案内電話
TEL 1330（日本語可）

▶旅のトラブル
→P.365

年齢制限

たばことアルコールは19歳未満への販売が禁止されている。

度量衡

韓国で使われている長さ、容積、重さの単位は日本と同じくメートル法が用いられている。

在外公館

●在大韓民国日本大使館
住 8th Floor, Twin Tree Tower A, 6, Yulgok-ro, Jongno-gu, Seoul
住 서울시 종로구 율곡로 6 트윈트리타워 A동 8층
旧 서울시 종로구 중학동 14 트윈트리타워 A동 8층　TEL (02)739-7400
URL www.kr.emb-japan.go.jp/itprtop_ja/

●在釜山日本国総領事館
住 18, Gogwan-ro, Dong-gu, Busan
住 부산시 동구 고관로 18
旧 부산시 동구 초량3동 1147-11
TEL (051)465-5101～6
URL www.busan.kr.emb-japan.go.jp

●在済州日本国総領事館
住 Segi Bldg, 8F (Nohyeong-dong) 3351, 1100-ro, Jeju-si
住 제주특별자치도 제주시 1100로 3351　세기빌딩 8층
旧 제주특별자치도 제주시 노형동 977-1　세기빌딩 8층
TEL (064)710-9500
URL www.jeju.kr.emb-japan.go.jp

ソウル最新ニュース NEWS & TOPICS SEOUL

旅に役立つ
話題のニュースをご紹介！

1 韓国旧大統領府、青瓦台（チョンワデ）一般公開

1948年の韓国政府樹立以来、74年にわたって韓国大統領の官邸、執務室としての役割を果たしてきた青瓦台。アメリカのホワイトハウスにちなみ、ブルーハウスと呼ばれ、韓国の政治権力の中心だった。2022年に大統領に就任した尹錫悦（ユンソンニョル）は、青瓦台を「帝王的権力の象徴」だとして批判し、大統領と国民との距離を縮めるため大統領府の移転を決断。旧大統領府となった青瓦台は一般公開されることになった。見学は、日本人を含む外国人も可能で、広大な敷地には本館のほか、迎賓館、官邸といった建物が点在している。▶P.100

1991年に完成した青瓦台の本館。約15万枚の青い瓦が使われている（上）
豪華さがあふれる迎賓館の内部。数多くの国賓を歓待した（左）

2 ソウル工芸博物館オープン

2021年に移転した学校を再利用して誕生した博物館。地下鉄3号線の安国駅の近くと訪れやすい立地。陶磁器や刺繍、家具など、韓国の伝統工芸について学べる。▶P.127

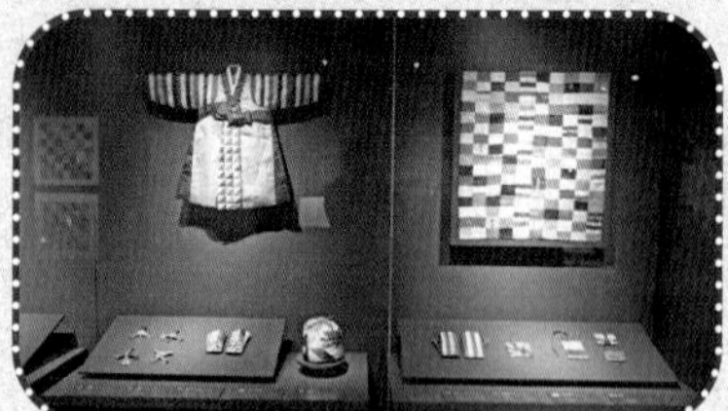

韓国の伝統工芸に触れることができる

3 韓国観光広報館がリニューアル

韓国観光公社の広報館が、2022年7月にHiKR Groundとしてリニューアルオープンした。日本語での観光案内のほか、韓国のPOPカルチャーを中心にした展示もある。▶P.110

現代美術の展示など、韓国の今に触れられる

キャッシュレスでソウルを旅する強い味方WOWPASS登場

韓国は日本以上にキャッスレスが浸透している国。特にソウルでは、ほとんどの場面でキャッシュレス決済が可能だ。2022年に登場したWOWPASSは、専用の自動両替機に日本円の現金を挿入すると、それが韓国ウォンとしてチャージされるカード。クレジットカードのように、レストランやショップなどで韓国ウォンとしてキャッシュレス決済できる。さらにT-moneyの機能ももっており、別途韓国ウォンをチャージすることで、交通カードとしても利用できる。自動両替機は2023年2月現在、金浦空港地下鉄駅、明洞駅、弘大駅など、70ヵ所以上に設置されている。仁川空港AREX駅にもチャージ専用器がある。カードの管理や自動両替機の場所検索などは、スマホの専用アプリでできる。発行手数料は₩5000。 URL www.wowpass.io

自動両替機は観光客が多く立ち寄る地下鉄駅やホテルを中心に設置されている(左上)
日本語に対応しているので、指示に従い画面をタッチしていく(左)
新規発行にはパスポートを読み取らせる必要がある(中)
WOWPASSをゲット。使用するには自動両替機に差し込み、有効化をすること(右)

5 ソウルにいながらにして全国のマッコリがわかるマッコリ広報館

マッコリは、米を麹で発酵させた韓国の伝統酒。マッコリ広報館は、全国100以上の蔵と契約、地域や蔵による特徴を紹介している。館内では原料や発酵過程を展示しており、一部は試飲も可能。館内では購入できないが、販売店を教えてくれる。今後は各地のマッコリ醸造所を訪ねる外国人向けツアーも計画しているとのこと、楽しみにしたい。

マッコリ広報館　막걸리홍보관

MAP P.18-B3　住 14-3, Songwol-gil, Jongno-gu　住 종로구 송월길14-3 돈의문박물관마을21번（敦義門博物館村内）　旧 종로구 신문로2가 7-22　TEL 070-7773-2004　URL www.facebook.com/koreanmakgeolliassociation/　開 10:00～17:00　休 月、旧正月とチュソクは博物館村の開館に準ずる　交 地下鉄 532 **西大門駅**4番出口徒歩5分

マッコリの瓶のそばに産地や特徴などの説明がある。日本語にはまだ対応していないが、マッコリ愛にあふれる館長が英語で説明してくれる

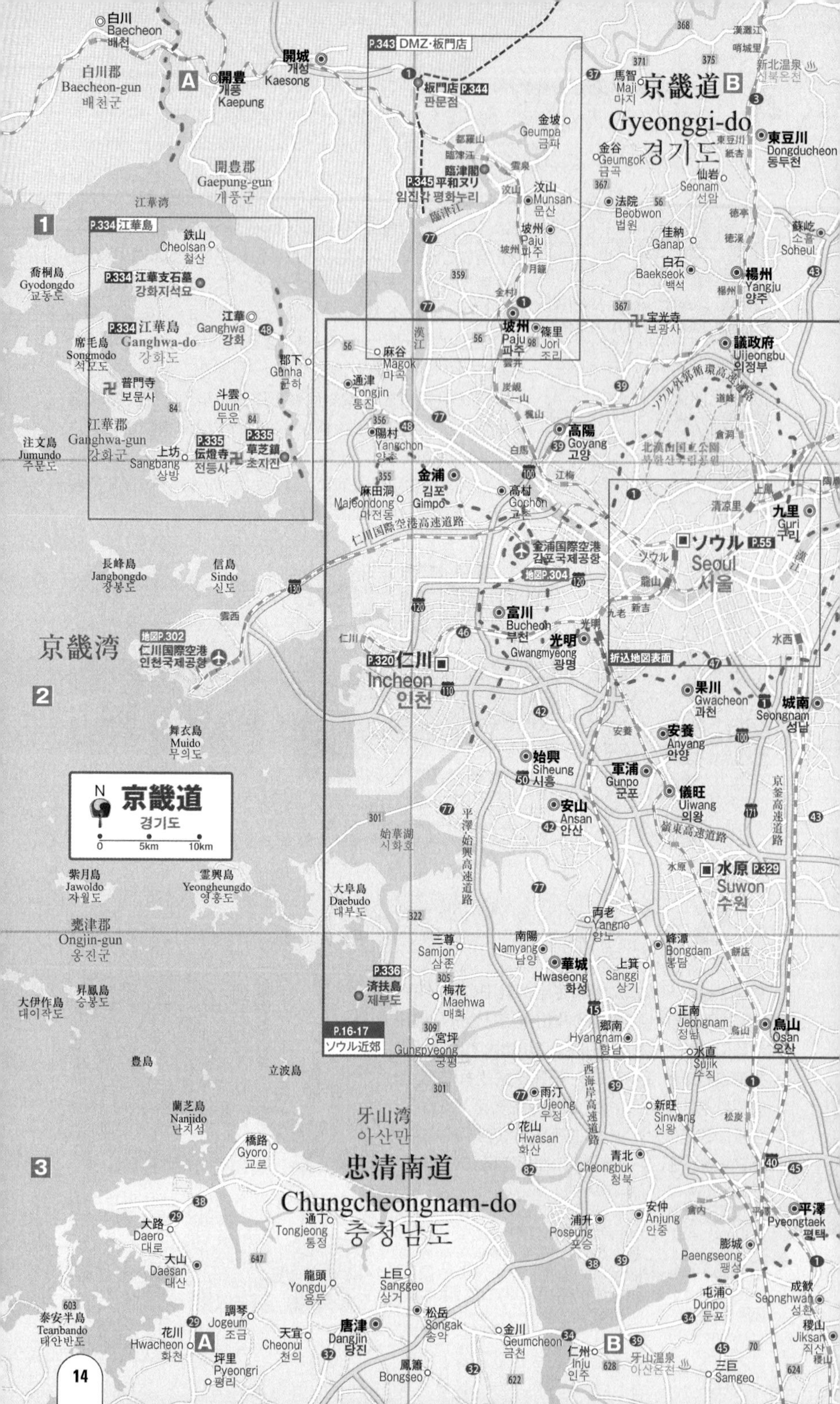

白川
Baecheon
배천
白川郡
Baecheon-gun
배천군
A
開豊
개풍
Kaepung
開城
개성
Kaesong
P.343 DMZ・板門店
板門店 P.344
판문점
金坡
Geumpa
금파
臨津閣
P.345 平和ヌリ
임진각 평화누리
臨津江
汶山
Munsan
문산
坡州
Paju
파주
開豊郡
Gaepung-gun
개풍군
江華湾
1
P.334 江華島
鉄山
Cheolsan
철산
P.334 江華支石墓
강화지석묘
江華
Ganghwa
강화
P.334 江華島
Ganghwa-do
강화도
郡下
Gunha
군하
席毛島
Songmodo
석모도
普門寺
보문사
斗雲
Duun
두운
江華郡
Ganghwa-gun
강화군
上坊
Sangbang
상방
P.335
伝燈寺
전등사
P.335
草芝鎮
초지진
喬桐島
Gyodongdo
교동도
注文島
Jumundo
주문도
京畿道 B
Gyeonggi-do
경기도
馬智
Maji
마지
金谷
Geumgok
금곡
仙岩
Seonam
선암
法院
Beobwon
법원
佳納
Ganap
가납
白石
Baekseok
백석
楊州
Yangju
양주
東豆川
Dongducheon
동두천
蘇屹
소흘
Soheul
新北温泉
신북온천
宝光寺
보광사
坡州
Paju
파주
篠里
Jori
조리
麻谷
Magok
마곡
通津
Tongjin
통진
陽村
Yangchon
양촌
議政府
Uijeongbu
의정부
高陽
Goyang
고양
金浦
김포
Gimpo
高村
Gochon
고촌
麻田洞
Majeondong
마전동
仁川国際空港高速道路
金浦国際空港
김포국제공항
地図P.304
ソウル
P.55
Seoul
서울
九里
Guri
구리
長峰島
Jangbongdo
장봉도
信島
Sindo
신도
地図P.302
仁川国際空港
인천국제공항
京畿湾
富川
Bucheon
부천
光明
Gwangmyeong
광명
P.320 仁川
Incheon
인천
折込地図表面
果川
Gwacheon
과천
城南
Seongnam
성남
安養
Anyang
안양
2
舞衣島
Muido
무의도
京畿道
경기도
0
5km
10km
始興
Siheung
시흥
軍浦
Gunpo
군포
儀旺
Uiwang
의왕
安山
Ansan
안산
平澤・始興高速道路
始華湖
시화호
嶺東高速道路
京釜高速道路
水原 P.329
Suwon
수원
紫月島
Jawoldo
자월도
霊興島
Yeongheungdo
영흥도
大阜島
Daebudo
대부도
甕津郡
Ongjin-gun
옹진군
両老
Yangno
양노
三尊
Samjon
삼존
南陽
Namyang
남양
華城
Hwaseong
화성
蜂潭
Bongdam
봉담
上箕
Sanggi
상기
P.336
済扶島
제부도
梅花
Maehwa
매화
正南
Jeongnam
정남
烏山
Osan
오산
昇鳳島
승봉도
大伊作島
대이작도
宮坪
Gungpyeong
궁평
P.16-17
ソウル近郊
鄕南
Hyangnam
향남
水直
Sujik
수직
豊島
立波島
雨汀
Ujeong
우정
西海岸高速道路
新旺
Sinwang
신왕
牙山湾
아산만
蘭芝島
Nanjido
난지섬
花山
Hwasan
화산
橋路
Gyoro
교로
3
忠清南道
Chungcheongnam-do
충청남도
青北
Cheongbuk
청북
大路
Daero
대로
通丁
Tongjeong
통정
浦升
Poseung
포승
安仲
Anjung
안중
平澤
Pyeongtaek
평택
大山
Daesan
대산
彭城
Paengseong
팽성
龍頭
Yongdu
용두
上巨
Sanggeo
상거
屯浦
Dunpo
둔포
成歓
Seonghwan
성환
泰安半島
Teanbando
태안반도
調琴
Jogeum
조금
松岳
Songak
송악
花川
Hwacheon
화천
A
天宜
Cheonui
천의
唐津
Dangjin
당진
金川
Geumcheon
금천
仁州
Inju
인주
B
牙山温泉
아산온천
三巨
Samgeo
稷山
Jiksan
직산
坪里
Pyeongri
평리
鳳簫
Bongso

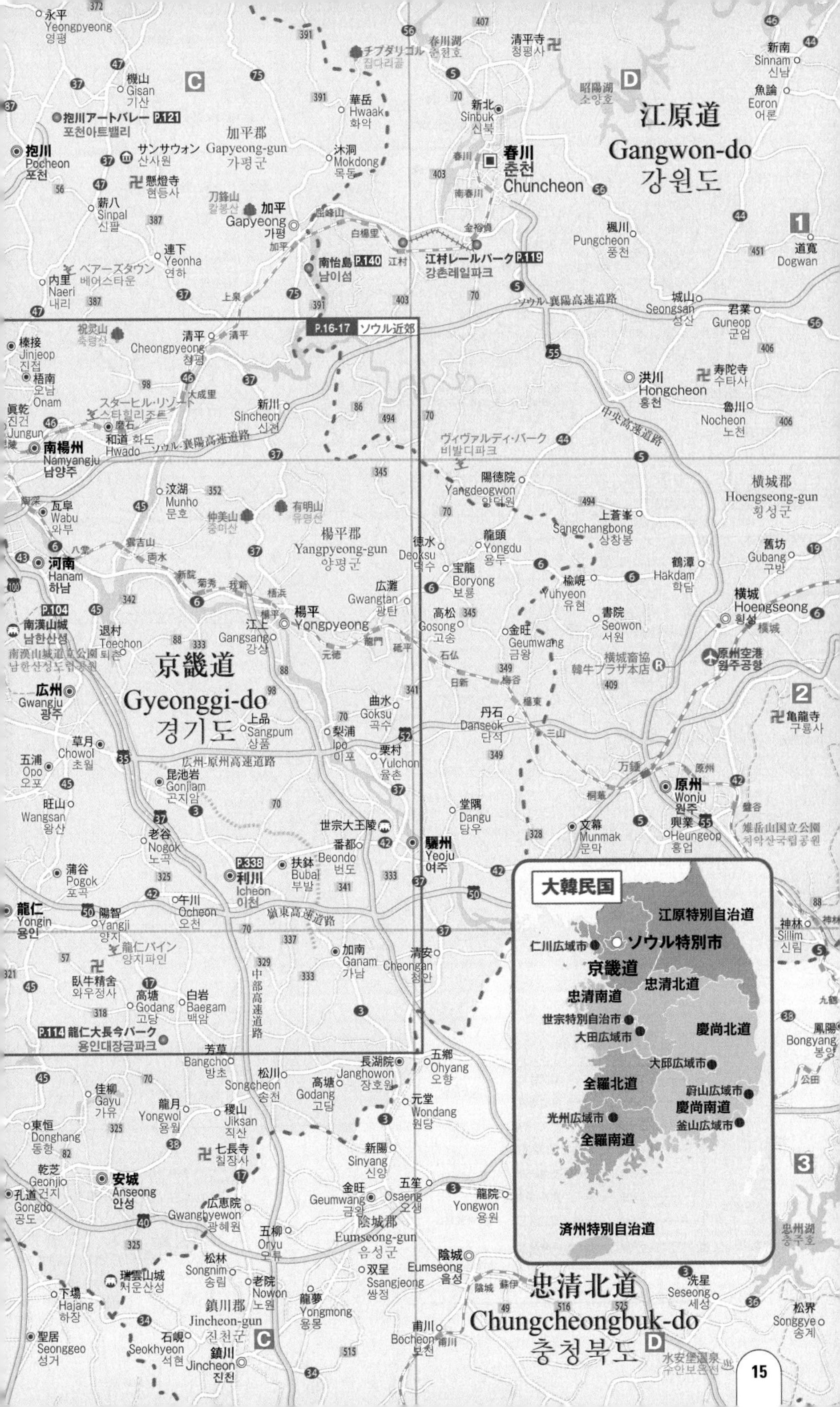
江原道
Gangwon-do
강원도
京畿道
Gyeonggi-do
경기도
忠清北道
Chungcheongbuk-do
충청북도
春川
춘천
Chuncheon
加平
Gapyeong
가평
加平郡
Gapyeong-gun
가평군
抱川
Pocheon
포천
抱川アートバレー P.121
포천아트밸리
サンサウォン
산사원
懸燈寺
현등사
南怡島 P.140
남이섬
江村レールパーク P.119
강촌레일파크
チプダリゴル
집다리골
春川湖
춘천호
清平寺
청평사
昭陽湖
소양호
P.16-17 ソウル近郊
清平
Cheongpyeong
청평
スターヒル・リゾート
스타힐리조트
ソウル-襄陽高速道路
南楊州
Namyangju
남양주
河南
Hanam
하남
P.104
南漢山城
남한산성
南漢山城道立公園
남한산성도립공원
楊平
Yongpyeong
楊平郡
Yangpyeong-gun
양평군
ヴィヴァルディ・パーク
비발디파크
中央高速道路
洪川
Hongcheon
홍천
寿陀寺
수타사
横城郡
Hoengseong-gun
횡성군
横城
Hoengseong
횡성
原州空港
원주공항
横城畜協 韓牛プラザ本店
亀龍寺
구룡사
原州
Wonju
원주
雉岳山国立公園
치악산국립공원
広州
Gwangju
광주
広州-原州高速道路
利川 P.338
Icheon
이천
驪州
Yeoju
여주
世宗大王陵
嶺東高速道路
中部高速道路
龍仁
Yongin
용인
龍仁パイン
양지파인
臥牛精舍
와우정사
P.114 龍仁大長今パーク
용인대장금파크
安城
Anseong
안성
七長寺
칠장사
広恵院
광혜원
瑞雲山城
서운산성
鎮川郡
Jincheon-gun
진천군
鎮川
Jincheon
진천
陰城郡
Eumseong-gun
음성군
陰城
Eumseong
음성
忠州湖
충주호
水安堡温泉
수안보온천
大韓民国
江原特別自治道
仁川広域市
ソウル特別市
京畿道
忠清北道
忠清南道
世宗特別自治市
大田広域市
慶尚北道
大邱広域市
全羅北道
蔚山広域市
慶尚南道
光州広域市
釜山広域市
全羅南道
済州特別自治道

金陵
雲井
野塘
坡州市
Paju-si
파주시
炭峴
一山
楓山
白馬
谷山
大谷
陵谷
江梅
幸信
高陽市
Goyang-si
고양시
大化
注葉
鼎鉢山
馬頭
白石
元堂
元興
三松
花井
旧把撥
P.151 ミートスターキム
P.129 ガナアートセンター
가나아트센터
P.201 SUP.0
P.130 津寛寺
진관사
紙杻
P.136 北漢山
북한산
北漢山牛耳
P.175 オンマソン
テジ
プルペク
ヨンシンネ
亀山
トクパウィ
佳陵
議政府
議政府市
Uijeongbu-si
의정부시
回龍
望月寺
長岩
道峰山
水落山
道峰
マドゥル
タンゴゲ
放鶴
上渓
倉洞
蘆原
双門
鹿川
中渓
水踰
下渓
月渓
葛梅
弥阿
光云大
孔陵
弥阿サゴリ
石渓
泰陵入口
新内
九来
麻山
場基
陽村
雲陽
한강
漢江
傑浦北辺
沙隅
黔丹
梧柳
黔丹サゴリ
麻田
完井
旺吉
篤亭
金浦市
Gimpo-si
김포시
豊舞
高村
仁川空港へ
黔岩
桂陽
黔バウィ
橘峴
アシアード競技場
西区庁
朴村
林鶴
桂山
京仁教大入口
鵲田
開花
傍花
開花山
新傍花
空港市場
麻谷ナル
陽川郷校
加陽
金浦空港
金浦国際空港
松亭
麻谷
鉢山
禾谷
雨装山
富川市
Bucheon-si
부천시
花田
P.126 許浚博物館
허준박물관
水色
加佐
P.90 景福宮
P.94 昌徳宮
新村
ソウル植物園
서울식물원
ソウル駅
カチ山
新亭山
新亭ネゴリ
佳亭
佳亭中央市場
石南
西部女性会館
仁川佳佐
葛山
富平区庁
富平市場
富平
白雲
掘浦川
三山体育館
上洞
富川市庁
新中洞
富川総合運動場
カチウル
温水
梧柳洞
富開
松内
中洞
春衣
富川
素砂
駅谷
東樹
富平三ゴリ
間石五ゴリ
仁川
朱安
石泉サゴリ
モレネ市場
万寿
南洞区庁
仁川大公園
雲宴
仁川市
Incheon-si
인천시
P.322-323
源仁斎
東春
東幕
南洞インダスパーク
虎口浦
仁川論峴
蘇莱浦口
月串
達月
国際業務地区
セントラル
パーク
キャンパスタウン
テクノパーク
仁川大入口
知識情報団地
折込地図表面
光明市
Gwangmyeong-si
광명시
P.120 光明洞窟
광명동굴
光明
石水
冠岳
安養
安養市
Anyang-si
안양시
鳴鶴
衿井
山本
修理山
大夜味
軍浦
堂井
義王
半月
始興市
Siheung-si
시흥시
烏耳島
正往
新吉温泉
安山
古桟
中央
草芝
安山市
Ansan-si
안산시
漢大前
常緑樹
P.119 義王レールバイク
의왕레일바이크
良才市民の森
ソンバウィ
競馬公園
大公園
果川
政府果川庁舎
仁徳院
坪村
ポムゲ
P.133 ソウル大公園
서울대공원
清渓山入口
清渓山
청계산
P.138
果川市
Gwacheon-si
과천시
P.128
国立現代美術館
果川館
국립현대미술관
과천관
板橋
軍浦市
Gunpo-si
군포시
義王市
Uiwang-si
의왕시
P.333 鉄道博物館
철도박물관
藪内
亭子
美金
梧里
東川
竹田
水枝区庁
星福
宝亭
上峴
駒城
新葛
器興
成均館大
水原市
Suwon-si
수원시
光教
光教中央
華西
水原華城
수원화성
P.333
水原
梅橋
水原市庁
清明
霊通
上葛
細柳
梅灘勧善
網浦
P.329
P.116 韓国民俗村
한국민속촌
華城市
Hwaseong-si
화성시
餅店
西東灘
洗馬
烏山大
烏山市
Osan-si
오산시
烏山
振威
水西
1号線
2号線
3号線
4号線
5号線
6号線
7号線
8号線
9号線
盆唐線
新盆唐線
仁川1号線
仁川2号線
空港鉄道
京義・中央線
京江線
京春線
水仁線
西海線
牛耳新設線
新林線
龍仁軽電鉄
議政府軽電鉄
金浦都市鉄道
蚕島灯台展望台
P.336 済扶島
제부도
P.343

ソウル近郊
서울
0
5km
10km
周辺図 P.14-15
P.117 アチムコヨ樹木園
아침고요수목원
P.132 清平
加平郡
Gapyeong-gun
가평군
P.118 プチフランス
쁘띠프랑스
清平湖
P.131 大成里
退渓院
P125
P126 思陵
P124 別内
P128 坪内好坪
P129 天摩山
P130 磨石
P127 金谷
南楊州市
Namyangju-si
남양주시
東九陵
K124 陶農
K123 九里
九里市
Guri-si
구리시
K125 養正
K126 徳沼
K127 陶深
552 高徳
553 上一洞
551 明逸
550 クブンダリ
549 吉洞
938 中央報勲病院
937 遁村五輪
P554 巨余
P555 馬川
K128 八堂
河南市
Hanam-si
하남시
K129 雲吉山
K130 両水
茶山遺跡
八堂湖
팔당호
仲美山
天文台
중미산
천문대
有明山
自然休養林
유명산자연휴양림
ソルメジェ
自然休養林
설매재자연휴양림
玉泉平壌冷麺
옥천평양냉면
K131 新院
K132 菊秀
K133 我新
K134 梧浜
K135 楊平
龍門山
自然休養林
용문산자연휴양림
龍門 K137
砥平 K138
K136 元徳
楊平郡
Yanpyeong-gun
양평군
南漢山城 P.104
남한산성
822 山城
823 南漢山城入口
824 丹垈オゴリ
825 新興
826 寿進
牡丹
城南市
Seongnam-si
성남시
野塔
二梅
書峴
広州市
Gwangju-si
광주시
広州総合ターミナル
광주종합터미널
K412 三洞
K413 京畿広州
K414 草月
K415 昆池岩
昆池岩リゾート
곤지암리조트
南漢江
K416 新屯陶芸村
利川市
Icheon-si
이천시
K417 利川
K418 夫鉢
P.338
P.341 サギマッコル陶芸村
사기막골도예촌
世宗大王陵
세종대왕릉
驪州市
Yeoju-si
여주시
K419 世宗大王陵
K420 驪州
驪州総合ターミナル
여주종합터미널
エバーランド P.113
에버랜드
龍仁市
Yongin-si
용인시
ロッテプレミアム
アウトレット
陽智パイン
양지파인
利川センソングクス
이천생선국수
白岩市外バスターミナル
백암시외버스터미널
二東貯水池
이동저수지
P.114 龍仁大長今パーク
용인대장금파크
C
D
1
2
3

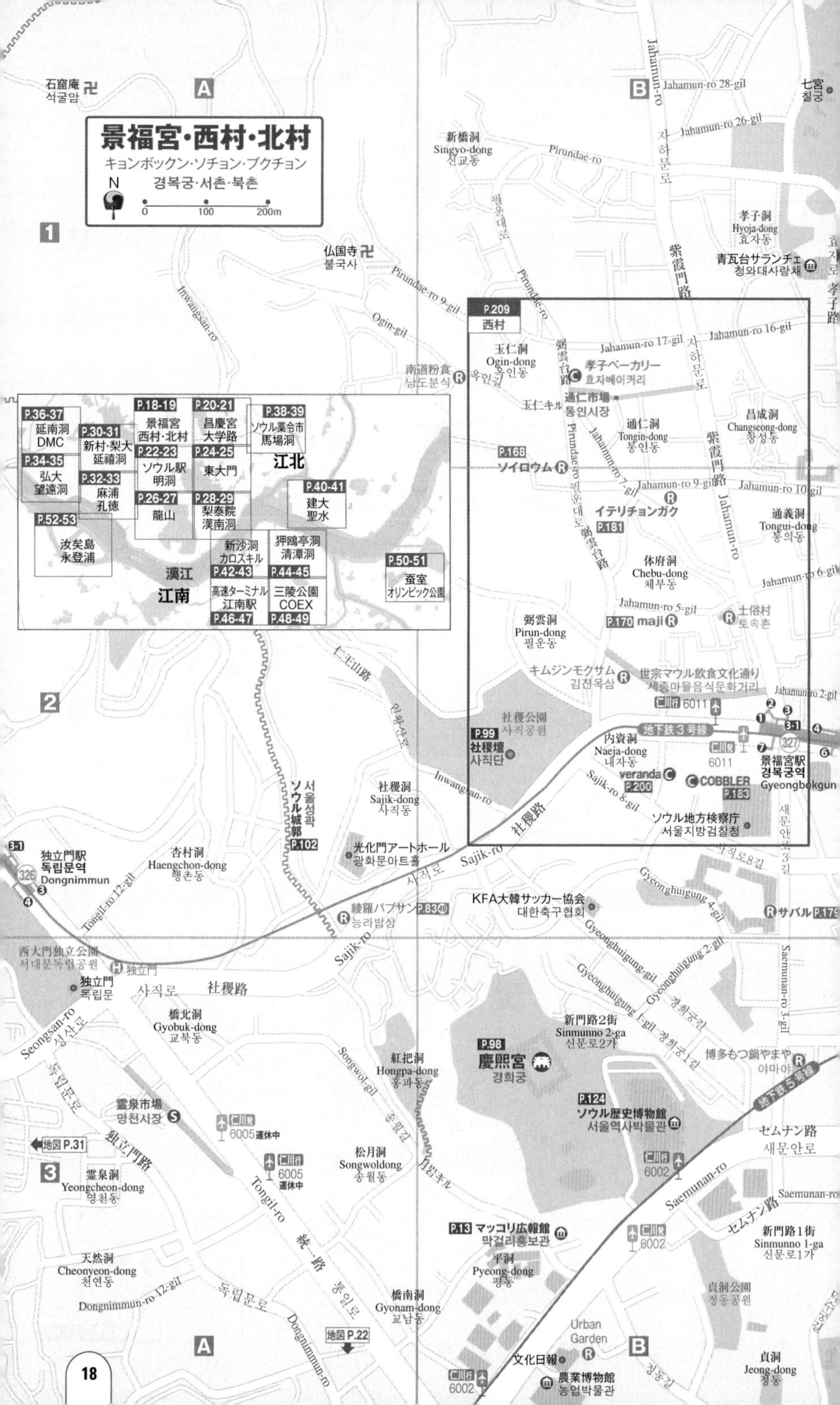

景福宮·西村·北村
キョンボックン·ソチョン·プクチョン
경복궁·서촌·북촌
N
0
100
200m
A
B
1
2
3
石窟庵
석굴암
仏国寺
불국사
七宮
칠궁
新橋洞
Singyo-dong
신교동
孝子洞
Hyoja-dong
효자동
青瓦台サランチェ
청와대사랑채
Jahamun-ro
Jahamun-ro 28-gil
Jahamun-ro 26-gil
Pirundae-ro
Pirundae-ro 9-gil
Ogin-gil
Inwangsan-ro
紫霞門路
P.209
西村
玉仁洞
Ogin-dong
옥인동
南道粉食
남도분식
孝子ベーカリー
효자베이커리
通仁市場
통인시장
玉仁キル
通仁洞
Tongin-dong
통인동
昌成洞
Changseong-dong
창성동
P.168
ソイロウム
Jahamun-ro 17-gil
Jahamun-ro 16-gil
Jahamun-ro 9-gil
Jahamun-ro 10-gil
Jahamun-ro 7-gil
イテリチョンガク
P.181
通義洞
Tongui-dong
통의동
体府洞
Chebu-dong
체부동
Jahamun-ro 6-gil
Jahamun-ro 5-gil
弼雲洞
Pirun-dong
필운동
P.170
maji
土俗村
토속촌
キムジンモクサム
김진목삼
世宗マウル飲食文化通り
세종마을음식문화거리
Jahamun-ro 2-gil
6011
社稷公園
사직공원
P.99
社稷壇
사직단
地下鉄3号線
内資洞
Naeja-dong
내자동
veranda
P.200
COBBLER
P.183
景福宮駅
경복궁역
Gyeongbokgung
327
ソウル地方検察庁
서울지방검찰청
Sajik-ro 8-gil
社稷路
仁王山路
ソウル城郭
P.102
社稷洞
Sajik-dong
사직동
光化門アートホール
광화문아트홀
杏村洞
Haengchon-dong
행촌동
独立門駅
독립문역
Dongnimmun
326
Tongil-ro 12-gil
綾羅バプサン
능라밥상
P.83
KFA大韓サッカー協会
대한축구협회
サバル
P.179
Sajik-ro
사직로
Gyeonghuigung 4-gil
Gyeonghuigung 2-gil
Gyeonghuigung-gil
Gyeonghuigung 1-gil
西大門独立公園
서대문독립공원
独立門
독립문
橋北洞
Gyobuk-dong
교북동
Seongsan-ro
성산로
新門路2街
Sinmunno 2-ga
신문로2가
Saemunan-ro 3-gil
紅把洞
Hongpa-dong
홍파동
Songwol-gil
P.98
慶熙宮
경희궁
博多もつ鍋やまや
아마야
P.124
ソウル歴史博物館
서울역사박물관
地下鉄5号線
霊泉市場
영천시장
6005 運休中
地図 P.31
独立門路
霊泉洞
Yeongcheon-dong
영천동
Tongil-ro
松月洞
Songwoldong
송월동
月岩キル
6002
セムナン路
새문안로
Saemunan-ro
P.13
マッコリ広報館
막걸리홍보관
新門路1街
Sinmunno 1-ga
신문로1가
天然洞
Cheonyeon-dong
천연동
平洞
Pyeong-dong
평동
貞洞公園
정동공원
Dongnimmun-ro 12-gil
독립문로
統一路
Dongnimmun-ro
橋南洞
Gyonam-dong
교남동
地図 P.22
Urban Garden
文化日報
農業博物館
농업박물관
貞洞
Jeong-dong
정동
P.36-37 延南洞 DMC
P.30-31 新村·梨大 延禧洞
P.18-19 景福宮 西村·北村
P.20-21 昌慶宮 大学路
P.38-39 ソウル薬令市 馬場洞
P.34-35 弘大 望遠洞
P.22-23 ソウル駅 明洞
P.24-25 東大門
江北
P.32-33 麻浦 孔徳
P.26-27 龍山
P.28-29 梨泰院 漢南洞
P.40-41 建大 聖水
P.52-53 汝矣島 永登浦
新沙洞 カロスキル P.42-43
狎鴎亭洞 清潭洞 P.44-45
漢江
江南
高速ターミナル 江南駅 P.46-47
三陵公園 COEX P.48-49
P.50-51 蚕室 オリンピック公園

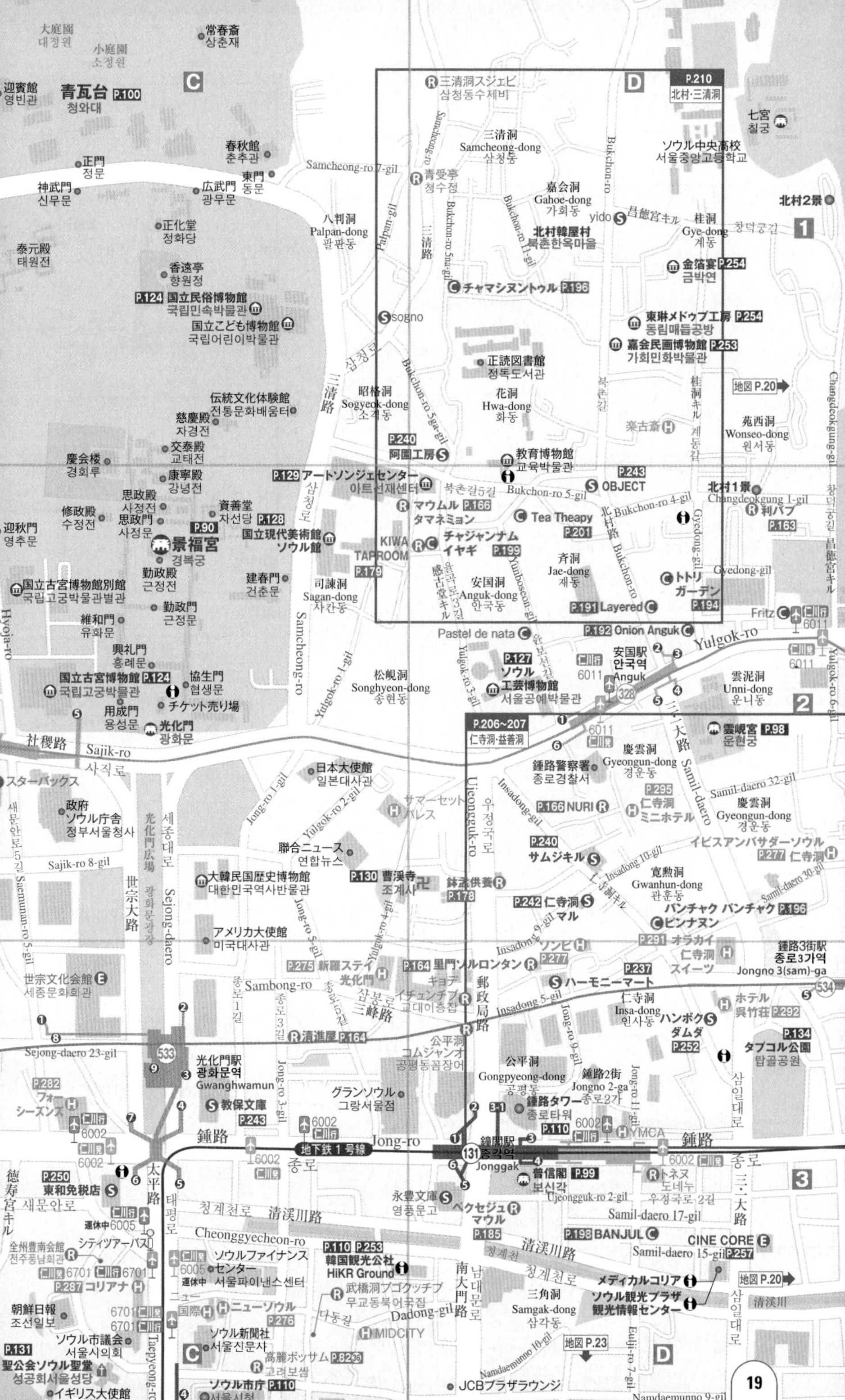

青瓦台 청와대 P.100
景福宮 경복궁 P.90
国立民俗博物館 국립민속박물관 P.124
国立こども博物館 국립어린이박물관
国立古宮博物館 국립고궁박물관 P.124
光化門 광화문
北村韓屋村 북촌한옥마을
三清洞 Samcheong-dong 삼청동
嘉会洞 Gahoe-dong 가회동
桂洞 Gye-dong 계동
花洞 Hwa-dong 화동
昭格洞 Sogyeok-dong 소격동
八判洞 Palpan-dong 팔판동
安国洞 Anguk-dong 안국동
斉洞 Jae-dong 재동
苑西洞 Wonseo-dong 원서동
司諫洞 Sagan-dong 사간동
松峴洞 Songhyeon-dong 송현동
雲泥洞 Unni-dong 운니동
慶雲洞 Gyeongun-dong 경운동
寛勲洞 Gwanhun-dong 관훈동
仁寺洞 Insa-dong 인사동
公平洞 Gongpyeong-dong 공평동
三角洞 Samgak-dong 삼각동
安国駅 안국역 Anguk
光化門駅 광화문역 Gwanghwamun
鍾閣駅 종각역 Jonggak
鍾路3街駅 종로3가역 Jongno 3(sam)-ga
雲峴宮 운현궁 P.98
タプコル公園 탑골공원 P.134
ソウル工芸博物館 서울공예박물관 P.127
国立現代美術館ソウル館 P.128
アートソンジェセンター 아트선재센터 P.129
曹渓寺 조계사 P.130
大韓民国歴史博物館 대한민국역사박물관
アメリカ大使館 미국대사관
日本大使館 일본대사관
世宗文化会館 세종문화회관
鍾路タワー 종로타워
普信閣 보신각 P.99
ソウル市庁 서울시청 P.110
聖公会ソウル聖堂 성공회서울성당 P.131
韓国観光公社 HiKR Ground P.110 P.253
ソウル観光プラザ 観光情報センター
メディカルコリア
CINE CORE P.257
P.210 北村・三清洞
P.206~207 仁寺洞・益善洞
地図 P.20
地図 P.23
Sajik-ro 社稷路
Jong-ro 鍾路
Yulgok-ro
Samil-daero 三一大路
Sejong-daero 世宗大路
Ujeongguk-ro 郵政局路
Cheonggyecheon-ro 清渓川路
Bukchon-ro
Samcheong-ro 三清路
Insadong-gil
地下鉄1号線

昌慶宮・大学路
チャンギョングン・テハンノ
창경궁·대학로
0
100
200m
A
B
1
2
3
北村2景
演慶堂
연경당
苑西洞
Wonseo-dong
원서동
嘉靖堂
가정당
地図 P.19
大造殿
대조전
熙政堂
희정당
P.94
昌徳宮
창덕궁
仁政門
인정문
進善門
진선문
粛章門
숙장문
敦化門
돈화문
チケット売り場
通明殿
통명전
養和堂
양화당
景春殿
경춘전
P.98
昌慶宮
창경궁
楽善斎
낙선재
明政門
명정문
弘化門
홍화문
チケット売り場
宣仁門
선인문
大春塘池
대춘당지
国立こども科学館
국립어린이과학관
成均館大
성균관대
文廟
문묘
Sungkyunkwan-ro 4-gil
Sungkyunkwan-ro
Sungkyunkwan-ro 5-gil
明倫洞
Myeongnyun-dong
명륜동
6011
昌慶宮路
창경궁로
Changgyeonggung-ro
明倫4街
Myeongnyun 4-ga
명륜4가
P.177
ソウル大学病院
서울대학병원
ソウル大学歯科病院
서울대학치과병원
鳳雛チムダク
P.159
Daehak-ro 11-gil
Cafe
P.202 Hyehwadong
ソルナムキル テンジャンイェスル
恵化駅
혜화역
Hyehwa
420
P.237 レモンマート
Daemyeong-gil
惠化洞
Hyehwa-dong
혜화동
カトリック大学
가톨릭대학
大学路
ミュージカルセンター
대학로
뮤지컬센터
P.242 10×10
P.258 キューシアター
P.258 ティンティン ホール
Daehak-ro 8-gil
アルコ
芸術劇場
아르코예술극장
アルコ美術館
아르코미술관
マロニエ公園
마로니에공원
芸術家の家
예술가의집
蓮建洞
Yeongeon-dong
연건동
韓国放送通信大学
한국방송통신대학
地下鉄4号線
P.217
大学路
Daehak-ro
大学路
KTプラザ
올레플라자
弘益大
大学路アートセンター
홍익대 대학로아트센터
NANTA
アカデミー
난타아카데미
P.258 JTN アートホール
Yulgok-ro 17-gil
メイプレイス
ソウル東大門
栗谷路
율곡로
Yulgok-ro
オラカイ
大学路
Changgyeonggung-ro 20-gil
Yulgok-ro 14-gil
Yulgok-ro 16-gil
Yulgok-ro 20-gil
Yulgok-ro 22ga-gil
Changgyeonggung-ro 16-gil
Daehak-ro 3-gil
대학로
Noble
Yulgok-ro 6-gil
Donhwamun-ro
돈화문로
P.206-207
仁寺洞～益善洞
永寧殿
楽工庁
영녕전
악공청
永寧殿
영녕전
東門
동문
P.92 宗廟
종묘
正殿
정전
典祀庁
전사청
正殿楽工庁
정전악공청
南門
남문
功臣堂
공신당
斎宮
재궁
香大庁
향대청
宗廟管理所
종묘관리소
外大門
외대문
Seosulla-gil
西巡邏キル
Dongsulla-gil
동순라길
東巡邏キル
ゼロ
イビスアンバサダー
仁寺洞
P.277
삼일대로30길
P.196
トゥラン
益善洞
Ikseon-dong
익선동
敦化門路
鍾路3街駅
종로3가역
Jongno 3(sam)-ga
534
鳳翼洞
Bongik-dong
봉익동
敦義洞
Donui-dong
돈의동
329
鍾路3街駅
종로3가역
Jongno 3(sam)-ga
地下鉄5号線
薫井洞
Hunjeong-dong
훈정동
P.295
アトリウム
P.153 プチョンユッケ
仁義洞
Inui-Dong
인의동
P.188
アマチュア
作業室
斗山
アートセンター
두산아트센터
Changgyeonggung-ro
창경궁로
김상옥로
Gimsangok-ro
金相玉路 Gimsangok-ro
Jong-ro 31-gil
종로31길
Jong-ro 33-gil
Jong-ro 35-gil
孝悌洞
Hyoje-dong
효제동
P.81 チェジュバダ
ファッコドゥンオフェ
제주바다활고등어회
P.153 プルタヌン
コプチャン
6002
129
鍾路5街駅
종로5가역
Jongno 5(o)-ga
Dongho-ro 38-gil
地図 P.19
ポッサム
通り
보쌈골목
6002
130
Jong-ro
地下鉄1号線
鍾路
6002
昌慶宮路
鍾路4街
Jongno 4-ga
종로4가
スニネ
ピンデトック
広蔵市場
광장시장
P.173
Changgyeonggung-ro 12-gil
地図P.216上
鍾路3街駅
종로3가역
Jongno 3(sam)-ga
ラミョンピョンウィジョン
라면편의점
鍾路3街
Jongno 3-ga
종로3가
P.85
長沙洞
Jangsa-dong
장사동
世運商街
세운상가
Supyo-ro 18-gil
観水洞
Gwansu-dong
관수동
チャングン
クルポッサム
ハニルシクタン
P.172
P.154
清渓川路
청계천
清渓川
Cheonggyecheon-ro
청계천로
Cheonggyecheon-ro
清渓川
청계천로
Dongho-ro
동호로
芳山総合市場
방산종합시장
地下鉄5号線
Changgyeonggung-ro 13-gil
水標洞
Supyo-dong
수표동
笠井洞
Ipjeong-dong
입정동
Eulji-ro 16-gil
Eulji-ro 18-gil
Eulji-ro 19-gil
Eulji-ro 20-gil
大林商街
대림상가
山林洞
Sallim-dong
산림동
又来屋
P.152
芳山洞
Bangsan-dong
방산동
訓練院公園
훈련원공원
忠武路
수표로
地図 P.24
P.197 ホランイ
乙支路3街駅
을지로3가역
Euljiro 3(sam)-ga
330
乙支路4街駅
을지로4가역
Euljiro 4(sa)-ga
535
204
運休中
6015
6021
6001
乙支路
을지로
地下鉄2号線

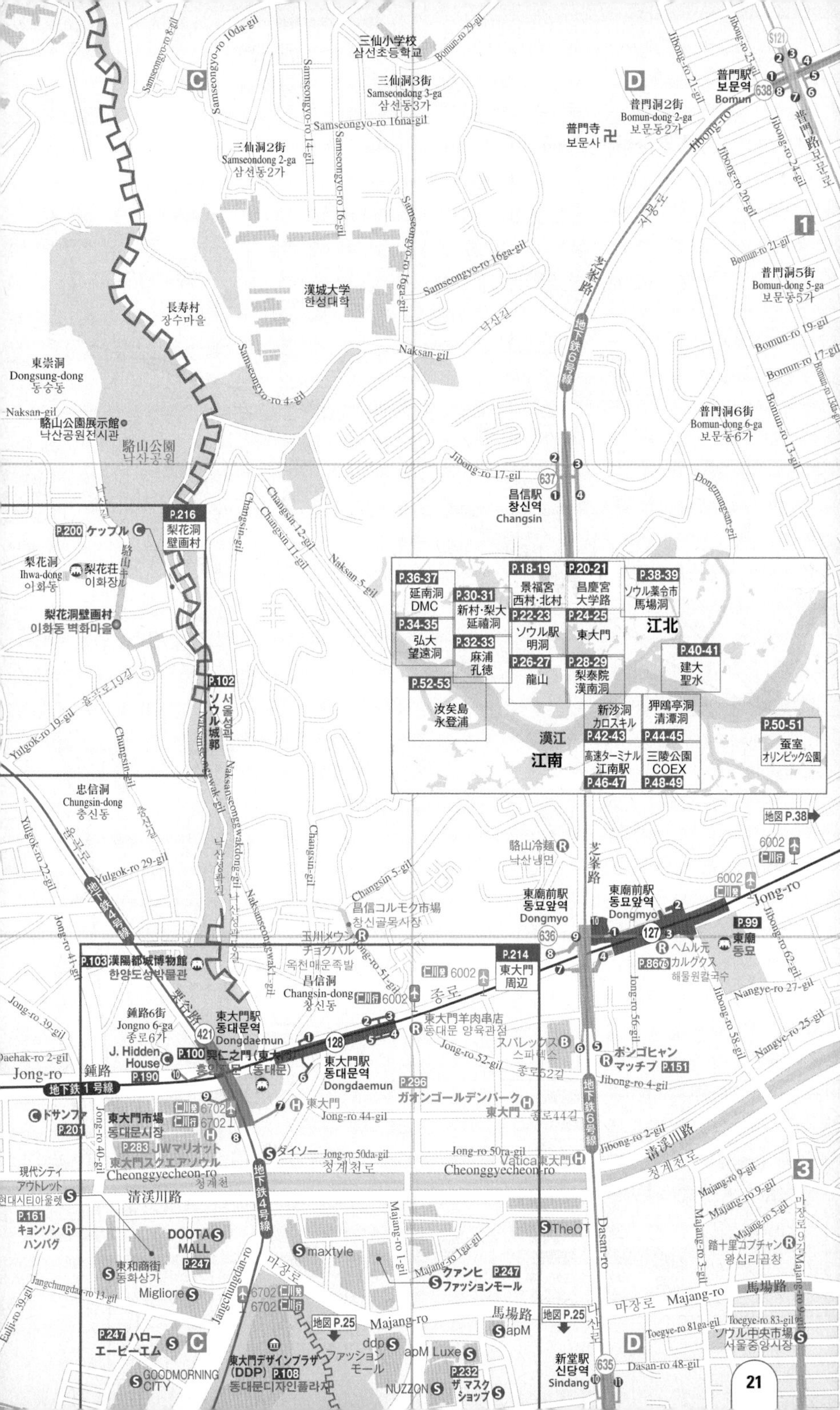

三仙小学校
삼선초등학교
三仙洞3街
Samseondong 3-ga
삼선동3가
三仙洞2街
Samseondong 2-ga
삼선동2가
漢城大学
한성대학
長寿村
장수마을
東崇洞
Dongsung-dong
동숭동
駱山公園展示館
낙산공원전시관
駱山公園
낙산공원
普門寺
보문사
普門駅
보문역
Bomun
普門洞2街
Bomun-dong 2-ga
보문동2가
普門洞5街
Bomun-dong 5-ga
보문동5가
普門洞6街
Bomun-dong 6-ga
보문동6가
昌信駅
창신역
Changsin
P.216 梨花洞壁画村
P.200 ケップル
梨花洞
Ihwa-dong
이화동
梨花荘
이화장
梨花洞壁画村
이화동 벽화마을
P.102 ソウル城郭
서울성곽
忠信洞
Chungsin-dong
충신동
P.36-37 延南洞 DMC
P.30-31 新村·梨大 延禧洞
P.18-19 景福宮 西村·北村
P.20-21 昌慶宮 大学路
P.38-39 ソウル薬令市 馬場洞
P.34-35 弘大 望遠洞
P.32-33 麻浦 孔徳
P.22-23 ソウル駅 明洞
P.24-25 東大門
江北
P.40-41 建大 聖水
P.26-27 龍山
P.28-29 梨泰院 漢南洞
P.52-53 汝矣島 永登浦
新沙洞 カロスキル
狎鴎亭洞 清潭洞
漢江
江南
P.42-43 高速ターミナル 江南駅
P.44-45 三陵公園 COEX
P.46-47
P.48-49
P.50-51 蚕室 オリンピック公園
地図 P.38
駱山冷麺
낙산냉면
昌信コルモク市場
창신골목시장
東廟前駅
동묘앞역
Dongmyo
P.99 東廟
동묘
ヘムル元 カルグクス
P.86
해물원칼국수
P.103 漢陽都城博物館
한양도성박물관
玉川メウン チョクバル
옥천매운족발
昌信洞
Changsin-dong
창신동
P.214 東大門周辺
鍾路6街
Jongno 6-ga
종로6가
東大門駅
동대문역
Dongdaemun
J. Hidden House
P.100 興仁之門（東大門）
흥인지문（동대문）
東大門羊肉串店
동대문 양육관점
スパレックス
스파렉스
ポンゴヒャン マッチプ P.151
鍾路
Jong-ro
P.190
地下鉄1号線
東大門駅
동대문역
Dongdaemun
P.296 ガオンゴールデンパーク
東大門
ドサンファ
P.201
東大門市場
동대문시장
P.283 JWマリオット 東大門スクエアソウル
ダイソー
Vatica東大門
清渓川路
청계천로
Cheonggyecheon-ro
現代シティアウトレット
현대시티아울렛
P.161 キョンソン ハンバグ
DOOTA MALL P.247
maxtyle
TheOT
踏十里コプチャン
왕십리곱창
東和商街
동화상가
ファンヒ ファッションモール P.247
Migliore
馬場路
마장로
Majang-ro
地図 P.25
P.247 ハロー エーピーエム
東大門デザインプラザ（DDP） P.108
동대문디자인플라자
ddp ファッションモール
apM Luxe
apM
地図 P.25
新堂駅
신당역
Sindang
ソウル中央市場
서울중앙시장
GOODMORNING CITY
NUZZON
P.232 ザ マスク ショップ
地下鉄6号線
地下鉄4号線
芝峯路
Dasan-ro

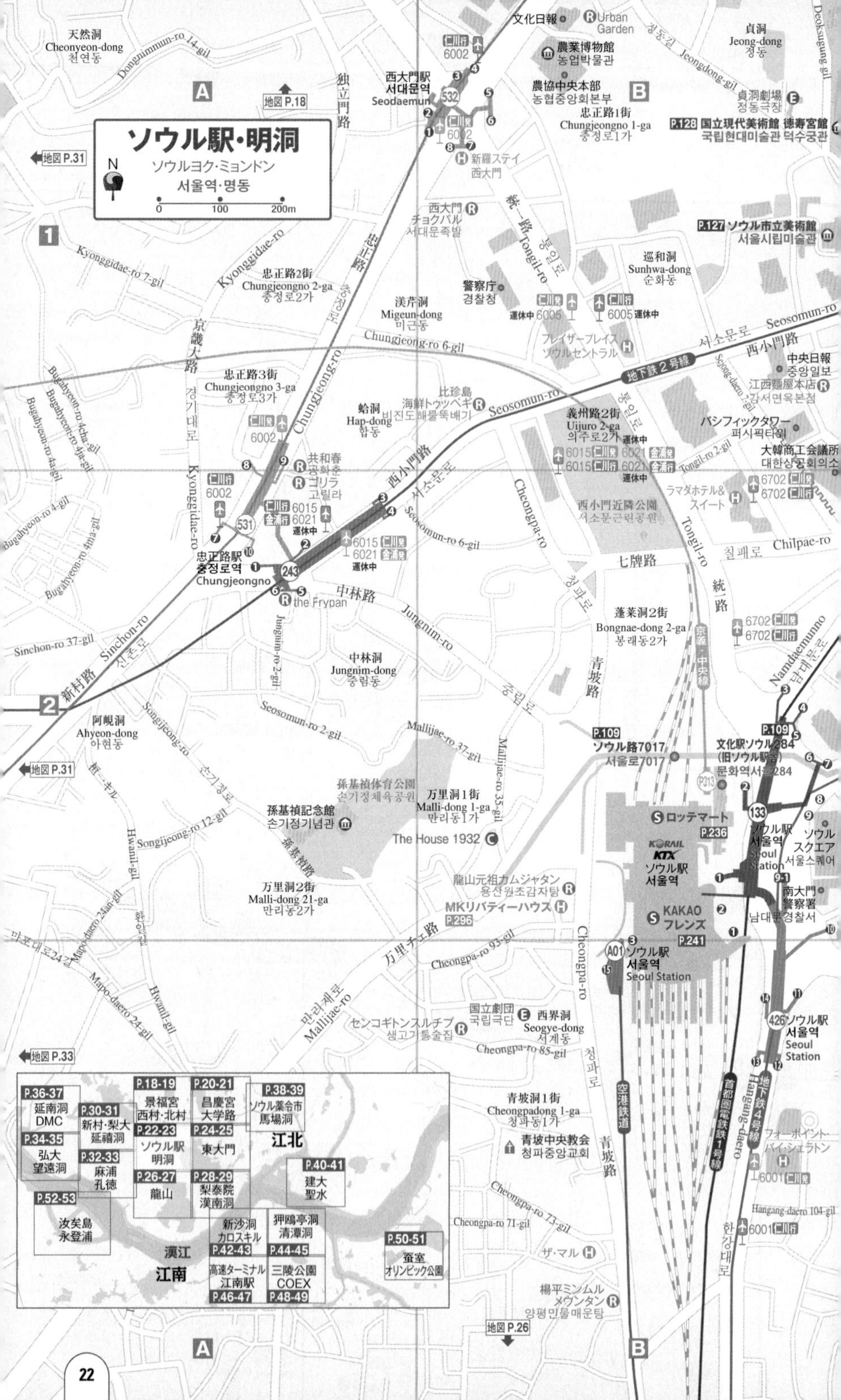
ソウル駅・明洞
ソウルヨク・ミョンドン
서울역・명동
0 100 200m
地図P.18
地図P.31
地図P.33
地図P.26
天然洞
Cheonyeon-dong
천연동
西大門駅
서대문역
Seodaemun
文化日報
Urban Garden
農業博物館
농업박물관
農協中央本部
농협중앙회본부
忠正路1街
Chungjeongno 1-ga
충정로1가
貞洞
Jeong-dong
정동
貞洞劇場
정동극장
国立現代美術館 徳寿宮館
국립현대미술관 덕수궁관
新羅ステイ西大門
西大門チョクパル
서대문족발
ソウル市立美術館
서울시립미술관
巡和洞
Sunhwa-dong
순화동
警察庁
경찰청
忠正路2街
Chungjeongno 2-ga
충정로2가
渼芹洞
Migeun-dong
미근동
プレイザープレイスソウルセントラル
忠正路3街
Chungjeongno 3-ga
충정로3가
比珍島海鮮トゥッペギ
비진도해물뚝배기
中央日報
중앙일보
江西麺屋本店
강서면옥본점
パシフィックタワー
퍼시픽타워
大韓商工会議所
대한상공회의소
蛤洞
Hap-dong
합동
義州路2街
Uijuro 2-ga
의주로2가
共和春
공화춘
ゴリラ
고릴라
ラマダホテル&スイート
西小門近隣公園
서소문근린공원
忠正路駅
충정로역
Chungjeongno
the Frypan
七牌路
蓬莱洞2街
Bongnae-dong 2-ga
봉래동2가
中林洞
Jungnim-dong
중림동
阿峴洞
Ahyeon-dong
아현동
ソウル路7017
서울로7017
文化駅ソウル284（旧ソウル駅舎）
문화역서울284
孫基禎体育公園
손기정체육공원
孫基禎記念館
손기정기념관
万里洞1街
Malli-dong 1-ga
만리동1가
The House 1932
ロッテマート
KTX ソウル駅
서울역
ソウル駅
서울역
Seoul Station
ソウルスクエア
서울스퀘어
南大門警察署
남대문경찰서
龍山元祖カムジャタン
용산원조감자탕
MKリバティーハウス
万里洞2街
Malli-dong 21-ga
만리동2가
KAKAO フレンズ
ソウル駅
서울역
Seoul Station
国立劇団
국립극단
西界洞
Seogye-dong
서계동
センコギトンスルチプ
생고기통술집
青坡洞1街
Cheongpadong 1-ga
청파동1가
青坡中央教会
청파중앙교회
フォーポイント・バイ・シェラトン
ザ・マル
楊平ミンムルメウンタン
양평민물매운탕
地下鉄2号線
地下鉄4号線
首都圏電鉄1号線
空港鉄道
京義・中央線
P.36-37 延南洞 DMC
P.30-31 新村・梨大 延禧洞
P.18-19 景福宮 西村・北村
P.20-21 昌慶宮 大学路
P.38-39 ソウル薬令市 馬場洞
P.34-35 弘大 望遠洞
P.32-33 麻浦 孔徳
P.22-23 ソウル駅 明洞
P.24-25 東大門
江北
P.26-27 龍山
P.28-29 梨泰院 漢南洞
P.40-41 建大 聖水
P.52-53 汝矣島 永登浦
新沙洞 カロスキル P.42-43
狎鴎亭洞 清潭洞 P.44-45
漢江
江南
高速ターミナル 江南駅 P.46-47
三陵公園 COEX P.48-49
P.50-51 蚕室 オリンピック公園

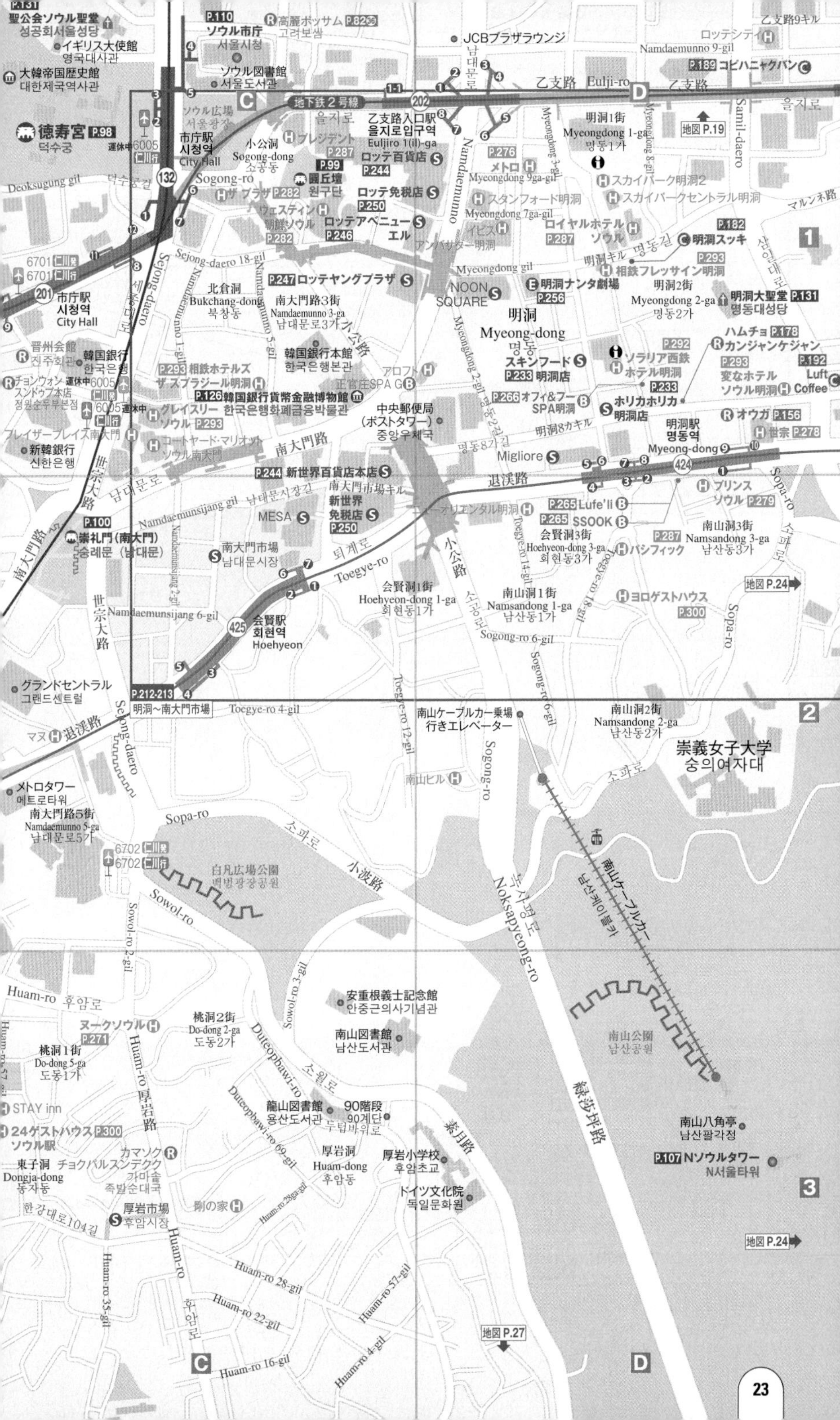

聖公会ソウル聖堂
성공회서울성당
イギリス大使館
영국대사관
大韓帝国歴史館
대한제국역사관
徳寿宮 P.98
덕수궁
ソウル市庁 P.110
서울시청
高麗ボッサム P.82
고려보쌈
ソウル図書館
서울도서관
ソウル広場
서울광장
市庁駅
시청역
City Hall
地下鉄2号線
JCBプラザラウンジ
乙支路入口駅
을지로입구역
Euljiro 1(il)-ga
乙支路 Eulji-ro
Namdaemunno 9-gil
ロッテシティ
乙支路9キル
コピハニャクパン P.189
地図 P.19
Samil-daero
プレジデント
小公洞
Sogong-dong
소공동
Sogong-ro
ロッテ百貨店 P.244
圜丘壇
원구단
P.99
ザ・プラザ P.282
ロッテ免税店 P.250
ウェスティン朝鮮ソウル P.282
ロッテアベニューエル P.246
メトロ P.276
Myeongdong 9ga-gil
スタンフォード明洞
Myeongdong 7ga-gil
イビス
アンバサダー明洞
明洞1街
Myeongdong 1-ga
명동1가
スカイパーク明洞2
スカイパークセントラル明洞
ロイヤルホテルソウル P.287
明洞キル 명동길
明洞スッキ P.182
相鉄フレッサイン明洞 P.293
マルンネ路
Deoksugung gil
Sejong-daero
Sejong-daero 18-gil
Myeongdong gil
NOON SQUARE
ロッテヤングプラザ P.247
明洞ナンタ劇場 P.256
明洞2街
Myeongdong 2-ga
명동2가
明洞大聖堂 P.131
명동대성당
市庁駅
시청역
City Hall
北倉洞
Bukchang-dong
북창동
南大門路3街
Namdaemunno 3-ga
남대문로3가
明洞
Myeong-dong
명동
スキンフード P.233 明洞店
ソラリア西鉄ホテル明洞 P.292
ハムチョ P.178
カンジャンケジャン
変なホテルソウル明洞 P.293
Luft Coffee P.192
晋州会館
진주회관
韓国銀行
한국은행
韓国銀行本館
한국은행본관
相鉄ホテルズ ザ・スプラジール明洞 P.293
アロフト
正官庄SPA G
韓国銀行貨幣金融博物館 P.126
한국은행화폐금융박물관
オフィ&フーSPA明洞 P.266
ホリカホリカ明洞店 P.233
オウガ P.156
世宗 P.278
チョンウォンスンドゥブ本店
정원순두부본점
グレイスリーソウル P.293
コートヤード・マリオットソウル南大門
プレイザープレイス南大門
新韓銀行
신한은행
中央郵便局（ポストタワー）
중앙우체국
南大門路
명동8가길
明洞8カキル
明洞駅
명동역
Myeong-dong
Migliore
新世界百貨店本店 P.244
南大門市場キル
退渓路
プリンスソウル P.279
Lufe'li P.265
SSOOK P.265
Namdaemunsijang gil
남대문시장길
MESA
新世界免税店 P.250
オリエンタル明洞
会賢洞3街
Hoehyeon-dong 3-ga
회현동3가
パシフィック P.287
南山洞3街
Namsandong 3-ga
남산동3가
Sopa-ro
崇礼門（南大門） P.100
숭례문（남대문）
南大門市場
남대문시장
Toegye-ro
会賢洞1街
Hoehyeon-dong 1-ga
회현동1가
南山洞1街
Namsandong 1-ga
남산동1가
ヨロゲストハウス P.300
地図 P.24
世宗大路
Namdaemunsijang 6-gil
会賢駅
회현역
Hoehyeon
Sogong-ro 6-gil
グランドセントラル
그랜드센트럴
P.212-213
明洞～南大門市場
Toegye-ro 4-gil
南山ケーブルカー乗場行きエレベーター
南山洞2街
Namsandong 2-ga
남산동2가
崇義女子大学
숭의여자대
マヌ
メトロタワー
메트로타워
南大門路5街
Namdaemunno 5-ga
남대문로5가
南山ヒル
Sopa-ro
小波路
白凡広場公園
백범광장공원
Sowol-ro
南山ケーブルカー
남산케이블카
Noksapyeong-ro
緑莎坪路
Huam-ro 후암로
安重根義士記念館
안중근의사기념관
南山図書館
남산도서관
南山公園
남산공원
ヌークソウル P.271
桃洞2街
Do-dong 2-ga
도동2가
桃洞1街
Do-dong 1-ga
도동1가
Duteopbawi-ro
STAY inn
24ゲストハウスソウル駅 P.300
龍山図書館
용산도서관
90階段
90계단
厚岩路
厚岩洞
Huam-dong
후암동
厚岩小学校
후암초교
南山八角亭
남산팔각정
Nソウルタワー P.107
N서울타워
カマソク
東子洞
Dongja-dong
동자동
チョクパルスンデクク
ドイツ文化院
독일문화원
剛の家
厚岩市場
후암시장
한강대로104길
Huam-ro 28-gil
Huam-ro 57-gil
Huam-ro 22-gil
Huam-ro 16-gil
Huam-ro 4-gil
地図 P.27

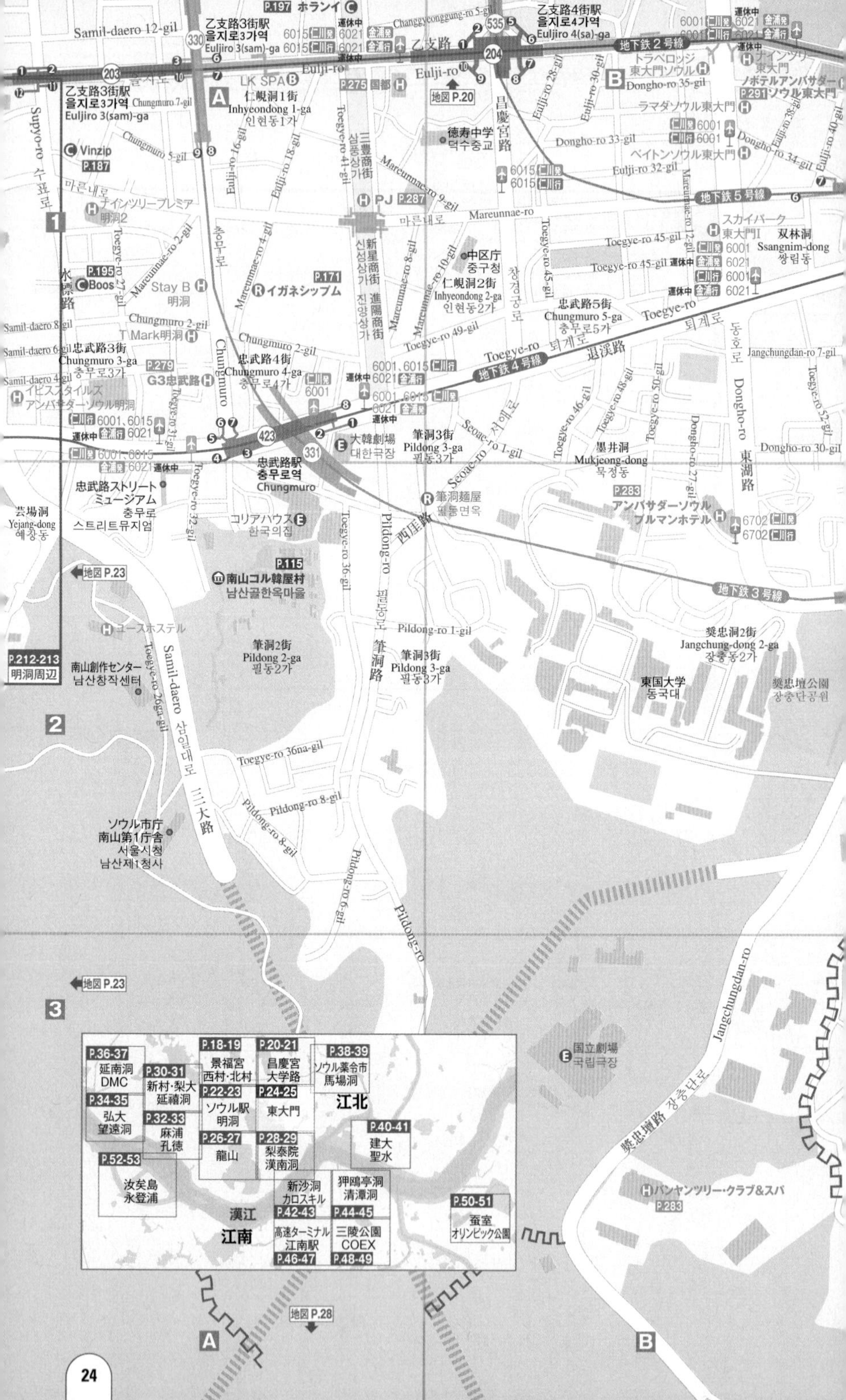

乙支路3街駅
을지로3가역
Euljiro 3(sam)-ga
乙支路4街駅
을지로4가역
Euljiro 4(sa)-ga
P.197 ホランイ
Samil-daero 12-gil
Changgyeonggung-ro 5-gil
乙支路
Eulji-ro
地下鉄2号線
トラベロッジ東大門ソウル
ナインツリー東大門
ノボテルアンバサダーソウル東大門
P.291
ラマダソウル東大門
ベイトンソウル東大門
Dongho-ro 35-gil
Dongho-ro 33-gil
Dongho-ro 34-gil
Eulji-ro 32-gil
LK SPA
P.275 国都
地図 P.20
仁峴洞1街
Inhyeondong 1-ga
인현동1가
Chungmuro 7-gil
Chungmuro 5-gil
Vinzip
P.187
徳寿中学
덕수중교
昌慶宮路
三豊商街
삼풍상가
Toegye-ro 41-gil
Eulji-ro 16-gil
Eulji-ro 18-gil
Mareunnae-ro 9-gil
Mareunnae-ro
마른내로
PJ P.287
地下鉄5号線
スカイパーク東大門I
双林洞
Ssangnim-dong
쌍림동
Toegye-ro 45-gil
ナインツリープレミア明洞2
Supyo-ro
수표로
水標路
P.195
Boos
Stay B 明洞
P.171
イガネシップム
中区庁
중구청
仁峴洞2街
Inhyeondong 2-ga
인현동2가
新星商街
신성상가
進陽商街
진양상가
Mareunnae-ro 2-gil
Mareunnae-ro 4-gil
Mareunnae-ro 8-gil
Mareunnae-ro 10-gil
충무로
Chungmuro
Toegye-ro 27-gil
Samil-daero 8-gil
Samil-daero 6-gil
Samil-daero 4-gil
Chungmuro 2-gil
T Mark明洞
忠武路3街
Chungmuro 3-ga
충무로3가
P.279
G3忠武路
イビススタイルズアンバサダーソウル明洞
忠武路4街
Chungmuro 4-ga
충무로4가
忠武路5街
Chungmuro 5-ga
충무로5가
창경궁로
Toegye-ro 49-gil
Toegye-ro
퇴계로
退渓路
地下鉄4号線
Jangchungdan-ro 7-gil
Dongho-ro
동호로
東湖路
Dongho-ro 30-gil
Toegye-ro 52-gil
Toegye-ro 46-gil
Toegye-ro 48-gil
Toegye-ro 50-gil
Dongho-ro 27-gil
Seoae-ro
서애로
Seoae-ro 1-gil
大韓劇場
대한극장
筆洞3街
Pildong 3-ga
필동3가
墨井洞
Mukjeong-dong
묵정동
忠武路駅
충무로역
Chungmuro
忠武路ストリートミュージアム
충무로 스트리트뮤지엄
芸場洞
Yejang-dong
예장동
Toegye-ro 31-gil
Toegye-ro 32-gil
筆洞麺屋
필동면옥
P.283
アンバサダーソウルプルマンホテル
西厓路
コリアハウス
한국의집
Toegye-ro 36-gil
Pildong-ro
필동로
筆洞路
地図 P.23
P.115
南山コル韓屋村
남산골한옥마을
地下鉄3号線
ユースホステル
Pildong-ro 1-gil
奨忠洞2街
Jangchung-dong 2-ga
장충동2가
P.212-213
明洞周辺
南山創作センター
남산창작센터
Toegye-ro 26ga-gil
Samil-daero
삼일대로
三一大路
筆洞2街
Pildong 2-ga
필동2가
筆洞3街
Pildong 3-ga
필동3가
東国大学
동국대
奨忠壇公園
장충단공원
Toegye-ro 36na-gil
Pildong-ro 8-gil
ソウル市庁南山第1庁舎
서울시청 남산제1청사
Pildong-ro 6-gil
Jangchungdan-ro
奨忠壇路 장충단로
国立劇場
국립극장
バンヤンツリー・クラブ&スパ
P.283
P.36-37 延南洞 DMC
P.30-31 新村・梨大 延禧洞
P.34-35 弘大 望遠洞
P.32-33 麻浦 孔徳
P.18-19 景福宮 西村・北村
P.20-21 昌慶宮 大学路
P.38-39 ソウル薬令市 馬場洞
P.22-23 ソウル駅 明洞
P.24-25 東大門
江北
P.40-41 建大 聖水
P.26-27 龍山
P.28-29 梨泰院 漢南洞
P.52-53 汝矣島 永登浦
新沙洞 カロスキル P.42-43
狎鴎亭洞 清潭洞 P.44-45
漢江
江南
高速ターミナル 江南駅 P.46-47
三陵公園 COEX P.48-49
P.50-51 蚕室 オリンピック公園
地図 P.28

東大門
トンデムン
동대문
N
0
100
200m
東大門歴史文化公園駅
동대문역사문화공원역
Dongdaemun History & Culture Park
東大門デザインプラザ
(DDP)
동대문디자인플라자
P.108
ddp
FASHION
MALL
NUZZON
P.232
ザ マスク
ショップ
GOODMORNING
CITY
LOTTE
FITTIN
光熙洞1街
Gwanghui-dong 1-ga
광희동1가
ヌティナム
コミボギ
느티나무 곰이보기
忠武アートホール
충무아트홀
乙支路7街
Eulji-ro 7-ga
을지로7가
Eulji-ro 45-gil
Toegye-ro 71-gil
퇴계로
Toegye-ro
地下鉄2号線
ベクソン
P.149
舞鶴洞
Muhak-dong
무학동
クル
イエチャン
굴예찬
新堂駅
신당역
Sindang
興仁洞
Heungin-dong
흥인동
黄鶴洞
Hwanghak-dong
황학동
ソウル中央市場
서울중앙시장
地図 P.21
Dasan-ro 48-gil
Dasan-ro 47-gil
Dasan-ro 46-gil
Toegye-ro 81-gil
Toegye-ro 83-gil
新堂洞 泉パッチュク
신당동 천팥죽
ミミクックス
P.165
Dasan-ro 44-gil
地図 P.38
Dasan-ro 42-gil
다산로42길
Dasan-ro 40-gil
新堂6街
Shindang 6-ga
신당6가
マボンニム ハルモニチプ
마복림 할머니집
アイラブ シンダンドン
아이러브신당동
Dasan-ro 38-gil
Dasan-ro 36-gil
다산로36길
Dasan-ro 34-gil
Toegye-ro 86-gil
Toegye-ro 86da-gil
Toegye-ro 86ga-gil
Dasan-ro 42ma-gil
Dasan-ro 42na-gil
Toegye-ro 80-gil
Toegye-ro 76-gil
Toegye-ro 74-gil
P.214
東大門
周辺
退渓路
Caffe
Tiamo
ザ デザイナーズDDP
P.279
相鉄ホテルズ
ザ スプラジール 東大門
P.294
東横INN
ソウル東大門2
P.293
平壌麺屋
P.164
P.296
ヨンビン
メイフォレストヴィル
サミットホテル東大門
ピョルネオク
ソルロンタン
별내옥설농탕
青丘路
청구로
地下鉄5号線
Dasan-ro 33-gil
다산로33길
Dasan-ro 31-gil
Dasan-ro 29-gil
다산로31길
Cheonggu-ro 22-gil
Cheonggu-ro 14-gil
Cheonggu-ro 12-gil
Cheonggu-ro 8-gil
新堂1街
Shindang 1-ga
신당1가
茶山路
Dasan-ro
다산로
Cheonggu-ro
Cheonggu-ro 6-gil
Cheonggu-ro 4-gil
青丘駅
청구역
Cheonggu
Yaコリアホステル
東大門
新堂4街
Shindang 4-ga
신당4가
JCイン
東大門
P.300
奨忠洞1街
Jangchung-dong 1-ga
장충동1가
奨忠壇路
장충단로
Jangchungdan-ro 8-gil
Jangchungdan-ro 4-gil
Jangchungdan-ro 6-gil
元祖平南
ハルモニチプ
원조평남
할머니집
Cheonggu-ro 17-gil
Cheonggu-ro 21-gil
Cheonggu-ro 17-gil
Dongho-ro 12na-gil
Dongho-ro 20-gil
동호로20길
Dongho-ro 27na-gil
Dongho-ro 27ga-gil
Dongho-ro 20da-gil
Dongho-ro
太極堂
P.191
東大入口駅
동대입구역
Dongguk Univ.
YOGER
PRESSO
奨忠体育館
장충체육관
新羅免税店
迎賓館
영빈관
ソウル
新羅ホテル
P.283
Dongho-ro 18-gil
Dongho-ro 14-gil
Dasan-ro 19-gil
クムテジ食堂
금돼지식당
好拍食堂
호박식당
Dasan-ro 24-gil
다산로24길
Dasan-ro 22-gil
다산로22길
Dasan-ro 20-gil
다산로20길
Dasan-ro 18-gil
다산로18길
Dasan-ro 16-gil
다산로16길
Dasan-ro 14-gil
Cheonggu-ro 3-gil
Cheonggu-ro 1-gil
金湖路
Geumho-ro
금호로
新堂2街
Shindang 2-ga
신당2가
東湖路
동호로
P.187
音楽の森LP時代
茶山洞
Dasan-dong
다산동
Dongho-ro 17-gil
Dongho-ro 10-gil
Dongho-ro 12-gil
薬水駅
약수역
Yaksu
Dongho-ro 15-gil
Dongho-ro 8-gil
Dongho-ro 10-gil
薬水洞
Yaksu-dong
약수동
Dasan-ro 8-gil
Dongho-ro 11-gil
동호로11길
Dongho-ro 11na-gil
Dongho-ro 11ra-gil
Dongho-ro 7-gil
Dongho-ro 5-gil
地下鉄3号線
新金湖駅
신금호역
Singeumho
Maebong 18-gil
매봉18길
鷹峰近隣公園
응봉근린공원
Geumhosan-gil
금호산길
金湖近隣公園
금호근린공원
金湖洞3街
Geumho-dong 3-ga
금호동3가
金湖駅
금호역
Geumho
ボティゴゲ駅
버티고개역
Beotigogae
地図 P.29
Jangteo-gil
C
D
1
2
3

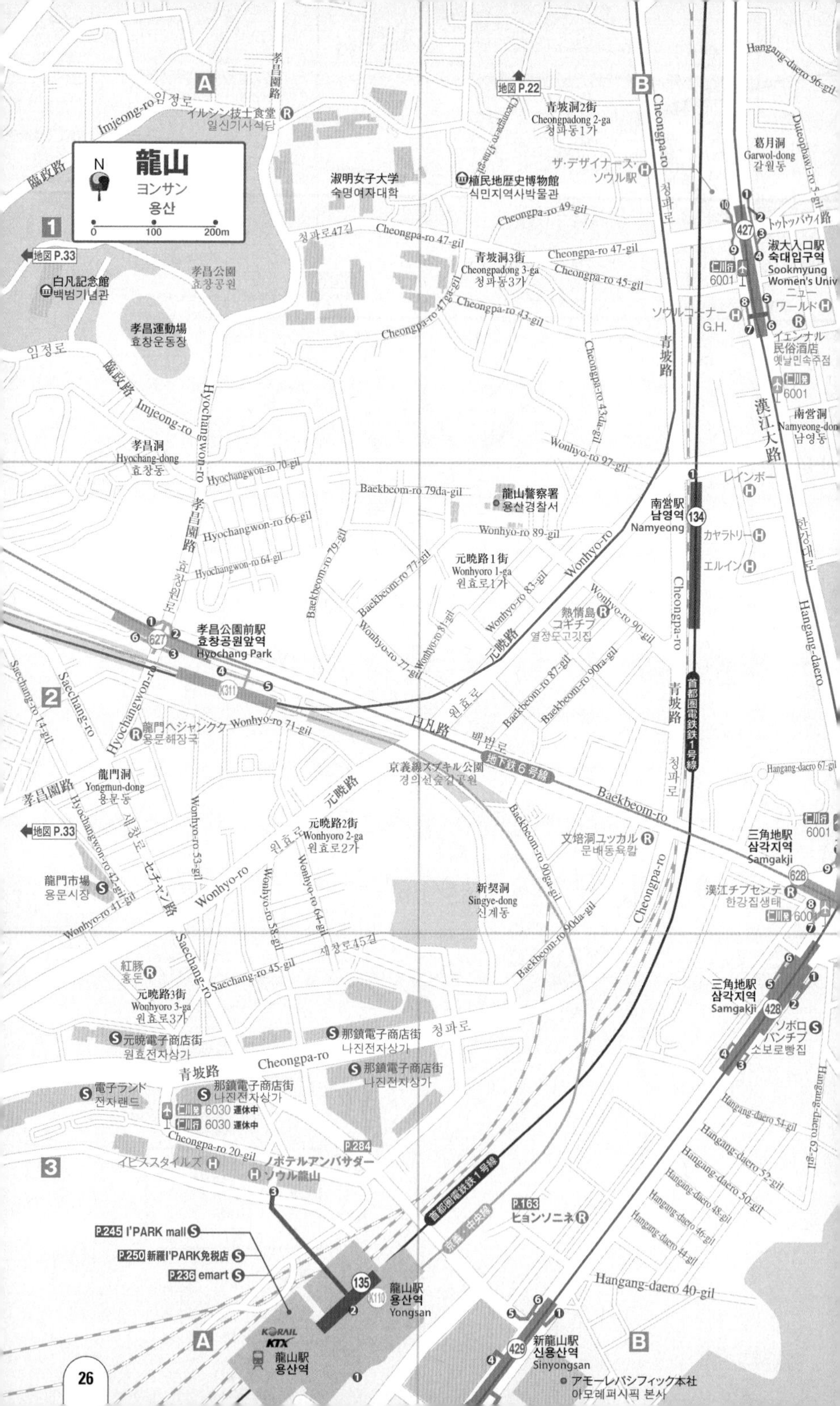

龍山
ヨンサン
용산
N
0
100
200m
A
B
1
2
3
地図 P.22
地図 P.33
地図 P.33
白凡記念館
백범기념관
イルシン技士食堂
일신기사식당
淑明女子大学
숙명여자대학
植民地歴史博物館
식민지역사박물관
ザ・デザイナーズ・ソウル駅
青坡洞2街
Cheongpadong 2-ga
청파동1가
葛月洞
Garwol-dong
갈월동
孝昌公園
효창공원
孝昌運動場
효창운동장
青坡洞3街
Cheongpadong 3-ga
청파동3가
淑大入口駅
숙대입구역
Sookmyung Women's Univ
ソウルコーナーG.H.
ニューワールド
イェナル民俗酒店
옛날민속주점
南営洞
Namyeong-dong
남영동
孝昌洞
Hyochang-dong
효창동
龍山警察署
용산경찰서
南営駅
남영역
Namyeong
レインボー
カヤラトリー
エルイン
元暁路1街
Wonhyoro 1-ga
원효로1가
熱情島コギチプ
열정도고깃집
孝昌公園前駅
효창공원앞역
Hyochang Park
龍門ヘジャンクク
용문해장국
龍門洞
Yongmun-dong
용문동
京義線スプキル公園
경의선숲길공원
元暁路2街
Wonhyoro 2-ga
원효로2가
文培洞ユッカル
문배동육칼
三角地駅
삼각지역
Samgakji
漢江チブセンテ
한강집생태
龍門市場
용문시장
新契洞
Singye-dong
신계동
紅豚
홍돈
元暁路3街
Wonhyoro 3-ga
원효로3가
ソボロパンチプ
소보로빵집
元暁電子商店街
원효전자상가
那鎮電子商店街
나진전자상가
電子ランド
전자랜드
イビススタイルズ
ノボテルアンバサダーソウル龍山
P.284
P.163
ヒョンソニネ
P.245 I'PARK mall
P.250 新羅I'PARK免税店
P.236 emart
龍山駅
용산역
Yongsan
KORAIL KTX
新龍山駅
신용산역
Sinyongsan
アモーレパシフィック本社
아모레퍼시픽 본사
臨政路
Imjeong-ro 임정로
Hyochangwon-ro
孝昌園路
Wonhyo-ro
元暁路
Baekbeom-ro
白凡路
백범로
Cheongpa-ro
青坡路
청파로
漢江大路
Hangang-daero
Saechang-ro
セチャン路
새창로
首都圏電鉄1号線
地下鉄6号線
京義・中央線
6001
6030 運休中

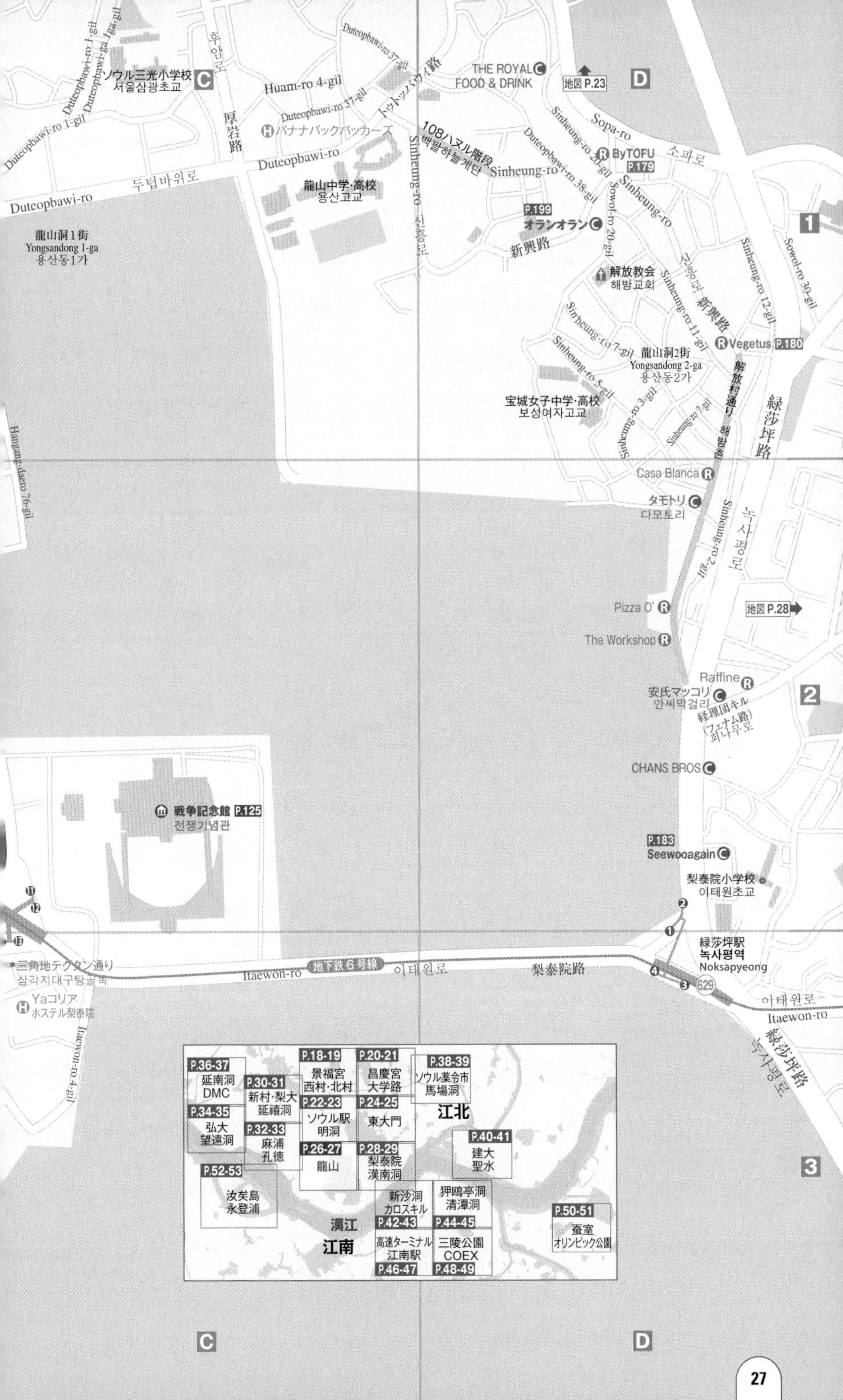

ソウル三光小学校
서울삼광초교
Huam-ro 4-gil
厚岩路
후암로
Duteopbawi-ro 37-gil
トゥトッパウィ路
THE ROYAL FOOD & DRINK
地図 P.23
Sopa-ro
소파로
ByTOFU P.179
バナナバックパッカーズ
108ハヌル階段
백팔하늘계단
Sinheung-ro
Duteopbawi-ro
두텁바위로
龍山中学·高校
용산고교
P.199 オランオラン
新興路
龍山洞1街
Yongsandong 1-ga
용산동1가
解放教会
해방교회
Sinheung-ro 11-gil
Sinheung-ro 12-gil
Sowol-ro 30-gil
Sinheung-ro 7-gil
Sinheung-ro 5-gil
Sinheung-ro 3-gil
Vegetus P.180
龍山洞2街
Yongsandong 2-ga
용산동2가
宝城女子中学·高校
보성여자고교
解放村通り
緑莎坪路
Hangang-daero 76-gil
Casa Blanca
タモトリ
다모토리
Sinheung-ro 2-gil
녹사평로
Pizza O'
地図 P.28
The Workshop
Raffine
安氏マッコリ
안씨막걸리
経理団キル
(フェナム路)
회나무로
CHANS BROS
戦争記念館 P.125
전쟁기념관
P.183 Seewooagain
梨泰院小学校
이태원초교
緑莎坪駅
녹사평역
Noksapyeong
629
三角地テクタン通り
삼각지대구탕골목
Itaewon-ro
地下鉄6号線
이태원로
梨泰院路
Yaコリア
ホステル梨泰院
Itaewon-ro 4-gil
P.36-37 延南洞 DMC
P.30-31 新村·梨大 延禧洞
P.18-19 景福宮 西村·北村
P.20-21 昌慶宮 大学路
P.38-39 ソウル薬令市 馬場洞
P.34-35 弘大 望遠洞
P.22-23 ソウル駅 明洞
P.24-25 東大門
江北
P.32-33 麻浦 孔徳
P.26-27 龍山
P.28-29 梨泰院 漢南洞
P.40-41 建大 聖水
P.52-53 汝矣島 永登浦
新沙洞 カロスキル P.42-43
狎鴎亭洞 清潭洞 P.44-45
P.50-51 蚕室 オリンピック公園
漢江
江南
高速ターミナル 江南駅 P.46-47
三陵公園 COEX P.48-49

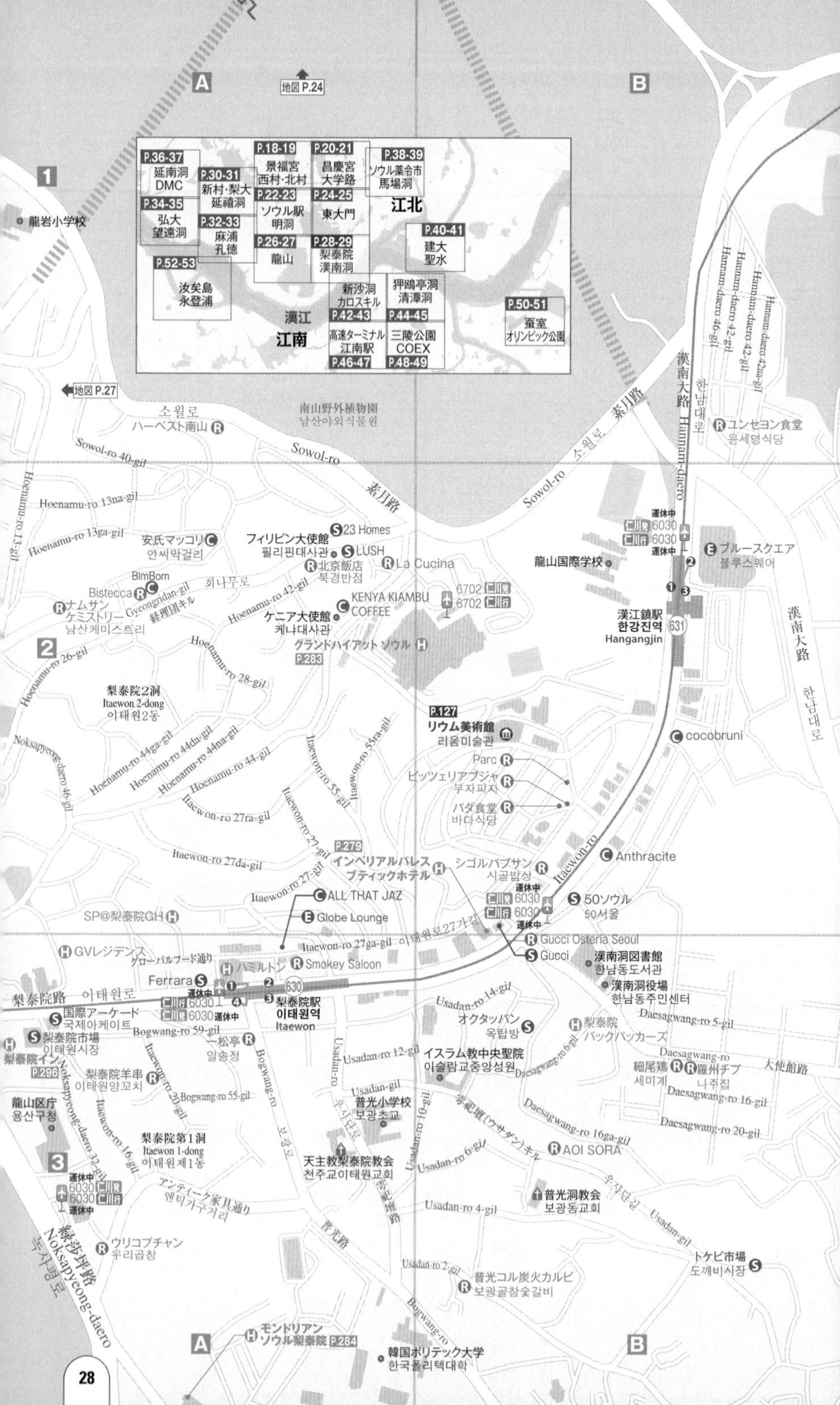

地図P.24
地図P.27
P.36-37 延南洞 DMC
P.30-31 新村・梨大 延禧洞
P.18-19 景福宮 西村・北村
P.20-21 昌慶宮 大学路
P.38-39 ソウル薬令市 馬場洞
P.34-35 弘大 望遠洞
P.32-33 麻浦 孔徳
P.22-23 ソウル駅 明洞
P.24-25 東大門
江北
P.40-41 建大 聖水
P.26-27 龍山
P.28-29 梨泰院 漢南洞
P.52-53 汝矣島 永登浦
新沙洞 カロスキル
狎鴎亭洞 清潭洞
漢江
江南
P.42-43 高速ターミナル 江南駅
P.44-45 三陵公園 COEX
P.46-47
P.48-49
P.50-51 蚕室 オリンピック公園
龍岩小学校
南山野外植物園
남산야외식물원
소월로
ハーベスト南山
Sowol-ro
素月路
Sowol-ro 40-gil
Hoenamu-ro 13-gil
Hoenamu-ro 13na-gil
Hoenamu-ro 13ga-gil
安氏マッコリ
안씨막걸리
フィリピン大使館
필리핀대사관
23 Homes
LUSH
北京飯店
북경반점
La Cucina
BimBom
Bistecca
회나무로
ナムサン ケミストリー
남산케미스트리
Gyeongridan-gil
経理団キル
Hoenamu-ro 42-gil
ケニア大使館
케냐대사관
KENYA KIAMBU COFFEE
6702
グランドハイアット ソウル
P.283
Hoenamu-ro 26-gil
Hoenamu-ro 28-gil
梨泰院2洞
Itaewon 2-dong
이태원2동
Noksapyeong-daero 46-gil
Hoenamu-ro 44ga-gil
Hoenamu-ro 44da-gil
Hoenamu-ro 44na-gil
Hoenamu-ro 44-gil
Itaewon-ro 55-gil
Itaewon-ro 55ra-gil
Itaewon-ro 27ra-gil
Itaewon-ro 27-gil
Itaewon-ro 27da-gil
P.279
インペリアルパレス ブティックホテル
ALL THAT JAZ
Globe Lounge
SP@梨泰院GH
GVレジデンス
グローバルフード通り
Itaewon-ro 27ga-gil
이태원로27가길
ハミルトン
Smokey Saloon
Ferrara
梨泰院路
이태원로
運休中
6030
梨泰院駅
이태원역
Itaewon
国際アーケード
국제아케이트
梨泰院市場
이태원시장
梨泰院イン
P.296
Bogwang-ro 59-gil
一松亭
일송정
梨泰院羊串
이태원양꼬치
Bogwang-ro 55-gil
Itaewon-ro 20-gil
Itaewon-ro 16-gil
Noksapyeong-daero 32-gil
龍山区庁
용산구청
梨泰院第1洞
Itaewon 1-dong
이태원제1동
アンティーク家具通り
앤틱가구거리
ウリコプチャン
우리곱창
緑莎坪路
Noksapyeong-daero
녹사평로
Bogwang-ro
보광로
普光路
Usadan-ro
우사단로
Usadan-ro 12-gil
Usadan-gil
普光小学校
보광초교
天主教梨泰院教会
천주교이태원교회
Usadan-ro 10-gil
雩祀壇路
Usadan-ro 2-gil
モンドリアン ソウル梨泰院
P.284
韓国ポリテック大学
한국폴리텍대학
漢南大路
Hannam-daero
한남대로
Hannam-daero 46-gil
Hannam-daero 42-gil
Hannam-daero 42na-gil
ユンセヨン食堂
윤세영식당
Sowol-ro
소월로
素月路
龍山国際学校
ブルースクエア
블루스퀘어
漢江鎮駅
한강진역
Hangangjin
631
P.127
リウム美術館
리움미술관
cocobruni
Parc
ピッツェリアブジャ
부자피자
パダ食堂
바다식당
Itaewon-ro
Anthracite
シゴルパプサン
시골밥상
50ソウル
50서울
Gucci Osteria Seoul
Gucci
漢南洞図書館
한남동도서관
漢南洞役場
한남동주민센터
Usadan-ro 14-gil
オクタッパン
옥탑방
梨泰院 バックパッカーズ
イスラム教中央聖院
이슬람교중앙성원
雩祀壇(ウサダン)キル
Daesagwang-ro 5-gil
Daesagwang-ro
大使館路
細尾鶏
세미계
羅州チプ
나주집
Daesagwang-ro 16-gil
Daesagwang-ro 16ga-gil
Daesagwang-ro 20-gil
AOI SORA
Usadan-ro 6-gil
普光洞教会
보광동교회
Usadan-ro 4-gil
우사단길
Usadan-gil
トケビ市場
도깨비시장
普光コル炭火カルビ
보광골참숯갈비

梨泰院・漢南洞
イテウォン・ハンナムドン
이태원·한남동
N
0
100
200m
ボティゴゲ駅
버티고개역
Beotigogae
632
金湖駅
금호역
Geumho
334
Jangteo-gil
地図 P.25
東湖路
동호로
Dongho-ro 2-gil
Dokseodang-ro
金玉小学校
금옥초교
독서당로
地下鉄3号線
Dongho-ro
讀書堂路
6010
독서당로
Dokseodang-ro
玉水駅
옥수역
Oksu
335
玉井中学校
옥정중교
한림말길
Hallimmal-gil
讀書堂路
독서당로
玉水駅
옥수역
Oksu
K114
西氷庫路
江辺北路
漢南洞
Hannam-dong
한남동
讀書堂路
アラブ首長国連邦大使館
아랍에미리트대사관
エジプト大使館
이집트대사관
독서당로
運休中
6030
6030
Hannam-daero
MOI
Dokseodang-ro
漢南プゴク
한남북엇국
대사관로
한남대로
漢南大路
讀書堂路
西氷庫路
서빙고로
江辺北路
강변북로
京義・中央線
Seobinggo-ro
Gangbyeonbuk-ro
漢江
한강
漢南駅
한남역
Hannam
K113
地図 P.42
地図 P.43
C
D
1
2
3

鞍山都市自然公園
안산도시자연공원
A
B
1
2
3
증가로
Jeungga-ro
Jeungga-ro
Yeonhui-ro 15an-gil
Yeonhui-ro 15-gil
Yeonhui-ro 27da-gil
Yeonhui-ro 11ra-gil
Yeonhui-ro 11-gil
チュンガ路
延禧マッ路
연희맛로
Yeonhuimat-ro
Yeonhui-ro 26-gil
Yeonhui-ro 26da-gil
延大北門ウリチプ
ノゴンサンパブ
故郷チブ
연희로27길
연희로25길
Yeonhui-ro 27-gil
Yeonhui-ro 25-gil
延禧路
Yeonhui-ro 24-gil
Yeonhui-ro 22-gil
6005 運休中
延禧洞
Yeonhui-dong
연희동
ロドンデドロン
Yeonhui-ro
연희로
ソウル外国人学校
서울외국인학교
チャグンナポリ
木蘭
クムオクタン
Manufact Roasters
Creamfields
Yeonhui-ro 16-gil
Yeonhui-ro 11ga-gil
地図 P.37
Yeonhui Taproom
Yeonhui-ro 12-gil
Yeonhui-ro 10-gil
アンダーウッド記念館
青松咸興冷麺
ココサチプ冷麺
東橋路
延禧路
石城路
ケルクチャングン
京義・中央線
성산로
Seongsan-ro
大講堂
中央図書館
学生会館
学生食堂
錦湖アートホール
延世大学新村セブランス病院
연세대학교 신촌세브란스병원
100周年
記念館
梨大付属小学校
이대부속초교
延世大
연세대
工学院
石城路
6011
石城路 성산로 Seongsan-ro
新村壁画トンネル
신촌벽화터널
新村駅
신촌역
Sinchon
MEGA BOX
Sinchon-ro 2-gil
Sinchon-ro 3-gil
Sinchon-ro 7-gil
Sinchon-ro 7an-gil
Sinchon-ro 3na-gil
Sinchon-ro 3ga-gil
Seongsan-ro 22-gil
地図 P.35
大学薬局
대학약국
健康薬局
건강약국
トクスリ薬局
독수리약국
トクスリタバン
P.202
シンゲチラーメン
신계치라면
ホミルバッ
P.195
新村駅路
Sinchonnyeok-ro
Yonsei-ro 11-gil
Yonsei-ro 12-gil
연세로4길
新村ファンソ
コプチャングイ
신촌황소 곱창구이
Yonsei-ro 9-gil
Yonsei-ro 7an-gil
Yonsei-ro 7-gil
神仙ソルロンタン
신선설농탕
Yonsei-ro 2na-gil
兄弟カルビ
형제갈비
碧帝カルビ
벽제갈비
名物キル
명물길
Myeongmul-gil
Chloris
P.194
Yonsei-ro 4-gil
滄川洞
Changcheon-dong
창천동
地下鉄2号線
弘大入口駅
홍대입구역
Hongik Univ.
A03
K314
アジョシネ
ナクチチム
아저씨네낙지찜
Yonsei-ro 5na-gil
Yonsei-ro 5da-gil
春川家
タッカルビ
춘천집닭갈비
연세로
Yonsei-ro
延世路
U-PLEX
Yonsei-ro 2ra-gil
Yonsei-ro 2da-gil
Yonsei-ro 2ma-gil
Yonsei-ro 2da-gil
P.300
ウィーゴーイン
ホステル
江華島行き
3000番
新村路
신촌로
Sinchon-ro
Wausan-ro
Sinchon-ro 8-gil
Sinchon-ro 10-gil
サモボクチプ
삼호복집
現代百貨店
현대백화점
A TWOSOME PLACE
TARR TARR
地下鉄2号線
新村路 신촌로
백범로1길
Baekbeom-ro 1-gil
Sinchon-ro 24-gil
Sinchon-ro 24an-gil
東橋洞
Donggyo-dong
동교동
京義・中央線
空港鉄道
Wausan-ro 33-gil
Wausan-ro 29-gil
cafe unplugged
P.186
TARR TARR
牛山路
와우산로
空中キャンプ
공중캠프
신촌로12길
Sinchon-ro 12ga-gil
Sinchon-ro 12na-gil
Sinchon-ro 12da-gil
Sinchon-ro 16-gil
Sinchon-ro 18-gil
6002
emart
240
新村駅
신촌역
Sinchon
地図 P.32
iCOS
P.299
ゲストハウス1
Gosan 5-gil
Gosan-gil
고산길
コサンキル

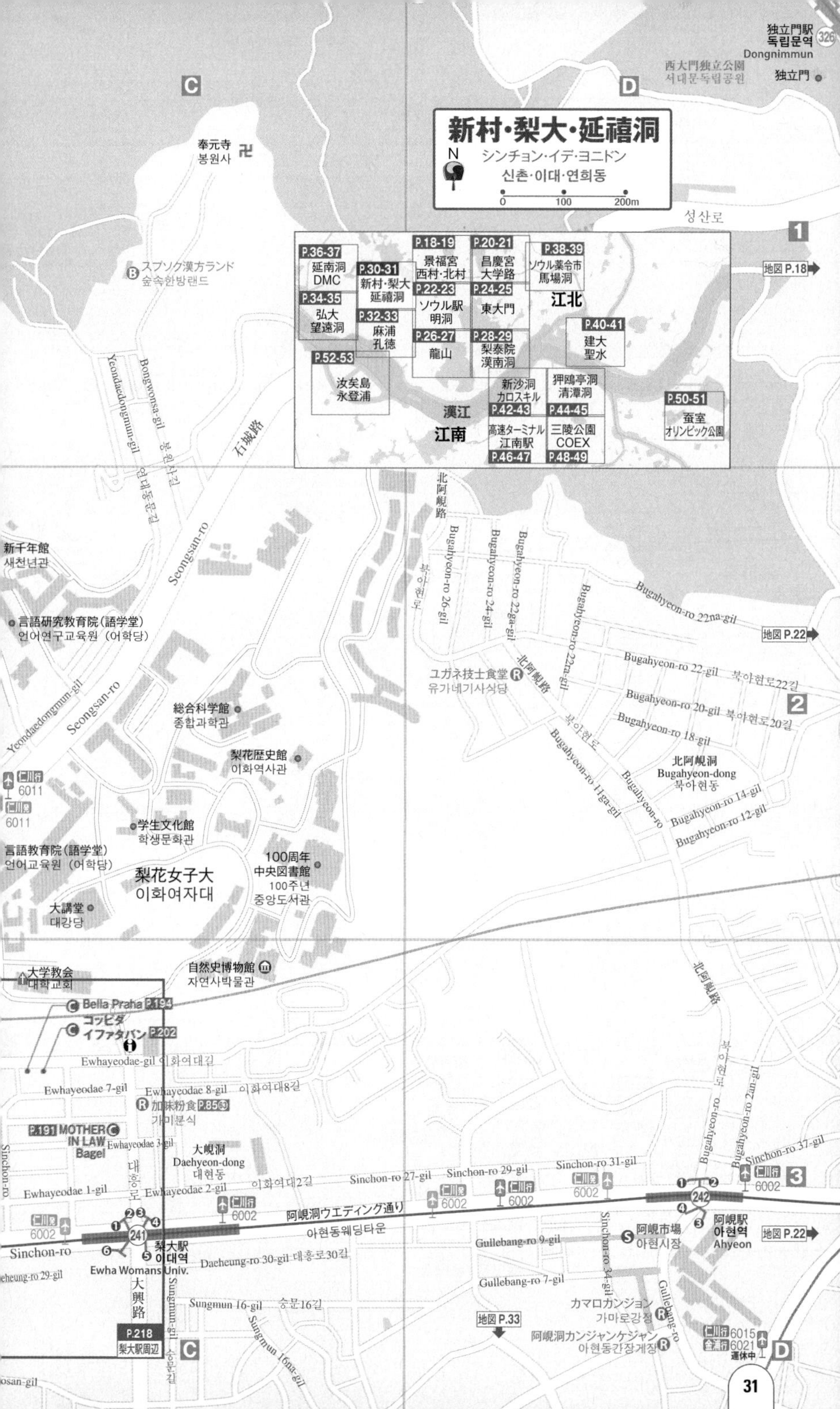

新村・梨大・延禧洞
シンチョン・イデ・ヨニドン
신촌・이대・연희동
0
100
200m
独立門駅
독립문역
Dongnimmun
326
西大門独立公園
서대문독립공원
独立門
奉元寺
봉원사
スプソク漢方ランド
숲속한방랜드
성산로
P.36-37 延南洞 DMC
P.30-31 新村・梨大 延禧洞
P.34-35 弘大 望遠洞
P.32-33 麻浦 孔徳
P.52-53 汝矣島 永登浦
P.18-19 景福宮 西村・北村
P.22-23 ソウル駅 明洞
P.26-27 龍山
P.20-21 昌慶宮 大学路
P.24-25 東大門
P.28-29 梨泰院 漢南洞
P.38-39 ソウル薬令市 馬場洞
江北
P.40-41 建大 聖水
新沙洞 カロスキル P.42-43
狎鴎亭洞 清潭洞 P.44-45
漢江
江南
高速ターミナル 江南駅 P.46-47
三陵公園 COEX P.48-49
P.50-51 蚕室 オリンピック公園
地図 P.18
石城路
Seongsan-ro
Yeondaedongmun-gil
연대동문길
Bongwonsa-gil
봉원사길
北阿峴路
북아현로
Bugahyeon-ro 26-gil
Bugahyeon-ro 24-gil
Bugahyeon-ro 22ga-gil
Bugahyeon-ro 22ra-gil
Bugahyeon-ro 22na-gil
地図 P.22
新千年館
새천년관
言語研究教育院（語学堂）
언어연구교육원（어학당）
ユガネ技士食堂
유가네기사식당
Bugahyeon-ro 22-gil 북아현로22길
Bugahyeon-ro 20-gil 북아현로20길
Bugahyeon-ro 18-gil
総合科学館
종합과학관
梨花歴史館
이화역사관
Bugahyeon-ro 11ga-gil
Bugahyeon-ro
北阿峴洞
Bugahyeon-dong
북아현동
Bugahyeon-ro 14-gil
Bugahyeon-ro 12-gil
6011
学生文化館
학생문화관
言語教育院（語学堂）
언어교육원（어학당）
梨花女子大
이화여자대
100周年
中央図書館
100주년
중앙도서관
大講堂
대강당
大学教会
대학교회
自然史博物館
자연사박물관
Bella Praha P.194
コッピダ イファタバン P.202
Ewhayeodae-gil 이화여대길
Ewhayeodae 7-gil
Ewhayeodae 8-gil 이화여대8길
加味粉食 P.85
가미분식
P.191 MOTHER IN LAW Bagel
Ewhayeodae 3-gil
大峴洞
Daehyeon-dong
대현동
대흥로
Sinchon-ro
Ewhayeodae 1-gil
Ewhayeodae 2-gil 이화여대2길
Sinchon-ro 27-gil
Sinchon-ro 29-gil
Sinchon-ro 31-gil
Sinchon-ro 37-gil
Bugahyeon-ro
Bugahyeon-ro 2an-gil
6002
阿峴洞ウエディング通り
아현동웨딩타운
241
242
梨大駅
이대역
Ewha Womans Univ.
阿峴市場
아현시장
阿峴駅
아현역
Ahyeon
Gullebang-ro 9-gil
Sinchon-ro 34-gil
Daeheung-ro 30-gil 대흥로30길
eheung-ro 29-gil
大興路
Sungmun-gil
숭문길
Sungmun 16-gil 숭문16길
Sungmun 16na-gil
Gullebang-ro 7-gil
Gullebang-ro
カマロカンジョン
가마로강정
地図 P.33
阿峴洞カンジャンケジャン
아현동간장게장
6015
6021
運休中
P.218
梨大駅周辺
osan-gil

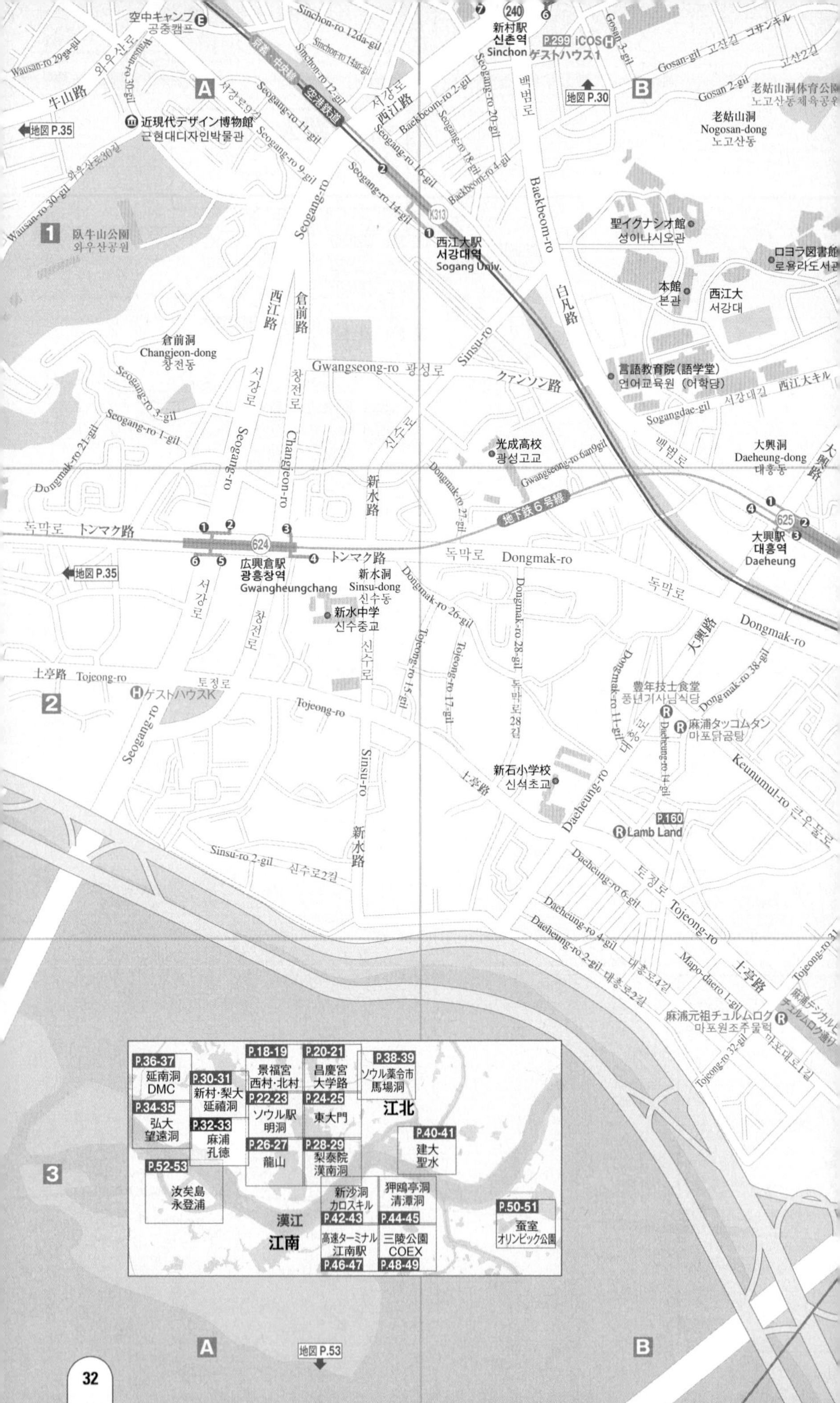

空中キャンプ 공중캠프
近現代デザイン博物館 근현대디자인박물관
臥牛山公園 와우산공원
牛山路
倉前洞 Changjeon-dong 창전동
西江路
倉前路
新村駅 신촌역 Sinchon
P.299 iCOS ゲストハウス1
老姑山洞体育公園 노고산동체육공원
老姑山洞 Nogosan-dong 노고산동
西江大駅 서강대역 Sogang Univ.
聖イグナシオ館 성이냐시오관
ロヨラ図書館 로욜라도서관
本館 본관
西江大 서강대
白凡路
言語教育院（語学堂） 언어교육원 (어학당)
光成高校 광성고교
大興洞 Daeheung-dong 대흥동
地下鉄6号線
広興倉駅 광흥창역 Gwangheungchang
新水洞 Sinsu-dong 신수동
新水中学 신수중교
大興駅 대흥역 Daeheung
トンマク路
Dongmak-ro
土亭路 Tojeong-ro
ゲストハウスK
豊年技士食堂 풍년기사님식당
麻浦タッコムタン 마포닭곰탕
新石小学校 신석초교
P.160 Lamb Land
麻浦元祖チュルムロク 마포원조주물럭
地図 P.30
地図 P.35
地図 P.53
P.36-37 延南洞 DMC
P.30-31 新村・梨大 延禧洞
P.18-19 景福宮 西村・北村
P.20-21 昌慶宮 大学路
P.38-39 ソウル薬令市 馬場洞
P.34-35 弘大 望遠洞
P.22-23 ソウル駅 明洞
P.24-25 東大門
江北
P.32-33 麻浦 孔徳
P.26-27 龍山
P.28-29 梨泰院 漢南洞
P.40-41 建大 聖水
P.52-53 汝矣島 永登浦
新沙洞 カロスキル P.42-43
狎鴎亭洞 清潭洞 P.44-45
P.50-51 蚕室 オリンピック公園
漢江
江南
高速ターミナル 江南駅 P.46-47
三陵公園 COEX P.48-49

麻浦・孔徳
マポ・コンドク
마포·공덕
N
0
100
200m
C
D
1
2
3
地図 P.31
地図 P.22
地図 P.26
地図 P.26
Gosan-gil
Gosan 14-gil
Gosan 16-gil
Gosan 18-gil
Daeheung-ro
Daeheung-ro 21-gil
大興路
Sungmun-gil
崇文キル
숭문길
Sinchon-ro 28ba-gil
ハンソ小学校
한서초교
Sungmun 12-gil
阿峴洞
Ahyeon-dong
아현동
Mapo-daero 21-gil
곰레방로
黄金コンバク
황금콩밭
エオゲ駅
애오개역
Aeogae
530
Mapo-daero 24-gil
6015
6021
運休中
河南テジチプ
하남돼지집
Mapo-daero 20-gil
翰世サイバー保安高校
한세사이버보안고교
聖ニコラス主教座大聖堂
성니콜라스주교좌대성당
大興洞
Daeheung-dong
대흥동
崇文高校
숭문고교
麻浦警察署
마포경찰서
Mapo-daero 16-gil
真味食堂
진미식당
Daeheung-ro 18-gil
Sungmun-gil
Mapo-daero 14ga-gil
Mapo-daero 14da-gil
龍江小学校
용강초교
Baekbeom-ro 21-gil
Mapo-daero 11-gil
ソウル女子中学
서울여자중교
ソウル女子高校
서울여자고교
麻浦ウサミ
마포우사미
キホネコプチャン
기호네곱창
Mapo-daero 12-gil
ナルホステル
Baekbeom-ro 25-gil
Mapo-daero 7-gil
乙密台本店
을밀대본점
孔徳洞
Gongdeok-dong
공덕동
Mallijaeyet-gil
만리재옛길
白凡路
백범로
ソウルデザイン高校
서울디자인고교
東都中学
동도중교
Mapo-daero 8-gil
万里チェ路
Mallijae-ro
만리재로
麻浦大路
Mapo-daero 7-gil
鹽里洞
Yeomni-dong
염리동
Mallijae-ro 1-gil
孔徳市場
공덕시장
麻浦ソムンナンチョクパル
마포소문난족발
Baekbeom-ro
トンマク路
Baekbeom-ro 36ga-gil
Baekbeom-ro 28-gil
孔徳駅
공덕역
Gongdeok
529
チヂミ通り 전골먹
元祖麻浦ハルモニビンデトック
원조마포할머니빈대떡
ロッテシティホテル麻浦
元祖チェデポ
원조최대포
임정로
臨政路
백범로36가길
백범로28길
Dongmak-ro
チョクパル通り
족발골먹
オヒャンチョクパル
오향족발
626
オントリセンコギ
엉터리생고기
독막로
6015, 6701, 6702
6021
駅前会館
역전회관
新羅ステイ麻浦
グラッド麻浦
P.288
白凡路
백범로
Baekbeom-ro
Dongmak-ro 42-gil
토정로31길
龍江洞
Yonggang-dong
용강동
K312
A02
emart
P.236
クスムル路
Tojeong-ro 37-gil
P.294
ロイネットホテルソウル麻浦
麻浦ヤンジスルロンタン
마포양지설렁탕
釜山カルメギ
부산갈매기
クルタリ食堂
굴다리식당
新義州チャッサルスンデ
신의주찹쌀순대
三大チョクパル
삼대족발
マポデロ
麻浦大路
木浦ナクチ
목포낙지
Fritz
桃花洞
Dohwa-dong
도화동
Saechang-ro
Dohwa 4-gil
Tojeong-ro 35-gil
ソギャンチプ
서양집
ソウルガーデン
P.288
Mapo-daero
セチャン路
元祖趙朴家
원조조박집
テスンチプ
태순집
瑞山コッケ
서산꽃게
528
麻浦駅
마포역
Mapo
麻浦ナル
마포나루
Samgae-ro
Dohwa 2-gil
새창로
麻浦屋
마포옥
大都食堂
대도식당
Dohwa 2an-gil
麻浦小学校
마포초교
麻浦コプチャン
마포곱창
P.184
3C5花
麻浦牧場
마포목장
サムゲ路
삼개로
ナルソウル
Mギャラリーアンバサダー
P.286
Saechang-ro 12-gil
Hyochangwon-ro 25da-gil
Hyochangwon-ro
孝昌園路
효창원로
Saechang-ro 8-gil
새창로8길
元暁小学校
원효초교
漢江G.H.

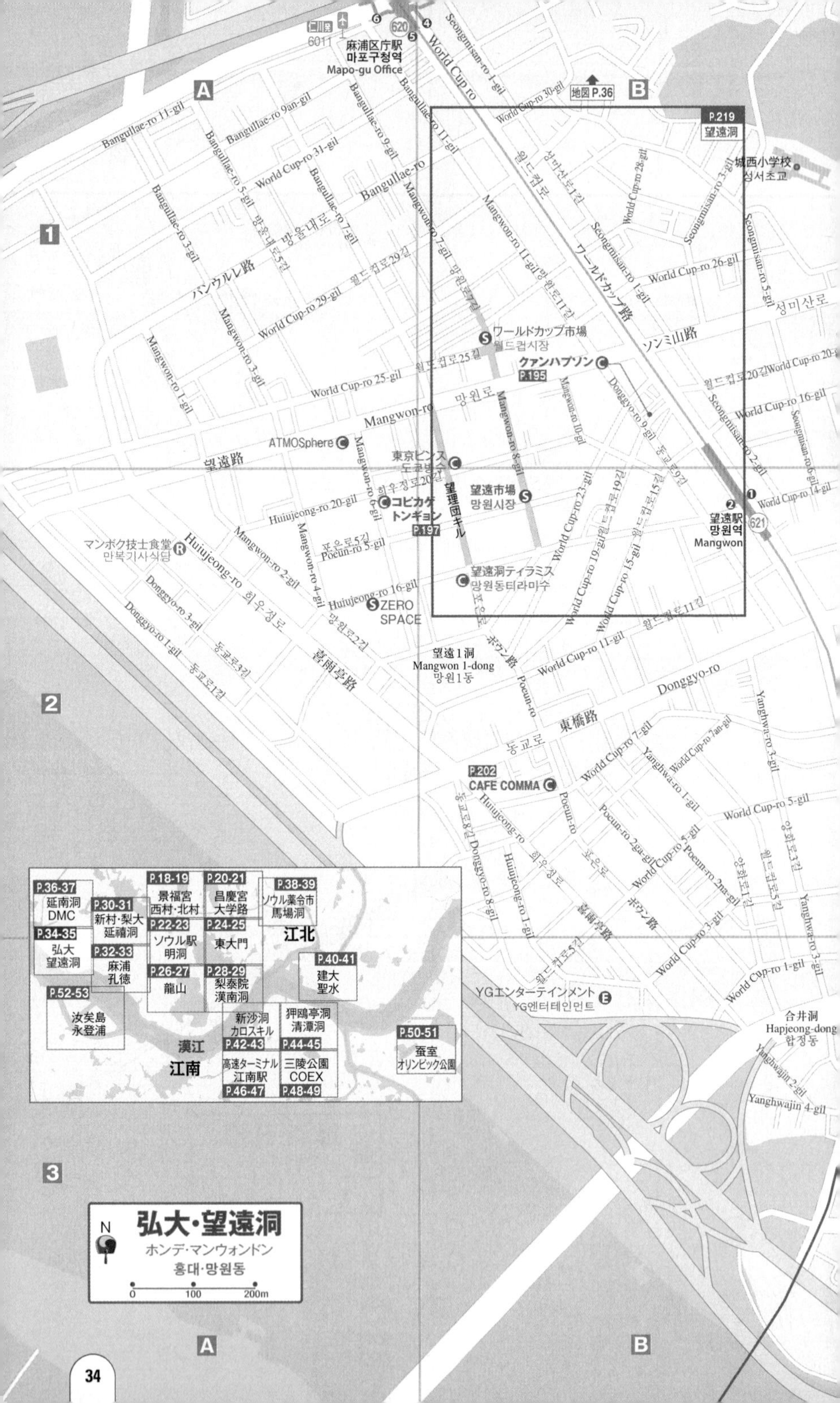

弘大・望遠洞
ホンデ・マンウォンドン
홍대・망원동
N
0
100
200m
麻浦区庁駅
마포구청역
Mapo-gu Office
地図 P.36
P.219
望遠洞
ワールドカップ市場
월드컵시장
クァンハプソン
P.195
ATMOSphere
東京ピンス
도쿄빙수
コピカゲトンギョン
P.197
望理団キル
望遠市場
망원시장
望遠洞ティラミス
망원동티라미스
ZERO SPACE
マンボク技士食堂
만복기사식당
望遠駅
망원역
Mangwon
城西小学校
성서초교
望遠1洞
Mangwon 1-dong
망원1동
P.202
CAFE COMMA
YGエンターテインメント
YG엔터테인먼트
合井洞
Hapjeong-dong
합정동
World Cup ro
ワールドカップ路
バンウルレ路
Bangullae-ro
ソンミ山路
성미산로
Mangwon-ro
망원로
望遠路
Huiujeong-ro
희우정로
喜雨亭路
Donggyo-ro
동교로
東橋路
ポウン路
Poeun-ro
P.36-37 延南洞 DMC
P.30-31 新村・梨大 延禧洞
P.18-19 景福宮 西村・北村
P.20-21 昌慶宮 大学路
P.38-39 ソウル薬令市 馬場洞
P.34-35 弘大 望遠洞
P.22-23 ソウル駅 明洞
P.24-25 東大門
江北
P.32-33 麻浦 孔徳
P.26-27 龍山
P.28-29 梨泰院 漢南洞
P.40-41 建大 聖水
P.52-53 汝矣島 永登浦
新沙洞 カロスキル P.42-43
狎鴎亭洞 清潭洞 P.44-45
P.50-51 蚕室 オリンピック公園
漢江
江南
高速ターミナル 江南駅 P.46-47
三陵公園 COEX P.48-49

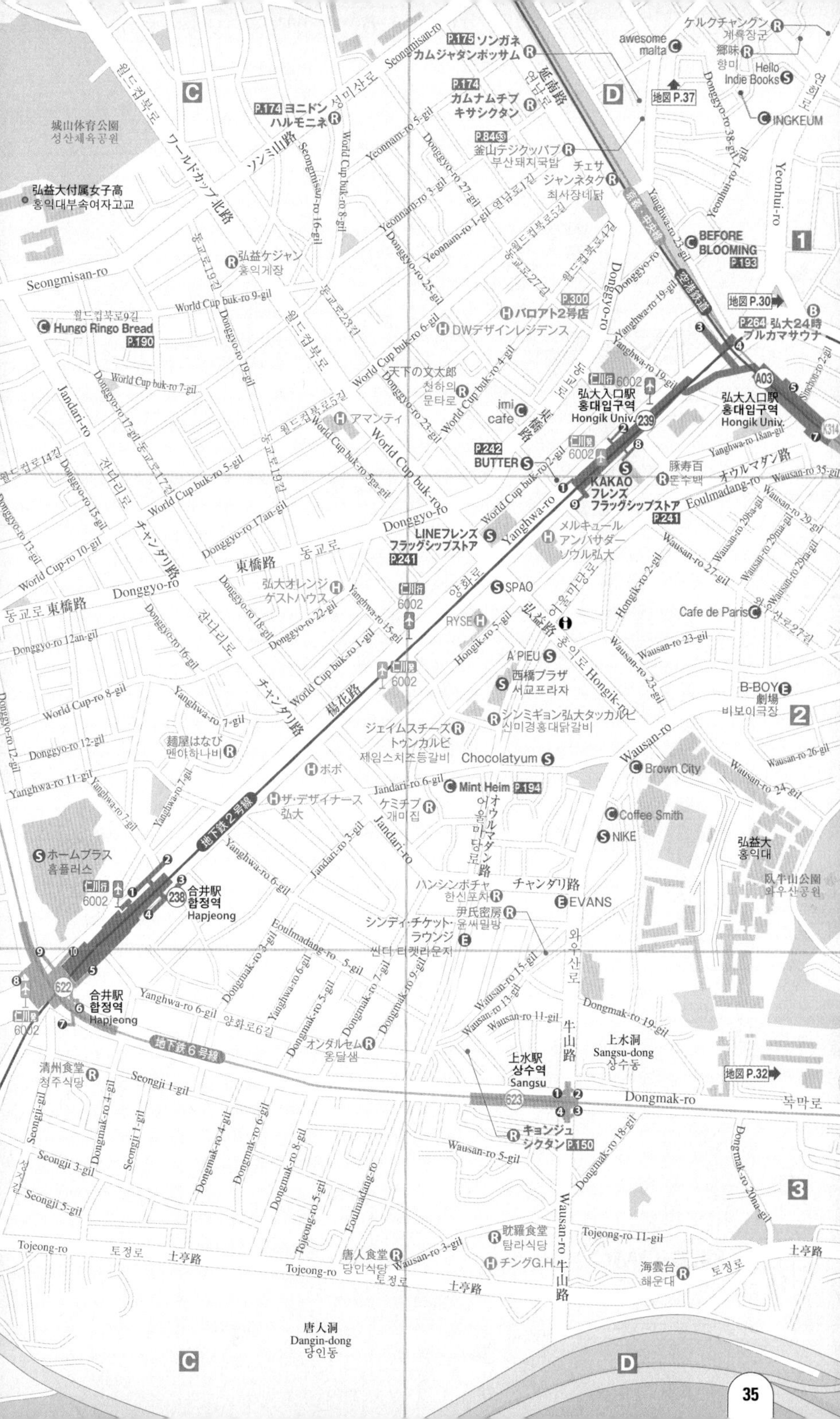
城山体育公園
성산체육공원
弘益大付属女子高
홍익대부속여자고교
P.174 ヨニドン ハルモニネ
P.175 ソンガネ カムジャタンポッサム
P.174 カムナムチプ キサシクタン
P.84 釜山テジクッパプ
부산돼지국밥
チェサ ジャンネタク
최사장네닭
awesome malta
ケルクチャングン
계륵장군
郷味
향미
Hello Indie Books
INGKEUM
地図 P.37
BEFORE BLOOMING
P.193
地図 P.30
P.264 弘大24時 プルカマサウナ
弘益ケジャン
홍익게장
Hungo Ringo Bread
P.190
P.300 バロアト2号店
DWデザインレジデンス
天下の文太郎
천하의 문타로
アマンティ
imi cafe
弘大入口駅
홍대입구역
Hongik Univ.
P.242 BUTTER
KAKAO フレンズ フラッグシップストア
P.241
豚寿百
돈수백
LINEフレンズ フラッグシップストア
P.241
メルキュール アンバサダー ソウル弘大
弘大オレンジ ゲストハウス
SPAO
RYSE
A'PIEU
西橋プラザ
서교프라자
シンミギョン弘大タッカルビ
신미경홍대닭갈비
Cafe de Paris
B-BOY 劇場
비보이극장
麺屋はなび
멘야하나비
ジェイムスチーズ トゥンカルビ
제임스치즈등갈비
Chocolatyum
ボボ
ザ・デザイナース 弘大
Mint Heim P.194
ケミチプ
개미집
Brown City
Coffee Smith
NIKE
ホームプラス
홈플러스
合井駅
합정역
Hapjeong
ハンシンポチャ
한신포차
尹氏密房
윤씨밀방
シンディ・チケット・ラウンジ
씬디 티켓라운지
EVANS
弘益大
홍익대
臥牛山公園
와우산공원
オンダルセム
온달샘
清州食堂
청주식당
上水駅
상수역
Sangsu
上水洞
Sangsu-dong
상수동
地図 P.32
キョンジュ シクタン P.150
耽羅食堂
탐라식당
チングG.H.
唐人食堂
당인식당
海雲台
해운대
唐人洞
Dangin-dong
당인동
地下鉄2号線
地下鉄6号線
空港鉄道
京義・中央線
World Cup buk-ro
Yanghwa-ro
Donggyo-ro
Wausan-ro
Dongmak-ro
Tojeong-ro
土亭路
Seongmisan-ro
Jandari-ro
Eoulmadang-ro
Hongik-ro
Yeonhui-ro
Seongji 1-gil

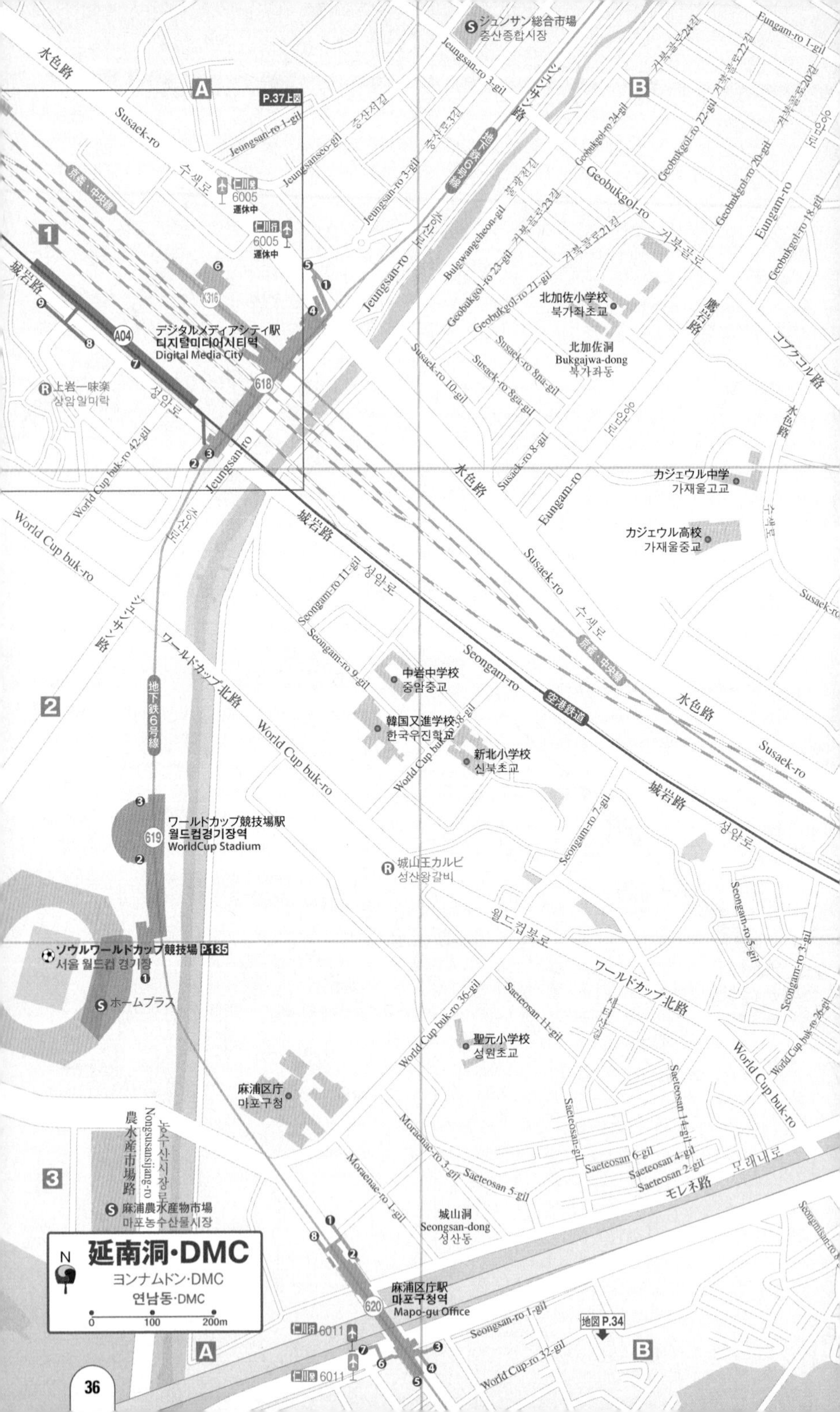
延南洞・DMC
ヨンナムドン・DMC
연남동・DMC
デジタルメディアシティ駅
디지털미디어시티역
Digital Media City
ワールドカップ競技場駅
월드컵경기장역
WorldCup Stadium
麻浦区庁駅
마포구청역
Mapo-gu Office
ソウルワールドカップ競技場 P.135
서울 월드컵 경기장
ジュンサン総合市場
증산종합시장
上岩一味楽
상암일미락
城山王カルビ
성산왕갈비
北加佐小学校
북가좌초교
北加佐洞
Bukgajwa-dong
북가좌동
カジェウル中学
가재울고교
カジェウル高校
가재울중교
中岩中学校
중암중교
韓国又進学校
한국우진학교
新北小学校
신북초교
聖元小学校
성원초교
麻浦区庁
마포구청
城山洞
Seongsan-dong
성산동
ホームプラス
麻浦農水産物市場
마포농수산물시장
P.37上図
地図 P.34
水色路
Susaek-ro
수색로
城岩路
Seongam-ro
성암로
Jeungsan-ro
증산로
ジュンサン路
World Cup buk-ro
ワールドカップ北路
월드컵북로
地下鉄6号線
空港鉄道
京義・中央線
Geobukgol-ro
거북골로
Eungam-ro
鷹岩路
コブクコル路
モレネ路
모래내로
農水産市場路
Nongsusansijang-ro
농수산시장로
運休中
6005
6011

DMC
(デジタルメディアシティ)
0
100
200m
MBC放送センター
MBC방송센터
MBCホール
MBC홀
KGITセンター
KGIT센터
MBC MALL PLAZA
SBS上岩プリズムタワー
SBS상암프리즘타워
デジタルメディアシティ駅方面
ヌリクムスクエア
누리꿈스퀘어
YTNニューススクエア
YTN뉴스퀘어
CJ E&Mセンター
CJ E&M센터
CAFE MOIM
トゥレ牛家
두레우가
JTBC
KBSメディアセンター
KBS미디어센터
上岩近隣公園
상암근린공원
OGN eスタジアム
OGN e스타디움
朴正熙記念館&図書館
박정희기념·도서관
スタンフォード
水色駅
수색역
Susaek
デジタルメディアシティ駅
디지털미디어시티역
Digital Media City
The Bread Pantry
MBC方面
上岩一味楽
상암일미락
薯童韓牛
서동한우
Seongam-ro
城岩路
Susaek-ro
Sangamsan-ro
World Cup buk-ro
ワールドカップ北路
Maebongsan-ro
6005
運休中
南加佐洞
Namgajwa-dong
남가좌동
P.36-37 延南洞 DMC
P.30-31 新村・梨大 延禧洞
P.18-19 景福宮 西村・北村
P.20-21 昌慶宮 大学路
P.38-39 ソウル薬令市 馬場洞
P.34-35 弘大 望遠洞
P.22-23 ソウル駅 明洞
P.24-25 東大門
江北
P.32-33 麻浦 孔徳
P.26-27 龍山
P.28-29 梨泰院 漢南洞
P.40-41 建大 聖水
P.52-53 汝矣島 永登浦
新沙洞 カロスキル P.42-43
狎鴎亭洞 清潭洞 P.44-45
P.50-51 蚕室 オリンピック公園
漢江
江南
高速ターミナル 江南駅 P.46-47
三陵公園 COEX P.48-49
モレネ市場
모래내시장
モレネ精肉食堂
모래내정육식당
モレネ市場 うまいもの通り
모래내시장먹자골목
モレネテジカルビ
모래네돼지갈비
加佐駅
가좌역
Gajwa
クンドン公園
궁동공원
城山路
Seongsan-ro
地図 P.30
P.188 Bomhui
延南洞
Yeonnam-dong
연남동
クリムカフェ
그림카페
UnPair Piece
Teaconic
Besonder
ベニキア The M
iHOusse チンチン
地図 P.35
ケルクチャングン
계륵장군
郷味
향미
awesome malta
延南路
Yeonnam-ro
東橋路
Donggyo-ro
ワールドカップ北路

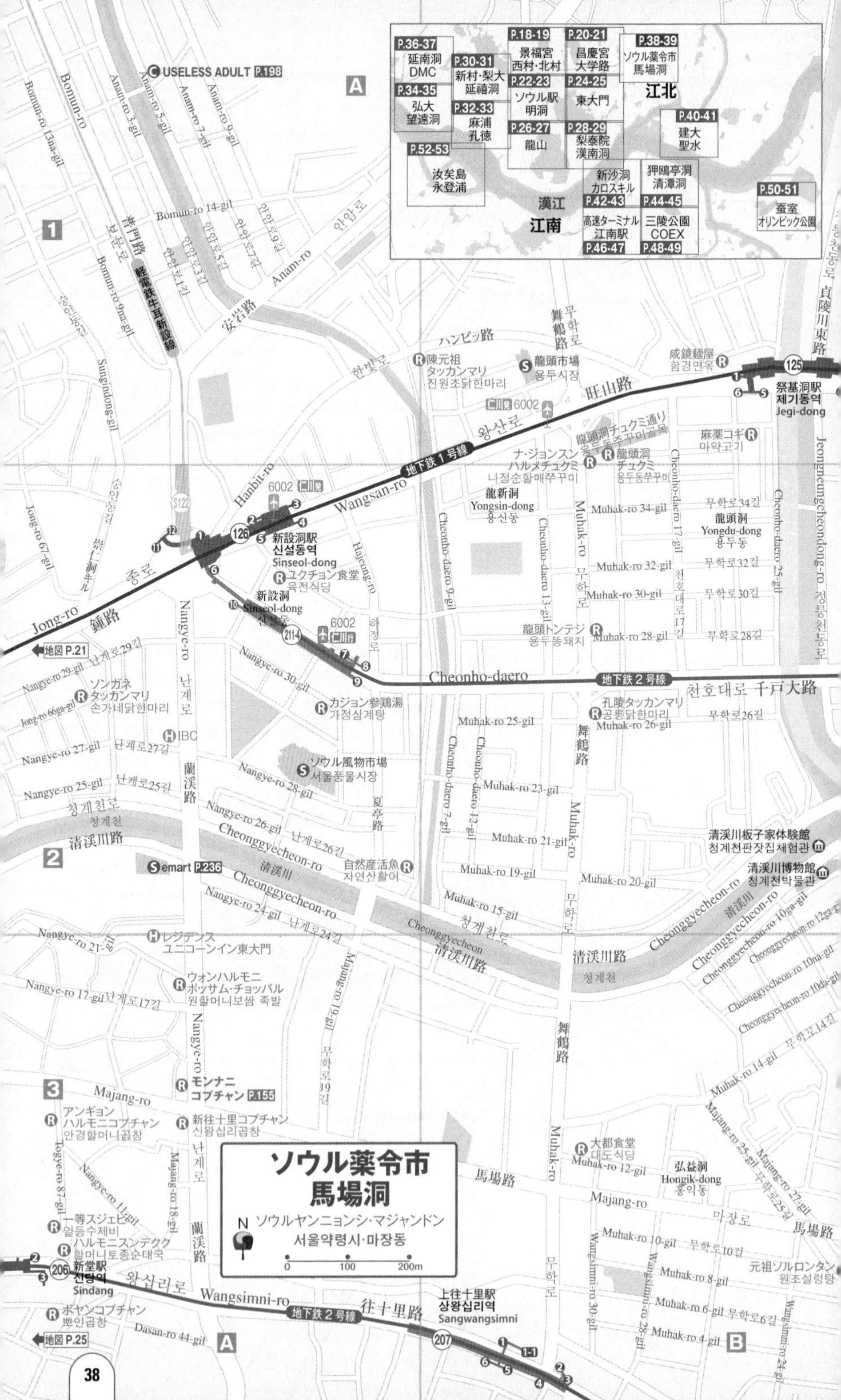

ソウル薬令市
馬場洞
ソウルヤンニョンシ・マジャンドン
서울약령시·마장동
N
0
100
200m
P.36-37 延南洞 DMC
P.30-31 新村・梨大 延禧洞
P.18-19 景福宮 西村・北村
P.20-21 昌慶宮 大学路
P.38-39 ソウル薬令市 馬場洞
P.34-35 弘大 望遠洞
P.22-23 ソウル駅 明洞
P.24-25 東大門
江北
P.32-33 麻浦 孔徳
P.26-27 龍山
P.28-29 梨泰院 漢南洞
P.40-41 建大 聖水
P.52-53 汝矣島 永登浦
新沙洞 カロスキル P.42-43
狎鴎亭洞 清潭洞 P.44-45
P.50-51 蚕室 オリンピック公園
漢江
江南
高速ターミナル 江南駅 P.46-47
三陵公園 COEX P.48-49
USELESS ADULT P.198
A
B
1
2
3
Bomun-ro
Bomun-ro 13na-gil
Anam-ro 3-gil
Anam-ro 5-gil
Anam-ro 7-gil
Anam-ro 9-gil
Bomun-ro 14-gil
Bomun-ro 9na-gil
普門路 보문로
軽電鉄牛耳新設線
安岩路
Anam-ro
안암로
Sungindong-gil
Jong-ro 67-gil
崇仁洞キル
Hanbit-ro
ハンビッ路
한빛로
陳元祖 タッカンマリ 진원조닭한마리
龍頭市場 용두시장
舞鶴路 무학로
旺山路
왕산로
Wangsan-ro
地下鉄1号線
6002
咸鏡麺屋 함경면옥
125
祭基洞駅 제기동역 Jegi-dong
貞陵川東路
Jeongneungcheondong-ro
정릉천동로
龍頭洞チュクミ通り 용두동쭈꾸미골목
ナ・ジョンスン ハルメチュクミ 나정순할매쭈꾸미
龍頭洞 チュクミ 용두동쭈꾸미
麻薬コギ 마약고기
龍新洞 Yongsin-dong 용신동
龍頭洞 Yongdu-dong 용두동
Muhak-ro
Muhak-ro 34-gil 무학로34길
Muhak-ro 32-gil 무학로32길
Muhak-ro 30-gil 무학로30길
Muhak-ro 28-gil 무학로28길
Cheonho-daero 9-gil
Cheonho-daero 13-gil
Cheonho-daero 17-gil
Cheongho-daero 25-gil
S122
126
新設洞駅 신설동역 Sinseol-dong
ユクチョン食堂 육전식당
新設洞 Sinseol-dong 신설동
Hajeong-ro
하정로
211-4
龍頭トンテジ 용두똥돼지
Jong-ro
종로
鍾路
地図 P.21
Nangye-ro
난계로
蘭渓路
Nangye-ro 29-gil 난계로29길
ソンガネ タッカンマリ 손가네닭한마리
Jong-ro 66ga-gil
IBC
Nangye-ro 27-gil 난계로27길
Nangye-ro 25-gil 난계로25길
Nangye-ro 30-gil
Cheonho-daero
地下鉄2号線
천호대로 千戸大路
カジョン参鶏湯 가정삼계탕
孔陵タッカンマリ 공릉닭한마리
Muhak-ro 26-gil 무학로26길
Muhak-ro 25-gil
ソウル風物市場 서울풍물시장
Nangye-ro 28-gil
夏亭路
Cheonho-daero 7-gil
Cheonho-daero 12-gil
Muhak-ro 23-gil
Muhak-ro 21-gil
Muhak-ro 19-gil
Muhak-ro 20-gil
Muhak-ro 15-gil
청계천로
청계천
清渓川路
emart P.236
Nangye-ro 26-gil 난계로26길
Cheonggyecheon-ro
清渓川
自然産活魚 자연산활어
清渓川板子家体験館 청계천판잣집체험관
清渓川博物館 청계천박물관
Nangye-ro 24-gil 난계로24길
Cheonggyecheon
Cheonggyecheon-ro 10ga-gil
Cheonggyecheon-ro 10na-gil
Cheonggyecheon-ro 10da-gil
Nangye-ro 21-gil
レジデンス ユニコーンイン東大門
Majang-ro 19-gil
무학로19길
ウォンハルモニ ポッサム・チョッパル 원할머니보쌈 족발
Nangye-ro 17-gil 난계로17길
무학로14길
Muhak-ro 14-gil
モンナニ コプチャン P.155
Majang-ro
アンギョン ハルモニコプチャン 안경할머니곱창
新往十里コプチャン 신왕십리곱창
Majang-ro 18-gil
Togye-ro 87-gil
Nangye-ro 11-gil
大都食堂 대도식당
Muhak-ro 12-gil
馬場路
弘益洞 Hongik-dong 홍익동
마장로
Majang-ro 25-gil
Majang-ro 27-gil
무학로25길
一等スジェビ 일등수제비
ハルモニスンデクク 할머니토종순대국
206
新堂駅 신당역 Sindang
왕십리로
Wangsimni-ro
往十里路
地下鉄2号線
Muhak-ro 10-gil 무학로10길
Muhak-ro 8-gil
Muhak-ro 6-gil 무학로6길
Muhak-ro 4-gil
Wangsimni-ro 30-gil
Wangsimni-ro 28-gil
Wangsimni-ro 24-gil
元祖ソルロンタン 원조설렁탕
上往十里駅 상왕십리역 Sangwangsimni
207
ポヤンコプチャン 뽀얀곱창
Dasan-ro 44-gil
地図 P.25

OME cooKING Lab P.255
약령시로 薬令市路
Yangnyeongsi-ro
古山子路 고산자로
Gosanja-ro 44-gil
Gosanja-ro 42-gil
Gyeongdongsijang-ro 경동시장로
Hongneung-ro 5-gil
Hongneung-ro 3-gil
Wangsan-ro 33-gil
Wangsan-ro 37-gil
Hongneung-ro 홍릉로 洪陵路
Gyeongdongsijang-ro 10-gil
ザ・デザイナーズ清涼里
清涼里うまいもの通り 청량리먹자골목
6002
地下鉄1号線
KORAIL KTX
清涼里駅 청량리역 Cheongnyangni
ロッテ百貨店
乗換センター（市内バス）
清涼里駅 청량리역 Cheongnyangni
P.236 ロッテマート
乗換センター（市外バス）
K209 K117
124
風川チャンオマウル 풍천장어마을
P.125
ソウル薬令市韓医薬博物館 서울약령시한의약박물관
ソウル薬令市場 서울약령시장
清涼里トンダク通り 청량리통닭골목
京東市場 경동시장
Gosanja-ro 38-gil
京東市場 경동시장
京東市場路
カムチョ食堂 감초식당
平壌冷麺 평양냉면
Kシティ
カトリック大学聖パウロ病院 가톨릭대학교 성바오로병원
典農1洞 Jeonnong 1-dong 전농1동
P.267 タミガ
祭基洞 Jegi-dong 제기동
旺山路 왕산로
P.215 ソウル薬令市
富山韓医院
P.267
Wangsan-ro
清涼里水産市場 청량리수산시장
Gosanja-ro 34-gil
Dapsimni-ro 3-gil
Dapsimni-ro 11-gil
京義・中央線
地下鉄1号線
感嘆トッポッキ 감탄떡볶이
羅州コムタン 羅州ジョン 나주곰탕 나주전한식
京東韓牛 경동한우
ホバ食堂 허파식당
답십리로 Dapsimni-ro
Seoulsiripdae-ro
ソウル市立大路
Gosanja-ro 32-gil
Wangsan-ro 32-gil
Wangsan-ro 26-gil
Cheonho-daero 27-gil
Cheonho-daero 45na-gil
Cheonho-daero 45ga-gil
ハイマート
中国城 중국성
踏十里路
Dapsimni-ro
Dapsimni-ro 23-gil
Dapsimni-ro 29-gil
Dapsimni-ro 30-gil
Dapsimni-ro 35-gil
답십리로 踏十里路
Seoulsiripdae-ro 4-gil
Seoulsiripdae-ro 2-gil
ホームプラス
東大門区庁 동대문구청
竜頭駅 용두역 Yongdu
211-3
崇仁中学校 숭인중교
황물로 荒物路
Hwangmul-ro 황물로
Cheonho-daero
龍頭公園 용두공원
カンデメ公園 간데메공원
청계천로 Cheonggyecheon-ro 清渓川路
清渓川
京畿チプ 경기집
忠清道チプ 충청도집
南原チプ 남원집
チョンボッテチプ 전봇대집
천호대로 千戸大路
Cheonho-daero
荒物路
Dapsimni-ro 40-gil
청계천로
Gosanja-ro
Majang-ro 31-gil
馬場洞焼肉通り
馬場洞韓牛村 마장동한우촌
湖南チプ 호남집
龍門家 용문집
モンシリネ土種韓牛 몽실이네토종한우
6002
新踏駅 신답역 Sindap
211-2
踏十里古美術商街 답십리고미술거리
Sagajeong-ro 사가정로
천호대로 千戸大路
馬場コル韓牛炭火焼 마장골한우숯불구이
センセン韓牛 생생한우
馬場コギマウル 마장고기마을
全州食堂 전주식당
牛女史 우여사
馬場畜産物市場 마장축산물시장
Majang-ro 35na-gil
四佳亭路
清渓川
地下鉄5号線
Yongdap-gil
Yongdapjungang-gil
龍踏キル
龍踏中央キル
木浦サンコッケ アグチムタン 목포산꽃게아구찜탕
水原王カルビ 수원왕갈비
Majang-ro 46-gil
Salgoji-gil サルコジキル
Majang-ro 44-gil
Majang-ro 29-gil
Majang-ro 37-gil
馬場洞 Majang-dong 마장동
Majang-ro 27ga-gil
Majang-ro 39-gil
Majang-ro 39ga-gil
541
馬場駅 마장역 Majang
Majang-ro 42-gil
마장로42길
地下鉄2号線
トヌリ往十里コプチャン 도누리왕십리곱창
チョンウニネコプチャン 정은이네곱창
往十里チョンブネコプチャン 왕십리정부네곱창
마장로 馬場路
Majo-ro 19-gil 마조로19길
Majo-ro 18-gil
Majo-ro 16-gil
Majo-ro 마조로
ビジョン
ミラノ
C D 1 2 3

建大・聖水
コンデ・ソンス
건대・성수
N
0
100
200m
A
B
1
2
3
トゥクソム駅
뚝섬역
Ttukseom
聖水駅
성수역
Seongsu
ソウルの森駅
서울숲역
Seoul Forest
P.220 トゥクソム駅〜ソウルの森
聖水洞カルビ通り
성수동갈비골목
ナンポ P.169
テソンカルビ P.155
THE EMAK P.181
ソウルスプ ヌルンジ トンダク クイ P.157
ソニョバンアッカン P.167
KWANGYA @SEOUL
P.127 Dミュージアム
디뮤지엄
P.132 ソウルの森
서울숲
聖水洞1街
Seongsu-dong 1-ga
성수동1가
聖水洞2街
Seongsu-dong 2-ga
성수동2가
CUBEエンターテインメント
큐브엔터테인먼트
Plump
聖水チョクパル
성수족발
EZER COFFEE
Haru & oneday
Dorrel
蕎麦食堂
소바식당
cafe poze
モカ冊房壁画
모카책방벽화
ソムンナン
聖水カムジャタン
소문난성수감자탕
大林倉庫
대림창고
P.197 Humbolt
emart
ソウルマッチプ
서울맛집
トゥット市場
뚝도시장
地下鉄2号線
地下鉄水仁・盆塘線
Gwangnaru-ro
광나루로
Achasan-ro
아차산로
峨嵯山路
Ttukseom-ro
뚝섬로
トゥクソム路
Gangbyeonbuk-ro
강변북로
江辺北路
Wangsimni-ro
往十里路
왕십리로
Seongsuil-ro
성수일로
聖水一路
Seongsui-ro
성수이로
聖水二路
Yeonmujang-gil
연무장길
練武場キル
Seongdeokjeong-gil
성덕정길
聖徳亭キル
Sangwon-gil
상원길
上院キル
P.36-37 延南洞 DMC
P.30-31 新村・梨大 延禧洞
P.34-35 弘大 望遠洞
P.32-33 麻浦 孔徳
P.18-19 景福宮 西村・北村
P.22-23 ソウル駅 明洞
P.26-27 龍山
P.20-21 昌慶宮 大学路
P.24-25 東大門
P.28-29 梨泰院 漢南洞
P.38-39 ソウル薬令市 馬場洞
江北
P.40-41 建大 聖水
P.52-53 汝矣島 永登浦
新沙洞 カロスキル P.42-43
狎鴎亭洞 清潭洞 P.44-45
漢江
江南
高速ターミナル 江南駅 P.46-47
三陵公園 COEX P.48-49
P.50-51 蚕室 オリンピック公園

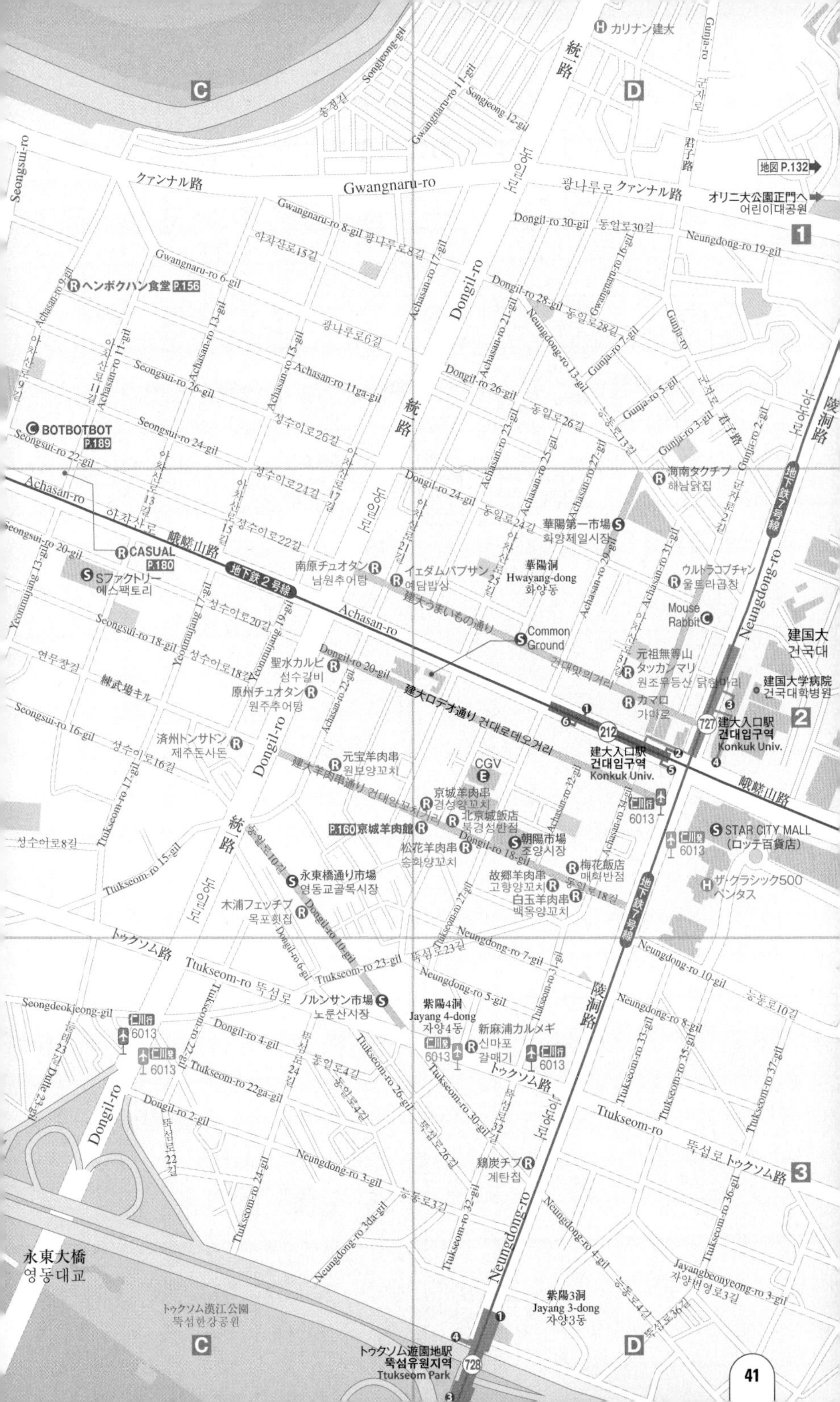
カリナン建大
統一路
C
D
Songjeong-gil
송정길
Gwangnaru-ro 11-gil
Songjeong 12-gil
Gunja-ro
군자로
君子路
地図 P.132
Seongsui-ro
クァンナル路
Gwangnaru-ro
광나루로 クァンナル路
동일로
オリニ大公園正門へ
어린이대공원
Dongil-ro 30-gil
동일로30길
1
Neungdong-ro 19-gil
Gwangnaru-ro 8-gil 광나루로8길
아차산로15길
Gwangnaru-ro 6-gil
Achasan-ro 17-gil
Dongil-ro
Gwangnaru-ro 16-gil
ヘンボクハン食堂 P.156
Achasan-ro 9-gil
Achasan-ro 13-gil
Dongil-ro 28-gil 동일로28길
Neungdong-ro 13-gil
Gunja-ro 7-gil
광나루로6길
Achasan-ro 21-gil
Achasan-ro 11-gil
아차산로11길
Achasan-ro 15-gil
Seongsui-ro 26-gil
Achasan-ro 11ga-gil
Dongil-ro 26-gil
Gunja-ro 5-gil
陵洞路
능동로
아차산로9길
統一路
동일로26길
Gunja-ro 3-gil
君子路
BOTBOTBOT P.189
성수이로26길
Seongsui-ro 24-gil
Gunja-ro 2-gil
Seongsui-ro 22-gil
아차산로13길
아차산로17길
아차산로15길
Achasan-ro 23-gil
Achasan-ro 25-gil
Achasan-ro 27-gil
능동로13길
海南タクチブ
해남닭집
Achasan-ro
성수이로24길
Dongil-ro 24-gil
동일로24길
地下鉄7号線
아차산로
峨嵯山路
성수이로22길
아차산로21길
아차산로25길
華陽第一市場
화양제일시장
Seongsui-ro 20-gil
CASUAL P.180
地下鉄2号線
南原チュオタン
남원추어탕
イェダムパプサン
예담밥상
華陽洞
Hwayang-dong
화양동
Achasan-ro 29-gil
Achasan-ro 31-gil
ウルトラコプチャン
울트라곱창
Neungdong-ro
Sファクトリー
에스팩토리
Yeonmujang 13-gil
Yeonmujang 17-gil
Yeonmujang 19-gil
성수이로20길
建大うまいもの通り
Achasan-ro
Mouse Rabbit
Seongsui-ro 18-gil
Common Ground
建国大
건국대
연무장길
성수이로18길
聖水カルビ
성수갈비
Dongil-ro 20-gil
건대맛의거리
元祖無等山タッカンマリ
원조무등산 닭한마리
建国大学病院
건국대학병원
練武場キル
原州チュオタン
원주추어탕
建大ロデオ通り 건대로데오거리
カマロ
가마로
727
建大入口駅
건대입구역
Konkuk Univ.
2
Seongsui-ro 16-gil
성수이로16길
済州トンサドン
제주돈사돈
Achasan-ro 22-gil
212
建大入口駅
건대입구역
Konkuk Univ.
Dongil-ro
元宝羊肉串
원보양꼬치
CGV
建大羊肉串通り 건대양꼬치거리
Achasan-ro 32-gil
Achasan-ro 34-gil
峨嵯山路
Ttukseom-ro 17-gil
京城羊肉串
경성양꼬치
6013
STAR CITY MALL
(ロッテ百貨店)
6013
성수이로8길
統一路
P.160 京城羊肉館
北京城飯店
북경성반점
朝陽市場
조양시장
Dongil-ro 18-gil
松花羊肉串
송화양꼬치
Ttukseom-ro 15-gil
동일로10길
永東橋通り市場
영동교골목시장
梅花飯店
매화반점
故郷羊肉串
고향양꼬치
동일로18길
ザ・クラシック500
ペンタス
동일로
木浦フェッチプ
목포횟집
白玉羊肉串
백옥양꼬치
地下鉄7号線
Dongil-ro 10-gil
Dongil-ro 6-gil
Ttukseom-ro 27-gil
Neungdong-ro 7-gil
トゥクソム路
Ttukseom-ro 23-gil
뚝섬로23길
Neungdong-ro 10-gil
Ttukseom-ro 3-gil
陵洞路
능동로10길
Ttukseom-ro
뚝섬로
ノルンサン市場
노룬산시장
Neungdong-ro 5-gil
Seongdeokjeong-gil
紫陽4洞
Jayang 4-dong
자양4동
Neungdong-ro 8-gil
6013
6013
新麻浦カルメギ
신마포갈매기
6013
Ttukseom-ro 33-gil
Ttukseom-ro 35-gil
Ttukseom-ro 37-gil
6013
Dongil-ro 4-gil
Ttukseom-ro 22-gil
뚝섬로24길
동일로4길
Ttukseom-ro 26-gil
トゥクソム路
Dalle 23-gil
Ttukseom-ro 22ga-gil
동일로2길
Ttukseom-ro 30-gil
뚝섬로32길
능동로
Ttukseom-ro
Dongil-ro
Dongil-ro 2-gil
뚝섬로26길
뚝섬로 トゥクソム路
3
뚝섬로22길
Neungdong-ro 3-gil
鶏炭チプ
계탄집
능동로3길
Ttukseom-ro 24-gil
Neungdong-ro 3da-gil
Ttukseom-ro 32-gil
Neungdong-ro
Neungdong-ro 4-gil
Ttukseom-ro 36-gil
永東大橋
영동대교
능동로4길
Jayangbeonyeong-ro 3-gil
자양번영로3길
紫陽3洞
Jayang 3-dong
자양3동
トゥクソム漢江公園
뚝섬한강공원
뚝섬로36길
C
D
トゥクソム遊園地駅
뚝섬유원지역
Ttukseom Park
728

新沙洞·カロスキル
シンサドン·カロスキル
신사동·가로수길
N
0
100
200m
地図 P.29
漢南駅
한남역
Hannam
K113
西氷庫路
Seobinggo-ro 서빙고로
A
B
1
2
3
R 終点炭火カルビ
종점숯불갈비
6030 仁川発 運休中
6030 仁川行 運休中
漢南大橋
한남대교
P.36-37 延南洞 DMC
P.30-31 新村·梨大 延禧洞
P.18-19 景福宮 西村·北村
P.20-21 昌慶宮 大学路
P.38-39 ソウル薬令市 馬場洞
P.34-35 弘大 望遠洞
P.32-33 麻浦 孔徳
P.22-23 ソウル駅 明洞
P.24-25 東大門
江北
P.40-41 建大 聖水
P.26-27 龍山
P.28-29 梨泰院 漢南洞
P.52-53 汝矣島 永登浦
新沙洞 カロスキル P.42-43
狎鴎亭洞 清潭洞 P.44-45
P.50-51 蚕室 オリンピック公園
漢江
江南
高速ターミナル 江南駅 P.46-47
三陵公園 COEX P.48-49
잠원로
蚕院路
Jamwon-ro
잠원로14길
京釜高速道路
잠원로12길
Naruteo-ro
蚕院路
Jamwon-ro 14-gil
ナルト路
Jamwon-ro 12-gil
Jamwon-ro 8-gil
나루터로
Naruteo-ro
잠원로
잠원로8길
Naruteo-ro 10-gil
Gangnam-daero 99-gil
Gangnam-daero 97-gil
地下鉄3号線
Sinbanpo-ro 33-gil
나루터로4길
경부고속도로
Jamwon-ro
338
蚕院駅
잠원역
Jamwon
Jamwon-ro 4-gil
신반포로41길
나루터로8길
Sinbanpo-ro 23-gil 신반포로23길
Jamwon-ro
잠원로4길
Naruteo-ro 4-gil
蚕院洞
Jamwon-dong
잠원동
地図 P.46
Jamwon-ro 4-gil
신반포로33길
Sinbanpo-ro 41-gil
Naruteo-ro 8-gil
京院中学
경원중교

C
D
地下鉄3号線
압구정로29길
Apgujeong-ro 29-gil
Apgujeong-ro 33-gil
仁川行
6006
仁川発
6006
P.245
現代百貨店
Meal Top
韓一館本店
江南観光情報センター
（江南メディカルツアーセンター）
L'OCCITANE
狎鴎亭駅
압구정역
Apgujeong
336
Eonju-ro 174-gil
安東ククシ
안동국시국수
Eonju-ro 167-gil
セマウル食堂
새마을식당
언주로167길
Eonju-ro 165-gil
さぼてん
사보텐
Nonhyeon-ro 172-gil
アンダーズ P.282
ソウル江南
ソマン教会
서망교회
三元ガーデン
삼원가든
Nonhyeon-ro 189-gil
現代高校
현대고교
Apgujeong-ro 11-gil
新沙中学校
신사중교
Apgujeong-ro
Eonju-ro 173-gil
Marks & Spencer
狎鴎亭聖堂
압구정성당
Apgujeong-ro 28-gil
Nonhyeon-ro 167-gil
光林教会
광림교회
P.178 ムギョドン
ユジョンナクチ
Nonhyeon-ro 163-gil
論峴路
CGV
Eonju-ro 159-gil
牛味学
우미학
Nonhyeon-ro 168-gil
Nonhyeon-ro 164-gil
Eonju-ro 157-gil
狎鴎亭路
압구정로
P.221
カロスキル
Nonhyeon-ro 175-gil
光林アートセンター
광림아트센터
ABLE P.193
LE ALASKA
가로수길
新鴎小学校
신구초교
Nonhyeon-ro 161-gil
Apgujeong-ro 18-gil
Nonhyeon-ro 159-gil
Nonhyeon-ro 160-gil
Eonju-ro 153-gil
Apgujeong-ro
논현로175길
Apgujeong-ro 4-gil
Apgujeong-ro 10-gil
Nonhyeon-ro 157-gil
Dosan-daero 27-gil
Nonhyeon-ro
Nonhyeon-ro 158-gil
Eonju-ro 151-gil
Nonhyeon-ro 154-gil
新沙洞
Sinsa-dong
신사동
압구정로10길
カロスキル
Dosan-daero 25-gil
논현로
Nonhyeon-ro 152-gil
マセラッティ
地図 P.44
Gangnam-daero
P.176
ポクチャネ
Apgujeong-ro 2-gil
SONA
Garosu-gil
Nonhyeon-ro 153-gil
サンシャイン
Dosan-daero
Four Points by Sheraton
2
강남대로
江南大路
Dosan-daero 1-gil
Gangnam-daero 156-gil
Gangnam-daero 158-gil
Nonhyeon-ro 151-gil
Dosan-daero 25-gil
도산대로
논현로150길
Dosan-daero 38-gil
Nonhyeon-ro 150-gil
언주로147길
地下鉄3号線
ザ リバーサイド P.277
Spa lei
Gangnam-daero 156-gil
adidas
논현로152길
P.169
ユジョンシクタン
논현로146길
仁川発
6009
Gangnam-daero 154-gil
P.242 ARTBOX
島山大路
Dosan-daero 26-gil
Nonhyeon-ro 146-gil
언주로141길
仁川行
6009
6500 運休中
Gangnam-daero 152-gil
vocoソウル江南
논현로149길
논현로145길
Dosan-daero 28-gil
論峴路
Dosan-daero 30-gil
Nonhyeon-ro 142-gil
Hakdong-ro 33-gil
Gangnam-daero 101-gil
Dosan-daero 16-gil
Nonhyeon-ro 149-gil
論峴2洞
Nonhyeon 2-dong
논현2동
麺屋はなび
멘야하나비
永東ソルロンタン
영동설렁탕
D04
337
新沙駅
신사역
Sinsa
OLIVE YOUNG
ロッテシネマ
롯데시네마
Dosan-daero 26-gil
Nonhyeon-ro 145-gil
Nonhyeon-ro 139-gil
Dosan-daero 8-gil
Nonhyeon-ro 149-gil
Nonhyeon-ro 136-gil
논현로
Nonhyeon-ro 134-gil
P.83
元祖馬山
ハルメアグチム
원조마산
할매아구찜
青春食堂未来少年
청춘식당미래소년
Gangnam-daero 146-gil
鶴洞公園
학동공원
Nonhyeon-ro 139-gil
Hakdong-ro 23-gil
논현로135길
地図 P.44
Nonhyeon-ro 133-gil
Nonhyeon-ro 132-gil
プロカンジャン
ケジャン
프로간장게장
仁川発
6009
レックス観光 P.278
Gangnam-daero 140-gil
Nonhyeon-ro 135-gil
Hakdong-ro 17-gil
Nonhyeon-ro 131-gil
鶴洞駅
학동역
Hak-dong
P.268
ク・ドンミョン快癒マッサージ
江南本店
731
地下鉄新盆唐線
江南大路
Nonhyeon-ro 136-gil
Hakdong-ro 7-gil
Hakdong-ro 11-gil
Eレジデンス
Hakdong-ro
Nonhyeon-ro 128-gil
ペクチェ
キムチチゲ
백채김치찌개
Sinbanpo-ro 47-gil
仁川行
6009
6500 運休中
Hakdong-ro 3-gil
강남대로132길
地下鉄7号線
Nonhyeon-ro 127-gil
Hakdong-ro 28-gil
Nonhyeon-ro
Hakdong-ro 30-gil
Gangnam-daero 93-gil
강남대로
Gangnam-daero 132-gil
鶴洞路
Hakdong-ro 20-gil
Hakdong-ro 24-gil
Hakdong-ro 26-gil
3
신반포로45길
Gangnam-daero 91-gil
Sinbanpo-ro 45-gil
Sinbanpo-ro 47-gil
Sinbanpo-ro 49-gil
학동로
Gangnam-daero 128-gil
論峴駅
논현역
Nonhyeon
Nonhyeon-ro 123-gil
논현로
Sinbanpo-ro 43-gil
D05
732
Hakdong-ro 4-gil
Hakdong-ro 6-gil
강남대로128길
地図 P.47
Gangnam-daero 126-gil
Gangnam-daero 124-gil
Hakdong-ro 18-gil
학동로26길
論峴路
金浦発
金浦行
6000
運休中
C
D

地図P.40
A
B
1
2
3
GANGNAMDOL HAUS
P.245 ギャラリア百貨店 名品館WEST
ギャラリア百貨店 EAST
SMエンタテインメント
SM엔터테인먼트
狎鴎亭ロデオ駅
압구정로데오역
Apgujeongrodeo
Be & Me Clinic
P.266
Pastel de nata
CoCo壱番屋
코코이찌방야
EMPORIO ARMANI
Salvatore Ferragamo
Cartier
PRADA
La Chamber
P.185
P.184 ムクチョン
フィギュアミュージアムW
피규어뮤지엄W
江西麺屋
강서면옥
漢陽タウン
한양타운
MONCLER
GUCCI
Cafe Dior
BOSS
Burberry
河南テジチプ
하남돼지집
MIEL
SCHEDULE
誠
마코토
三元ガーデン
삼원가든
島山公園
도산공원
清潭スンドゥブ
청담순두부
P.129 K現代美術館
K현대미술관
GUILLAUME
雪花秀
雪花秀SPA P.268
雪花秀BALANCE SPA P.268
OUR Bakery
SONY
マクドナルド
島山大路
Dosan-daero
도산대로
SSGフードマーケット
에스에스지 푸드마켓
清潭洞
Cheongdam-dong
청담동
Pizza 0914
HERMES
CGV
Ba Lat
BMW
ベンツ
SBタワー
SB타워
永東消防署
영동소방서
無等山
무등산
P.186 MIXOLOGY
地図P.43
P.243 チョン・ソヨンの食器匠
永東高校
영동고교
彦北小学校
언북초교
P.267 イ・ムンウォン韓方クリニック
地下鉄7号線
鶴洞路
Hakdong-ro
江南区庁
강남구청
江南区庁駅
강남구청역
Gangnam-gu Office
さぼてん
사보텐
地下鉄盆唐線
鶴洞駅
학동역
Hak-dong
インペリアルパレスホテル
彦州中学
언주중교
LITTLE & MUCH
三陵小学校
삼릉초교
三成2洞
Samseong 2-dong
삼성2동
鶴洞小学校
학동초교
地図P.48
宣靖陵駅
선정릉역
Seonjeongneung
6006
6703
宣陵路
Seolleung-ro
彦州路
Eonju-ro
三成路
Samseong-ro
狎鴎亭路
Apgujeong-ro
압구정로
Bongeunsa-ro

狎鴎亭洞·清潭洞
アプクジョンドン・チョンダムドン
압구정동·청담동
N
0
100
200m
地図 P.41
永東大橋
영동대교
C
D
P.36-37
延南洞
DMC
P.34-35
弘大
望遠洞
P.30-31
新村·梨大
延禧洞
P.32-33
麻浦
孔徳
P.18-19
景福宮
西村·北村
P.22-23
ソウル駅
明洞
P.26-27
龍山
P.20-21
昌慶宮
大学路
P.24-25
東大門
P.28-29
梨泰院
漢南洞
P.38-39
ソウル薬令市
馬場洞
江北
P.40-41
建大
聖水
P.52-53
汝矣島
永登浦
漢江
江南
新沙洞
カロスキル
P.42-43
狎鴎亭洞
清潭洞
P.44-45
高速ターミナル
江南駅
P.46-47
三陵公園
COEX
P.48-49
P.50-51
蚕室
オリンピック公園
선릉로190길
FNCエンタテインメント
FNC엔터테인먼트
Dosan-daero 85-gil
Dosan-daero 87-gil
Dosan-daero 89-gil
Dosan-daero 101-gil
魔女
キンパプ
마녀김밥
SMT HOUSE
THE STREET
カンガンスルレ
강강술래
セビョクチプ
새벽집
6006
Dosan-daero
도산대로
島山大路
Yeongdong-daero
영동대로
Dosan-daero 102-gil
P.277
リビエラ清潭
エントラ
アロフトソウル
江南
Dosan-daero 90-gil
Dosan-daero 92-gil
Dosan-daero 96-gil
Yeongdong-daero 141-gil
Hakdong-ro 97-gil
학동로97길
Hakdong-ro 95-gil
Samseong-ro 140-gil
清潭近隣公園
청담근린공원
Hakdong-ro 81-gil
鳴玉軒韓医院
명옥헌한의원
三成路
삼성로
Hakdong-ro 101-gil
清潭大橋
청담대교
地下鉄7号線
奉恩小学校
봉은초등학교
Yeongdong-daero 131-gil
清潭栄養センター
P.170
729
清潭駅
청담역
Cheongdam
ファンタジオ
판타지오
Hakdong-ro 82-gil
Samseong-ro 120-gil
Samseong-ro 122-gil
Yeongdong-daero 129-gil
영동대로
永東大路
奉恩中学
봉은중학교
Yeongdong-daero 118-gil
Bongeunsa-ro 105-gil
영동대로114길
Yeongdong-daero 114-gil
2
3
京畿高校
경기고등학교
Samseong-ro 119-gil
Samseong-ro 112-gil
三成1洞
Samseong 1-dong
삼성1동
奉恩寺
봉은사
P.131
Yeongdong-daero 112-gil
奉恩寺駅
봉은사역
Bongeunsa
蚕室スタジアムへ
(約350m)
三成ククス
삼성국수
Samseong-ro
Seolleung-ro 115-gil
Bongeunsa-ro 73-gil
Bongeunsa-ro 71-gil
Bongeunsa-ro 81-gil
929
コッチ
꽃지
봉은사로
奉恩寺路
Bongeunsa-ro
地下鉄9号線
P.111
6703
COEXアクアリウム
코엑스아쿠아리움
Yeongdong-daero 106-gil
928
IN SPA
アセムタワー
아셈타워
P.285
インターコンチネンタル
ソウルCOEX
三成中央駅
삼성중앙역
Samseong Jungang
COEX
スターフィールド
コエックスモール
Samseong-ro 108-gil
地図 P.49
セブンラックカジノ
P.259
スターフィールド
COEX MALL
Bongeunsa-ro 74-gil
Bongeunsa-ro 72-gil
Bongeunsa-ro 78-gil
Bongeunsa-ro 68-gil
Samseong-ro 104-gil
ピョルマダン図書館
별마당도서관
オークウッドプレミア
COEX貿易センタービル
트레이드타워

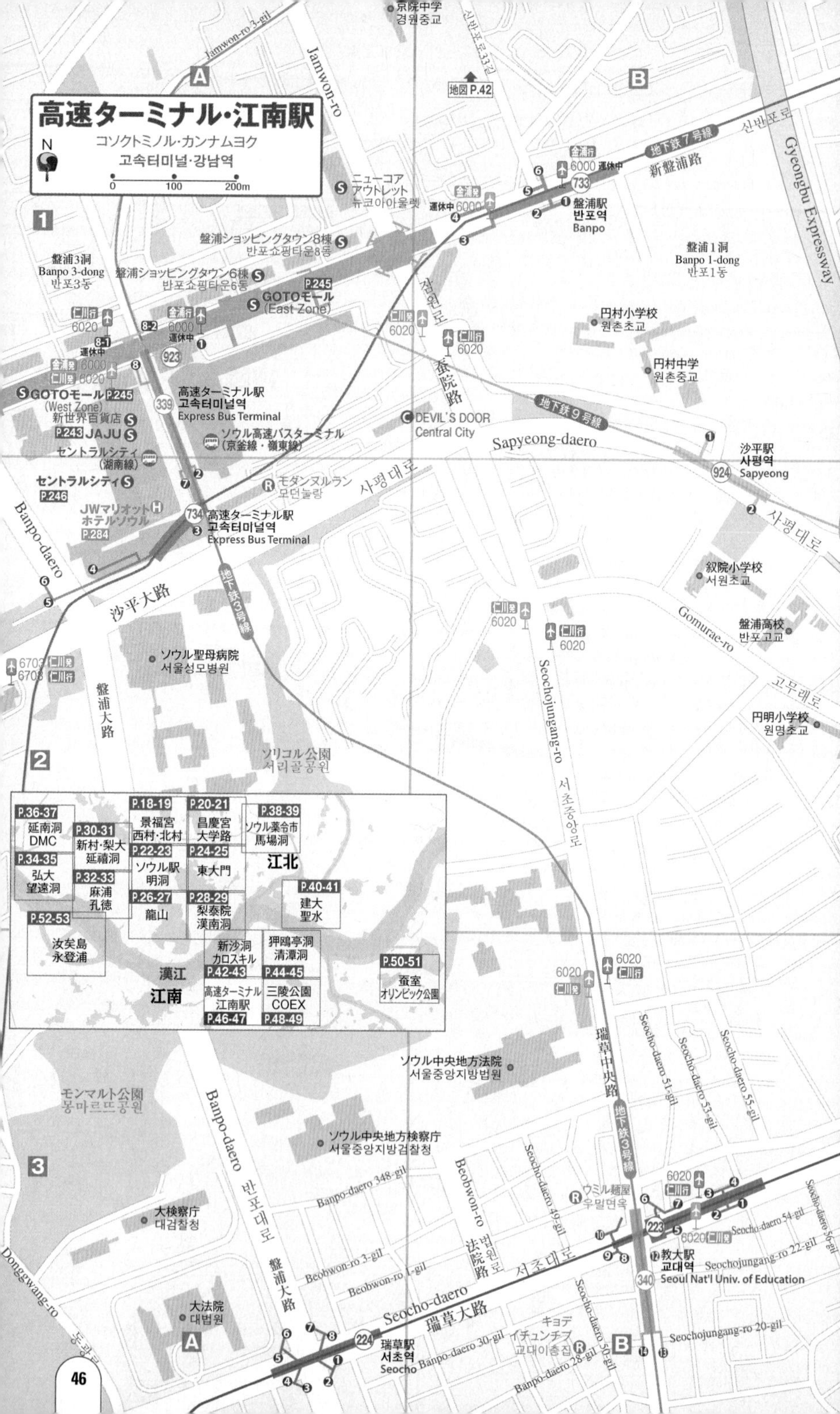

高速ターミナル・江南駅
コソクトミノル・カンナムヨク
고속터미널·강남역
N
0
100
200m
A
B
1
2
3
京院中学
경원중교
Jamwon-ro 3-gil
Jamwon-ro
신반포로33길
地図P.42
地下鉄7号線
신반포로
新盤浦路
Gyeongbu Expressway
金浦行
6000
運休中
733
盤浦駅
반포역
Banpo
金浦発
6000
ニューコア
アウトレット
뉴코아아울렛
盤浦ショッピングタウン8棟
반포쇼핑타운8동
盤浦3洞
Banpo 3-dong
반포3동
盤浦ショッピングタウン6棟
반포쇼핑타운6동
P.245
GOTOモール
(East Zone)
盤浦1洞
Banpo 1-dong
반포1동
仁川行
6020
金浦行
6000
運休中
923
잠원로
仁川発
6020
蚕院路
円村小学校
원촌초교
円村中学
원촌중교
金浦発
6000
仁川発
6020
GOTOモール
P.245
(West Zone)
新世界百貨店
P.243
JAJU
高速ターミナル駅
고속터미널역
Express Bus Terminal
339
ソウル高速バスターミナル
(京釜線・嶺東線)
DEVIL'S DOOR
Central City
地下鉄9号線
Sapyeong-daero
沙平駅
사평역
Sapyeong
924
セントラルシティ
(湖南線)
セントラルシティ
P.246
モダンヌルラン
모던눌랑
사평대로
JWマリオット
ホテルソウル
P.284
734
高速ターミナル駅
고속터미널역
Express Bus Terminal
Banpo-daero
沙平大路
地下鉄3号線
사평대로
叙院小学校
서원초교
仁川発
6020
仁川行
6020
Gomurae-ro
盤浦高校
반포고교
6703
6708
仁川発
仁川行
ソウル聖母病院
서울성모병원
盤浦大路
Seochojungang-ro
고무래로
円明小学校
원명초교
ソリコル公園
서리골공원
서초중앙로
P.36-37
延南洞
DMC
P.30-31
新村・梨大
延禧洞
P.18-19
景福宮
西村・北村
P.20-21
昌慶宮
大学路
P.38-39
ソウル薬令市
馬場洞
江北
P.34-35
弘大
望遠洞
P.32-33
麻浦
孔徳
P.22-23
ソウル駅
明洞
P.24-25
東大門
P.40-41
建大
聖水
P.26-27
龍山
P.28-29
梨泰院
漢南洞
P.52-53
汝矣島
永登浦
新沙洞
カロスキル
P.42-43
狎鴎亭洞
清潭洞
P.44-45
P.50-51
蚕室
オリンピック公園
漢江
江南
高速ターミナル
江南駅
P.46-47
三陵公園
COEX
P.48-49
6020
仁川発
6020
仁川行
瑞草中央路
ソウル中央地方法院
서울중앙지방법원
モンマルト公園
몽마르뜨공원
Seocho-daero 51-gil
Seocho-daero 53-gil
Seocho-daero 55-gil
ソウル中央地方検察庁
서울중앙지방검찰청
Banpo-daero
地下鉄3号線
Banpo-daero 348-gil
Beobwon-ro
Seocho-daero 49-gil
ウミル麺屋
우밀면옥
6020
仁川行
223
6020
仁川発
Seocho-daero 54-gil
Seocho-daero 56-gil
大検察庁
대검찰청
반포대로
법원로
法院路
서초대로
教大駅
교대역
Seoul Nat'l Univ. of Education
340
Seochojungang-ro 22-gil
Donggwang-ro
Beobwon-ro 3-gil
Beobwon-ro 1-gil
盤浦大路
Seocho-daero
瑞草大路
大法院
대법원
224
瑞草駅
서초역
Seocho
キョデ
イチュンチブ
교대이층집
Seocho-daero 50-gil
Banpo-daero 30-gil
Banpo-daero 28-gil
Seochojungang-ro 20-gil

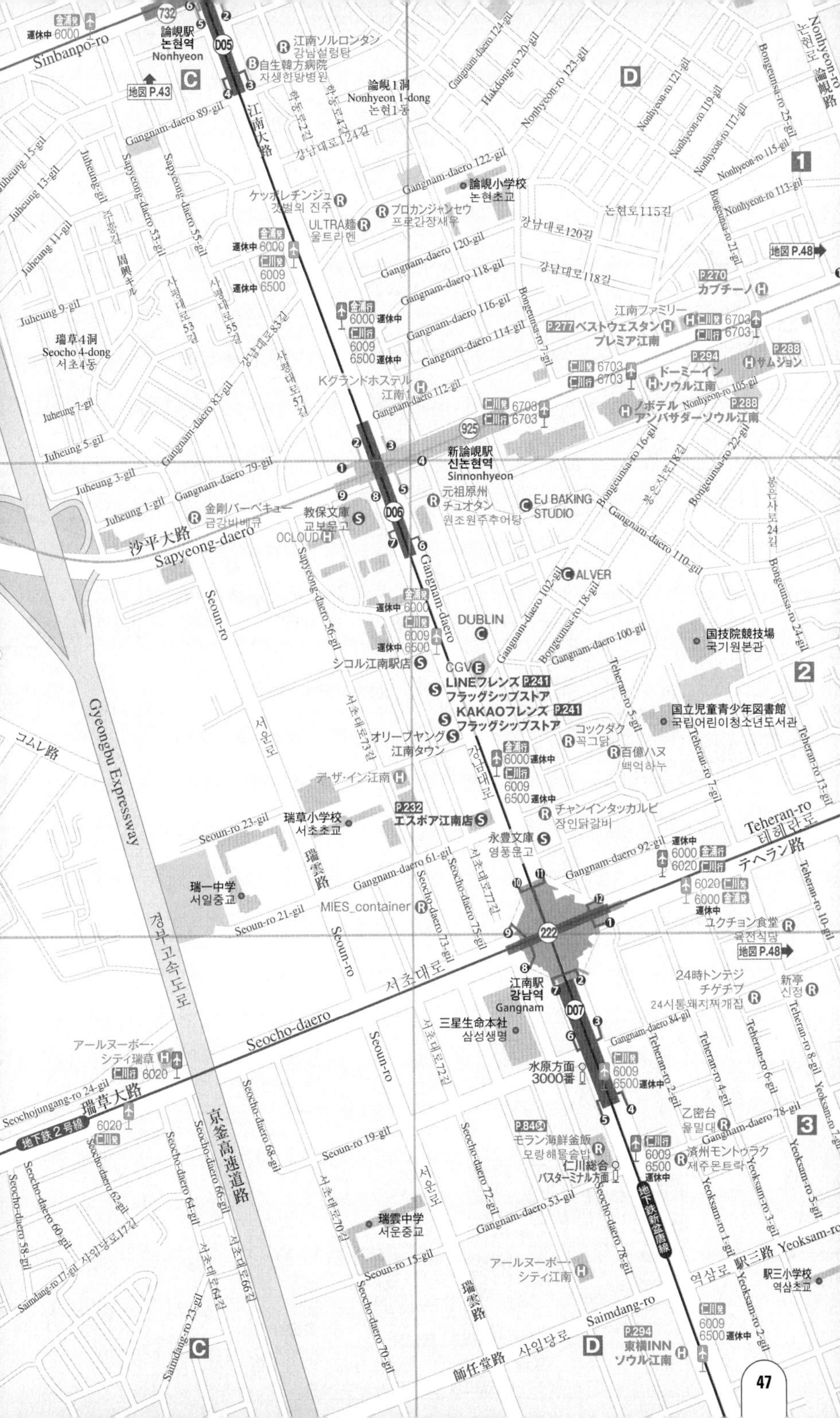

論峴駅
논현역
Nonhyeon
Sinbanpo-ro
地図 P.43
江南ソルロンタン
강남설렁탕
自生韓方病院
자생한방병원
論峴1洞
Nonhyeon 1-dong
논현1동
江南大路
Nonhyeon-ro
논현로 論峴路
地図 P.48
論峴小学校
논현초교
ケッポレチンジュ
갯벌의 진주
プロカンジャンセウ
프로간장새우
ULTRA麺
울트라멘
瑞草4洞
Seocho 4-dong
서초4동
カプチーノ
江南ファミリー
ベストウェスタン
プレミア江南
サムジョン
ドーミーイン
ソウル江南
ノボテル
アンバサダーソウル江南
Kグランドホステル
江南1
新論峴駅
신논현역
Sinnonhyeon
元祖原州
チュオタン
원조원주추어탕
EJ BAKING STUDIO
金剛バーベキュー
금강바베큐
教保文庫
교보문고
OCLOUD
沙平大路
Sapyeong-daero
CALVER
DUBLIN
国技院競技場
국기원본관
シコル江南駅店
CGV
LINEフレンズ
フラッグシップストア
KAKAOフレンズ
フラッグシップストア
国立児童青少年図書館
국립어린이청소년도서관
オリーブヤング
江南タウン
コックダク
꼬그닭
百億ハヌ
백억하누
ザ・イン江南
チャンインタッカルビ
장인닭갈비
瑞草小学校
서초초교
エスポア江南店
永豊文庫
영풍문고
Teheran-ro
테헤란로
テヘラン路
瑞一中学
서일중교
MIES_container
ユクチョン食堂
육전식당
Gyeongbu Expressway
경부고속도로
江南駅
강남역
Gangnam
24時トンテジ
チゲチプ
24시통돼지찌개집
新亭
신정
三星生命本社
삼성생명
水原方面
3000番
アールヌーボー・
シティ瑞草
瑞草大路
Seocho-daero
서초대로
地下鉄2号線
京釜高速道路
モラン海鮮釜飯
모랑해물솥밥
仁川総合
バスターミナル方面
乙密台
을밀대
済州モントゥラク
제주몬트락
地下鉄新盆唐線
瑞雲中学
서운중교
アールヌーボー・
シティ江南
駅三路
Yeoksam-ro
역삼로
駅三小学校
역삼초교
瑞雲路
Saimdang-ro
師任堂路
사임당로
東横INN
ソウル江南

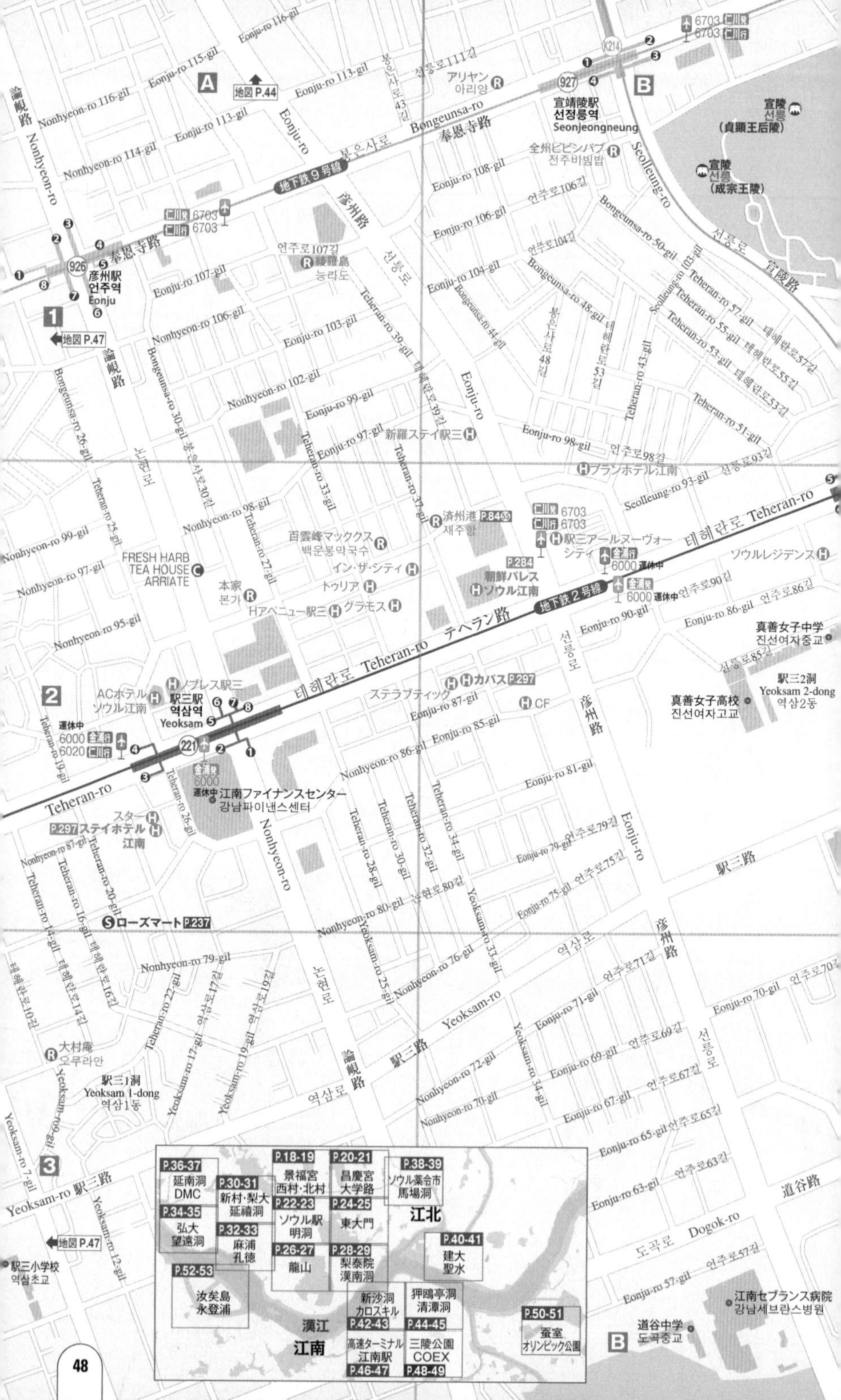

A
B
1
2
3
地図 P.44
地図 P.47
地図 P.47
論峴路
Nonhyeon-ro
Eonju-ro 116-gil
Eonju-ro 115-gil
Eonju-ro 113-gil
Nonhyeon-ro 116-gil
Eonju-ro 113-gil
Eonju-ro
선릉로111길
봉은사로43길
アリヤン
아리양
K214
927
6703 仁川発
6703 仁川行
宣靖陵駅
선정릉역
Seonjeongneung
宣陵
선릉
(貞顕王后陵)
宣陵
선릉
(成宗王陵)
Bongeunsa-ro
奉恩寺路
봉은사로
地下鉄９号線
Nonhyeon-ro 114-gil
全州ビビンバブ
전주비빔밥
Seolleung-ro
Eonju-ro 108-gil
언주로106길
Eonju-ro 106-gil
Bongeunsa-ro 50-gil
선릉로
宣陵路
彦州路
仁川発 6703
仁川行 6703
奉恩寺路
926
彦州駅
언주역
Eonju
언주로107길
綾羅島
능라도
선릉로
Eonju-ro 107-gil
언주로104길
Eonju-ro 104-gil
Bongeunsa-ro 44-gil
Bongeunsa-ro 48-gil
봉은사로48길
테헤란로53길
Seolleung-ro 103-gil
Teheran-ro 57-gil
테헤란로57길
Teheran-ro 55-gil
테헤란로55길
Teheran-ro 53-gil
테헤란로53길
Teheran-ro 51-gil
Teheran-ro 43-gil
Nonhyeon-ro 106-gil
Eonju-ro 103-gil
Teheran-ro 39-gil
테헤란로39길
Bongeunsa-ro 26-gil
Bongeunsa-ro 30-gil
봉은사로30길
Nonhyeon-ro 102-gil
Eonju-ro 99-gil
Eonju-ro 97-gil
新羅ステイ駅三
Eonju-ro 98-gil
언주로98길
ブランホテル江南
선릉로93길
Seolleung-ro 93-gil
논현로
Teheran-ro 25-gil
Teheran-ro 33-gil
Teheran-ro 37-gil
Nonhyeon-ro 98-gil
Teheran-ro 27-gil
済州港 P.84
재주항
仁川発 6703
仁川行 6703
駅三アールヌーヴォーシティ
Nonhyeon-ro 99-gil
百雲峰マッククス
백운봉막국수
FRESH HARB TEA HOUSE ARRIATE
金浦行 6000 運休中
테헤란로 Teheran-ro
ソウルレジデンス
Nonhyeon-ro 97-gil
イン・ザ・シティ
トゥリア
P.284 朝鮮パレス ソウル江南
本家
본가
Hアベニュー駅三
グラモス
地下鉄２号線
金浦発 6000 運休中
언주로90길
언주로86길
Eonju-ro 90-gil
Eonju-ro 86-gil
Nonhyeon-ro 95-gil
真善女子中学
진선여자중교
선릉로
선릉로85길
테헤란로 Teheran-ro テヘラン路
カバス P.297
ステラブティック
CF
ACホテル ソウル江南
ノブレス駅三
駅三駅
역삼역
Yeoksam
221
駅三2洞
Yeoksam 2-dong
역삼2동
真善女子高校
진선여자고교
彦州路
運休中
6000 金浦行
6020 仁川行
Teheran-ro 19-gil
Eonju-ro 87-gil
Eonju-ro 85-gil
Nonhyeon-ro 86-gil
Eonju-ro 81-gil
金浦発 6000 運休中
江南ファイナンスセンター
강남파이낸스센터
Teheran-ro
Teheran-ro 26-gil
スター
P.297 ステイホテル江南
Nonhyeon-ro
Teheran-ro 28-gil
Teheran-ro 30-gil
Teheran-ro 32-gil
Teheran-ro 34-gil
Eonju-ro
Eonju-ro 79-gil
언주로79길
Eonju-ro 75-gil
언주로75길
駅三路
Nonhyeon-ro 87-gil
Teheran-ro 20-gil
Teheran-ro 16-gil
Teheran-ro 14-gil
Nonhyeon-ro 80-gil
논현로80길
Yeoksam-ro 33-gil
Yeoksam-ro 25-gil
ローズマート P.237
역삼로
彦州路
Nonhyeon-ro 79-gil
테헤란로10길
테헤란로14길
테헤란로16길
Teheran-ro 22-gil
역삼로17길
역삼로19길
논현로
Nonhyeon-ro 76-gil
언주로71길
Eonju-ro 71-gil
언주로70길
Eonju-ro 70-gil
Yeoksam-ro
Yeoksam-ro 34-gil
大村庵
오무라안
Yeoksam-ro 17-gil
Yeoksam-ro 19-gil
論峴路
駅三路
Nonhyeon-ro 72-gil
언주로69길
Eonju-ro 69-gil
선릉로
언주로67길
Eonju-ro 67-gil
駅三1洞
Yeoksam 1-dong
역삼1동
역삼로
Nonhyeon-ro 70-gil
언주로65길
Eonju-ro 65-gil
Yeoksam-ro 7-gil
Yeoksam-ro 9-gil
Yeoksam-ro 駅三路
Yeoksam-ro 12-gil
언주로63길
Eonju-ro 63-gil
道谷路
도곡로
Dogok-ro
언주로57길
Eonju-ro 57-gil
駅三小学校
역삼초교
江南セブランス病院
강남세브란스병원
道谷中学
도곡중교
P.36-37 延南洞 DMC
P.30-31 新村・梨大 延禧洞
P.18-19 景福宮 西村・北村
P.20-21 昌慶宮 大学路
P.38-39 ソウル薬令市 馬場洞
P.34-35 弘大 望遠洞
P.32-33 麻浦 孔徳
P.22-23 ソウル駅 明洞
P.24-25 東大門
江北
P.40-41 建大 聖水
P.26-27 龍山
P.28-29 梨泰院 漢南洞
P.52-53 汝矣島 永登浦
新沙洞 カロスキル P.42-43
狎鴎亭洞 清潭洞 P.44-45
漢江
江南
高速ターミナル 江南駅 P.46-47
三陵公園 COEX P.48-49
P.50-51 蚕室 オリンピック公園

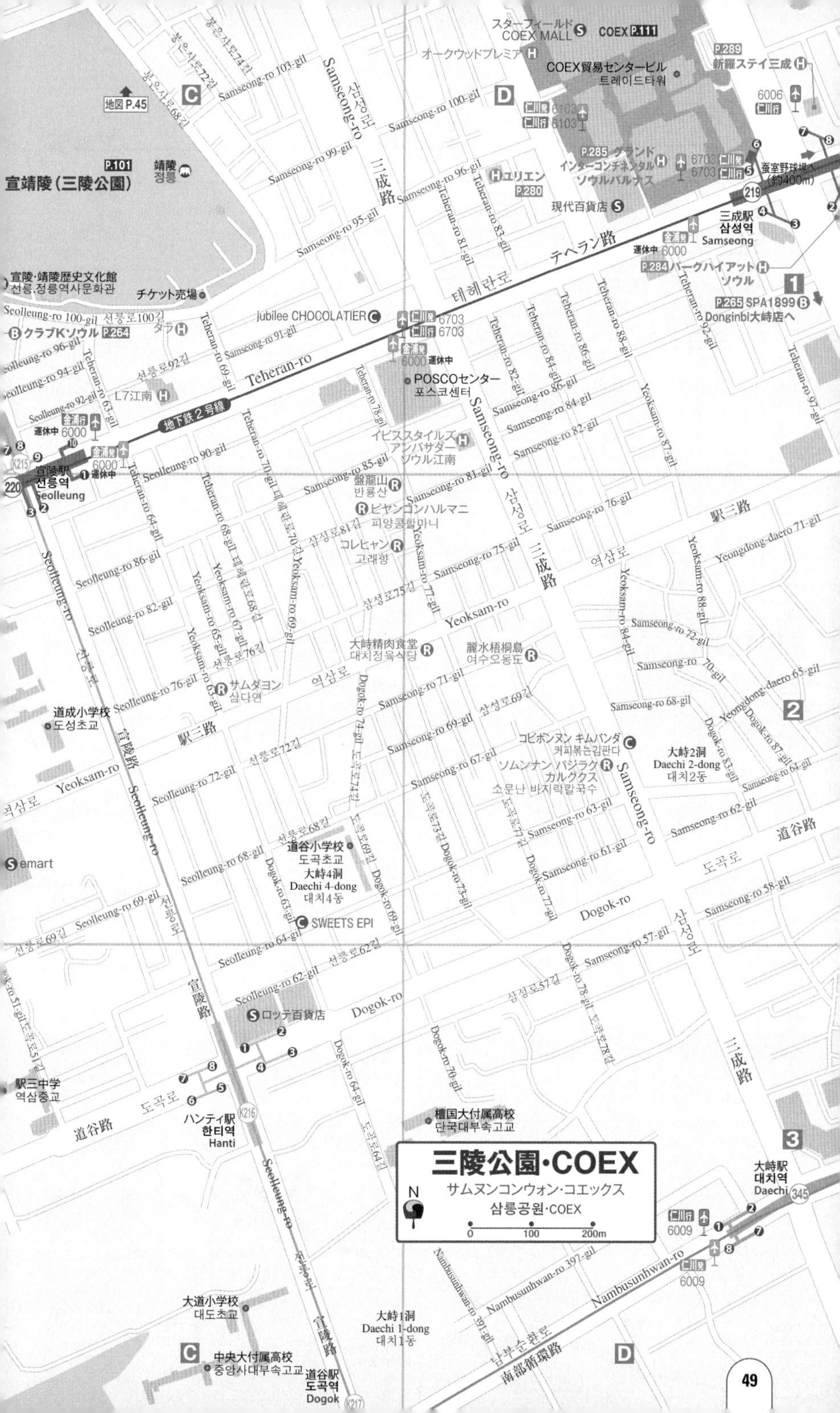
三陵公園・COEX
サムヌンコンウォン・コエックス
삼릉공원·COEX
0
100
200m
スターフィールド COEX MALL
COEX P.111
オークウッドプレミア
COEX貿易センタービル
트레이드타워
P.289 新羅ステイ三成
グランド インターコンチネンタル ソウルパルナス P.285
ユリエン P.280
現代百貨店
三成駅
삼성역
Samseong
P.284 パークハイアットソウル
P.265 SPA1899
Donginbi大峙店へ
蚕室野球場へ（約400m）
テヘラン路
테헤란로
Teheran-ro
地下鉄2号線
宣靖陵（三陵公園）
P.101
靖陵
정릉
地図 P.45
宣陵・靖陵歴史文化館
선릉.정릉역사문화관
チケット売場
クラブKソウル P.264
L7江南
jubilee CHOCOLATIER
POSCOセンター
포스코센터
イビススタイルズアンバサダーソウル江南
盤龍山
반룡산
ピヤンコンハルマニ
피양콩할마니
コレヒャン
고래향
宣陵駅
선릉역
Seolleung
大峙精肉食堂
대치정육식당
麗水梧桐島
여수오동도
サムダヨン
삼다연
道成小学校
도성초교
コピボンヌン キムパンダ
커피볶는김판다
ソムンナン パジラク カルグクス
소문난 바지락칼국수
大峙2洞
Daechi 2-dong
대치2동
道谷小学校
도곡초교
大峙4洞
Daechi 4-dong
대치4동
SWEETS EPI
emart
ロッテ百貨店
駅三中学
역삼중교
ハンティ駅
한티역
Hanti
檀国大付属高校
단국대부속고교
大峙駅
대치역
Daechi
大道小学校
대도초교
中央大付属高校
중앙사대부속고교
道谷駅
도곡역
Dogok
大峙1洞
Daechi 1-dong
대치1동
三成路
駅三路
道谷路
宣陵路
南部循環路
Samseong-ro
Yeoksam-ro
Seolleung-ro
Dogok-ro
Nambusunhwan-ro
Yeongdong-daero 71-gil
Yeongdong-daero 65-gil
運休中

ソウル本宝庫
서울책보고
A
B
蚕室ナル駅
잠실나루역
Jamsillaru
215
1
P.36-37
延南洞
DMC
P.30-31
新村・梨大
延禧洞
P.18-19
景福宮
西村・北村
P.20-21
昌慶宮
大学路
P.38-39
ソウル薬令市
馬場洞
P.34-35
弘大
望遠洞
P.32-33
麻浦
孔徳
P.22-23
ソウル駅
明洞
P.24-25
東大門
江北
P.40-41
建大
聖水
P.26-27
龍山
P.28-29
梨泰院
漢南洞
P.52-53
汝矣島
永登浦
新沙洞
カロスキル
狎鴎亭洞
清潭洞
P.42-43
P.44-45
P.50-51
蚕室
オリンピック公園
漢江
江南
高速ターミナル
江南駅
三陵公園
COEX
P.46-47
P.48-49
蚕室小学校
잠실초교
仁川行 仁川発
6006 6006
Olympic-ro 35-gil
올림픽로35길
Olympic-ro 33-gil
夢村土城駅
몽촌토성역
Mongchontoseong
813
올림픽로
オリンピック路
地下鉄8号線
The View
U&I
Casa
송파대로
韓国広告博物館
한국광고박물관
ホームプラス
ソウル市交通会館
서울시교통회관
Olympic-ro
モラン
海鮮釜飯
모랑해물솥밥
Olympic-ro 35da-gil
松坡大路
地下鉄2号線
ラジャ
セイロン
ハ・ソンジェ
カンジャンケジャン
하선재간장게장
Ogeum-ro 11-gil
梧琴路
ワウ
釜山アジメクッパプ
부산아지매국밥
Wiryeseong-daero 2-gil
814
ロッテキャッスルプラザ
롯데캐슬프라자
松坡区庁
송파구청
金浦発
6000 運休中
金浦行
6000 運休中
仁川行
6006
蚕室駅
잠실역
Jamsil
216
ロッテワールドモール
P.246
P.284
ソフィテル アンバサダー
ロッテワールドタワー
롯데월드타워
アベニュー
エル
에비뉴엘
ソウルスカイ P.106
서울스카이
シグニエルソウル P.285
ロッテ免税店ワールドタワー店 P.250
蚕室路
오금로
Ogeum-ro
Ogeum-ro 13-gil
Olympic-ro 32-gil
2
仁川発
6006
ロッテ百貨店
P.236
ロッテマート
P.106
ロッテワールド
롯데월드
P.285
ロッテホテル
ワールド
잠실로 Jamsil-ro
ネゴヒャン横城韓牛精肉店
내고향횡성한우정육점
P.75
石村湖
석촌호수
石村湖水路
オモリチゲ
오모리찌개
Ogeum-ro 17-gil
相龍
소류
Lala Bread
梧琴路
松坡ナル駅
송파나루역
Songpanaru
93
麺屋はなび
멘야하나비
面愛
미엔아이
シャルロッテシアター
샤롯데씨어터
6705 仁川発
6705 仁川行
運休中
6706 金浦発
6706 金浦行
運休中
アドベンチャー
어드벤처
(ロッテワールド)
押忍!!セイロ蒸し
오쓰세이로무시
ザ・ダイニング
湖水
더다이닝호수
석촌호수로
松理団キル
松理団趣向
송리단취향
Seoulism
72420
God Eat
잠실로
蚕室路
ソウルノリマダン
서울놀이마당
Songpa-daero
Seokchonhosu-ro
アンジュンスボリパプ
안준수보리밥
Baekjegobun-ro 43-gil
송리단길
チャム
ソルロンタン
참설렁탕
Samhaksa-ro
삼학사로
マジックアイランド
매직 아일랜드
(ロッテワールド)
Cake House
Baekjegobun-ro 41-gil
ジュン食堂
쥰쇼쿠도
P.75
石村湖
석촌호수
オモリチゲ
오모리찌개
三百家
삼백집
송파대로
OUTBACK
鐘路
ピンデッ
종로반대떡
Baekjegobun-ro 44-gil
松坡ナル公園
송파나루공원
松坡ナル
송파나루
Songpa-daero 44-gil
スダカムジャタン
수다감자탕
OTTER
松坡大路
百済古墳路
松坡小学校
송파초교
Seokchonhosu-ro
石村湖水路
レイク
チャムチヨンガ
잠치연가
석촌호수로
一日羊
일일양
本家
ソルロンタン
본가설렁탕
France Soir
タルパム
コプチャン
달밤곱창
ロサーナ
ブティック
Seokchonhosu-ro 18-gil
Seokchonhosu-ro 20-gil
Baekjegobun-ro 37-gil
Baekjegobun-ro 39-gil
Songpa-daero 42-gil
石村駅
석촌역
Seokchon
815
백제고분로
3
Baekjegobun-ro 33-gil
Baekjegobun-ro 36na-gil
チャッサルチキン
착살치킨
Songpa-daero 42-gil
Baekjegobun-ro 42-gil
Garak-ro 21-gil
光陽プルコギ
광양불고기집
石村駅
석촌역
Seokchon
933
石村洞
Seokchon-dong
석촌동
Songpa-daero 40-gil
Baekjegobun-ro
Baekjegobun-ro 40-gil
Songpa-daero 43-gil
Garak-ro 21-gil
石村古墳駅
석촌고분역
Seokchon Gobun
932
A
地下鉄9号線
石村洞古墳群 P.101
석촌동고분군
石村小学校
석촌초교
地下鉄8号線
B
Songpa-daero 40-gil

蚕室・オリンピック公園
チャムシル・オリンピックコンウォン
잠실・올림픽공원
オリンピック公園 P.134
올림픽공원
ソウルオリンピック記念館
서울올림픽기념관
夢村湖
몽촌해자
夢村土城駅
몽촌토성역
Mongchontoseong
世界平和の門
세계평화의문
漢城百済駅
한성백제역
Hanseong Baekje
ソマ美術館
소마미술관
漢城百済博物館 P.134
한성백제박물관
オリンピック水泳競技場
올림픽수영경기장
百済住居地展示館
백제집자리전시관
KSPO DOME
케이스포돔
SKハンドボール競技場
SK핸드볼경기장
ベロドローム
벨로드롬
ウリ金融アートホール
우리금융아트홀
オリンピックホール
올림픽홀
国民体育振興公団
국민체육진흥공단
Kアートホール
K-아트홀
トゥルコッマル（花畑）
들꽃마루
バラ広場
장미광장
オリンピック公園駅へ（約200m）
青瓦屋
청와옥
Golden Thai
芳荑中学
방이중교
芳荑洞
Bangi-dong
방이동
芳荑小学校
방이초교
ウリガンサン
우리강산
香港
홍콩
Crabber
テゲナラ
크래버대게나라
芳山中学
방산중교
芳山高校
방산고교
芳荑洞古墳群
방이동고분군
芳荑駅
방이역
Bangi
松坡洞
Songpa-dong
송파동
ソウル病院
소울병원
ロッテスーパー
梧琴駅
오금역
Ogeum
Wiryeseong-daero
위례성대로
慰礼城大路
Macheon-ro
마천로
馬川路
Ogeum-ro
오금로
梧琴路
Garak-ro
가락로
可楽路
Yangjae-daero
양재대로
良才大路
Songi-ro
송이로
ソンイ路
地下鉄9号線
地下鉄5号線
0 100 200m

ソウルマリーナクラブ&ヨット
キチャッキル練炭ブルセンコギ
기찻길연탄불생고기
堂山駅
당산역
Dangsan
堂山洞5街
Dangsan-dong 5-ga
당산동5가
ロフトへ P.280
漢江公園汝矣島プール
한강공원 여의도수영장
汝矣島·春の花祭り会場
여의도 봄꽃축제
여의서로(윤중로) Yeouiseo-ro 汝矣西路(汝矣島輪中路)
国会憲政記念館
국회헌정기념관
P.101
国会議事堂
국회의사당
議政研修院
의정연수원
国会議政館
국회의정관
国会図書館
국회도서관
地下鉄9号線
国会大路
국회대로
チョンイン麺屋
정인면옥
ケンジントン汝矣島
ザ デザイナーズ汝矣島
国会議員会館
국회의원회관
国会議事堂駅
국회의사당역
National Assembly
グラッドホテル汝矣島
花蟹堂
화해당
KBSアートホール
KBS아트홀
KDB産業銀行
한국산업은행
KBSホール
KBS홀
KBS新館
KBS신관
太極旗掲揚台
KBS
P.112
KBS-on
KBS 온
Yeouigongwon-ro
Yeoui-daero
여의대로
堂山洞4街
Dangsan-dong 4-ga
당산동4가
ロッテVIC
ポドゥナル路
ノドゥル路
Nodeul-ro
노들로
永新路
永中路
Yeongsin-ro
Yeongjung-ro
Gukhoe-daero
Beodeunmaru-ro
堂山洞3街
Dangsan-dong 3-ga
당산동3가
永登浦市場駅
영등포시장역
Yeongdeungpo Market
永登浦洞7街
Yeongdeungpodong 7-ga
영등포동7가
永登浦洞5街
Yeongdeungpodong 5-ga
영등포동5가
永登浦伝統市場
영등포전통시장
地下鉄5号線
P.290
マリオットエグゼクティブアパートメントソウル
永登浦ニュータウン地下ショッピングセンター
영등포역지하쇼핑센터
永登浦市場地下ショッピングセンター
ポンシネ オルクンスジェビ
뽕씨네 얼큰수제비
シエル
a·zaモール
松竹荘
송죽장
문래로
Mullae-ro
文来路
영등포로 永登浦路
永登浦洞1街
Yeongdeungpodong 1-ga
영등포동1가
コートヤード バイ マリオット ソウル タイムズ スクエア P.289
SBソウル
新世界百貨店
P.246
タイムズスクエア
京城紡績旧事務棟
emart P.236
GMS
京仁路
東横INN ソウル永登浦 P.294
新吉駅
신길역
Singil
永登浦駅地下ショッピングセンター
ロッテ百貨店
フェアフィールド バイマリオット
永登浦公園
영등포공원
永登浦駅
영등포역
Yeongdeungpo
Gyeongin-ro
경인로
首都圏電鉄1号線
ノドゥル路
ヘバラギ精肉食堂
해바라기정육식당
Yeongdeungpo-ro
Doyeong-ro 도영로 道永路
Singil-ro
新吉路
도신로 道新路
Dosin-ro
ホンオ名家
홍어명가
新吉洞ホンオ通り
신길동홍어거리
新吉洞1街
Singil 1-dong
신길1동

汝矣島·永登浦
ヨイド·ヨンドゥンポ
여의도·영등포
西江大橋
서강대교
麻浦大橋
마포대교
P.36-37 延南洞 DMC
P.30-31 新村·梨大 延禧洞
P.18-19 景福宮 西村·北村
P.20-21 昌慶宮 大学路
P.38-39 ソウル薬令市 馬場洞
P.34-35 弘大 望遠洞
P.32-33 麻浦 孔徳
P.22-23 ソウル駅 明洞
P.24-25 東大門
江北
P.40-41 建大 聖水
P.26-27 龍山
P.28-29 梨泰院 漢南洞
P.52-53 汝矣島 永登浦
新沙洞 カロスキル P.42-43
狎鴎亭洞 清潭洞 P.44-45
P.50-51 蚕室 オリンピック公園
漢江
江南
高速ターミナル 江南駅 P.46-47
三陵公園 COEX P.48-49
汝矣島漢江公園
여의도한강공원
水の光広場
물빛광장
汝矣島洞
Yeoeuido-dong
여의도동
雲山
운산
LGツインタワー
LG트윈타워
きさら
키사라
汝矣ナル駅
여의나루역
Yeouinaru
世宗大王像
汝矣島公園
여의도공원
THE HYUNDAI SEOUL
地下鉄5号線
P.285 コンラッドソウル
IFCモール
フェアモント アンバサダーソウル P.282
国際金融センター
국제금융센터
P.112 漢江クルーズ
한강유람선
E-LAND CRUISE (ターミナル1)
E-LAND CRUISE (ターミナル2)
元暁大橋
원효대교
KRX韓国取引所
한국거래소
汝矣ナル路
汝矣島駅
여의도역
Yeouido
汝矣島百貨店
晋州チプ
진주집
国民銀行本店
국민은행본점
加陽カルグクス
가양칼국수
大汝粥店
대여죽집
豚ブラン
돈블랑
ソグルロンタン
서글렁탕
汝矣洞
Yeoeui-dong
여의동
セッカン駅行き シャトルバス
P.108 63ビル (63スクエア)
63빌딩
アクアプラネット63
아쿠아플라넷63
議事堂大路
P.236 emart
KBS別館
KBS별관
インドネシア大使館
인도네시아대사관
清水うどん そば冷麺
청수우동 메밀냉면
63ビル行き シャトルバス
アンカラ公園
앙카라공원
アンカラハウス
앙카라하우스
汝矣東路
汝矣大方路
国際金融路
汝矣島セッカン生態公園
여의도샛강생태공원
セッカン駅
샛강역
Saetgang
新林線
ノドゥル路 Nodeul-ro
노들로
鷺梁津水産市場
노량진수산시장
旧水産市場
鷺梁津駅
노량진역
Noryangjin
大方駅
대방역
Daebang
首都圏電鉄1号線
地下鉄9号線
鷺梁津路
永登浦路
Noryangjin-ro
노량진로
CTSアートホール
CTS아트홀
銅雀区庁
동작구청
銅雀警察署
동작경찰서
ホームプラス
鷺梁津2洞
Noryangjin-2dong
노량진2동
鷺梁津洞
Noryangjin-dong
노량진동
大方洞
Daebang-dong
대방동
汝矣大方路
チャンスンベギ路
登用路
Almata-gil 알마타길

＼日本のよさを再発見！／

地球の歩き方 国内版シリーズ

Secret of Success

ヒットの秘密

1979年の創刊以来、海外ガイドブックの発行を続けてきた「地球の歩き方」。2020年に初の国内版「東京」を創刊。これまでの海外取材で培った細かな取材力、その土地の歴史や文化、雑学などの情報を盛り込むことで、地元在住者に支持され大ヒット。次の新刊もお楽しみに！

＼47都道府県全制覇なるか!?／

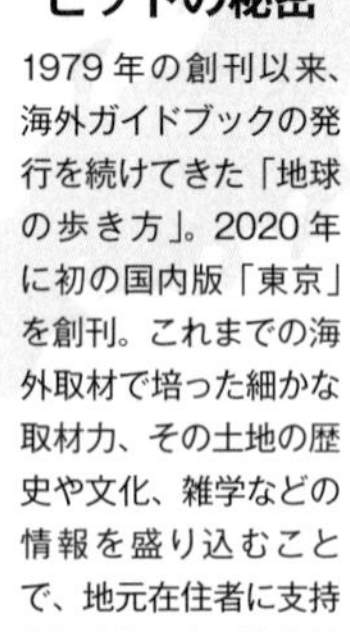

地球の歩き方国内版シリーズ
定価：2020円（税込）〜
https://www.arukikata.co.jp/web/catalog/directory/book/guidebook-j/

ソウルの基本

ソウル エリアナビ

ソウルの町は漢江(ハンガン)を挟んで北側の江北(カンブク)と南側の江南(カンナム)に分かれている。東京23区と同じぐらいの面積のソウルには個性的な町がたくさん。グルメやショッピング、エンタメなどエリアごとにそれぞれ特色があるほか、人気のエリアも続々と誕生している。

漢江は水量豊かな川。クルーズ船にて南側（江南）を望む

江北（カンブク）のポイント

本書では、ソウルのランドマークである**Nソウルタワーを目印**に
タワーの建つ南山公園（山）の北側を「中心部」、東側を「東」、南側を「南」、
西側を「西」と区分けしている。

遠くからでも目印になるNソウルタワー

江北❀中心部（Nソウルタワー北）

Nソウルタワーを含み、西はソウル駅から西大門（ソデムン）駅を経て独立門（トンニムン）駅を結ぶ統一路（トンイルロ）を境とする。東は東大門（トンデムン）駅から地下鉄4号線に沿って南山（ナムサン）まで。北は、古宮（コグン）を経て城郭までを中心とし、以北は郊外とした。

明洞（ミョンドン） ▶P.211　南大門（ナンデムン） ▶P.212

人でいっぱいの明洞

どんなところ？　明洞は新宿のような雑多な繁華街、隣接する南大門は巨大市場。
ショッピング　コスメの聖地。百貨店や免税店も多い。
食事　観光地プライス。夕方の屋台も名物。22:00以降の選択肢は少ない。
宿泊　あらゆるレベルの宿泊先があるが、他の江北地区に比べて料金は高め。

東大門（トンデムン） ▶P.214

夜12時に開店！

どんなところ？　ファッションや貴金属などの問屋街。
ショッピング　深夜営業のファッションビルも多く、夜までにぎわう。
食事　鍾路5街にかけて老舗の名店を含め選択肢は広い。22:00以降も食事ができる。
宿泊　中級クラスの宿が多い。深夜ショッピングをするならこの地区で。

市庁（シチョン） ソウル駅（ヨク）

駅前の道は広い

どんなところ？　ソウル駅は東京駅のような存在。町としてはビジネス街。
ショッピング　なんでも揃うが個性にとぼしい。
食事　ビジネスランチや安い店が見つかる。
宿泊　中高級ホテルが点在するが多くはない。道幅が広く、駅から近いようでも行きにくい場合がある。

大学路(テハンノ) ▶P.217

どんなところ? 演劇と芸術の町。坂を上れば壁画で知られる梨花洞壁画村、さらに城郭へ上れば駱山公園がある。
ショッピング 恵化駅周辺はコスメチェーンやカジュアルファッションの店が多い。
食事 ソウル大学移転後も若者の町として知られ、安い居酒屋や食堂がたくさんある。
宿泊 宿は少ない。

縁起のいい形のオブジェ

仁寺洞(インサドン) ▶P.206 益善洞(イクソンドン) ▶P.208

どんなところ? 韓屋が多く残る地区。仁寺洞は早くから観光地化されたが、益善洞は最近再開発されて人気に。
ショッピング 仁寺洞では刺繍製品、印章、筆などの伝統工芸品が手に入る。
食事 韓屋エリアの飲食店は行列覚悟で。鍾路3街駅周辺は屋台や庶民的な店が多い。
宿泊 仁寺洞に中級宿が点在。

益善洞はフォトスポットがいっぱい

古宮(コグン) 西村(ソチョン) ▶P.209 北村(プクチョン) ▶P.210

どんなところ? 北岳山(プガクサン)を背景に、景福宮など古宮が並ぶ。景福宮の西に西村、東に北村があり、伝統家屋が残る。
ショッピング 韓屋村歩きが観光のポイント。みやげ物や伝統工芸品が手に入る。
食事 おしゃれな店が増えてきたが値段は高め。
宿泊 ホテルは少なく、韓屋ゲストハウスが点在する。坂が多いので荷物は少なく。

Nソウルタワーと韓屋村

江北 ❁ Nソウルタワー南

Nソウルタワーのある南山(ナムサン)から南は漢江(ハンガン)まで、西は地下鉄1号線沿いを境に、東は地下鉄6号線のポティゴゲと3号線の玉水(オクス)を結ぶあたりまでを「南」とした。

Nソウルタワーが見えるバー。ナイトスポットも充実

梨泰院(イテウォン) 経理団通り(キョンニダンキル)

どんなところ? かつて米軍基地があったため、国際色豊か。大使館も多くハイセンスな雰囲気。
ショッピング 個性的な個人商店でのウインドーショッピングが楽しい。KTX停車駅の龍山駅には大きなショッピングセンターがある。
食事 イタリアンなど各国料理が楽しめる。
宿泊 宿泊施設は少ない。

江北 ❁ Nソウルタワー西

古宮(コグン)エリアの西の城郭から、西大門(ソデムン)駅、ソウル駅、龍山(ヨンサン)駅を通るおもに地下鉄1号線から西のエリア。

梨大(イデ) ▶P.218 新村(シンチョン)

どんなところ? 梨大は、梨花女子大、新村は延世大というい ずれも名門大学のお膝元。
ショッピング 梨大は東大門より安く、かわいいファッションが買える町。
食事 新村は学生でにぎわう居酒屋や食堂が多い。
宿泊 宿泊施設は少ない。ゲストハウスはかなり多い。

新村ではイベントも多い

弘大(ホンデ)

活気ある弘大の町

どんなところ? 芸術系大学の弘益大学がある。弘大入口駅は空港鉄道A'REXの停車駅。繁華街が非常に大きく、池袋と渋谷を合わせたような感じ。
ショッピング 大型店舗は少ないが、セレクトショップや雑貨店が多い。
食事 学生向けの居酒屋やチキンの店が多い。インディーズ系のライブハウスや若者向けのクラブも多い。
宿泊 ホテルは少なくゲストハウスが非常に多い。

望遠洞(マンウォンドン) ▶P.219

どんなところ? 弘大に隣接したエリア。望遠市場がある庶民的な部分と、おしゃれなカフェが並ぶ2面性をもつ。
ショッピング 掘り出し物が見つかる町。
食事 新しいカフェやビアパブ、庶民派食堂まで色々。
宿泊 宿は少ないがゲストハウスが点在。

オープンカフェが並ぶ

延南洞(ヨンナムドン) 延禧洞(ヨニドン)

どんなところ? 弘大の北西にある。住宅街にカフェやおしゃれなショップが点在し、注目されている。
ショッピング セレクトショップや雑貨店が点在。
食事 延禧洞はカフェ通りがあるほか、かつての華僑が開いた中華料理店が多い。
宿泊 宿は少ない。

延南洞のおしゃれな町並み

江北 ❀ Nソウルタワー東

東大門駅から地下鉄3号線の東大入口駅を結ぶラインの東のエリア。

ソウル薬令市 ▶P.215

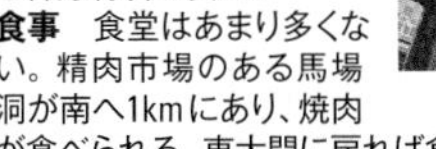

どんなところ? 韓方で有名なソウル薬令市と隣接した京東市場がある。
ショッピング 高麗人参など韓方材料が安い。
食事 食堂はあまり多くない。精肉市場のある馬場洞が南へ1kmにあり、焼肉が食べられる。東大門に戻れば食事に困らない。
宿泊 宿は少ない。

薬令市の門

建大　聖水　ソウルの森 ▶P.220

ソウルの森入口

どんなところ? 聖水は町工場や倉庫がおしゃれにリノベされた話題のエリア。ソウルの森は憩いの場としてはもちろん、芸能人が住む穴場スポット。
ショッピング コンテナを改造した店がソウルの森や建大で話題になっている。
食事 学生街の建大には中華街もある。
宿泊 宿は少ない。

江南のポイント

観光客に人気なのは、漢江が蛇行して北へせり出しているあたり。いちばん北が狎鴎亭、西は高速バスターミナル、南は地下鉄2号線の走るテヘラン路、東はロッテワールドに囲まれたエリアとなる。

大通りに、大きなビルがいくつも並ぶのは壮観

江南 ❀ 中心部

東は炭川、西は京釜高速道路までを中心部とする。
宿泊 大通り沿いに外資系の5つ星ホテルが、少し裏に中級ホテルがある。極端な安宿は少ない。

狎鴎亭　新沙

狎鴎亭の道標

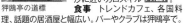

どんなところ? 漢江沿岸に近いエリアで、ソウルのトレンド発信地。
ショッピング ブランドなら狎鴎亭、個性的なファッションなら新沙に近いカロスキル ▶P.221。
食事 トレンドカフェ、各国料理、話題の居酒屋と幅広い。バーやクラブは狎鴎亭で。

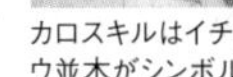

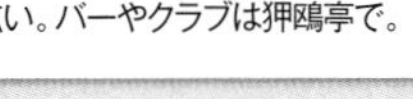

カロスキルはイチョウ並木がシンボル

三陵公園　コエックス

どんなところ? 三成駅直結のコエックス(COEX)をはじめ大きな商業ビルがある。
ショッピング 商業ビルやデパートでひととおり揃う。
食事 大通りから1本路地裏で探すのがコツ。フードコートも利用価値が高い。

COEX

江南 ❀ 西部

京釜高速道路の西エリア。
宿泊 中〜高級ホテルが点在している。

高速バスターミナル

どんなところ? 巨大モールやデパートなどの商業施設を擁する一大ショッピングエリア。
ショッピング GOTOモールは激安ファッションで有名。
食事 フードコートが無難。

高速バスターミナル

江南 ❀ 東部

炭川から東のエリア。住宅地と娯楽施設が混在する。
宿泊 中〜高級ホテルが点在している。

蚕室

どんなところ? 巨大アミューズメントパークのロッテワールド、オリンピック公園がある。
ショッピング 商業施設のほかは選択肢は多くない。

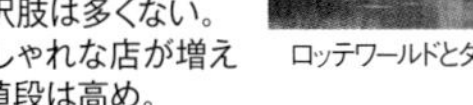

食事 おしゃれな店が増えてきたが値段は高め。
宿泊 ロッテ系列のホテルのほかにロッテワールド東側がホテル街になっている。

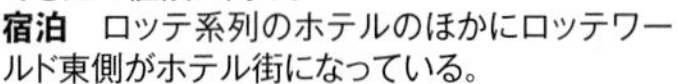

ロッテワールドとタワー

汝矣島　永登浦

どんなところ? 汝矣島には国会議事堂があり、南側の永登浦、橋を渡った江北の麻浦ともにビジネス街。
ショッピング 永登浦にはタイムズスクエアがある。
食事 ビジネスランチの店や居酒屋など意外に穴場がある。

緑多い汝矣島の公園

定番ソウル

テーマナビ 何ができるの？

日本からの航空便が多く
飛行時間が短いソウル。
何度も足を運んで、
ソウルのすべてを知りたい！
次の旅のテーマは何にする？

歴史さんぽ ▶P.90

ソウルの北側のエリアには、景福宮、世界遺産の昌徳宮と宗廟などの朝鮮王朝時代の古宮がある。景福宮と徳寿宮では王宮守門将交代式が行われ、美しい装束に身を包んだ守門将の式典はまるで歴史絵巻のよう。韓服を着て見学すればドラマの主人公になった気分で写真が撮れる。

昌徳宮（チャンドックン）

宗廟（チョンミョ）

朝鮮王朝歴代国王の位牌を祀っており、世界遺産に登録されている。5月の宗廟大祭は無形文化遺産でもある。

景福宮（キョンボックン）

朝鮮王朝の正宮。守門将交代式と光化門交代式が行われる。韓服を着れば無料で入場可能。

ショッピング ▶P.224

伝統的なパッチワーク「ポジャギ」や、美しい刺繍製品などの手工芸品が定番。カラフルなデザイン雑貨、キャラクターものも人気がある。世界に誇る韓国コスメも定番だ。

伝統雑貨

ハングル雑貨

キャラクターグッズ

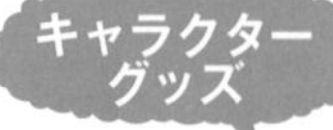

グルメ ▶P.78 ▶P.142

ソウルに着いたら、何はともあれ焼き肉？　タッカンマリ(鶏の水炊き)も食べたいし、屋台グルメも気になる。グルメ天国ソウルでは1日5食、食べたいぐらい！

本場の焼き肉はぜひ食べておきたい(左)、鶏が一羽まるごと入ったタッカンマリ(右)、チヂミなどの屋台フードで庶民の味にふれる(上)

イベントに参加 ▶P.64

ソウルでは季節ごとにイベントが開催される。夏の夜ならトッケビ(おばけ)夜市、秋のランタンフェスティバルや冬のクリスマスなど盛りだくさん。

ソウルの町なかはクリスマスのイルミネーションも華やか(左)、ユネスコの無形文化遺産にも記載されている宗廟大祭(右)

'映える'スポット探し

IT先進国の韓国では、いち早く「インスタ映え」が流行した。今では観光地でも「フォトスポット」が整備され、ショップ、カフェなどでも撮影大歓迎というところが多い。臆せず撮って自分だけの1枚をGetしよう。

ソウルスカイ ▶P.106

地上500m、ソウルスカイのガラスの床で記念撮影

カフェ巡り ▶P.188

カフェのカラフルなスイーツが話題になっては消えていく。トレンドをいち早くキャッチして、最先端を体感しよう。

インスタ映えするスイーツが目白押し

もっとソウル テーマナビ

ソウルをディープに楽しむ

定番スポットをひととおり楽しんだら、
今度はテーマにこだわった旅を楽しもう。
自分だけの旅の第一歩だ。

ドラマのロケ地には役者の等身大パネルが置かれているところも多い

郊外のテーマパークへ

ロッテワールド、ソウルランド、エバーランドはソウルの3大遊園地。韓国の伝統的生活がわかる韓国民俗村や龍仁大長今パークは、韓国歴史ドラマの撮影にも利用されており、ドラマのロケ地巡りとしても楽しめる。

エバーランド ▶P.113

龍仁大長今パーク ▶P.114

水原郊外にあるエバーランド（上）
朝鮮王朝時代の宮殿などが再現された龍仁大長今パーク（右）

野球観戦

韓国プロ野球は、近年観客の裾野が広がっており、老若男女が楽しめるスポーツ。チアガールが踊ったり、攻守交代のときにキスタイムがあったりと、日本のプロ野球観戦とはひと味違った楽しさがある。

斗山ベアーズとＬＧツインズの本拠地、蚕室野球場（左）、国内屈指の人気球団、ロッテ・ジャイアンツの応援（右）

蚕室野球場 ▶P.135

DMZツアーに参加 ▶P.342

DMZは1953年の朝鮮戦争休戦以来、韓国と北朝鮮を隔てる非武装地帯。60年以上にもわたる南北分断の象徴として、2018年の南北首脳会談、2019年の米朝首脳会談が行われたことで知られる。ソウルから日帰りツアーで訪れることができる。

共同警備区域（上）、軍事停戦委員会の本会議場（左）

博物館で歴史を学ぶ

韓国の首都ソウルには、国を代表する博物館が数多くある。なかでも国立中央博物館は、数多くの国宝を収蔵するまさに韓国美術の宝庫。そのほか、国立古宮博物館やソウル歴史博物館なども豊富な展示物とともに韓国、ソウルの歴史を紹介している。

国立中央博物館 ▶P.122

国立中央博物館収蔵、韓国国宝第83号の金銅半跏思惟像。7世紀前半のもので、京都の広隆寺の木造半跏思惟像によく似ている

ソウル歴史博物館 ▶P.124

ソウル歴史博物館で再現された朝鮮王朝時代の漢城（ソウル）の模型

日帰りハイキング

ソウルの南には清渓山(チョンゲサン)、北には北漢山(プカンサン)がそびえている。どちらもアクセスがよく、気軽に登山やハイキングが楽しめる場所として人気を集める。北漢山は、ソウル近郊にある唯一の国立公園。

北漢山 ▶P.136

ソウルの町を見下ろす北漢山からの眺望

CALENDAR
旅のカレンダー

	日本の祝日 連休は航空運賃が高くなる	韓国の祝日	イベント
1月	1/1　元日 1/8('24)、1/13('25) 成人の日	1/1　新正月 1/28〜30('25) ソルラル*	12/31〜1/1　普信閣 ▶P.99 の除夜の鐘
2月	2/11 建国記念の日 2/23 天皇誕生日	2/9〜11('24) ソルラル*	
3月	3/20('24)、3/20('25) 春分の日	3/1　三・一節	
4月	4/29 昭和の日		4/4('23)〜　汝矣島春の花祭り A ▶P.75 4/26('23)〜　利川陶磁器祭り 4/29('23)〜　宮廷文化祝典
5月	5/3 憲法記念日 5/4 みどりの日 5/5 こどもの日	5/5　子供の日 5/27('23)、 5/15('24) 釈迦生誕日	5/7('23)　宗廟大祭 ▶P.96 5/19('23)〜　燃灯祝祭
6月		6/6　顕忠日	6/14('23)〜　ソウル国際ブックフェア
7月	7/17('23)、7/15('24) 海の日		7/29('22)〜　漢江サマーフェスティバル
8月	8/11 山の日	8/15 光復節	8/5('22)〜　仁川ペンタポート・ロックフェスティバル B 8/11('22)〜　ソウルフリンジフェスティバル
9月	9/18('23)、9/16('24) 敬老の日 9/23('23)、9/22('24) 秋分の日	9/30〜10/2('20)、 9/20〜22('21) チュソク	9/25('22)〜　日韓交流おまつり 9/23('22)〜　明洞宇宙ビール祭り 9/30('22)〜　漢城百済文化祭
10月	10/9('23)、10/14('24) スポーツの日	10/3 開天節 10/9 ハングルの日	10/7('22)〜　水原華城文化祭り 10/8('22)〜　ソウル世界花火大会
11月	11/3 文化の日 11/23 勤労感謝の日		
12月		12/25 クリスマス	12/16('22)〜冬、清渓川の光 C 12/19('22)〜ソウルランタンフェスティバル D

*＝ソルラル（旧暦大晦日〜旧暦1/2）

PICK UP EVENT

A

汝矣島(ヨイド)春の花祭り

国会議事堂がある汝矣島で開かれる。漢江沿いの桜が咲き乱れる。

B

仁川ペンタポート・ロックフェスティバル

仁川の松島で開催される韓国最大の野外ロックフェスティバル。毎年10万人もの観客が集まり、おおいに盛り上がる。韓国のバンドはもちろん、日本、欧米などからも多くのアーティストが参加する。

韓国には四季があり、日本と同じように花見や紅葉狩りを楽しむ。また伝統の祭りのほか、アートや芸能のイベントも質が高い。目的を絞って旅をするのもおすすめ。旧正月ソルラル、中秋の時期のチュソクは連休となり、休業するところが多いので旅行には向かない。

学校の休み	気候	服装など	花
冬休み	最低気温がマイナス10度を下回ることもあるほど寒く、また乾燥している	**北海道・東北の冬のイメージ** ダウン/手袋/帽子/タイツ/ブーツ/マフラー	
春休み	1月と同じように寒い。雪も降る	**1月同様の寒さ対策を** 1月の服装+フリース	
新年度	まだ寒く、暖かく感じる日があっても安定しない	**まだ寒い日を基準に対策を** フリース/薄手のダウン	菜の花(ハヌル公園)
	4月の中旬からはグンと暖かくなるが、ライトダウンが必要な日も多い	**東京の同時期+1枚** フリース/薄手のダウン/黄砂等の対策でマスク	チューリップ(オリニ大公園) 桜(各地) レンギョウ(鷹峰山)
	曇天と晴天で気温差がある。安定しない天気だが、汗ばむ日も出てくる	**気温差に対応した重ね着で** 薄手の上着/半袖/長袖/スカーフ	バラ(中浪川河川敷) アヤメ(ハヌル公園) ツツジ(ハヌル公園)
	半ばからは梅雨のシーズン	**雨が多く、降ると肌寒い日も** 半袖+薄手の上着/雨具	
夏休み	7月下旬、遅いと8月まで梅雨が明けず雨が多い日が続く。晴れれば気温がグンと上がる	**湿度が高く通気性も重要** 半袖+薄手の上着/雨具/日焼け止め/帽子	
	梅雨が明けると一気に暑くなり、日差しも強く感じる。下旬には早くも朝晩秋の気配が漂い始める	**暑さ+直射日光対策も** 半袖/薄い上着/日傘/日焼け止め/サングラス/アームカバー/スカーフ	
	朝晩の冷え込みが強くなり、空気が乾燥してくる。台風シーズン	**重ね着で対応** 半袖/長袖/フリース/雨具	
	紅葉の便りが聞こえてくると、山では日が差していても、風が冷たくなる	**東京の秋より+1枚で** 長袖/しっかりした上着/ウィンドブレーカー/薄手のダウン	ススキ(ハヌル公園) カエデ(昌徳宮) ケヤキ(明洞)
	晩秋の気配、昼間でも寒く感じる。中旬以降はかなり冷え込む	**冬の装い** 薄手のダウン/フリース/タイツ	イチョウ(カロスキル、汝矣島)
	本格的な冬	1月と同じような服装で	

未発表のイベントスケジュールは過去実績のものを掲載しています。最新の日程は URL japanese.visitkorea.or.krへ
韓国の学校の休みは各学校によって数日~1週間ほど前後します。休暇期間中は交通機関が混雑する傾向にあります

C

冬、清渓川の光

清渓川(チョンゲチョン)沿いの1.2kmが美しいイルミネーションによって彩られる。

D

ソウルランタンフェスティバル

人形をかたどったものなど、個性豊かなランタンがクリスマスムードを盛り上げる。

韓国旅行のキーワード

旅で出くわす韓国語。独特の言い回しや単語にちょっと戸惑うこともある。ここでは、覚えておくと便利なキーワードを解説しよう。

食事のときに

モクチャコルモク
먹자골목
うまいもの通り 韓国では素材や料理ごとに同業店が一ヵ所に集まることが多い。「ホルモン通り」「ユッケ通り」などそこに行けば、何軒もの専門店が並ぶ。ただし正式な通り名ではないので注意。「トッポッキタウン」などと称されることもある。▶P.144

シクタン
식당
食堂 店名にこの単語があれば庶民的な大衆食堂。

コーヒー 韓国では食堂にコーヒーマシンが備えられていることがあり、無料でサービスされている。砂糖入りまたは砂糖とミルク入りだが辛い食事のあとにはなかなかおいしい。

コピ 커피

キサシクタン
기사식당
技士食堂 タクシーの運転手が利用しやすいように駐車場を備えた食堂。ボリュームがあっておいしく、しかも安いところが多い。▶P.174

ホンパプ
혼밥
ひとりご飯
大勢で食卓を囲むことが多い韓国でも、ひとりで食べるシーンが増えている。おひとり様歓迎の店も増えている。▶P.161 ホンスル혼술はひとり酒。

パンチャン
반찬
メインの料理に付いてくるキムチやナムルなどの**小皿料理**。食べきったらおかわりも可能。フロアに置いてあってセルフでおかわりできる店もある。

バスや鉄道で移動するときに

ティモニ
티머니
Tマネー 日本のSuicaなどのようなタッチ式の交通カード。バスや地下鉄、タクシーに加え、コンビニなどでの支払いも可能。詳細は▶P.310

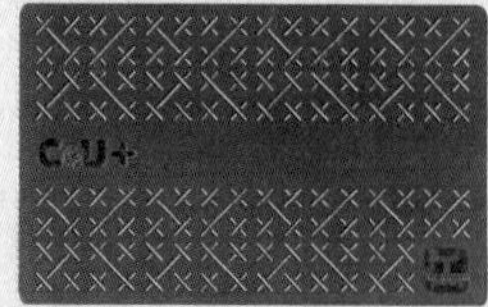

チャソク ポス
좌석 버스
座席バス 市内バス（郡内バス）の区分のひとつ。普通の市バスより座席が多く、原則として定員制（満席で乗せることもある）。他のバスに座席がないわけではない。前乗り前降り。

マウル ポス
마을 버스

マウルバス マウルは村や地区のこと。地下鉄駅から特定の団地など比較的短い区間を運行する。詳細は▶P.312
地方に行くと郡内バスや農漁村バスというローカルバスもある。

町歩きや宿泊するときに

ドン 동 **洞**　行政区画。日本の町や丁目に該当する。

マウル 마을 **村、集落、地区**　必ずしも田舎であるわけではない。

キル 길

道路名に付けられる単語。日本なら○○**通り**、○○筋、英語でStreetやAvenueに該当する。大通りがデロ대로、以下、로（ロ）>거리（コリ）またはキル（ギル）の順に道が細くなる。

イプク 입구

入口　「建大入口」など地下鉄名で目にする単語。「앞（アプ）＝前」も覚えておくと便利。

チュンアン 중앙　中央通り、中央市場など**繁華街**を示す。

2+1

2個買うとひとつオマケで付いてくるという意味。化粧品やスーパーの菓子などに多い表記。

ハンボク 한복

韓服
韓国の民族衣装。チョゴリが上衣、チマは女性のスカート、パジは男性のズボン。歴史的な建造物がある観光地で韓服を着ることが流行しており、レンタルショップも多い。▶P.252

オンドル 온돌

韓国の伝統的な**床下暖房**。ホテルでオンドル部屋というとベッドではなく布団を敷いて寝る部屋になる。▶P.274

シウェ ポス 시외 버스

市外バス　都市間を走る長距離バス。途中いくつかの町で停車する。高速道路を利用する市外バスもある。▶P.359

タウム 다음

次　バスの車内アナウンスでは「この停留場は○○です、次は（タウム）××です」という。「タウム」という単語の次に聞こえる停留所名は、2つ目。慌てて降りてはいけない。慣れると降りる準備を早めにできるので便利。

モボム テクシ 모범 택시

模範タクシー　タクシーの等級。模範タクシーは高級車を使い、サービスもよいとされる。一般タクシーより料金も高い。▶P.314

クッペン 급행

急行
地下鉄の1号線と9号線には急行 ▶P.311 があり、停車しない駅もある。各駅はイルバン일반という。

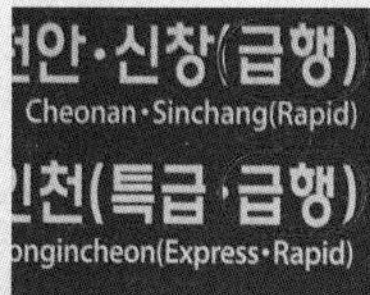

物価高に負けない!

リーズナブルに滞在するコツ

長かったコロナ禍による渡航規制もようやくほぼ解除され、再び韓国へ旅ができるようになった。しかし、時代は世界的な物価高。まだまだ航空便数も以前のようには戻らず、航空運賃も高止まりだ。「気軽に行ける韓国」に戻るまで、賢く旅をしたい。

▶P.141

旅の楽しみの大きな部分を占める食事。節約しつつも郷土料理や名物料理を楽しみたい。

屋台フード

市場では食材の販売だけでなく、屋台が立ち並んでおり、地元の食材を利用した名物グルメがお値打ち価格で楽しめる。地元の生活に触れながら、お腹を満たすことができる旅行者にとって最高の食体験だ。

通仁市場の屋台

▶MAP P.209

通仁市場では自分のオリジナル弁当が作れる

テイクアウト

韓国の食堂はメニューの種類が少ない専門店が多いので、一度に食べられる料理の種類が限られがち。複数人での旅なら、いくつかの店でテイクアウトをしてシェアするのがおすすめだ。多くの店で料理の持ち帰りが可能、高級ホテルでなければ、部屋での飲食も黙認されている。もちろん常識的な後片付けはきちんとするのがオトナの旅。

テイクアウトしたテジクッパプ

カメクチプする?

カゲは店、メクチュはビール、チプは屋。つまり雑貨屋やスーパーマーケットの店先で飲み食いできるところがカメクチプ。ラーメンやチヂミなど簡単な料理が安く食べられる。商品の菓子をつまみに飲むのもOK。会社の帰りに、チョイ飲みする人たちが次々と訪れるような店は、家庭的でおいしいこと、間違いなし!

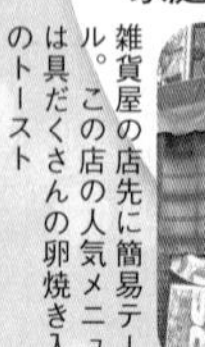

雑貨屋の店先に簡易テーブル。この店の人気メニューは具だくさんの卵焼き入りのトースト

2+1に注目!

日本でコンビニといえば定価のイメージが強いが、韓国のコンビニでは、ドリンクやお菓子などをふたつ買えばひとつ無料になる2+1として販売しているものも多い。チェックした上で購入しよう。

▶P.310

韓国旅行でうれしいのは交通費が安いこと。単純な安さより、費用対効果を考えた利用を。

交通カードは必携

すべての移動をタクシーやレンタカーで行うつもりでないなら、交通カードは絶対に購入しておこう。カードの代金に₩2500かかるが、地下鉄からバスに乗り継ぐときに追加料金がかからないし、何より地下鉄に乗るたびに1回券を購入したり、バスでぴったりの現金を払う手間から解放されるメリットは大きい。T-money、cashbeeの2種類とも、ソウルだけでなく韓国全土で使うことができる。

タクシーも実は安い

ソウルの一般タクシーの初乗り料金は最初の1.6kmが₩4800（約500円）で、その後131mごとに₩100（10.4円）と爆安！　乗り換えが必要な地下鉄ルートなら、思い切ってタクシーを利用するのも時間節約の賢い方法だ。
気をつけたいのはソウルでの漢江を渡るルート。橋を渡るために渋滞することが多く時間がかかり、料金もかさみがち。ここは地下鉄とうまく組み合わせて使おう。

韓国のタクシーメーター。支払いは、現金のほか交通系カードやクレジットカードが使える

タクシー配車アプリ

アフターコロナの韓国では、人手不足が深刻なよう。特に流しのタクシーが拾いにくくなった。そこでぜひスマホでタクシーを呼べる配車アプリをインストールしておこう。韓国で主流なアプリはKakao T。日本語にも対応しているが、アプリ払いに国際クレジットカードは使えないので、下車時に運転手に直接支払う。ウーバーUberは個人が客を乗せるライドシェアサービスはないものの、タクシーの配車は可能。ただし、登録車両がKakao Tに比べて少ない。なお、深夜は配車まで時間がかかることが多い。あらかじめ時間指定で手配しておこう。

コスパがいいのは日系ホテル

最安はトイレやシャワーが共同のホステルだが、快適さと料金のバランスを考えると、日系のビジネスホテルは魅力的なオプションといえる。モーテルも比較的安く利用できるが、当たり外れが大きい。
近年のホテル料金は定価がなく、同じ部屋でも宿泊日と予約のタイミングで料金が異なる。早めに予約したとしても、何度かウェブサイトを確認してみると、安い料金が出ていることがある。なお、韓国ならではのチムジルバンは安く泊まれるサウナとして人気があったが、コロナ禍で24時間営業を取りやめたり、宿泊エリアを閉めるなど少し使いにくくなった。

泊まる

▶P.269

安い料金を見つけるためには、手間を惜しまないのが鉄則。予約サイトによっても料金は変わってくる。

時間帯別 ソウルの過ごし方

昼 10:00-18:00

初めてのソウルなら、昼はメインの観光タイム。ソウルの北に集中する古宮群を訪れ、伝統の韓屋を見に行こう。カフェ巡りや町歩きもこの時間帯に。スタートは朝10:00、景福宮の守門将交代式から！

1

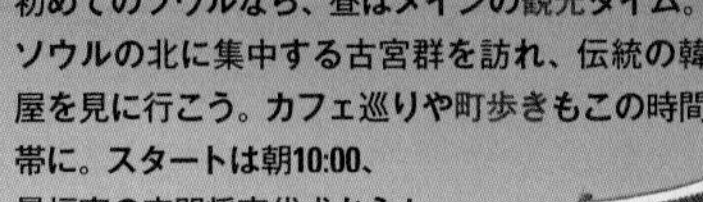

2

3

4

観光おすすめスポット

1 ソウル最大の繁華街、明洞歩き MAP P.211
➡弘大や梨大の学生街も！

2 北村韓屋村で、伝統的な町並みを散策 MAP P.210
➡西村、益善洞も韓屋が多いエリア

3 景福宮の守衛交代を見学 ▶P.90
➡世界遺産も見に行こう ▶P.88

4 ソウルスカイからのパノラマを楽しむ ▶P.106
➡Ｎソウルタワーもおすすめ ▶P.107

1日で江北を満喫するプランは ▶P.204

夜 18:00-20:00

深夜焼肉♥を楽しみに、夕食は軽めにトレンドのスポットで。食後は夜景の見えるカフェバーでロマンティックなひとときを。

1

1

2

おすすめカフェバースポット

1 ソウルタワーが見える梨泰院
➡例えば Seewooagain ▶P.183

番外 江南エリアならホテルのルーフトップも魅力
➡例えば Hotel Cappuccino ▶P.270

2 ロッテワールドタワーが見えるのは
➡例えば Seoulism MAP P.50-B2

番外 夜景ウオッチのできる展望台へ
➡63ビル ▶P.108　Ｎソウルタワー ▶P.107

東大門ファッションタウンでの深夜の爆買いは、ソウルならではの楽しみ。このあたりでは、深夜営業の店も多く、カフェはもちろん、深夜焼肉もOK。終電がなくなったら韓国式健康ランド、チムジルバンで疲れを取って、仮眠するのもおすすめ。

20:00-8:00 深夜

夜遊びスポット

1 狎鴎亭あたりで夜遊び、弘大でライブハウスやクラブへ
➡例えば cafe unplugged ▶P.186

2 東大門ショッピングクルーズ MAP P.214

3 深夜焼肉にトライ
➡例えばポンゴヒャンマッチプ ▶P.151

4 チムジルバンでまったり
➡例えば弘大 24 時ブルカマサウナ ▶P.264

8:00-10:00 朝

爽やかな朝は散歩から。明洞なら南山公園、東大門なら清渓川沿いの遊歩道、漢江の公園も地元の人がジョギングなどを楽しむところ。いい空気を吸ったら市場で屋台の朝食を楽しもう。

朝活スポット

1 城郭の残る南山公園を散歩
朝の市内が眼下に MAP P23-D3
➡清渓川や漢江もおすすめ

2 広蔵市場でキンパプ MAP P.216 上

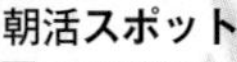

3 南大門市場で麺 MAP P.212-A3

Photogenic Spots in Seoul

テーマのある旅 特集1

フォトジェニックなソウルを楽しむ

フォトスポットが多いことで知られるソウルだが、注目の場所がどんどん増えている。スマホ片手に出かけよう!

Theme 1　アート空間

1 本の背表紙に描かれたアート 2 巨大過ぎる本棚に圧倒させられる

ピョルマダン図書館　별마당도서관

●ピョルマダントソグァン ▶P.111

COEXスターフィールドモールStarfield Mallの中核施設。ピョルマダンとは「星の庭」を意味し、気持ちいい吹き抜けの空間で、夜のライトアップはグッと落ち着いた雰囲気になる。読書テーブルには充電装置が置かれているので、ゆったりくつろぐにもいい。

Theme 2　夜景

12月、クリスマス風のライトアップがされたセビッソム

Sevitseom　세빛섬

●セビッソム

MAP 折込表-B2
住 2085-14, Olympic-daero, Seocho-gu
住 서초구 올림픽대로 2085-14
旧 서초구 반포동 650　TEL 1566-3433
開 休 CC 店舗により異なる
交 ソウル広場 MAP P.212-A1 から市内バス405番で盤浦漢江公園·セビッソム(반포한강공원.세빛섬)下車徒歩3分

セビッソムは盤浦大橋の隣、漢江に浮かぶ3つの人工島で、アートスペースやイベント会場、カフェ、レストランなどが入っている。セ(=3つの)ビッ(=光の)ソム(=島)という名にあるように、夜になるとLEDによる色鮮やかなライトアップが行われ、島全体が光に包まれる。

1 ディスプレイに映し出されたグラフィックスが次々と移り変わり、目を楽しませる 2 ポップなイラストが描かれたオブジェは中央が鏡になっている 3 気に入ったグラフィティアートの前で記念撮影 4 2022年にソウルの森に移設。アクロソウルフォレストDタワーの地下にある

D ミュージアム 디뮤지엄

●ディミュジオム ▶P.127

ただ作品を並べただけの美術館とは異なり、作品を撮影したり自分も作品の一部になったりとさまざまな楽しみ方ができる美術館。

アチムコヨ樹木園 아침고요수목원

●アチムコヨ スモグォン ▶P.117

韓国を代表する民営植物園。12～3月上旬には五色星光庭園展と称して、樹木に5色のLEDライトが付けられ、鮮やかな色に染まる。

ソウル路 7017 서울로 7017

●ソウルロ チルコンイルチル ▶P.109

ソウル駅前から南大門市場を結ぶ約1kmの高架遊歩道。夜はライトアップによって幻想的な雰囲気に包まれる。

Theme 3　花巡り

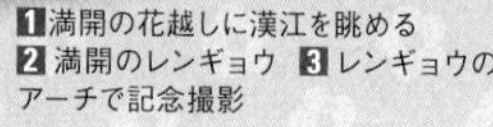

❶満開の花越しに漢江を眺める
❷満開のレンギョウ　❸レンギョウのアーチで記念撮影

鷹峰山　응봉산　開花：3月下旬～4月上旬頃

●ウンボンサン

MAP 折込表C2
住 Dokseodang-ro 60 gil, Seongdong-gu
住 성동구 독서당로 60길　旧 성동구 금호동4가 1540
TEL (02) 2286-5663
開 随時　休 春と秋に入山規制期間あり
交 京義･中央線 K115 鷹峰駅1番出口徒歩10分

レンギョウ（韓国名ケナリ）の名所として知られるのが中浪川と漢江が合流する鷹峰山。あざやかな黄色で染まった階段を上った先には、漢江を見下ろすパノラマが広がる。

園内の桜並木（左）遊園地や動物園のほか、伝統建築も見られる（右）

オリニ大公園　어린이대공원

●オリニテゴンウォン ▶P.132

開花：4月上旬～中旬頃

オリニ（こども）大公園というだけあり、親子連れが多く、にぎやかな公園。桜の名所として知られるほか、秋は紅葉も見事。

ロッテワールドタワーと桜の組み合わせ

石村湖　석촌호수　開花：4月上旬～中旬頃

●ソクチョンホス

MAP P.50-A3～B2
住 136, Samhaksa-ro, Songpa-gu
住 송파구 삼학사로 136　旧 송파구 잠실동 47
TEL (02) 412-0190
開 随時　休 無休
交 地下鉄2·8号線 216 814 蚕室駅3番出口徒歩5分

ソウル東部、蚕室にある湖。松坡大路を挟んで東西ふたつの湖からなるが、両方とも湖岸に桜が植えられている。ロッテワールドやスカイタワーと桜を一緒に撮影することができる。

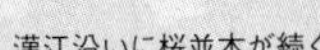

漢江沿いに桜並木が続く

汝矣島　여의도 ●ヨイド

開花：4月上旬～中旬頃

MAP P.52-53
住 330, Yeouidong-ro, Yeongdeungpo-g
住 영등포구 여의동로 330　旧 영등포구 여의도동 8
TEL (02) 3780-0561　開 随時　休 無休
交 地下鉄5号線 527 汝矣ナル駅3番出口徒歩1分

漢江の中州で、国会議事堂がある汝矣島は、ソウル屈指のお花見スポット。汝矣島漢江公園で行われる春の花祭りは、ソウル最大のものとして広く知られ、毎年多くの人が訪れる。祭りの期間中はライトアップもされるので、夜桜見物もできる。屋台などは出ない。

ライトアップされ幻想的な雰囲気に包まれた汝矣島の夜桜

徳寿宮の中和殿と桜の組み合わせ。しだれ桜も見事

徳寿宮　덕수궁　開花：4月上旬～中旬頃

●トクスグン ▶P98

徳寿宮はソウルの5大古宮のなかでも特に桜が美しいと評判の場所。伝統的建築物と桜の織りなす景色を心ゆくまで楽しもう。

Theme 4　春の祭り　燃灯会

釈迦生誕を祝う灌仏会（かんぶつえ）は、日本では毎年4月8日に行われるが、旧暦で祝う韓国では、毎年変わる移動祝祭日で、2023年は5月27日、2024年は5月15日。韓国では燃灯会と呼ばれる。
仏教行事というと、厳粛なイメージだが、町はカラフルに飾り付けられ、踊りやパレードも行われるなど、誰でも楽しめる華やかなお祭りだ。

1 いろとりどりの提灯が頭上を埋め尽くす曹渓寺の境内　2 釈迦生誕の場面を再現した張子の提灯飾り　3 2019年のテーマは「こころの慈悲を、世の中の平和を」。平和を象徴する南北鉄道も清渓川に登場

伝統提灯展示会

人々が願いを込めて奉納した提灯が飾られる。ソウル各地で行われるが、なかでも曹渓寺 MAP P.19-D2 や清渓川 MAP P.19-C3 ～ D3 沿いの飾りが有名。

仏教徒でなくても楽しめる歌と踊りのショー

和合広場

ソウルを代表する仏教系大学の東国大学 MAP P.24-B2 の運動場では、鮮やかな衣装に身を包んだ演技団やダンスチームによるパフォーマンスが行われる。

華やかな衣装に提灯を持って東大門を出発

燃燈行列

東大門（興仁之門）MAP P.21-C3 から曹渓寺 MAP P.19-D2 へ、提灯をもった人々やさまざまな巨大な提灯がソウル中心部をパレードする祭りのハイライト。5万もの人が行列に参加し、沿道の観客を含めると数十万人が集まる。

1 伝説では釈迦は摩耶夫人の脇の下から生まれたとされる　2 張子で作られた巨大提灯が町を練り歩く　3 龍をかたどった巨大提灯

特設ステージでのドラムパフォーマンス。会場は大盛り上がり

回向広場

パレードが終わっても、夜はまだまだ終わらない。地下鉄1号線鐘閣駅 MAP P.19-D3 近くにある普信閣 ▶P.99 前には特設ステージが設けられ、歌や踊りのパフォーマンスが行われる。

韓国料理ガイド 78

日本でもおなじみの韓国料理だが、
料理法や食材が多彩なことで知られている。
いろいろな料理を試してみよう。

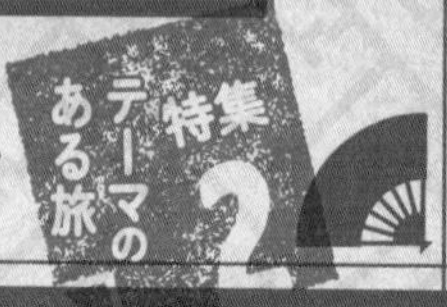

焼

숯불구이（スップルグイ）炭焼き
철판구이（チョルパングイ）鉄板焼き

焼肉といっても、肉の種類や部位によって扱う店が変わるほど食材は豊富。専門店化しているのが特徴だ。

1

갈비구이**カルビグイ**

牛バラ肉焼き　味付けしないのが「セン」、味付きは「ヤンニョム」。水原のカルビ通り ▶P.332 では大きな肉(ワンカルビ)が有名。

2

조개구이**チョゲグイ**

焼き貝　さまざまな貝を盛り合わせるのが一般的。コチュジャンや醤油をつけて食べると風味が広がる。

3

삼겹살**サムギョプサル**

豚バラ肉　豚三枚肉（バラ肉）の焼き肉。皮付きの肉は三枚肉に皮と皮の間の脂肪の層がプラスされオ(五)ギョプサルという。

4

돼지곱창**テジコプチャン**

豚ホルモン　豚のホルモンは韓国では昔からなじみのある食材。焼き肉屋には置いていないので専門店で食べる。

5

닭갈비**タッカルビ**

鶏の鉄板焼き　鶏とキャベツなどの野菜を甘辛く炒めた料理。網焼きバージョンもある。チーズにからめるのも人気。

6

불고기**プルゴギ**

牛肉の甘辛炒め煮　通常は牛薄切り肉を使う。日本のすき焼き風、味付け肉を焼いたものなど店により個性の出る料理。

7 ラム肉も食べられる 양고기 ヤンゴギ

食べられる店 P.160 21

韓国では羊を食べる習慣はなかったが、健康にいいことから人気が出てきた。ラム（仔羊）が多くマトン（成羊）はあまり見かけない。**ヤンコチ**양꼬치（串焼き）は最もポピュラーな羊肉の食べ方。焼き台に串を刺すと自動的に串が回る。ほかに**ヤンゴギカルビ**양고기 갈비（ラムチョップ）も食べられる。

ソウルでは東大門文化公園近くや、建大の中華街に羊肉店が集まっている

●素材がわかりやすい写真で説明しています。掲載の「食べられる店」とは盛り付けなどが異なることがあります。
●参照Mapページがある「食べられる店」は該当地図内に料理の掲載ページと番号 P.00 00 を記載しています。

8

통닭 **トンダク**

焼き丸鶏　丸鶏をじっくりと薪で焼く。下になった鶏に上の鶏の脂が落ちて香ばしく焼ける。鶏の中にはもち米などが入る。

9

フライドチキン　프라이드치킨

プライドゥチキン

食べられる店 P.159 20

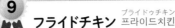

韓国で独自の進化を遂げているのがフライドチキン。スイートチリやカルボナーラ味など、さまざまな味がある。定番は甘辛味のヤンニョムチキン양념치킨。屋台でも大鍋でタレをからめて熱々を売っている。
老若男女問わず、フライドチキン&ビール（チメク）というスタイルが定着している。

フライドチキンは屋台でも人気。カップに入れてもらって歩きながら食べられる

10

떡갈비 **トッカルビ**

韓国風ハンバーグ　粗く叩いた牛肉に味を付けて焼いた料理。トック（餅）の名が付いているのは餅のように平たい形から。

11

돼지 불고기 **テジプルゴギ**

豚肉炒め　豚薄切り肉を味付けして炒めた料理。家庭でもよく作られ、定食屋の人気メニューのひとつ。

12

갈매기살 **カルメギサル**

豚カルビ　豚の横隔膜は脂身が少なくヘルシーで、専門店が増加中。専用の焼台は周りに溝が彫ってあり、卵を流し込んで焼く。

생선구이
センソングイ

焼き魚

町の食堂では一夜干しの焼き魚を定食で食べられる。練炭で焼くので香ばしい。ビジネス街の人気メニュー。

13

고등어구이 **コドゥンオグイ**

サバの塩焼き　塩サバの開き。食堂の定番メニューのひとつ。サバはコチュジャンをきかせた煮付けにもする。

14

삼치구이 **サムチグイ**

サワラ焼き　東仁川の名物。香ばしい開きをマッコリとともに楽しむのが地元流。塩焼き、薬味ダレなど各店舗で味が違う。

15

민물장어 **ミンムルチャンオ**

ウナギ　蒸さずに焼くので皮はパリッとする。高敞（コチャン）と扶余（プヨ）産がおいしいので店選びの参考に。

16

굴비 **クルビ**

干しイシモチ　クルビは贈答品になるほどの高級品。生のイシモチはチョギといい、焼き魚定食でもよく出てくる。

17

갈치구이 **カルチグイ**

タチウオ焼き　タチウオは済州島や南海岸地方の港で水揚げされる。塩焼き、煮付け、鍋など、ソウルでもよく見かける魚。

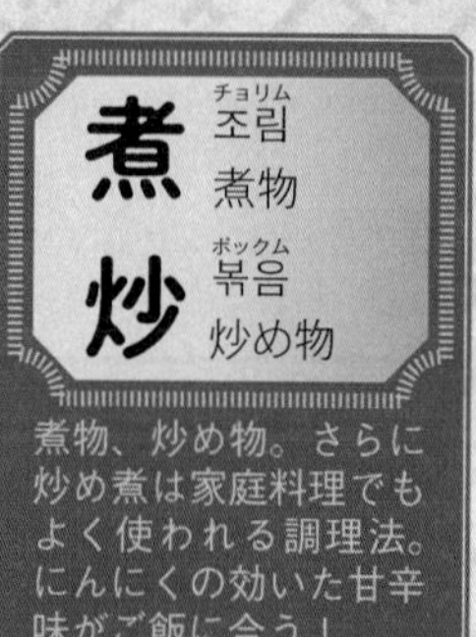

煮物、炒め物。さらに炒め煮は家庭料理でもよく使われる調理法。にんにくの効いた甘辛味がご飯に合う！

낙지볶음 **ナクチポックム**

タコ炒め テナガダコを甘辛く（かなり辛い）炒めた料理。弾力ある食感が楽しく、食べ進むと辛さのなかにうま味が出てくる。

잡채 **チャプチェ**

春雨炒め 春雨と野菜の甘辛炒め。屋台やパンチャン（おかず）でもおなじみ。ご飯にのせたチャプチェパプもポピュラー。

족발 **チョクパル**

豚足 茹でた豚足を醤油やにんにくベースのタレで煮込んだコラーゲンたっぷりの料理。もとは釜山の名物。

갈치조림 **カルチジョリム**

タチウオの甘辛煮 南大門市場名物としてすっかり有名になった料理。大根のだしが出た辛いタレがご飯によく合う。

찜닭 **チムダク**

鶏の甘辛煮 激辛のチョンヤンコチュで味付けした鶏料理。2000年代のブームを経て安東から全国区になった。

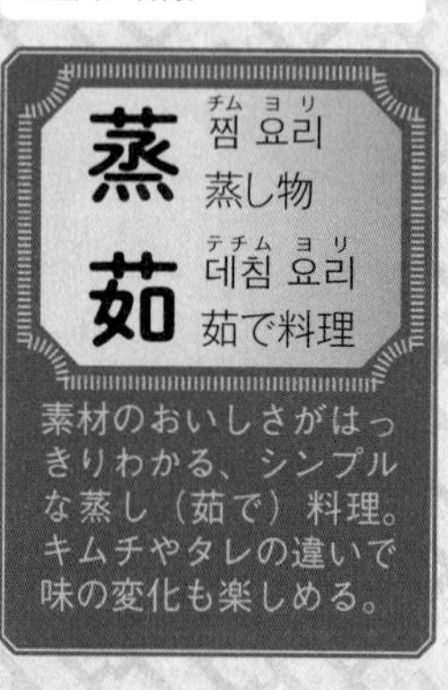

蒸 チム ヨリ 찜 요리 蒸し物
茹 テチム ヨリ 데침 요리 茹で料理

素材のおいしさがはっきりわかる、シンプルな蒸し（茹で）料理。キムチやタレの違いで味の変化も楽しめる。

보쌈 **ポッサム**

茹で豚 キムチやにんにくとともに野菜の葉で包んで食べる。牡蠣をのせるバージョンもある。肉だけで食べる料理はスユク。

계란찜 **ケランチム**

蒸し焼き卵 食堂のパンチャン（おかず）で出たり、₩1000増しで食べられたりする庶民の味方。ふわふわの優しい食感。

食材&料理用語 ①

チョッカラク	젓가락	箸
スッカラク	숟가락	スプーン
ポク	포크	フォーク
カル	칼	ナイフ
チャグンチョプシ	작은접시	小皿
ムル	물	水
ソグム	소금	塩
カンジャン	간장	醤油

パンチャン	반찬	小皿に入ったおかず
キムチ	김치	辛いタレで作る漬物
ナムル	나물	野菜のごま油あえ
カクトゥギ	깍두기	大根の漬物。カクテキ
チョッカル	젓갈	塩辛
サンチュ	상추	レタスの一種
ケンニプ	깻잎	エゴマの葉
キム	김	韓国海苔

センソン	생선	魚
ナクチ	낙지	タコ
オジンオ	오징어	イカ
チョゲ	조개	貝
フェ	회	刺身
クイ	구이	焼き
チム	찜	蒸し
ポックム	볶음	炒め

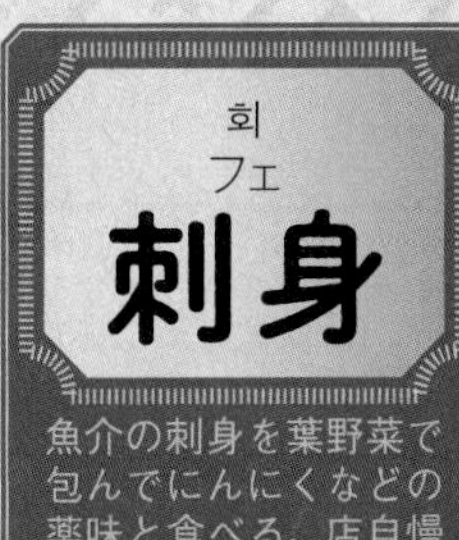

회

フェ

刺身

魚介の刺身を葉野菜で包んでにんにくなどの薬味と食べる。店自慢のタレであえた刺身も試してみよう。

도미회 トミフェ

マダイの刺身　刺身店のメニューでメインを張る最高級魚。韓国風のタレのほか、わさびと醤油も添えられる。

고등어회 コドゥンオフェ

サバの刺身　港から店のいけすに直送されたサバは新鮮そのもの。驚きの歯応え。入荷していたらぜひ。

전복회 チョンボクフェ

アワビの刺身　アワビは安くはないがスーパーでも売られる身近な食材。薄く切り、ゴマ油と塩で食べる。キモもおいしい。

간장게장 カンジャンケジャン

ワタリガニの醤油漬け　最後に残ったつゆでご飯を食べる。韓国では「ご飯泥棒」と呼ばれる逸品。

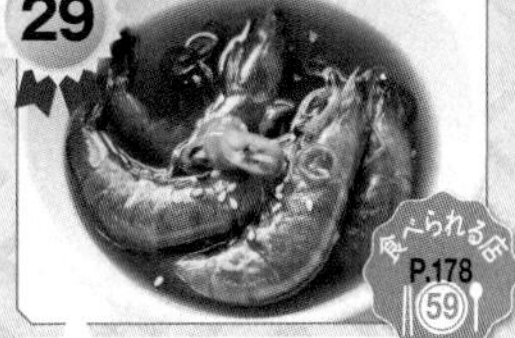

간장새우 カンジャンセウ

エビの醤油漬け　とろっとした身、溶け出したミソ、にんにくの効いた醤油が特徴。こちらもご飯泥棒。

육회 ユッケ

牛刺身　牛薄切り肉の生肉にタレを絡めた料理。ユッケの下に隠れた梨がシャリシャリして甘く、醤油ダレに意外に合う。

육회낙지탕탕이 ユッケナクチタンタンイ

牛のユッケと活タコ　不思議なコラボだが、韓国では人気。韓国海苔に包んで食べる。テナガダコがプチプチして楽しい。

간 천엽 カン チョニョプ

レバ刺し、センマイ刺し　ユッケ専門店のほか、焼き肉店、牛モツ店で出すこともある。新鮮な肉の仕入れに自信がある証。

食材&料理用語 ②

パジョン	파전	ネギチヂミ	ラミョン	라면	インスタントラーメン
キムチジョン	김치전	キムチのチヂミ	コンギパプ	공기밥	白ご飯
ククス	국수	そうめん	トッパプ	덮밥	おかずが載った丼飯
カルグクス	칼국수	小麦の平打ち麺	サムパプ	쌈밥	野菜包みご飯
メミルグクス	메밀국수	そば。メミルソバとも	チュモクパプ	주먹밥	おにぎり
ウドン	우동	ククスより太い麺	オデン	오뎅	魚介の練り物
ティギム	튀김	韓国式の天ぷら	クク	국	スープ料理
トック	떡	餅(うるち米を使う)	ヘジャンクク	해장국	酔い覚ましスープ

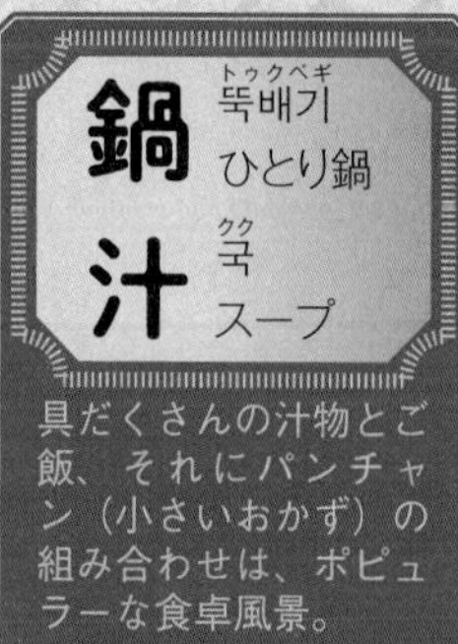

鍋 뚝배기（トゥクペギ） ひとり鍋
汁 국（クク） スープ

具だくさんの汁物とご飯、それにパンチャン（小さいおかず）の組み合わせは、ポピュラーな食卓風景。

33

된장찌개 **テンジャンチゲ**

味噌煮込み鍋　野菜やキノコなどが入った具だくさんの味噌汁。焼き肉店などでライスを頼むと付いてくることもある。

34

청국장 **チョングクチャン**

納豆汁　大豆発酵食品を使って野菜などを煮た味噌汁。納豆のような粘りと香りがあり、韓国の人でも好き嫌いが分かれる。

35

해장국 **ヘジャンクク**

酔い覚まし汁　意味は酔い覚まし汁。味も素材もいろいろ。これはモツとソンジという血の塊を調理したもの。

36

황태해장국
ファンテヘジャンクク

干しダラのスープ　牛骨と干しダラを煮込んだスープは家庭でもよく食べる。アミエビの塩辛を入れると風味アップ。

37

食べられる店
Map
P.221
-A2

순두부찌개 **スンドゥブチゲ**

おぼろ豆腐鍋　スンドゥブ（おぼろ豆腐）のピリ辛鍋。海鮮やキノコなどの具入りもある。卵を合わせて食べる。

38

뼈다귀 해장국
ピョダギヘジャンクク

背肉の煮込み　骨付き肉を煮込んだスープ。肉をこそぎ落としながら食べる。ピョヘジャンククともいう。

39

설렁탕 **ソルロンタン**

牛骨スープ　牛骨ダシのみの薄味。粗塩を入れるとグッと締まり、キムチやカクトゥギの漬け汁を足すと味が広がる。

40

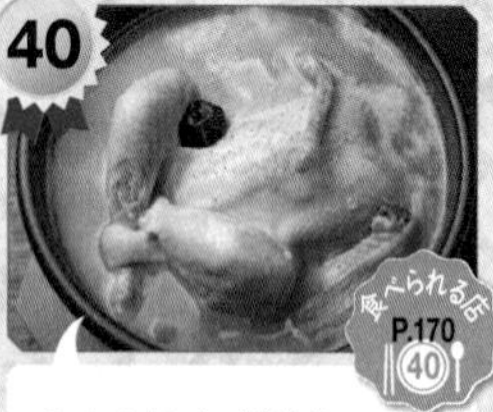

삼계탕 **サムゲタン**

参鶏湯　鶏に韓方やもち米を入れ高麗人参とともに煮込んだスープ。薄味なので鶏に塩や胡椒をふって食べる。

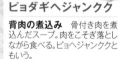

41

갈비탕 **カルビタン**

カルビスープ　焼き肉店ではコムタン（곰탕）と並んでよく出される。色は薄いが、味は付いている。

42

닭곰탕 **タッコムタン**

鶏煮込みスープ　シンプルに鶏を煮込んだスープ。あっさりしていて日本人向きの味。キムチなどをプラスしてもおいしい。

43

떡만두국
トックマンドゥクク

餅・餃子スープ　トック（餅）が入ったスープをトッククク、餃子が入ったものをマンドゥククといい、これは両方入ったもの。

냄비요리
ネムビヨリ
鍋物

カセットコンロの上でぐつぐつ煮える鍋。大勢で食べる場合が多いが、1人前で注文できる店もある。

44

食べられる店 Map P.322-A2

매운탕 メウンタン

魚のアラの辛い鍋　刺し身専門店などで食べ終わった後のアラを使った辛い鍋。おもに白身魚が使われる。

45

食べられる店 P.175 51

감자탕 カムジャタン

豚骨ジャガイモ鍋　エゴマの香りが高い豚骨鍋。ピョダギヘジャンククはジャガイモなしだが1人前でも頼める。

46

食べられる店 P.176 54

부대찌개 プデチゲ

ソーセージ鍋　ソーセージ、スパム、ラーメンやチーズを加えたB級グルメ。米軍由来の素材を使ったという意味で「部隊鍋」。

47

食べられる店 P.158 18

닭한마리 タッカンマリ

水炊き　「鶏1羽」という意味のとおり、骨付き肉がゴロンと入った鍋。韓方素材で臭みもなく、コラーゲンもたっぷり。

48

食べられる店 P.153 8

곱창 コプチャン

牛モツ鍋　コプチャン（小腸）のほか、他のモツが入る場合もある。焼いて食べるのはコプチャングイ。

49

食べられる店 Map P.18-A2

어복쟁반 オボクチェンバン

北朝鮮風鍋　平壌のおもてなし料理。ソウルでは冷麺店でよく出される。キノコたっぷりで優しい味わいのスープは日本人向き。

50

食べられる店 Map P.207-C3

연포탕 ヨンポタン

テナガダコ鍋　木浦（モクポ）特産の小ぶりのタコはソウルでもよく食べる。野菜たっぷりでタコは途中で投入。煮えばなを食べよう。

51

食べられる店 Map P.43-C3

아구찜 アグチム

アンコウ鍋　セリやもやしとプリプリのアンコウを、辛いスープで煮ながら食べる。ご飯がすすむ味。

鍋や鉄板焼きの締めは何?

鍋料理の「締め」は楽しみなものだが、韓国では鉄板焼きでも「締め」ができる。エキスを炭水化物に吸わせて残さず食べよう!

白飯（공기밥／コンギパプ）
基本の締め。少し辛いときなどは途中で注文して一緒に食べるのもおすすめ。鉄板焼きのあとに白飯を投入して、チャーハンのように食べるポックンパプも定番。

うどん（우동／ウドン）
スープが多めに残ったときはうどんもおいしい。

インスタントラーメン（라면／ラミョン）
最初から入っている鍋もあるが締めに入れるのも可能。

餅（トック／떡）
締めではなく途中で投入。鍋料理ではオプション注文もできる。

サムギョプサルのあとの「ポックンパプ」（焼き飯）。肉のうま味がたっぷりでおいしい!

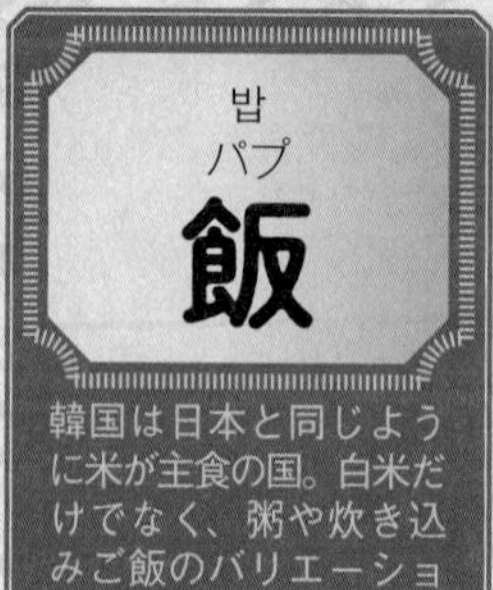

밥
パプ
飯

韓国は日本と同じように米が主食の国。白米だけでなく、粥や炊き込みご飯のバリエーションもたくさんある。

52

국밥 クッパプ

スープご飯　具沢山のスープにご飯が入っている。ご飯を別盛りにするのはタロクッパプと呼ばれ、大邱の名物。

53

돼지국밥 テジクッパプ

豚骨スープご飯　釜山名物として名高い。濃度のわりに薄味なので、塩やアミエビの塩辛で味を調えて食べる。

54

돌솥밥 トルソッパプ

釜飯　野菜や韓方素材、アワビなどの海鮮と材料はさまざまだが比較的あっさり味。残ったおこげに湯をかけて食べる。

55

전복돌솥밥 チョンボクトルソッパプ

アワビ釜飯　済州島のアワビをふんだんに入れた贅沢な釜飯。バターを落として食べることもある。

56

육회비빔밥 ユッケピビンパプ

牛刺身のせピビンパプ　牛赤身肉のユッケ、緑豆モヤシ、海藻などが入る。牛肉スープを添えて出すのが正式。

57

전주비빔밥 チョンジュピビンパプ

全州ピビンパプ　ピビンパプの王様といわれる料理。20種類以上の食材をひとつずつ調理し、美しく盛る。

58

전복죽 チョンボクチュク

アワビ粥　アワビと米をゴマ油で炒めて炊く。新鮮なアワビなら肝も加え、濃厚なコクと磯の風味を楽しむ。

59

연잎밥 ヨンニプパプ

蓮の葉ご飯　もち米のほか、黒米、黒豆、松の実、栗などが入る体にいい料理。蓮の香りが移っておいしい。

パンチャン 반찬

食べられる店 P.177 55

韓国の食習慣のひとつに、食事の時の品数の多さがあげられる。麺だけのときも、キムチが2種類ぐらい付くし、定食形式で食べるときも、おかずの皿が数種類並ぶ。この小皿料理をパンチャンといい、キムチやナムル、葉野菜などのほか、サラダや煮物など、ちゃんとした一品料理になりそうなものが提供されることもある。パンチャンがたくさん並ぶスタイルを**韓定食**という。家庭料理風の定食から宮廷料理をモデルにした豪華版、山菜づくし、精進料理など地域の特性を生かしたものまで内容は多岐にわたる。

パンチャンは無料。おかわりもできる太っ腹ぶり。韓国の食文化は、実はパンチャンに込められているのかもしれない。

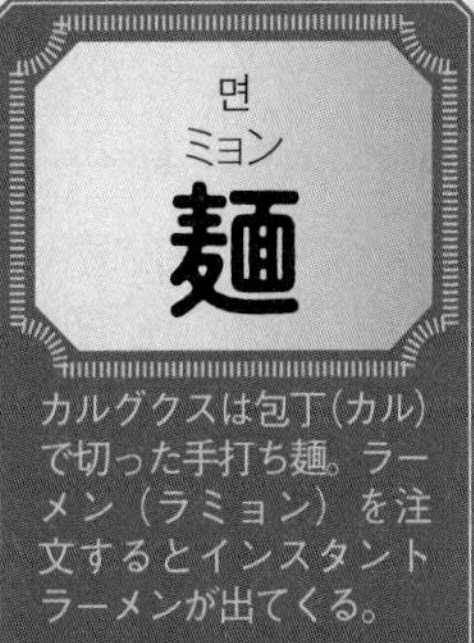

면
ミョン
麺

カルグクスは包丁(カル)で切った手打ち麺。ラーメン(ラミョン)を注文するとインスタントラーメンが出てくる。

곰국수 コムグクス

牛骨麺　牛骨を煮出したスープの味が決め手。濃厚でも味はくどくない。焼き肉店の締め料理として人気が高い。

짬뽕 チャンポン

チャンポン　中華料理店にある海鮮の具がたくさん入った辛い麺料理。辛くないチャンポンや白チャンポンもある。

짜장면 チャジャンミョン

韓国式ジャージャー麺　チュンジャンと呼ばれる黒味噌を、大量のひき肉と一緒に炒めた韓国風の中華麺。

칼국수 カルグクス

平打ち温麺　薄く切った手打ちの麺を温かいだしで食べる。これは牡蠣がのったクルカルグクス。

라면 ラミョン

即席袋麺　粉食店などでおもに出される。お店の火力が強いので、家庭でつくるよりもおいしくできるとか。

콩국수 コングクス

豆乳麺　冷たい豆乳の素麺。晋州の名物だが、ソウルの夏の風物詩ともなっている。あっさり味なので好みで塩を加えて。

비빔냉면 ピビンネンミョン

混ぜ冷麺　辛い薬味ダレがのった汁の少ない冷麺。キュウリと卵がのる。かなり辛いのでタレを混ぜるときに調節する。

물냉면 ムルネンミョン

水冷麺　スープ冷麺。コシのある細麺で、平壌冷麺に多いタイプ。澄んだ牛のスープに大根キムチが入るのが定番。

食事と楽しむお酒

食事をいっそうおいしくするお酒。ことに韓国では大勢で食事をする機会が多く、「飲みニケーション」ツールとしても重要だ。

ビール(맥주／メクチュ・麦酒)
ハイト Hite とオービー OB が2大銘柄。味わいはどちらも軽い。

焼酎(ソジュ／소주)
韓国の国民酒。地方ごとに銘柄があるが、メジャーなのは日本でもおなじみ、真露のチャミスル(참이슬)。

ソメク(소맥)
焼酎をビールで割った「爆弾酒」。3:7 の割合がベストだとか。

マッコリ(막걸리)
米などの原料を発酵させたにごり酒。アルコール度数が低く乳酸発酵が健康にいいと再注目された。

百歳酒(백세주／ペクセジュ)
韓方の入った酒。

やかんとアルミの茶碗で飲むのが昔ながらのマッコリスタイル。

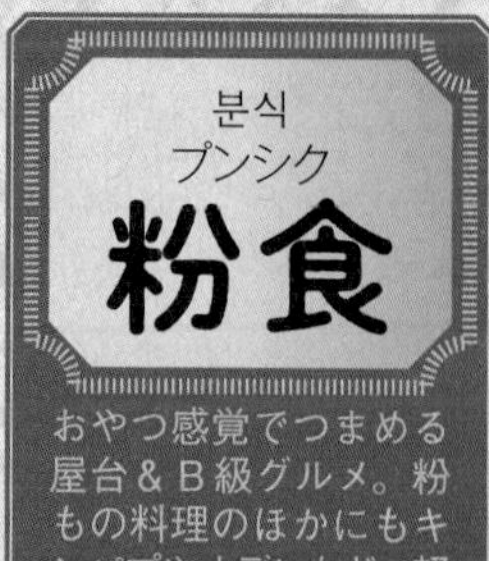

분식
プンシク
粉食

おやつ感覚でつまめる屋台＆Ｂ級グルメ。粉もの料理のほかにもキンパプやオデンなど、軽食一般を指す。

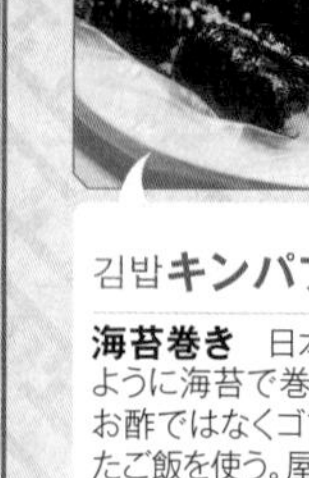

김밥キンパプ

海苔巻き 日本の巻き寿司のように海苔で巻いたご飯だが、お酢ではなくゴマ油などを和えたご飯を使う。屋台でも定番。

계란말이김밥 ケランマリキンパプ

卵焼き巻き キンパプをさらに卵で巻いた屋台料理。温かい卵にくるまれた優しい味。１本から注文できるのもうれしい。

굴전クルジョン

牡蠣のチヂミ 具に水で溶いた粉を少量混ぜ大きく焼いたお好み焼きのような料理。海鮮、ネギ、芋など具は多彩。

전ジョン

ジョン 野菜などの具に卵をつけて焼いたピカタ風の料理。韓定食では彩りや陰陽を盛り込んで供される。

떡볶이トッポッキ

餅と野菜炒め煮 うるち米で作った餅（トック）を野菜と炒め煮にする。汁多めでキンパプやスンデを投入することも。

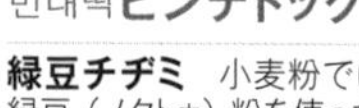

빈대떡ピンデトック

緑豆チヂミ 小麦粉ではなく緑豆（ノクトゥ）粉を使ったチヂミ。具は豚肉やキムチ、モヤシなどが入る。

군만두クンマンドゥ

焼き餃子 マンドゥは漢字で書くと饅頭で、餃子のこと。粉食店ではチーズ入りやキムチ入りなどを揃えていることが多い。

찐만두チンマンドゥ

蒸し餃子 韓国での餃子は蒸し餃子が主流。大邱スタイルのナプチャクマンドゥという薄い餃子もある。

튀김ティギム

天ぷら 衣を花のように散らすため、さくさくした食感。具はエビ、卵、サツマイモなど。トッポッキに入れるのも定番の食べ方。

오뎅オデン

おでん 具はひらひらと帯状になった串刺しの練り物だけだが、釜山では日本のように数種類の具が入る。

순대スンデ

腸詰め 豚の腸にひき肉やもち米、春雨や香菜を入れて蒸したもの。麺などのサイドメニューのほか屋台の定番。

ソウルの観光スポット

韓国の世界遺産

①

ソウル市内

宗廟（チョンミョ）

文化遺産／1995

朝鮮王朝歴代王と后の位牌を安置する廟で現在の建物は17世紀のもの。5月の宗廟大祭はユネスコの無形文化遺産でもある。▶P.92、96

②

ソウル市内

昌徳宮（チャンドックン）

文化遺産／1997

15世紀初頭に景福宮の離宮として造られた。17世紀に再建された後は王宮として機能してきた。後苑と呼ばれる庭園も見事。▶P.94

③

ソウル市内・郊外

朝鮮王陵の王墓群

文化遺産／2009

朝鮮王朝時代の歴代王や王族の墓。造成する場所は風水によって決められていた。ソウルと京畿道を中心に広範囲に点在。▶P.101

④

ソウル近郊

南漢山城（ナマンサンソン）

文化遺産／2014

外敵が侵入した際に王が籠城するために都近郊に造られた山城。稜線を巧みに利用した城壁と城門が特徴。▶P.104

⑤

ソウル近郊

水原華城（スウォンファソン）

文化遺産／1997

正祖（第22代朝鮮王）が父、思悼世子の墓を水原に移転する際に造らせた城塞。八達門、華西門は堅固かつ優美な建築。▶P.333

⑥

ソウル近郊

高敞（コチャン）、和順（ファスン）、江華（カンファ）の支石墓群跡

文化遺産／2000

紀元前10世紀頃から造られた巨石墓。ヨーロッパで多く見られるがアジアでは韓国に多く分布する。
▶P.334（江華支石墓）

⑦

百済歴史地域

文化遺産／2015

古代日本とのつながりが深く、仏教文化が花開いた百済時代の王宮跡や古墳群。扶余や公州、益山などに点在する。

⑧

韓国の歴史的集落群 河回（ハフェ）と良洞（ヤンドン）

文化遺産／2010

保存状態のいい瓦葺きや藁葺きの伝統家屋が多く残る村落。どちらも両班を多く輩出する名家の一族が暮らしてきた。

2023年2月現在、韓国には15件の世界遺産が登録されている。長い歴史を語る建造物や自然を訪ねてみよう。

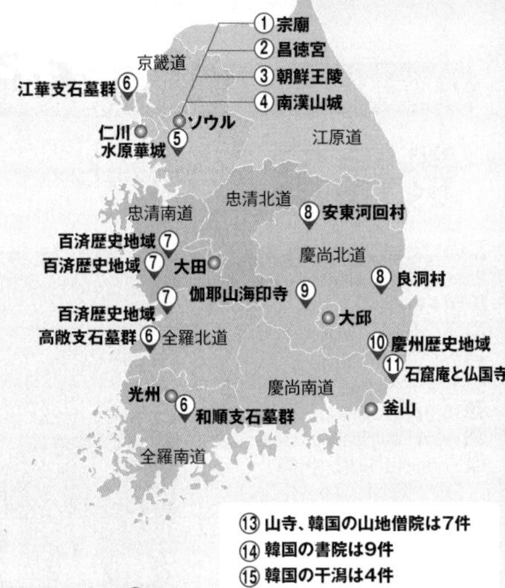

9

八萬大蔵経の納められた伽倻山海印寺（カヤサンヘインサ）

文化遺産／1995

伽倻山海印寺は9世紀創建の名刹。仏教経典の集大成ともいうべき大蔵経は13世紀に完成し寺内の経板庫に納められている。

10

慶州（キョンジュ）歴史地域

文化遺産／2000

約千年にわたって栄えた新羅の都があった慶州市周辺の遺跡群。なかでも瞻星台（チョムソンデ）は東洋最古の天文台ともいわれている。

11

石窟庵（ソックラム）と仏国寺（ブルグクサ）

文化遺産／1995

どちらも新羅時代の8世紀創建。長い間荒れ果てていたが日本統治時代に修復された。新羅時代の石塔や仏像が残る。

12

済州（チェジュ）火山島と溶岩洞窟群

自然遺産／2007

島の中心にそびえる韓国最高峰の漢拏山（ハルラサン）の火山活動により、カルデラや滝、柱状節理など多彩な火山地形が形成された。

13

山寺、韓国の山地僧院

文化遺産／2018

朝鮮王朝時代は儒教が国教となり、仏教は弾圧されたが、一部は山寺として存続し、伝統を継承してきた。そのうちの7寺が登録された。

14

韓国の書院

文化遺産／2019

朝鮮王朝時代は、儒教の一派である性理学が興隆し、その教育機関として書院が各地に建てられた。そのうち9ヵ所が登録された。

15

韓国の干潟（ケッポル）

自然遺産／2021

舒川（ソチョン）をはじめ、高敞（コチャン）、新安（シナン）、宝城（ポソン）・順天（スンチョン）の4ヵ所の干潟が登録対象。絶滅危惧種を含め2000種以上の動植物が生息する。

ソウル、ソウル近郊以外の世界遺産については『地球の歩き方 D37 韓国』をご覧ください。

景福宮 Gyeongbokgung Palace

キョンボックン
경복궁

景福宮

MAP P.19-C2
住 161, Sajik-ro, Jongno-gu
住 종로구 사직로 161
旧 종로구 세종로 1-1
TEL (02) 3700-3900
URL www.royalpalace.go.kr
開 3～5·9·10月9:00～18:00
11～2月9:00～17:00
6～8月9:00～18:30
※最終入場1時間前
休 火（祝日の場合は翌日）
料 ₩3000、7～18歳₩1500
6歳以下·65歳以上·韓服着用者は無料、毎月最終水曜無料
交 地下鉄3号線 327 景福宮駅5番出口徒歩5分
▶守門将交代式
10:00、14:00（各約20分）
▶光化門把守儀式
11:00、13:00（各約10分）
▶日本語ガイドツアー
10:00、14:30（約60～90分）

毎日行われる鮮やかな守門将交代式

朝鮮王朝の太祖、李成桂（イソンゲ）により建てられた正宮。1395年の創建と伝えられ、ソウルに残る5大古宮のなかで、最も規模が大きい。1592年に焼失し、その後再建された。毎日行われる王朝絵巻のような守門将交代式は見応え満点。敷地内には国立古宮博物館や国立民俗博物館があるほか、北側に旧大統領府である青瓦台（チョンワデ）がある。

◆勤政殿（クンジョンジョン）

国宝　政治の中枢となる正殿。王の権威を表す華やかな色彩が施されている。即位の礼や外国使節団の謁見などの重要行事が行われた。現在の建物は1867年に再建されたもの。

◆光化門（クァンファムン）

1395年の創建とされるが幾度となく焼失。1968年にコンクリートの土台で復元された。日本統治時代に移転させられたが、2010年には現在の位置に戻された。

守門将交代式で打ち鳴らされる太鼓は終了後展示される。鮮やかな色彩の太鼓をバックに写真を撮ればソウルらしい1枚に

光化門はソウルの顔。ここから市街へ続く光化門広場は祝日にはさまざまなイベントが行われる。歴史絵巻が目前で繰り広げられる感動をぜひここで！（上）

守門将と記念写真を撮るのもOKだ（左）

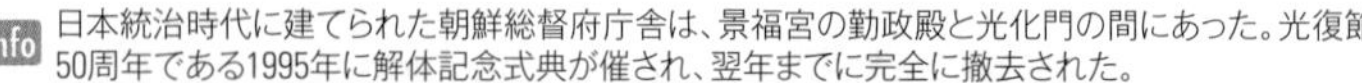
info 日本統治時代に建てられた朝鮮総督府庁舎は、景福宮の勤政殿と光化門の間にあった。光復節50周年である1995年に解体記念式典が催され、翌年までに完全に撤去された。

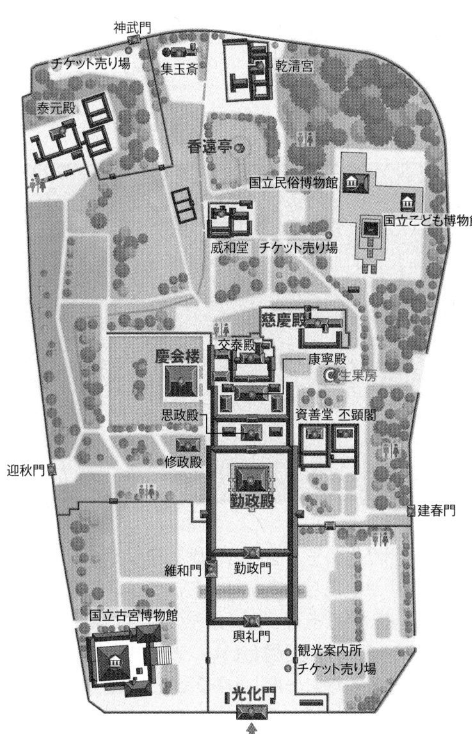

◆香遠亭（ヒャンウォンジョン）

宝物　王をはじめ宮中の人々が香遠池（ヒャンウォンジ）を眺めた東屋。小さな橋を渡れば別世界。花鳥を愛で詩歌をつむぐ風雅な世界へといざなわれる。

◆慈慶殿（チャギョンジョン）

宝物　高宗の父、興宣大院君（フンソンデウォングン）が、大妃（テビ）神貞王后（シンジョンワンフ）のために建築した。オンドルの煙突やコッタムといわれる装飾が見事。

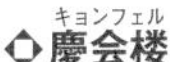

◆慶会楼（キョンフェル）

国宝　池に浮かぶ楼閣で、客人をもてなしたり宮中行事が執り行われたところ。四季折々の風景が美しく、迎賓館の役割を果たした。

4〜10月に内部を公開しており、韓国語ガイドの案内でのみ見学ができる。外国人枠は1度のツアーにつき5名で1日合計20名。ウェブサイトで予約をすること

宮廷の雰囲気を味わってくださいね！

from Seoul 生果房でティータイム

宮廷の台所であった焼厨房で、宮廷薬茶や韓菓が楽しめる。「チャングム」のような衣装を着た女性がサービスをしてくれるので雰囲気満点。

▶生果房
TEL 010-3708-4896　開 2022年は9/7〜10/20に完全予約制、2023年については要確認
料 宮廷薬茶、果物茶 ₩4000　菓子 ₩1000〜2000
日X あり、ショーケースに見本あり

info ソウルで行われる衛兵の交代式は景福宮の守門将交代式と光化門交代式、徳寿宮 ▶P.98 の王宮守門将交代式、崇礼門 ▶P.100 の崇礼門把守儀式の4つ。

宗廟 Jongmyo Shrine

チョンミョ
종묘

宗廟

世界遺産
登録英名:Jongmyo Shrine
登録年:1995年
登録基準:文化遺産(4)

MAP P.20-A2
住 157, Jong-ro, Jongno-gu
住 종로구 종로 157
旧 종로구 훈정동 1-2
TEL (02) 765-0195
URL jm.cha.go.kr
開 2〜5·9·10月9:00〜18:00
6〜8月9:00〜18:30
11〜1月9:00〜17:30
※最終入場1時間前
休 火(祝日の場合は翌日)
料 ₩1000、7〜18歳₩500
6歳以下·65歳以上·韓服着用者は無料、毎月最終水曜無料
交 地下鉄1号線 130 **鍾路3街駅** 11番出口徒歩5分、地下鉄3·5号線 329 534 **鍾路3街駅**8番出口徒歩5分
▶日本語ガイドツアー
月·水·木·金·日（祝日を除く）
9:40、11:40、13:40、15:40

位牌が増えるにともない増築され、100mを超える建物になった

宗廟は朝鮮王朝歴代の王と王妃の位牌を祀っている廟。儒教では祖先崇拝が重視されており、ここでは朝鮮王朝の国王が祖先に対する祭祀を行った。祭祀のなかで最も規模が大きいものは宗廟大祭▶P.96といい、もともと年5回行われていた。現在でも年に一度、5月の第1日曜日に全州李氏の宗家によって宗廟大祭が行われている。

◇正殿（チョンジョン）

朝鮮王朝の創始者太祖によって1395年に建てられた。横幅101mの建物は19室に区切られており、各室に歴代国王の位牌が置かれている。1592年文禄の役で焼失したが、1608年に再建された。祀っているのは位牌であって、遺体はない。遺体が埋葬されている王陵も「朝鮮王陵の王墓群」▶P.101 ▶P.345として、世界遺産に登録されている。

info 第10代国王の燕山君と第15代国王の光海君は、いずれも暴君として王位を剥奪されたため、宗廟には祀られていない。

香大庁（ヒョンデチョン）

祭礼の準備が行われる建物。供え物などの祭祀に関連する品物が保管されたほか、祭祀を司る官吏の待機所でもあった。

典祀庁（チョンサチョン）

普段は祭祀に使用する什器を保管しておく場所で、祭礼が行われるときは供え物の準備をするのに使われた。

斎宮（チェグン）

祭祀の前に身を清めるための場所。祭祀を行う王は、ここで斎戒沐浴を行ったあと、礼服に着替えた。

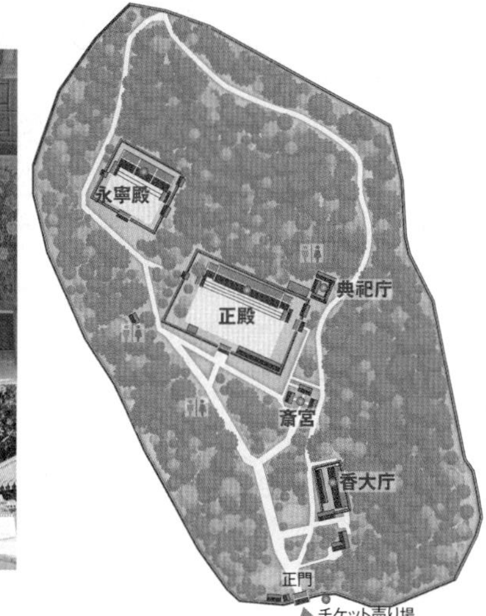

永寧殿（ヨンニョンジョン）

1421年世宗によって建てられた別廟。正殿に祀られなかった国王や国王の父が祀られている。建物は中央部分が少し高くなっており、ここには太祖の父、祖父、曽祖父、高祖父の4代祖が祀られている。正殿と同様、文禄の役で焼失し、その後再建された。

info 韓流ドラマ『チャングムの誓い』に出てくる国王は第11代中宗、『オクニョ 運命の女』に出てくる国王は第13代明宗、『トンイ』に出てくる国王は第19代粛宗、『イ・サン』の主人公は第22代正祖。

昌徳宮 Changdeokgung Palace

チャンドックン
창덕궁

昌徳宮の正殿、仁政殿

昌徳宮は1405年、第3代国王太宗（テジョン）によって建てられた朝鮮王朝の離宮。正宮であった景福宮同様、1592年に文禄の役の際に焼失してしまうが、景福宮が1867年になるまで再建されなかったのに対して、昌徳宮は1610年に再建され、以来約260年間朝鮮王朝の正宮として利用された。もともと離宮として建てられたため、王族がくつろげることが意識され、広大な敷地を利用した庭園もある。政務の効率を意識した景福宮との対比がおもしろい。

昌徳宮

世界遺産
登録英名:Changdeokgung Palace Complex
登録年:1997年
登録基準:文化遺産(2)(3)(4)

MAP P.20-A2
住 99, Yulgok-ro, Jongno-gu
住 종로구 율곡로 99
旧 종로구 와룡동 2-71
TEL (02) 3668-2300
URL www.cdg.go.kr
交 地下鉄3号線 328 **安国駅**3番出口徒歩8分

宮殿
開 2～5·9·10月9:00～18:00
11～1月9:00～17:30
6～8月9:00～18:30
※最終入場1時間前
休 月(祝日の場合は翌日)
料 ₩3000、7～18歳₩1500
6歳以下·65歳以上·韓服着用者は無料、毎月最終水曜無料
▶日本語ガイドツアー
水·金·日11:00(約1時間)

後苑
開 3～5·9·10月10:00～17:00
2·6～8·11月11:00～17:00
12·1月10:00～16:30
※最終入場1時間30分前(6～8月は16:00)
休 月(祝日の場合は翌日)
料 宮殿と共通券₩8000、7～18歳₩4000、65歳以上₩5000
6歳以下無料
▶日本語ガイドツアー
水·金·日13:30(約1時間30分)

◇大造殿（テジョジョン）

宝物　王妃の寝所、生活の場として使われた建物。1917年に焼失したため、景福宮から建物が移築された。

◇敦化門（トヌァムン）

宝物　昌徳宮の正門である、木造2階建ての立派な門。1412年に建てられ、現存するものは1609年に再建されたもの。

◇宣政殿（ソンジョンジョン）

宝物　青い瓦がひときわ印象的。正殿である仁政殿の東に位置しており、国王が高官たちと論じたり、政務を執り行う便殿として利用された。

info 敦化門から入って仁政殿に向かう途中にある橋、錦川橋(クムチョンギョ)は1411年に造られた現存するソウルで最古の石橋。

後苑（フウォン）

王族の憩いの場であった宮殿の北側に広がる庭園。自然の地形をできるだけ生かしたなかに、建物が効果的に配置されており、韓国式庭園の最高傑作ともいわれる。

芙蓉池とそのほとりに建てられた芙蓉亭（上）
図書館や学問研究の場として利用された宙合楼（下）

熙政堂（ヒジョンダン）

宝物　王の日常生活の場であるほか、政務が行われることもあった。大造殿同様火災で焼失したため、景福宮から建物が移築された。中の一部は西洋風の装飾がされている。

仁政殿（インジョンジョン）

国宝　国王の即位式や臣下の礼、外国使節との接見といった重要な公式行事が行われた昌徳宮の正殿。現在見られるものは、1803年の純祖治世期に再建されたもの。宮殿前の広場は正九品、正八品など、臣下の階級を示す品階の刻まれた品階石が置かれている。公式行事の際には、広場の東に文官、西に武官がそれぞれの品階に応じて整列した。

外観では2層になっているが、中は吹き抜けになっており、高い天井が印象的。中央には玉座が置かれている

info 後苑にある芙蓉池は四角形の池に丸い島が配置された方池円島で、韓国庭園でよく見られる様式。方池は大地と陰、円島は天と陽を象徴し、陰陽五行説に基づいている。

ユネスコ無形文化遺産

宗廟大祭（チョンミョ デジェ）

歴代朝鮮王朝の国王と王妃の位牌が祀られている宗廟では、毎年5月の第1日曜日に、王家の末裔によって、祭礼が執り行われる。祭礼は儀式に加え、音楽や舞踏もある総合儀礼で、ユネスコの無形文化遺産にも記載されている。

1 祭官が整列し、儀式が執り行われる 2 舞手が8列、8行になり、計64人で踊る八佾舞 3 永寧殿の前で行われる儀式。午後からは正殿でも行われる

王が祭礼へと向かう御駕行列。王宮である景福宮を出発し、宗廟へと向かう

祭祀時間

9:00～10:00　永寧殿への入場
10:00～12:00　永寧殿での祭礼
13:00～14:00　正殿への入場
14:00～16:30　正殿での礼拝

御駕行列

10:00～（景福宮出発）

宗廟大祭

宗廟 ▶P.92
TEL (02) 765-0195　URL jm.cha.go.kr
開 2023年は5/7の予定　料 無料　※永寧殿、正殿での祭礼は先着順の入場

info 大韓帝国第2代皇帝の皇嗣、李垠は即位することはなかったが、懿愍皇太子として宗廟に祀られており、李垠の妃で、日本の皇室出身の方子女王も、懿愍皇太子妃として祀られている。

王朝文化に触れる夜

昌徳宮（チャンドックン） 月光紀行

ライトアップされた仁政殿

昌徳宮では春と秋に月光紀行として、夜の特別観覧ツアーが行われる。ライトアップされた建物が見られるだけでなく、伝統音楽の演奏や伝統舞踊なども披露されるなど、非常に見応えがある。

1 伝統衣装を身につけての琴の演奏　**2** 一糸乱れぬ扇の舞い　**3** 楼閣からの笛の演奏が、過ぎ去った朝鮮王朝の時代にいざなう　**4** 後苑にある宙合楼のライトアップ　**5** 華やかな舞を鑑賞しながら夜が更けてゆく

昌徳宮 月光紀行

昌徳宮 ▶P.94
TEL (02) 2270-1243　TEL 1566-1369（予約）
URL www.cdg.go.kr　URL www.chf.or.kr
開 上半期（2022年は4/21～6/12）と下半期（2022年は9/1～10/28）に開催。※2023年のスケジュールについては要確認
料 ₩3万（予約必須）

昌慶宮

MAP P.20-A2
住 185, Changgyeonggung-ro, Jongno-gu
住 종로구 창경궁로 185
旧 종로구 와룡동 2-1
TEL (02) 762-4868 URL cgg.cha.go.kr
開 9:00～21:00 ※最終入場20:00
休 月 料 ₩1000、7～18歳₩500
6歳以下・65歳以上・韓服着用者は無料、毎月最終水曜無料
交 地下鉄4号線 420 恵化駅4番出口徒歩14分
▶日本語ガイドツアー
10:00、14:00（約1時間）

慶熙宮

MAP P.18-B3
住 45, Saemunan-ro, Jongno-gu
住 종로구 새문안로 45
旧 종로구 사직동 신문로2가 1-2
TEL (02) 3210-4804
URL cgg.cha.go.kr
開 9:00～18:00 休 月、1/1
料 無料
交 地下鉄5号線 532 西大門駅4番出口徒歩8分

徳寿宮

MAP P.23-C1
住 99, Sejong-daero, Jung-gu
住 중구 세종대로 99
旧 중구 정동 5-1
TEL (02) 771-9951
URL www.deoksugung.go.kr
開 9:00～21:00 ※最終入場20:00
休 月（祝日の場合は翌日）
料 ₩1000、7～18歳₩500、6歳以下・65歳以上・韓服着用者は無料、毎月最終水曜無料
交 地下鉄1・2号線 132 201 市庁駅1・2番出口徒歩1分
▶王宮守門将交代式
11:00、14:00（各約30分）
雨天・降雪日はなし
▶日本語ガイドツアー
9:30、16:00

雲峴宮

MAP P.19-D2
住 464, Samil-daero, Jongno-gu
住 종로구 삼일대로 464
旧 종로구 운니동 114-10
TEL (02) 766-9090
URL www.unhyeongung.or.kr
開 4～10月9:00～19:00
11～3月9:00～18:00
※最終入場30分前
休 月（祝日を除く） 料 無料
交 地下鉄3号線 328 安国駅4番出口徒歩3分
地下鉄1・3・5号線 130 329 534 鍾路3街駅5番出口徒歩7分

江北❀中心部 ｜ 古宮（コグン）エリア

昌慶宮
Changgyeonggung Palace
チャンギョングン
창경궁

復元された明政殿

昌徳宮の東に隣接する宮殿。第4代朝鮮王世宗（セジョン）が、退位後の父太宗（テジョン）のために15世紀初頭に建てたのが始まり。当初の名前は寿康宮（スガングン）だった。日本統治時代には敷地内に動物園や植物園が造られた。その後、朝鮮戦争などにより荒廃したが、1980年代に再建された。

江北❀中心部 ｜ 古宮（コグン）エリア

慶熙宮
Gyeonghuigung Palace
キョンヒグン
경희궁

ソウルの5大古宮のなかで、最も西にあるため「西殿」とも呼ばれていた。17世紀前半に建立され、徳寿宮とは橋でつながっていた。復元後の2002年から一般公開された新しい建築だが、装飾の美しさなどは高く評価されている。周辺には公園や文化施設が多く、市民の憩いの場となっている。

江北❀中心部 ｜ 古宮（コグン）エリア

徳寿宮
Deoksugung Palace
トクスグン
덕수궁

正殿、中和殿

朝鮮王朝第9代国王、成宗（ソンジョン）の実兄月山大君（ウォルサンテグン）の邸宅として建設された。景福宮が焼失したときには王宮として使われたこともある。ソウル市庁前と古宮のなかで中心部に最も近い。1900年に着工した韓国初の洋館、石造殿なども見どころ。

江北❀中心部 ｜ 仁寺洞（インサドン）

雲峴宮
Unhyeongung Palace
ウニョングン
운현궁

両班の屋敷

朝鮮王朝第26代の王であり大韓帝国初代皇帝の高宗（コジョン）の父、興宣大院君（フンソンテウォングン）の私邸。一時は王宮を凌ぐ規模を誇ったが、その後没落した。残った建物をソウル市が買い取り整備、当時の生活用品などを展示している。

info 昌慶宮のすぐ隣には国立子供科学館がある。説明は韓国語のみだが、言葉がわからなくても楽しめる仕掛けが多く、家族連れで訪れる外国人旅行客も多い。プラネタリウムは特に人気。

江北 ❀ 中心部 | 鍾路（チョンノ）

普信閣
Bosingak Pavilion
ポシンガク
보신각

2階部分に鐘が吊るされている

鍾路にある鐘楼。朝鮮王朝時代には4大門の開閉の合図に使われていた。現在の鐘は1985年に新しく鋳造されたもの。大晦日には除夜の鐘が33回つかれ、風物詩となっている。

普信閣
MAP P19-D3
住 54, Jong-ro, Jongno-gu
住 종로구 종로 54
旧 종로구 관철동 45-5
TEL (02) 2133-0983
URL culture.seoul.go.kr
開 11:00〜12:10
休 月、3/1、8/15、除夜の鐘など記念日、荒天日 料 無料
交 地下鉄1号線 131 **鐘閣駅**4番出口すぐ
▶**鐘つき体験**
TEL (02) 2133-2641
12:00〜12:10

江北 ❀ 中心部 | 古宮（コグン）エリア

社稷壇
Sajiikdan (Sajiik Altar)
サジクタン
사직단

社稷壇は朝鮮王朝を創始した太祖（テジョ）によって王宮とともに建てられた。地神である社神と豊穣神の稷神。この2柱を祀っていることから名付けられた。祭祀は2月と8月、冬至と大晦日に行われた。

社稷壇
MAP P.18-B2
住 89, Sajik-ro, Jongno-gu
住 종로구 사직로 89
旧 종로구 사직동 1-28
TEL (02) 2148-2834
開 随時 休 無休 料 無料
交 地下鉄3号線 327 **景福宮駅**1番出口徒歩5分

江北 ❀ 中心部 | 市庁（シチョン）

圜丘壇
Wongudan Altar
ウォングダン
원구단

高層ビルに囲まれて建つ

三国時代から豊作祈願や雨乞いの儀式が行われてきた丘で、現在の建物は1897年の高宗の即位式の際に建てられた。日本統治時代に敷地が縮小され朝鮮ホテル（現ウェスティン朝鮮ホテル）が建てられた。今は皇穹宇と石鼓壇、3つのアーチがある門が同ホテルの敷地に残っている。

圜丘壇
MAP P.212-B1
住 112, Sogong-ro, Jung-gu
住 중구 소공로 112
旧 중구 소공동 87-1
TEL (02) 318-0861
開 随時 休 無休 料 無料
交 地下鉄1・2号線 132 201 **市庁駅**5・6番出口徒歩3分
地下鉄2号線 202 **乙支路入口駅**8番出口徒歩5分

江北 ❀ Nソウルタワー東 | 東大門（トンデムン）

東廟
Dongmyo Shrine
トンミョ
동묘

中国様式の中に朝鮮的要素もある建築

三国志の関羽を祀るいわゆる関帝廟で、東關王廟（トングァンワンミョ）という。朝鮮王朝に関羽を祀る習慣はなかったが、豊臣秀吉の朝鮮出兵時に援軍を派遣した明の神宗（万暦帝）の要請もあり1601年に建てられた。内部には17世紀に造られた関羽像などがある。

東廟
MAP P.21-D3
住 84, Nangye-ro 27-gil, Jongno-gu
住 종로구 난계로27길 84
旧 종로구 숭인동 238-1
開 随時 休 無休 料 無料
交 地下鉄1・6号線 127 636 **東廟前駅**3番出口徒歩3分

info 日本での除夜の鐘の数は煩悩の数とされる108回だが、普信閣では、世界の中心にそびえるとされる聖なる山、須弥山に住む帝釈天など33の天部（神々）にちなみ、33回になっている。

江北 ❀ Nソウルタワー東 | 東大門（トンデムン）

興仁之門(東大門)

Heunginjimun (Dongdaemun) Gate

フンインジムン(トンデムン)
흥인지문(동대문)

広い通りにも負けない存在感

ソウルの象徴としてテレビのニュース映像などでもよく登場する。14世紀末に建てられ、その後2度にわたり大規模な修復を受けた漢陽都城の東門。道路建設などにより周囲の城壁は残っていないが、道路を挟んだ両側から南北に城壁が延びている。門の南側には東大門市場が広がっている。

興仁之門(東大門)

MAP P.21-C3
住 288, Jong-ro, Jongno-gu
住 종로구 종로 288
旧 종로구 종로6가 69
開 随時　休 無休　料 無料
交 地下鉄1·4号線 128 421 **東大門駅**9番出口すぐ

江北 ❀ 中心部 | 南大門（ナンデムン）

崇礼門(南大門)

Sungnyemun (Namdaemun) Gate

スンニェムン(ナムデムン)
숭례문(남대문)

強固な石積みと門

東大門とともに朝鮮王朝を開いた李成桂（イソンゲ）によって14世紀末に建てられた。19世紀に大規模な修復がなされた東大門よりも古いものとして評価されてきたが、残念ながら2008年に放火により全焼してしまった。のちに建て直され、2016年からは守門将交代式も復活した。大通りを挟んで東側に広がるのが多くの人で活気あふれる南大門市場だ。

崇礼門(南大門)

MAP P.23-C2
住 40, Sejong-daero, Jung-gu
住 중구 세종대로 40
旧 중구 남대문로4가 29
TEL (031) 779-8547～8
開 9:00～18:00
※最終入場17:50
休 月　料 無料
交 地下鉄4号線 425 **会賢駅**5番出口徒歩5分
地下鉄1·4号線 133 426 **ソウル駅**4番出口徒歩4分

▶崇礼門把守儀式
10:00～15:30の40分おき、16:15（巡邏および交代儀式は11:40～11:50）休 月

江北 ❀ 中心部 | 古宮（コグン）エリア

青瓦台

Cheongwadae

チョンワデ
청와대

青い瓦が印象的な本館

官邸は外からの見学

1948年以来、韓国大統領府として利用されてきた青瓦台。2022年に尹錫悦（ユンソンニョル）大統領の就任を機に大統領府は龍山の国防省庁舎に移転し、旧大統領府となった青瓦台は一般に開放されるようになった。敷地内には、青瓦台という名前のとおり青い瓦屋根をもつ本館のほか、外国からの賓客をもてなしたり、会談が行われた迎賓館、大統領とその家族が暮らした伝統的な韓屋様式の

青瓦台

MAP P.19-C1
住 1, Cheongwadae-ro, Jongno-gu
住 종로구 청와대로 1
旧 종로구 세종로 1
TEL 1522-7760
URL www.opencheongwadae.kr
開 韓国人や外国人登録をしている在住者は公式サイトから時間指定のオンライン予約をする。日本人を含む海外からの旅行者は9:00、10:30、12:00、13:30、15:00、16:00の観覧開始前に1日2000人分配布される当日券で入場可能。申込時にパスポートの提示が必要
休 火、不定期　料 無料
交 地下鉄3号線 327 **景福宮駅**4番出口徒歩17分

info 青瓦台の南西にある青瓦台サランチェでは、韓国の歴代大統領や、韓国文化に関する展示が行われている。

官邸といった建物があり、見学することができる。広大な庭や背後の山を巡るトレッキングコースもある。

江南❀西部　汝矣島（ヨイド）

国会議事堂
National Assembly
クッケウィサダン
국회의사당

国会議事堂

汝矣島（ヨイド）の西側の約半分を占める敷地面積33万579m²、延べ面積8万1443m²の地下1階、地上7階の建物で、単一の議事堂の建物としては、東洋最大級ともいわれる。緑青が美しいセージグリーンのドームは直径が64mで、重量が1000tという規模。このドームを高い基壇と8本の柱、24個の柱脚が支えている。これらはそれぞれ朝鮮八道と二十四節気を意味している。隣接の憲政記念館は自由に見学できる。

江南❀中心部　三成洞（サムソンドン）

宣靖陵（三陵公園）
Seonjeongneung
ソンジョンヌン
선정릉

2009年に世界遺産に登録された「朝鮮王陵」は40基あるが、朝鮮王朝時代のソウルは漢陽と呼ばれた首都だったため、近郊に王墓が多い。なかでも最もアクセスがよいのがソウル市内の江南にある、靖陵、貞顕王妃陵、宣陵だ。ここは三陵公園として整備されている。

きれいなお椀型の宣陵

江南❀東部　蚕室（チャムシル）

石村洞古墳群
Seokchon-dong Ancient Tombs
ソクチョンドン コブングン
석촌동고분군

石村（ソクチョン）駅から大通りをまっすぐ西へ行くと見えてくる公園に石村洞古墳がある。3世紀半ば～4世紀にかけて、百済初期の時代に造られた。当時ソウルは漢城と呼ばれる百済の首都だった。ほとんどの古墳は百済式のものだが、四角く石を積み上げた高句麗型の古墳もある。ここからはロッテワールドタワーがきれいに見え、最新のソウルを象徴する建物と、ソウル最古の遺跡を同時に眺めることができる。

国会議事堂

MAP P.52-B1
住 1,Uisadang-daero, Yeongdeungpo-gu
住 영등포구 의사당대로 1
旧 영등포구 여의도동 1
TEL (02) 6788-2865
URL www.assembly.go.kr
開 見学希望日の3日前までにeメール(visitor@assembly.go.kr)で予約が必要。入場時はパスポート持参
休 日·祝、5/1·31　料 無料
交 地下鉄9号線 914 **国会議事堂**駅1·6番出口徒歩4分

宣靖陵（三陵公園）

世界遺産
登録英名:Royal Tombs of the Joseon Dynasty
登録年:2009年
登録基準:文化遺産 (3) (4) (6)

MAP P.48-B1~49-C1
住 1, Seolleung-ro 100-gil, Gangnam-gu
住 강남구 선릉로100길 1
旧 강남구 삼성동 131
TEL (02) 568-1291
URL royaltombs.cha.go.kr
開 3～10月6:00～21:00
11～1月6:30～17:30
2月6:00～18:00
※最終入場1時間前　休 月
料 ₩1000、7～18歳₩500
6歳以下·65歳以上·韓服着用者は無料、毎月最終水曜無料
交 地下鉄2号·盆唐線 220 K215 **宣陵駅**10番出口徒歩7分
地下鉄9号·盆唐線 927 K214 **宣靖陵駅**3番出口徒歩16分

石村洞古墳群

MAP P.50-A3
住 19-5, Garak-ro 11-gil, Songpa-gu
住 송파구 가락로11길 19-5
旧 송파구 석촌동 261-6
開 見学自由（古墳内部は非公開）　休 無休　料 無料
交 地下鉄9号線 932 **石村古墳駅**3番出口徒歩8分

石村洞古墳群のひとつ

info ソウル（漢城）は百済の初期の首都。百済はその後5世紀には公州（熊津）、6世紀には扶余（泗沘）へ遷都している。国立公州博物館、国立扶余博物館は百済時代の遺物を多数収蔵している。

ソウル城郭 Seoul City Wall

ソウルソングァク
서울성곽

城壁が南北に延びる駱山公園

Nソウルタワーから眺めた城壁

朝鮮半島では首都が城壁で囲まれていたことが、このソウルの城郭を見るとよくわかる。
14世紀末、李成桂(イソンゲ)による朝鮮王朝の建国とともに建設が始まった城壁が漢陽都城(ハンニャンドソン)。後の都市開発とともに切れ切れにな

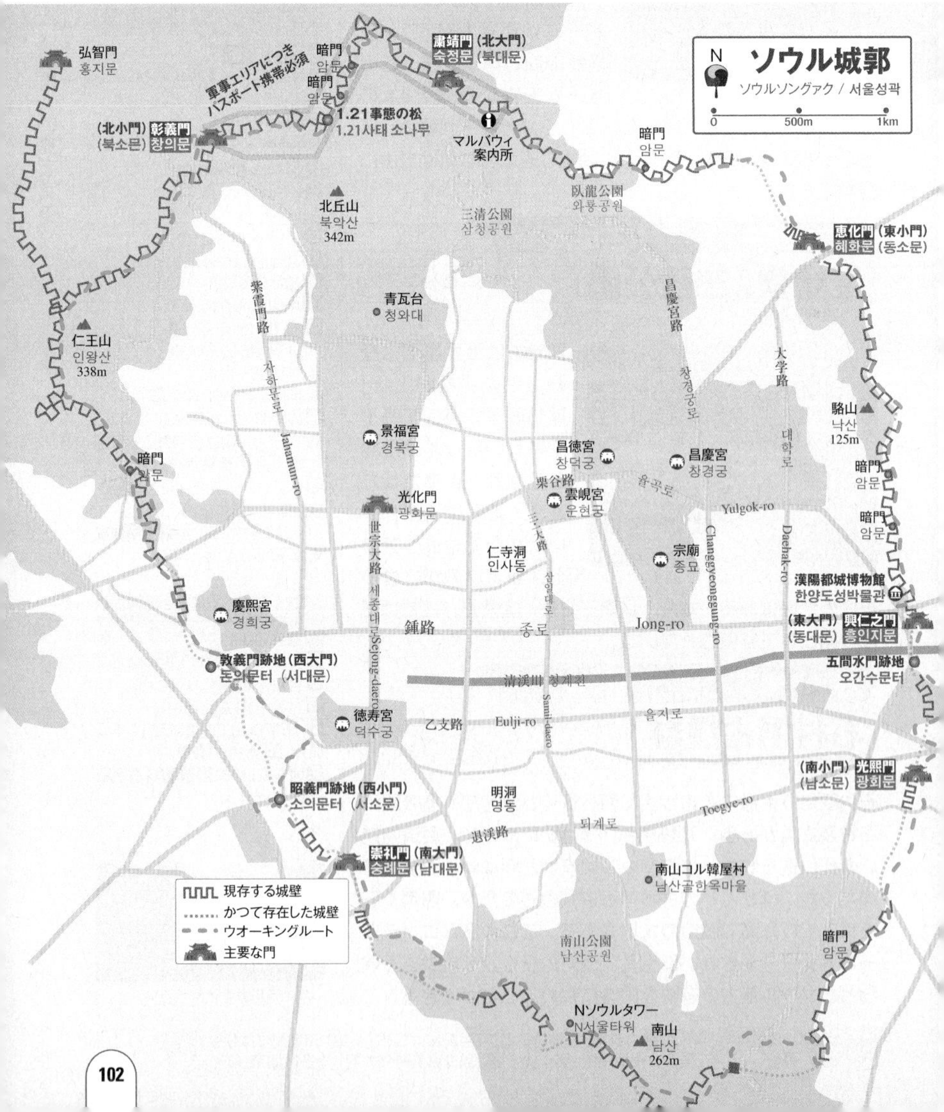

ソウル城郭
ソウルソングァク / 서울성곽

0　500m　1km

弘智門 홍지문
軍事エリアにつきパスポート携帯必須
(北小門) 彰義門 (북소문) 창의문
暗門 암문
暗門 암문
1.21事態の松 1.21사태 소나무
粛靖門 (北大門) 숙정문 (북대문)
マルバウィ案内所
暗門 암문
臥龍公園 와룡공원
三清公園 삼청공원
北岳山 북악산 342m
恵化門 (東小門) 혜화문 (동소문)
紫霞門路 자하문로 Jahamun-ro
青瓦台 청와대
昌慶宮路 창경궁로 Changgyeonggung-ro
大学路 대학로 Daehak-ro
仁王山 인왕산 338m
駱山 낙산 125m
景福宮 경복궁
昌徳宮 창덕궁
昌慶宮 창경궁
暗門 암문
栗谷路 율곡로 Yulgok-ro
光化門 광화문
雲峴宮 운현궁
暗門 암문
暗門 암문
三一大路 삼일대로 Samil-daero
世宗大路 세종대로 Sejong-daero
仁寺洞 인사동
宗廟 종묘
漢陽都城博物館 한양도성박물관
慶熙宮 경희궁
鍾路 종로 Jong-ro
(東大門) 興仁之門 (동대문) 흥인지문
敦義門跡地 (西大門) 돈의문터 (서대문)
五間水門跡地 오간수문터
清渓川 청계천
徳寿宮 덕수궁
乙支路 Eulji-ro 을지로
(南小門) 光煕門 (남소문) 광희문
昭義門跡地 (西小門) 소의문터 (서소문)
明洞 명동
退渓路 퇴계로 Toegye-ro
崇礼門 (南大門) 숭례문 (남대문)
南山コル韓屋村 남산골한옥마을
現存する城壁
かつて存在した城壁
ウオーキングルート
主要な門
南山公園 남산공원
暗門 암문
Nソウルタワー N서울타워
南山 남산 262m

っているが、それでもかなりの部分が残っている。全長18.5kmを超えるルートで、1日ではとても無理だが、少しでも歩いてみるといい。

ソウル城郭の歩き方　東大門の近くに漢陽都城博物館があり、歩き出す前にここで知識を入れるといいだろう。ここから北の恵化駅方面の城壁は常時開放されている。北西の彰義門から粛靖門にかけての一帯は軍事エリアのため、パスポートを持参して行こう。景色がいいところだが撮影できない場所もある。いずれにしても夜明るいわけではないので、明るいうちに訪れよう。

城壁の東南の門、光煕門

ソウル城郭

MAP 折込表-B1~C2
TEL (02) 2133-2657
URL seoulcitywall.seoul.go.kr
下記以外の城壁は原則見学自由
▶白岳区間
開 11~2月9:00~17:00
3·4·9·10月7:00~18:00
5~8月7:00~19:00
※入山は2時間前まで
▶崇礼門 ▶P.100

駱山公園にある滝

東大門南側の城壁

江北 ❀ Nソウルタワー東 | 東大門(トンデムン)

漢陽都城博物館 Seoul City Wall Museum

ハニャンドソンパンムルグァン
한양도성박물관

城壁のすぐ近くに建つ博物館

朝鮮王朝時代の漢陽図

ソウルが朝鮮王朝の首都としてどのように発展してきたのかがわかる博物館。

1階は城郭の全容がわかる展示、2階ではその築城と管理についてが学べる。3階は朝鮮王朝末期から現代までの展示。意義を失った城壁が一旦撤去へ向かったものの、朝鮮戦争による破壊を経てその価値が見直され再評価されていく様子が興味深い。日本統治時代の地図には明治町（現明洞）、本町（現忠武路）、黄金町（現乙支路）などの文字も見える。

なお、1階の案内所では城壁の全容がわかるパンフレットがもらえ、3階からはそのまま城壁に歩き出せるので、入場した時にもらっておこう。

漢陽都城博物館

MAP P.214-A1
住 283, Yulgok-ro, Jongno-gu
住 종로구 율곡로 283
旧 종로구 종로6가 70
TEL (02) 724-0243
URL www.museum.seoul.kr/jpn/index.do
開 3~10月9:00~19:00
11~2月9:00~18:00
※最終入場1時間前
休 無休　料 無料
交 地下鉄1·4号線 128 421 東大門駅10番出口徒歩5分

1915年に解体撤去された敦義門の扁額（レプリカ）

info ソウルは四方に山（北丘山、駱山、南山、仁王山）がそびえ、中心に川（清渓川）が流れる風水で理想的な土地。よい気が吹き出す龍穴がある場所には、朝鮮王朝の正宮、景福宮が建っている。

南漢山城 Namhansanseong

ナマンサンソン
남한산성

南漢山城

世界遺産
登録英名:Namhansanseong
登録年:2014年
登録基準:文化遺産(2)(4)
MAP P.17-C2
住 Namhansanseong-ro, Namhansanseong-myeon, Gwangju-si
住 광주시 남한산성면 남한산성로
旧 광주시 남한산성면 산성리 158-1
TEL (031) 743-6610
URL www.gg.go.kr/namhansansung-2
開 随時　休 無休　料 無料
交 地下鉄8号線 822 山城駅2番出口から9、9-1(週末のみ)、52番バスで南漢山城(終点)下車

南漢山城行宮

開 4~10月10:00~18:00
11~3月10:00~17:00
※最終入場30分前
休 月・祝
料 ₩2000、7~18歳₩1000、6歳以下・65歳以上と韓服着用者無料

城壁と整備された散策路

ソウルから南東約25kmほどのところにある山城で世界遺産に登録されている。ソウルから地下鉄とバスで行ける抜群のアクセス、大都市ソウルを眼下にできる絶景も魅力だ。

最初の築城には諸説あるが、元になったのは海抜400~500mの地形を利用し、11.76kmの城壁で囲まれた山城で、

城郭からロッテワールドタワーが見える

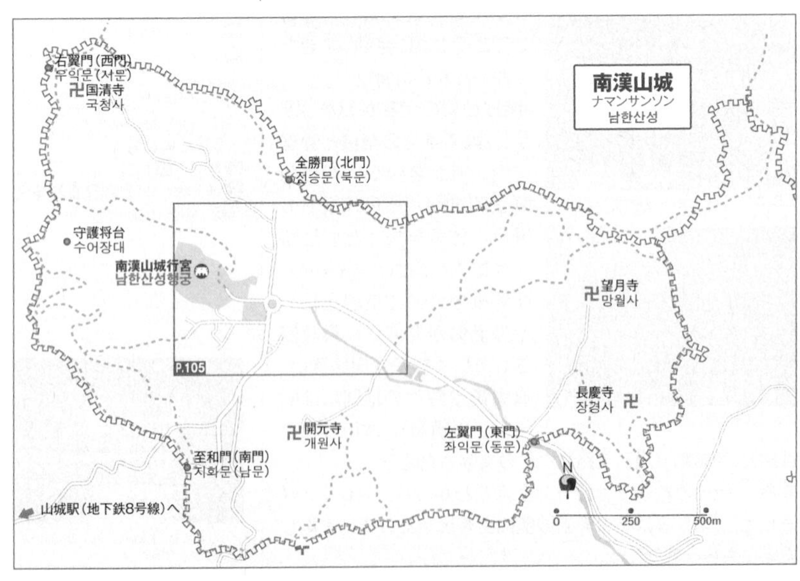

info 行宮とは、国王が地方などに出かけるときに宿泊する仮の宮殿のこと。南漢山城行宮のほかには、水原にある華城行宮 ▶P.333 がよく知られている。

漢陽（ハニャン）の非常時に臨時首都となるよう1626年に造られたといわれている。1636年に清国が韓国に侵攻した丙子の乱では朝鮮王朝第16代国王仁祖（インジョ）が兵士とともに南漢山城に籠城したが、40日余り後に城を出て降伏した。

南漢山城行宮　元々は17世紀前半に建てられたものだが、現在見られるのは2010年に復元されたもの。漢南楼（ハンナムヌ）と書かれた立派な門が入口だ。

城壁と門　行宮からハイキングコースを歩いていくと見えるのが右翼門（西門）。手前にあるのが国清寺。ここから北門の全勝門まで歩いて中心部に戻るのが手軽なコース。
時間があれば山道を歩いて4つの城門をすべて見て回るのもいいだろう。コースは案内板があり、観光案内所で日本語パンフレットがもらえる。

南漢山城行宮の入口にある漢南楼

ルート案内版も完備

右翼門近くにある国清寺は17世紀創建。有事の際の武器弾薬庫としても使われた

北側にある全勝門

国清寺の南側にある守護将台

右翼門付近の散策路

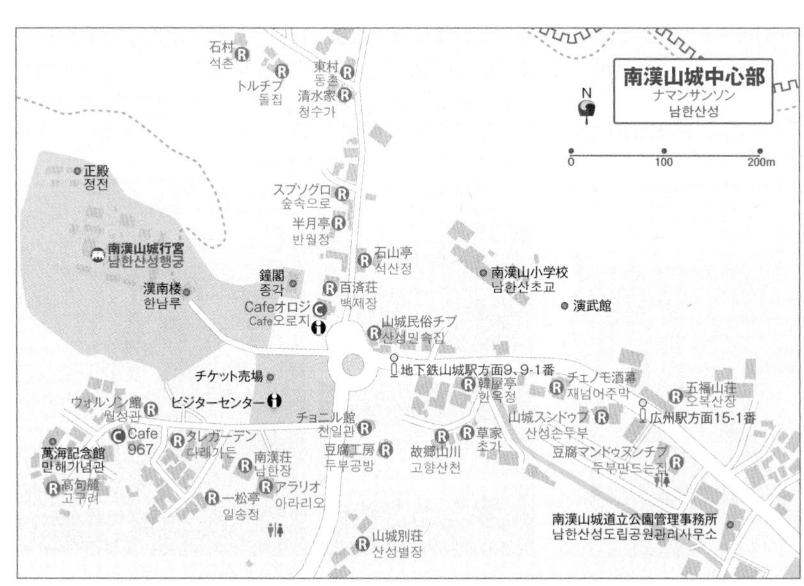

info 2017年制作の映画『天命の城』は丙子の乱を題材にした歴史大作で、原題は『南漢山城』。イ・ビョンホン、キム・ユンソクのダブル主演で、映画音楽は坂本龍一が担当している。

江南❀東部　蚕室（チャムシル）

ロッテワールド
Lotte World

ロッテウォルドゥ
롯데월드

VRゴーグルを着けて乗るフレンチレボリューション

ロッテワールドは室内遊園地の「アドベンチャー」、野外の「マジックアイランド」などがある総合レジャー施設。ジェットコースターなどのアトラクションをはじめ、「ガーデンステージ」でのショーやパレードなど盛りだくさん。もちろん、レストランや免税店をはじめとしたショッピングゾーンも充実しており、1日中楽しめるところだ。

1年中オープンのスケートリンク

シロイルカは水族館の人気者

ロッテワールド

MAP P.50-A2
住 240, Olympic-ro, Songpa-gu
住 송파구 올림픽로 240
旧 송파구 잠실동 40-1
TEL (02) 1661-2000
URL www.lotteworld.com
開 10:00～22:00
※天候により異なる
休 無休
料 1日券₩5万9000、13～18歳₩5万2000、12歳以下・65歳以上₩4万6000、3歳未満₩1万5000
16:00以降入場可能なAfter4、民族博物館との共通券などもある
交 地下鉄2・8号線 216 814 蚕室駅3番出口直結

マジックアイランドの橋

江南❀東部　蚕室（チャムシル）

ソウルスカイ
Seoul Sky

ソウルスカイ
서울스카이

2017年にグランドオープンした高さ555mのロッテワールドタワーの展望台。117階から123階までが展望台となっている。エレベーターに乗りわずか1分で117階に到着すれば、ここから123階までカフェやショップなどがあり、写真撮影を楽しめるスポットも多い。ガラスの床の展望エリアは特に人気。最上階はラウンジになっており、落ち着いた雰囲気のなかで軽食やドリンクが楽しめる。

壁面の映像が変わるエレベーター

122階のソウルスカイカフェ

120階の展望台、スカイテラス

ソウルスカイ

MAP P.50-A2
住 300, Olympic-ro, Songpa-gu
住 송파구 올림픽로 300
旧 송파구 신천동 29
TEL (02) 1661-2000
URL seoulsky.lotteworld.com
開 10:30～22:00（金・土～23:00）
※最終入場1時間前
休 無休
料 ₩2万7000、12歳以下₩2万4000、3歳未満は保護者同伴でひとり無料
交 地下鉄2・8号線 216 814 蚕室駅1・2番出口直結

118階にある透明のスカイデッキ

info 2022年3月には韓国第2の都市釜山にもロッテワールド・アドベンチャー釜山がオープンしている。ソウルとは違ったアトラクションも楽しめる。

Nソウルタワー
N Seoul Tower

エンソウルタウォ
N서울타워

韓国初のテレビ、ラジオ電波塔

ソウル城郭の南側は、標高240mほどの南山と呼ばれる山となっている。この山に1971年にテレビ塔として建てられたのがソウルタワーだ。
1980年に展望台が一般に開放され、以来ソウルの町を眺めるビューポイントとして人気を集めてきた。2005年には南山ソウルタワーからNソウルタワーと改称された。
塔の高さは236mだが、山の中にあるので5階にある展望台は標高にして471m。7階にはフランス料理店が入っている。昼間の眺めもさることながら、夜景がまたすばらしい。麓からロープウエイで上がることもできる。

ソウルを代表するランドマーク

広場で行われるパフォーマンス

タワーグッズを扱うギフトショップ

市内中心部、鍾路方面を望む、背後には北漢山の峰が見える

Nソウルタワー

MAP P.23-D3
住 105, Namsangongwon-gil, Yongsan-gu
住 용산구 남산공원길 105
旧 용산구 용산동2가 산1-3
TEL (02) 3455-9277
URL www.nseoultower.com
交 明洞駅→ロープウエイ
地下鉄4号線 424 **明洞駅**3番出口徒歩13分、ロープウエイで約3分
南山循環バス1番
地下鉄3・4号線 331 423 **忠武路駅**2番出口、地下鉄3号線 332 **東大入口駅**6番出口から乗車

展望台
開 12:00～22:00（土・日・祝11:00～22:00） 休 無休
料 ₩1万6000
3～12歳・65歳以上₩1万2000
3歳未満無料。保護者同伴の場合ひとり無料

ロープウエイ
開 10:00～23:00
※最終入場30分前
休 無休
料 往復₩1万4000
3～12歳・65歳以上₩1万500

ロープウエイでも行ける

4階と5階が展望台

循環バスのバス停からの坂道

info Nソウルタワーは日によって色が変わるライトアップでも有名。同じくライトアップされるすぐ近くの八角亭も人気の写真撮影スポット。

63ビル(63スクエア)

MAP P.53-D2
住 50, 63-ro, Yeongdeungpo-gu
住 영등포구 63로 50
旧 영등포구 여의도동 60
TEL 1833-7001
URL www.63.co.kr
交 地下鉄1号線 137 大方駅
地下鉄5号線 527 汝矣ナル駅
地下鉄9号線 916 セッカン駅
上記駅近くから無料シャトルバスが運行されている。

63アート&展望台
開 10:00〜20:30
※最終入場20:00 休 無休
料 ₩1万5000、13歳以下·65歳以上₩1万1000

アクアプラネット63
開 10:00〜19:30
※最終入場19:00 休 無休
料 ₩2万7000、13歳以下·65歳以上₩2万3000
63アート&展望台共通券
料 ₩3万2000、13歳以下·65歳以上₩2万8000

江南 ❀ 西部 汝矣島(ヨイド)

63ビル(63スクエア) ユクサンビルディン(ユクサンスクェオ)
63 Building
63빌딩(63스퀘어)

展望台から汝矣島と麻浦の夜景を望む

63ビルは地上60階、地下3階、高さ249m。1985年の完成当時は韓国のみならずアジアで最も高い建物だった。実際は60階だが、44階がなく、最上階の表示は61階となっている。入口はギャラリア免税店などがある地下1階にあり、エレベーターに乗って展望台やアートギャラリーがある60階まで行くことができる。展望台からはソウルの都心を一望することができ、晴れた日は仁川国際空港や仁川の沖合まで見渡すことができる。地下1〜2階には水族館のアクアプラネット63がある。

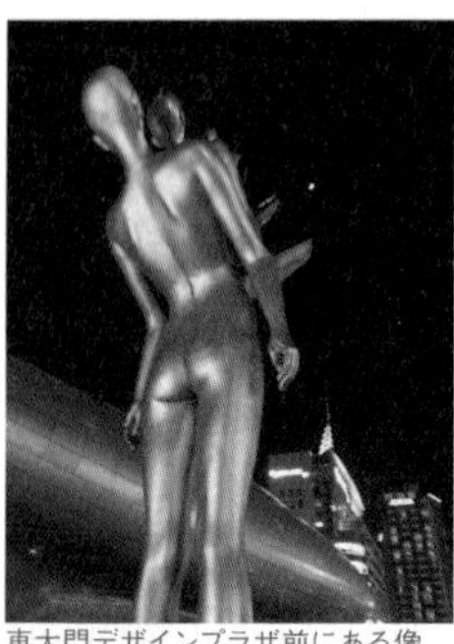
東大門デザインプラザ前にある像

東大門デザインプラザ

MAP P.214-A2
住 281, Eulji-ro, Jung-gu
住 중구 을지로 281
旧 중구 을지로7가 2-1
TEL (02) 2153-0000
URL www.ddp.or.kr
交 地下鉄2·4·5号線 205 422 536 東大門歴史文化公園駅1番出口すぐ

博物館
開 10:00〜20:00
休 月、1/1、旧正月とチュソク当日
料 展示内容による

アートホール
開 休 料 展示内容による

江北 ❀ Nソウルタワー東 東大門(トンデムン)

東大門デザインプラザ(DDP)
Dongdaemun Design Plaza
トンデムンディジャインプルラジャ 동대문디자인플라자

夜景スポットのひとつ

2007年に撤去された東大門運動場の跡地に2014年にオープンした複合施設。
イラク人建築家ザハ・ハディドによる曲線で構成された独特のデザインで、ソウルのランドマークのひとつとなっている。ここには展示会場、国際会議場、ミュージアムなどがあり、「デザイン」を発信。レストランやフードコート、ショップもある。

ソウル城郭が敷地内にある

野球場だった名残でスポーツ用品店が並ぶ

ライトアップされると近未来感が際立つ

info 東京にある新国立競技場は、国際コンペの結果、ザハ·ハディド設計のデザインがいったんは採用されたものの、後に白紙撤回されている。

江北 ❀ 中心部 ソウル駅

文化駅ソウル284（旧ソウル駅舎）

Culture Station Seoul 284

ムナヨクソウルイパルサ 문화역서울284

赤レンガの駅舎

ソウル駅の旧駅舎は東大門運動場と同じ年、1925年に京城駅として建てられた。設計したのは建築家の塚本靖。KTXが開通して新たなソウル駅ができた2004年までソウル駅の駅舎として使われ、修復を経て2011年に文化会館として生まれ変わった。数字の284は国の史跡番号から取られている。

文化駅ソウル284

MAP P.22-B2
住 1, Tongil-ro, Jung-gu
住 중구 통일로 1
旧 중구 봉래동2가 122-28
TEL (02) 3407-3500
URL seoul284.org
開 11:00～19:00
※最終入場30分前
休 月、1/1、旧正月とチュソク当日
料 無料
交 地下鉄1･4号線 133 426 ソウル駅2番出口すぐ

江北 ❀ 中心部 ソウル駅

ソウル路7017

Seoullo7017

ソウルロチルコンイルチル 서울로7017

エレベーターで歩道橋へ

45年間にわたりソウル駅を南北に貫いていたソウル駅高架道路は、2015年に撤去される計画が上がったが、2017年に遊歩道としてリニューアルされた。1970年に設置され、2017年に再生されたため7017という数字が付けられたが、17本の歩道があるという意味もある。デザインコンペで採用されたのはオランダ人建築家ウィニー・マースの「ソウル樹木園」というコンセプト。植栽やベンチがあり、露店が出たりと、歩いて楽しいスポットに生まれ変わった。文化駅にも直結。夜のライトアップがきれいで、新たなフォトスポットとなっている。

ソウル路7017

MAP P.22-B2
住 432, Cheongpa-ro, Jung-gu
住 중구 청파로 432
旧 중구 봉래동2가 122-16
TEL (02) 313-7017
URL seoullo7017.seoul.go.kr
開 随時　休 無休　料 無料
交 地下鉄4号線 425 会賢駅4･5番出口すぐ
地下鉄2･5号線 243 531 忠正路駅5番出口徒歩7分
地下鉄1･4号線 133 426 ソウル駅1番出口徒歩3分

誰でも弾けるピアノが歩道橋にある

夜景もロマンティック

気持ちのよい散歩ができる

info 旧ソウル駅舎は、ネオ･ルネサンス風の赤れんが建築ということで、東京駅と共通点が見られる。東京駅舎は1914年の建設で、設計者である辰野金吾は、塚本靖の師匠にあたる。

鍾路タワー

MAP P.19-D3
住 51, Jong-ro, Jongno-gu
住 종로구 종로 51
旧 종로2가 6 종로타워
TEL (02) 2198-2114
開 施設による。スターバックスは7:30～21:00
休 施設による
交 地下鉄1号線 131 鐘閣駅3-1番出口直結

江北 ❀ 中心部 | 鍾路（チョンノ）

鍾路タワー
Jongno Tower
チョンノタウォ
종로타워

1987年に閉店した和信百貨店の跡地に建つ

東京国際フォーラムなども手がけた建築家ラファエル・ヴィニオリの設計で1999年に建てられた。33階建てで高さは132m。地下は飲食店が建ち並ぶフロアとなっている。3階から上はオフィスとして使用されているが、2階のスターバックスは天井も高く、広々とした韓国最大規模の店。観光の休憩にぴったりの場所だ。

ソウル市庁

MAP P.23-C1
住 110, Sejong-daero, Jung-gu
住 중구 세종대로 110
旧 중구 태평로1가 31
TEL (02) 2198-2114
URL japanese.seoul.go.kr
開 9:00～12:00、13:00～18:00
休 土·日·祝、1/1
交 地下鉄1·2号線 132 201 市庁駅4番出口直結

江北 ❀ 中心部 | 市庁（シチョン）

ソウル市庁
Seoul City Hall
ソウルシチョン
서울시청

ガラス張りのソウル市庁

ガラス張りの近代的な庁舎は2012年に完成。2階はギャラリー、8階はハヌル広場というスペース。9階はカフェになっており、自由に利用できる。かつての市庁舎はすぐ南側にある1926年に建てられた旧京城府庁舎で、現在はソウル図書館になっている。

HiKR Ground

MAP P.19-C·D3
住 40, Cheonggyecheon-ro, Jung-gu
住 중구 청계천로 40
旧 중구 다동 10
TEL (02) 729-9594
URL hikr.visitkorea.or.kr
開 1·5階10:00～21:00
2～4階10:00～19:00
休 2～4階は月曜定休、5階の観光案内所は通年営業
交 地下鉄1号線 131 鐘閣駅5番出口徒歩5分

MZ世代をターゲットにした展示が充実している

江北 ❀ 中心部 | 市庁（シチョン）

HiKR Ground
HiKR Ground
ハイコグラウンドゥ
하이커그라운드

宇宙をバックに写真や動画が撮れる

韓国観光公社の広報館。K-Style Hubという名称だったが、2022年7月にリニューアルし、展示内容も一新された。5階部分に観光案内所があり、日本語で旅行相談ができるほか、1～4階にかけては、韓国の現代芸術、音楽、映画などに関するさまざまな展示が行われている。K-POPのミュージックビデオのようなセットを背景に写真や動画を撮ったり、体験型の展示が多いのも特徴。伝統文化に関する展示はほとんどないが、性格判断から自分にぴったりの伝統茶を教えてくれるコーナーなどもある。

info BTS擁するエンターテインメント企業ハイブは、2021年に龍山の本社地下にハイブインサイトという博物館をオープンしたが、2022年1月に現在の場所での営業を終了。別の場所に移転予定。

江北 ❀ Nソウルタワー西 ｜ 上岩洞

DMC(デジタルメディアシティ)

DMC(Digital Media City)
DMC（ディジトルミディオシティ） DMC(디지털미디어시티)

ソウルの主要テレビ局は元々汝矣島にあったが、2014年頃にMBCはじめキー局の社屋がワールドカップ競技場がある上岩洞地区に移転した。「M COUNTDOWN」のCJ E&Mセンターや「THE SHOW」のプリズムタワーなど人気音楽番組のスタジオ観覧ができるスタジオがある。

MBC上岩本社

デジタルメディアシティ駅

DMC(デジタルメディアシティ)
MAP P.37上
住 366, World cup buk-ro, Mapo-gu
住 마포구 월드컵북로 366
旧 마포구 상암동 1612
URL dmc.seoul.kr/index.do
交 地下鉄6号線 618 デジタルメディアシティ駅2番出口
空港鉄道 A04 デジタルメディアシティ駅9番出口
京義·中央線駅 K316 水色駅1番出口近くの水色治安（スセクチアン）センターの隣のトンネルから徒歩

江南 ❀ 中心部 ｜ 三成洞

COEX

COEX
コエックス
코엑스

ピョルマダン図書館

江南の三成駅と奉恩寺駅直結の複合施設。国際会議場、展示場などはアジア最大級のコンベンションセンター機能をもつ。地下1、2階は「スターフィールド COEX MALL」となっており、アクアリウム、劇場、映画館などのレジャー施設を兼ね備えた、トレンド発信地として話題を集めている。

ピョルマダン図書館　スターフィールド COEX MALLのセントラルプラザにある「星の庭」を意味する図書館で、2017年にオープンしたフォトジェニック系ブックスペースの先駆け的存在。ゆったり座って本を読むスペースも多く、いつもにぎわっている。蔵書は約5万冊あるが、閲覧のみで貸出は行っていない。

水族館の入口

COEXアクアリウム　メダカからサメ、ペンギンにいたるまでさまざまな水生生物を見ることができる水族館。電話ボックス型の水槽やアマゾンの熱帯雨林、サメやエイが泳ぐ海底トンネル型水槽など、ユニークで見応えある展示が色々。

COEX
MAP P.45-D3
住 513, Yeongdong-daero, Gangnam-gu
住 강남구 영동대로 513
旧 강남구 삼성동 159
TEL (02) 6000-0114
URL www.coex.co.kr
開 休 料 店舗·施設による
交 地下鉄2号線 219 三成駅5·6番出口の連絡通路直結
地下鉄9号線 929 奉恩寺駅7番出口の連絡通路直結

ピョルマダン図書館
MAP P.45-D3
TEL (02) 6002-3031
開 10:30～20:00
休 無休　料 無料

ピョルマダン図書館の高い棚はフォトスポットとして有名だが、ちゃんと書棚になっている

COEXアクアリウム
MAP P.45-D3
TEL (02) 700-7200
URL www.coexaqua.com
開 10:00～20:00
休 無休
料 ₩3万2000、3～12歳₩2万8000

info COEXにあったSMTOWNは2020年に閉鎖。Dミュージアム ▶P.127 の入っているソウルの森のDタワー内には、SMエンタテインメントのオフィシャルショップ、KWANGYA SEOULが出店している。

KBS-on

MAP P.52-B2
住 13, Yeouigongwon-ro, Yeongdeungpo-gu
住 영등포구 여의공원로 13
旧 영등포구 여의도동 18
TEL (02) 781-2224
URL office.kbs.co.kr/kbson/office-book-halltour
開 見学は電話で要予約
休 第1月曜、1/1、旧正月連休、チュソク連休　料 無料
交 地下鉄9号線 914 **国会議事堂駅**4番徒歩3分
地下鉄5·9号線 526 915 **汝矣島駅**3番出口徒歩14分

Kstar VR(詳細は下記info参照)

漢江クルーズ(E-Land Cruise)

MAP P.53-D2 (汝矣島船着場)
住 290, Yeouidong-ro, Yeongdeungpo-gu
住 영등포구 여의동로 290
旧 영등포구 여의도동 85-1
TEL (02) 6291-6900
eland_cruise
開 14:00〜21:00　休 無休
料 ₩1万6900〜(食事付き)
※乗船時は身分証明書を必ず持参すること
交 汝矣島船着場
地下鉄5号線 527 **汝矣ナル駅**3番出口徒歩7分
蚕室船着場
地下鉄2号線 217 **蚕室セネ駅**6番出口徒歩16分

江南❀西部　汝矣島(ヨイド)

KBS-on(見学ホール)　ケイビエスオン(キョナコル)

KBS-on　KBS온(견학홀)

KBSの本館

KBS(韓国放送公社)の本館にある。5階にある韓国のラジオ、テレビ放送の歴史を展示する博物館では過去に使われた放送機材などが見られる。体験コーナーでは天気予報やニュースのキャスター体験ができる。スポーツコーナーや歴代テレビ番組、ドラマのパネルが展示されたコーナーなどもあり、フォトスポットや合成写真コーナーもある。

お天気キャスター体験コーナー

実際に録音しているスタジオ

江南❀西部　汝矣島(ヨイド)

漢江クルーズ(E-LAND CRUISE)　ハンガンユラムソン

E-Land Cruise　한강유람선

船着き場

ソウルを東西に貫く漢江(ハンガン)。クルーズ船から見上げる高層ビルはソウルを象徴する風景だ。汝矣島(ヨイド)と蚕室(チャムシル)からは毎日趣向を凝らしたクルーズが運航されている。夏ならば盤浦大橋(バンポデキョ)の「月光レインボー噴水」や花火が見もの。沿岸のNソウルタワーや国会議事堂(クッケウィサダン)などの建築にも注目したい。国会議事堂のある汝矣島周辺は、汝矣島漢江公園として整備され、春の花祭りや花火など季節ごとのイベントも多く開催されている。

昼、夜、食事付きなどのコースがある

カモメにエサやり

デッキからの眺めを楽しむ

info KBSは公営の放送局。日本のNHKとは異なり、視聴者の受信料と広告収入で運営されており、番組の途中にはCMも入る。受信料は1カ月₩2500で電気料金と一緒に請求されるシステム。

エバーランド
Everland

エボレンドゥ
에버랜드

エバーランド入口の門

韓国最大級のテーマパーク。パンダワールドやサファリが楽しめるズートピア、絶叫マシンがあるヨーロピアンアドベンチャーやアメリカンアドベンチャーなど5つの区画に分かれている。パレードや舞台のエンターテインメントも多彩。季節のイベントも人気がある。家族でもカップルでも、もちろんグループでも1日楽しめる。

入場するとキャラクターや各国のモニュメントが迎えてくれる

パンダの森には中国から来たパンダが飼育されていて、パンダと同じ高さで見られる

季節の花やイルミネーションで彩られ、フォトスポットがいっぱい

エバーランド

MAP P.17-C3
住 199, Everland-ro Pogok-eup, Cheoin-gu, Yongin-si
住 용인시 처인구 포곡읍 에버랜드로 199
旧 용인시 처인구 포곡읍 전대리 310
TEL (031) 320-5000
URL everland.com
開 10:00~22:00 休 無休
料 ₩5万8000、小学生以下・65歳以上₩4万6000
交 公共交通機関だとソウル中心部から約2時間30分かかるがシャトルバスだと約1時間

シャトルバス
弘大、明洞、東大門から往復のシャトルバスが出ている。ウェブサイトで要予約。
URL www.daesungtour.co.kr

龍仁軽電鉄
地下鉄盆唐線 K237 **器興駅**で龍仁軽電鉄に乗り換えて Y124 **前垈・エバーランド駅**下車。3番出口からシャトルバス

江辺駅からバス
地下鉄2号線 214 **江辺駅**1番出口、公園沿いのバス停から5700番のバス

最大斜度77度の木製コースター

ヨーロピアンアドベンチャーへはロープウエイでも移動できる

おみやげも充実

info 2016年に中国からエバーランドに送られてきたジャイアントパンダの夫婦は夫が楽宝(ローバオ)で妻が愛宝(アイバオ)。2020年には赤ちゃんが誕生し、福宝(フーバオ)と名づけられた。

ソウル近郊❀京畿道　龍仁市（ヨンインシ）

龍仁大長今パーク

Dae Jang Geum Park

ヨンインデジャングムパク
용인대장금파크

記念撮影スポットがあちこちに

『宮廷女官チャングムの誓い』『朱蒙』『善徳女王』『トンイ』『イ・サン』『太陽を抱く月』などMBCをはじめ各局の主要時代劇が撮影されたドラマセット。

大長今とは『宮廷女官チャングムの誓い』の原題。江原道（カンウォンド）にあった楊州大長今（ヤンジュテジャングム）パークのセットの一部を移設してオープンした。龍仁大長今パークでは三国時代と高麗時代、朝鮮時代の建築と生活様式を見ることができる。各時代の町並みのほか、昌徳宮（チャンドックン）の仁政殿（インジョンジョン）といった大規模なものまでその種類はさまざま。

また、ドラマの名シーンが再現された場所や実際に使われた衣装など韓流ドラマファンなら必見のフォトスポットがあちこちに点在している。

龍仁大長今パーク

MAP P.17-C3

住 25, Yongcheon drama-gil Baegam-myeon, Cheoin-gu, Yongin-si

住 용인시 처인구 백암면 용천드라마길 25

旧 용인시 처인구 백암면 용천리 778-1

TEL (02) 789-1674～5

TEL (031) 337-3241

URL djgpark.imbc.com

開 3～10月9:00～18:00 11～2月9:00～17:00 ※最終入場1時間前

休 旧正月当日

料 ₩9500、中高生₩8000、小学生以下₩7000、4歳以下無料

交 ソウル市内→白岩（ペガム）地下鉄3号線 341 **南部ターミナル駅**5番出口近くにあるソウル南部バスターミナルから白岩（백암ペガム）まで所要約50分
白岩→龍仁大長今パーク 105番バスまたはタクシー

別料金だがカートに乗ってパークの上まで行くことができる

ドラマのシーン解説。日本語もあり

新羅から朝鮮王朝時代までの建物が緑深いパーク内に

『善徳女王』の撮影で造られた列仙閣

昌徳宮の正殿、仁政殿

王妃らが暮らした中宮殿

内部を見学できる建物も多い

info 高句麗鍛冶屋村のある九里市には世界遺産となっている朝鮮王陵が固まって存在する地区があり、9基の王陵があることから東九陵 MAP P.17-C1 と呼ばれる。江辺駅から市内バスで行ける。

江北❀中心部 | 南山（ナムサン）

南山コル韓屋村

Namsangol Hanok Village

ナムサンコル ハノンマウル
남산골 한옥마을

韓屋村の庭園

朝鮮王朝時代に建てられた伝統家屋を移築したテーマパーク。両班だけでなく庶民の家も再現されている。正月やチュソクなどの休日には、昔の遊びを体験できたり、伝統音楽が披露されたりする。奥には小川が流れる庭園があり、市民の憩いの場となっている。

移築された両班の家屋

テコンドーのパフォーマンス

立派な門

南山コル韓屋村

MAP P.24-A2
住 28, Toegye-ro 34-gil, Jung-gu
住 중구 퇴계로34길 28
旧 중구 필동2가 84-1
TEL 公演・イベント(02) 2266-6924
伝統文化体験(02) 2266-6923
URL hanokmaeul.or.kr
交 地下鉄3・4号線 331 423 忠武路駅4番出口徒歩5分

韓屋村
開 4～10月9:00～21:00
11～3月9:00～20:00
休 月 料 無料

伝統庭園
開 随時 休 月 料 無料

ソウル近郊❀京畿道 | 九里市（クリシ）

高句麗鍛冶屋村

Goguryeo Blacksmith's Village

コグリョ デジャンカンマウル
고구려 대장간마을

でこぼこの道路が当時の世界へいざなう

ソウルの北東部、九里市（クリシ）にある撮影所。ペ・ヨンジュン主演のドラマ『太王四神記』の舞台として国内外の観光客を集めている。九里市はもともと高句麗時代の遺跡発掘に力を入れていたこともあり、『太王四神記』の撮影が行われることとなった。市はセット制作に全面協力し、歴史ファンをもうならせるセットを作り上げた。近郊の山で発掘された遺物や要塞の模型を展示した小さな博物館もあり、セットと本物を見比べるのもまた楽しい。

高句麗鍛冶屋村

MAP 折込表-D1
住 41, Uminae-gil, Guri-si
住 구리시 우미내길 41
旧 구리시 아천동 316-47
TEL (031) 550-8355
URL www.guri.go.kr/main/gbv
開 9:00～18:00
※最終入場17:00
休 無休 料 無料
交 地下鉄2号線 214 江辺駅4番出口前のバス停Aから1番のバス、またはバス停Bで1-1番のバスで15～20分のウミネ検問所・高句麗鍛冶屋村下車徒歩10分。
地下鉄5号線 546 クァンナル駅3番出口前のクァンナル駅・極東アパートから1番のバスでも行ける。

刀鍛冶職人の作業用水車

最終回を撮影した八角テーブル

1階は厩だった

info 南山コル韓屋村の北東側にはさまざまな壁画やストリートアートが並び、「忠武路ストリートミュージアム」 MAP P.24-A2 と呼ばれている。個性的な店も多く、ちょっとした散策にピッタリ。

韓国民俗村

Korea Folk Village

ハングクミンソクチョン
한국민속촌

飲食店、工芸品店が並ぶ市場エリア

ソウルの南、龍仁市(ヨンインシ)にある韓国民俗村は、韓国の伝統文化を体験できる野外施設。広大な敷地に各地方や済州島(チェジュド)から集められた270棟の伝統家屋が展示されている。地域ごとの造りの違いを比べてみるのもおもしろい。

餅作りや伝統の染めなどが体験できる「伝統文化体験コース」、茶道や伝統遊びを体験する「ソンビ文化体験コース」、伝統打楽器の演奏「農楽」、迫力ある馬上武芸など、朝鮮時代の文化に触れられる施設も多い。

また、数々の歴史ドラマのロケ地としても知られ、海外からも多くの観光客が足を運ぶ人気スポット。

随所にドラマのパネルが置かれている

公演場では色々なイベントが催される

踏臼(ヨンジャパンア)

保存用の壺、甕器(オンギ)

韓服を着て園内を観光する人も

韓国民俗村

MAP P.16-B3
住 90, Minsokchon-ro, Giheung-gu, Yongin-si
住 용인시 기흥구 민속촌로 90
旧 용인시 기흥구 보라동 35
TEL (031) 288-0000
URL www.koreanfolk.co.kr
開 10:00～23:00(頻繁に変更されるので詳細はウェブサイトを参照)
※最終入場30分前、フリーパスの販売は2時間前まで
休 無休
料 フリーパス₩3万2000、小学生以下₩2万6000、65歳以上₩2万2000
交 新論峴駅からバス
地下鉄9号線 925 **新論峴駅**7番出口から5001-1番バスで韓国民俗村・ボラヒョソンハリントン・サムジョンアパート(한국민속촌.보라효성해링턴.삼정아파트)下車、徒歩12分
水原駅からバス
水原へのアクセスは ▶P.332
地下鉄1号・盆唐線 P155 K245 **水原駅**4番出口前で民俗村シャトルバス(10:30、12:30、14:30発、戻りは13:50、16:00発)または37番バスで民俗村(민속촌)で下車徒歩4分、10-5番バスで韓国民俗村・ボラヒョソンハリントン・サムジョンアパート下車、徒歩12分

宣徳堂は地方行政を担った役所

info 韓国民俗村にある「伝説の故郷」は鬼神に呪われた村を列車に乗って走り抜けるという新感覚ホラー系アトラクション。料金は別途必要(₩3500)。

アチムコヨ樹木園 The Garden of Morning Calm

アチムコヨスモグォン 아침고요수목원

祝霊山を背景に約33万㎡の広大な敷地に20種類以上のテーマ庭園が造られた、韓国を代表する植物園。白頭山の植物300種を含む約5000種を見ることができる。なかでも実際の朝鮮半島の形に造成し、季節の花で表現した下景庭園(サンクンガーデン)は園内を代表する見どころ。映画『手紙』をはじめ、『朝鮮名探偵』『純愛中毒』、ドラマ『雲が描いた月明り』『笑ってトンへ』『美男ですね』『このろくでなしの愛』などが撮影された。

左上(春):チューリップが咲き乱れる月光の庭／右上(夏):園内を流れる川
左下(秋):紅葉が美しいハギョンの庭／右下(冬):雪化粧の伝統家屋

アチムコヨ樹木園

MAP P.17-C1
住 432, Sumogwon-ro, Sang-myeon, Gapyeong-gun
住 가평군 상면 수목원로 432
旧 가평군 상면 행현리 623-3
TEL 1544-6703
URL www.morningcalm.co.kr
開 8:30～19:00
※最終入場1時間前　休 無休
料 ₩1万1000、中高生₩9000、小学生以下₩7500、65歳以上₩8500
交 バスで清平へ
東ソウルからバスで清平へ約1時間30分
鉄道で清平へ
龍山駅、清凉里駅から京春線、ITX青春で清平駅下車
清平から樹木園
清平ターミナル、または清平駅1番出口前で加平シティツアーバスまたは30-6、30-7番バスで終点の樹木園(수목원)下車

清平駅

加平ツアーバスが便利

イルミネーションが美しい五色星光庭園展

from Seoul

アチムコヨ樹木園では12～3月中旬に庭園が華やかなイルミネーションで彩られるライトアップ「五色星光庭園展」が行われており、期間中は21:00までオープンしている。デートコースとしても人気がある。

LED電球で彩られたハギョンの庭

月光の庭を幻想的にライトアップ

info 加平シティツアーバスはアチムコヨ樹木園のほか、南怡島やプチフランスなども巡回している。始発の加平市外バスターミナル MAP P.140 から9:00～18:00の1時間おきに出発。₩8000。

ソウル近郊 ❀ 京畿道 | 加平郡(カピョングン)

プチフランス
Petit France

プティプランス
쁘띠프랑스

パステルカラーの家が並ぶ

清平湖(チョンピョンホ)を見下ろす山の麓に位置するプチフランスは、パステルトーンのかわいらしい建物が並ぶテーマパーク。フランスの家屋を移築するなどして、ヨーロッパの町並みを再現しており、野外劇場ではオルゴールのコンサートやマリオネットの公演が頻繁に開かれている。サン=テグジュペリの絵本『星の王子さま』をテーマにした壁画も人気の撮影スポットだ。

星の王子さま

プチフランス

MAP P.17-D1
住 1063, Hoban-ro, Cheongpyeong-myeon, Gapyeong-gun
住 가평군 청평면 호반로 1063
旧 가평군 청평면 고성리 616-2
TEL (031) 584-8200
URL www.pfcamp.com
開 9:00～18:00　休 無休
料 ₩1万2000、中高生₩1万、小学生以下₩8000
交 バスで清平へ
東ソウルから清平へ約1時間30分。加平シティツアーバスまたは30-5番バスでプチフランス（쁘띠프랑스）下車
鉄道で清平へ
京春線 P132 **清平駅** または P134 **加平駅** で加平シティツアーバスに乗り換え

マリオネット劇場

ソウル近郊 ❀ 京畿道 | 坡州市(パジュシ)

プロヴァンス村
Provence Village

プロバンスマウル
프로방스마을

南フランスをモチーフにしたテーマパーク。オレンジ色の瓦屋根で建てられたプロヴァンス風の家屋が並び、南国風情のある樹木や花が植えられている。グルメやファッションなど

プロヴァンス村

MAP P.118
住 77, Saeori-ro Tanhyeon-myeon, Paju-si
住 파주시 탄현면 새오리로 77
旧 파주시 탄현면 성동리 82-1
TEL (031) 946-6395
Instagram pajuprovencetown
開 10:00～22:00
休 無休　料 無料
交 合井駅経由
地下鉄2・6号線 238 622 **合井駅** 1番出口前から2200番のバスで約45分のマッコウル、国立民俗博物館（맛고을.국립민속박물관）下車。徒歩15分
金村駅経由
京義・中央線 K331 **金村駅** 1番出口前から77-4番のバス

info プチフランスにあるメゾン・ド・オルゴールではフランスのアンティークオルゴールを展示しており、実際に音を鳴らすことができるものもある。

テーマ別に分かれており、パン屋やカフェ、レストランなどが入っている。

ソウル近郊 ❀ 京畿道 | 坡州市（パジュシ）

ヘイリ芸術村
Heyri Art Village
ヘイリイェスルマウル
헤이리예술마을

広大な敷地内にモダンな建築が並ぶ芸術村は、アーティストがギャラリーやアトリエを構えて実際に暮らしている。アトリエの中には陶芸や料理など体験教室を開催しているところもある。フォトジェニックなブックカフェや陶磁器美術館などもあり、アートな1日を過ごすことができる。

ソウル近郊 ❀ 江原道 | 春川市（チュンチョンシ）

江村レールパーク
Gangchon Rail Park
カンチョンレイルパク
강촌레일파크

江村レールバイクのコースは、2011年に廃止された京春線（キョンチュン）の金裕貞（キムユジュン）駅から江村駅の間の線路（約8.2km）の上に作られた。金裕貞駅を出発すると両側に静かな農村の町が広がる。野原を過ぎて3つのトンネルを通過すると進行方向右側に北漢江（プカンガン）を見下ろすことができる。帰路はレールバイクの代わりに3両の客車を連結した列車に乗って戻る。もちろん、江村駅から金裕貞駅へ向かう逆ルート（約8.5km）での走行も可能。

ソウル近郊 ❀ 京畿道 | 義王市（ウィワンシ）

義王レールバイク
Uiwang Rail Bike
ウィワンレイルバイク
의왕레일바이크

桜並木の横を進む

首都圏最大の人工湿地、旺松湖（ワンソンホ）の周囲約4.3kmをレールバイクに乗って回るアトラクション。コースは花のトンネル、スピードゾーン、噴水トンネルなどに分かれている。また、湖の周囲には自然学習公園や鳥類生態科学館などがある。湖の遊歩道では春は桜、夏には蓮など季節の花を見ながら散策ができるほか、日没後のライトアップも美しい。

ファミリーにも人気のアトラクション

レールバイクのチケット売場

ヘイリ芸術村
MAP P.118
住 82-105, Heyrimaeul-gil Tanhyeon-myeon, Paju-si
住 파주시 탄현면 헤이리마을길 82-105
旧 파주시 탄현면 법흥리 1652-539
TEL (031) 946-8551
URL heyri.net
開 休 料 施設により異なる。入場は無料だが施設ごとに別途料金が必要な場合も
交 合井駅経由
地下鉄2·6号線 238 622 **合井駅**1番出口前から2200番のバスでヘイリ4番ゲート（헤이리4번게이트）まで所要約45分
金村駅経由
京義·中央線 K331 **金村駅**1番出口前から900番のバスで所要約30分

江村レールパーク
MAP P.15-C1~D1
住 1383, Gimyujeong-ro, Sindong-myeon, Chuncheon-si
住 춘천시 신동면 김유정로 1383
旧 춘천시 신동면 증리 323-2
TEL (033) 245-1000~2
URL www.railpark.co.kr
開 3~10月9:00~17:30（9便）
11~2月9:00~16:30（8便）
休 無休
料 ふたり乗り₩3万5000、4人乗り₩4万8000
交 京春線で清凉里駅から約1時間10分の P138 **金裕貞駅**1番出口徒歩3分

義王レールバイク
MAP P.329-A
住 221, Wangsongmotdong-ro, Uiwang-si
住 의왕시 왕송못동로 221
旧 의왕시 월암동 525-9
TEL (031) 462-3001
URL www.uwrailpark.co.kr
開 9:30~17:00（土·日·祝~18:00）
休 無休
料 月~金 ふたり乗り₩2万8000
4人乗り₩3万6000
土·日·祝 ふたり乗り₩3万
4人乗り₩4万
交 地下鉄1号線 P152 **義王駅**から徒歩約20分

info 韓国には海外資本のテーマパークはほとんどないが、2022年5月には江原道の春川（チュンチョン）にレゴランド·コリア·リゾートがオープン。春川へはソウルから鉄道で約1時間30分。

光明洞窟
Gwangmyeong Cave

クァンミョントングル
광명동굴

廃鉱となった始興(シフン)鉱山を利用した洞窟。始興鉱山の設立は1903年。その後日本統治時代に開発され、1972年まで採掘が続けられていた。廃鉱後は長い間放置されていたが2011年から観光地としての整備が始まり、2015年に光明洞窟としてオープンした。洞窟内は年間を通じて12℃前後と涼しいので夏なら上着を持参するといい。

光のトンネル　岩盤に沿って数万個のLED電球で彩られたトンネル。人気の記念撮影スポット。

洞窟芸術の殿堂　映画上映はもちろん、さまざまな公演を行っている洞窟内の劇場。

洞窟アクアワールド　光明洞窟の地下岩盤水を利用しており、韓国在来種の魚を観察できる。

ワイン洞窟　一定した涼しい気温を利用し、韓国のワインブランドの樽が並べられている。試飲、購入も可能。ワインと料理が楽しめるレストランも併設されている。

映画のセットのような龍

プレートを買って願掛けできる

光のトンネル

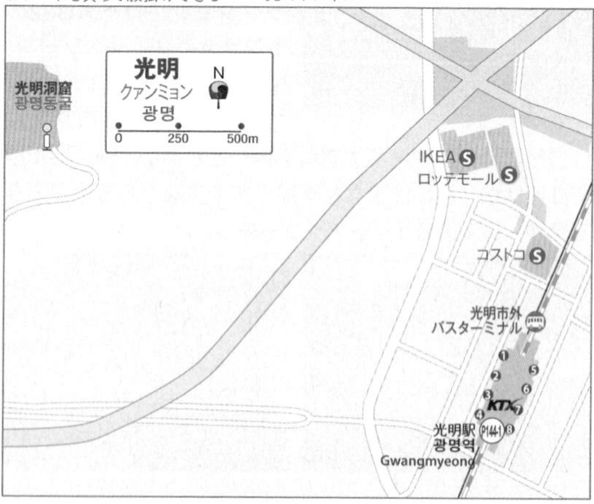

光明洞窟

MAP P.16-B2
住 142, Gahak-ro 85beon-gil, Gwangmyeong-si
住 광명시 가학로85번길 142
旧 광명시 가학동 27
TEL 070-4277-8902
URL www.gm.go.kr/cv
開 9:00～18:00　※最終入場17:00
休 月
料 ₩6000、中高生₩3500、小学生以下₩2000、65歳以上₩1500、3歳未満無料
交 ソウル駅からKTXで約16分のKTX光明駅8番出口前から17番バスで光明洞窟下車。
地下鉄7号線 747 鉄山駅2番出口前2001アウトレットの向かい側のバス停（下安洞、所下洞方面）で17番バス

光明洞窟の入口

ワイン洞窟の試飲コーナー

KTXが停車する光明駅

光明駅と洞窟を結ぶバス

info 光明駅には地下鉄1号線系統の光明シャトルという列車が永登浦駅から直通運転しているが、朝晩の通勤時間帯を除けば便数は1時間に1便程度と少ない。

抱川アートバレー
Pocheon Art Valley
ポチョンアトゥベルリ
포천아트밸리

国会議事堂や青瓦台などの建設に利用され、2002年に閉山したかつての抱川採石場を文化芸術空間として整備し、2009年にオープンした人気の観光スポット。広大な園内にはモノレールが運行されており、その車内では採石場や周囲の自然についての解説が流れている。最大の見どころは採石場の地形をそのままに生かした人工湖、天株湖とその周囲の彫刻公園。『私の声が聞こえる？』『月の恋人』『青い海の伝説』などさまざまなドラマの撮影地となった。ほかにも4D映像のプラネタリウムがある天文科学館や週末を中心に色々な公演が行われる野外劇場などもある。

採石場の地形を利用した人工湖、天株湖

抱川アートバレー

MAP P.15-C1
住 234, Artvalley-ro, Sinbuk-myeon, Pocheon-si
住 포천시 신북면 아트밸리로 234
旧 포천시 신북면 기지리 282
TEL 1668-1035
URL artvalley.pocheon.go.kr
開 3~10月
9:00~19:00 ※最終入場18:00
金~日・祝9:00~22:00 ※最終入場20:00
11~2月
9:00~19:00 ※最終入場18:00
金~日・祝9:00~21:00 ※最終入場19:00
休 第1火曜 料 ₩5000
交 議政府経由
地下鉄1号線でソウル駅から約53分の 110 **議政府駅**4・5番出口から市内バス138、138-5番で新北面行政福祉センター（신북면행정복지센터）下車。73番に乗り換え、終点の抱川アートバレー下車
バス乗り換え 東ソウルターミナルから市外バス3000、3001、3002番で約1時間30分の新北面行政福祉センターで下車、73番のバスに乗り換え、終点の抱川アートバレーで下車

園内はモノレールで移動できる

広い敷地にアート作品が点在

天文科学館のプラネタリウム

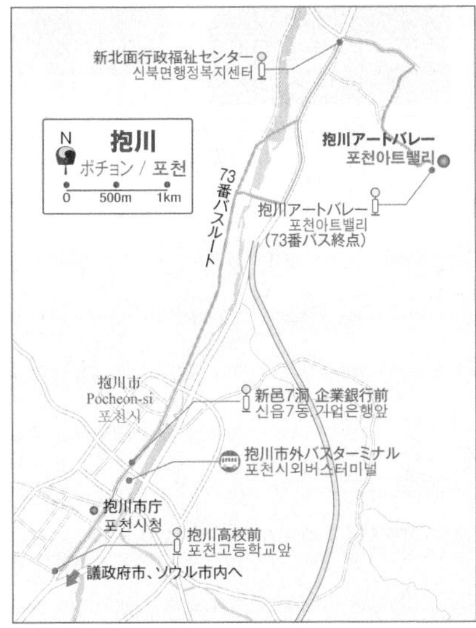

info 抱川はマッコリの生産でも有名で、二東などの有名ブランドの醸造所がある。郊外にはサンサウォンという酒造メーカーによる伝統酒をテーマにした博物館 MAP P.15-C1 がある。

国立中央博物館 クンニプチュンアンパンムルグァン

National Museum of Korea 국립중앙박물관

国立中央博物館

MAP 折込表-B2
住 137, Seobinggo-ro, Yongsan-gu
住 용산구 서빙고로 137
旧 용산구 용산동6가 168-6
TEL (02) 2077-9000
URL www.museum.go.kr
開 月·火·木·金·日10:00~18:00
水·土10:00~21:00
※最終入場30分前、屋外展示場は7:00開場
休 1/1、旧正月とチュソク当日、4/3('23)、11/6('23)
料 無料(企画展は別途)
交 地下鉄4号線 430 二村駅、京義·中央線 K111 二村駅2番出口すぐ

国宝の半跏思惟像は展示品のハイライト

世界屈指の入場客数を誇る

旧石器時代から朝鮮王朝時代までの遺物を展示する博物館。旧米軍基地を利用した広大な敷地と展示館の大きさは韓国最大だ。1階は先史・古代館と中世・近世館、2階は書画館と個人からの寄贈品を展示するスペース、3階は彫刻・工芸館と世界文化館となっている。展示品のハイライトは国宝78号と83号の半跏思惟像。

農耕文青銅器

仏像の展示室

時代ごとに部屋が分かれている

仏画

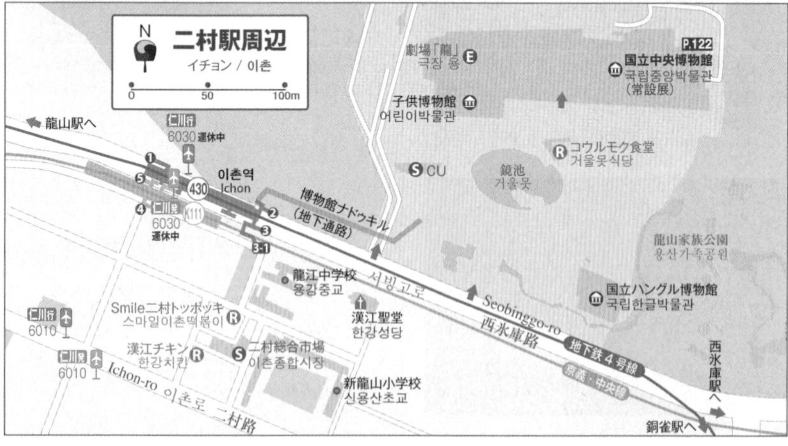

info 二村駅2番出口と国立中央博物館は博物館ナドゥキルという地下通路で結ばれており、雨天時や夏の暑い日などに便利。

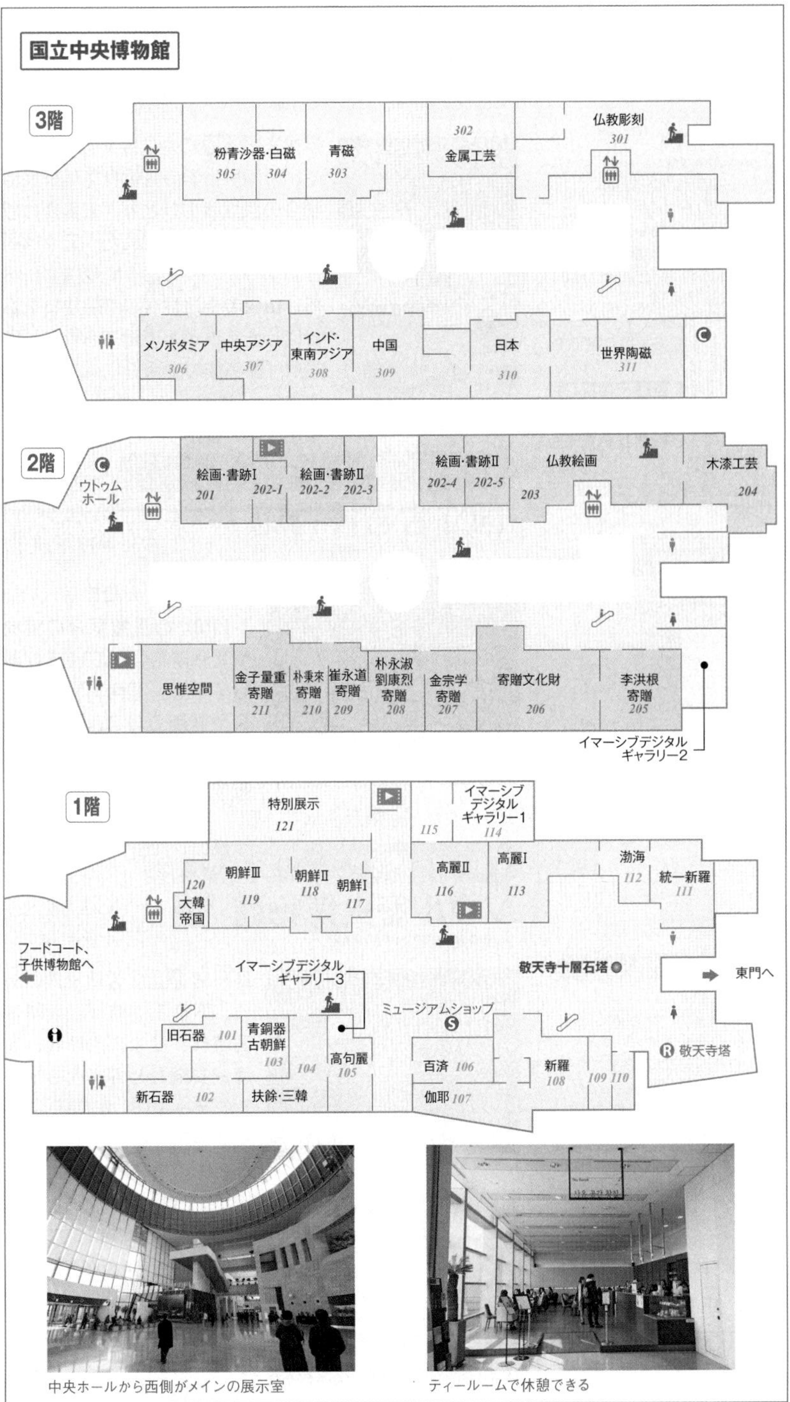

中央ホールから西側がメインの展示室

ティールームで休憩できる

info 3階世界文化館の中央アジアギャラリーの展示物の多くは、20世紀初頭に西本願寺門主、大谷光瑞がシルクロードを学術調査した探検、大谷探検隊によってもたらされたもの。

江北 ❀ 中心部 ｜ 古宮エリア

国立民俗博物館

クンニプミンソクパンムルグァン
국립민속박물관
National Folk Museum of Korea

書や琴などの展示

景福宮 ▶P.90 の中に位置する博物館で、韓国民俗学の先駆者で朝鮮民俗学会の設立者のひとり、宋錫夏の収蔵品を中心に設立された。元々は中区にあったが、1973年に景福宮に移転。仏国寺や法住寺の寺院建築をもとにしたスタイルで建てられた。常設展「韓民族の生活史 」、「工芸と衣食住 」、「韓国人の一生 」の3つで構成されている。

国立民俗博物館

MAP P.19-C1
住 37, Samcheong-ro, Jongno-gu
住 종로구 삼청로 37
旧 종로구 세종로 1-1
TEL (02) 3704-3114
URL www.nfm.go.kr
開 3～5･9･10月9:00～18:00
6～8月9:00～18:00
（土･日祝～19:00）
11～2月9:00～17:00
毎月最終水･金･土9:00～21:00
※最終入場1時間前
休 1/1、旧正月、チュソク
料 無料（景福宮の入場料₩3000別途必要）
交 地下鉄3号線 328 **安国駅**1番出口徒歩15分
地下鉄3号線 327 **景福宮駅**5番出口徒歩15分

江北 ❀ 中心部 ｜ 古宮エリア

国立古宮博物館

クンニプコグンパンムルグァン
국립고궁박물관
National Palace Museum of Korea

李王家に嫁いだ方子妃の衣装もある

朝鮮王朝～大韓帝国（1392～1910）の王室関連の宝物や文化財約4万5000点を収蔵している。歴代朝鮮王の印章や直筆の詩をはじめ、王族が身につけていた伝統衣装や純宗が乗っていたキャデラックなども展示されている。

国立古宮博物館

MAP P.19-C2
住 12, Hyoja-ro, Jongno-gu
住 종로구 효자로 12
旧 종로구 세종로 1-57
TEL (02) 3701-7500
URL www.gogung.go.kr
開 10:00～18:00（水･土～21:00）
※最終入場1時間前
休 1/1、旧正月とチュソク当日
料 無料
交 地下鉄3号線 327 **景福宮駅**5番出口すぐ

江北 ❀ 中心部 ｜ 光化門

ソウル歴史博物館

ソウルヨクサパンムルグァン
서울역사박물관
Seoul Museum of History

リアルなジオラマで再現

時代ごとの変遷を展示

慶熙宮 ▶P.98 の敷地内にある。朝鮮王朝時代、大韓帝国時代、日本統治時代、高度成長期など各時代のソウルをテーマにした展示。「大東輿地図」や「龍飛御天歌」などの宝物をはじめ、古地図や古文書、雲峴宮の遺物など約12万点を収蔵している。日本語対応音声ガイドもレンタル可能。
野外展示場には鐘楼の部品や朝鮮総督府の建材などが展示されている。

ソウル歴史博物館

MAP P.18-B3
住 55, Saemunan-ro, Jongno-gu
住 종로구 새문안로 55
旧 종로구 신문로2가 2-1
TEL (02) 724-0274～6
URL www.museum.seoul.kr
開 9:00～18:00
※最終入場17:30
休 月（祝日を除く）、1/1
料 無料
交 地下鉄5号線 532 **西大門駅**4番出口徒歩10分
地下鉄5号線 533 **光化門駅**8番出口徒歩7分

info ソウル歴史博物館4階には1500分の1で作られたソウル市内の巨大ジオラマがある。ガラス張りの通路があり、模型の上を歩きながら見ることができるほか、LED電球で夜景も再現している。

江北 ❀ Nソウルタワー東 | 祭基洞（チェギドン）

ソウル薬令市韓医薬博物館

Seoul Yangnyeong-si Herb Medicine Museum
ソウルヤンニョンシハニャクパンムルグァン　서울약령시한의약박물관

ソウル薬令市は韓国の韓方薬取引量の70%以上を占める国内最大の韓方薬流通の中心地。この博物館では「韓方医学の歴史と文化」「韓方と人体」「薬草村の話」「ソウル薬令市の歴史と伝統」などのテーマで韓医薬に関する史料や薬剤などを展示している。韓方体験コーナーもある。

かつてこの地にあった普済院の模型

韓方を使った料理教室の会場

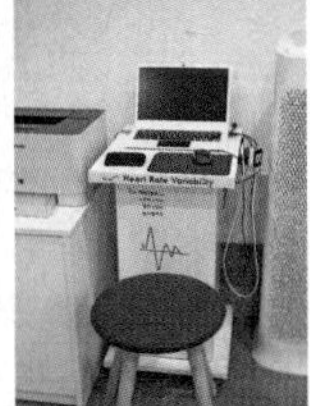
写真右の機械でストレス診断をし、軽減法やツボについて学ぶ

足湯体験もできる

治療や医院に関する韓方相談コーナー

ソウル薬令市韓医薬博物館

MAP P.215-B2
住 26, Yangnyeongjungang-ro, Dongdaemun-gu
住 동대문구 약령중앙로 26
旧 동대문구 제기동 1082
TEL (02) 969-9241
URL kmedi.ddm.go.kr
開 3～10月10:00～18:00
　11～2月10:00～17:00
※最終入場1時間前
休 月（祝日の場合は翌日）、1/1、旧正月、チュソク
料 ₩1000、7～18歳₩500、6歳以下･65歳以上無料。毎月第2･4土曜、旧正月とチュソク（当日を除く）、祝日は無料
交 地下鉄1号線 125 **祭基洞駅**2番出口徒歩5分

ソウル韓方振興センター内にある

テラスの休憩スペースには外から入場料なしで入れる

江北 ❀ Nソウルタワー南 | 梨泰院（イテウォン）

戦争記念館

The War Memorial of Korea
チョンジェンキニョムグァン　전쟁기념관

建物も敷地も広大

朝鮮戦争時のさまざまなものが展示されている。特に屋外に並べられた戦闘機や戦車は数が多く、しかも実際に使われたものということで、戦争の悲惨さを考えさせられるきっかけとなるだろう。戦争から教訓を学び、殉職した兵士を悼む意味もあり、地元の学生などがたくさん訪れるところだ。

戦争記念館

MAP P.27-C2
住 29, Itaewon-ro, Yongsan-gu
住 용산구 이태원로 29
旧 용산구 용산동1가 8
TEL (02) 709-3114
URL www.warmemo.or.kr
開 9:30～18:00
休 月（祝日の場合は翌日）
料 無料（一部企画展別途）
交 地下鉄4･6号線 428 628 **三角地駅**12番出口徒歩5分
地下鉄1号線 134 **南営駅**1番出口徒歩18分

ソウル薬令市韓医薬博物館の隣に、韓方茶のカフェが併設されています。
（埼玉県　小林祥子　'19冬）

江北❀中心部 ｜ 明洞（ミョンドン）

韓国銀行貨幣金融博物館

Bank of Korea Money Museum

ハングクウネン ファペクミュン パンムルグァン　한국은행화폐금융박물관

重厚な建築

東京駅やソウル駅などを設計した建築家、辰野金吾により1912年に設計された朝鮮銀行（現韓国銀行）本店。重厚なルネッサンス様式の建築で、韓国初のエレベーターが設置された。朝鮮戦争で内部が破壊されたが、1981年に重要文化財に指定されたあと本格的な修復が行われた。その後韓国銀行の設立50周年を記念し、貨幣博物館として2001年にオープンした。歴代の紙幣や通貨約2万点を収蔵している。

韓国銀行貨幣金融博物館

MAP P.23-C1
住 39, Namdaemunno, Jung-gu
住 중구 남대문로 39
旧 중구 남대문로3가 110
TEL (02) 759-4881
URL museum.bok.or.kr
開 10:00～17:00
休 月、12/29～1/2、旧正月、チュソク、選挙投票日
料 無料
交 地下鉄2号線 202 **乙支路入口駅**7番出口徒歩8分
地下鉄4号線 425 **会賢駅**7番出口徒歩5分

江北❀中心部 ｜ 仁寺洞（インサドン）

郵征総局

Post Office Memorial Hall

ウジョンチョングク　우정총국

郵征総局は1884年3月に設置された、韓国初の近代郵便業務の施設。実際に現在も郵便業務を行っている。併設された記念館では朝鮮王朝時代末期の使節団の報告書や韓国初の切手、高宗（コジョン）が発行したパスポートなどが展示されている。1900年代の郵便局を再現したコーナーもあり当時の制服も展示されている。

郵征総局

MAP P.206-A1
住 59, Ujeongguk-ro, Jongno-gu
住 종로구 우정국로 59
旧 종로구 견지동 39-7
TEL (02) 734-8369
開 9:00～11:50、12:50～18:00
休 1/1、旧正月、チュソク
料 無料
交 地下鉄1号線 131 **鐘閣駅**2番出口徒歩6分
地下鉄3号線 328 **安国駅**6番出口徒歩4分

江南❀西部 ｜ 加陽洞（カヤンドン）

許浚博物館

Heo Jun Museum

ホジュンパンムルグァン　허준박물관

ユネスコの「世界の記憶」にも記載されている『東医宝鑑』の著者、許浚（ホジュン）（1537～1615年）の生涯や業績を伝える博物館。朝鮮時代に王宮中で使われる薬を調剤した内医院（ネウィウォン）や韓医院がジオラマで再現されている。また『東医宝鑑』に書かれている薬草120種を植えた薬草園は緑豊かな公園となっている。

許浚博物館

MAP P.16-A1
住 87, Heojun-ro, Gangseo-gu
住 강서구 허준로 87
旧 강서구 가양2동 26-5
TEL (02) 3661-8686
URL www.heojun.seoul.kr
開 3～10月10:00～18:00
（土･日･祝～17:00）
11～2月10:00～17:00
※最終入場1時間前
休 月、1/1、旧正月とチュソク当日
料 ₩1000、7～18歳₩500、6歳以下･65歳以上無料。毎月第2･4土曜、旧正月とチュソク（当日を除く）、祝日は無料
交 地下鉄9号線 907 **加陽駅**1番出口徒歩11分
地下鉄5号線 515 **鉢山駅**3番出口前のバス停から6630、6645、6712番でソウルソジン学校（서울서진학교）下車。徒歩2分

info ユネスコの「世界の記憶」に記載されているのは『東医宝鑑』のほかに、『朝鮮王朝実録』、『訓民正音解例本』、『高麗八萬大蔵経』。そのほか日韓共同の朝鮮通信使に関する記録（2017年記載）もある。

江北 中心部 市庁（シチョン）

ソウル市立美術館
Seoul Museum of Art
ソウルシリプミスルグァン
서울시립미술관

徳寿宮（トクスグン） ▶P.98 の西側、緑豊かな環境にある、れんが造りの洋風建築。建物は旧最高裁判所で日本統治時代に京城司法庁舎として使われたもの。正面だけが移築され、内部は韓国を代表する女流画家・千鏡子（チョンギョンジャ）の常設展のほか、さまざまなジャンルの企画展が催されている。ミュージアムショップや眺めのいいカフェも併設。

江北 Nソウルタワー南 梨泰院（イテウォン）

リウム美術館
Leeum Museum of Art
リウムミスルグァン
리움미술관

MUSEUM2の展示館

サムスングループのコレクションを展示する美術館。スイス人建築家、マリオ・ボッタが韓国陶器をモチーフにデザインしたMUSEUM 1には、陶磁器を中心とした古美術が展示されている。フランス人建築家、ジャン・ヌーベルが設計したMUSEUM 2は現代美術の展示となっている。日本語対応のデジタル音声ガイドもレンタル可能（有料）。

江北 Nソウルタワー東 ソウルの森（ソウル スプ）

Dミュージアム
D Museum
ディミュジオム
디뮤지엄

現代アート作品で知られる美術館。ほとんどの作品が撮影可能でフォトジェニックなアートスポットとして人気を集めている。2015年に梨泰院でオープンし、2021年にソウルの森に移転された。

江北 中心部 仁寺洞（インサドン）

ソウル工芸博物館
Seoul Museum of Craft Art
ソウルコンイェパンムルグァン
서울공예박물관

校舎を改装した博物館

2021年7月にオープンした工芸品に特化した博物館。陶磁器や刺繍、家具、韓国伝統の風呂敷であるポジャギなど、実用品でありながらも、高い芸術性を備えている伝統工芸品の数々がジャンル別、年代順に陳列されている。常設展のほか、特別展のためのスペースもある。

ソウル市立美術館
MAP P.22-B1
住 61, Deoksugung-gil, Jung-gu
住 중구 덕수궁길 61
旧 중구 서소문동 37
TEL (02) 2124-8800
URL sema.seoul.go.kr
開 3～10月10:00～19:00
11～2月10:00～18:00
※最終入場1時間前
休 月、1/1
料 無料（特別展別途）
交 地下鉄1･2号線 132 201 市庁駅10番出口徒歩5分

リウム美術館
MAP P.28-B2
住 60-16, Itaewon-ro 55-gil, Yongsan-gu
住 용산구 이태원로 55길 60-16
旧 용산구 한남동 747-18
TEL (02) 2014-6900
URL www.leeum.org
開 10:30～18:00※最終入場17:30
休 月、旧正月とチュソク当日
料 無料（特別展･企画展は別途）
交 地下鉄6号線 631 漢江鎮駅1番出口徒歩7分

Dミュージアム 巻頭▶P.73
MAP P.220-B3
住 83-21, Wangsimni-ro, Seongdong-gu
住 성동구 왕십리로 83-21
旧 성동구 성수동1가 685-700 아크로 서울포레스트
TEL (02) 6233-7200
URL www.daelimmuseum.org
開 10:00～18:00（木～土～20:00）
休 月（祝日を除く）、旧正月とチュソク連休、不定休
料 ₩1万8000、14～19歳₩9000、13歳以下₩6000、65歳以上₩1万2600
交 地下鉄水仁･盆唐線 K211 ソウルの森駅直結

ソウル工芸博物館
MAP P.19-D2
住 4, Yulgok-ro 3-gil, Jongno-gu
住 종로구 율곡로3길 4
旧 종로구 안국동 175-112
TEL (02) 6450-7000
URL craftmuseum.seoul.go.kr
開 10:00～18:00
休 月、1/1 料 無料（特別展･企画展は別途）
交 地下鉄3号線 328 安国駅1番出口徒歩2分

info Dミュージアムの展示は企画展のみで、定期的に変更される。変更期間中は長期間閉館するので、開館しているか事前にウェブサイトなどで確認しよう。

江北◎中心部 | 北村（プクチョン）

国立現代美術館 ソウル館

National Museum of Modern and Contemporary Art, Seoul

クンニプヒョンデミスルグァン ソウルグァン 국립현대미술관서울관

景福宮のすぐ東側にある

「無形の美術館」「日常の中の美術館」「環境に優しい美術館」をテーマに2013年にオープンした。もともとは軍用地だっただけに、敷地は広く中庭を囲むように配された低層の建物が周囲と調和している。景福宮、北村といった観光地に隣接しているためカフェやフードコートなども充実しており、ちょっと休憩するのにも最適。現代アートとして映像や写真にも力を入れており、身近な題材の企画展も人気が高い。

国立現代美術館 ソウル館

MAP P.19-C2
住 30, Samcheong-ro, Jongno-gu
住 종로구 삼청로 30
旧 종로구 소격동 165
TEL (02) 3701-9500
URL www.mmca.go.kr
mmcakorea
開 10:00～18:00（金・土～21:00）
※最終入場1時間前
休 1/1、旧正月、チュソク
料 ₩4000、24歳以下・65歳以上・大学生無料、水・土曜の18:00～21:00無料
交 地下鉄3号線 328 **安国駅**1番出口徒歩12分
果川・ソウル・徳寿宮の各館からアートシャトルバスが1日4便。土～月は運行されない

江北◎中心部 | 古宮（コグン）エリア

国立現代美術館 徳寿宮館

National Museum of Modern and Contemporary Art, Deoksugung

クンニプヒョンデミスルグァン トクスグングァン 국립현대미술관덕수궁관

石造殿の西館が国立現代美術館

徳寿宮（トクスグン）にはいろいろな建物があるが、美術館部分は石造殿別館（西館）で、地下1階、地上3階。石造りの威風はソウルの古宮としては珍しい建築だ。前身となる李王家美術館の建物（現国立古宮博物館）は1938年に建築家、中村與資平の設計によって建てられた。展示室は2、3階に4つと多くはないが、すっきりとした見やすい作り。1900年代から1960年代までの近代美術を収集、韓国とアジアをはじめ、世界中の作品を展示している。

国立現代美術館 徳寿宮館

MAP P.22-B1
住 99, Sejong-daero, Jung-gu
住 중구 세종대로 99
旧 중구 정동 5-1
TEL (02) 2022-0600
URL www.mmca.go.kr
mmcakorea
開 10:00～18:00（水・土～21:00）
※最終入場1時間前
休 月（祝日の場合は翌日）、1/1
料 展示により異なる。24歳以下・65歳以上・大学生無料、毎月最終水曜無料
交 地下鉄1・2号線 132 201 **市庁駅**1番出口徒歩5分
果川・ソウル・徳寿宮の各館からアートシャトルバスが1日4便。土～月は運行されない

ソウル近郊◎京畿道 | 果川市（クァチョンシ）

国立現代美術館 果川館

National Museum of Modern and Contemporary Art, Gwacheon

クンニプヒョンデミスルグァン クァチョングァン 국립현대미술관과천관

建築家キム・テスによる設計で1986年にソウル大公園に建てられた延べ床面積3万m^{2}を超す大規模な建築。遠くから見ると山の中にあり、周囲の自然景観と調和した外観が特徴。果川館は建築・工芸・写真・絵画・彫刻・メディアなどの分野別の展示と、こども美術館などからなる。屋外彫刻公園もある。

国立現代美術館 果川館

MAP P.16-B2
住 313, Gwangmyeong-ro, Gwacheon-si
住 과천시 광명로 313
旧 과천시 막계동 산58-4
TEL (02) 2188-6000
URL www.mmca.go.kr
mmcakorea
開 10:00～18:00
※最終入場17:00
休 月（祝日の場合は火）、1/1
料 展示により異なる。24歳以下・65歳以上・大学生無料、毎月最終水曜無料
交 地下鉄4号線 437 **大公園駅**2番出口徒歩30分
果川・ソウル・徳寿宮の各館から無料アートシャトルバスが1日4便。土～月は運行されない

info 国立現代美術館 果川館は駅から歩くとかなり遠いが、地下鉄4号線 437 大公園駅4番出口を出て左側30m地点のバス停から無料シャトルバスが20分おきに運行している。

江北❀中心部 | 鍾路

曹渓寺
Jogyesa Temple

チョゲサ
조계사

大雄殿にある黄金の大仏

ソウルの中心、鍾路の真ん中に位置する伝統的な寺院。韓国仏教の最大宗派、曹渓宗の総本山。近代韓国仏教初の布教堂であり、4大門の筆頭に挙げられる由緒ある寺院だ。日本統治時代の1910年、朝鮮仏教の自主化と民族自尊回復を願う僧侶たちによって、覺皇寺という名前で創建された。1937年に現在の地に移り、翌年北漢山（三角山）にあった太古寺を移転する形で、名前も太古寺に改めた。1954年に仏教浄化運動により曹渓寺となった。テンプルステイをはじめ、釈迦誕生日などにさまざまなイベントに参加することができる。寺の周囲には仏具店が多い。

曹渓寺

MAP P.19-D2
住 55, Ujeongguk-ro, Jongno-gu
住 종로구 우정국로 55
旧 종로구 수송동 45
TEL (02) 768-8600
URL www.jogyesa.kr
Instagram jogyesa_ig
開 随時　休 無休　料 無料
交 地下鉄1号線 131 **鐘閣駅**2番出口徒歩6分
地下鉄3号線 328 **安国駅**6番出口徒歩7分

釈迦の誕生日、燃燈祝祭（ヨンドゥンチュクチェ）には提灯で飾られる

ソウル郊外❀北部 | 恩平区

津寛寺
Jingwansa Temple

チングァンサ
진관사

三角山西岸にある曹渓宗所属の高麗時代の古刹で、佛厳寺、三幕寺、深源寺と共に朝鮮時代には漢陽近郊の4大寺院のひとつとされた。高麗の顕宗が王位に上がる前、自分の命を救ってくれた津寛大師の恵みに報いるため建てたと伝わっている。朝鮮王朝時代、ここで水と陸地を迷う孤独な魂と餓鬼を慰める水陸齋を行う水陸社が設置された。現在は尼僧の修行寺院でもあり、供養に使われる豆腐を利用したさまざまな料理が伝わっている。現在の建物は1964年以降に再建されたもの。

津寛寺

MAP P.16-B1
住 73, Jingwan-gil, Eunpyeong-gu
住 은평구 진관길 73
旧 은평구 진관동 354
TEL (02) 359-8410
URL www.jinkwansa.org
Instagram jinkwansa
開 随時　休 無休　料 無料
交 地下鉄3·6号線 321 624 **延新内駅**3番出口から7211、701番のバスでハナ高等学校（ハナゴ）下車、徒歩15分

ソウル郊外❀北部 | 江北区

道詵寺
Doseonsa Temple

トソンサ
도선사

北漢山登山道の分岐点にある

北漢山 ▶P.136 の中腹にあり、登山客も多く参拝する寺。新羅時代の僧侶、道詵国師によって9世紀後半に創建されたとされ、磨崖仏でも知られる。本殿へ続く参道から見るソウル市内の景色が美しい。途中にある布袋様の像はお腹をなでながら願を掛けるスポット。

道詵寺

MAP P.137
住 504, Samyang-ro 173-gil, Gangbuk-gu
住 강북구 삼양로173길 504
旧 강북구 우이동 264
TEL (02) 993-3161
URL www.doseonsa.org
開 随時　休 無休　料 無料
交 牛耳新設線 S110 **北漢山牛耳駅**2番出口近くからシャトルバスが運行

info テンプルステイは寺院に滞在しながら礼拝や座禅などプチ修行体験ができるプログラム。ソウル周辺では曹渓寺、津寛寺、奉恩寺などで受け付けている。URL www.templestay.com

江北❀中心部 北村(プクチョン)

アートソンジェセンター
Art Sonje Center
アトゥソンジェセント
아트선재센터

さまざまなジャンルのアートを網羅する

幾何学的な四分円形の6階（地上3階、地下3階）の建物に展示場、ラウンジ、小劇場などを備えた複合文化空間で1998年に設立された。実験的な現代美術の展示が高い評価を受けており、美術、音楽、文学、建築、ダンス、ファッションなどのコラボレーションを積極的に取り入れている。ロビーの壁画や地下駐車場を展示スペースにしたりと革新的な試みが行われている。

江南❀中心部 狎鴎亭洞(アプクジョンドン)

K現代美術館
K Museum of Contemporary Art (KMCA)
ケイヒョンデミスルグァン
K현대미술관

企画展のポスターも斬新

狎鴎亭(アプクジョン)のメインストリート沿いにある。基本的に企画展のみで、斬新なテーマの展示内容で知られている。2019年は「私の星の王子さまへ Dear my Little Prince」展が話題となった。館内の展示物は基本的にすべて写真撮影ができる。1階のカフェ＆レストランスペースも広々としている。

ソウル郊外❀北部 平倉洞(ピョンチャンドン)

ガナアートセンター
Gana Art Center
ガナアトゥセント
가나아트센터

巨大なアート複合施設

三清洞(サムチョンドン)の北に位置する平倉洞(ピョンチャンドン)は高級住宅街でギャラリーなども多い。そのなかでもひときわ大規模なのがガナアートセンターだ。世界的な建築家のジャン・ミッシェル・ヴィルモットの設計で1983年に開館した展示場や野外劇場などからなる複合文化施設で、国内外の大規模な企画展会場としておもに使用されている。作品を買うことができるアートショップやレストランなども併設。野外劇場ではコンサートやファッションショーが行われる。

アートソンジェセンター
MAP P.210-A3
住 87, Yulgok-ro 3-gil, Jongno-gu
住 종로구 율곡로3길 87
旧 종로구 소격동 144-2
TEL (02) 733-8949
URL artsonje.org
artsonje_center
開 12:00～19:00（水～21:00）
休 月、1/1、旧正月とチュソク連休
料 ₩5000、学生（大学生は学生証持参）₩3000、8歳未満・65歳以上無料
交 地下鉄3号線 328 **安国駅**1番出口徒歩8分

K現代美術館
MAP P.44-A1
住 807, Seolleung-ro, Gangnam-gu
住 강남구 선릉로 807
旧 강남구 신사동 666-7
TEL (02) 2138-0952
URL www.kmcaseoul.org
kmcaseoul
開 10:00～19:00　※最終入場18:00
休 月　料 ₩2万前後（企画展の内容による）
交 地下鉄水仁・盆唐線 K212 **狎鴎亭ロデオ駅**5番出口徒歩3分

ユニコーンのビニールプール

ガナアートセンター
MAP P.16-B1
住 28, Pyeongchang 30-gil, Jongno-gu
住 종로구 평창30길 28
旧 종로구 평창동 97
TEL (02) 720-1020
URL www.ganaart.com
ganaart_seoul
開 10:00～19:00　休 月
料 展示による
交 地下鉄3号線 327 **景福宮駅**2番出口から1020、1711番バスでロッテアパート（롯데아파트）下車。徒歩10分

info パリのオルセー美術館の改修を担当したことで知られるジャン・ミッシェル・ヴィルモットは、日本では広島の平和祈念公園に作られた平和の門やメルシャン軽井沢美術館を手がけている。

江南 ❀ 中心部　三成洞(サムソンドン)

奉恩寺 ポンウンサ 봉은사
Bongeunsa

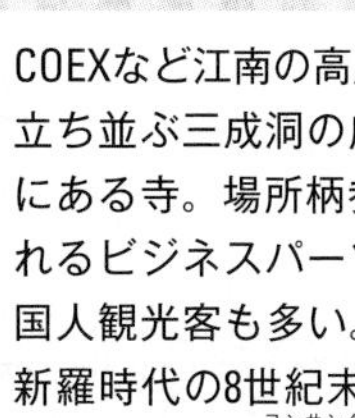
弥勒大仏と江南の夜景

COEXなど江南の高層ビルが立ち並ぶ三成洞の広い敷地にある寺。場所柄参拝に訪れるビジネスパーソンや外国人観光客も多い。創建は新羅時代の8世紀末とされ、第10代朝鮮王燕山君(ヨンサングン)の時代に見性寺(キョンソンサ)から奉恩寺に改名された。日本統治時代には朝鮮三十一本山のひとつとなった。現在残る本殿の大雄殿(テウンジョン)は1982年に建てられたもの。弥勒大仏(ミルクテブル)は1996年に完成した、高さ23mの韓国最大級の大仏。

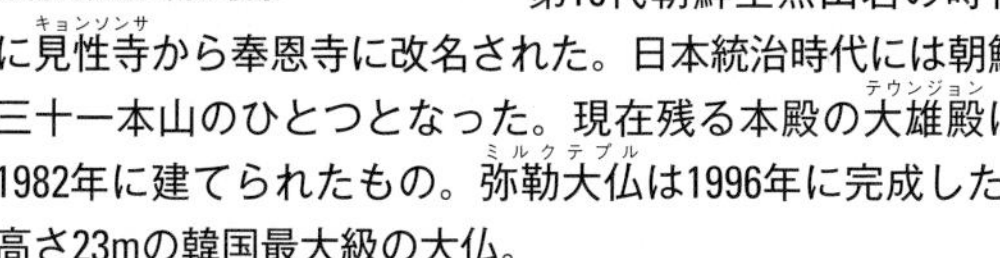

奉恩寺
MAP P.45-D3
住 531, Bongeunsa-ro, Gangnam-gu
住 강남구 봉은사로 531
旧 강남구 삼성동 73
TEL (02) 3218-4800
URL www.bongeunsa.org
開 5:00～22:00
休 無休　料 無料
交 地下鉄9号線 929 **奉恩寺**1番出口徒歩2分

江北 ❀ 中心部　明洞(ミョンドン)

明洞大聖堂 ミョンドンデソンダン 명동대성당
Myeongdong Cathedral

高台に建ち、レンガ造りが印象的

明洞大聖堂はカトリックのソウル大教区主教座聖堂。小高い丘の上に建つ明洞を象徴する建築だ。フランスの神父コストが設計したゴシック建築で、1898年に韓国初のれんが造りの教会として竣工し、1977年には史跡第258号に指定されている。祭壇の下にある地下聖堂には19世紀の迫害時期に犠牲になった殉教者が安置されている。周辺にはカトリック会館などの文化施設がある。

明洞大聖堂
MAP P.213-D2
住 74, Myeongdong-gil, Jung-gu
住 중구 명동길 74
旧 중구 명동2가 1-1
TEL (02) 774-1784
URL www.mdsd.or.kr
開 随時　休 無休　料 無料
交 地下鉄2号線 202 **乙支路入口駅**5番出口徒歩10分
地下鉄2·3号線 203 330 **乙支路3街駅**12番出口徒歩7分
地下鉄4号線 424 **明洞駅**6番出口徒歩7分

地下の空間にはショップが並ぶ

江北 ❀ 中心部　市庁(シチョン)

聖公会ソウル聖堂 ソンゴンフェソウルソンダン 성공회서울성당
Seoul Anglican Cathedral

アーチと赤レンガが美しい建築

聖公会（イギリス国教会）のソウル主教区大聖堂。1926年に完成したが、資金不足などのため半分ほどの規模だった。その後イギリスの図書館で設計図が発見され、1996年に当初計画されたロマネスク様式の荘厳な聖堂に拡張された。

聖公会ソウル聖堂
MAP P.23-C1
住 15, Sejong-daero 21-gil, Jung-gu
住 중구 세종대로21길 15
旧 중구 정동 3
TEL (02) 730-6611
URL seoulanglican.com
開 11:00～16:00（日14:00～17:00）
休 旧正月とチュソク連休、土曜の婚礼、日曜礼拝時は入場できないことも
料 無料
交 地下鉄1·2号線 132 201 **市庁駅**3番出口徒歩3分

info 明洞聖堂の地下は1898広場というモールになっていて、聖堂のオリジナルグッズを売る店やカフェ、ベーカリーなどが並ぶ。

ソウルの森

Seoul Forest

ソウルスプ
서울숲

豊かな自然環境

ロンドンのハイドパークやニューヨークのセントラルパークをモデルに漢江沿いに造られた広大な都市型公園。「文化芸術公園」「自然生態の森」「自然体験学習園」「湿地生態園」「漢江水辺公園」の5つのエリアに分かれている。メインエリアの文化芸術公園には床噴水がある広場や、乗馬場やテニスコートなどのスポーツ施設がある。自然生態の森では鹿に餌やりができる。

ソウルの森

MAP P.40-A2
住 273, Ttukseom-ro, Seongdong-gu
住 성동구 뚝섬로 273
旧 성동구 성수동1가 685
TEL (02) 460-2905
URL parks.seoul.go.kr/template/sub/seoulforest.do
交 地下鉄水仁·盆唐線 K211 **ソウルの森駅**3番出口徒歩5分
地下鉄2号線 210 **トゥクソム駅**8番出口徒歩15分

生態の森、歩道橋
開 5:30～21:30
休 無休　料 無料

昆虫植物園、バタフライガーデン
開 5～10月10:00～17:00
11～4月11:00～16:00（昆虫植物園のみオープン）
※最終入場30分前
休 月　料 無料

オリニ大公園

Children's Grand Park

オリニテゴンウォン
어린이대공원

オリニ大公園の入口

元々は純宗（スンジョン）の妃、純明孝皇后（スンミョンヒョファン）の墓所があった場所だがその後移設され、日本統治時代の1921年に京城（けいじょう）ゴルフクラブが設立された。その後朴正熙（パクチョンヒ）大統領の時代に「子供（＝オリニ）が走り回れる公園を」という願いから1973年に開園した。

オリニ大公園

MAP P.132
住 216, Neungdong-ro, Gwangjin-gu
住 광진구 능동로 216
旧 광진구 능동 18
TEL (02) 450-9311
URL www.sisul.or.kr/open_content/childrenpark
開 5:00～22:00　休 無休
料 無料（遊園地、動物園などは別途）
交 地下鉄7号線 726 **オリニ大公園駅**1番出口すぐ
地下鉄5号線 545 **峨嵯山駅**4番出口すぐ

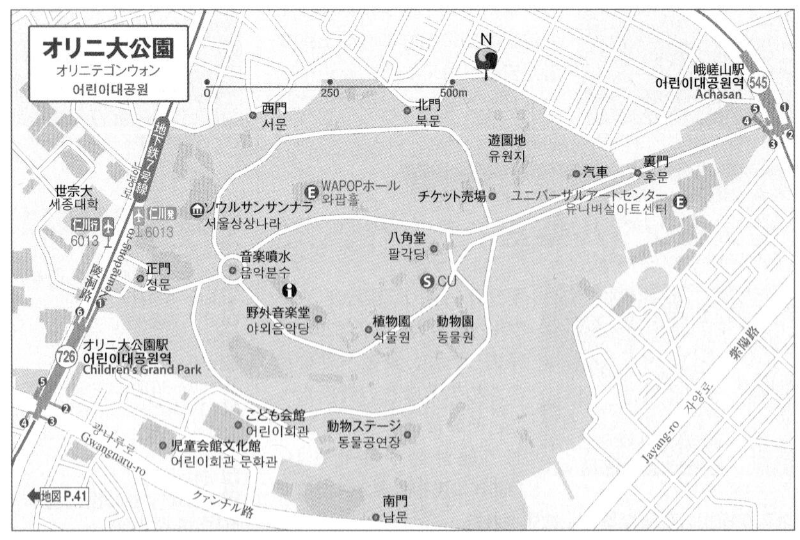

info ソウルの森はかつてトゥクソム競馬場があった場所で、1954～89年まで使われていた（現在はソウル大公園の北側に移転）。地下鉄が延伸する際も競馬場前駅という仮称が使われていた。

桜のシーズンは多くの人が訪れる

開園当時はアジア屈指の規模を誇ったが施設の老朽化が進み、2009年にリニューアルオープンした。東京ドーム11個分という広大な敷地には、トラやゾウが飼育されている動物園をはじめ植物園、遊園地などがある。春は桜の名所としても知られている。

のどかな雰囲気の動物園

遊園地

ソウル近郊 ❀ 京畿道 果川市(クァチョンシ)

ソウル大公園
Seoul Grand Park
ソウルテゴンウォン 서울대공원

大公園入口の門

紅葉が美しい貯水池をリフトで渡る

果川貯水池の周囲に整備された広大な公園。科学館や現代美術館の果川館、遊園地のソウルランドなどさまざまな施設が点在しており1日では回りきれないほど。韓国最大規模の動物園でも知られ、テーマガーデンでは毎年5〜6月にバラ園祭りが開催され世界中のバラの品種が見られる。清渓山(チョンゲサン) ▶P.138 の麓にあり、ここからハイキングコースに入る人も多い。

ソウル大公園

MAP P.16-B2
住 102, Daegongwongwangjang-ro, Gwacheon-si
住 과천시 대공원광장로 102
旧 과천시 막계동 159-1
TEL (02) 500-7338
URL grandpark.seoul.go.kr
開 3·4·9·10月9:00〜18:00
　5〜8·11〜2月9:00〜19:00
※最終入場1時間前
温室10:00〜16:00
※最終入場17:00
休 無休　料 無料（動物園、テーマガーデンは別途）
交 地下鉄4号線 437 大公園駅2番出口徒歩10分。リフトは片道₩7000、往復₩1万3000、象列車は1回₩1500

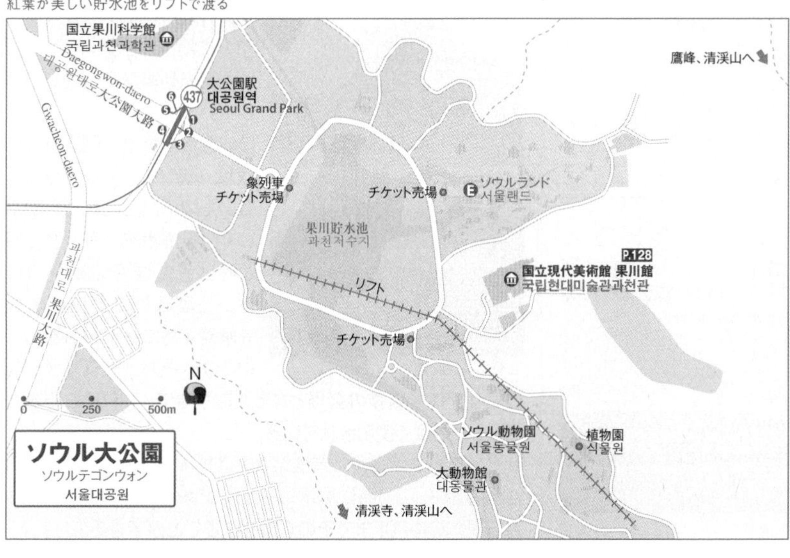

info 広大なソウル大公園の園内は象列車（コッキリヨルチャ）というシャトルトレイン（チケット別途必要）が巡回しており、リフト乗り場や動物園入口、ソウルランド入口などに停車する。

江北❀中心部 | 仁寺洞（インサドン）

タプコル公園
Tapgol Park

タプコルコンウォン
탑골공원

円覚寺址十層石塔

鍾路（チョンノイガ）2街にある小さな公園で、かつてはパゴダ（仏塔）公園とも呼ばれた。その名のとおり円覚寺址十層石塔という仏塔（タプコル）がある。円覚寺跡に造成された公園で韓国人によって造られたものとしては国内初（韓国初の公園は仁川の租界に造られた自由公園）。ケースに覆われた仏塔は国宝に指定されているほか、八角亭なども文化財に指定されている。隣接する楽園洞（ナグォンドン）には有名な路地裏食堂がたくさんある。

タプコル公園

MAP **P.207-C3**
住 99, Jong-ro, Jongno-gu
住 종로구 종로 99
旧 종로구 종로2가 38-1
URL parks.seoul.go.kr
開 9:00～18:00
休 無休　料 無料
交 地下鉄1·3·5号線 130 329 534 **鍾路3街駅**1·5番出口徒歩4分

江南❀東部 | 蚕室（チャムシル）

オリンピック公園
Olympic Park

オルリンピッコンウォン
올림픽공원

平和の広場の世界平和の門

1986年のアジア大会と1988年のソウルオリンピックのメイン会場。スポーツ、文化、レジャーを楽しむ市民の憩いの場として整備されている。広場のあちこちにオリンピックの記念モニュメントが見られる。公園は徒歩で1周すると約3時間かかるほど広大。平和の広場横からホドリ列車という観光列車が公園内を巡回している。

漢城百済博物館

漢城百済博物館（ハンソンベクチェバンムルグァン）　百済時代に漢城（現ソウル）を首都としていた頃の出土品などを展示している博物館。河南慰礼城（ハナムウィレソン）と呼ばれた城塞の模型のほか、三国時代の歴史の流れを解説するコーナーもある。

オリンピックホール

KSPOドーム　ソウルオリンピックで体操競技の会場となった競技場で、K-POPの公演会場としてもよく使用されている。

オリンピックホール　音楽祭などさまざまなイベントで使用されるホール。1階に展示コーナーがあり、懐かしの歌謡曲から現代のK-POPまでその変遷を学ぶことができる。

オリンピック公園

MAP **P.51-C1～D2**
住 424, Olympic-ro, Songpa-gu
住 송파구 올림픽로 424
旧 송파구 방이동 88
TEL (02) 410-1114
URL www.ksponco.or.kr/olympicpark
開 5:00～22:00
（広場エリアは24:00まで）
休 無休　料 無料
交 地下鉄5·9号線 P550 930 **オリンピック公園駅**4番出口すぐ
地下鉄8号線 813 **夢村土城駅**1番出口すぐ
地下鉄9号線 935 **漢城百済駅**2番出口すぐ

漢城百済博物館

MAP **P.51-D2**
住 71, Wiryeseong-daero, Songpa-gu
住 송파구 위례성대로 71
旧 송파구 방이동 88-20
한성백제박물관
TEL (02) 2152-5800
URL baekjemuseum.seoul.go.kr
開 3～10月9:00～19:00（土·日·祝～19:00）
11～2月9:00～18:00
休 月(祝日を除く)、1/1　料 無料
交 地下鉄9号線 935 **漢城百済駅** 2番出口徒歩6分

KSPOドーム

info オリンピック公園の南西端にはバラ広場 MAP P.51-D2 と呼ばれるバラ園がある。隣接のトゥルコッマル（花畑）と合わせて園内の花の名所となっている。

江南 ❀ 東部 | 蚕室(チャムシル)

蚕室野球場
Jamsil Baseball Stadium
チャムシルヤグジャン 잠실야구장

三塁側の内野席がおすすめ

指定席外野寄りにチアリーダーのお立ち台がある

韓国プロ野球LGツインズと斗山ベアーズのホームスタジアム。観客席は約2万6000席。ソウルオリンピックではオープン競技の野球の会場となった。日本よりも規模が大きくないので間近に野球を見られる。チケットは当日でも手に入り、日本よりも安い料金で見られるのも魅力。地元ファンと一緒に応援を楽しむなら外野に近い内野席（甲子園でいうアルプス席）が盛り上がる。

江南 ❀ 東部 | 九老区(クログ)

高尺スカイドーム
Gocheok Sky Dome
コチョクスカイドム 고척스카이돔

土や芝にもこだわった球場

2015年に完成した韓国初のドーム球場で、収容人員は約1万7000人。プロ野球ではキウム・ヒーローズ（旧ネクセン・ヒーローズ）の本拠地で、野球の韓国代表チームも使用する。2017年にはワールド・ベースボール・クラシック1次ラウンドの試合会場にもなった。K-POP公演やイベント会場としても使用されている。

江北 ❀ Nソウルタワー西 | 上岩洞(サンアムドン)

ソウルワールドカップ競技場
Seoul World Cup Stadium
ソウルウォルドゥコプキョンギジャン 서울월드컵경기장

東アジアを代表するサッカースタジアム

2002年の日韓ワールドカップのメインスタジアムとして建設された。約6万6000人を収容する規模があり、サッカー韓国代表のほか、KリーグのFCソウルのホームスタジアムとしても使用されている。

蚕室野球場
MAP 折込表-D2
住 19-2, Olympic-ro, Songpa-gu
住 송파구 올림픽로 19-2
旧 송파구 잠실동 10-1
TEL 1661-0965
交 地下鉄2·9号線 218 930 総合運動場駅5·6番出口すぐ
▶斗山ベアーズ
URL doosanbears.com
料 外野席₩8000～
▶LGツインズ
URL lgtwins.com
料 外野席₩8000～

LGツインズを応援するファン

高尺スカイドーム
MAP 折込表-A3
住 430, Gyeongin-ro, Guro-gu
住 구로구 경인로 430
旧 구로구 고척동 63-6
TEL (02) 2128-2300
URL www.sisul.or.kr/open_content/skydome
交 KORAIL京仁川線 142 九一駅2番出口徒歩5分
▶キウム·ヒーローズ
URL www.heroesbaseball.co.kr
料 外野席₩9000～

ヒーローズのファン

ソウルワールドカップ競技場
MAP P.36-A3
住 240, World Cup-ro, Mapo-gu
住 마포구 성산동 515
旧 마포구 월드컵로 240
TEL (02) 2128-2002
URL www.sisul.or.kr/open_content/worldcup
交 地下鉄6号線 619 ワールドカップ競技場駅1番出口すぐ
▶大韓サッカー協会
MAP P.18-B2
URL www.kfa.or.kr
▶FCソウル
URL www.fcseoul.com
料 一般席₩1万6000～

info サッカー韓国代表の国際試合は、国内のさまざまなスタジアムで行われるが、2022年の対ブラジル戦など、特に注目度の高い試合は、ソウルワールドカップ競技場が使われることが多い。

仁寿峰の岩峰と万景台を霊峰から望む。目指す白雲台山頂は２峰の間にある

北漢山 Bukhansan

プカンサン
북한산

北漢山

MAP P.137

●アクセス ★★★★☆
●絶景度 ★★★★★
●難易度 ★★☆☆☆
●体力度 ★★★☆☆

登山口へのアクセス

▶軽電鉄牛耳新設線

軽電鉄牛耳新設線・**北漢山牛耳駅** S110 2番出口より徒歩1分のタクシー乗り場からタクシー（1台₩4600、乗合ひとり₩1000～2000）で10分（徒歩約30分）の白雲台探訪支援センターへ。

白雲台探訪支援センター

TEL (02) 905-8062
開 4:00～17:00 休 無休

牛耳新設線の北漢山牛耳駅

岩場を登れば白雲台はすぐ。ソウル市街を鳥瞰する大展望が広がる

北漢山国立公園のエリアを巡回する山岳救助隊

クライマー憧れの岩峰を仰ぎ見る

北漢山はソウルの北端に聳える韓国を代表する名峰のひとつ。最高峰の白雲台（ペクンデ）（836.5m）を筆頭に、東の仁寿峰（インスボン）、南の万景台（マンギョンデ）など、複数の峰が連なる山域全体を北漢山と呼ぶ。なかでも「東洋のヨセミテ」の異名を持つ岩峰、仁寿峰のそそり立つ山容は迫力満点！ 一般ハイカーは登れないが、その岩壁を間近に見ながら、隣立する白雲台山頂に立つことができる。

道峰山（トボンサン）、水落山（スラクサン）など周囲の山塊やソウル市街を一望する大展望に疲れも吹き飛んでしまう。

また稜線上には朝鮮王朝時代の城壁（北漢山城（プカンサンソン）の一部）が今も残る。歴史に思いを馳せて歩くのも興味深い。

写真左：万景台（マンギョンデ）は一般道がないので眺めるのみ／写真中下：白雲台直下の巨大岩盤からソウル市街を俯瞰する／写真右：仁寿峰（インスボン）の絶壁

START & GOAL 白雲台探訪支援センター → 1 ハル峠 → 2 霊峰 → 3 白雲待避所 → 白雲待避所裏の岩場 → 4 白雲台山頂 → 5 龍岩門 → 6 道詵寺 P.130 → START & GOAL

コースデータ

▶歩行時間

約4時間15分。

START 白雲台探訪支援センター
⬇30分
❶ハル峠
⬇20分
❷霊峰
⬇1時間
❸白雲待避所
⬇40分
❹白雲台山頂
⬇55分
❺龍岩門
⬇40分
❻道詵寺
⬇10分
GOAL 白雲台探訪支援センター

北漢山牛耳駅近くには食堂も多い

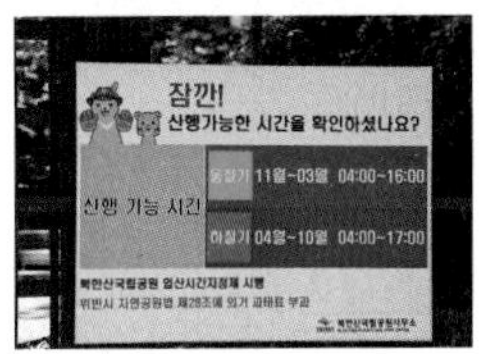

入山可能な時間が表示されている

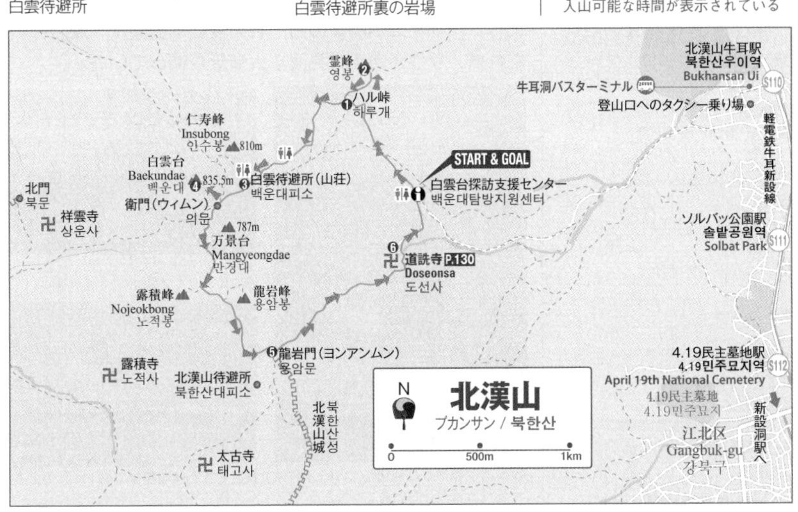

info 北漢山牛耳駅のバスターミナル周辺は登山用品店やチムジルバン、各種食堂など必要な施設が整っている。

標高 578m の鷹岩から、北側に広がるソウル市街を一望。ロッテタワーや北漢山も確認できる

清渓山 Cheonggyesan

チョンゲサン 청계산

清渓山(標高615m)

MAP P.139

●アクセス ★★★★★
●絶景度 ★★★☆☆
●難易度 ★☆☆☆☆
●体力度 ★☆☆☆☆

登山口へのアクセス

地下鉄新盆唐線 D10 **清渓山入口駅**2番出口より徒歩10分のウォントゴル登山口へ。

コースデータ

▶**歩行時間** 約3時間

START 清渓山入口駅
⬇10分
❶ウォントゴル登山口
⬇30分
❷ウォントゴル休憩所
⬇40分
❸ヘリポート
⬇15分
❹鷹岩(メバウィ)
⬇5分
❺鷹峰(メボン)
⬇25分
❻清渓山祈禱院との分岐
⬇50分
GOAL 清渓山入口駅

ソウルで週末ハイクといえばココ！ ソウル南端に位置する清渓山(チョンゲサン)は、江南(カンナム)にほど近いソウル市民の癒やしの山。初心者向けの遊歩道が縦横無尽に延び、週末にはハイキングを楽しむ老若男女で大にぎわい。歌ったり、体操したり、乾杯したりと、自然を満喫するソウルっ子に出会える場所だ。
その主峰・望京台(マンギョンデ)は、軍事施設のため立入禁止。約1km北にある鷹峰(メボン)(583m)が、目指す最高地点だ。ウォントゴル登山口から、木々の緑が心地いい沢沿いの道を辿り尾根上へ。パワースポットの石門岩(トルムンバウィ)を経て、展望所・鷹岩(メバウィ)にいたれば、ソウル市街を見渡す大展望が待っている。

尾根道を艶やかに彩るツツジ。4月末～5月上旬だけのお楽しみ

ウォントゴル休憩所へ続く沢沿いの道。涼やかな木陰の遊歩道が続く

設置された運動器具で筋トレに勤しむご夫婦。ウォントゴル渓谷付近にて

info 清渓山入口駅を出て高架をくぐった先が清渓山登山村。みやげ物屋をはじめ、食堂、アウトドアショップが並ぶ。弁当用にキンパプなども買える。

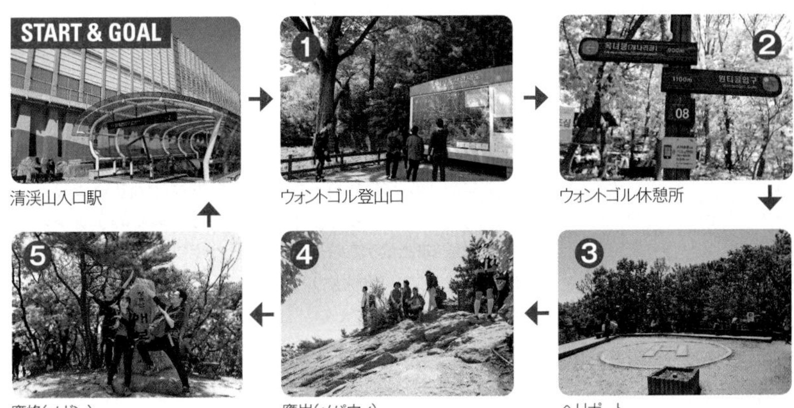

清渓山入口駅 → 1 ウォントゴル登山口 → 2 ウォントゴル休憩所 → 3 ヘリポート → 4 鷹岩（メパウィ） → 5 鷹峰（メボン） → 清渓山入口駅

清渓山
チョンゲサン / 청계산

N
0　500m　1km

江南駅へ
D10 清渓山入口駅 청계산입구 Cheonggyesan
START & GOAL
高架をくぐる
地下鉄新盆唐線
❶ ウォントゴル登山口 원터골등산로 입구
清渓山登山村 청계간등산촌
ウォントゴル 원터골
❷ ウォントゴル休憩所 원터골휴게소
玉女峰 Ongnyobong 옥녀봉
清渓山祈祷院 청계산기도원
観峴寺 관현사
清渓谷 청계골
瑞草区 Seocho-gu 서초구
ソウルランドへ
ツツジ
❻
❸ ヘリポート
石門岩（トルムンバウィ） 돌문바위
❹ 鷹岩（メパウィ） 매바위
583m ❺ 鷹峰（メボン） Maebong 매봉
果川市 Gwacheon-si 과천시
城南市 Seongnam-si 성남시
615m 清渓山 Cheonggyesan 청계산
石起峰 석기봉
ソウル大公園へ
義王市 Uiwang-si 의왕시
二寿峰 이수봉
清渓寺 청계사

麓の売店で買えるキンパプとゆで卵

6 清渓山祈祷院との分岐

鷹岩から見た清渓山の主峰、望京台。軍事施設のため立入禁止

パワースポットの石門岩。3回くぐって祈る。特に子宝安産にご利益がある

ヘリポートの手前（北側）に続く急な階段

ハンモックでお昼寝を楽しむ人の姿も

info ウォントゴル登山口には靴や服に付いたものを吹き飛ばすためのエアガンのようなブロワーが設置してある。ダニを払い落とすためにも必ず使おう。

南怡島 Nami Island ナミソム 남이섬

南怡島は韓国中北部を流れる北漢江（プカンガン）の中にある、南北に長い半月型の島。韓流ブームのきっかけとなったドラマ『冬のソナタ』のロケ地として有名になり、多くのファンが訪れる。1周約6kmのこの島では、栗、ポプラ、イチョウなど植生が豊かで、森林浴が楽しめる。なかでも有名なのは『冬のソナタ』の主人公、ユジンとチュンサンがデートしたメタセコイア並木。島の観光案内所では、無料で荷物を預かってもらえるほか、日本語や中国語が話せる係員がいることが多い。

対岸とを結ぶ渡し船

世界の民族衣装を着た雪だるま

南怡島

MAP P.15-C1
住 1, Namisum-gil, Namsan-myeon, Chuncheon-si
住 춘천시 남산면 남이섬길 1
旧 춘천시 남산면 방하리 197
TEL (031) 580-8114
URL namisum.com
開 渡し船運航8:00～21:00（季節により延長あり）
休 無休
料 ₩1万6000、中高生·70歳以上₩1万3000、小学生以下₩1万（渡し船往復含む）
交 **清凉里駅**からITX-青春で約1時間20分の加平駅下車。10-4番の南怡島行きバスで終点下車

冬のソナタのベンチ

メタセコイア並木

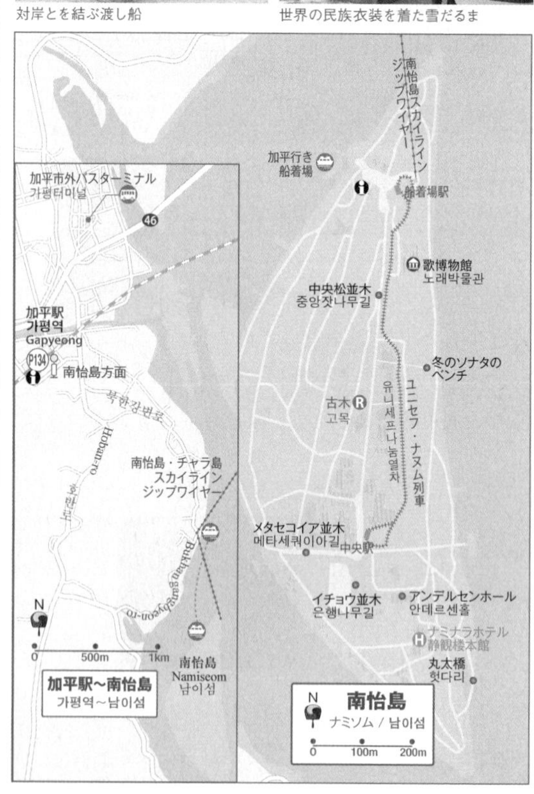

info 加平駅から南怡島への船着き場へは徒歩だと約30分。途中の道にはホテル、タッカルビ屋、売店などが並んでいる。

ソウルのグルメ

パンチャン（副菜）が色々

レストラン事情

日本の韓国料理店が「焼き肉」が多いイメージからか、韓国料理は大勢で食べるものと思っている人が多い。確かに鍋や焼肉など2人前、4人前がミニマムという料理も多いが、どんぶり物や麺類にも名物料理がある。

まずは食べたいものを決める

どこで食べるか 食の都、グルメの国だけに食事処は多い。予算やシチュエーションに合わせてチャレンジしよう。

専門店

焼き肉屋は牛、豚、鶏の店があり、さらに部位によって三枚肉専門、モツ専門などと分かれている。得意料理を「タコ専門店」、「サムゲタン（丸鶏スープ）専門店」などと表示していることも多い。メニューを見て料理を決めるのではなく、食べたいものがある店を選ぶのが基本だ。

食事処の種類

立ち食い、屋台 ▶P.173

店を見て回りながら、串に刺したりプラカップに入った料理を食べ歩きするのはノジョム（露店）という露店屋台の楽しみ。夕方に一般道に屋台が出る場合もあるが、市場の一角に常設というところも多い。1串₩4000～。屋台でも座って食べるタイプはポジャンマチャ（布張馬車）。酒を飲みながら食べるところで、博多の中洲の屋台のような雰囲気。安くはないのでそのつもりで。

プンシク（粉食） ▶P.162

直訳すると「粉もの」。トッポッキ（餅の甘辛い煮込み）、ククス（麺）などがあり₩6000ぐらい。サイドメニューにキンパプ（海苔巻き）やオデン（練り物）が置いてあることが多い。

持ち帰り

マクドナルドやサブウェイなど外資系ファストフードのほか、コチュジャン味の唐揚げなど、オリジナルのファストフードもある。マクドナルドにあるプルゴギバーガーなどご当地メニューも試したい。

コロナ以降、韓国でもテイクアウトができるようになった店が急増した。

コンビニエンスストア ▶P.235

韓国にはコンビニがとても多い。辛いカップラーメンやレトルトのおかず、おにぎりなどが24時間入手可能だ。イートインコーナーがある店も少なくない。

食事の作法

▶スプーンと箸の使い方
ご飯とスープは、スプーンで食べる。おかずは箸で食べる。ご飯茶碗もスープも持ち上げてはいけないので、お碗からかきこんだり、すすったりはできない。

▶熱い碗に注意
ご飯はステンレス容器に入っていて熱いので注意。皿も手に持たないこと。

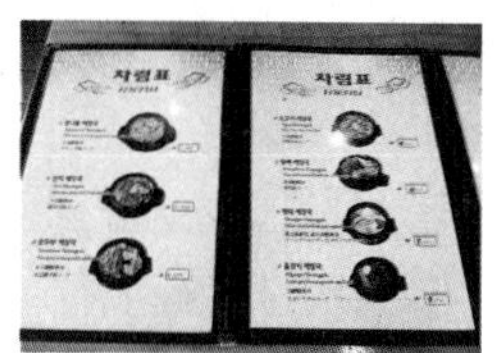

写真入りのメニューも多い

粥は朝食の定番

レストランの営業時間

▶朝食
朝食を出すレストランは7:00ぐらいから開店する。粥やスープなどの店が多い。ヘジャンククは酔い覚ましのスープといわれ、朝の定番。軽く食べたい場合はプンシク（粉食屋）でキンパプ（海苔巻き）やククス（麺）などを食べるのがおすすめ。

▶昼食
一般のレストランの開店時間は11:00か11:30としているところが多い。ランチタイムで混雑するのは12:00～13:30。ランチ後の中休みを取る店も多い。

▶夕食
18:00～20:00は混雑する。閉店時間はまちまちだが、22:00を過ぎると店の選択肢がグッと少なくなる。

▶24時間営業
南大門、東大門のほか学生街の弘大、建大などは24時間オープンしている食堂が多い。

info 夏は屋台での生もの（刺身等）、カットフルーツは控えたほうが無難。作り置きのパンチャン（小皿料理）もきちんと冷蔵庫や空調の効いたところで管理されていることが望ましい。

フードコート ▶P.161

ショッピングセンターやデパ地下にはフードコートがある。ひとりでも利用しやすい。

食堂 ▶P.171

比較的メニューにバリエーションがある。焼き魚定食、豚焼肉定食、クッパプ（雑炊）などのほか、テンジャンチゲ（味噌煮込み鍋）、ヘジャンクク（酔い覚ましスープ）などひとり鍋＋ご飯が定番。外にハングルでメニューと値段が表記してあることが多い。₩8000～。

カフェ

喫茶店風のカフェならオムライスやカレーなどがある。韓屋カフェにも韓国料理のひとり用のセットメニューを用意していることが多い。₩1万2000～。

レストランの利用法

お店に入ったら

店に入ったら「アンニョンハセヨ（こんにちは)」と声をかけ、人数を伝える。ひとりなら「ホンジャエヨ」、ふたりなら「トゥミョンイエヨ」。

ヨギヨ　店員さんを呼ぶときの「すみません」に相当する。直訳すると「こっちです」。

パンチャン

小皿に入った副菜。粥や麺を頼んでも普通は2品ぐらい付く。小皿が空になったらおかわりを持ってきてくれる。おかわりをセルフ方式で自由に取れる店もある。

白飯と大盛り、追加

定食タイプのメニュー以外は、白飯（コンギパプ）は別に注文する必要がある。「コッペギ（大盛り)」も覚えておくと便利な単語。食堂では大盛りメニューを用意してるところも多い。「サリチュカ」は替え玉追加という意味。麺料理の店では替え玉もメニューに載っている。トッピングの追加は「サリ」。

焼肉の作法

テーブルに火がある料理の場合は、たいてい店員さんがケアしてくれる。焼肉なら、食べ頃になったらハサミで肉を切り分けてくれるし、炒め煮のような料理も頃合いを見て混ぜてくれる。パンチャンとして添えられた野菜を投入したほうがいいとか、巻いて食べるとおいしいなど食べ方も教えてくれる。

会計～お店を出る

日本と同じように支払いはレジでする。チップは不要。事前に伝票がほしければ、「ケサン（計算）ヘジュセヨ（お願いします)」、領収書はヨンスジュン。レシートは言わないとくれないことが多い。

帰りがけに「マシッソッソヨ（おいしかった)」のひと言を。

技士食堂 ▶P.174

食堂のなかには、「本日の定食」だけしかない店もある。そういうところは、ボリュームと安さがウリ。タクシーの運転手が使うキサシクタン（技士食堂）にこのパターンが多い。もちろん一般の人も利用できる。

居酒屋 ▶P.182

日本の居酒屋のようにメニューが豊富で、酒を飲みながら料理を楽しむスタイルの店が近年増えてきており、若者グループなどに「イジャカヤ」として親しまれている。

お酌の作法

▶飲みきってから注ぐ

まだ器に酒が残っているときは、つぎ足さずに飲みきってからつぐ。目上の人にお酒をつぐときは、両手を添えること。

▶目上の人への気配り

儒教的精神から目上の人と向かい合ってお酒を飲む時は横を向いて飲むといわれているが、実際は和気あいあいと飲んでおり、気にしなくてよい。

テーブルの下の引き出し

テーブルには水の入ったボトルとコップが置いてある。料理とともに箸やスプーンを持ってこないときは、テーブル下の薄い引き出しを探してみよう。紙おしぼりもここに入っていることがあるので自分で取って使う。

コーヒータイム

レジの横にコーヒーマシンが置いてある店がある。砂糖入りか砂糖＋ミルク入りのコーヒーなので好き嫌いは分かれるところ。辛い料理や味の濃い料理の後に飲む薄くて甘いコーヒーは意外においしい。

焼肉は店の人が切ってくれる

会計は一括で

レジでの会計は、年長者が一括で支払うのが韓国流。それぞれで会計したり、ワリカンにしたい場合は、一旦代表者が支払い、後で精算をするほうがスマートだ。

info 一般的に衛生管理はきちんとしているが、ホルモン焼きや焼肉店で出てくるレバ刺しや生肉にはO-157のリスクがある。

テーマのある旅 特集 5

ソウルの食はうまいもの通りにあり

ソウルでは、同じジャンルの料理店が集まることが珍しくない。名店の集まるエリアは「焼魚通り」など「○○通り」などと通称され親しまれている。食べたい料理の名が付いたエリアに行けばおいしい店がたくさんある。

鍾路5街

A 牛ホルモン通り MAP P.144

鍾路5街の北側に牛ホルモン店が並ぶエリアがある。鉄板で焼くスタイルが多く、コプチャン（小腸）のほか、ソマクチャン（ギアラ、アカセンマイ）や、ヨムトン（ハツ）などの部位も扱う。締めに脂の滲み出た鉄板にご飯を入れ、ポックンパプ（焼き飯）にするのがおいしい。

1 プルタヌンコプチャン ▶P.153
2 各種ホルモンのミックスがおすすめ

中央市場そば

B 豚ホルモン通り

1 タッパル（鶏の足先）を煮込んだ料理も人気がある。
2 通りにコプチャンの店が並ぶ

豚ホルモンなら中央市場近くに評判の店が並ぶ通りがある。馬場洞 MAP P.39-C3 という精肉市場が近くにあり、新鮮な臓物が安く手に入ることからホルモン店が集まったという。外に出した大きなタライで長い腸の下処理をする様子は圧巻。

A 牛ホルモン通り
소곱창골목
鍾路5街

B 豚ホルモン通り
곱창골목

E ピンデトック通り
빈대떡골목

D ユッケ通り
육회골목

F タッカンマリ通り
닭한마리골목

H 焼き魚通り
생선구이골목
P.79 17

カムジャタン通り
감자탕골목

B 豚ホルモン通り
곱창골목

刺身通り 회센터
P.81 25 27
中央市場地下

中央アジア村
중앙아시아촌

トッポッキタウン
떡볶이타운
新堂洞

G 羊肉串通りへ
양꼬치거리
地下鉄2号線で建大入口駅へ

チョクパル通り
족발골목
P.80 20
奨忠洞

東大門駅
동대문역
Dongdaemun

東廟前駅
동묘앞역
Dongmyo

鍾路5街駅
종로5가역
Jongno 5(o)-ga

広蔵市場
광장시장

東大門総合市場
동대문종합시장

DOOTA MALL
Migliore
Hello apM
GOOD MORNING CITY

DDP
（東大門デザインプラザ）
동대문디자인플라자

ソウル中央市場
서울중앙시장

乙支路4街駅
을지로4가역
Euljiro 4(sa)-ga

新堂駅
신당역
Sindang

東大門歴史文化公園駅
동대문역사문화공원역
Dongdaemun History & Culture Park

青丘駅
청구역
Cheonggu

東大入口駅
동대입구역
Dongguk Univ.

鍾路 Jong-ro 종로
清渓川
Cheonggyecheon-ro 清渓川路 청계천로 청계천
Majang-ro 馬場路 마장로
Eulji-ro 乙支路 을지로
Toegye-ro 退渓路 퇴계로
Dongho-ro 東湖路 동호로
Jangchungdan-ro 奨忠壇路 장충단로
Dasan-ro 茶山路 다산로
地下鉄1号線
地下鉄2号線
地下鉄3号線
地下鉄4号線
地下鉄5号線
地下鉄6号線
0 250 500m

東ピマッコル

C ポッサム通り

MAP P.20-A3

1 店頭の大鍋で豚をゆでるチャングンクルポッサム ▶P.154 2 牡蠣と豚の取り合わせが珍しいポッサム

鍾路エリアは再開発のため、多くの「うまいもの通り」がなくなったり移転したが、この裏路地は「ポッサム（ゆで豚）通り」として残っている。人がすれ違うのがやっとという路地に、豚をゆでる豚骨スープのような香りが充満する。

広蔵市場

D ユッケ通り

MAP P.144

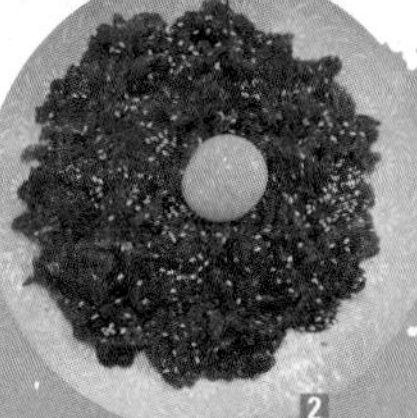

広蔵市場名物のユッケ専門店街。肉の下には梨があり、甘さと食感のコントラストが楽しい。レバ刺しも人気がある。

※ユッケやレバ刺しなどの生ものを食べる際は体調や体質と相談し、自己責任で

1 短い路地も昼は行列に 2 プチョンユッケ ▶P.153 はミシュラン掲載店

広蔵市場

E ピンデトック通り

MAP P.144

ピンデトックとは緑豆を挽いた粉を揚げ焼きにしたチヂミ。広蔵市場の食べ物エリアのなかでも、人気のひと品だ。あちこちの店先で石臼が回り緑豆がどんどん挽かれていく。店頭でテイクアウトする人も多い。

1 ゴロゴロと回りながら豆を挽いていく 2 人気店には行列ができる 3 ピンデトックにはマッコリを合わせるのがソウルっ子の楽しみ方

東大門市場

F タッカンマリ通り

MAP P.144

タッカンマリとは鶏1羽丸ごと使った水炊き。この専門店が数軒並ぶのがこの界隈。味付けはシンプルで、オリジナルのタレが各店の特徴となる。いろいろな部位を楽しめ、鶏のだしの出たスープに入れる麺やトッポッキもおいしい。

1 コラーゲンたっぷり 2 市場と鍾路の間にある

建大

G 羊肉串通り

MAP P.41-C2～D2

京城羊肉串 ● 경성양꼬치

▶P.160

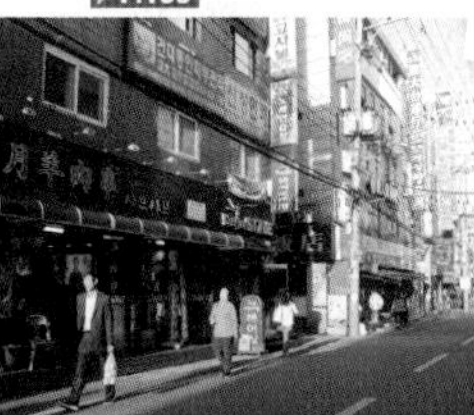

1 中華街なので大ザリガニや麻辣火鍋など中国料理のメニューも本格的 2 焼いた後にスパイスを付けて食べる

建大入口駅から南に下っていくと、漢字の看板がだんだん増えていき、ついに食堂がずらりと並ぶ通りに出る。これが建大羊肉串（コンデヤンコチ）通り。通りは700mほどにわたって延びており、そのほぼすべての店で羊肉串を扱っている。

東大門市場

H 焼き魚通り

MAP P.144

タッカンマリ通りの向かい側、もくもくと立ち上る煙が目印。どの店も練炭や炭火で焼くので香ばしい香りもあたりに漂っている。

1 どの店も扱う魚はほぼ同じ物 2 店頭で焼く

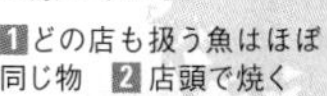

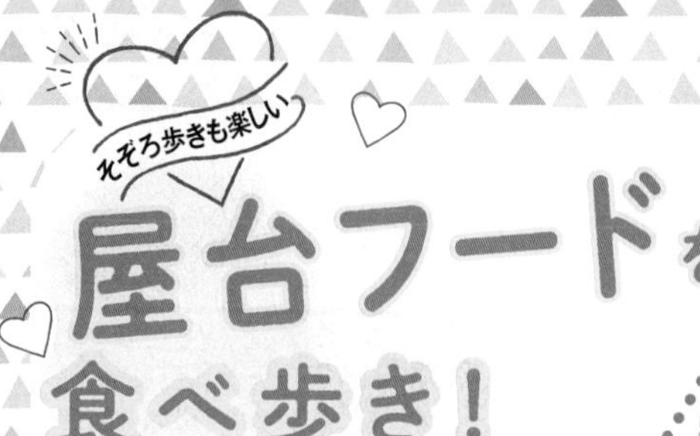

そぞろ歩きも楽しい 屋台フードを食べ歩き！

特集6 テーマのある旅

韓国では、屋台で気軽に名物料理が楽しめる。伝統的なおやつから、トレンドグルメまでおいしいものを探してみよう！

明洞のメインストリート。薄暮の頃から人がどんどん増えてくる

トッポッキ
固めの餅を唐辛子ソースで煮た甘辛味
₩4000

キンパプ
韓国風海苔巻き。具材はいろいろ
6個₩5000

キムチポックンパプ
カップに入ったキムチ炒飯
₩4000

1本₩700
キンパプの卵巻きバージョン

秋の風物詩は焼き栗の屋台。韓国産の大きな栗はホクホク

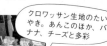

クロワッサン生地のたいやき。あんこのほか、バナナ、チーズと多彩

オコノミヤキ
大阪風お好み焼き。オオサカヤキとも

オコノミヤキ
広島風お好み焼きのソウルバージョン。半熟卵がおいしい
₩5000

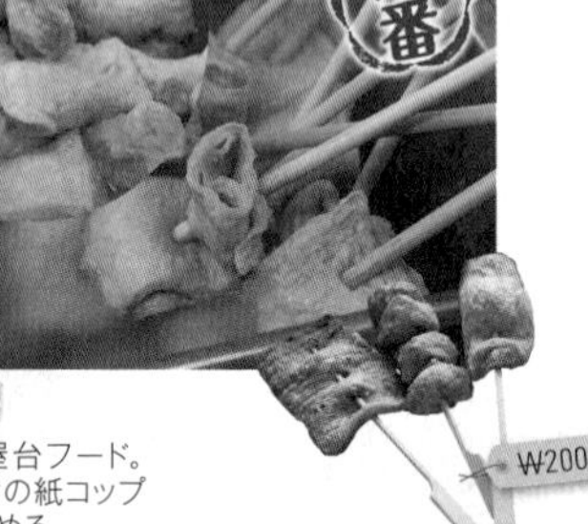

オデン
定番の屋台フード。備え付けの紙コップで汁も飲める
₩2000

₩5000
コグママッタン
韓国風大学芋

ポッキ
砂糖を焼いた薄い菓子
₩1000

マンドゥ
名物明洞餃子
₩4000

海鮮串焼き
タコ、イカ、サザエの串焼き。大串で食べ応えあり！
各₩5000～

エビバター
エビのバター焼き串。プリプリの身は誰もが納得の味
₩6000

チーズ&トッポッキ
焼いたハルミチーズと餅のくにゃっとした食感がやみつきに！
₩3000

イチゴ飴
丸ごとのイチゴが飴に。季節によりブドウなど他の果物になることもある
₩3500

屋台のソース
何種類か置いているソースはセルフサービス

₩3000

オレオチュロス
ソウルっ子の好きなオレオ味

ハッパ（ホットバー）
ウインナーやカニカマを魚のすり身で巻いて揚げたもの
1本₩3000

エビ焼き
チーズをとろりとかけて上からもあぶってできあがり！
₩1万5000

電球ソーダ
韓国ではチョング（電球）ソーダと呼ばれている
₩3000

タッカンジョン
鶏のから揚げ甘辛ソース味
₩3000

ハットグ
チーズ入りのアメリカンドッグ
₩4000

ホットック
黒砂糖の入ったおやき
₩3000

定番

韓国の屋台は2種類ある。立ち食いの屋台はノジョム（露店）といい、串に刺したり、カップに入れて提供している。席がある一杯飲み屋の屋台はポジャンマチャ（布張馬車）。地元の人が入れ代わり立ち代わり座って飲んでいく（写真下）。鍾路3街駅周辺はディープなポジャンマチャが並ぶ一角がいくつもある。食べ歩きならノジョムで。ソウル最大の屋台街として知られる明洞では14:00ぐらいから屋台が集まりだし22:00頃までにぎわう。開店や撤収の素早さも見ていて楽しい。

うまい肉を食べる！

韓牛 ハヌ 한우

韓国産の牛のうち在来種のものを韓牛（ハヌ）という。値段は高いが滞在中一度は食べたい名物グルメだ。

韓国のブランド牛

横城韓牛 フェンソンハヌ
江原道横城郡産。
大関嶺韓牛 テグァルリョンハヌ
江原道平昌産。
★いずれも寒冷地で育てられ、良質な脂肪を蓄える。

韓牛百年 ハヌペンニョン
京畿道抱川市産。
安城マッチュム韓牛
アンソンマッチュムハヌ
京畿道安城地区産。
楊平介軍韓牛 ヤンピョンケグンハヌ
京畿道楊平郡産。

韓国の牛肉事情

外国産の牛肉には、アメリカ産やオーストラリア産がある。ホルスタインなど在来種ではない韓国産の牛肉も流通しているが、これらは韓牛とは呼ばない。

韓牛の等級

最高級ランクは1等級で、＋（プラス）が2つまで付く。

熟成肉がブームに

韓国でも熟成庫に入れたエイジングミートが流行している。

エイジングビーフの熟成庫

Point

- 牛肉には外国産、国内産、国産ブランド肉がある
- ブランド肉は1皿₩1万5000～
- 1人前最低でも140g～、通常は2人前から注文を受ける。1部位の注文単位が300g！という店も。いろいろ食べるなら大勢で
- 肉の部位は細かく分かれるが、ホルモンは専門料理。焼肉用の内臓肉の種類は少ない
- 基本的に店員さんが焼いてくれるが、多人数のときや忙しいときなどは放っておかれる場合も多い
- ひとり焼肉ができる「1人前セット」がある店は少ない
- ひとりで来店しても麺や丼のオーダーはできる

牛肉の部位

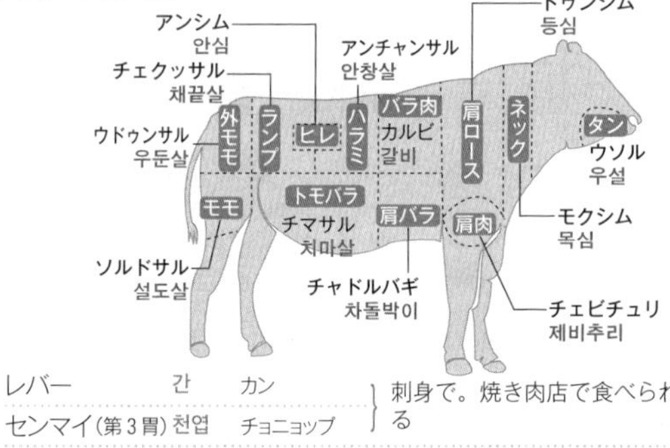

レバー	간	カン	刺身で。焼き肉店で食べられる
センマイ（第3胃）	천엽	チョニョップ	
ミノ（第1胃）	양	ヤン	専門店 ▶P.153 で鉄板焼きか、鍋で食べる
ギアラ（第4胃）	막창	マクチャン	
ヒモ（小腸）	곱창	コプチャン	
シマチョウ（大腸）	대창	テチャン	
テール	꼬리	コリ	焼き肉店のスープで
ハチノス（第2胃）	벌양	ポリャン	専門店で。通常はほとんど見かけない
ハツ（心臓）	염통	ヨムトン	

from Seoul

店頭でスーパーマーケットのように肉を選ぶ焼肉店

冷蔵ショーケースに入ったパックの肉を自分で選ばせてくれる焼き肉店がある。選んだ肉はレジで先に精算し、持ち込むシステム。精肉店が経営していたり、契約店から肉を入荷している場合が多いが、自分で質や量を確かめられると好評だ。

info 日本人には味付けされたヤンニョムカルビが人気だが、最近はワサビ塩や藻塩など塩を添えて肉そのものの味を楽しめる店も増えてきた。

牛肉の部位別注文例

牛の代表的な部位。脂の入り方は店によるので下記のフレーズも参考に注文しよう。

●柔らかいところ(部分)はどれですか?➡부드러운 부위는 어떤건가요? プドゥロウン ブウィヌン オットンゴンガヨ
●脂の少ない(多い)ところはどれですか?➡기름이 적은(많은) 부위는 어떤건가요? キルミ チョグン(マヌン)ブウィヌン オットンゴンガヨ

한우 모듬
韓牛盛り合わせ

등심
トゥンシム(肩ロース)100g

살치살
サルチサル(霜降りロース)200g

갈비살 ₩2万8000
カルビサル(バラ肉)200g

토시살
トシサル(サガリ)200g

육회
ユッケ300g

육사시미
肉刺身250g

치마살
チマサル(トモバラ)200g

생등심
セントゥンシム(生ロース)100g(写真は500g)

東大門(トンデムン)

江北・Nソウルタワー東

牛専門 韓牛 練炭網焼き 70席

看板の「白(ペク)」、「松の絵(ソン)」、「酒幕」が目印

1 ペクソン 백송

MAP P.214-B3 地下鉄 206 635 新堂駅8番出口徒歩3分

22時以降オーダーOK

住 45, Dasan-ro 33da-gil, Jung-gu
住 중구 다산로33다길 45 旧 중구 신당동 248-32
TEL 0507-1338-6292 開 17:00〜23:00、土・日15:00〜翌0:00
休 無休
日 通じない(英語OK) 日メ なし CC ADJMV

忠清南道から1頭買いで仕入れている店。グルメ評論家に絶賛された骨付きのソデサル(ミスジ、注文は2人前〜)をまず食べてほしい。カルビサル、セビチェリもおすすめで、1人前から注文可能。

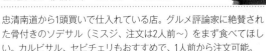

手前がソデサル2人前

ユッケもおいしい

店頭で枝肉をさばく

info 馬場洞焼肉通り MAP P.39-C2 は食肉市場が近く、焼肉がおいしいと評判だったが、通りの半分が火災で消失した。上の牛肉の部位は火災前のテグチプで取材したもの。再開が待たれる。

明洞（ミョンドン）

江北・中心部

韓牛 豚肉 麺自慢 鍋 炭火網焼き 老舗 94席

肉のうまみをストレートに楽しめる

明洞にありながら広い店内

コムグクスはランチで人気

2 コムグクシジプ 곰국시집

MAP P.213-C2　地下鉄 424 明洞駅8番出口徒歩4分

住 2F,19-3, Myeongdong 10-gil, Jung-gu
住 중구 명동10길 19-3, 2층　旧 명동2가 3-3
TEL (02) 756-3449　Mail gomkuksi@yahoo.co.jp（予約）
開 11:30〜21:30　休 旧正月前後3日間　日 可
日メ あり、写真付き　CC ADJMV

1976年の創業以来50年近く伝統の味を受け継いでいる韓牛炭火焼とジョンゴルグクス（麺鍋）の専門店。最上級韓牛だけにこだわる韓牛炭火焼は日本人に大人気。ジョンゴルグクスのスープは牛肉を10時間煮込んだスープ。麺は大豆の粉入り。真タコ刺身、ゆで肉のスユクも人気。店長は日本語が堪能。

전골국수 ₩1万7000
ジョンゴルグクス（麺、鍋2名〜）

안창살 ₩5万
ハラミ（1人前140g）

곰국수 ₩1万1000
コムグクス

수육 ₩5万5000
スユク

スープが自慢のジョンゴルグクス

弘大（ホンデ）

江北・Nソウルタワー西

鉄板肉盛り グリル 羊肉 豚肉 31席

熱々の鉄板でサーブされる

建物は韓屋スタイル

シンプルモダンなインテリア

3 キョンジュシクタン 경주식당 ●慶州食堂

MAP P.35-D3　地下鉄 623 上水駅1番出口徒歩3分
地下鉄 238 622 合井駅6番出口徒歩10分

住 49-7, Wausan-ro 13-gil, Mapo-gu
住 마포구 와우산로13길 49-7　旧 마포구 상수동 314-10
TEL (02) 322-1674　gyeongju_bistro
開 11:30〜15:30、17:30〜23:00（L.O.22:00）
休 無休　日 不可　日メ なし　CC ADJMV

ラムのスペアリブ、豚サムギョプサル（バラ肉）、豚ロースが野菜とともに鉄板にきれいに並べられた「コギハンサン」が看板メニュー（初来店時に注文するとワインが₩2000引き）。これにライスとテンジャンチゲ（味噌汁）を追加すれば女子なら2〜3人でおなかいっぱい。ラム肉が苦手な場合は豚肉のみに変更可能。「양고기를 돼지고기로 바꿔주세요」左記の文章を店員さんに見せればOK。ランチは豚ロース定食でひとり焼肉が楽しめる。

고기한상 ₩3万9500
豚ロースとサムギョプサル·牛肉の盛り合わせ（小）

고기큰상 ₩4万9500
豚ロースとサムギョプサルと牛肉の盛り合わせ3人前（大）

육개장 ₩1万
ユッケジャン（数量限定）

육개장칼국수 ₩9000
ユッケジャンカルグクス（数量限定）

목살정식 ₩1万3000
豚ロース定食

목살카레덮밥 ₩9000
豚ロースカレー丼

강황밥 ₩1000
ターメリックライス

된장찌개 ₩2000
テンジャンチゲ

info キョンジュシクタンのユッケジャンやユッケジャンカルグクスはディナータイムではメインメニュー（コギハンサン）を注文した場合にのみオーダー可能。

トンミョ
東廟
江北・Nソウルタワー東
韓牛 豚肉 ガス鉄板 160席

店頭で肉をさばき品質をアピール

厚みもあって食べ応えあり

パンチャンもおいしい

4 ポンゴヒャンマッチプ 東廟店

본고향맛집 동묘점 ●本故郷マッチプ

24時間営業

MAP P.21-D3 地下鉄 127 636 **東廟前駅**5番出口すぐ

住 16, Jibong-ro, Jongno-gu
住 종로구 지봉로 16 旧 종로구 숭인동 317-20
TEL (02) 2234-3392 URL bongohyang.modoo.at
開 24時間（日22:00～月10:00の間を除く）
休 旧正月とチュソク当日翌日 日 少し 日メ あり CC ADJMV

新鮮な韓牛を店内で精肉加工、スープや秘伝のソースも自家製、炭火はクヌギの薪を使用というこだわりで、地元からの支持が厚い人気店。注文した肉によってパンチャン（副菜）が変わる。肉を注文すると冷麺が₩4000になり、ライスを注文するとテンジャンチゲが付く。22:00～翌11:00はキムチチゲと冷麺のオーダーはできない。

한우갈비살 ₩4万3000
韓牛カルビ150g

암돼지삼겹살 ₩1万3000
メスの豚バラ180g

흑마늘돼지갈비 ₩1万5000
黒にんにく豚味付けカルビ250g

육회비빔밥 ₩1万
ユッケビビンバプ

肉の新鮮さが自慢

サンムン
双門
江北・北部
牛肉 豚肉 羊肉 10席
炭火焼き ひとりからOK

店の前には燻製機が置かれている

5 ミートスターキム 미트스타킴

22時以降オーダーOK

MAP P.16-B1 地下鉄 413 **双門駅**3番出口徒歩7分

住 10, Dobong-ro 103-gil, Dobong-gu
住 도봉구 도봉로 103길 10 旧 도봉구 쌍문동 103-245
TEL 010-9863-5792
開 17:30～24:00（日16:00～24:00） 休 土
日 不可 日メ なし CC ADJMV

オーナーは食肉処理の資格をもっており、自らが精肉加工したものを使用している。韓国にはひとりで食べられる焼肉店がほとんどないことから、ひとりからでも質のよい焼肉が食べられるようにと2019年9月にオープンした。店内はカウンター席のみの10席なので、予約が望ましい。

座席はカウンターのみ

炭火を使って焼いてくれる

목살 ₩1万5000
モクサル（豚首回り肉）160g

우대갈비 ₩3万6000
ウデカルビ（牛カルビ）約330g

가브리살 ₩1万6000
カブリサル（豚背肉）160g

양갈비 ₩1万8000
ヤンカルビ（羊カルビ）160g

info 韓国料理で定番の葉野菜で肉などの具材を包んで食べるサムパプ（包みご飯）はひと口でほおばるのがマナー。おにぎりやサンドイッチのようにふた口、三口と食べ進めたりはしない。

トンデムン
東大門
江北・Nソウルタワー東

冷麺 焼肉 老舗
ミシュラン掲載 170席

6 又来屋 우래옥 ●ウレオク

MAP P.20-B3 地下鉄 204 535 **乙支路4街駅**4番出口徒歩1分

住 62-29, Changgyeonggung-ro, Jung-gu
住 중구 창경궁로 62-29 旧 중구 주교동 118-1
TEL (02) 2265-0151 開 11:20~21:00
休 月、旧正月とチュソク当日 日 不可 日メ あり CC ADJMV

親戚一同での利用も多い

店主が北朝鮮から南へと移って1946年に「西北館」という名で創業した由緒ある店。朝鮮戦争の勃発で一度ソウルから避難することになるが再び戻ってきたという意味で「又来屋」として再スタートした。北朝鮮からの逃避民にとってなくてはならない北の味が楽しめる貴重な場所として親しまれている。冷麺も看板メニューのひとつ。カルビタンは火、木、土曜の限定メニュー。

キムチもおいしい

갈비 ₩2万8333(100g) ₩5万3000(180g)
カルビ焼き1人前

생등심 ₩3万9333(100g) ₩5万9000(150g)
肉塩焼き

불고기 ₩2万3333(100g) ₩3万9500(150g)
プルコギ

육회 ₩3万8000(100g) ₩5万8000(150g)
ユッケ

정통평양냉면 ₩1万6000
伝統平壌冷麺

갈비탕 ₩1万8000
カルビタン(スープ)

육개장 ₩1万3000
ユッケジャン(スープ)

장국밥 ₩1万2000
味付けスープご飯(クッパプ)

老舗らしい確かなたれと柔らかい肉

ムルレ
文来
江南・西部

韓牛 練炭
ユッケ 麺

7 カルビッ 갈빗

MAP 折込表-A2 地下鉄 235 **文来駅**7番出口徒歩9分

住 14, Dorim-ro 125-gil, Yeongdeungpo-gu
住 영등포구 도림로125길 14 旧 영등포구 문래동2가 16
TEL (02) 2638-0012 開 11:00~23:00
休 無休 日 不可 日メ なし CC ADJMV

満席のことも多い人気店

昔ながらの練炭を使った焼き肉店で、質の高い韓牛を比較的安価に提供している。特にユッケとカルビの人気が高い。店内には植物の鉢が置かれており、夏は店先に多くの花が飾られる。

練炭を使っている

韓牛を使ったユッケ

締めに人気のビビンマックス

한우모듬 ₩2万2900
韓牛盛り合わせ150g

갈비살 ₩1万3900
カルビ150g(輸入、冷凍)

한우육회 ₩1万2900
韓牛ユッケ100g

해물뚝배기 ₩5000
ヘムルトゥッペギ(海鮮スープ)

비빔막국수 ₩5000
ビビンマックス(冷やし蕎麦)

누룽지 ₩5000
ヌルンジ(おこげ)

歴史ある店舗

店内を彩る植物

韓国では、完食すると「食事が少ない、もてなしが少ない」というアピールになります。日本人は、すべて食べることを食事マナーとするので、このふたつが混在すると永遠におかわりが出てくる↗

トンデムン
東大門
江北・Nソウルタワー東
ホルモン　鉄板
100席以上

深夜になるとどんどんにぎわう

いつも満席状態

ボリュームがあるので覚悟して

8 プルタヌン コプチャン 불타는곱창

MAP P.20-B3 地下鉄 129 **鍾路5街駅**4番出口徒歩2分

住 8, Jong-ro 35-gil, Jongno-gu
住 종로구 종로35길 8　旧 종로구 효제동 191
TEL (02)3672-4885　開 11:00～24:00、日12:00～24:00(L.O.23:00)
休 無休　日 不可　日X あり　CC ADJMV

レバー＆センマイ刺し

牛ホルモンの専門店として東大門エリアで高い人気を誇る名店。当日仕入れた新鮮な肉のみをその日のうちに使うという方針を曲げずに毎朝社長自ら市場に向かう。暖簾分けの門下生の店も50店舗におよぶ。コプチャン（小腸）だけではなくヤン（ミノ）やテッチャン（大腸）などがあり、レバーとセンマイ刺しはサービス。

소곱창　₩2万3000
牛モツ焼き

모듬곱창　₩2万3000
牛モツ焼き盛り合わせ

양구이　₩2万3000
牛ミノ焼き

양대창　₩1万9000
大腸炒め

소대창　₩1万9000
牛の大腸

소간&천엽　₩1万
生レバーと牛センマイ

볶음밥　₩2000
チャーハン

소주/맥주/막걸리　各₩4000
焼酎／ビール／マッコリ

ファンジャンシジャン
広蔵市場
江北・Nソウルタワー東
ユッケ　レバー刺し　老舗　9席

ミシュランにも載った店

店は小さいが回転はいい

肉の下にある梨とのバランスが絶妙

9 プチョンユッケ本店 부촌육회본점

●プチョンユッケ・ポンジョム

MAP P.216上　地下鉄 129 **鍾路5街駅**10番出口徒歩2分
地下鉄 204 535 **乙支路4街駅**4番出口徒歩6分

住 200-12, Jong-ro, Jongno-gu
住 종로구 종로 200-12　旧 종로구 종로4가 165-11
TEL (02)2267-1831　開 17:00～21:50(L.O.20:50)
休 無休　日 不可　日X あり　CC ADJMV

海苔に巻いてもおいしい

1956年創業の老舗。味はもちろん信頼をもとに1日300人以上が訪れる広蔵市場ユッケ通りの名店。肉にはもちろん臭みはなく、歯応えも抜群。ユッケとタコを和えたタンタンイも名物。

육회　₩1万7000
ユッケ

육회낙지탕탕이　₩3万2000
ユッケとタコのタンタンイ

산낙지탕탕이　₩1万5000
生タコのタンタンイ

육사시미　₩2万8000
牛肉刺し身

육회물회　₩2万
冷製ユッケスープ

간천엽　₩1万5000
レバー＆センマイ盛り合わせ

육회비빔밥　₩7000
ユッケビビンパプ（混ぜご飯）

육회비빔밥(특)　₩1万1000
ユッケビビンパプ（特）

↘ことになります。ほんの少しお皿の食べ物を残すとよいです。
（岐阜県　よみ人知らず　'20春）

豚 テジ 돼지

うまい肉を食べる!

牛よりも身近、ソウルっ子が大好きなのが豚肉だ。せっかくの旅、絶大なるバラ肉愛に溺れよう。

韓国の銘柄豚

済州黒豚
済州島名産の黒豚。脂が甘く肉の歯応えもほどよくある。

紅参ポーク
忠清北道の曽坪（チュンピョン）郡の特産、高麗人参を食べさせて育てた豚。香りが高いと評判。

Point

- 豚肉の旨さは「バラ肉」にあり！
- サムギョプサル（三枚肉）が定番
  皮付きのオギョプサル（五枚肉）も試して
- 飛び散る脂が気になるなら、エプロンを借りよう
- パンチャン（副菜）で野菜もたくさん食べられる

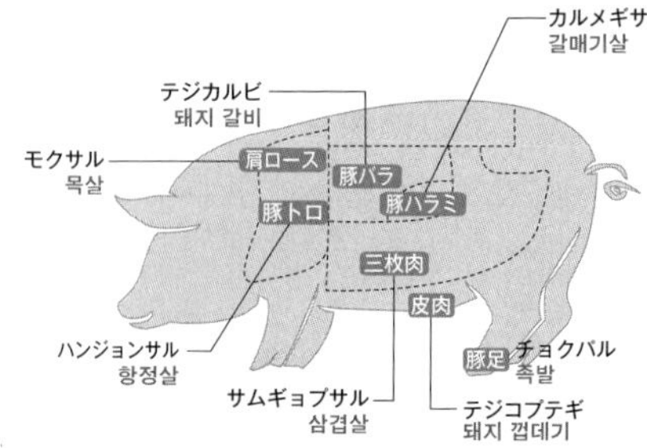

トンタン（舌）	돈설	トンソル
ミミガー（耳）	돼지 귀	テジクィ
シロ（腸）	곱창	コプチャン
ハツ（心臓）	염통	ヨムトン
テッポウ（直腸）	막창	マクチャン
レバー（肝臓）	간	カン
ガツ（胃）	오소리감투	オソリガムトゥ

仁寺洞（インサドン）
江北・中心部
ゆで豚　牡蠣　80席

10 チャングン クルポッサム 장군굴보쌈
●将軍牡蠣ポッサム

MAP P.20-A3 地下鉄 130 329 534 鍾路3街駅15番出口徒歩2分
住 22, Supyo-ro 20-gil, Jongno-gu
住 종로구 수표로20길 22　旧 종로구 관수동 40
TEL (02) 2274-9548　開 11:00～22:30(L.O.21:30)
休 旧正月、チュソク　日 不可　日メ あり　英メ なし　CC ADJMV

この看板を目印に

ピマッコルと呼ばれる細い路地にある店。クルポッサムとはゆで豚を牡蠣といっしょに野菜で挟んで食べる料理。ピマッコルにはその専門店が並ぶが、なかでも人気なのがここ。クルポッサムは₩2万9000～。2人前で4人分はありそうなボリュームが自慢。韓方を惜しまず使ったポッサムの肉は軟らかく、ほんのりと韓方の香りが漂う。一緒に出される牡蠣は慶尚南道の産地、統営（トンヨン）から毎朝直送される。

茹で豚と茶色い豚足の半々セット

パンチャン（副菜）の鍋

奥の座敷でゆっくり食べよう

굴보쌈 ₩2万9000～
牡蠣ポッサム（Sサイズ）
굴족발 ₩3万8000～
牡蠣&豚足（Mサイズ）
낙지볶음 ₩4万
ナクチポックム
스페셜 모듬 ₩5万5000～
スペシャル盛り合わせ

info チャングン クルポッサムの看板メニューの牡蠣ポッサムは大きさによって値段が異なり、Sサイズ₩2万9000、Mサイズ₩3万8000、Lサイズ₩4万5000。

ソウルスプ
ソウルの森
江北・Nソウルタワー東
炭火網焼き 行列必至 ボリューム
130席

ランチも夜も行列店

豚カルビを炭火で網焼きに

パンチャンも充実、なんとカニも!

11 テソンカルビ 대성갈비

MAP P.220-A2 地下鉄 210 **トゥクソム駅**8番出口徒歩5分

住 27, Seoulsup 4-gil, Seongdong-gu
住 성동구 서울숲4길 27 旧 성동구 성수동1가 668-21
TEL (02) 464-3012 開 12:00～14:30、16:30～21:00 休 日、1/1、旧正月とチュソク連休 日 不可 日メ なし CC ADJMV

おしゃれな店が増える聖水洞（ソンスドン）～ソウルの森エリアにあって根強い人気を誇る老舗。真夏や真冬以外は行列ができていることがほとんど。ボリュームたっぷりの新鮮な野菜が付き、肉も自慢。ペクパン（定食）₩7000はランチタイムの12:00～13:00にオーダー可、13:00～14:30は焼肉のみ。

소갈비 ₩3万5000 牛カルビ約300g	**돼지갈비** ₩1万5000 豚カルビ200g
등심 ₩2万 トゥンシム（肩ロース）150g	**삼겹살** ₩1万7000 サムギョプサル200g
차돌박이 ₩2万 チャドルバギ150g	**목살** ₩1万3000 モクサル200g
갈비살 ₩2万 カルビサル150g	**냉면** ₩5000 冷麺

ファンハクドン
黄鶴洞
江北・Nソウルタワー東
ホルモン 鉄板焼 老舗
約30席

移転したばかりの新しい店構え

夜は常連でにぎやかになる

2代目のオーナー

12 モンナニ コプチャン 못난이곱창

22時以降オーダーOK

MAP P.38-A3 地下鉄 206 635 **新堂駅**2番出口徒歩8分

住 187, Nangye-ro, Jung-gu
住 중구 난계로 187 旧 중구 황학동 1101
TEL (02) 2238-9967 開 11:00～翌4:00（L.O.3:00） 休 無休
日 不可 日メ あり 英メ なし CC ADJMV

店頭で焼くが、冷めないようにテーブルのカセットコンロで温めながら食べる

1975年創業で、今は2代目の娘さんが切り盛りする。小腸を野菜とともに甘辛く炒めたヤチェコプチャンのほか甘辛豚の小腸と腸詰めを合わせたスンデコプチャンやマクチャングイ（直腸の焼きもの）などが人気。特製のヤンニョムジャンもお酒が進む味付け。

야채곱창 ₩1万2000 ヤチェ（野菜）コプチャン	**소곱창** ₩3万3000 牛コプチャン
막창구이 ₩1万3000 マクチャングイ	**뼈없는 닭발** ₩1万2000 鶏足の炒め
순대곱창 ₩1万2000 スンデ（腸詰め）コプチャン	**오돌뼈** ₩1万2000 豚の軟骨炒め

info 中央市場近くには豚ホルモン炒め「○○コプチャン」という店名の小さい店が集まるエリアがいくつかある。▶P.144

ミョンドン
明洞
江北・中心部

豚肉 鉄板 豆腐
80席

13 オウガ 오우가 ●五友家

MAP P.213-D2 地下鉄 424 明洞駅10番出口徒歩4分

住 42, Myeongdong 8ga-gil, Jung-gu
住 중구 명동8가길 42 旧 중구 충무로2가 62-5
TEL (02) 753-7533 開 11:00~22:00
休 旧正月とチュソク連休 日 通じない 日メ あり CC ADJMV

明洞できちんとしたランチが食べられる貴重な店。野菜たっぷりのサムパプ、夜にはサムギョプサルと、地元のビジネスマンや商店スタッフで常に満席の人気店。新鮮な野菜と醤油やコチュジャンなどの自家製調味料が味の秘訣とか。

쌈정식 ₩1万
サムパプ定食

삼겹살정식 ₩1万5000
サムギョプサル定食

한우 떡갈비정식 ₩1万6000
ハヌトッカルビ定食

ソウルスプ
ソウルの森
江北・Nソウルタワー東

サムギョプサル 鉄板
約60席

14 ヘンボクハン食堂 행복한식당 ●ヘンボクハンシクタン

MAP P.41-C1 地下鉄 211 聖水駅2番出口徒歩5分

住 30, Achasan-ro 9-gil, Seongdong-gu
住 성동구 아차산로9길 30 旧 성동구 성수동2가 278-5
TEL (02) 467-9277 開 11:00~15:00、17:00~21:00
休 日曜、旧正月とチュソク連休 日 不可 日メ なし CC ADJMV

聖水にあるサムギョプサルの専門店。ランチはペクパン（定食）もあるが、夜のメニューはサムギョプサルのみで、お店の肉の質と味に対する自信が伝わってくる。締めのキムチチャーハンも、サムギョプサルの脂が効いており絶品。

생삼겹살 ₩3万5000
サムギョプサル 600g

라면 ₩3000
ラーメン

공기밥 ₩1000
ご飯

イクソンドン
益善洞
江北・中心部

15 味カルメギサル専門 미갈매기살전문 ●ミ カルメギサル ジョンムン

豚肉 グリル
ホルモン

MAP P.208-B3 地下鉄 130 329 534 鍾路3街駅6番出口徒歩1分

住 7, Donhwamun-ro 11ga-gil, Jongno-gu
住 종로구 돈화문로11가길 7 旧 종로구 돈의동 7
TEL (02) 3672-0081 開 15:00~22:30 休 第1、3日曜
日 不可 日メ なし CC ADJMV

店名にもなっているカルメギサルとは、豚ハラミのこと。そのほか、カルビや豚背肉のカブリサル、豚直腸肉のマクチャングイが注文できる。メニューは韓国語だけだが、外国人客も多いことから、外国人の接客には慣れている。

갈매기살 ₩1万7000
豚ハラミ（国内産）

가브리살 ₩1万8000
豚背肉（国内産）

막창구이 ₩1万7000
豚直腸肉（米国産）

info ペクパンとは直訳すると白いご飯だが、韓国の食堂ではご飯だけでなく、おかずやスープも付いた定食のこと。食堂で器に入ったご飯を頼むときは、コンギパプ（空気飯）という。

うまい肉を食べる！ 鶏 タク 닭

安くてボリューム満点、庶民の味方の鶏肉。チメク＝チキン＆ビール（メクチュ）はグループ飲みに欠かせない！

Point

- フライドチキン（FC）のチェーン店は数知れず
- チメク店はテイクアウトや持ち帰りOK
- フライドチキンは屋台でも定番
- 甘辛味からチーズフレーバーまで多彩

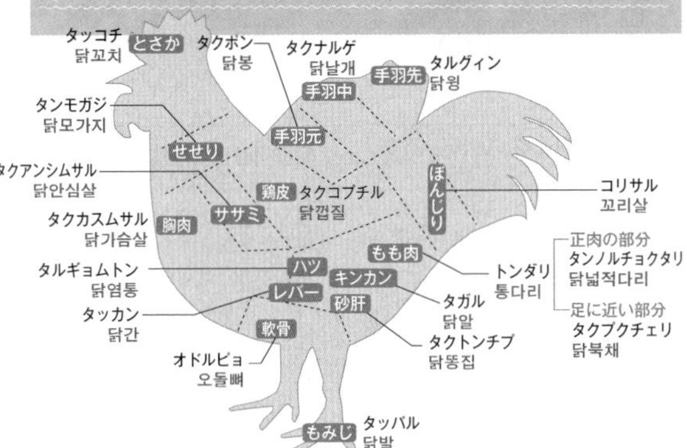

韓国のチキンチェーン店

BBQ치킨 ビビキュチキン
衣多めのサックリしたところにヤンニョムがガツン。

BHC치킨 ビエイチシーチキン
チーズシーズニングがドバッとかかった濃い味が人気。

네네치킨 ネネチキン
フレーバーの多彩さが話題に。激辛にチャレンジ！

굽네치킨 グッネチキン
揚げずにオーブンで焼いたヘルシーさでうけた店。

페리카나치킨 ペリカーナチキン
老舗のチキンチェーン。スナック菓子のチートス味（ロッテとのコラボ）のチキンが有名。

ソウルの森（ソウルスプ）
江北・Nソウルタワー東
鶏丸焼き　おこげ
130席

16 ソウルスプ ヌルンジ トンダク クイ

서울숲 누룽지통닭구이 ●ソウルの森おこげ鶏の丸焼き

MAP P.220-B2 地下鉄 210 トゥクソム駅8番出口徒歩5分

住 10, Wangsimni-ro 5-gil, Seongdong-gu
住 성동구 왕십리로5길 10　旧 성동구 성수동1가 656-940
TEL (02) 462-9920　開 16:00～23:00、土・日15:00～23:00（L.O.21:30）
休 1/1、旧正月とチュソク当日　日 不可　日メ なし　CC ADJMV

店頭にテーブルを並べる

韓国産鶏肉にこだわり、丸鶏の中には高麗人参や黒豆、もち米がたっぷり入る。その日に仕込んだ分だけを販売するので、売り切れで早閉まいすることもしばしば。似た名前の店が多いが支店はない。

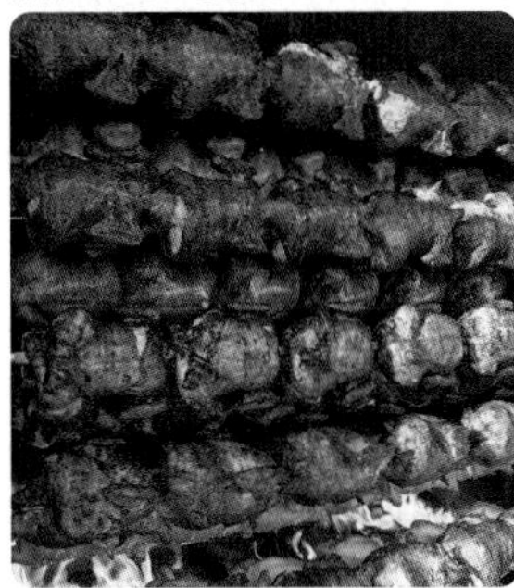
昼過ぎから4時間かけて薪でていねいに焼かれた丸鶏

焼けたら丸鶏を開き、鉄板で餅米を香ばしく焦がす。店名の由来の手法

コーンチーズのせ

누룽지통닭 ₩2万1000
ヌルンジトンダク（プレーン）

누룽지콘치즈 ₩2万5000
コーンチーズのせ

누룽지파닭 ₩2万3000
ネギのせ

누룽지양파 ₩2万3000
タマネギのせ

누룽지불치즈 ₩2万7000
チーズのせ（辛味）

누룽지파콘치즈 ₩2万7000
ネギ＋コーン＋チーズのせ

info タッパルは、ぶつ切りにした鶏の足を甘辛いソースで炒め煮にした料理で居酒屋のつまみの定番。コラーゲンたっぷりで女性にも人気。骨なしで食べやすいピョオンヌンタッパルもある。

明洞（ミョンドン）
江北・中心部
タッカルビ　チーズ　鉄板
支店あり　約80席

全国展開のチェーン店

まわりに流したチーズをつける

17 ユガネタッカルビ 明洞2号店
유가네닭갈비 명동2호점 ●ユガネタッカルビ ミョンドンイホジョム

22時以降オーダーOK

MAP P.211-A2　地下鉄 424 明洞駅6番出口徒歩5分
住 8, Myeongdong 4-gil, Jung-gu
住 중구 명동4길 8　旧 중구 명동2가 55-8
TEL (02) 3789-2492　yooganedakgalbi
開 10:00～翌1:00（L.O.24:00）
休 無休　日 可　日メ あり　CC ADJMV

野菜もたっぷり

野菜と鶏を甘辛く炒めたタッカルビは江原道（カンウォンド）の春川（チュンチョン）名物だが、今や全国区の人気。ここはチーズフォンデュのように食べるスタイルで人気の店。ピリ辛のチキンがチーズでマイルドに食べられる。締めのポックンパプ（チャーハン）もぜひ。

유가네 닭갈비 ₩1万5000
ユガネタッカルビ1人前

콘치즈 닭갈비 ₩1万2000
コーンチーズタッカルビ1人前

반반닭갈비 ₩2万5000
半半タッカルビ（ユガネタッカルビ&ハニーミソタッカルビ&チーズ）2人前

낙지닭갈비 ₩1万1000
テナガダコ入りタッカルビ1人前（2人前より）

닭갈비철판볶음밥 ₩6500
タッカルビ鉄板焼きチャーハン

철판닭불고기볶음밥 ₩6500
鶏の鉄板焼きチャーハン

물막국수 ₩6000
水マッククス

공기밥 ₩1500
ライス（タッカルビを食べた後にチャーハンを作ってくれる）

明洞（ミョンドン）
江北・中心部
鍋　タッカンマリ
チヂミ　麺　85席

路地裏にたたずむ名店

ランチには麺類もおすすめ

薄味なのでたれのおいしさも重要

18 ミョンドンタッカンマリ
명동닭한마리 ●明洞タッカンマリ

22時以降オーダーOK

MAP P.211-B2　地下鉄 424 明洞駅8番出口徒歩4分
住 19-13, Myeongdong 10-gil, Jung-gu
住 중구 명동10길 19-13　旧 중구 명동2가 3-5
TEL (02) 735-4316　URL chickenhmr4.dgweb.kr
開 9:00～24:00（L.O.23:00）　休 無休
日 可　日メ あり　CC ADJMV

骨付き肉の旨味たっぷり

タッカンマリの直訳は「鶏1羽」。転じてぶつ切りにした鶏をネギや薬味といっしょに炊き込んだ鍋を指す。この店のタッカンマリはオムナムという韓方にも使われる生薬を使用している。締めは麺類で。

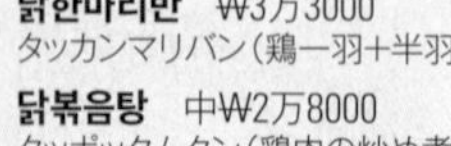

닭한마리 ₩2万4000
タッカンマリ（鶏一羽）

닭한마리반 ₩3万3000
タッカンマリバン（鶏一羽＋半羽）

닭볶음탕 中₩2万8000
タッポックムタン（鶏肉の炒め煮）

찜닭 中₩2万8000
チムダク

무뼈닭발 ₩1万5000
骨なしタッパル（鶏の足）

빈대떡 ₩1万
ピンデトック（緑豆チヂミ）

タッカンマリ追加メニュー
인삼,대추 사리 ₩4000
高麗人参となつめの追加

떡사리 ₩2000
餅追加

info タッカルビは網焼きと鉄板焼き、石焼きなど店によりさまざま。近年人気のチーズタッカルビは鉄板以外の場合、チーズが入ったアルミのコップを置いてチーズを溶かすことが多い。

大学路（テハンノ）
江北・中心部
チムダク専門
支店あり（日本にも） 30席

ガラス張りの明るい店内

大ぶりの野菜も食べ応えあり

女子学生のグループも訪れる

19 鳳雛チムダク 봉추 찜닭 ●ポンチュチムダク

MAP P.217-A2 地下鉄 420 恵化駅3番出口徒歩5分

住 27, Daehak-ro 11-gil, Jongno-gu
住 종로구 대학로11길 27 旧 종로구 명륜4가 80-1
TEL (02) 02-745-6981 bongchu_official
開 11:00～21:00 (L.O.20:30) 休 旧正月とチュソクに不定休
日 不可 英メ あり CC ADJMV

チムダクは激辛のチョンヤンコチュ（青唐辛子）で鶏と野菜を煮込んだ安東（アンドン）の郷土料理。流行時にはたくさんの専門店が林立していたが、今でも根強い人気で生き残っているのがここ。大学路（テハンノ）の本店は開業当時から変わらない味で学生の胃袋を満たしている。辛い煮汁を吸った春雨が絶品。

찜닭 チムダク
大（1羽半） ₩4万
中（1羽） ₩3万4000
小（半羽） ₩2万4000
공기밥 ご飯 ₩1000
음료수(콜라, 사이다) 各₩1000
飲み物（コーラ、サイダー）
소주 ₩4000
焼酎

薄くて冷たいスープが辛い鍋に合う

文来（ムルレ）
江南・西部
チキン オデン
生ビール

1970年創業の老舗

アメリカンダイナー風の店内

20 元祖マヌルトンダク 文来本店
원조마늘통닭 문래본점 ●ウォンジョ マヌルトンダク ムルレブボンジョム

MAP 折込表-A2 地下鉄 235 文来駅1番出口徒歩6分

22時以降オーダーOK

住 469-1, Dorim-ro, Yeongdeungpo-gu
住 영등포구 도림로 469-1 旧 영등포구 문래동4가 7-5
TEL (02) 2637-3480 開 16:00～翌2:00 休 日曜、旧正月とチュソク連休 日 不可 日メ 古いのがあり CC ADJMV

マヌルはニンニク、トンダクとは鶏の丸焼き、つまりガーリックチキンのこと。看板メニューの元祖ガーリックチキンは不動の1番人気。次いで砂肝の唐揚げも人気が高く、両方のハーフ&ハーフもある。日本語メニューは、料金はすでに古くなっているが、料理の説明は役に立つ。

ニンニクたっぷりの元祖マヌルトンダク

원조마늘통닭 ₩2万2000
元祖ガーリックチキン
후라이드치킨 ₩2万
フライドチキン
모래집튀김(大) ₩1万8000
砂肝の唐揚げ（大）
오뎅탕 ₩1万6000
オデン鍋
마늘반모래집반 ₩2万1000
元祖ガーリックチキンと砂肝のハーフ&ハーフ

韓国オデンも注文できる

info タッカンマリは鶏一羽を野菜などと一緒に煮込んだみんなで食べる鍋料理。参鶏湯は鶏の中に韓方やもち米を入れ、高麗人参と一緒に煮込んだ、ひとりで食べる料理。

うまい肉を食べる！

羊肉 ヤンコギ 양고기

ソウルにもすっかり定着した羊肉。特に串焼きは屋台でも食べられるようになった人気の味。

建大・聖水（コンデ・ソンス）

江北・Nソウルタワー東

羊串焼き 中国東北料理 別館あり 支店あり 100席以上

向かいにも店舗がある

京城羊肉館 경성양육관 ●キョンソンヤンユッグァン

22時以降オーダーOK

MAP P.41-D2 地下鉄 212 727 建大入口駅6番出口徒歩6分

住 52, Dongil-ro 18-gil, Gwangjin-gu
住 광진구 동일로18길 52 旧 광진구 자양동 11-12
TEL (02) 467-6880 開 12:00～23:00
休 無休 日 不可 英 なし CC ADJMV

このあたりは中華街で、なかでも700mほどもある建大（コンデ）羊肉串通りは、ほとんどの店で羊肉串を扱っている。この店では通常の羊串のほか、羊カルビの串焼きも食べられる。

後からスパイスなどで味を付ける

串が自動で回転しまんべんなく焼ける

양꼬치 ₩1万5000
羊肉串10本

양갈비살꼬치 ₩2万6000
羊カルビ串10本

양목살꼬치 ₩1万9000
羊肉モクサル串6本

麻浦（マポ）

江北・Nソウルタワー西

ガス鉄板 羊肉専門 鍋 100席以上

駅から少し遠いが羊好きはぜひ

固くならないようミディアムレアで

Lamb Land 램랜드 ●レムレンドゥ

MAP P.32-B2 地下鉄 625 大興駅3番出口徒歩13分
地下鉄 528 麻浦駅1番出口徒歩17分

住 255, Tojeong-ro, Mapo-gu
住 마포구 토정로 255 旧 마포구 용강동 494-32
TEL (02) 704-0223 開 11:30～14:00、16:00～21:30 休 無休
日 不可 英 あり CC ADJMV

中国東北地方の羊肉串が流行する前から、ニュージーランド産のラムを扱っている老舗。ラムチョップの大きな塊は迫力満点。洋風のソースをつけて、トルティーヤにくるんで食べるスタイル。塩をもらってあっさり食べてもおいしい。

ラムチョップ（三角カルビ）

骨付きの肉とご飯が入った韓国式鍋も人気

삼각갈비 ₩2万8000
三角カルビ（ラムチョップ）200g

수육 ₩2万8000
スユク（茹で骨付き肉）200g

전골 ₩1万5000
ラム鍋

용봉탕 ₩19万5000
鶏とすっぽんのスープ

info 建大の羊肉串通りはかつて聖水洞の工場で働く中国人労働者が多く暮らすエリアだった。そのため中国東北地方の名物料理の羊肉串の店が多くなった。

ひとりご飯 ホンパプ 혼밥

焼肉や鍋など大勢で食べることの多い韓国料理。ひとりご飯（ホンパプ）できる店を知っておこう。

ホンパプのコツ

- 王道は粉食店 ➡P.162
- 定食形式の店も1人前の注文でOK
- カフェランチも狙い目
- ガッツリいくならタクシー運転手利用店 ➡P.174
- 商業ビルのフードコートはホンパプ天国
- 鍾路や麻浦のビジネスエリアはランチの1人前OK
- 焼肉店のランチタイムは麺やプルゴギが1人前からあることが多い

フードコートが充実の商業ビル

COEX MAP P.45-D3
フードコートのCJ FOOD WORLDは各国料理が楽しめる。

DOOTA MALL MAP P.214-A2
早朝までやっていて便利。

ソウル駅 MAP P.22-B2
3階のほか駅直結ロッテマートの2階にもフードコートがある。

ロッテワールドモール
MAP P.50-A2～B2
ファミリー向けの店が多い。

デパ地下ご飯

ファッションビルやデパートのフードコートは、ひとりで食べるのにもってこいの場所。簡単に食べられる麺や丼もののほか、カウンターに並ぶIH調理器でひとり鍋が楽しめることも多い。フードコート以外にも各国料理のテナントで、ホンパプ（ひとりご飯）を楽しむことができる。

デパ地下ではひとり鍋ができる

東大門（トンデムン）
江北・Nソウルタワー東

洋食 ハンバーグ 日本風カレー味あり 支店あり 80席

一番人気のデミソース

カレーも日本風でおいしい

デパ地下でも落ち着く店内

23 キョンソンハンバグ 現代シティアウトレット東大門店
경성함바그 현대시티아울렛 동대문점 ●京城ハンバーグ

MAP P.214-A2 地下鉄 205 422 536 東大門歴史文化公園駅14番出口徒歩5分
住 B2F, 20, Jangchungdan-ro 13-gil, Jung-gu
住 중구 장충단로13길 20 현대시티아울렛 지하2층 旧 을지로6가 17-2
TEL (02) 2283-2243 kyeongseong_hamburg
開 10:30～15:00、16:30～21:00、金～日10:30～15:00、16:30～21:30（L.O.1時間前） 休 旧正月とチュソク当日、現代シティアウトレット休館日 日 不可 日メ あり CC ADJMV

全国に20店舗を広げる韓国No.1ハンバーグチェーン。客層も幅広く、社長自ら毎年日本に足を運び北海道から九州までハンバーグを食べ歩く研究熱心さ。定番メニューはしっかりした味のデミグラスソースのキョンソンハンバーグ。クラシックハンバーグはクリームソースにパイナップルと目玉焼きがのる。

클래식함바그 ₩1万3900
クラシックハンバーグ

토마토떡볶이함바 ₩1万4900
トマトトッポッキハンバーグ

경성함바그 ₩1万2900
京城ハンバーグ

후레쉬에이드 ₩3900
フレッシュエイド（ブドウ、りんご）

買い物の途中に入りやすい

info キョンソンハンバグの土鍋は韓国で一般的な黒い土鍋ではなく、自社製のオリジナル。パティの肉汁の味を守り、食事が終わるまでおいしさをキープできるように作られている。

ホンパプ（ひとりご飯）
粉食 プンシク 분식

海苔巻き、しっかり量のある麺類、そしてソウルならではのトッポッキなど種類豊富なのがうれしい。

おもな粉食の種類 ▶P.86

김밥 キンパプ
ごま油で味付けした海苔巻き

떡볶이 トッポッキ
餅の甘辛炒め煮

전 ジョン
野菜などを衣を付けて焼く

빈대떡 ピンデトック
緑豆のチヂミ

만두 マンドゥ
餃子

튀김 ティギム
天ぷら

오뎅 オデン
おでんの練り物串

とりあえず小腹を満たしたいときは、粉食(プンシク)を目指そう。海苔巻き（キンパプ）が店頭に並んでいたり、トッポッキがぐつぐつ煮えていたら、そこが粉食屋さん。よく通る駅の近くにおいしい粉食屋を見つけたら、ソウルの町歩きがもっと楽しくなるかも。

Point

- 粉食とは「粉モン」のこと
- 駅の構内や路上で出店があることも多い
- 麺料理は太さもスープもさまざま
- オデン（練り物のみ）の汁を飲みつつ、キンパプ
- トッポッキに天ぷら投入もOK
- 蒸し、焼き、揚げ……餃子も大定番！

益善洞(イクソンドン)
江北・中心部
トッポッキ　マンドゥ
麺　22席　支店あり

24 チャンファダン 益善洞店 창화당 ●昌華堂

MAP P.208-A3　地下鉄 130 329 534 鍾路3街駅4番出口徒歩3分

住 23, Supyo-ro 28-gil, Jongno-gu
住 종로구 수표로28길 23　旧 종로구 익선동 174
TEL 070-8888-0908　changhwa_official
開 11:30～21:30　休 無休（旧正月とチュソクに休む場合あり）
日 不可　EX あり　CC AMV

ソウル市内に数店舗展開するマンドゥ（餃子）専門店。益善洞(イクソンドン)店はレトロな町並みに似合うたたずまいで人気の店舗。店先で焼いたり蒸したりする様子も食欲をそそる。ジューシーな肉、プリプリのエビ、キムチ入りなど盛り合わせがおすすめ。

休日はもちろん平日も行列ができるので、開店直後が狙い目

ピリ辛のトッポッキ

マンドゥ盛り合わせ

モダンな韓屋のたたずまい

고기 지짐 만두 ₩6500
肉餃子

새우 지짐 만두 ₩8000
エビ餃子

모듬 만두 ₩1万
餃子盛り合わせ
（肉2、キムチ2、炭火2、エビ1、唐辛子1）

※休日の餃子は盛り合わせのみ

숯불 지짐 만두 ₩7500
炭火焼肉餃子

쫄면 ₩7500
チョルミョン（小麦粉で作られた歯応えのあるあえ麺）

새우 완탕면 ₩1万
エビワンタン麺

떡볶이 ₩7000
トッポッキ

info オデンの中に入っている大根は、昆布や干しエビ、干鱈、ネギなどといっしょにだしを取るためのもの。普通は食べない。

ヨンサン
龍山
江北・中心部
トッポッキ ティギム
支店あり 生ビール

25 ヒョンソニネ 현선이네

22時以降オーダーOK

MAP P.26-B3 地下鉄429新龍山駅6番出口徒歩2分

住 2-13, Hangang-daero 39-gil, Yongsan-gu
住 용산구 한강대로39길 2-13 旧 용산구 한강로2가 305-1
TEL 070-8864-8889 開 11:00〜23:00（L.O.22:50）
休 無休 日 不可
日メ なし CC ADJMV

高い煙突が目印

ティギム盛り合わせ

粉食の定番がひととおり揃う人気店。注文はタッチパネル端末で行うシステムで、注文時の番号が店内の画面に表示されたら料理を取りに行くセルフ方式。単品以外に、セットメニューが充実しており、一度に色々試すことができる。人気の即席トッポッキは追加の具材も注文できる。

即席トッポッキ

즉석떡볶이 1인분 ₩9000
即席トッポッキひとり分（注文はふたり分〜）

꼬마김밥 ₩5000
ミニキンパプ

수제순대 ₩5500
手作りスンデ

모듬튀김 ₩6000
ティギム盛り合わせ

현선이비어세트 ₩2万8000
ヒョンソニ ビールセット
（トッポッキ、ティギム、スンデ、キンパプ、生ビール2杯）

현선이콤보세트 ₩2万3000
ヒョンソニ コンボセット
（トッポッキ、ティギム、スンデ、キンパプ、オデン）

ブクチョン
北村
江北・中心部
カウンターあり おにぎり
惣菜販売 8席

26 利バプ 이밥 ●イバプ

MAP P.19-D2 地下鉄328安国駅3番出口徒歩5分

住 29, Changdeokgung 1-gil, Jongno-gu
住 종로구 창덕궁1길 29 旧 종로구 계동 140-49
TEL (02) 744-2325 yibap_mawoman
開 11:00〜21:00（L.O.20:40）、水・土は食材終了時 休 日、旧正月とチュソク当日ほか不定休 日 不可 英メ あり CC ADJMV

蓮の葉のおにぎりセット

店名は体によい（＝利）ご飯（＝パプ）という意味。前店主は京都に住んでいたことがあり、韓国と日本のおいしいところをミックスさせてメニューを作り、現店主がそれを引き継いだ。料理に化学調味料は使わず、塩は韓国産の竹塩。しいたけとひじきのおにぎりは、しいたけと昆布のだし汁で炊いたご飯を使っている。オーディ（桑の実）で作った手作りヨーグルトもおすすめ。どれもヘルシーで店主の心が込められている。

しいたけとひじきのおにぎり

家庭的な味を手作りで

연잎주먹밥 세트 ₩1万1000
蓮の葉おにぎりセット

버섯톳 주먹밥 ₩4000
しいたけとひじきのおにぎり単品

닭가슴살조림주먹밥 ₩4500
鶏むね肉の煮物入りおにぎり単品

수프(고구마,토마토,옥수수) 各₩5000
スープ（芋、トマト、コーン各種）

해시덮밥 ₩8500
ハヤシライス

캐슈넛파인애플덮밥 ₩9000
カシューナッツとパイナップル丼

수제 오디요거트 ₩5000
自家製桑の実ヨーグルト

레몬오미자 ₩5000
レモン五味子

info 利バプの現店長は先代がやっていたときに何度も食べに来ていた常連だったとか。ちなみに店で使っている箸カバーは手先の器用な店長の手作り。

ホンパプ（ひとりご飯）麺スープ ミョンタン 면탕

麺やスープは、ひとりご飯の定番。スンドゥブチゲ（豆腐鍋）などもひとり用がある。

仁寺洞（インサドン）
江北・中心部
ソルロンタン専門
老舗 150席

27 里門ソルロンタン 이문설렁탕 ●イムンソルロンタン

MAP P.206-A2 地下鉄 131 鐘閣駅3-1番出口徒歩4分

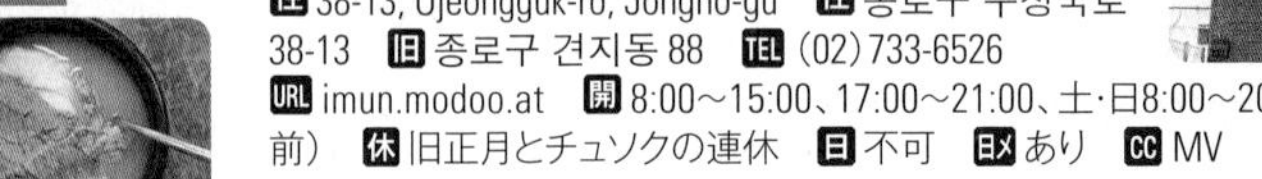

住 38-13, Ujeongguk-ro, Jongno-gu 住 종로구 우정국로 38-13 旧 종로구 견지동 88 TEL (02) 733-6526
URL imun.modoo.at 開 8:00～15:00、17:00～21:00、土・日8:00～20:00（L.O.30分前） 休 旧正月とチュソクの連休 日 不可 日メ あり CC MV

大韓帝国時代に創業、110年を超える歴史をもつ韓国最古の食堂。ソルロンタンとは牛骨をひたすら煮出して、味付けをせずに麺を入れた料理。塩、こしょうのほか、白菜キムチ、大根キムチなどテーブルの上の材料を投入し、自分好みに味付けをする。

설농탕 ₩1万2000
ソルロンタン
도가니탕 ₩1万5000
トガニタン（牛膝軟骨）

光化門（クァンファムン）
江北・中心部
ヘジャンクク専門
老舗 100席以上

28 清進屋 청진옥 ●チョンジノク

MAP P.19-C3 地下鉄 533 光化門駅2番出口徒歩4分

住 32, Jong-ro 3-gil, Jongno-gu
住 종로구 종로 3길 32 旧 종로구 청진동 183-1번지
TEL (02) 735-1690 URL www.cheongjinok.com 開 6:00～22:00 休 無休
日 少し 日メ あり CC ADJMV

1937年創業の老舗ヘジャンクク（酔い覚ましスープ）の専門店。ピマッコルと呼ばれる細い路地にあったが再開発で移転を繰り返し、現在の店は3代目。たっぷりのモツと血（ソンジ）にネギをどっさりかけて食べる。

양,선지 해장국 ₩1万1000
ヤン、ソンジヘジャンクク
모듬 수육 ₩3万5000
スユク盛り合わせ
모듬 전 ₩2万
ジョンの盛り合わせ

東大門（トンデムン）
江北・Nソウルタワー東
冷麺 老舗
餃子 220席以上

29 平壌麺屋 평양면옥 ●ピョンヤンミョノク

MAP P.25-C1 地下鉄 205 422 536 東大門歴史文化公園駅4番出口徒歩3分

住 207, Jangchungdan-ro, Jung-gu
住 중구 장충단로 207 旧 중구 장충동1가 26-14
TEL (02) 2267-7784 URL pyungyangmyunok.modoo.at 開 11:00～21:30（L.O.21:00） 休 無休 日 不可 日メ あり CC ADJMV

3代続く名店でソウル3大平壌冷麺のひとつ。店先では大量の白菜が置かれ、漬物を仕込む姿が見られる。冷麺のスープはあっさりながらきちんとだしのうまみが感じられる。北朝鮮の名物鍋料理、オボクチェンバンも人気。

냉면 冷麺 ₩1万4000
비빔냉면 ₩1万4000
ピビン冷麺
어복쟁반 小₩6万5000
オボクチェンバン
（下記info参照）

info 平壌麺屋の名物鍋料理、オボクチェンバンとはチェンバンと呼ばれる平たい鍋でオボク（牛ハラミ）を煮込んだ料理。寄せ鍋のように数人で鍋を囲んで食べる。

明洞（ミョンドン）
江北・中心部
粉食 アレンジキンパプ
約40席

30 ミョンファダン 明洞1号店 명화당 명동1호점 ●明花堂

MAP P.211-A2 地下鉄 424 明洞駅6番出口徒歩5分

住 2F, 30, Myeongdong 4-gil, Jung-gu
住 중구 명동4길 30, 2층 旧 중구 명동2가 55-3
TEL (02) 777-7317 開 9:00～22:30(L.O.22:00) 休 旧正月とチュソク当日 日 少し通じる 日X あり CC JMV

しっかり味のキンパプ

庶民的な大衆食堂

ハサミで麺を切りよく混ぜて食べる

写真入りのメニューが店先にある

韓国中華料理界の巨匠、イヨンボクシェフがすすめたことで有名になった店。ソウルでは珍しい酢が効いた味付けご飯のキンパプとピビン冷麺が日本人に人気。地元の人に人気なのはピビンチョルミョン（辛いタレの混ぜ麺）。家庭的な雰囲気のお店。

명화당김밥 ₩4000 明花堂キンパプ	**돈까스** ₩7500 トンカツ
비빔냉면 ₩5000 混ぜ冷麺	**비빔밥** ₩6500 ピビンパプ(混ぜご飯)
떡볶이 ₩4000 トッポッキ	**고기만두** ₩5000 肉餃子

新堂洞（シンダンドン）
江北・Nソウルタワー東
麺 夕方からつまみあり 24席

31 ミミグクス 미미국수 ●美味グクス

MAP P.25-D1 地下鉄 206 635 新堂駅4番出口徒歩1分

住 36, Dasan-ro 44-gil, Jung-gu
住 중구 다산로44길 36 旧 중구 신당동 131-1
TEL (02) 2332-9085 開 11:00～22:00、日11:00～18:00(材料がなくなり次第終了) 休 旧正月とチュソクの連休と日曜などに不定休 日 片言 日X なし(作成予定) CC ADJMV

狭いがひとり客の場合でも相席はナシ

看板メニューミミグクス（左）とピビグクス（右）

豚プルゴギ（左）とトッカルビ（右）

料理好きの社長は日本の漫画『中華一番』の愛読者で店名を「美味グクス」と名づけた。牛バラと煮干しなどからとっただし汁に各種野菜からじっくりとうま味を煮出しただし汁を加えてていねいにスープを作っている。生麺は注文を受けて調理に入る。麺は無理だが料理が残ったら持ち帰りも可能。

미미국수 ₩7000 ミミグクス(牛肉入りの生素麺)	**스지수육** ₩2万8000 牛筋スユク
비비국수 ₩7000 ピビグクス(牛肉入りキムチ和え麺)	**소고기국밥** ₩7000 牛肉クッパプ
떡갈비 ₩1万2000 トッカルビ(合挽き+餅ハンバーグ)	**콩국수** ₩8000 コングクス(5～9月限定豆乳麺)
돼지불고기 ₩1万1000 豚プルゴギ(醤油味、ニラ和え)	**독일식감자전** ₩8000 芋チヂミ(ジャガイモ+チーズ+ベーコン、16:00以降のつまみメニュー)

info 韓国中華料理界の有名シェフ、イ・ヨンボクさんがオーナーの店は延禧洞にある木蘭(モンナン) MAP P.30-A1 という超人気店。1ヵ月先まで予約がいっぱいということも。

ホンパプ（ひとりご飯）話題の店 ソムンナン カゲ 소문난 가게

最近は、カフェのセットメニューが充実してきた。見た目もかわいいプレートランチはいかが？

北村（プクチョン）
江北・中心部
韓屋カフェ　野菜充実
創作料理　26席

32 マウムルタマネミョン(マダムミョン)

마음을담아내면(마담면) ●心を込めたら

MAP P.210-A3　地下鉄 328 安国駅1番出口徒歩7分

住 79, Yulgok-ro 3-gil, Jongno-gu
住 종로구 율곡로3길 79　旧 종로구 소격동 148-2
TEL (02) 732-7768　開 11:30～21:00 (L.O.20:30)
休 旧正月とチュソク当日　日 不可　日メ あり　CC ADJMV

看板メニューのマダムミョン。鶏むね肉とサラダ（上）

明太子ピビンパプ（左）

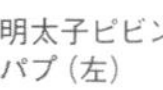

韓屋の柱と床のタイルが調和

手彫りの踏み台もかわいい

韓屋を明るく改装。韓洋折衷のインテリアは女性好み。ランチタイムは混むのでゆっくり食べたいなら15:00頃がおすすめ。家庭料理のような味付けでどのメニューも濃すぎずヘルシー。夏ならピビングクス（混ぜ麺）がよく出る。

- **척 아이롤 스테이크**　₩1万4000
  ビーフ·チャック·アイロール·キューブ·ステーキ
- **마음을 담아내면 (국수)**　₩9000
  まごころを込めた「ククス」
- **연어 덮밥**　₩1万3000
  サーモン丼
- **살치살 스테이크**　₩1万9000
  ステーキ
- **명란 아보카도 덮밥**　₩1万1000
  明太子アボカド丼
- **닭가슴살 아보카도 샐러드**　₩1万5000
  鶏むね肉アボカドサラダ
- **마담 비빔면**　₩9000
  マダム ピビン麺
- **간장새우장**　₩1万4000
  プリップリエビのしょうゆ漬け

仁寺洞（インサドン）
江北・中心部
韓屋カフェ
弁当スタイル　15席

33 NURI 누리 도시락 ●ヌリトシラク

MAP P.206-B1　地下鉄 328 安国駅6番出口徒歩5分

住 23, Insadong 14-gil, Jongno-gu
住 종로구 인사동14길 23　旧 종로구 관훈동 84-12
TEL (02) 736-7848　開 11:30～18:30、土11:30～17:00 (L.O.1時間前)　休 日
日 不可　日メ あり　CC ADJMV

手工芸品のブティックを兼ねたカフェ。弁当箱に入った韓定食を出している。食後のお茶は単品価格より₩1000引き。土曜は要予約。

- **고기 없는 계절도시락**　₩1万3000
  菜食主義者のための弁当
- **소불고기도시락**　₩1万6000
  牛プルゴギ弁当
- **황차**　₩6000
  黄茶

info ラミョンピョンウィジョン MAP P.20-A3 はラーメンコンビニの意味。さまざまなインスタントラーメンを取り揃えている24時間営業の無人店。店内で調理して食べることができる。

ソウルの森（ソウルスプ）
江北・Nソウルタワー東
伝統料理 家庭料理
山菜 32席 支店あり

34 ソニョパンアッカン 소녀방앗간 ●少女製粉所

MAP P.220-A2 水仁・盆唐線 K211 ソウルの森駅5番出口徒歩4分

住 9-16, Wangsimni-ro 5-gil, Seongdong-gu
住 성동구 왕십리로5길 9-16 旧 성동구 성수동1가 668-35
TEL (02) 6268-0778 sovangsovang
開 11:00〜15:00、17:00〜21:00
休 1/1、旧正月とチュソク連休 日 不可 英メ あり CC ADJMV

開放的な大きな窓

パンアッカンとは唐辛子を粉にしたり、穀物や豆を製粉したりする施設。創業者は大学時代に農村で食べた山菜に感銘を受け、また、山菜を収穫しても売る場所がないという現場の声を聞き、24歳の若さでローカルフードを広めるために起業した。店で出すだけでなく、干し山菜や手作りの醤（ジャン）なども販売。自然食ブームも手伝って、わずか5年でソウル市内に5店舗を構えるほどになった。日替わりメニューも各種ある。

サンナムルパプ

ジュースやお茶なども販売している

잉홀한우산나물죽 ₩9800 韓牛お粥（週末限定、平日は昼のみ）	**시골된장찌개** ₩7000 田舎みそチゲ（水のみ）
고춧가루제육볶음 ₩1万800 豚肉の唐辛子炒め（月・火のみ）	**우렁된장찌개** ₩1万800 たにし入り味噌チゲ
장아찌불고기밥 ₩8000 チャンアチ（漬物）プルゴギパプ（水のみ）	**산나물밥** ₩8800 サンナムルパプ
참명란비빔밥 ₩8000 明太子ピビンパプ（金・土・日のみ）	**손수저은메밀묵** ₩7000 手作り蕎麦粉ムク

仁寺洞（インサドン）
江北・中心部
オーガニック 創作料理 韓屋
要予約 約30席

35 コッパベ ピダ 꽃 밥에 피다 ●ご飯に花咲く

MAP P.206-A1 地下鉄 328 安国駅6番出口徒歩3分

住 3-6, Insadong 16-gil, Jongno-gu
住 종로구 인사동16길 3-6 旧 종로구 관훈동 118-27
TEL (02) 732-0276（要予約、店長は日本語OK）
URL www.goodbab.co.kr 開 11:30〜14:20（L.O.）、17:00〜20:30（L.O.）
休 旧正月とチュソク当日 日 可 日メ あり CC ADJMV

キノコがふんだんに入ったピビンパプ

クラシカルな韓屋スタイル。木のぬくもりが心地よい

野菜、肉などの主材料はもちろん、味噌やコチュジャンなども韓国各地からオーガニックのものを取り寄せている。人気は見た目もかわいいふろしきピビンパプ。薄い卵焼きの中には色とりどりの野菜がていねいに並べられている。松花キノコピビンパプも香ばしく濃すぎない味でおいしい。

右下がふろしきピビンパプ。スタッフが包みを割ってくれる

仁寺洞の路地裏の韓屋カフェ

비건코스요리 ₩4万5000 ビーガンコース	**송화비빔밥 세트** ₩2万 松花キノコピビンパプ
흑산도 우럭찜 행복한 밥상 ₩5万9000 ウロクという魚の蒸し焼きご飯	**보자기비빔밥 세트** ₩1万8000 ふろしきピビンパプ（昼のみ）
유기농 한우 떡불고기 귀한 밥상 ₩6万9000 有機韓牛のプルゴギご膳	**한우떡불고기** 昼₩2万5000（2P）／夜₩3万8000（3P） 韓牛プルゴギ焼き

info コッパベ ピダは食材を扱う会社の経営で、社員に健康によいものを食べさせたいという発想でできた店。お昼時は混むので予約がおすすめ。

イクソンドン
益善洞
江北・中心部

トッポッキ　キンパプ
オデン　生ビール

36 益善文具社 익선문구사 ●イクソンムングサ

MAP P.208-B2　地下鉄 130 329 534 鐘閣3街駅6番出口徒歩3分

住 26, Donhwamun-ro 11da-gil, Jongno-gu
住 종로구 돈화문로11다길 26　旧 종로구 익선동 164
TEL (02) 742-9002　ikseon_mungusa
開 11:00〜22:00　休 月曜
日 不可　日メ なし　英メ なし　CC ADJMV

○△のマークが目印

1980年代をイメージした内観

備え付けの消せるペンでテーブルに落書きOK

ブラウン管テレビに1980年代のミュージックビデオが流れ、1988年のソウルオリンピックのポスターが飾ってあるなど、レトロな雰囲気が人気の粉食店。メニューは韓国語のみだが、写真付きなのでわかりやすい。備え付けの注文票に記入してオーダーするシステム。

ごま油のトッポッキ

짐뚝 ₩9500
ごま油のトッポッキ

돼갈튀 ₩2万3000
豚カルビティギム

감태샐러드김밥 ₩7000
カジメサラダキンパプ

익선오뎅탕 ₩1万6000
益善オデン鍋

싸니사이드업김볶밥 ₩9500
サニーサイドアップ キムチ炒飯

생맥주 ₩5000
生ビール

ソチョン
西村
江北・中心部

ビーガン　カフェ
洋食　18席

37 ソイロウム 소이로움 ●SOIROUM

MAP P.209-A1　地下鉄 327 景福宮駅2番出口徒歩9分

住 41, Pirundae-ro, Jongno-gu
住 종로구 필운대로 41　旧 종로구 누하동 58-1
TEL (02) 586-8088　so_iroum
開 11:30〜15:00、17:00〜20:00（L.O.19:00）、日11:30〜17:00（L.O.16:00）
休 月、旧正月とチュソクの連休（変動あり）
日 可　日メ なし　英メ あり　CC ADJMV

ビーガンバーガー

週末は日本語が通じるスタッフがいることが多い

通りに面したカウンター席も気持ちがいい

ビーガン料理を普及させようと肉や乳製品を一切使わない料理を提供している。大豆から作られたパティは見た目も味もお肉と変わらないジューシーさ。チーズはココナツオイルとでんぷん。トマトソースやホワイトソースも自家製。麺類や定食もある。日替わりメニューはInstagramをチェック。

곡물패티버커 ₩1万3000
穀物パティバーガー

비건함박플레이트 ₩1万4000
ビーガンハンバーグプレート

소이로움 한상 ₩1万2000
ソイロウム定食

야채스프커리 ₩1万3000
野菜スープカレー

통밀냉국수 ₩1万
全粒粉冷やしそば

보리커피 ₩3500
麦コーヒー（ホット）

info ソイロウムの店長は韓国のビーガンフェスティバルに初回から参加し、普及に尽力している。日本のビーガン雑誌なども愛読しているそうだ。

ソウルスプ
ソウルの森
江北・Nソウルタワー東
海鮮料理 チヂミ
麺

若者に人気の高い食堂

38 ナンポ 난포

MAP P.220-A2　地下鉄 210 トゥクソム駅8番出口徒歩7分

住 18-8, Seoulsup 4-gil, Seongdong-gu,
住 성동구 서울숲4길 18-8　旧 성동구 성수동1가 668-79
TEL (02) 468-1540
開 11:00~21:30　休 無休
日 不可　日メ なし　英メ なし　CC ADJMV

海産物を使ったメニューが人気で、行列必至の大衆食堂。店内は青と白タイルを効果的に使っており明るい印象。一番人気のメニューはマダコカンジャングクス。季節の刺身と熟成キムチ巻きはインスタ映えすると人気の一品だ。上に半熟の卵とチーズがたっぷりのったエビジャガイモチヂミもぜひ試したい。

季節の刺し身と熟成キムチ巻き

マダコカンジャングクス

돌문어간장국수　₩1万3000
マダコカンジャングクス
제절회묵은지말이　₩1万1000
季節の刺身と熟成キムチ巻き
강된장쌈밥　₩1万
カンデンジャンサムパプ
새우감자전　₩1万8000
エビジャガイモチヂミ

カロスキル
江南・中心部
焼肉 ビビンパプ
54席

黒豚石焼きビビンパプ

壁一面にBTSのポスターや写真が

BTSファンならぜひ訪れたい

39 ユジョンシクタン 유정식당 ●油田食堂

MAP P.43-D2　地下鉄 731 鶴洞駅7番出口徒歩9分

住 14, Dosan-daero 28-gil, Gangnam-gu
住 강남구 도산대로28길 14　旧 강남구 논현동 8-8
TEL (02) 511-4592　開 10:00~22:00 (L.O.21:30)、土·日10:00~20:00 (L.O.19:30)　休 旧正月、チュソク連休、不定休
日 不可　日メ あり　英メ あり　CC ADJMV

BTSのメンバーが下積み時代から常連だった店で、世界中のファンが聖地として訪れる食堂。彼らがいつも食べていたのが黒豚石焼きビビンパプ。店内は直筆サイン入りのポスターをはじめ、BTSグッズであふれている。

ユジョンサムパプはコチュジャンをからめた黒豚を野菜で包む

유정쌈밥　₩1万
ユジョンサムパプ(2人前から)
흑돼지돌솥비빔밥　₩1万
黒豚石焼きビビンパプ
유정부대찌개　₩1万
ユジョンプデチゲ
흑돼지고추장오겹살　₩1万7000
黒豚コチュジャンオギョプサル(2人前から)
초당순두부　₩1万
チョダンスンドゥブ
유정청국장　₩1万
ユジョンチョングッチャン

ユジョンシクタンで食事したとき、隣がBTSファンのスペイン人たちでした。世界的人気グループだということを改めて実感しました。(千葉県　みどり　'22秋)

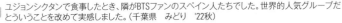

チョンダム
清潭
江南・中心部
参鶏湯 粥
約200席

清潭駅を出てすぐ

40 清潭栄養センター
청담영양센터 ●チョンダムヨンヤンセント

MAP P.45-C2 地下鉄 729 清潭駅10番出口徒歩1分

住 7, Hakdong-ro 87-gil, Gangnam-gu
住 강남구 학동로87길 7 旧 강남구 청담동 75-1 현대아파트
TEL (02) 515-9291 開 10:30～22:00 (L.O.21:30)
休 旧正月とチュソク連休 日 不可 日X なし 英X なし CC ADJMV

清潭にある参鶏湯の老舗。参鶏湯の参とは朝鮮人参のことで、朝鮮人参をはじめとする韓方の材料をふんだんに使った滋養の高いスープだ。ここで使われる朝鮮人参は4年根以上、鶏は国内産の若鶏と素材にこだわっている。参鶏湯のほか、粥の種類も豊富。店内で焼き上げる鶏の丸焼きも人気がある。

삼계탕 ₩1万9000
参鶏湯

들깨삼계탕 ₩2万1000
エゴマ参鶏湯

전복삼계탕 ₩2万9000
アワビ参鶏湯

통닭구이 ₩1万9000
鶏の丸焼き

전복죽 ₩1万8000
アワビ粥

전복죽 (특) ₩2万3000
アワビ粥(特)

해물죽 ₩1万2000
海鮮粥

삼계죽 ₩1万2000
参鶏粥

들깨닭죽 ₩1万2000
エゴマ鶏粥

야채죽 ₩1万2000
野菜粥

参鶏湯は栄養価が高く、韓国では夏バテ予防の料理としても知られている

ソチョン
西村
江北・中心部
ビーガン 精進料理
55席

41 maji 마지 ●マジ

MAP P.209-B2 地下鉄 327 景福宮駅2番出口徒歩4分

住 19, Jahamun-ro 5-gil, Jongno-gu
住 종로구 자하문로5길 19 旧 종로구 체부동 132-1
TEL (02) 536-5228 URL templefood.com
開 11:30～15:00 (L.O.14:00)、17:00～21:00 (L.O.20:00)、日12:00～16:00 (L.O.15:00) 休 火、旧正月とチュソク当日、夏休み・冬休みあり(不定期) 日 不可 英X あり CC AMV

精進料理に代表される韓国伝統の自然菜食を世界各国の人に広めようというのがコンセプト。自然の植物がもっている天然の薬効成分を失わないように調理している。ランチ&ディナーコース₩2万1000（2人前から）。ヨンバプオルリム（蓮の葉包みご飯定食）も人気がある。月曜は前日までに要予約。

休日のランチなら遅めが空いている

韓屋の1軒屋レストラン

런치 / 디너 세트 ₩2万1000
ランチ／ディナーセット

연밥올림 ₩1万7000
蓮の葉包みご飯定食

옹이커피 ₩4000
オンイコーヒー(ホット)

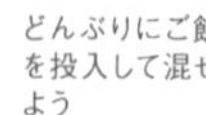
どんぶりにご飯を投入して混ぜよう

info 参鶏湯は、夏バテ防止に効果があるとされ、夏に3日ある伏日(2023年は7月21日、7月30日、8月11日)に食べる習慣がある。日本で土用の丑の日にうなぎを食べるのに似ている。

ホンパプ（ひとりご飯）定食 チョンシク 정식

ソウルっ子にとって身近な食堂にもおいしい店がたくさんある。店自慢の定食を食べよう。

南山（ナムサン）
江北・中心部
ビビンパプ専門
ミシュラン掲載 30席

明洞から坂を上って南山のふもとへ

42 モンミョクサンバン 목멱산방 ●モンミョク山房

MAP P.213-D3 地下鉄 424 明洞駅3番出口徒歩6分
住 71, Toegye-ro 20-gil, Jung-gu
住 중구 퇴계로20길 71 旧 중구 남산동2가 25-4
TEL (02) 318-4790 URL mmmroom.co.kr
開 11:00～14:45(L.O.)、16:30～20:00(L.O.)
休 旧正月、チュソク 日 可 日メ あり CC ADJMV

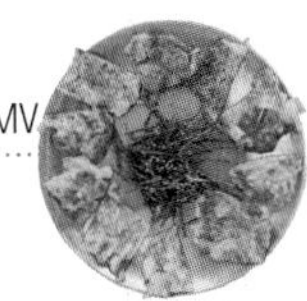

サイドメニューに薄切りのゆで肉を

野菜だけの山房（サンバン）ピビンパプもいろいろな野菜と特製味噌を混ぜて食べれば物足りなさはない。食材に対する厳しいこだわりで評判の店。

プルゴギのどんぶりに具をぜんぶ入れ、よ〜く混ぜて食べる

- **육회비빔밥** ₩1万3000 ユッケピビンパプ
- **강된장비빔밥** ₩8500 カンデンジャンピビンパプ（肉味噌の混ぜご飯）
- **산방비빔밥** ₩8000 サンバンピビンパプ
- **산방소고기국밥** ₩8500 サンバン牛肉クッパプ
- **해산물 부추전** ₩9000 海鮮入りニラチヂミ

仁寺洞（インサドン）
江北・中心部
大衆食堂 老舗 冷麺
豚料理 20席

43 ユジンシクタン 유진식당 ●ユジン食堂

MAP P.207-C3 地下鉄 130 329 534 鍾路3街駅5番出口徒歩3分
住 40, Jong-ro 17-gil, Jongno-gu
住 종로구 종로17길 40 旧 종로구 낙원동 221
TEL (02) 764-2835 開 11:00～14:30、16:00～21:00(L.O.20:00)
休 月、旧正月とチュソク連休 日 不可 日メ あり 英メ あり CC AJMV

創業60年を超える路地裏食堂。代表メニューはムル（水）冷麺や緑豆チヂミ。テジスユク（ゆで豚の薄切り）を頼むとカシラ肉の薄切りが付く。屋外席もある。

- **물냉면** ₩8000 ムル冷麺
- **비빔냉면** ₩1万 ピビン冷麺
- **녹두지짐** ₩7000 緑豆チヂミ
- **돼지머리 국밥** ₩5000 テジモリ（豚の頭）スープご飯

安くて気軽！ カメクチプ「イガネシップム 이가네식품」 MAP P.24-A1

冬の定番じゃがいものジョン

店先の菓子で飲むのもアリ

カメクチプ ▶P.68 は、ソウルにもたくさんあるが、1軒紹介しよう。やさしいおばさんが切り盛りする店は、常連さんが多いアットホームな雰囲気。真冬以外はパラソルを出して外で飲食可能。店内は1組のみ対応できる。
人気メニューはソーセージの卵焼き햄부침（ヘムプチム）、春は山菜になる季節のジョン。豆腐と自家製キムチもおいしい。地下鉄 331 423 忠武路駅7番出口より徒歩3分

info モンミョクサンバンの「モンミョク」は南山の別名。明洞駅と南山の間にはきちんと食べられる店が少ないので貴重な存在。店は立派なビルだが、料理はセルフで席まで運ぶスタイルで気軽な雰囲気。

仁寺洞（インサドン）
江北・中心部

大衆食堂 焼き魚 釜飯
44席

44 ハニルシクタン 한일식당 ●ハニル食堂

MAP P.20-A3　地下鉄 130 329 534 鍾路3街駅15番出口徒歩2分

住 16-17, Supyo-ro 20-gil, Jongno-gu
住 종로구 수표로20길 16-17　旧 종로구 관수동 43-2
TEL (02) 2279-7343　開 7:00～22:00 (L.O.21:30)　休 第2･4日曜、旧正月、チュソク（変動あり）　日 少し　EX なし　CC ADJMV

サバとイシモチ（1尾で1人前）

いつも大盛況の店内

鍾路3街駅近くの路地裏にある小さな食堂。練炭で焼く焼き魚定食の人気店。一緒に出てくるパンチャン（副菜）も一品一品がていねいな作りだ。ランチタイム以降のご飯は釜で炊いたアツアツが出てくる。

路地裏にある

店先の練炭で魚を焼く

고등어구이　₩1万
コドゥンオ（サバ）焼き

삼치구이　₩1万
サムチ（サワラ）焼き

조기구이　₩1万
チョギ（イシモチ）焼き

굴비구이　₩1万
クルビ（酢漬けして干物にしたイシモチ）焼き

おいしい 釜飯の食べ方

白いところは別の器に出す

香ばしいおこげを楽しめる

❶アツアツの釜飯が来たら、釜の底に好きな頃合いの「おこげ」ができるまで待つ。

❷いい感じになったら、ご飯の白いところを全部出す。

❸やかんの湯を入れる。

❹おこげの香りのついた汁を飲む。

仁寺洞（インサドン）
江北・中心部

市場食堂 韓国納豆汁
支店あり

45 イルミシクタン 일미식당 ●一味食堂

MAP P.207-C2　地下鉄 130 329 534 鍾路3街駅5番出口徒歩2分

住 B1F, 428, Samil-daero, Jongno-gu
住 종로구 삼일대로 428, 낙원상가 B1 148호　旧 종로구 낙원동 288
TEL (02) 766-6588　開 11:30～15:30、17:00～21:30、土11:30～20:30 (L.O.1時間前)　休 日、1/1、旧正月とチュソク当日　日 少し　EX あり　CC ADJMV

楽園（ナグォン）楽器街地下に位置する、チョングッチャン（韓国納豆）の名店。楽器購入のため楽園商店街を訪れた人々の間で穴場として知られる食堂だったが、ある芸能人のインタビュー記事から一気に話題の有名店に。家庭的で優しい味が人気の秘訣。

청국장찌개 백반　₩9000
チョングッチャン定食

제육볶음 백반　₩1万9000
辛い豚肉炒め（2人前より）

오징어볶음　₩1万9000
イカ炒め（2人前より）

info イルミシクタンで出しているチョングッチャン（清麹醤）とは韓国の納豆。本場の全州から取り寄せているだけあり、匂いも少なくマイルドな味わい。

ホンパプ（ひとりご飯） 市場 シジャン 시장

名物屋台が集まるのは、広蔵市場と南大門市場。通仁市場で人気の通称「勝手弁当」▶P.209も試してみて。

広蔵市場（クァンジャンシジャン）
江北・Nソウルタワー東
屋台 キンパプ

46 ウォンジョ ヌドゥチジュキンパプ
원조누드치즈김밥 ●元祖ヌードチーズキンパプ

MAP P.216上 地下鉄 129 鍾路5街駅11番出口徒歩2分

住 88, Changgyeonggung-ro, Jongno-gu
住 종로구 창경궁로 88 광장시장내 41호
旧 종로구 예지동 2-1 TEL 010-3164-1145
開 5:30～19:30
休 日、1/1、旧正月とチュソク連休
日 不可 日メ なし CC 不可

ヌード（裏巻き）キンパプは、ユッケ、麻薬キンパプと並ぶ広蔵市場の名物グルメ。ボリュームと安さは有名でわざわざ食べにくる人も多い。ツナチーズキンパプ₩2500、チャプチェキンパプ₩3000。

広蔵市場（クァンジャンシジャン）
江北・Nソウルタワー東
ピンデトック 持ち帰りOK
80席

47 スニネ ピンデトック 순이네 빈대떡

MAP P.216上 地下鉄 129 鍾路5街駅10番出口徒歩2分
地下鉄 204 535 乙支路4街駅4番出口徒歩6分

住 5 Jong-ro 32-gil, Jongno-gu
住 종로구 종로32길 5 旧 종로구 종로5가 138-9
TEL (02) 2268-5057 開 10:00～21:00（L.O.20:30）
休 旧正月とチュソク当日 日 注文を受ける程度 日メ あり CC ADJMV

新鮮な緑豆にこだわりていねいに作るピンデトックは広蔵市場の名物グルメのひとつ。外国人にも人気が高い。紙コップに入れて食べ歩いたり通路の出店で食べたり。この店は数店舗あり、店内でも食べられる。

西村（ソチョン）
江北・中心部
トッポッキ 持ち帰りOK
老舗 10席

48 ウォンジョ チョンハルモニ キルムトッポッキ
원조 정할머니 기름떡볶이 ●元祖チョンハルモニのキルムトッポッキ

MAP P.209-B1 地下鉄 327 景福宮駅2番出口徒歩9分

住 18, Jahamun-ro 15-gil, Jongno-gu
住 종로구 자하문로15길 18 旧 종로구 통인동 10-3
TEL (02) 735-7289 開 7:00～20:30（なくなり次第閉店）
休 旧正月とチュソク当日 日 不可 英メ なし CC 不可

1965年に通仁市場で「孝子洞イェンナルトッポッキ」として創業。現在も親子で営業を続ける。鉄板を見ればその年季がわかる。よけいな調味料は一切使用せず、純粋なコチュカル（唐辛子の粉）と醤油で炒めたトッポッキはさっぱりしていて、リピーターも多い。

info ピンデトックは雨の日になると無性に食べたくなる韓国人のソウルフードのひとつ。ピンデトックを揚げ焼きにするジュージューという音が雨の音に似ているからだとか。

ホンパプ（ひとりご飯）
技士食堂 キサシクタン 기사식당

技士（タクシー運転手）の利用する食堂は、早く出て味が確かで量も多い。24時間営業の店も便利。

ヨンナムドン
延南洞
江北・Nソウルタワー西
多彩なメニュー

49 カムナムチプ キサシクタン
감나무집기사식당 ●カムナムチプ技士食堂

24時間営業

MAP P.35-D1 地下鉄 239 ／京義·中央線 K314 ／空港鉄道 A03 弘大入口駅3番出口徒歩8分

住 25, Yeonnam-ro, Mapo-gu
住 마포구 연남로 25　旧 마포구 연남동 515-19
TEL (02) 325-8727　開 24時間　休 無休
日 不可　日メ あり　CC ADJMV

真新しい店舗だが歴史は長い

テレビにも取り上げられる人気の技士食堂。豚肉のプルゴギが人気で、イカやタコの炒め煮やサバのキムチ煮など魚介メニューもある。入口でオーダーする仕組みで、ご飯や小皿はおかわり自由。いちばん人気のプルゴギ定食は豚か牛を選べる。

パンチャンに目玉焼きが出てくることも

24時間客足が絶えない人気店

プルゴギ定食

돼집불백 ₩1万
豚焼肉定食

생선구이 ₩1万1000
焼き魚定食

닭볶음탕 ₩9000
鶏肉炒め定食

소불백 ₩1万
牛焼肉定食

두부찌게 ₩1万
豆腐チゲ

ヨンナムドン
延南洞
江北・Nソウルタワー西
焼き魚　約60席

50 ヨニドン ハルモニネ 연희동 할머니네 ●延禧洞ハルモニネ

MAP P.35-C1 地下鉄 239 ／京義·中央線 K314 ／空港鉄道 A03 弘大入口駅1番出口徒歩12分

住 100, Seongmisan-ro, Mapo-gu
住 마포구 성미산로 100　旧 마포구 연남동 487-412
TEL (02) 322-8258　開 5:30〜22:00 (L.O.21:00)　休 無休
日 不可　日メ なし　CC ADMV

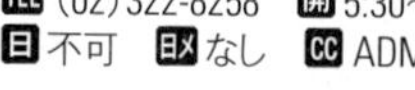

延禧洞ではなく延南洞にある焼き魚定食の店。店の前にタクシーが停まっていることも多い。メニューはこれひとつなので、出てくるのは早く、特に何も話さなくても自動的に準備される。その日の魚が韓国語でホワイトボードに書いてあるので、食べたい魚があれば入れてもらえる。ご飯や小皿のおかわりもできる。

info カムナムチプの店内にはひとり用席とふたり以上用の席の区分けがあり、入口に説明が書かれている（ハングルのみ）。

延南洞（ヨンナムドン）
江北・Nソウルタワー西
ゆで豚

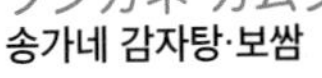

51 ソンガネ カムジャタン ポッサム
송가네 감자탕·보쌈

24時間営業

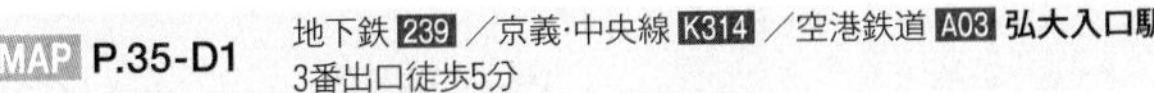

MAP P.35-D1　地下鉄 239／京義・中央線 K314／空港鉄道 A03 **弘大入口駅** 3番出口徒歩5分

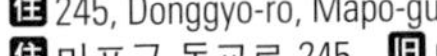

住 245, Donggyo-ro, Mapo-gu
住 마포구 동교로 245　旧 마포구 연남동 258-10
TEL (02) 3141-6557　開 24時間　休 無休
日 不可　英メ あり　CC ADJMV

延南洞の技士食堂が並ぶ通りにある。カムジャタン（ジャガイモと豚背骨の鍋）とポッサム（ゆで豚）の店で、ピョダキヘジャンクク（豚背骨ひとり鍋）やポッサム定食もあって、観光客の利用も多い。ほかにも冷麺やファンテグイ（焼きタラ）定食などもある。

水踰（スユ）
江北・北部
多彩なメニュー
支店あり

52 オンマソンテジプルペク 水踰本店
엄마손돼지불백 수유본점 ●オンマソンテジプルペク スユボンジョム

24時間営業

MAP P.16-B1　牛耳新設線 S112 **4.19民主墓地駅**1番出口徒歩約8分

住 1138, Hancheon-ro, Gangbuk-gu
住 강북구 한천로 1138　旧 강북구 수유동 267-1
TEL (02) 999-3684　開 24時間　休 旧正月とチュソク当日
日 不可　日メ なし　英メ なし　CC ADJMV

支店をいくつももつ技士食堂の本店。看板メニューはテジプルペク（豚肉定食）で₩9000～1万3000。焼き魚定食は魚をコドゥンオ（サバ）、カルチ（太刀魚）、カジャミ（カレイ）から選べいずれも₩1万。キムチやトッポッキなどのパンチャンは、セルフサービスになっている。

建大・聖水（ソンス）
江北・Nソウルタワー東
ひとり豚焼き鍋

53 ソンニムシクタン 송림식당 ●松林食堂

MAP 折込表D2　地下鉄 212 727 **建大入口駅**5番出口徒歩8分

住 79, Jayangbeonyeong-ro, Gwangjin-gu
住 광진구 자양번영로 79　旧 광진구 자양동 227-136
TEL (02) 457-5473　開 6:00～22:00　休 無休
日 不可　英メ なし　CC ADJMV

建大地区でダントツの人気を誇る技士食堂。大きな駐車場にビルのような建物で、一見食堂には見えない。客の大半がひとりで来た運転手。ほとんどの人が注文するのがテジプルペク（豚肉定食）で、すき焼きのように焼きながら食べる。ご飯を投入し、焼き飯を作りながら食べることもできる。

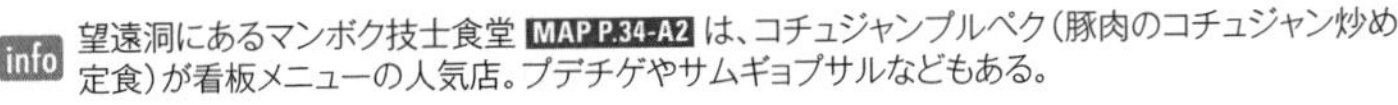

info 望遠洞にあるマンボク技士食堂 MAP P.34-A2 は、コチュジャンプルペク（豚肉のコチュジャン炒め定食）が看板メニューの人気店。プデチゲやサムギョプサルなどもある。

大勢で楽しい 韓国の味

ハングケ マッ
한국의 맛

焼肉のほかにも、ひとりでは注文できない料理がある。ふたり、できれば3～4人で食べるのがベストだ。

鍋はふたりからの店がほとんど

みんなでワイワイ焼き肉

韓国では食事は大勢で楽しむもの、という考えが強いためどうしても1品が多くなりがち。パンチャン（副菜）自慢の店も多く、ひとりだからといって減らせないというのも「おひとり様お断り」の原因のひとつ。もしグループで旅ができるなら、試してほしい店を紹介しよう。

Point

- 焼き物、鍋、韓定食が大人数向き
- ふたりならたいていOK
- 宮廷風韓定食など、4人以上というところもある
- 12:00～14:00を外し、18:00前ならメニューによってはひとりに対応してくれる店もある
- どうしても食べたいメニューがある場合は、「食事だけの同行者」をネットで探すという手もある

カロスキル
江南・中心部
家庭的 プデチゲ
56席

54 ポクチャネ 복자네

MAP P.221-A2 地下鉄 337／新盆唐線 D04 新沙駅6番出口徒歩8分
住 62, Dosan-daero 1-gil, Gangnam-gu
住 강남구 도산대로1길 62 旧 강남구 신사동 506
TEL (02) 547-3892 開 11:00～21:00、土11:00～13:00 休 日·祝、旧正月とチュソク当日 日 可（調理担当で話せる人がいる）
日メ あり CC ADJMV

半地下にある人気店

たっぷりの野菜を長時間煮こんだスープと特製ソーセージがうま味の秘密。実の三姉妹で店を切り盛りしており、冗談を言いながら和気あいあいと姉妹で働く姿が微笑ましい。平日昼は近所のビジネスパーソンで満席になるのでゆっくり食べるなら13:00過ぎがおすすめ。

野菜をたっぷりと入れて煮込んだスープは刺激がなくまろやか

広々とした店内

右の妹さんは日本語OK

복자네 부대찌개 ₩1万6000
ポクチャネプデチゲ2人前

아빠전 ₩1万8000
アッパジョン（唐辛子やネギ入りのチヂミ）

오징어볶음 ₩1万
オジンオポックム（イカ炒め）

info ソウルっ子が大好きなプデチゲだが、店によってずいぶん味が違う。ポクチャネのプデチゲはソーセージも自家製で、スープもコクがあって辛味も抑えられている。

テハンノ
大学路
江北・中心部
おかず自慢 テンジャン 釜飯
100席以上

55 ソルナムキル テンジャンイェスル
솔나무길 된장예술

MAP P.217-A2 地下鉄 420 恵化駅3番出口徒歩3分
住 9-2, Daehak-ro 11-gil, Jongno-gu
住 종로구 대학로11길 9-2 旧 종로구 명륜4가 103-8
TEL (02) 745-4516 開 10:30～21:00 (L.O.20:00)
休 1/1、旧正月、チュソクに不定休
日 不可 日メ なし CC ADJMV

2階席もある大きな店舗

大学路（テハンノ）にオープンして15年。30年間作り続けてきたテンジャン（味噌）に溶け込んでいるのは職人の技。秘訣はコクとまろやかさのバランスだとか。ご飯との相性も抜群だ。特筆すべきは野菜たっぷりのパンチャン（副菜）の数々。少しずつ盛られているので、いろいろ試して気に入った皿はおかわりするといい。テーブルのお茶は大釜で炊いたご飯のおこげ茶。香りが高くておいしい。

パンチャン（副菜）と葉野菜

自慢のテンジャンチゲ

된장정식 ₩1万2000
テンジャン定食、12種類のパンチャン付き（おかわり自由）、2人前から

간장게장 정식 ₩2万8000
カンジャンケジャン定食

모둠해물파전 ₩2万6000
盛り合わせ海鮮パジョン

암돼지볶음 ₩2万3000
メス豚肉炒め

순녹두빈대떡 ₩1万8000
純緑豆ビンデトック

북어찜구이 ₩1万6000
干しタラ蒸し焼き

チェブド
済扶島
京畿道 華城市
貝焼き 新鮮な貝とエビ
100席

56 チョゲドゥレ インマッチュム 조개들 의입맞춤
●貝の口づけ

MAP P.336 済扶島入口からソンキョリ行きバス（H50）でドンミサン入り口下車、徒歩4分

22時以降オーダーOK

住 250, Haean-gil, Seosin-myeon, Hwaseong-si,
住 화성시 서신면 해안길 250 旧 화성시 제부리 190-93
TEL (031) 357-6157 開 10:00～23:00 (土･日･祝の海割れの日は変動あり)
休 無休 日 不可 日メ なし CC 海外発行カードは使えないことも

小さくても味は濃厚

韓国語の店名は「貝の口づけ」というユニークな名。済扶島（チェブド）の海岸沿いに並ぶ貝焼き屋のなかで地元イチオシの店。オープン以来20年、家族ぐるみで営業している。ホールのスタッフも厨房のおばあさんも親切で、おかわりをせっせとすすめてくれる。

貝焼きセットを人数分注文すると貝はおかわりできる

貝焼き屋が並ぶところの1軒

庶民的なたたずまい

조개구이 ₩6万
貝焼きセット（2人前）

물회 ₩4万
ムルフェ（刺身スープ）中サイズ

info チョゲドゥレ インマッチュムの貝焼きセットは貝焼きやエビの塩焼き、カレイなどのほかにキムチラーメン、コーン焼き、アサリ入りカルグクスなどが付く。

インサドン
仁寺洞
江北・中心部

精進料理 要予約
4人・6人・8人席各1

57 鉢盂供養 발우공양 ●パルコンヤン

MAP P.206-A2 地下鉄 328 安国駅6番出口徒歩5分

住 5F, 56, Ujeongguk-ro, Jongno-gu
住 종로구 우정국로 56 템플스테이 통합정보센터5층 旧 종로구 견지동 71
TEL (02) 733-2081 URL www.balwoo.or.kr
開 11:30～15:00、18:00～21:30 (L.O.20:00)
休 日、旧正月とチュソク連休 日 不可 日メ あり CC ADJMV

テンプルステイ・インフォメーションセンターの5階。曹渓宗の伝統的な食事を提供する精進料理の店。1年に4回季節ごとにメニューが変わる。ランチは₩3万～、ディナーは₩4万5000～。3日前までに電話、またはウェブサイト（英語あり）で要予約。

선식 ₩3万
禅食
원식 ₩4万5000
願食
마음식 ₩6万5000
念食

アプクジョンドン
狎鴎亭洞
江南・中心部

海鮮 支店あり
テナガダコ 60席

58 ムギョドン ユジョンナクチ 狎鴎亭店
무교동 유정낙지 ●武橋洞ユジョンナクチ

MAP P.43-D1 地下鉄 336 狎鴎亭駅4番出口徒歩4分

住 10, Nonhyeon-ro 163-gil, Gangnam-gu
住 강남구 논현로163길 10 旧 강남구 신사동 570-6
TEL (02) 543-3037 開 11:00～翌5:00
休 旧正月とチュソク当日 日 少し 英メ あり CC ADJMV

調合調味料を入れずに唐辛子の粉だけで作った秘伝のソースがおいしいと、地元の人にも高い評価を受ける店。チャン・グンソクが訪れることからファンミーティングも行われている。大きなナクチ（タコ）の足は食べ応えがある。

낙지볶음 ₩2万3000
タコの大辛炒め
낙지볶음탕수육 ₩2万7000
タコの酢豚（辛くない）
낙지돌솥밥 ₩8000
タコ釜飯（昼のみ）

ミョンドン
明 洞
江北・中心部

海鮮
カニ 約100席

59 ハムチョ カンジャンケジャン 함초 간장게장

MAP P.213-D2 地下鉄 424 明洞駅9番出口徒歩2分

住 B1, 27, Myeongdong 8ga-gil, Jung-gu
住 중구 명동8가길 27 지하1층 旧 중구 충무로2가 11-1
TEL (02) 318-1624 開 11:30～22:00 (L.O.21:00) 休 日
日 可 日メ あり 英メ なし CC ADJMV

カニの醤油漬け、カンジャンケジャンの専門店。この店ではハムチョ（アッケシソウ）という薬草を使った醤油で漬け込む。カンジャンケジャン定食、カンジャンセウ（エビの醤油漬け）が看板メニュー。

간장게장 ₩7万6000
カンジャンケジャン（2人前から）
새우장 정식 ₩4万
カンジャンセウ定食
양념게장 ₩7万6000
ヤンニョムケジャン（2人前から）

info ムギョドン ユジョンナクチでは辛いものが苦手な日本人向けにナクチ酢豚というオリジナルメニューを開発した。タコがとても大きいのでハサミで切って食べる。

ソウルの新感覚 フュージョン 퓨전(ピュジョン)

各国料理のエッセンスを取り入れた新感覚の料理が増えてきた。ワインと合わせるのもおすすめ。

景福宮(キョンボックン)
江北・中心部
ご飯、麺 44席

ナスと牛肉の丼₩17万

60 サバル 사발

MAP P.18-B2 地下鉄 327 景福宮駅7番出口徒歩7分

住 142, 34, Sajik-ro 8-gil, Jongno-gu
住 종로구 사직로8길 34 142호 旧 종로구 내수동 72
TEL (02) 720-4845 sabal.official
開 11:30～21:00（土・日～20:00） 休 旧正月とチュソク当日と前日の午後 日 通じない 英メ なし CC ADJMV

丼飯と麺を進化させた店。韓国の伝統にのっとりつつも、新しい味を追求している。定番ながらトッポッキも驚くほどおいしい。ビジネスマンの多い立地にあるので、英語が少し通じる。

北村(プクチョン)
江北・中心部
創作つまみ 40席

壁際のカウンター、ソファー席あり

生ビールと相性のよい料理

61 KIWA TAPROOM 기와탭룸 ●キワ テップルーム

MAP P.210-A3 地下鉄 328 安国駅1番出口徒歩8分

住 74-7, Yulgok-ro 1-gil, Jongno-gu
住 종로구 율곡로1길 74-7 旧 종로구 소격동 158-4
TEL (02) 733-1825 kiwataproom
開 13:30～23:00 休 無休 日 通じない 英メ あり CC ADJMV

ソウル市内に3店舗展開するオリジナルビールの店。ハーフチキンと山盛りポテトの盛り合わせが名物メニューで₩2万3500、ラムのラグーのフィットチーネは、チーズが雪のように降り注がれて₩2万。どれもボリュームがありビールにぴったり。

解放村(ヘバンチョン)
江北・Nソウルタワー南
ビーガン 豆腐
グルテンフリー

外国人にも人気が高い

落ち着きのあるインテリア

62 ByTOFU 바이두부 ●バイドゥブ

MAP P.27-D1 地下鉄 629 緑莎坪駅2番出口徒歩20分

住 10 Sowol-ro 20-gil, Yongsan-gu
住 용산구 소월로20길 10 旧 용산구 용산동2가 1-467
TEL 010-4244-9489 bytofu_hbc
開 8:30～17:00 休 火・水 日 不可 英メ あり CC ADJMV

エッグレスサンドイッチとタコサラダ

豆腐を利用した料理が得意なビーガンカフェ。人気はエッグレスサンドイッチで、卵の代わりに豆腐を使用している。ラテは牛乳の替わりに豆乳を使っている。

에구레스샌드위치 ₩1万1000
エッグレスサンドイッチ

타코샐러드 ₩1万4500
タコサラダ

르뱅쿠키 ₩4000
ルヴァンクッキー

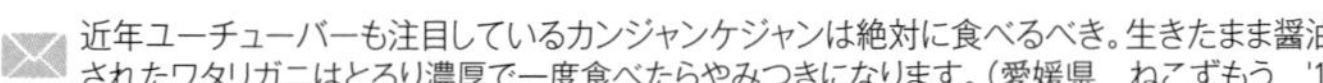
近年ユーチューバーも注目しているカンジャンケジャンは絶対に食べるべき。生きたまま醤油漬けされたワタリガニはとろり濃厚で一度食べたらやみつきになります。（愛媛県 ねこずもう '19春）

解放村（ヘバンチョン）
江北・Nソウルタワー南
ビーガン　イタリアン
バーガー　ワイン

63 Vegetus 베제투스 ●ヴェジェトゥス

MAP P.27-D1 地下鉄 629 緑莎坪駅2番出口徒歩15分

住 59, Sinheung-ro, Yongsan-gu
住 용산구 신흥로 59　旧 용산구 용산동2가 22-12
TEL 070-8824-5959　URL www.vegetus.kr
開 12:00～21:30　休 無休
日 不可　英メ あり　CC ADJMV

ビーガン料理のレストランで、ソウル在住の欧米人に人気が高い。メニューはパスタやパニーニ、バーガーなど。もちろんビーガンなので、バーガーの具は豆を使ったベジミート、カプレーゼサラダもチーズの代わりにカシューナッツのペーストを使っている。料理はワインとの相性が非常によい。

ペストパスタとカプレーゼサラダ

開放感のある店舗

ヴェジェトゥスバーガー

베제투스버거　₩1万4000
ヴェジェトゥスバーガー
불체스토파스타　₩1万4000
ペストパスタ
카프레제샐러드　₩1万5000
カプレーゼサラダ
카프레제파니니　₩1万3000
カプレーゼパニーニ

ソウルの森（ソウルスプ）
江北・Nソウルタワー東
バー　イタリアン
ワイン　ウイスキー

64 CASUAL 캐주얼 성수 ●カジュアル聖水

MAP P.41-C2　地下鉄 211 聖水駅2番出口徒歩2分

住 3, Achasan-ro 11-gil, Seongdong-gu
住 성동구 아차산로11길 3　旧 성수동2가 277-56
TEL 0507-1316-3723　開 17:00～24:00、金・土・16:00～24:00
休 無休　日 不可　日メ なし　英メ なし　CC AJDMV

店名の通りカジュアルで気軽に立ち寄れる雰囲気のダイニングバー。料理はパスタやピザなどのイタリア料理がメイン。ワインは世界中からバランスよく揃えられており、ポルトガルのポートワイン、グリーンワインなどもある。クラフトビールやウイスキーも出す。

캐주얼 라자냐　₩2万2000
カジュアルラザニア
페퍼로니 양파 피자　₩1万6000
ペパロニオニオンピザ
바질피자　₩1万8000
バジルピザ
매콤크림뇨끼　₩1万6000
ピリ辛クリームニョッキ
라구파스타 ₩1万7000
ラグーパスタ
치즈플래터A ₩1万9000
チーズプレートA
치즈플래터B ₩2万8000
チーズプレートB
와인（글라스）　₩1万
グラスワイン

SMエンタテインメントの新社屋があるソウルの森駅近くのハルモニのレシピ MAP P.220-A2 は人気でした。（神奈川県　ショコリエ　'22秋）

西村（ソチョン）
江北・中心部
イタリアン ピザ
カウンター席あり 約40席

天気がよければ店先も気持ちがいい

大きなテーブルがカジュアルさを演出

薪窯で焼く本格ピッツァ

65 イテリチョンガク 西村店 이태리총각 서촌점

●イテリチョンガク ソチョンジョム

MAP P.209-B2　地下鉄 327 景福宮駅2番出口徒歩6分

住 11, Jahamun-ro 9-gil, Jongno-gu
住 종로구 자하문로9길 11　旧 종로구 통인동 137-7
TEL (02) 730-8893　開 11:30〜15:00、17:00〜22:00
土·日·祝12:00〜16 :00、17:00〜22:00 (L.O.21:00)　休 旧正月とチュソクの前日当日　日 不可　英メ あり　CC ADJMV

オープンキッチンなので待っている間もワクワクする

「チョンガク（未婚男性）」の店名通り、若い男性がオープンキッチンで調理している。リコッタチーズたっぷりのチョンガクピッツァは斬新な見た目の看板メニュー。平日の夕方は会社帰りのグループやカップルでにぎわう。カウンターテーブルの雰囲気もいい。パスタもある。

총각피짜 ₩2万
チョンガクピッツァ（下記info参照）

해산물 토마토 파스타 ₩2万2000
海鮮トマトパスタ

꽈뜨로 포르마지 ₩1万9000
クアトロフォルマッジ

깔죠네 리코타치즈 샐러드 ₩1万6000
カルツォーネリコッタチーズサラダ

시오리피짜 ₩1万9000
シオリピッツァ（エビフライのせ）

하우스와인 ₩9000
ハウスワイン

ソウルの森（ソウルスプ）
江北・Nソウルタワー東
カフェ バー
マッコリ

1階はカフェ、地下がバー

モダンと伝統が組み合わされた店内

見た目にも美しい料理の数々

66 THE EMAK 디 이막 ●ジ イマク

MAP P.220-A2　水仁·盆唐線 K211 ソウルの森駅5番出口徒歩6分

住 36, Seoulsup 2-gil, Seongdong-gu
住 성동구 서울숲2길 36　旧 성수동1가 668-112
TEL 0507-1367-1957　開 16:00〜22:00、金·土16:00〜23:00
休 月、旧正月とチュソク　日 不可　日メ なし　英メ なし　CC ADJMV

マッコリ会社の老舗、二東（イドン）マッコリが経営しているカフェ兼レストランバー。マッコリメーカーだけあって、バーではマッコリをサーバーから提供し、食事もマッコリに合う伝統的な韓国料理をアレンジしたものが多い。1階は日中はカフェとして営業されているが、17:00以降にはレストランバーとして利用され、同じメニューが楽しめる。

サーバーからマッコリが

삼겹 김치전 ₩1万4000
サムギョプ キムチチヂミ

투움바 부대찌개 ₩2万2000
トゥンバソースプデチゲ

바질토미토 감자채전 ₩1万6000
バジルトマトジャガイモチェジョン

이동 스파클링 막걸리 ₩7500(650g)
二東スパークリングマッコリ

부추 샐러드와 된장수육 ₩2万4000
ニラサラダと味噌スユク

블렌디드 막걸리 ₩1万2000〜
フルーツマッコリ

info イテリチョンガクのチョンガクピッツァはロールケーキのように巻かれた形にクリームチーズたっぷりという斬新な見た目でSNSで話題となった。

ソウルの夜 バー＆居酒屋 바 & 이자카야

もう少し飲みたいな、遊びたいな、というときにおすすめのバーやカフェバーを紹介しよう。

ウイスキーやカクテルがトレンド

Point

- おしゃれなバーは開放村、韓屋バーなら西村へ
- ライブハウスや若者向けのクラブなら弘大
- 地下鉄の終電は意外に早い。タクシーは予約して
- マッコリはどこにでもあるわけではない
- クラブのなかには年齢が高いと入れない規定がある店もある

明洞（ミョンドン）
江北・中心部
バー
カクテル　40席以上

67 明洞スッキ 명동 숙희

22時以降オーダーOK

MAP P.211-B1 地下鉄 424 明洞駅8番出口徒歩5分

住 4F 7-9, Myeongdong 10-gil, Jung-gu
住 중구 명동10길 7-9, 4층　旧 중구 명동2가 2-8
TEL 070-4124-9767　soowonopa_sookhee　開 18:00～翌1:00（L.O.つまみ23:30、カクテル以外の飲み物0:30、カクテル24:00）
休 年中無休(臨時休業はインスタ、ネイバーで告知)　日 一部店員可
日メ なし　英メ なし　CC ADJMV

明洞聖堂に隣接するスターバックスの4階。きらびやかな内装は景福宮の中にある勤政殿（朝鮮時代の王が使っていた執務室）をコンセプトにしている。カクテルのメニューも筆で描いたような絵で説明されており、雰囲気がある。カラフルでインスタ映えするカクテルは、カップルや女子に人気。インスタから予約をしたほうがいい。

제주 금귤 ₩2万3000
済州みかん
샤인머스캣 ₩2万4000
シャインマスカット
대추 방울토마토 ₩2万3000
ミニトマト
부라타 치즈와 곶감 ₩2万3000
柿とチーズの盛り合わせ

スターバックスの4階

外の看板に店名なし(左) エレベーターにようやくロゴマークが。シークレットバーを演出

シグネチャー・カクテル3種
(左メニュー参照)

エレベーターを降り、店に入る短い間にも期待が広がる。扉を開ければ華やかな宮廷世界のよう！

info シグネチャー（署名）・カクテルとは、店が最も自信をもっておすすめしているカクテルのこと。ひとつとは限らず、複数のシグネチャー・カクテルをもつバーも多い。

梨泰院とNソウルタワーを正面に見る贅沢な夜景のSeewooagain

梨泰院（イテウォン）
江北・Nソウルタワー南
レストランバー
夜景　50席
テラス席あり

68 Seewooagain 시우어게인
●シーウーアゲイン

22時以降オーダーOK

MAP P.27-D2　地下鉄 629 **緑莎坪駅**2番出口徒歩3分

住 210-6, Noksapyeong-daero, Yongsan-gu
住 용산구 녹사평대로 210-6
旧 용산구 이태원동 421-1
TEL (02) 797-4211（当日予約不可）　開 17:00～翌1:00、月・火17:00～24:00（L.O.1時間前）　休 1/1、旧正月とチュソク当日　日 不可　英メ あり　CC ADJMV

6階のルーフトップではお酒を飲みながらソウルの夜景を楽しめる。数ある梨泰院のルーフバーの中でもここが一番という人も多い。ピザやパスタ、ステーキなど料理も充実しており、本格的な食事も楽しむことができる。

Peach Crash　₩1万5000
ピーチクラッシュ
Pine Thanks　₩1万4000
パインサンクス
패퍼로니 피자　₩2万5000
ペパロニピザ

西村（ソチョン）
江北・中心部
バー　隠れ家　オリエンタル
30席

69 COBBLER 코블러 ●コブロ

22時以降オーダーOK

MAP P.209-B3 地下鉄 327 **景福宮駅**7番出口徒歩2分

住 16, Sajik-ro 12-gil, Jongno-gu
住 종로구 내자동 사직로 12길 16　旧 종로구 내자동 157
TEL (02) 733-6421　cobbler_naejadong
開 19:00～翌3:00（L.O.2:00）、日19:00～翌2:00（L.O.1:00）
休 1/1　日 不可　日メ なし　英メ あり　CC ADJMV

韓屋をリノベしたバーが並ぶ一角にある。仕入れによるが、冬はオイスター、春～秋は季節のフルーツを使ったコブラーパイなどのウエルカムフードが付く。客と会話しながら好みを聞き出し、ていねいに作られたカクテルの味は、ソウルでも1、2を争うと評判。映画『小公女』（2018）で主人公が訪れていたバー。

会話を楽しむカウンターが人気。テーブル席は洋風インテリア

隠れ家のような居心地のよさ

繊細な手さばきで仕上げていく

아마로 프라골라
₩2万5000
Amaro fragola
로세티
₩2万5000
Rosseti
블루치즈 마티니
₩2万5000
Blue Cheese Matini

info 韓国で酔い覚ましに効くとされるスープがヘジャンクク。具材によって豚の肉付きの背骨が入っているピョヘジャンクク、干しダラが入っているファンテヘジャンククなど色々な種類がある。

押鴎亭洞（アプクジョンドン）
江南・中心部
自家製マッコリ
居酒屋 200席

若いタレントの来店も多い

にんにくがたっぷり載ったゆで豚

席数の多い大型店

70 ムクチョン 묵전

22時以降オーダーOK

MAP P.44-A1 地下鉄 K212 狎鴎亭ロデオ駅5番出口徒歩8分

住 22, Eonju-ro 168-gil, Gangnam-gu, Seoul
住 강남구 언주로168길 22 旧 강남구 신사동 645-11
TEL (02) 548-1461 開 11:30〜24:00 (L.O23:00)、日11:30〜22:00 (L.O21:00) 休 旧正月とチュソク当日
日 少し可 日メ なし CC ADJMV

SMエンタテインメント所属の芸能人がよく来る店。ムクチョンハウスマッコリは3種類のマッコリ（栗や豆）を混ぜており、香ばしい後味で飲みやすい。ほかにも韓国各地のマッコリを揃えている。ジョン（チヂミ）の盛り合わせとマッコリがベストな組み合わせだが、少し甘めのにんにくペーストがお肉の上にたっぷりのっているマヌルポッサムも試す価値がある。ほかにマンドゥや麺類もあり、皮や麺はもちもち感いっぱいの手作り。

마늘보쌈 ₩3万8000
にんにくポッサム

시골장터모둠전 소 ₩2万
昔なつかしのチヂミ盛り合わせ（小）

모듬 해물 파전 ₩2万3000
海鮮チヂミ盛り合わせ

묵전 하우스 막걸리 ₩8000
ムクチョンハウスマッコリ

チヂミも名物

麻浦（マポ）
江北・Nソウルタワー西
居酒屋 マッコリ
全羅道 ガンギエイ 約50席

手作りのマンドゥがおいしい

若い店主おすすめは左手の酒

71 3C5花 삼씨오화 ●サムッシオファ

MAP P.33-C3 地下鉄 528 麻浦駅4番出口徒歩4分

住 41, Mapo-daero 4ga-gil, Mapo-gu
住 마포구 마포대로4가길 41 旧 마포구 마포동 303-8
TEL (02) 715-3355 ◎ 3c5hwa 開 11:30〜14:00、18:00〜22:00 (L.O.21:00) 休 土・日・祝、旧正月とチュソク連休
日 不可 日メ なし CC ADJMV

各地のマッコリをメインにした居酒屋。料理長が全羅南道（チョルラナムド）にゆかりがあり、ホンオ（ガンギエイ料理）など全羅道の郷土料理も出す。5つの草花を入れた花酒（ファジュ）があることも。ランチではマンドゥ入りのスープやカルグクスがおすすめ。スルチュィハンウォンスンイ（酔っ払った猿の意）という紅麹入りのマッコリもおすすめ。

목살구이와 곁들여 먹는 홍어장과 오이지 삼합 ₩3万
豚ロースと一緒に食べるガンギエイ漬け・きゅうり漬けの三合

남도식 육회 ₩3万
全羅南道式ユッケ

국내산 삼겹보쌈 ₩2万5000
韓国産サムギョプポッサム

술취한 원숭이 ₩1万
酔っ払った猿（Alc.10.8%）

슬아 ₩1万1000
スラ（自家製マッコリ、Alc8%）

떡만둣국 ₩9000
手作り餅マンドゥスープ

메밀 전병 ₩8000
そば粉の薄皮焼き

봄나물전 ₩1万8000
ナムルのジョン

info 3C5花という変わった店名は、店主のパク・キョンサム氏の「サム氏」とオ・ファジン氏の「オファ」を掛け合わせ、Cには「氏」の意味のほかに「challenge,change,creative」の気持ちが入っているとか。

仁寺洞（インサドン）
江北・中心部
居酒屋　焼酎　100席以上
酒造会社直営

窓際の席からは鐘閣が見える

72 ペクセジュマウル 鐘閣店 백세주마을 종각점

●百歳酒マウル／BEKSEJU VILLAGE

22時以降オーダーOK

MAP P.19-D3 地下鉄 131 鐘閣駅4番出口徒歩1分

住 10, Ujeongguk-ro 2-gil, Jongno-gu
住 종로구 우정국로2길 10　旧 종로구 관철동 256
TEL (02) 720-0055　URL www.ksdb.co.kr/bekseju　開 17:00～24:00
休 日、旧正月とチュソク当日　日 不可　日メ あり　CC ADJMV

韓国伝統酒造りの麹屋直営の居酒屋。伝統酒に合う韓食に基づいたおつまみを一緒に楽しめることでも有名だ。百歳チョッパルや黒豚豆腐キムチなどもある。鐘閣店は新年のカウントダウンの時は2～3ヵ月前から予約でいっぱいになる人気ぶり。

韓国の居酒屋メニューがひととおり楽しめる

해물파전 ₩1万8000
ヘムルパジョン（海鮮チヂミ）

토종 모듬순대 ₩2万1000
スンデの盛り合わせ

백세문어최회 ₩2万5000
タコ酢漬け

백세주 ₩7000
百歳酒

백세주샘플러 ₩7900
百歳酒飲み比べ4種類

국순당 생바나나 ₩7000
生バナナマッコリ

百歳酒飲み比べ4種セット

狎鴎亭洞（アプクジョンドン）
江南・中心部
バー　カクテル
ウイスキー　約40席

73 Le Chamber 르챔버 ●ル チェンバー

MAP P.44-B1 水仁･盆唐線 K212 狎鴎亭ロデオ駅4番出口徒歩1分

住 42 Dosan-daero 55-gil, Gangnam-gu
住 강남구 도산대로55길 42　旧 강남구 청담동 83-4
TEL (02) 6337-2014　URL www.facebook.com/LeChamber.seoul
開 19:00～翌3:00、祝の前日･金･土･19:00～翌4:00、日･祝19:00～翌2:00　休 無休　日 不可　日メ なし　英メ あり　CC AJDMV

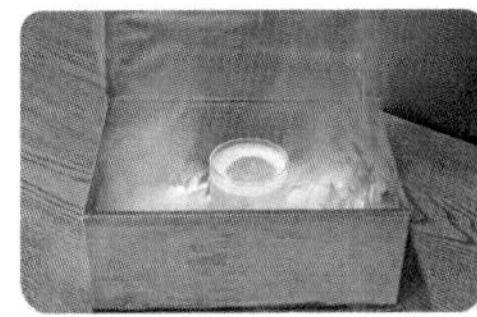
箱に入って提供されるシグネチャーカクテル、チェンバーストーリー

チェンバーとは部屋という意味。地下に降りて入ると小さな書斎なのでびっくりしてしまうが、実は本棚が隠しドア。本棚にある『Le Chamber』という本を押すとドアが開き広い奥の部屋に入ることができる。箱を開けるとラベンダーの香りがする煙の中から登場するチェンバーストーリーChamber Storyをはじめ、演出の効いたオリジナルカクテルは女性に人気。ウイスキーの品揃えもすばらしく、特にスコッチのシングルモルトが充実。カバーチャージはひとりW1万。

本棚の隠しドアを開けて中に入る

ウイスキーの品揃えが充実

Chamber Story ₩2万7000
チェンバーストーリー

Glenfiddich 12y ₩2万5000
グレンフィディック12年

하몽 ₩4万9000
生ハムメロン

info Le Chamberは50ベスト･アジア･バーにも名を連ねるソウルを代表するバー。2022年のトップ100テイスト･オブ･ソウルでもベスト･バー&パブ･アワードに輝いている。

アプクジョンドン
押鴎亭洞
江南・中心部

バー カクテル
ウイスキー

74 MIXOLOGY 믹솔로지 ●ミクソロジー

MAP P.44-B2 地下鉄 730 ／水仁·盆唐線 K213 **江南区庁駅**4番出口徒歩10分

住 18, Dosan-daero 58-gil, Gangnam-gu
住 강남구 도산대로58길 18 旧 강남구 청담동 22-14
TEL (02) 511-8214 ◎ themixology 開 19:00〜翌3:00
休 日曜、旧正月とチュソク連休 日 不可 英 あり CC ADJMV

○○ロジー（-logy）とは、学問につけられる接尾辞。店名にはミックス、つまりカクテルを学問のように計算し尽くし、味を追求する意味が込められている。ウイスキーも取り揃えるが、客全体の80%がカクテルを注文する。内装はブリティッシュ風で、モダンとアンティークが巧みに組み合わされている。食べ物はチーズやフルーツ、スナックなどが中心だが、近くのチキン店と提携しており、デリバリーを頼むことができる。

店を代表するカクテル、ブラン・ド・ブラン

ハーブがさわやかなカクテル、ハーブ・ギムレット

インテリアも随所にこだわりを感じさせる

Blanc de Blanc ₩2万4000
ブラン·ド·ブラン（ウオッカベース）

HERB GIMLET ₩2万3000
ハーブ·ギムレット（ジンベース）

VENDOME MULE ₩2万2000
ヴァンドーム·ミュール（ウォッカベース）

ホンデ
弘大
江北・Nソウルタワー西

カフェ ライブハウス

75 cafe unplugged
카페 언플러그드 ●カペ オンプルログドゥ

MAP P.30-A3 地下鉄 239 ／京義·中央線 K314 ／空港鉄道 A03 **弘大入口駅**6番出口徒歩4分

住 26, Wausan-ro 33-gil, Mapo-gu
住 마포구 와우산로33길 26 旧 마포구 서교동 326-18
TEL 070-4200-9251 ◎ cafeunplugged
開 12:00〜23:00（L.O.22:30）、金·土12:00〜24:00（L.O.23:30） 休 無休
日 不可 英 あり CC ADJMV

ライブハウスの多い弘大（ホンデ）エリアで、インディーズの聖地のような存在の店。昼のカフェも、ライブのある夜も学生街らしいフレッシュな空気が漂っている。ギネスなどの外国産ビールやカクテル、音楽関係の書籍も豊富。CDは自由に選んで試聴できる。

弘大はライブハウスが多いエリア

学生街らしいカジュアルな雰囲気

ビンナラさん(右)のCDも置いてある

地下のライブ情報はツイッターをチェック

아메리카노 ₩5000
アメリカーノ

카프리 ₩5000
カプリ

바닐라라떼 ₩6500
バニララテ

브라우니 세트 ₩7500
ブラウニーセット（ブラウニー、アイスクリーム、アメリカーノ）

info ミクソロジーにはプライバシーに配慮されたVIPルームも用意されている。ウイスキーのボトルを頼むと利用することができる。

薬水（ヤクス）
江北・Nソウルタワー南
ミュージックバー
ビール ウイスキー

 音楽の森LP時代 음악의 숲 LP시대 ●ウマギスプ エルピー シデ

MAP P.25-C2 地下鉄 333 633 **薬水駅**2番出口徒歩1分

住 192, Dongho-ro, Jung-gu
住 중구 동호로 192 旧 중구 신당동 374-22
TEL (02) 2274-2254 開 18:00～24:00 休 旧正月とチュソク当日
日 不可 日メ なし 英メ なし CC ADJMV

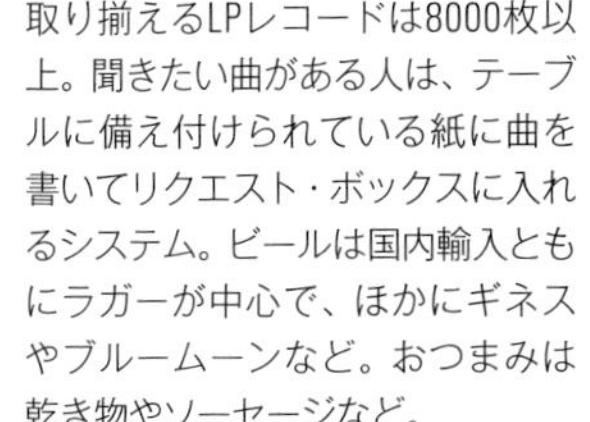

取り揃えるLPレコードは8000枚以上。聞きたい曲がある人は、テーブルに備え付けられている紙に曲を書いてリクエスト・ボックスに入れるシステム。ビールは国内輸入ともにラガーが中心で、ほかにギネスやブルームーンなど。おつまみは乾き物やソーセージなど。

클라우드 ₩6000
クラウド

기네스 ₩1万
ギネス

마른안주 ₩1万5000
乾き物のつまみ

수제소시지 ₩1万2000
手作りソーセージ

明洞（ミョンドン）
江北・中心部
ワインバー 約30席

 Vinzip 와인바 빈집 ●ワインバー ビンジプ

MAP P.24-A1 地下鉄 203 330 **乙支路3街駅**11番出口徒歩1分

住 2F, 42-7, Supyo-ro, Jung-gu
住 중구 수표로 42-7, 2층 旧 종구 저동2가 5-3
TEL 0507-1437-2264 vinzip.euljiro 開 17:30～24:00
休 旧正月とチュソク当日 日 不可 英メ あり CC ADJMV

若者に人気の高いワインバー。2018年のオープンだが、ワインに力を入れるようになったのは2022年になってのこと。ワインのボトルは₩3万5000～8万9000。ワイン以外にビールも取り揃える。料理の品数は限られるが、ワインとの相性がよく、料金も良心的。

하우스 와인 ₩7000
ハウスワイン(グラス)

파운더스 포터 ₩1万
ファウンダーズ ポーター

치즈 플레이트 ₩1万2000
チーズプレート

바질소스를 곁들인 순대 스테이크 ₩1万7000
バジルソースのスンデステーキ

益善洞（イクソンドン）
江北・中心部
ビアパブ 28席

78 Craft Roo 크래프트루 ●クレプトゥル

MAP P.208-A3 地下鉄 130 329 534 **鍾路3街駅**4番出口徒歩1分

22 時以降 オーダーOK

住 17-7, Supyo-ro 28-gil, Jongno-gu
住 종로구 수표로28길 17-7 旧 종로구 익선동 166-57
TEL 070-7808-0001 開 16:50～23:50、土·日12:00～23:50（L.O.ドリンク23:30、フード23:00） 休 旧正月とチュソク当日 日 不可 英メ あり CC ADJMV

江原道（カンウォンド）の束草市（ソクチョシ）のクラフトビール、rootのアンテナショップ的なビアパブ。rootのビールは常時4種類ほど用意されており、そのほかにも韓国のものを中心に10種類ほどのゲストビールを揃えている。ひとりで飲む客も多い。

WEEK END LUNCH ₩2万
土日祝限定ビール200mℓ2杯+ピザ1枚

속초 IPA ₩8000
束草IPA

버팔로윙 ₩1万7000
バッファローウィング

info 音楽の森LP時代でリクエストがよくかかる曲は1960年代～90年代にかけてのポップソングと韓国歌謡。クラシックやジャズのリクエストはたまにある程度だという。

空間を楽しむ リノベーションカフェ

テーマのある旅 特集 7

カフェにこだわるソウルでは、古い家屋をリノベーションした落ち着ける空間のカフェが急増中。

Bomhui ポミ 봄희

庭付きの民家を改装したカフェ。タイルやカーテンのあしらいがうまい。甘さ控えめのクリームグリーンラテがおすすめ。夜のバータイムも雰囲気がいい。

延南洞（ヨンナムドン） 江北・Nソウルタワー西

MAP P.37-D3

地下鉄 239 ／京義·中央線 K314 ／空港鉄道 A03 **弘大入口駅**4番出口徒歩15分

住 21, Seongmisan-ro 23an-gil, Mapo-gu
住 마포구 성미산로23안길 21
旧 마포구 연남동 244-2
TEL 070-4192-6764 開 17:00～24:00
土·日14:00～24:00 休 月·火、ほか不定休
日 不可 英メ あり CC ADJMV

庭のグリーンがまぶしい心地よい空間。布やドライフラワーの使い方もセンス抜群

クリームグリーンラテ、チーズケーキ各₩6000

住宅街にポツンと建つ。アンティークのランプとタイルの表札が目印。狭いので4名以内で訪れよう。昼のカフェ営業は土·日のみ

アマチュア作業室

아마츄어작업실

アマチュオジャゴッシル

日本統治時代に建てられ、呉制道（オジェド）という検事が住んでいた家屋を改装。押入れや柱など日本建築の名残があって興味深い。自家焙煎ドリップコーヒーのほか、ワイン&チーズも楽しめる大人の空間。麦ミスカル₩7000、手作りブルーベリーチーズケーキ₩6500。

押入れのふすまを取ってテーブルを入れたりと工夫が楽しい

東大門（トンデムン） 江北・Nソウルタワー東

MAP P.20-B3

地下鉄 129 **鍾路5街駅**1番出口徒歩3分

住 31, Daehak-ro 1-gil, Jongno-gu
住 종로구 대학로1길 31 旧 종로구 종로 5가 104-1
TEL 010-2351-9380 開 12:00～23:00、土·日·祝13:00～23:00（L.O.1時間前） 休 無休
日 不可 英メ あり CC ADJMV

路地から眺める店内もいい雰囲気。2階で飲むコーヒーの注文もこちらで

上は、路地に張り出した2階席のテラス。下は向かいの店舗。スイーツはこちらで買う。左はカフェラテ₩4500とムースオミジャ（五味子ケーキ）₩6000

向かいの店舗2階は見事な螺鈿細工がしつらえられたスペース

狭い路地なので見逃さないように

コピハニャクパン 커피한약방

『東医宝鑑』を書いた許浚（ホジュン）が人々を治療していた医院をリノベーションしたカフェ。過去と現在が溶け合う空間はどこを切りとってもフォトジェニック。由緒ある場所で体にいいコーヒーを提供しようとコーヒー韓薬房と名付けた。

明洞（ミョンドン） 江北・中心部　MAP P.23-D1

地下鉄 203 330 乙支路3街駅1番出口徒歩2分

住 16-6, Samil-daero 12-gil, Jung-gu

住 중구 삼일대로12길 16-6　旧 중구 을지로2가 101-34

TEL 070-4148-4242　coffee_hanyakbang　開 10:00～22:00、土11:00～22:00、日10:00～20:00　休 旧正月とチュソク当日　日 不可　日メ 準備中　英メ あり　CC ADJMV

BOTBOTBOT 봇봇봇

ボットボットボット

倉庫カフェで一世を風靡した聖水洞で話題の店。広い空間にCGアートを駆使したさまざまな演出が繰り広げられる。ブランドの撮影などのイベントも多い。おもしろいのは、ロボットが描いてくれるラテアートや、ロボットが作るカクテル。ぎこちないけれど、見てて飽きない。

壁のアートはさまざまに変わる

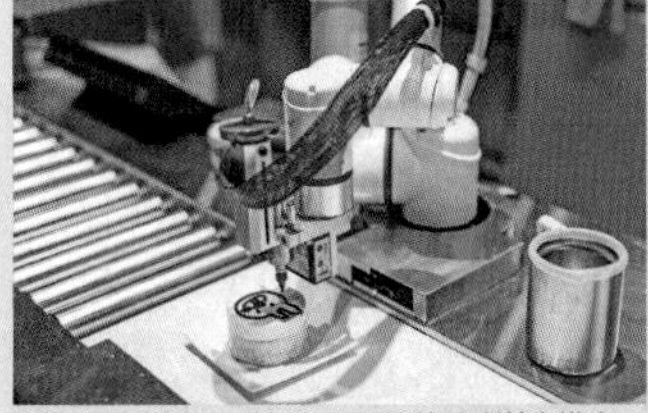

ケーキにチョコレートソースでロボットが絵を描く

ロボットがカクテルを作ってくれるのも楽しい演出

聖水（ソンス） 江北・Nソウルタワー東

MAP P.41-C1

地下鉄 211 聖水駅2番出口徒歩2分

住 8, Achasan-ro 9-gil, Seongdong-gu

住 성동구 아차산로9길 8

旧 성동구 성수동2가 277-135

TEL 0507-1322-9219　URL botbotbot.kr

開 12:00～21:50（金～日11:00～22:00）

休 旧正月とチュソク当日　日 不可

日メ なし　英メ あり　CC AMV

パンがおいしい ベーカリーカフェ

食パンブームが定着し、バゲットやベーグルも登場。ソウルのベーカリーカフェはどんどん進化する。

望遠洞(マンウォンドン)
江北・Nソウルタワー西
バゲット　焼き菓子　12席

Hungo Ringo Bread

훈고링고브레드 ●フンゴリンゴブレドゥ

MAP P.35-C1　地下鉄 621 望遠駅1番出口徒歩8分

住 2F, 130, Jandari-ro, Mapo-gu
住 마포구 잔다리로 130, 2층　旧 마포구 성산동 639-10
TEL (02) 336-9676　URL hungoringobread.com
@ hungoringobread
開 12:00〜21:00、日12:00〜17:00　休 月・火、旧正月とチュソク当日ほか長期休暇あり　日 可　英メ あり　CC ADJMV

ご主人は真面目なパン職人、ていねいにハンドドリップでコーヒーを入れるのは奥さま。店のマスコットのイラストやインテリアは、デザイナーでもある夫人が手がけている。バゲットサンドがとてもおいしくて遠くからリピートする人もいるほど。焼き菓子も自慢。小さな店なので、週末は行列必至。

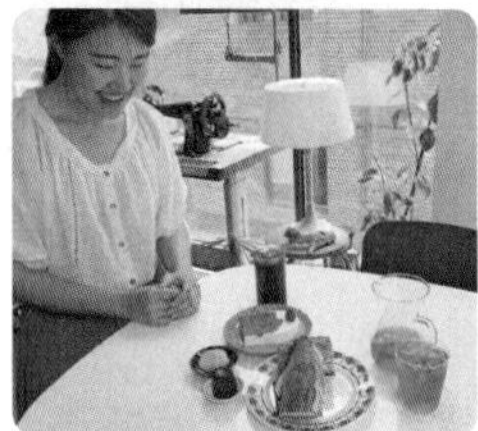
ブランチにもぴったり

バゲットの香ばしさが秀逸

2階にあり、ガラス窓が開放的

アンティークをインテリアに

東大門(トンデムン)
江北・Nソウルタワー東
韓屋　クロワッサン　50席以上

J. Hidden House 제이히든하우스

●ジェイヒドゥンハウス

MAP P.214-A1　地下鉄 128 421 東大門駅10番出口徒歩1分

住 269-4, Jong-ro, Jongno-gu
住 종로구 종로 269-4　旧 종로구 종로 6가 94
TEL (02) 744-1915　@ j.hiddenhouse
開 12:00〜18:00　休 旧正月、チュソクは変動あり
日 可　英メ あり　CC ADJMV

しゃれたカフェの少ない東大門駅から徒歩1分。100年以上前に建てられたという韓屋がひっそりと路地裏にたたずむ。地元の人でも知る人が少ない隠れ家的スポット。

韓モダンなたたずまい

シンプルで居心地がいい

中庭のスペースにもテーブルがある

アンティークを配した別棟

info トゥクソム駅近くにあるmeal°(ミルド) MAP P.220-B2 は、2015年のオープン以来ソウルの食パンブームを牽引する人気店。

北村（ブクチョン）
江北・中心部
スコーン 約40席

Layered 安国店 레이어드 안국점
●レイオドゥ アングッジョム

MAP P.210-B3 地下鉄 328 安国駅2番出口徒歩3分

住 2-3, Bukchon-ro 2-gil, Jongno-gu
住 종로구 북촌로2길 2-3 旧 종로구 재동 84-14
TEL なし Instagram cafe_layered 開 8:00〜22:00、土·日10:00〜22:00
休 無休 日 不可 英メ あり CC ADJMV

イギリス風焼き菓子やパンのベーカリーカフェ。スコーンの種類が豊富で、色とりどり。甘くないバジルスコーンが食事パンに人気。甘いスコーンにはカフェラテがよく合う。キャロットケーキなどもおいしい。昼過ぎには混むので午前中に行くのがおすすめ。子ども連れでの入店はできない。

西村（ソチョン）
江北・中心部
スコーン 30席

SCOFF BAKEHOUSE 西村店
스코프 서촌점 ●スコプ ソチョンジョム

MAP P.209-A1 地下鉄 327 景福宮駅2番出口徒歩11分

住 31, Pirundae-ro 5ga-gil, Jongno-gu
住 종로구 필운대로5가길 31 旧 종로구 누하동 90-2 TEL 070-7761-1739
Instagram scoffbakehouse 開 月·火9:30〜19:00、水〜日9:00〜20:00
休 インスタグラム参照 日 不可 英メ あり CC 不可

韓国のグルメ番組「水曜美食会」で紹介されたイギリス風ベーカリー。ソウルに数店舗あり、西村店は中心地から少し住宅街に入ったところにある。スコーン、ブラウニー、レモンケーキが人気。「人生デザート屋（下記info参照）」と言われるほど多くのファンを持つ。

南山（ナムサン）
江北・中心部
元祖 老舗 150席以上

太極堂 태극당 ●テグクタン

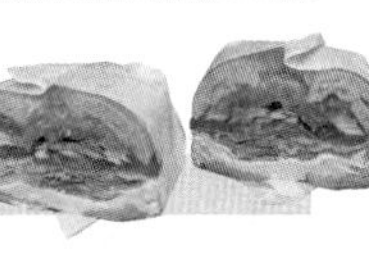

MAP P.25-C2 地下鉄 332 東大入口駅2番出口すぐ

住 7, Dongho-ro 24-gil, Jung-gu
住 중구 동호로24길 7 旧 중구 장충동2가 189-5
TEL (02) 2279-3152 Instagram taegeukdang
開 8:30〜21:00 休 旧正月とチュソク当日 日 不可 英メ あり CC ADJMV

70年の歴史を誇るソウルで最も歴史あるパン屋のひとつ。定番はあんぱん。あっさりバニラ味のモナカアイスもここが発祥といわれている。野菜サラダがぎっしり詰まったサラダパンも人気。店内は広く、レトロな雰囲気のカフェコーナーはドラマ撮影などにも使われている。

新村・梨大（シンチョン・イデ）
江北・Nソウルタワー西
ベーグル 8席

MOTHER IN LAW Bagel
마더린러 베이글 ●マドリンロベイグル

MAP P.218-B2 地下鉄 241 梨大駅2番出口徒歩3分

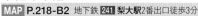

住 5, Ewhayeodae 5-gil, Seodaemun-gu
住 서대문구 이화여대5길 5 旧 서대문구 대현동 56-23
TEL 070-7758-3030 URL motherinlaw.modoo.at 開 8:30〜売切れ、土·祝10:00〜売切れ 休 日、旧正月とチュソク当日翌日 日 不可 英メ あり CC ADJMV

ベーグルにうるさいユダヤ人が行列を作っていたニューヨークの人気店「BagelTime」の韓国人オーナーが、ソウルに戻ってオープンした店。独自に開発した窯で焼くベーグルは、もちもちしているが軽くて食べやすい。サンドイッチはボリュームいっぱいに具を詰めてくれる。

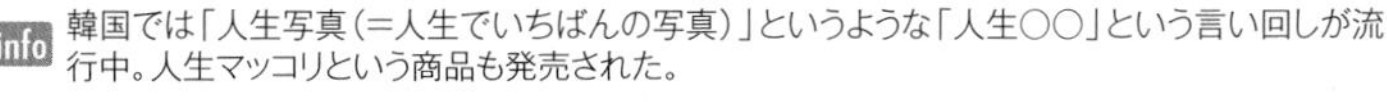
info 韓国では「人生写真（＝人生でいちばんの写真）」というような「人生○○」という言い回しが流行中。人生マッコリという商品も発売された。

明洞
江北・中心部
ハワイアン 約50席

Luft Coffee 루프트커피 ●ルプトゥコピ

MAP P.213-D2 地下鉄 424 **明洞駅**10番出口徒歩3分

住 308, Samil-daero, Jung-gu
住 중구 삼일대로 308 조양빌딩 旧 중구 충무로2가 50-10
TEL (02) 2277-0872 ◎ luft_coffee 開 7:30～19:00、土・日・祝11:00～18:30
休 旧正月、チュソク 日 不可 日メ あり CC ADJMV

白を基調とした広々とした店内はハワイをモチーフにしている。ハワイアンコーヒーが楽しめるほか、見た目もかわいいキューブ型のパンで人気が出た。Nソウルタワーがかかれたタンブラーもシンプルでおしゃれ。チョコキューブ、クリームチーズパン、カスタードキューブなどがおすすめ。

明洞
江北・中心部
クロワッサン 80席

You are Here 유아히어 ●ユアヒオ

MAP P.211-A1 地下鉄 202 **乙支路入口駅**5番出口徒歩3分

住 23, Myeongdong 9-gil, Jung-gu
住 중구 명동9길 23 旧 중구 을지로2가 195-3 한양빌딩
TEL (02) 771-2288 開 8:00～22:00、土・日11:00～21:00
休 無休 日 不可 日メ あり CC ADJMV

明洞のホテルに泊まっている観光客が朝食によく利用するカフェ。大きな窓から夏は広場の噴水が見えて気持ちがいい。ブランチには人気のサンドイッチがおすすめ。ケーキやスイーツも種類が豊富だ。イタリアから直接仕入れたコーヒー豆でエスプレッソをどうぞ。

北村
江北・中心部
韓屋 60席以上

Onion Anguk 어니언 안국 ●オニオン アングッ

MAP P.19-D2 地下鉄 328 **安国駅**3番出口徒歩2分

住 5, Gyedong-gil, Jongno-gu
住 종로구 계동길 5 旧 종로구 계동 146-1
TEL (02)7543-2123 ◎ cafe.onion 開 7:00～22:00、土・日9:00～22:00(L.O.21:30)
休 無休 日 少し 英メ あり CC ADJMV

聖水洞で人気が爆発したカフェの弥阿店に続く3号店。韓屋の中庭を見ながら、座卓でパンを食べるミスマッチ感が楽しい。開店前から行列ができるが、席数が多いので回転は早い。海藻シートや黒ごまを使った見た目のインパクトがあるパンが人気。デザートパンも充実している。

文来
江南・西部
種類豊富 ブリオッシュ

RUST Bakery 러스트 베이커리 ●ロストゥベイコリ

MAP 折込表-A2 地下鉄 235 **文来駅**1番出口徒歩8分

住 15, Gyeongin-ro 79-gil, Yeongdeungpo-gu
住 영등포구 경인로79길 15 旧 영등포구 문래동2가 42-19
TEL 070-8805-0815 URL rustbakery.modoo.at 開 11:00～22:00
休 無休 日 不可 英メ なし CC ADJMV

れんが造りの建物を利用したベーカリーカフェ。RUSTは英語で「錆びている」を意味している。その名の通り店内はコンクリート打ちっぱなしで古びた印象だが、いつも多くの人であふれており、にぎやか。デザートパンやケーキの種類も充実している。

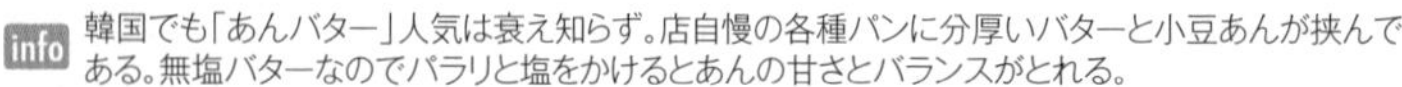

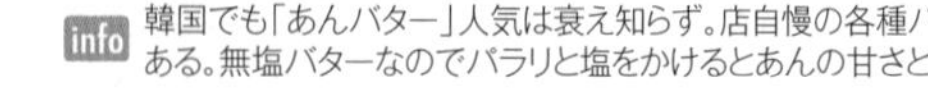

info 韓国でも「あんバター」人気は衰え知らず。店自慢の各種パンに分厚いバターと小豆あんが挟んである。無塩バターなのでパラリと塩をかけるとあんの甘さとバランスがとれる。

午後のデザートに スイーツ自慢のカフェ

ソウルのスイーツ事情は、めまぐるしく変わる。おいしそうと思ったら、そのときが食べ時！

カロスキル
江南・中心部
フルーツ 80席

ベリーベリーフレンチトースト₩1万650、サングリア赤₩9000

ABLE 에이블 ●エイブル

MAP P.221-B1 地下鉄 336 狎鴎亭駅5番出口徒歩9分
地下鉄 337／新盆唐線 D04 新沙駅8番出口徒歩14分

住 2F, 12, Apgujeong-ro 14-gil, Gangnam-gu
住 강남구 압구정로14길 12, 2층　旧 강남구 신사동 547-6
TEL (02) 3445-7335
開 10:00～19:00 (L.O.18:00)　休 土・日、旧正月とチュソクの連休
日 不可　英メ あり　CC ADJMV

窓が大きくグリーンも多い

フルーツをふんだんに使ったブランチメニューと体によいオーガニック野菜や果物のジュースの種類が豊富。東方神起のチャンミンが訪れたこともある。テイクアウトであれば屋上テラスも利用できる。

弘大（ホンデ）
江北・Nソウルタワー西
ケーキ 約30席

ベリーマッチミニケーキとベリーエイド

BEFORE BLOOMING
비포블루밍 카페 ●ビポブルミン カペ

MAP P.35-D1 地下鉄 239／京義・中央線 K314／空港鉄道 A03
弘大入口駅3番出口徒歩3分

住 3F, 28, Yanghwa-ro 23-gil, Mapo-gu
住 마포구 양화로23길 28 3층　旧 마포구 동교동 148-9
TEL (02) 332-5517　Instagram before.blooming
開 12:00～22:00　休 無休　日 不可　英メ あり　CC ADJMV

明るくきれいな店内

見た目にも美しいスイーツやドリンクが人気のカフェ。ベリーマッチケーキはミニが₩9000、ホールが₩3万9000。モノトーンを基調とした店内は、大きな窓から入る光で日中はとても明るい。

益善洞（イクソンドン）
江北・中心部
パンケーキ レトロ 30席

韓屋カフェのなかでも人気店

外からも見えるように調理している

トンベクヤングァジョム
동백양과점 ●DongBaek Bakery／椿洋菓店

MAP P.208-A2 地下鉄 130 329 534 鍾路3街駅4番出口徒歩2分

住 17-24, Supyo-ro 28-gil, Jongno-gu
住 종로구 수표로28길 17-24　旧 종로구 익선동 166-73
TEL (02) 3144-0429　Instagram dongbaek_official
開 12:00～22:00　休 無休　日 不可　英メ あり　CC ADJMV

イチゴのスフレパンケーキ ₩2万3000
イクソン1937コーヒー ₩7500

スフレパンケーキで有名な店。スフレは焼くのに30分かかり、いつも行列ができるのでオープン直後に行くのがおすすめ。パンケーキは21:15までオーダーできる。

info 台湾発、東アジアを席巻するタピオカがソウルでも大人気。ソウルでは紅茶＋黒糖がトレンド。パールミルクティー、バブルミルクティーなどと書かれたメニューがタピオカ入りだ。

弘大（ホンデ）
江北・Nソウルタワー西
チョコミント　36席

Mint Heim 민트하임 ●ミントゥハイム

MAP P.35-D2　地下鉄 238 622 合井駅3番出口徒歩8分

住 28, Jandari-ro 6-gil, Mapo-gu
住 마포구 잔다리로6길 28　旧 마포구 서교동 366-28
TEL (02) 324-1359　開 11:30〜21:30 (L.O.21:00)　休 無休
日 不可　英メ あり　CC ADJMV

テーマはミントというユニークなカフェ。店内はすべてがパステルグリーンで、メニューにもどこかにミントが入っている。食べると清涼感が口いっぱいに広がって甘さとのバランスもいい。ミントのオレオチーズケーキ₩7000が人気。ミント牛乳₩5000。

新村・梨大（シンチョン・イデ）
江北・Nソウルタワー西
異国情緒　80席

Bella Praha 벨라프라하 ●ベルラプラハ

MAP P.218-B1　京義・中央線 P314 新村駅1番出口徒歩6分

住 77, Ewhayeodae-gil, Seodaemun-gu
住 서대문구 이화여대길 77　旧 서대문구 대현동 37-35
TEL (02) 363-3559　開 11:00〜22:00　休 日　日 不可
日メ なし　英メ あり　CC ADJMV

チェコのプラハに留学経験のあるオーナーが、好きなプラハのカフェを梨大（イデ）で再現した。棒に巻き付けた生地をくるくる回しながら焼くチェコの菓子、トゥルドゥロ（トゥルデルニーク）は専用の機械を取り寄せて店で焼いているもの。10年以上地元の学生に親しまれている。

北村（プクチョン）
江北・中心部
SNS映え　約40席

トトリガーデン 도토리가든 ●トトリガドゥン

MAP P.210-A3　地下鉄 328 安国駅3番出口徒歩2分

住 19-8, Gyedong-gil, Jongno-gu
住 종로구 계동길 19-8　旧 종로구 재동 84-45
TEL 0507-1476-1176　Instagram dotori__seoul　開 8:00〜23:00　休 無休　日 不可
英メ あり　CC ADJMV

2022年末にオープンしたばかりの1軒屋カフェ。トトリとは「どんぐり」という意味で、かわいらしいどんぐりのスイーツ₩3800が人気。いくつかの部屋を探検していると、かわいいぬいぐるみに出合ったりと、森の中に迷い込んだような雰囲気。パン、ミューズリヨーグルト、スープなど、どれもおいしい。

新村・梨大（シンチョン・イデ）
江北・Nソウルタワー西
紅茶　支店あり
100席以上

Chloris 클로리스본점 ●クルロリス本店

MAP P.30-B3　地下鉄 240 新村駅3番出口徒歩5分

住 38, Yonsei-ro 4-gil, Seodaemun-gu
住 서대문구 연세로4길 38　旧 서대문구 창천동 13-35
TEL (02) 392-7523　URL www.cafechloris.co.kr　開 11:00〜23:00、日13:00〜23:00 (L.O.22:30)　休 旧正月とチュソク当日　日 少し　英メ あり　CC ADJMV

パリのサロン・ド・テをモチーフにしたカフェ。独自にブレンドした紅茶とケーキが自慢。ヨーロッパのアンティーク風の重厚なソファやファブリックに包まれて、優雅なひとときを過ごせる。パリの家庭をイメージした小さな庭もある。

info 西村のヘルマンエチョンウォン헤르만의정원 MAP P.209-A1 は、ミルクティーとスコーンが人気。専用の瓶に入れたアイスティーを持ち帰る人も多い。

明洞（ミョンドン）
江北・中心部
韓屋 かき氷 44席

Boos 부스 ●ブース

MAP P.24-A1 地下鉄203 330 乙支路3街駅9番出口徒歩5分 地下鉄331 423 忠武路駅6番出口徒歩5分

住 4 & 5F, 22-3, Supyo-ro, Jung-gu
住 중구 수표로 22-3 4층, 5층 旧 중구 저동2가 48-25
TEL (02) 735-5587 Instagram boos.seoul
開 12:00～22:00（L.O.21:30） 休 月 日 不可 日メ あり CC ADJMV

スタッフも明るい

5階の陽気なスペース

路地にある細長い建物

印刷関連の工場が並ぶ小さな路地の雑居ビル。細い階段を上がり、4階、5階、ルーフの好きなエリアでドリンクを楽しむ。4階は照明を落としたシックな雰囲気、5階はビタミンカラーの元気な部屋、夏ならルーフもおすすめだ。アイスコーヒーを熊の形に凍らせたドリンク₩8000、柿＆ヨーグルト₩9000、メロンソーダ₩7500。

新村・梨大（シンチョン・イデ）
江北・Nソウルタワー西
かき氷 42席 カウンター席あり

ホミルバッ 호밀밭 ●ライ麦畑

MAP P.30-B3 地下鉄 240 新村駅3番出口徒歩9分 京義・中央線 P314 新村駅1番出口徒歩4分

住 43, Sinchonnyeok-ro, Seodaemun-gu
住 서대문구 신촌역로 43 旧 서대문구 창천동 4-77
TEL (02) 392-5345 開 12:00～22:00、火17:00～22:00（L.O.21:00）
休 月曜、旧正月とチュソク連休 日 不可 英メ あり CC ADJMV

1年中かき氷が食べられる

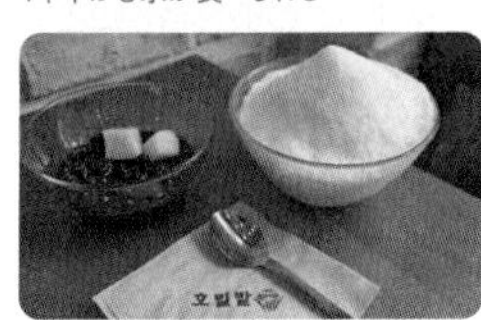

ミルクピンス₩6500

フルーツピンス₩8900

ほかの店では決してまねできない、世界一粒子の細かいピンス（かき氷）作りを自負している店。細かくても溶けるのが早いわけではなく、最後まで水っぽくならない技術が味の秘訣。小豆あんを別盛りにしてくれるので、小豆あり＆なしでふたつの味が楽しめる。

望遠洞（マンウォンドン）
江北・Nソウルタワー西
グリーン ブランチ

ファンハプソン 광합성 ●gwang hab sung／光合成

MAP P.219-B2 地下鉄 621 望遠駅2番出口徒歩4分

住 8, World Cup-ro 19-gil, Mapo-gu
住 마포구 월드컵로19길 8 旧 마포구 망원동 57-36
TEL (02) 333-6933 Instagram gwang_hab_sung
開 11:00～22:00、日11:00～20:00（L.O.1時間前） 休 無休
日 旧正月とチュソク当日 英メ あり CC ADJMV

観葉植物が外からも見える

ダークティラミス₩7000

観葉植物で飾られた自然派カフェ。スイーツのほかヘルシーでおしゃれなブランチでも人気だ。食事ならフレンチトースト₩1万2900や、バジルトマトサンドイッチ₩9900などがおすすめ。デザートにおすすめのオーガニックのキャロットケーキも素朴でおいしい。

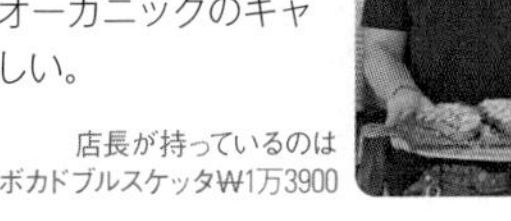
店長が持っているのは
アボカドブルスケッタ₩1万3900

Boosに12月に訪れたとき、4階は手作りのクリスマスツリーが飾られて雰囲気バツグン。カップルでワインを楽しんでいて、ちょっと羨ましかったな。（東京都　メイ子　'22年12月）

伝統スイーツ 韓菓が食べられるカフェ

韓国伝統の餅菓子や「おこし」のような甘味も食べてみよう。店は各町に点在するが仁寺洞に特に多い。

仁寺洞（インサドン）
江北・中心部
伝統茶 約30席

トゥラン 뜰안 ●庭内

MAP P.207-D2 地下鉄 130 329 534 鍾路3街駅4番出口徒歩2分

住 17-35, Supyo-ro 28-gil, Jongno-gu
住 종로구 수표로28길 17-35 旧 종로구 익선동 166-76
TEL (02)745-7420 開 12:00～22:00(L.O.21:00)
休 月、不定休 日 不可 E 古い CC ADJMV

映画『カフェ・ソウル』のロケ地にもなった伝統家屋を利用している。座敷席とテーブル席の両方が用意されており、サンファ茶やシッチョンテボタンなどの伝統茶が楽しめる。人気のデザートはぜんざいやパッピンスなど。

仁寺洞（インサドン）
江北・中心部
オーガニック 30席

パンチャク パンチャク ピンナヌン
반짝 반짝 빛나는 ●きらきらひかる

MAP P.206-B2 地下鉄 131 鍾閣駅3-1番出口徒歩6分

住 28-1, Insadong-gil, Jongno-gu
住 종로구 인사동길 28-1 旧 종로구 관훈동 6
TEL (02)738-4525 開 10:00～23:00
休 無休 日 不可 E あり CC ADJMV

店名は江國香織の同名小説に由来する。伝統茶などをオーガニック素材の味わいを生かしてアレンジしている。江華島（カンファド）のヨモギを使ったお茶や小豆にこだわったぜんざい、黒豆のスムージーなどが人気。

北村（プクチョン）
江北・中心部
伝統茶 30席

チャマシヌントゥル 차마시는 뜰

MAP P.210-A2 地下鉄 328 安国駅2番出口徒歩15分

住 26, Bukchon-ro 11na-gil, Jongno-gu
住 종로구 북촌로11나길 26 旧 종로구 삼청동 35-169
TEL (02)722-7006 cha.teul 開 12:00～21:00(土·日11:00～21:00)
休 旧正月とチュソク当日 日 少し通じる E あり CC ADJMV

北村の丘の上にある韓屋で伝統茶と菓子が楽しめる老舗。人気は、かぼちゃの蒸し餅₩1万やヤマナシの実とカリン茶₩1万1000など。珍しいのは丸ごと干した済州島産みかんのはちみつがけ₩7000。

仁寺洞（インサドン）
江北・中心部
ガーデン 伝統茶 100席

伝統茶院 전통다원 ●チョントンダウォン

MAP P.206-B1 地下鉄 328 安国駅5番出口徒歩6分

住 11-4, Insadong 10-gil, Jongno-gu, Seoul
住 종로구 인사동10길 11-4 旧 종로구 관훈동 30-1 경인미술관
TEL (02)730-6305 URL kyunginartdawon.modoo.at 開 11:00～21:00
休 無休 日 少し通じる E あり CC ADJMV

伝統家屋を利用して造られた耕仁美術館（キョンインミスルグァン）に併設。屋外にも席があり、広々とした空間の中で韓国茶を楽しめる。なつめ茶から人蔘茶まで数種類の伝統茶がある。韓菓や餅と一緒に試してみよう。

info 伝統茶院がある耕仁美術館は19世紀に建てられ、太極旗を作った朴泳孝（1861～1939年）の邸宅ともなった歴史ある建物が元となっている。入場は無料、展示物は一部を除いて購入もできる。

こだわりの1杯
コーヒー自慢のカフェ

ソウルでは豆の種類や焙煎、ハンドドリップにこだわったカフェが急増中。おいしい1杯を探そう。

聖水（ソンス）
江北・Nソウルタワー東
豆直輸入　150席以上

半地下から2階まで店内は広い

パンや焼き菓子が小さめで食べやすい

Humbolt 훔볼트 ●フムボルトゥ

MAP P.40-B2　地下鉄 211 聖水駅3番出口徒歩7分
住 58, Seongsui-ro, Seongdong-gu
住 성동구 성수이로 58　旧 성동구 성수동 2가 325-17
TEL (02) 462-5122　humbolt.cafe
開 8:00～22:00、土・日10:00～22:00（L.O.21:30）　休 1/1、旧正月とチュソク当日　日 不可　英メ あり　CC ADJMV

コーヒー豆の輸入と焙煎の専門商社HUMBOLTの直営店。江原道の横城（フェンソン）に自社焙煎工場がある。ブラジル産のピーベリーなどこだわりの本格コーヒーが楽しめる。持ち帰りアイスコーヒーのブルーボトル（500ml）は₩9000。

望遠洞（マンウォンドン）
江北・Nソウルタワー西
30席程度

地下なのでカフェらしからぬ外観

店内中央に焙煎機がある

コピカゲ トンギョン 커피가게 동경
●コーヒーショップトンギョン

MAP P.34-A2　地下鉄 621 望遠駅2番出口徒歩10分
住 21, Mangwon-ro 6-gil, Mapo-gu　住 마포구 망원로6길 21
旧 마포구 망원동 410-1　TEL 070-4845-0619
coffeeshopdongkyung　開 12:00～21:00（L.O.20:30）　休 日・月、旧正月とチュソク当日　日 不可　英メ あり　CC ADJMV

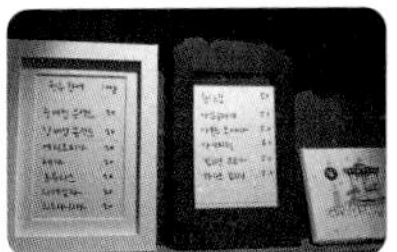
豆も販売している

地下倉庫のような秘密感がワクワクするカフェ。LPレコードがあり、音楽にもこだわっている。濃く入れたエスプレッソに生クリームをたっぷり入れた、ほんのり甘いコールドドリンク、アインシュペナーがいちばん人気。

大林商街（テリムサンガ）
江北・Nソウルタワー東
レトロ　20席　店前にテーブルあり

狭い店内だがいつもにぎわっている

若い劇団員が交代で店に立つ

ホランイ 호랑이

MAP P.20-A3　地下鉄 204 535 乙支路4街駅1番出口徒歩2分
住 157, Eulji-ro, Jung-gu
住 중구 을지로 157　旧 중구 산림동 207-2
TEL (02) 2269-5880　horangiicoffee
開 11:00～19:30（L.O.19:00）　休 日・月、旧正月とチュソク当日
日 少し　英メ あり　CC ADJMV

フルーツは、季節によりイチゴなどに替わる

狭い店内はいつも満席の人気カフェ。看板メニューはほんのり甘いホランイラテ₩5000。大きく切ったフルーツが入ったサンドイッチ₩8000は生クリームとのバランスがよく人気がある。このほかのメニューはアメリカーノだけだ。

info エスプレッソマシンが定着し、ブームはハンドドリップへ。専門店のボトルドアイスコーヒーも注目されている。紅茶ではアイスミルクティーが大流行。工夫をこらした瓶入りがトレンドに。

写真映えバッチリ
インテリア自慢のカフェ

居心地を左右するカフェのインテリア。オーナーそれぞれの個性が出るからはしごも楽しい。

普門（ポムン）
江北・Nソウルタワー東
倉庫　ギャラリー　250席

タイル張りでモダンな入口からエスニック世界へ

USELESS ADULT
유즈리스어덜트 ●ユスリスオドルトゥ

MAP P.38-A1 地下鉄 638 ／牛耳新設線 S121 **普門駅**6番出口徒歩7分

住 25, Bomun-ro 18-gil, Seongbuk-gu
住 성북구 보문로18길 25　旧 성북구 안암동3가 107-4
TEL 070-4085-7003　◎ useless_adult
開 12:00〜22:00　休 水、旧正月とチュソク当日（インスタで告知）
日 不可　英メ あり　CC 国際カードは不可

あんみつが一番人気!

近くに川があり、カフェや雑貨屋が増えてきた注目のエリアにある。古い韓屋に東南アジアのテイストを加え、ココナッツや仏像などをインテリアに取り入れている。夏は中庭の濡れ縁席も気持ちがよい。

仁寺洞（インサドン）
江北・中心部
アンティーク家具　豊富な茶葉

紅茶とキャロットケーキ

BANJUL 반줄 ●バンジュル

MAP P.19-D3 地下鉄 131 **鐘閣駅**4番出口徒歩4分

住 23 Samil-daero 17-gil, Jongno-gu　住 종로구 삼일대로17길 23
旧 종로구 관철동 12-16　TEL (02) 735-5437
URL www.banjul.co.kr　◎ banjul__cafe　開 11:30〜22:20
休 旧正月とチュソク当日、不定休　日 不可　英メ あり　CC ADJMV

コーヒーミルが壁を彩る

1974年オープンの老舗で、ビルの3階がカフェ、4階がウイスキー・バー、5階がルーフトップになっている。3階のカフェはアンティーク家具が用いられ、壁を埋め尽くすようにコーヒーミルが飾られている。紅茶は70種の茶葉から選ぶことができる。

西村（ソチョン）
江北・中心部
ワインカフェ　2部屋計約12席

西アジアにも似たスタイル

ウイリアムモリスをイメージ

Nagne House 나그네하우스 ●ナグネハウス

MAP P.209-B3 地下鉄 327 **景福宮駅**2番出口徒歩1分

住 6, Jahamun-ro 1na-gil, Jongno-gu
住 종로구 자하문로1나길 6　旧 종로구 체부동 64
TEL (02) 725-7377　URL nagnehouse.com　開 11:30〜23:00、日11:30〜22:00　休 無休　日 少し　英メ あり　CC ADJMV

韓屋ゲストハウスも併設

130カ国以上を旅したオーナー自ら築200年以上の韓屋をリメイクして作ったワインカフェ。靴を脱いで過ごすアジアンスタイルで、まったりとした時間が過ごせる。旅の話をしたら止まらないオーナーと楽しいひとときを過ごしてみよう。

info BANJULはオープン当初はレストランで、各国大使や著名人が訪れる有名店だった。ビルの1階のディスプレイでは、各国大使からの手紙や土産物などが展示している。

北村（プクチョン）
江北・中心部
韓屋 レトロインテリア 約35席

チャジャンナム イヤギ 자작나무이야기●Whitebirch Story

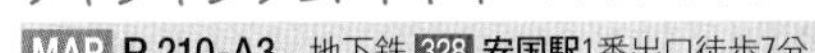

MAP P.210-A3 地下鉄 328 安国駅1番出口徒歩7分

住 74-15, Yulgok-ro 1-gil, Jongno-gu
住 종로구 율곡로1길 74-15 旧 종로구 소격동 157-4
TEL (02) 730-7932 開 12:00～22:00 (L.O.21:30)
休 無休（旧正月とチュソクは短縮） 日 不可 英 あり CC 不可

奥は意外に広い

座卓のスペース

人気ドラマ『トッケビ』の撮影で使用されたことで話題になったカフェ。いつも混んでいるが17:00頃が狙い目。中に入ると植物やレトロな雑貨がいたるところに置かれている。パッピンスにトッピングされたナツメは店長の自家製。お酒メニューも気軽に楽しめる。

中庭を通って奥へ

アイスクリームワッフル₩1万5000
サングリア₩1万

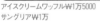

客がメッセージを書いた紙ナプキンが壁にびっしり貼られている

解放村（ヘバンチョン）
江北・Nソウルタワー南
約40席 屋上テラス
自社焙煎

オランオラン 오랑오랑 카페

MAP P.27-D1 地下鉄 629 緑莎坪駅2番出口徒歩24分

住 26-14, Sowol-ro 20-gil, Yongsan-gu
住 용산구 소월로20길 26-14 旧 용산구 용산동2가 1-62
TEL (02) 3789-7007 URL orangorang.co.kr
Instagram orangorangcoffee 開 11:00～21:00 休 不定休
日 不可 英 あり CC 不可

解放村の新興市場（シヌンシジャン）内にあるカフェ。コンクリート打ちっぱなしの店内は、スタイリッシュで都会的と人気が高く、3階はルーフトップカフェになっている。オーナーはコーヒーに対するこだわりが強く、ロースティングは自社で行っており、コーヒー豆も販売している。

仁寺洞（インサドン）
江北・中心部
韓屋 30席

アルムダウン茶博物館

아름다운차박물관 ●アルムダウンチャ パンムルグァン

MAP P.206-B2 地下鉄 131 鐘閣駅3-1番出口徒歩6分

住 19-11, Insadong-gil, Jongno-gu
住 종로구 인사동길 19-11 旧 종로구 인사동 193-1
TEL (02) 735-6678 開 11:30～22:00 (L.O.21:30)
休 旧正月、チュソク 日 可 英 あり CC ADJMV

古い建物を利用した落ち着いた空間でお茶を楽しむことができる店。ティールームは光が差し込む中庭になっている。ギャラリーには茶器が並び、お茶とともに茶器も購入できる。夏はお茶のピンス（かき氷）などもある。

info 韓国では梅雨入り前4月下旬から5月にかけて摘み取られる雨前（ウジョン）茶が高級茶葉とされ、智異山（チリサン）や宝城（ポソン）あたりの産地のものが特に人気がある。

西村（ソチョン）
江北・中心部
ワインカフェ 約20席

veranda 베란다 ●ベランダ

MAP P.209-B3 地下鉄 327 景福宮駅7番出口徒歩3分

住 9-4, Sajik-ro 10-gil, Jongno-gu
住 종로구 사직로10길 9-4 旧 종로구 내자동 162
TEL (02) 733-7189 veranda_seoul
開 10:30～22:30 休 日曜、不定休
日 不可 日メ なし 英メ なし CC ADJMV

本が多く飾られているブックカフェ

伝統家屋を改装している

コーヒーと手作りトースト&バジルペースト

伝統的な家屋を利用しているカフェ。店内には本が飾られており、読むのもOK。それほど広くないが、リラックスできる空間だ。ドリンクはコーヒーとティーが₩4500～7000。レモネード₩6000、ワインがグラスで₩1万2000。食事は手作りのトーストが₩4500～9500。

梨花洞（イファドン）
江北・中心部
一軒家 庭 100席

ケップル 개뿔 ●Gaebbul Museum & Coffee

MAP P.216下B 地下鉄 420 恵花駅2番出口徒歩15分

住 26, Naksanseonggwakseo 1-gil, Jongno-gu
住 종로구 낙산성곽서1길 26 旧 종로구 이화동 9-443
TEL (02) 765-2019 cafe_gaeppul_official
開 10:00～21:50、金～日10:00～22:50（L.O.15分前）
休 無休 日 不可 英メ あり CC ADJMV

緑の小屋が目印

部屋はいくつもある

ビールも各種ある

梨花洞壁画村（イファドンビョッカマウル）の象徴的存在のカフェ。以前から映画やドラマ、CMの撮影現場として知られていたが、某芸能人のヒーリングスポットとしてテレビ番組で紹介されさらに人気となった。坂を利用した建物で、ベランダからの眺めがいい。食事メニューはないが、ナッツとドライフルーツの盛り合わせをつまみにビールが飲める。

from Seoul ケップル関連施設の博物館

ケップルのオーナーは、鉄などの金属をマテリアルとするアーティスト。梨花洞を壁画村として再生させたときには、ポストや住所表示板などを色分けして観光客が歩きやすいようにしたり、広場や路地にオブジェを置いたり町づくりに貢献した。

彼は、ケップルの敷地内のほか、梨花洞にある空き家を利用し、民具などを展示するスペースをいくつか作っている。ケップルでドリンク券（₩7000）を買えば、併設のギャラリー（陶器など）も見学できる。

時代や地域によって焼き網も違う

壺も韓国の生活必需品

ナタや包丁の展示

お茶でほっこり！ 癒やし系カフェ

東洋では飲食と健康は深い関係があるとされる。ソウルのカフェで体調を整えてはいかが？

東大門（トンデムン）
江北・Nソウルタワー東
韓方 7席 カウンター席あり

ドサンファ 더쌍화 ●ザ・双和／The Ssanghwa

MAP P.21-C3 地下鉄 128 421 **東大門駅**9番出口徒歩5分
地下鉄 129 **鍾路5街**5番出口徒歩8分

住 252-18, Jong-ro, Jongno-gu
住 종로구 종로 252-18 旧 종로구 종로 265-19
TEL 050-2500-5700 URL thessanghwa.co.kr
開 10:00～21:30 休 旧正月、チュソク当日
日 不可 日メ あり CC ADJMV

外で気軽に韓方薬茶を楽しめる

小さな粥付きのセット。はちみつ付き

韓方のいい香りが充満する

1967年の韓医院開業以来、伝統韓方茶を研究している店。煮出した薬効をパックする特許取得に20年以上かかったという。朝鮮王朝時代の献上品を再現しつつ、現代人のテイストに合った味に仕上げている。

北村（プクチョン）
江北・中心部
韓方調合 14席 足湯

Tea Therapy 行廊店 티테라피행랑점 ●ティテラピ ヘンナンジョム

MAP P.210-A3 地下鉄 328 **安国駅**1番出口徒歩5分

住 74, Yunboseon-gil, Jongno-gu
住 종로구 윤보선-길 74 旧 종로구 안국동 6-1
TEL (02) 730-7507 URL www.teatherapy.com 開 10:00～21:00、日10:00～20:00（L.O.30分前） 休 無休 日 可 日メ あり CC ADJMV

処方薬は煮出さないのでティーポットで気軽に飲める

後ろにある小瓶に入れて持ち帰る

由緒ある韓屋

苦い韓方材を香り立つお茶に変える韓方医イ・サンジェ先生が手がけた茶を通じて心と体を治癒する韓方カフェ。簡単な問診で最適な処方をしてもらえる。足湯もあり、もちろん普通のカフェとして利用することもできる。昼は食事もできる。

双門洞（サンムンドン）
江北・北部
ネコカフェ 18席

SUP.O 숲오 ●スプオ

MAP P.16-B1 軽電鉄牛耳新設線 S111 **ソルバッ公園駅**1番出口徒歩5分

住 12 Uicheon-ro 48-gil, Dobong-gu
住 도봉구 우이천로48길 12 旧 도봉구 쌍문동 485-22
TEL 0507-1492-6336 sup.o_coffee
開 11:00～22:00 休 水曜に月1回 日 不可 英メ あり CC ADJMV

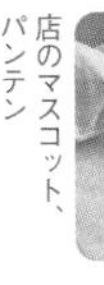
店のマスコット、パンテン

色鮮やかなデザートとドリンク

スプは森、オは泉の意味で、店内は白とグリーンを基調にしたリラックスできる空間になっている。徳成女子大学の近くにあることから、学生が多い。ドリンクとデザートは見た目にも美しい。ソルトパンも人気。

info スプオのある周辺は『イカゲーム』の主人公が住んでいるエリアとされている。SUP.Oの通りの向かいでは、主人公のギフンとサンウが会話するシーンが撮影された。

勉強もOK

学生が集まるカフェ

学生街でなくてもカフェはたくさんあるが、ここでは大学ゆかりの店を紹介しよう。

新村・梨大（シンチョン・イデ）
江北・Nソウルタワー西
眺望自慢　100席

コッピダ イファタバン 꽃피다 이화다방 ●Ewha Dabang

MAP P.218-B1 京義·中央線 P314 新村駅1番出口徒歩5分

住 8F, 75, Ewhayeodae-gil, Seodaemun-gu
住 서대문구 이화여대길 75, 8층　旧 서대문구 대현동 37-1
TEL (02) 313-1905　開 10:00〜22:40、土·日11:00〜22:00
休 1/1、旧正月とチュソク連休　日 不可　英メ あり　CC ADJMV

梨花女子大を一望できる眺めと広々とした空間は学生の憩いの場。パソコンを立ち上げて勉強する女子大生も少なくない。おすすめはクイーンズミルクティー（アイス）₩5500、アインシュペナー（アイス）₩6000など。

新村・梨大（シンチョン・イデ）
江北・Nソウルタワー西
老舗　眺望自慢
100席以上

トクスリタバン 독수리 다방 ●鷲茶房

MAP P.30-B3 地下鉄 240 新村駅3番出口徒歩6分

住 8F, 36, Yonsei-ro, Seodaemun-gu
住 서대문구 연세로 36, 8층　旧 서대문구 창천동 31-4　TEL (02) 363-1222
dokdabang　開 11:00〜24:00、日11:00〜23:00（L.O.1時間前）　休 旧正月とチュソク連休　日 不可　英メ あり　CC ADJMV

通称「トッタバン」とも呼ばれ、延世大生なら誰もが知っているカフェ。携帯電話がなかった時代は店の入口にメモ書きを貼って恋人と連絡をしていたとか。コーヒー各種のほか、紅茶、ハーブティー、シェイクもある。

望遠洞（マンウォンドン）
江北・Nソウルタワー西
ブックカフェ　眺望自慢
100席以上　支店あり

CAFE COMMA 合井店 카페꼼마 합정점 ●カペ コンマ ハプチョンジョム

MAP P.34-B2 地下鉄 621 望遠駅2番出口徒歩10分

住 49, Poeun-ro, Mapo-gu
住 마포구 포은로 49　旧 마포구 합정동 441-35
TEL 070-4179-2205　cafecomma__official
開 10:00〜22:00　休 1/1、旧正月とチュソク当日翌日
日 不可　英メ あり　CC ADJMV

6階建てのビルを利用しており、階ごとに異なる装飾がされている。低層階はまるで本屋や図書館のように本棚に囲まれており、本の販売もしている。上層階は眺望がすばらしい。

大学路（テハンノ）
江北・中心部
ティラミス　22席

Cafe Hyehwadong 카페 혜화동 ●カペ ヘファドン／カフェ恵花洞

MAP P.217-A2 地下鉄 420 恵花駅3番出口徒歩4分

住 40, Changgyeonggung-ro 26-gil, Jongno-gu,
住 종로구 창경궁로26길 40　旧 종로구 명륜4가 145 2층
TEL (02) 6497-3347　cafe_hyehwadong
開 12:00〜22:00（L.O.21:30）　休 無休　日 不可　英メ あり　CC ADJMV

週末は行列ができるほどの人気カフェ。学生に人気なのはレトロでかわいい瓶入りのミルクティーで、ティーバッグがそのまま入っている。ティラミスもファンの多いスイーツ。

info 韓国語でコーヒーは「コピ」。注文時にコーヒーと言っても通じないので注意。また、ホットは「ハッ」と発音される。

人気エリア 詳細散歩マップ

Aルート

START：光化門駅　GOAL：東大門歴史文化公園駅

歩行距離：9.5～10km　所要時間：8時間

ルートのポイント：**景福宮** ▶P.90 で守門将交代式10:00に間に合うように行く。見学後は北村で韓屋を見たり、伝統工芸に触れ2時間。13:00からは仁寺洞、益善洞の町歩きを。15:00頃に世界遺産の**宗廟** ▶P.92 や**広蔵市場** ▶P.216 を見て18:00東大門着。東大門のファッション爆買いは夕食後の20:00から。

アドバイス：途中**青瓦台** ▶P.100 を見学するのもおすすめ。世界遺産の**昌徳宮** ▶P.94 に行くなら北村の後に。

Bルート

START：鐘閣駅　GOAL：明洞

歩行距離：6～6.5km　所要時間：約3時間

ルートのポイント：明洞と南大門市場、**Nソウルタワー** ▶P.107 に行くルート。午後スタートでも楽しめる。市場は閉まるがタワーの夜景もいい。

カンブク
江北中心部
N
0 250 500m
Cルート GOAL
テハンノ
大学路
P.217
恵化駅 420
駱山公園
東から西へは下り坂(階段)
イファドン
梨花洞
P.216下
城壁歩きは明るいうちに
坂と階段が多いのでスニーカーで
歩行者用トンネルあり景色は見えない
昌慶宮路
昌徳宮
昌慶宮
大学路
駱山公園近くのアート
安国駅 328
ユルゴクロ
栗谷路
三一大路
カフェに入るなら行列の時間も計算
栗谷路
Yulgok-ro
Changgyeonggung-ro
Daehak-ro
テハンノ
インサドン
仁寺洞
P.206
삼일대로
イクソンドン
益善洞
P.208
宗廟
遅くまで酒と食事OK
東大門駅 421 128
東大門
Cルート START
534
329 鍾路3街駅
130
チョンノ
鍾路5街駅 129
クァンジャンシジャン
広蔵市場
P.216上
清渓川
Samil-daero
チュンムロ
チャンギョングンノ
川沿いは遊歩道
市場飯はこちら
トンデムン
東大門
P.214
イベントが多く週末の渋滞ポイント
清渓川
サミルデロ
Aルート GOAL
Eulji-ro
乙支路
203 330
乙支路3街駅
ウルチロ
204 535 乙支路4街駅
205
東大門歴史文化公園駅 422
536
Bルート GOAL
明洞聖堂
Chungmu-ro 忠武路
テゲロ
退渓路 Toegye-ro
424
明洞駅
331 423
忠武路駅
東国大学は仏教系の学校。仏教行事に使われることもある
東大入口駅 332
若い外国人旅行者向け安いゲストハウス多し
ナムサン
南山
行きはロープウエイを使うとラク。エレベーターも使える
Nソウルタワー
薬水駅 333 633
Cルート
START：東大門 GOAL：恵化駅
歩行距離：2 ～ 2.5km 所要時間：約 2 時間
ルートのポイント：東大門から城壁に登り 15 分ぐらいで駱山公園の手前に着く。そこから壁画村を通って大学路へ。
アドバイス：駱山公園は夕景＆夜景ポイントとしても有名なところ。グループなら A コースの後、散策してもよいだろう。

仁寺洞～益善洞
インサドン～イクソンドン
인사동～익선동
周辺図 P.19～20
0
25
50m
仁寺洞・益善洞
Nソウルタワー
江北
漢江
江南
328
安国駅
안국역
Anguk
仁川発
6011
地下鉄3号線
Samil-daero
삼일대로
徒歩1分
80m
三一大路
鍾路警察署
종로경찰서
行き止まりも多いが路地裏歩きが楽しい
五嘉茶
오가다
P.167
コッパベ ピダ
ビョルタバンミスリー
별다방미스리
仁寺洞キル
인사동길
Insadong-gil
Insadong 16-gil
サランチェ
사랑채
インサホステル
ニジョ
뉘조
Insadong 14-gil
P.166 NURI
仁寺洞ミニホテル P.295
P.241
LINEフレンズ PLAY仁寺洞
済州島産の茶の店。フレーバーティーはおみやげにおすすめ
郵征総局 P.126
우정총국
トイン
토인
オーソルロク
오설록
オセゲヒャン
오세계향
耕仁美術館
경인미술관
伝統茶院 P.196
クン
궁
인사동10길
P.240
サムジキル
北村ソンマンドゥ
북촌손만두
仁寺洞スジェビ
인사동수제비
東側の路地に韓屋カフェが多い
ウリミ
P.240
KCDFギャラリー
KCDF갤러리
P.252 公主韓服
オス
오수
Insadong 11-gil
国際刺繍院
P.240
Insadong 10-gil
寺洞麺屋
사동면옥
仁寺洞マヌルボッサム
인사동마늘보쌈
P.178 鉢盂供養
テンプルステイインフォメーションセンター
템플스테이 통합정보센터
인사동11길
仁寺洞広報館
인사동홍보관
AGIO
白岳美術館
백악미술관
Insadong 9-gil
仁寺洞
Insa-dong
인사동
水曜日
수요일
Insadong 8-gil
トマ
도마
トンインカゲ
통인가게
郵政局路
인사동9길
伝統茶屋仁寺洞
전통찻집인사동
世林
セガン
세간
OGUOGU
P.255
ミュージアムキムチ間
仁寺洞マル
P.242
ソンビ
P.277
朴英淑窯
박영숙요
テンマルチプ
툇마루집
パンチャク パンチャク ピンナヌン
P.196
運休中
仁川発 6005
仁川行 6005
運休中
Ujeongguk-ro
우정국로
인사동9길 Insadong 9-gil
週末の仁寺洞キルは歩行者天国になり、屋台やパフォーマーが出る
인사동7길
Insadong 7-gil
Insadong 4-gil 인사동4길
Insadong 5-gil
チャヤボル
취야벌
ジョンソンブデチゲ
존슨부대찌개
里門ソルロンタン
P.164
センターマーク
仁寺洞カムジャタン
인사동감자탕
ハーモニーマート
P.237
우정국로 Ujeongguk-ro
인사동5길
コッタム
꽃담
Insadong-gil
キョデ イチュンチプ
교대이층집
P.199 アルムダウン茶博物館
地下鉄5号線
両班宅
양반댁
ハンボクダムダ
P.252
ハナロビル
하나로빌딩
泰和ビル
태화빌딩
ペップジャンチプ
백부장집
ヨルチャチプ
열차집
公平洞
Gongpyeong-dong
공평동
全州チプ
전주집
マニムグァトルセ
마님과 돌쇠
ピマッコル
コッピヌンサンコル
꽃피는산골
ピマッコルと呼ばれる裏路地。再開発予定で閉店する店舗が多くさびれている
ユンミ
육미
CoCo壱番屋
코코이찌방야
オヤン食堂
오양식관
鐘路タワー
종로타워
P.110
YMCA
鐘閣駅
종각역
Jonggak
131
仁川行 6002
A
B
1
2
3

基本ルート
歩行距離：600 ～ 700m　所要時間：2 時間
ポイント：仁寺洞から益善洞までサッサと歩けば10 分足らず。しかし、ここの楽しみは路地裏の探索。仁寺洞キルを外れないと韓屋カフェやすてきなショップには巡り会えない。
雲峴宮
운현궁
P.98
C
D
1
2
3
Donhwamun-ro 11ga-gil
돈화문로
敦化門路
Donhwamun-ro
歩道のカラー舗装化がすすみ歩きやすくなった
돈화문로11가길
Samil-daero 32-gil
삼일대로32길
Samil-daero 32ga-gil
P.208
益善洞
ソウル鍾路
韓国伝統飲食研究所
한국전통음식연구소
P.253 トック博物館
떡박물관
Samil-daero 32ga-gil
セビアン
dAoMM
다옴
敦化門路
韓服を着て歩くのも流行中！
삼일대로32가길
イビスアンバサダーソウル仁寺洞 P.277
ホステルトミ
삼일대로30길
1993
돈화문로11가길
益善洞
Ikseon-dong
익선동
地下鉄3号線
Samil-daero 30-gil
植物
식물
トゥラン
P.196
Supyo-ro 28-gil
マダンフラワーカフェ
마당플라워카페
ナグォンアグチム
낙원아구찜
Samil-daero 28-gil
益善文具店 P.168
トップホテルレジデンス
トンベクヤングァジョム
P.193
馬山アグチム
마산아구찜
鍾路ビズ
Supyo-ro 28-gil
Donhwamun-ro 11-gil
ヨジンコプ
여진곱
Samil-daero 26-gil
P.291
オラカイ仁寺洞スイーツ
P.187
Craft Roo
楽器屋が集まるビル地下は在来市場
P.156
ナッグオンジャン
味カルメギサル専門
チャンファダン
P.162
楽園商店街
낙원상가
P.172
イルミシクタン（地下）
Supyo-ro 28-gil
チャニャンチプ
찬양집
鍾路3街駅
종로3가역
Jongno 3(sam)-ga
534
地下鉄５号線
長寿参鶏湯
장수삼계탕
Makers
鍾路3街駅
종로3가역
Jongno 3(sam)-ga
329
ホテル昇竹荘 P.292
車はスピードを出すので、信号は必ず守ろう
ラワ
ツーヘブン
夜になるとずらりと海鮮屋台が並ぶ 安くはない
敦義洞
Donui-dong
돈의동
江原道チプ
강원도집
タルチ
トダムトダム
토담토담
鍾路真ナクチ P.83
종로진낙지
コルリノン
ユジンシクタン P.171
クティ
Insa Korea
Samil-daero
このあたりは昼でも酔っ払いがいたり、雰囲気はよくない
ハローイン
円覚寺址十層石塔
원각사지 십층석탑
鍾路チプ
종로집
ラボウム
スター
春園堂韓医薬博物館
춘원당한의약박물관
アマレ
ヨンチュノク
영춘옥
八角亭
팔각정
タプコル公園 P.134
탑골공원
삼일대로
韓国トンダク
한국통닭
POP3
楽園洞の楽器店
韓国将棋チャンギを楽しむオジサマ多し
三・一大路
鍾路3街駅
종로3가역
Jongno 3(sam)-ga
130
クムガン製靴
금강제화
地下鉄１号線
207

益善洞
イクソンドン / 익선동
0 15 30m
周辺図 P.206~207
基本ルート
歩行距離：600 ～ 700m　所要時間：2 時間
ポイント：60m 四方ほどの小さいエリアに韓屋カフェ、レストラン、ファッション店がひしめく。店も路地も狭いので休日の混雑は相当なもの。行列に並ぶ時間も考慮しよう。韓服で歩くのもいいが、レトロな洋装が流行中。
ソウル鍾路
益善洞
Nソウルタワー
江北
漢江
江南
韓国伝統飲食研究所
한국전통음식연구소
P.253 トック博物館
떡박물관
セビアン
地下鉄3号線
敦化門路
Donhwamun-ro
dAoMM
다옴
Tommy
돈화문로
徒歩1分
80m
삼일대로32가길
P.277 イビスアンバサダーソウル仁寺洞
Samil-daero 30-gil
삼일대로30길
돈화문로11가길
1993
益善洞121
익선동121
韓屋をリノベーションしたカフェが多い
この路地から入るとわかりやすい
タイ料理
Chiangmai Bangkok
ギャラリー
益善洞
Ikseon-dong
익선동
Samil-daero 28-gil
イタリアン
Zio Cucina
SeconD FOR REST
세컨디포레스트
BANJOO
반주
アダムチプ
아담집
P.196 トゥラン
マダン フラワーカフェ
마당플라워카페
ファッション系数件
益村住宅
익선주택
Samil-daero 28-gil
Supyo-ro 28-gil
益善知味方
익선디미방
イテリチョンガク
이태리총각
Hangout
丼ぶりパスタ
돈부리파스타
益善文具店 P.168
西村に支店あり P.181
Donhwamun-ro 11-gil
Donhwamun-ro 11na-gil
Donhwamun-ro 11ga-gil
Omarae
P.193 トンベク ヤングァジョム
楽園駅
낙원역
パサク チョクパル
빠삭족발
ソウルコーヒー
서울커피
コレネ
고래네
El Carnitas
Supyo-ro 28-gil
トンテジチプ
통돼지집
南道粉食
남도분식
RUSKA
初夏塩田
소하염전
수표로28길
ミルトースト
밀토스트
コチャンチプ
고창집
P.187 Craft Roo
このあたり、アクセサリー屋、レトロ服の店多し
ソデポチプ
서대포집
P.162 チャンファダン
ナッグォンジャン
P.156 味カルメギサル専門
Cafe Rococo
Le Blanseu
르블란서
スターホステル仁寺洞
トッカゲチュンチョン
떡가게종춘
望遠洞ティラミス
망원동티라미수
SEINE
チャニャンチプ
찬양집
レトロ服やアクセの店が増加中
鍾路3街駅
종로3가역
Jongno 3(sam)-ga
534
東海南部線
동해남부선
Makers

基本ルート
歩行距離：2km　所要時間：2時間
ポイント：景福宮の西側に位置しており、ほかの地域と回りにくいが、ローカルなレストランも多く、グルメ好きなら訪れておきたいところ。韓屋巡りなら南半分でいいが、おかずを自由に選べる勝手弁当 P.215 脚注 が「お弁当カフェ 通」で食べられる通仁市場まで足を延ばしたい。
ここでコインと弁当箱を買う。弁当完成後のイートインスペースもある
あと100mほどで景福宮の敷地へ
韓屋密集エリア。路地に入ってみよう
会社帰りに1杯という人で大にぎわい
通仁市場の「勝手弁当」
まずコインと弁当箱を入手
これはコイン2枚
いろいろ詰めて完成
飲食店がぎっしり世宗マウル飲食文化通り
西村
ソチョン/ 서촌
周辺図 P.18-19
西村
Nソウルタワー
江北
漢江
江南
ヘルマンエチョンウォン 헤르만의정원
ヨングァントンダク 영광통닭
孝子ベーカリー 효자베이커리
西村ククス 서촌국수
お弁当カフェ 通 도시락카페 통
通仁市場
ウォンジョ
チョンハルモニキルムトッポッキ P.173
SCOFF BAKEHOUSE P.191
西村統営 서촌통영
空気食堂 공기식당
TAE TEA
涯月食堂 애월식당
永和楼 영화루
韓G.H.
Gallina Daisy 갈리나데이지
通仁洞 Tongin-dong 통인동
湧金屋 용금옥
アッパコムタン 아빠곰탕
ソイロウム P.168
シヌンシガン 쉬는시간
通仁スイーツ 통인스윗
コミス 고미스
政府ソウル庁舎 昌成洞別館 정부서울청사 창성동별관
コチビ 고치비
ohoo-cafe
P.181 イテリチョンガク
ファルチャクピンメミル 활짝핀메밀
Song's Kitchen
ミンゴネ食卓 밍고네식탁
テハ食堂 대하식당
古韻堂
Château Chocolate
Yellow Cook
スハの森 누하의숲
甜蜜蜜 티엔미미
古来 고래
コッポッキルブオク 벚꽃길부엌
都城 도성
ウリ銀行 우리은행
Scooper
通義洞 Tongui-dong 통의동
神田そば 칸다소바
Preseason
キムヨンヒョンベーカリー 김용현베이커리
体府洞 Chebu-dong 체부동
10月1日 10월1일
本平壌 봉피양
THE SOHO RESIDENCE
J. Alley
時雨食堂 시우식당
P.170 maji
Rules
ピルウンドンチュ 필운동주
土俗村 토속촌
ジョーズトッポッキ 죠스떡볶이
マンナ粉食 맛나분식
Kopitiam
MEGA MGC Coffee
鉄板男 철판남
キムジンモクサム 김진목삼
孝子バベ 효자바베
黄金亭 황금정
西村181 서촌181
P.298 P.198 ナグネハウス
カマコル 가마골
ココタック 코코닭
春 하루
ラーメン店パン 라면점빵
ココタック 코코닭
体府洞チャンチチプ 체부동잔치집
Paris Baguette
児童図書館 어린이도서관
キムチG.H.
コギ名家 고기명가
世宗マウル飲食文化通り
階段チプ 계단집
セマウル金庫 새마을금고
社稷洞役場 사직동주민센터
地下鉄3号線
社稷路 사직로 Sajik-ro
80m 徒歩1分
景福宮駅 경복궁역 Gyeongbokgung
社稷公園 사직공원
P.99 社稷壇 사직단
内資洞 Naeja-dong 내자동
ハルメチプ 할매집
新安村 신안촌
世宗路聖堂 세종로성당
veranda P.200
来来香 래래향
COBBLER P.183
ソウル地方検察庁 서울지방검찰청
孝子洞 Hyoja-dong 효자동
昌成洞 Changseong-dong 창성동
Good Night & Good Luck

基本ルート
歩行距離：2～3km　所要時間：約2時間
ポイント：坂道が多く、行き止まりが多いので予想より時間がかかる。韓屋村のメインエリアは入場時間に制限がある。
北村・三清洞
ブクチョン・サムチョンドン
북촌/삼청동
0 50 100m
周辺図 P.18-19
三清洞スジェビ
삼청동수제비
北村生活史博物館
북촌생활사박물관
北村8景
北村８景
北村韓屋村
북촌한옥마을
北村東洋文化博物館
북촌동양문화박물관
嘉会洞李俊九家屋
가회동이준구가옥
北村7景
北村6景
八判キル
青受亭
청수정
嘉礼苑
가례원
Milky Yo
Palpan-gil
팔판길
Cafe Rosso
三清路
Bukchon-ro 5na-gil
Bukchon-ro 11da-gil
80m
徒歩1分
北村路11キル
このエリアは月～土10:00～17:00のみ観光可能
北村4景
北村5景
居住地域を静かに歩くように促すボランティア
ソウル中央高校
서울중앙고등학교
人文学博物館
인문학박물관
北村２景
昌徳宮キル
창덕궁길Changdeokgung-gil
北村2景へ(約150m)
安国禅院
안국선원
北村3景
P.254
金箔宴
금박연
P.254 北村伝統工芸体験館
북촌전통공예체험관
三清教会
삼청교회
八判洞
Palpan-dong
팔판동
三清洞
コリアゲストハウス
sogno rings
チャマシヌントゥル P.196
北村４景
嘉会洞聖堂
가회동성당
Bukchon-ro 11-gil
Bukchon-ro
P.254 東琳メドゥプ工房
동림매듭공방
北村路
嘉会民画博物館 P.253
가회민화박물관
Samcheong-ro
路地裏から古宮が見える
花洞
Hwa-dong
화동
北村韓服
북촌한복
正読図書館
정독도서관
桂洞教会
계동교회
豊年米農産
풍년쌀농산
白麟済家屋
백인제가옥
百年土種参鶏湯
백년토종삼계탕
북촌길
チョングッチャンパプ
청국장밥
Bukchon-ro 5ga-gil
북촌로5가길
北村博物館
북촌박물관
楽古斎
桂洞ピザ
계동피자
観光案内所で地図をもらおう
斎洞小学校
재동초교
北村１景
名品三清洞トッポッキ
명품삼청동떡볶이
P.240 阿園工房
ソウル教育博物館
서울교육박물관
o'sulloc TEA HOUSE
アートソンジェセンター
아트선재센터 P.129
Wood & Brick
우드앤브릭
북촌길5길
Bukchon-ro 5-gil
OBJECT P.243
北村路5キル
聞香斎
문향재
昭格洞
Sogyeok-dong
소격동
Cafe 4 M
北村1景へ(約120m)
マウムルタマネミヨン P.166
Tea Therapy P.201
Bukchon-ro 4-gil
북촌길4길
愛好楽
애호락
モッシドンナ
먹쉬돈나
北村ヘムル
북촌해물
北村ソンマンドゥ
북촌손만두
北村文化センター
북촌문화센터
尹潽善家屋
윤보선가옥
Yulgok-ro 3-gil
ウンナム
은나무
マナニムRecipe
마나님레시피
Yunposun-gil
KIWA TAPROOM P.179
チャジャンナムイヤギ P.199
朝鮮キンパプ
조선김밥
P.194 トトリガーデン
Rossini
로씨니
北村・三清洞
Nソウルタワー
江北
漢江
江南
南へ2～3分歩き大通りを越えると仁寺洞の入口
安洞教会
안동교회
郷家
향가
カントンマンドゥ
깡통만두
徳成女子高
덕성여자고교
JIYUGAOKA 8丁目
지유가오카핫초메
憲法裁判所
헌법재판소
Yulgok-ro 3-gil
安国洞
Anguk-dong
안국동
328 安国駅1番出口へ(約70m)
328 安国駅2番出口へ(約50m)
Layered P.191

基本ルート
歩行距離：1km 所要時間：1～2時間
ポイント：300ｍ四方の基盤の目状の路地で歩きやすい。黄色で示した通りが通称コスメ通りで午後から屋台が出る。路地に入れば飲食店や格安ファッション店がひしめいている。
明洞中心部
ミョンドン / 명동
0
25
50m
周辺図 P.212-213
赤いシャツに日本語のバッジ
日本語を話せる観光案内スタッフが巡回している
2023年8月現在改装中
明洞のメインストリート、通称コスメ通り
屋台メニュー常設店
・ハットグ(アメリカンドッグ)
・オデン・トッポッキ
・ティギム(天ぷら)
You are Here P.192
スカイパーク明洞2
ソウルYWCA会館
서울YWCA회관
スカイパークセントラル明洞
イェジ粉食 P.82
예지분식
河東館
하동관
江南麺屋
강남면옥
ロイヤルホテルソウル P.287
味成屋
미성옥
イビス アンバサダー 明洞
明洞トンカツ
명동돈가스
明洞芸術劇場
명동예술극장
オリーブヤング 明洞フラッグシップ
올리브영 명동 플래그십
明洞ブックパーク
명동 북파크
新安東チムタク
신안동찜닭
daiso
Nature Republic
明洞キル
スターバックス
스타벅스
P.182 明洞スッキ
Myeongdong gil
명동길
P.293 相鉄フレッサイン明洞
baviphat
安東チムタク
안동찜닭
K-POPレジデンス 明洞1号店
NOON SQUARE
P.256 明洞ナンタ劇場
済州ミハン
제주미항
百済参鶏湯
백제삼계탕
ラネージュ P.233
明洞餃子
명동교자
ジェイムスチーズトゥンカルビ
제임스치즈등갈비
牛味屋
우미옥
ユガネタッカルビ P.158
ユッサム冷麺
육쌈냉면
中国大使館
중국대사관
オリーブヤング
올리브영
ミョンドンタッカンマリ P.158
テムテム 2号店
P.150 コムグクシジプ
P.226 トニーモリー 明洞中央店
松炭プデチゲ
송탄부대찌개
Evisu
明洞咸興麺屋
명동함흥면옥
May One
Myeongdong 8-gil
Myeongdong 4-gil
Myeongdong 9-gil
Myeongdong 10-gil
P.292 ソラリア西鉄ホテルソウル明洞
明洞餃子
명동교자
P.233 スキンフード明洞店
Stay 7
P.165 ミョンファダン
P.84 多味粥
다미죽
P.266 オフィ&フーSPA明洞
BANILA CO
スタイルナンダピンクホテル P.233
ÅLAND
Innisfree
テムテム 明洞中央店
P.237 コリアマート
P.276 サボイ
MIZO
명동8가길
韓国漢城華僑小学校
한국한성화교소학교
ホリカホリカ P.233 明洞店
Myeongdong 8ga-gil
ナインツリー 明洞
オリーブヤング
올리브영
テムテム 3号店
恭喜面館
꽁시면관
ユガネタッカルビ
유가네닭갈비
80m 徒歩1分
ネイチャー リパブリック P.232
オダリチプ
오다리집
P.276 スカイパーク明洞1
明洞8キル
仁川行 6001、6015
金浦行 6021 運休中
仁川発 6001、6015
金浦発 6021 運休中
CGV
牛里ガーデン
우리가든
ミリオレホテルソウル明洞
Migliore
P.265 Lufe'li
SSOOK P.265
明洞駅
명동역
Myeong-dong
424
Toegye-ro
퇴계로 退渓路
地下鉄4号線
P.279 プリンスソウル
仁川発 6001
明洞
Nソウルタワー
江北
漢江
江南

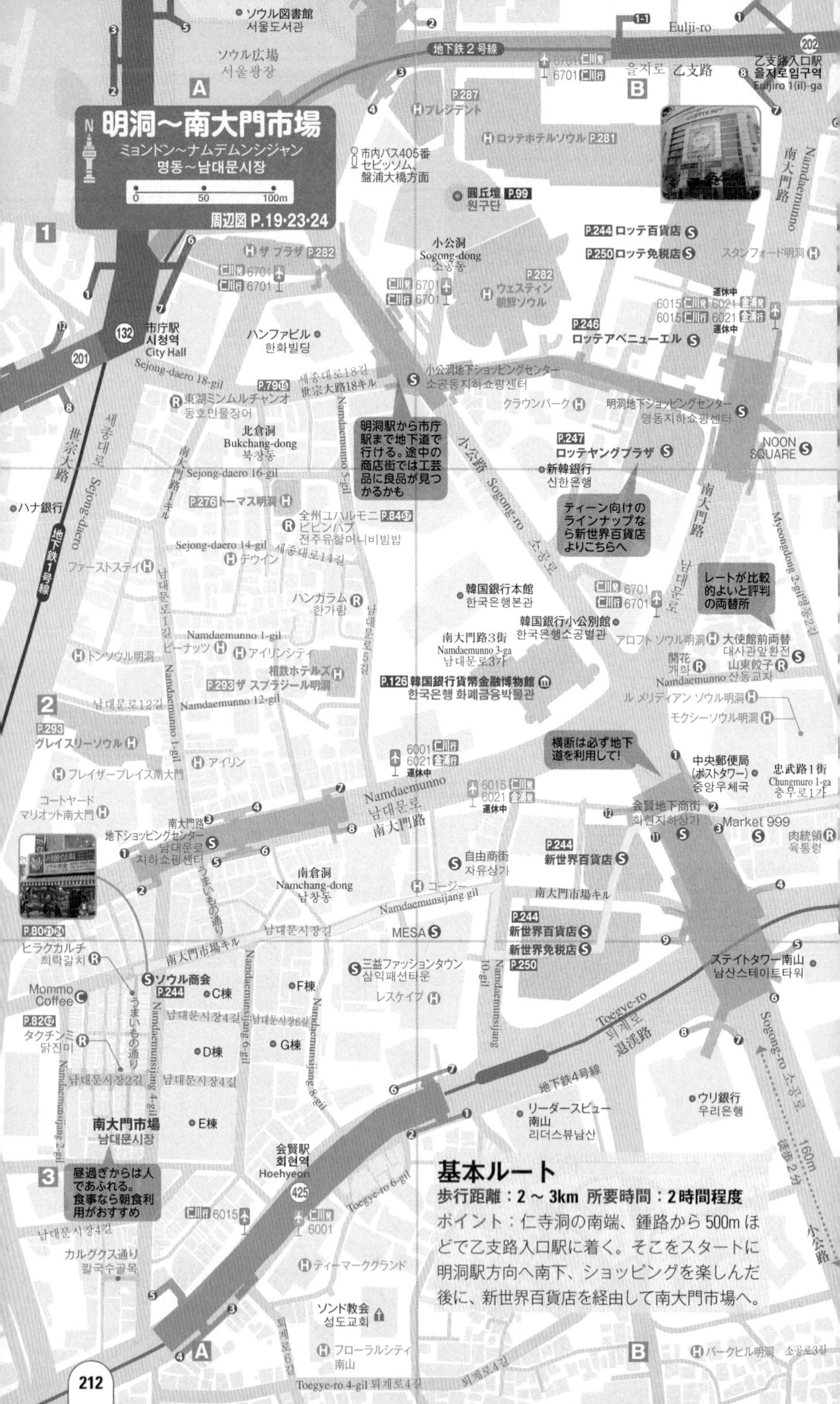

基本ルート

歩行距離：2 ～ 3km　所要時間：2時間程度

ポイント：仁寺洞の南端、鍾路から500mほどで乙支路入口駅に着く。そこをスタートに明洞駅方向へ南下、ショッピングを楽しんだ後に、新世界百貨店を経由して南大門市場へ。

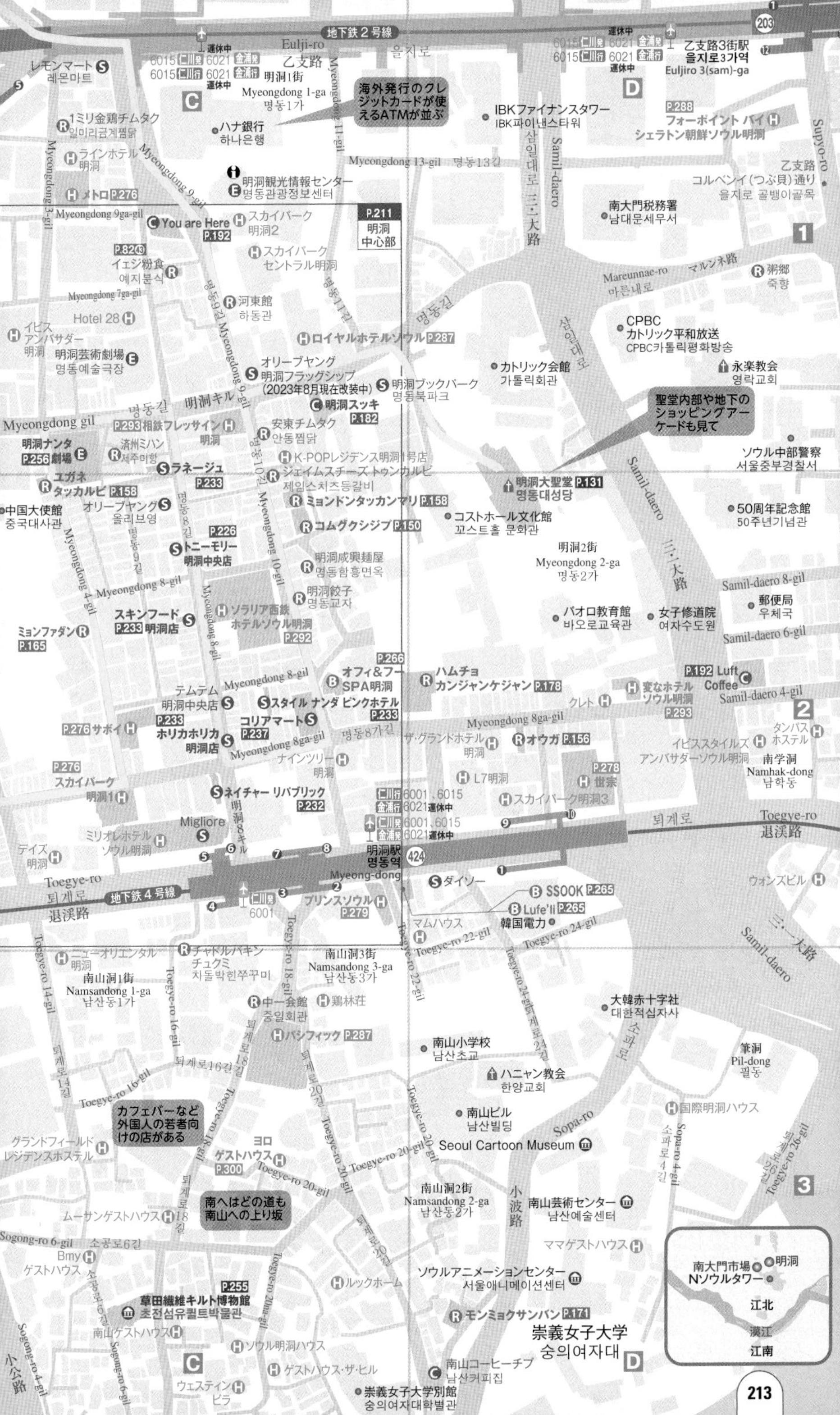
地下鉄２号線
Eulji-ro
乙支路
을지로
明洞1街
Myeongdong 1-ga
명동1가
乙支路3街駅
을지로3가역
Euljiro 3(sam)-ga
海外発行のクレジットカードが使えるATMが並ぶ
IBKファイナンスタワー
IBK파이낸스타워
フォーポイント バイ シェラトン朝鮮ソウル明洞
レモンマート
레몬마트
1ミリ金鶏チムタク
일미리금계찜닭
ハナ銀行
하나은행
ラインホテル明洞
メトロ P.276
明洞観光情報センター
명동관광정보센터
Myeongdong 13-gil 명동13길
乙支路コルベンイ（つぶ貝）通り
을지로 골뱅이골목
南大門税務署
남대문세무서
P.211
明洞中心部
You are Here P.192
スカイパーク明洞2
スカイパークセントラル明洞
イエジ粉食
예지분식
河東館
하동관
Hotel 28
イビスアンバサダー明洞
明洞芸術劇場
명동예술극장
ロイヤルホテルソウル P.287
マルンネ路
Mareunnae-ro
마른내로
粥郷
죽향
CPBC カトリック平和放送
CPBC카톨릭평화방송
カトリック会館
가톨릭회관
永楽教会
영락교회
オリーブヤング明洞フラッグシップ（2023年8月現在改装中）
明洞ブックパーク
명동북파크
明洞スッキ P.182
聖堂内部や地下のショッピングアーケードも見て
Myeongdong gil
明洞キル
相鉄フレッサイン明洞 P.293
安東チムタク
안동찜닭
明洞ナンタ劇場 P.256
済州ミハン
제주미항
K-POPレジデンス明洞1号店
ソウル中部警察
서울중부경찰서
ラネージュ P.233
ジェイムスチーズ トゥンカルビ
제임스치즈등갈비
ユガネタッカルビ P.158
明洞大聖堂 P.131
명동대성당
中国大使館
중국대사관
オリーブヤング
올리브영
ミョンドンタッカンマリ P.158
コストホール文化館
꼬스트홀 문화관
50周年記念館
50주년기념관
コムグクシジプ P.150
トニーモリー明洞中央店 P.226
明洞咸興麺屋
명동함흥면옥
明洞2街
Myeongdong 2-ga
명동2가
明洞餃子
명동교자
郵便局
우체국
パオロ教育館
바오로교육관
女子修道院
여자수도원
スキンフード明洞店 P.233
ソラリア西鉄ホテルソウル明洞 P.292
ミョンファダン P.165
オフィ&フーSPA明洞 P.266
ハムチョ カンジャンケジャン P.178
Luft Coffee P.192
変なホテルソウル明洞 P.293
クレト
テムテム明洞中央店
スタイル ナンダ ピンクホテル P.233
コリアマート P.237
ホリカホリカ明洞店 P.233
サボイ P.276
ザ・グランドホテル明洞
オウガ P.156
タンバスホステル
イビススタイルズアンバサダーソウル明洞
南学洞
Namhak-dong
남학동
ナインツリー明洞
スカイパーク明洞1 P.276
L7明洞
世宗 P.278
ネイチャー リパブリック P.232
スカイパーク明洞3
Migliore
ミリオレホテルソウル明洞
テイズ明洞
Toegye-ro
退渓路
퇴계로
明洞駅
명동역
Myeong-dong
地下鉄４号線
ダイソー
SSOOK P.265
Lufe'li P.265
ウォンズビル
プリンスソウル P.279
マムハウス
韓国電力
ニューオリエンタル明洞
チャドルバキンチュクミ
차돌박헌쭈꾸미
南山洞3街
Namsandong 3-ga
남산동3가
南山洞1街
Namsandong 1-ga
남산동1가
中一会館
중일회관
鶏林荘
大韓赤十字社
대한적십자사
パシフィック P.287
南山小学校
남산초교
筆洞
Pil-dong
필동
ハニャン教会
한양교회
カフェバーなど外国人の若者向けの店がある
国際明洞ハウス
南山ビル
남산빌딩
Seoul Cartoon Museum
グランドフィールドレジデンスホステル
ヨロゲストハウス P.300
南山洞2街
Namsandong 2-ga
남산동2가
南へはどの道も南山への上り坂
南山芸術センター
남산예술센터
ムーサンゲストハウス
ママゲストハウス
Bmyゲストハウス
ソウルアニメーションセンター
서울애니메이션센터
ルックホーム
草田繊維キルト博物館 P.255
초전섬유퀼트박물관
モンミョクサンバン P.171
南山ゲストハウス
崇義女子大学
숭의여자대
ソウル明洞ハウス
ゲストハウス・ザ・ヒル
南山コーヒーチプ
남산커피집
ウェスティンビラ
崇義女子大学別館
숭의여자대학별관
南大門市場
明洞
Nソウルタワー
江北
漢江
江南

東大門周辺
トンデムン / 동대문
0 50 100m
周辺図 P.21·25
A
B
漢陽都城博物館 P.103
한양도성박물관
ソウル城郭
서울성곽
P.102
昌信洞
Changsin-dong
창신동
Changsin-gil
Jong-ro 51-gil
Jong-ro 51ga-gil
Jong-ro 54-gil
こどもの
おもちゃ屋通り
鍾路 종로
Jong-ro
東大門城郭公園
동대문성곽공원
鍾路6街
Jongno 6-ga
종로6가
P.190 J. Hidden House
東大門駅
동대문역
Dongdaemun
128
421
東大門羊肉串店
동대문양육관점
Jong-ro 52-gil
종로52길
昌信洞文具·玩具通り
창신동문구 완구거리
シティデイズ
興仁之門（東大門） P.100
흥인지문（동대문）
カンウォンチプ
강원집
東大門
カムジャタン通り
24時間営業店あり
地下鉄1号線
タッカンマリ横丁
D棟
D동
東大門市場
동대문시장
C棟
C동
6702 6702
Jong-ro 46-gil
종로46길
Jong-ro 44-gil
종로44길
Jong-ro 50-gil
종로50길
P.296
ゴールデンパーク東大門
ガオン
Jong-ro 50na-gil 종로50나길
Jong-ro 40-gil
종로40길
P.283
JWマリオット
東大門スクエアソウル
B棟
B동
A棟
A동
東大門地下
ショッピングセンター
Jong-ro 50da-gil 종로50다길
Jong-ro 50ra-gil 종로50라길
東大門靴卸売市場
동대문신발도매상가
清渓川路
청계천로
帽子と靴下
スカーフ
Cheonggyecheon-ro
噴水
분수
地下鉄4号線
五間水橋
오간수교
清渓川
マルグンネ橋
맑은내다리
청계천
全泰一橋
전태일다리
かばん
24:00～12:00営業
新平和
ファッションタウン
신평화패션타운
東平和
ファッションタウン
동평화패션타운
青平和
ファッションモール
청평화패션몰
平和市場
평화시장
清渓6街地下
ショッピングセンター
청계6가지하쇼핑센터
南平和市場（N.P.H.）
남평화상가
6階がレザー
専門フロア
Majang-ro 1-gil
마장로1길
Art Plaza
DWP
The OT
Studio W
現代シティ
アウトレット
현대시티아울렛
DOOTA MALL
P.247
P.161 キョンソン
ハンバーグ
東和商店街
동화상가
Cheonggyecheon-ro
獎忠壇路
maxtyle
第一平和市場
제일평화시장
P.247
クァンヒ
ファッションモール
Elicium
Majang-ro 1ga-gil 마장로1가길
キッズモール
子供服
Majang-ro
Migliore
Eulji-ro 43-gil
Jangchungdan-ro 13-gil
장충단로13길
장충단로
24時間営業
ユッサム冷麺
육쌈냉면
24時間営業 Ediya Coffee
6702 6702
Belpost
二間水門展示場
이간수문전시장
마장로
馬場路
大人の服
財布·ベルト
Team 204
apM
ソウル城郭
서울성곽
P.102
靴下、バッグ
アクセサリー
Toegye-ro 73-gil
デザイナークラブ
디자이너클럽
apM Luxe
セマウル食堂
새마을식당
ハロー
エーピーエム
P.247
乙支路6街
Eulji-ro 6-ga
을지로6가
을지로43길
東大門歴史文化公園
동대문역사문화공원
ddp
ファッションモール
東大門歴史館
동대문역사관
Strawberry
Shop
東大門デザインプラザ（DDP） P.108
동대문디자인플라자
NUZZON
P.232
ザ マスクショップ
GOOD MORNING CITY
AM5:00まで
Panama
北海氷水
북해빙수
AM8:00まで
24時間営業
ロッテリア
ヌティナム
ソルロンタン
느티나무설렁탕
을지로45길
Eulji-ro 45-gil
을지로
乙支路
Eulji-ro
忠武アートセンター
충무아트센터
AM6:00まで メウン女子
매운여자
東大門問屋通り
東大門歴史文化公園駅
동대문역사문화공원역
Dongdaemun History & Culture Park
漢陽工業高校
한양공업고교
漢陽中学
한양중교
퇴계로71길
Toegye-ro 71-gil
城東グローバル
経営高校
성동글로벌
경영고교
24時間営業 マンギョン食堂
만경식당
Eulji-ro 44-gil
LOTTE FITTIN
205
Apm Place
6702
6702
東大門歴史文化公園駅
동대문역사문화공원역
Dongdaemun History & Culture Park
6001
6001
運休中 6021
運休中 6021
Toegye-ro
地下鉄2号線
160m
422
相鉄 ホテルズ ザ·スプラジール P.294
ソウル 東大門
東横INN
ソウル東大門2
P.293
6001 6021
6001 6021
運休中
退渓路
퇴계로
徒歩2分
ペクソン P.149
536
東大門歴史文化公園駅
동대문역사문화공원역
Dongdaemun History & Culture Park
光熙門
광희문
청구로
Cheonggu-ro
Toegye-ro 68-gil
Jangchungdan-ro
獎忠壇路
地下鉄5号線
基本ルート
歩行距離：1～2km
所要時間：2時間程度
ポイント：所要2時間で専門ビルを2～3軒はしごできるだろう。夜20:00以降が効率がよい。土曜は休むところが多いので注意。
東大門
Nソウルタワー
江北
漢江
江南

ソウル薬令市
ソウルヤンニョンシ / 서울약령시
0 25 50m
周辺図 P.39
1 基本ルート
歩行距離：1km
所要時間：1時間程度
ポイント：時間があればソウル薬令市韓医薬博物館で体験プログラムもぜひ。
Yangnyeongsi-ro
약령시로
薬令市路
薬令食堂 약령식당
サムソン韓医院 삼손한의원
ソウル薬令市
Nソウルタワー
江北
漢江
江南
ノンニム韓医院 농림한의원
Yangnyeongjungang-ro 10-gil
アサン堂薬局 아산당약국
ソウル整形外科 서울정형외과
シヌ堂薬局 아산당약국
韓国人参中央会 한국인삼중앙회
野積みの高麗人参
Gosanja-ro 42-gil
シンボ薬業者 심보약업사
慶熙韓薬房 경희한약방
仁德韓医院 인덕한의원
Yangnyeongjungang-ro 8-gil
サムジョンオットルサウナ 삼정옥돌사우나
チウン堂韓薬局 지운당한약국
ソウルトップ病院 서울탑병원
ハンマウム薬業社 한마음약업사
ハナロ薬草 하나로약초
ハナ農産 하나농산
豊年オリ 풍년오리
屋外でもパラソルの下で売る
ハニル人参 한일인삼
新進薬業 신진약업
正官庄 정관장
エリム堂薬局 엘림당약국
古山子路
Gosanja-ro
ウォンベクチェ堂韓医院 원백제당한의원
ケサン韓薬房 괴산한약방
京東堂薬草 경동당약초
薬水堂薬局 약수당약국
Yangnyeongjungang-ro 6-gil
ヨンポジェヤク P.239
ヨンジュン商会 영준상회
京東物産 경동물산
光州キルムチプ 광주기름집
P.125
ソウル薬令市韓医薬博物館 서울약령시한의약박물관
ミョンムン堂韓医院 명문당한의원
チャムダジョン 참다정
韓方茶が楽しめる博物館付属カフェ
P.239 東光総合物産
セブンイレブン
市場西側が韓方 東側は生鮮
テウ薬業社 대우약업사
昆池岩韓牛ソモリクッパプ 곤지암한우소머리국밥
セリム薬局 세림약국
イッス堂薬局 익수당약국
東南乾材薬業 동남건재약업
京東市場 경동시장
Yangnyeongjungang-ro 4-gil
万寿堂韓医院 만수당한의원
ブルアム韓医院 불암한의원
カムチョ食堂 감초식당
安城堂韓医院 안성당한의원
クムナム人参
仁生韓医院 인생한의원
クムサンインサム P.239
屋内市場
ポセン堂韓医院 보생당한약방
普門韓薬房 보문한약방
京東市場 경동시장
薬令市の門
益山韓薬房 익산한약방
平和乾材薬業 평화건재약업
チナン紅参 진안홍삼
サミル韓医院 삼일한의원
徒歩1分 80m
第一畜産 제일축산
ポベ韓薬房 보배한약방
高麗堂韓医院 고려당한의원
安東チプソンカルグクシ 안동집 손칼국시
金剛堂薬局 금강당약국
P.267 タミガ
ペッポン韓医院 백봉한의원
Yangnyeongjungang-ro 2-gil
ヨンファ堂韓医院 영화당한의원
三和韓医院 삼화한의원
祭基洞駅 제기동역 Jegi-dong
ロッテ不老長生タワー 롯데불로장생타워
P.267 富山韓医院
国民銀行 국민은행
東明人参 동명인삼
薬令市場門 약령시장문
Wangsan-ro

info 市場内の商店を回って刺身を自分で選んで作るのが北海道釧路の和商市場発祥の「勝手丼」。通仁市場 MAP P.209-A1 は弁当容器なので通称「勝手弁当」。食べるスペースは2階の専用カフェ。

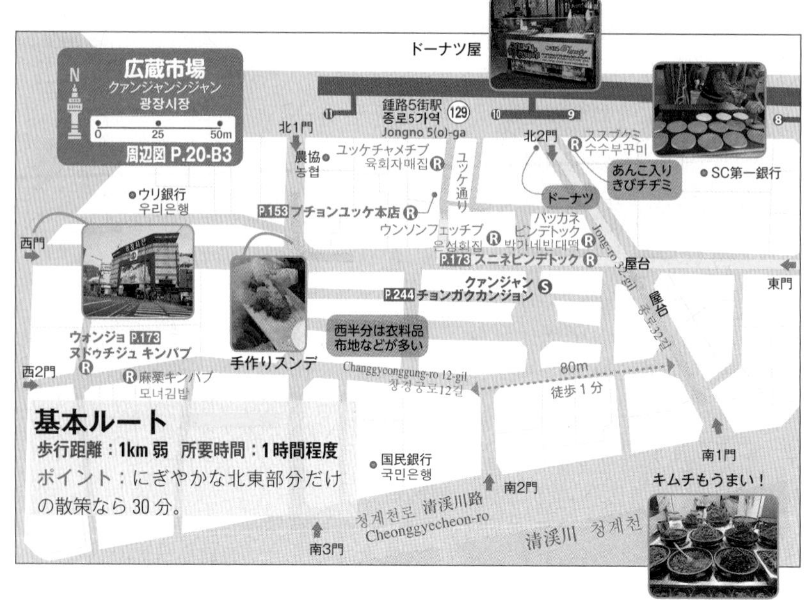

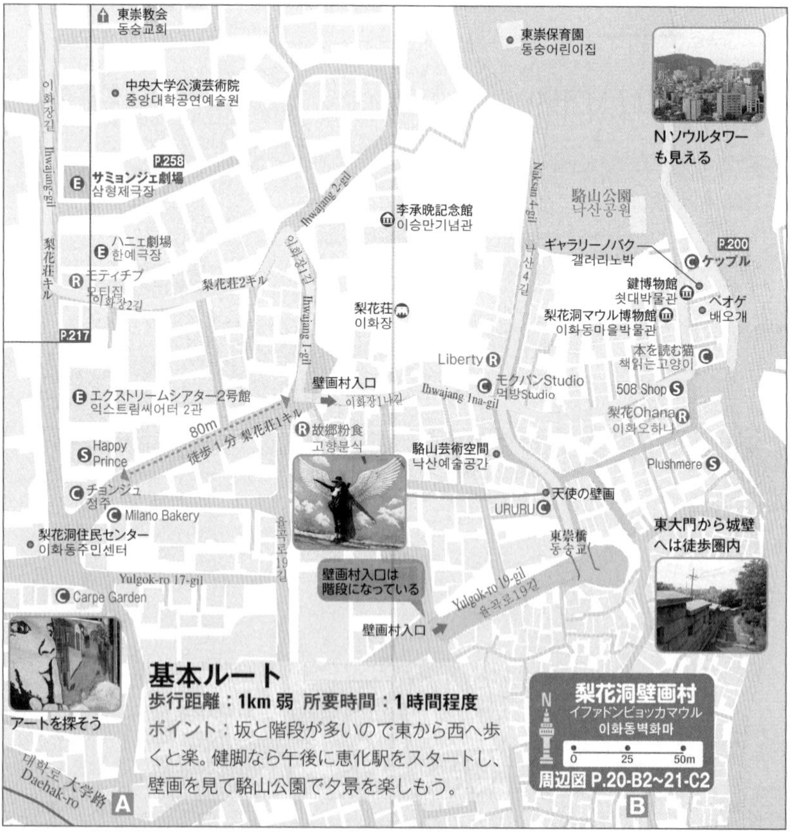

東崇教会
동숭교회

東崇保育園
동숭어린이집

中央大学公演芸術院
중앙대학공연예술원

이화장길 Ihwajang-gil

梨花荘キル

Nソウルタワーも見える

P.258
サミョンジェ劇場
삼형제극장

駱山公園
낙산공원

Naksan 4-gil
낙산4길

Ihwajang 2-gil
이화장2길

李承晩記念館
이승만기념관

ハニェ劇場
한예극장

ギャラリーノバク
갤러리노박

P.200
ケップル

モティチプ
모티집
이화장2길

梨花荘2キル

鍵博物館
쇳대박물관

ペオゲ
배오개

梨花荘
이화장

Ihwajang 1-gil

梨花洞マウル博物館
이화동마을박물관

P.217

本を読む猫
책읽는고양이

Liberty

壁画村入口
이화장1나길

モクパンStudio
먹방Studio

Ihwajang 1na-gil

508 Shop

エクストリームシアター2号館
익스트림씨어터 2관

梨花Ohana
이화오하나

80m
徒歩１分 梨花荘1キル

故郷粉食
고향분식

Happy Prince

駱山芸術空間
낙산예술공간

Plushmere

チョンジュ
정주

天使の壁画

Milano Bakery

URURU

東崇橋
동숭교

東大門から城壁へは徒歩圏内

梨花洞住民センター
이화동주민센터

율곡로19길

Yulgok-ro 17-gil

Yulgok-ro 19-gil
율곡로19길

Carpe Garden

壁画村入口は階段になっている

壁画村入口

アートを探そう

基本ルート

歩行距離：1km 弱　所要時間：1 時間程度

ポイント：坂と階段が多いので東から西へ歩くと楽。健脚なら午後に恵化駅をスタートし、壁画を見て駱山公園で夕景を楽しもう。

梨花洞壁画村
イファドンビョッカマウル
이화동벽화마을
0 25 50m
周辺図 P.20-B2~21-C2

대학로 大学路
Daehak-ro

A

B

info ソウル城郭が公園を南北に縦貫する駱山公園は高台に位置しており、Nソウルタワーなどを見渡すことができ、夜景スポットとしても知られている。

大学路
テハンノ/ 대학로
0
25
50m
周辺図 P.20-21
A
B
1
2
3
明倫2街
Myeongnyun-2ga
명륜2가
昌慶宮路
창경궁로
Changgyeonggung-ro
Changgyeonggung-ro 34-gil
창경궁로34길
大学路
대학로
コブチャンゴ
곱창고
大学路プルガマサウナ
대학로 불가마사우나
肉水堂
육수당
ソヨンアートホール
서연아트홀
ポークランド
포크랜드
ヨルリン劇場
열린극장
大明キル
Daemyeong-gil
CGV
ホンカチュ
혼가츠
Tous Les Jours
食卓の目的
식탁의목적
P.237
レモンマート
Daehak-ro 14-gil
ピーターパンステーキ
피터팬스테이크
カフェタオ
카페다오
ヘンウンサムギョプサル
행운삼겹살
竹統領
대통령
イェグリンシアター
예그린씨어터
同徳女子大公演芸術センター
동덕여대 공연예술센터
CoCo壱番屋
코코이찌방야
Dongsung-gil
東崇キル
동숭길
Dongsung 4-gil
Coffee Only
トムエンドモ
덤앤더머
スンデ実録
순대실록
Dream Art Center
大学路自由劇場
대학로자유극장
10×10
P.242
Mo Better Blues
Aritaum
深夜食堂
심야식당
チャックモーテル
Daemyeong 1-gil
空間マルチェ
공간마루채
ピカソ小劇場
피카소소극장
恵化羊肉館
혜화양육관
恵化駅
혜화역
Hyehwa
420
アルット小劇場
아루또소극장
ノウル小劇場
노을소극장
大学路ミュージカルセンター
대학로뮤지컬센터
Yes 24 Stage
Daehak-ro 12-gil
대학로12가길
Daehak-ro 8ga-gil
Daehak-ro 10-gil
The Kitchen 750
P.258
キューシアター
큐씨어터
Daehak-ro 11-gil
대학로 11길
Coffine Gurunaru
バランシアター
파랑씨어터
ソルソッ
솥솥
大学路11キル
韓村ソルロンタン
한촌설렁탕
TOM
AND here
HoFman's Story
SAM ON SEC
P.159
鳳雛チムダク
明倫4街
Myeongnyun-4ga
명륜4가
P.177
ソルナムキルテンジャンイェスル
大学路芸術劇場
대학로예술극장
ハクチョンブルー
학전블루소극장
Cafe Hyehwadong
P.202
好好食堂
호호식당
小劇場チュクジェ
소극장 축제
学林茶房
학림다방
空間アウル
공간아울
東崇洞
Dongsung-dong
동숭동
Coffee Bay
チョッマンナム
첫만남
パタンコル小劇場
바탕골소극장
東崇炭火カルビ
동숭숯불갈비
1956年オープンの老舗カフェ
ティンティンホール
틴틴홀
P.258
GO BOOGIE
キャウットン
가우동
西洋チプ
서양집
Lily Marlene
セムトパランセ劇場
샘터파랑새극장
学生館
학생관
オルレホール
올래홀
キドゥクキドゥクアートホール
키득키득 아트홀
小劇場ヒェファダン
소극장 혜화당
uniplex
アルコ芸術劇場
아르코예술극장
Daehak-ro 12-gil
国民銀行
국민은행
教育館
교육관
医科学館
의과학관
蓮建洞
Yeongeon-dong
연건동
Daehak-ro
CJ azit
Plus Theatre
P.257
よい公演案内センター
좋은공연안내센터
総合実習室
종합실습실
行政館
행정관
週末は色々なパフォーマンスが見られる
アルコ美術館
아르코미술관
温恵化
온혜화
Plus Cafe
アートワンシアター
아트원씨어터
トッキ停
토끼정
マロニエ公園
마로니에공원
医科大図書館
의과대도서관
ソウル大学病院
서울대학교병원
地下鉄4号線
Di Matteo Hall
芸術家の家
예술가의집
含春会館
함춘회관
東崇キル
救急医療センター
응급의료센터
健康増進センター
건강증진센터
80m
徒歩1分
Dongsung- gil
大学路教会
대학로교회
ヨルリン館
열린관
大学路
Nソウルタワー
江北
漢江
江南
ソウル食堂
서울식당
オブジェもたくさん！
本館
본관
ナヌム館
나눔관
東崇教会
동숭교회
P.216
現存するソウル最古の木造建築
創造館
창조관
本家葛冷麺
본가칡냉면
中彩
중차이
이화장길
Ihwajang-gil
韓国放送通信大学
한국방송통신대학
基本ルート
歩行距離：1.5km 所要時間：約1時間
ポイント：公演を見なくても活気ある町歩きが楽しめる。
Oozy Coffee
デジタルメディアセンター
디지털미디어센터
医科大学国際館
의과대학국제관
ソウルコーヒー
서울커피
放送大歴史館
방송대역사관
P.258
サミョンジェ劇場
심형제극장
129
鍾路5街駅2番出口駅へ約800m
中央図書館
중앙도서관

A
B
道路に花のイラストが描かれている
新村駅
신촌역
Sinchon
P.314
京義・中央線
梨大の正門
梨大52通り
ファッションや雑貨など狭い路地にいっぱい
新村観光案内所
新村洞住民センター
신촌동주민센터
電車の本数は少ないので注意しよう
1
少女パンアッカン
소녀방앗간
Cafe Pera
梨花女子大正門
オリジナル
오리지날
ユクサム冷麺
육쌈냉면
明洞四柱カフェ
명동사주카페
梨花女大キル
Ewhayeodae-gil
이화여대길
コスメ店やカフェが並ぶ女子大らしいメインストリート
トゥッキ
뚜끼
Bella Praha
P.194
コッピダ
イファタバン
P.202
Auntie Anne's
梨花城
이화성
BOXQUARE
VIA 37
フィルステイ
梨花ブティック
OLIVE YOUNG
Ewhayeodae 8-gil
Pasta Rico
Better than WAFFLE
激安ファッション店がひしめく
Isaac Toast
加味粉食
가미분식
ビミル
비밀
Sinchonnyeok-ro
浪漫食卓
낭만식탁
イタリアのチャバタパンで有名。サンドイッチよりノーマルがおすすめ
OUTDARK
タイストーリー
타이스토리
Ewhayeodae 5-gil
OLENS
이화여대5길
P.191
MOTHER IN LAW Bagel
メインストリート
Simply Kitchen
本粥
본죽
ふく寿司
후쿠스시
南道筏橋飲食店
남도벌교음식점
Youyake Tokyo
チョンゴルトッポッキトクミガ
전골떡볶이 덕미가
Ewhayeodae 3-gil
이화여대3길
Alley
ウンネ ソソカルビ
웅네서서갈비
MEGA MGC Coffee
イコノ寿司
이코노스시
She's Bagel
신촌역로
山城姉妹火鍋
산청자매훠궈
セア麻辣湯
세이마라탕
ウリドゥレ空間
우리들의공간
이화여대1안길
Solfesta
2
ヘウサウナ
혜우사우나
紅トケビ
홍도깨비
王テバク食堂
왕대박식당
大峴文化公園
대현문화공원
羅州コムタン冷麺
나주곰탕냉면
ハーモニーマート
하모니마트
Beyond Suite
シンジョントッポッキ
신전떡볶이
80m
徒歩1分
Ever8 レジデンス
新村駅路
이화여대1길
Ewhayeodae 1-gil
ハンキマキ
한끼마끼
ミニストップ
SORA
大通りはあまりおもしろくないが西へ徒歩15分ほどで新村駅へ
トンカツ テワンジョン
돈가스대왕전
新村路
신촌로
Sinchon-ro
241
梨大駅
이대역
Ewha Womans Univ.
地下鉄2号線
Coffee Bay
LA BAB
ハーモニーマート
하모니마트
大興食堂
대흥식당
青大門チプ
청대문집
백범로1길
Daeheung-ro 29-gil
目移りしそう！安カワファッション
梨大
Nソウルタワー
江北
漢江
江南
3
N
梨大駅周辺
イデヨク
이대역
0 25 50m
周辺図 P.30-31

基本ルート

歩行距離：1km　所要時間：1～2時間

ポイント：イマドキ女子大生の安くてかわいいファッションチェックならココ。広くはないのでゆっくり見て回っても1～2時間。隣駅の新村も大学の町。比べて歩くのもおもしろい。

基本ルート
歩行距離：1km　所要時間：1時間程度
ポイント：黄色い基本ルートの内側は、住宅街とおしゃれカフェが混在するエリア。興味がわいたらどんどん路地に入っていこう。人気カフェは行列必至、特に週末は混雑する。
望遠洞
マンウォンドン / 망원동
0 25 50m
周辺図 P.34
望遠洞
Nソウルタワー
江北
漢江
江南
World Cup-ro 30-gil
성미산로1길
Seongmisan-ro 1-gil
World Cup ro
월드컵로
ワールドカップ路
江華トントンセンコギ
강화통통생고기
월드컵로29길
Cu
名家ナクチマダン
명가낙지마당
World Cup-ro 29-gil
新麻浦カルメギ
신마포갈매기
GS25
World Cup-ro 28-gil
Seongmisan-ro 3na-gil
Seongmisan-ro 3ga-gil
Seongmisan-ro 3-gil
World Cup-ro 26-gil
월드컵로26길
성미산로1길
Mangwon-ro 11-gil
ソムンナン スンデクク 王チョッパル
소문난순대국왕족발
日本式の天丼を求めて連日の行列
Mangwon-ro 11-gil
망원로11길
スンデ1番地
순대일번지
南春川タッカルビ
남춘천닭갈비
성미산로3길
Seongmisan-ro 1-gil
青年タバン
청년다방
Seongmisan-ro
ソンミ山路
성미산로
ソンミサウナ
성미사우나
プジマンコプチャン
푸짐한곱창
월드컵로25길
望遠洞スチャンコル
망원동수창골
チョンオラム
청어람
明倫進士カルビ
명륜진사갈비
城山洞聖堂
성산동성당
望遠路の先はワールドカップ市場と名を変える
160m
徒歩2分
망원로
Mangwon-ro
漁水鮮
어수선
サムギョプサルデイ
삼겹살데이
ウリバダ水産
우리바다수산
望遠手製コロッケ
망원수제고로케
2階のカフェバーArugamも人気の店
Mangwon-ro 8-gil
Mangwon-ro 10-gil
P.195
クァンハプソン
何でも揃う在来市場には地元の人が通う
Donggyo-ro 9-gil
チヂミがおいしいと評判の店
黄牛コプチャングイ
황소곱창구이
望遠洞テジクッパプ
망원동돼지국
望遠トッカルビ
망원떡갈비
포은로6길
ハルモニ ビンデトック
할머니빈대떡
Earth Bakery
WMエンターテインメント
WM엔터테인먼트
Martre
東京ビンス
도쿄빙수
元気亭
원기정
Branch Granada
故郷チプ
고향집
Poeun-ro 8-gil
P.197
コピカゲトンギョンへ
(約100m)
マシンヌンチプ
맛있는집
월드컵로21길
월드컵로19길
월드컵로17길
월드컵로15길
Donggyo-ro 9-gil
望遠駅
망원역
Mangwon
621
ポウン路(望理団キル)
圃隠路6キル
포은로6길
Deep Blue Lake
GS25
Poeun-ro 6-gil
望遠1洞住民センター
망원1동주민센터
World Cup-ro 23-gil
マッヤンガプ
맛양값
월드컵로13길
新義州スンデワチュクミ
신의주순대와쭈꾸미
Poeun-ro
釜山名物の冷麺
Pizza School
Basak Macha
World Cup-ro 13-gil
World Cup-ro 13-gil
World Cup-ro 15-gil
동교로9길
ミルミョンチプ
밀면집
望遠クゴッ
망원그곳
望遠洞ティラミス
망원동티라미수

基本ルート
歩行距離：1km 所要時間：1時間程度
ポイント：ここ数年でおしゃれカフェや、オーガニックランチの店が急増している注目のエリア。一方、往十里路（ワンシムニロ）の東は庶民的でおいしい飲食店が軒を連ねる。
トゥクソム駅～ソウルの森
トゥクソムヨク～ソウルスプ
뚝섬역~서울숲
周辺図 P.40
A
B
1
2
3
왕십리로13길
Wangsimni-ro 13-gil
Carnaby St.
Flying Bowl Egg Factory
Wangsimni-ro 14-gil 왕십리로14길
行列店は少なくない
ハイヌーン
Wangsimni-ro 11-gil
韓国進出1号のサードウェーブコーヒー店
ブルーボトルコーヒー
블루보틀카페
Achasan-ro
아차산로
峨嵯山路
往十里路
トゥクソム駅
뚝섬역
Ttukseom
210
mesh coffee
Banana Tree
서울숲길
Seoulsup-gil
ソウルスプキル（ソウルの森通り）
Wangsimni-ro 5-gil 왕십리로5길
With plants
Seoulsup-6gil
雑貨屋が多い通り
中洞教会
중동교회
聖水商店街
성수상가
in Silence
Marrymond
Mood Lab
少年食堂
소년식당
서울숲6길
SKガソリンスタンド
SK주유소
韓国放送通信大学ソウル地域大学
한국방송통신대학
서울지역대학
tachi
comoff
Seoulsup-4gil
서울숲4길
fineワッフル
파인와플
プデッキニ
부대끼니
Seoulbanana
midolim
蜜蓮
꿀련
テソンカルビ
P.155
トゥクソム炭焼カルビ
뚝섬숯불갈비
ナンポ P.169
ミールカフェ ウフ
밀카페 우프
Ttukddeok
ソウルスプ P.157
ヌルンジ トンダク クイ
Wangsimni-ro 10-gil 왕십리로10길
串商店
꼬치상점
トドニ
또돈이
聖水洞カルビ通り
トゥンシムチブ
등심집
チャメ スンデクク
자매순대국
dessert syndrome
Seoulsup-2gil
行列ができるおしゃれな粉食店
Touch Cafe
P.181
THE EMAK
서울숲2길
GS25
Teddys Oven
ソニョ
パンアッカン
P.167
Wangsimni-ro
왕십리로
ME TABLE
Wangsimni-ro 8-gil 왕십리로8길
Wangsimni-ro 4-gil 왕십리로4길
青海
아오미
セカンドlive
쎄콩데live
パンウィチョンソク
빵의정석
elder burger
春川タッカルビ
춘천닭갈비
ココン
고공
meal°
Wangsimni-ro 6-gil
ハルモニのレシピ
할머니의레시피
オフ
오후
チャンポンピュンギョク
짬뽕품격
MEGA MG Cafe
スルレ カムジャタン
술래감자탕
ソウルの森駅近くにあるコンテナショップ
漢江の対岸は狎鴎亭という土地柄芸能人が住む
徒歩2分
160m
ソウルの食パンブームを牽引した人気ベーカリー
Wangsimni-ro 4ga-gil
スケートパーク
스케이트파크
ソウルの森入口
Nソウルタワー
ソウルの森
江北
漢江
江南
漢江公園にあるトゥクソムプールもすぐ近く
ソウルの森
서울숲
P.132
噴水広場
アクロソウルフォレストDタワー
아크로서울포레스트
SMエンタテインメント
SM엔터테인먼트
KWANGYA @SEOUL
P.127 Dミュージアム
디뮤지엄
噴水広場
분수광장
群馬像
군마상
ソウルの森入口
ソウルの森駅
서울숲역
Seoul Forest
K211
N
0
50
100m

カロスキル
街路樹通り / 가로수길
0
50
100m
周辺図 P.42-43
N
A
B
1
2
3
KODACHAYA
ALAND
Mahina Vegan Table
現代ナクチチプ
현대낙지집
The Coffee Bean & Tealeaf
P.193 ABLE
LE ALASKA
TOMMY HILFIGER
MINOS Coffee cult
新鴎小学校
신구초교
カロスキル入口の表示
Starbucks
Custom Eat
ウユニ
우유니
Boba Bear
Magazzini
狎鴎亭路
Apgujeong-ro
압구정로
논현로175길
Nonhyeon-ro 175-gil
Apgujeong-ro 18-gil
Apgujeong-ro 8-gil
압구정로10길
Apgujeong-ro 10-gil
압구정로14길
Apgujeong-ro 14-gil
新鴎スポーツセンター
신구스포츠센터
GOO STK 528
Black brown
タル食堂
달식당
ZARA
粉食ハウス
분식하우스
H&M
RAFIK
彩雲
채운
星河楼
성하루
논현로161길
Nonhyeon-ro 161-gil
HOA Live
Piaf
Le Port 13
Maman Gateau
Flash Coffee
around the corner
地球堂
지구당
珊瑚
산호
CAFE FOUR M
Apgujeong-ro 4-gil
압구정로8길
THE BIRDS
Skillet Steakhouse
La Casa
和楽
와라쿠
GENTLE MONSTER
MLB
도산대로13길
Steamers Coffee Factory
b.patisserie
압구정로4길
ROMANTIC CROWN
Spain Club
Starbucks
논현로159길
Nonhyeon-ro 159-gil
도산대로1길
代官山キッチン
다이칸야마키친
압구정로12길
DESIGN SKIN
Dosan-daero 19-gil
Apgujeong-ro 12-gil
DOUbLE TROUBLE UNION
Cafe4gil25
Gangnam-daero 162-gil
Cafe A Bean
CACAO BEAN
LACOSTE
논현로157길
Apgujeong-ro 4-gil
あびこ
아비꼬
Dosan-daero 17-gil
The Original Pancake House
GODIVA
白山眼鏡店
백산안경점
Apple Store
Mikkeller
ポクチャネ P.176
강남대로162길
SONA
Allbirds
BEANS BINS
C27
酒つばさ
사케츠바사
도산대로15길
GAMSUN TACO&GRILL
tamburins
강남대로160길
SeconD FOR REST
モングルモングルカレー
몽글몽글카레
Dosan-daero 13-gil
LAY BRICKS
논현로153길
March rabbit
パンダラ
반다라
Nonhyeon-ro 153-gil
도산대로17길
DANG OK
美味麺家
미미면가
CHERRY KOKO
Table Star
LUSH
Ralph Lauren
Apgujeong-ro 2-gil
Gangnam-daero 160-gil
강남대로160길
カロスキル
GRASSE
P.82 豆腐工作所
두부공작소
チョドンプレミアム
정돈프리미엄
강남대로158길
Dosan-daero 15-gil
さい
사이
Gangnam-daero 158-gil
Discovery
Nonhyeon-ro 151-gil
논현로151길
hi hey hello!
柱子
쥬즈
宋シェフ
송쉐프
海南チプ
해남집
Dosan-daero 11-gil
8 SECONDS
Dosan-daero 11-gil
CORBANY. W
OLENS
Giani's Napoli
Brooklyn The Burger Joint
가로수길
寿司つばさ
스시츠바사
강남대로156길
Madoux Pizza
ウリ銀行
우리은행
ヒバチチャムチ
히바치참치
The Irish Red
Gangnam-daero 156-gil
Cafe el cielo
Emoi
江南市場
강남시장
露店で売られるスポンジ
佐賀ラーメン
사가라멘
도산대로11길
マギオルム
막이오름
ソノク
송옥
Garosu-gil
adidas
くいしん坊
쿠이신보
논현로152길
UNIQLO
サムサミネ
삼삼이네
P.242 ARTBOX
香港飯店0410
홍콩반점0410PLUS
도산대로
Jタワー
基本ルート
歩行距離：3km 所要時間：2時間程度
ポイント：南北に500 mほどの通りで、往復するだけで1kmある。脇道にも飲食店が点在するが、店を決めてから歩かないとけっこうな距離を歩くことになる。
がってん寿司
갓덴스시
OLIVE YOUNG
Better then Beef
160m
徒歩2分
Nソウルタワー
江北
カロスキル
漢江
江南
Dosan-daero
地下鉄3号線
木浦チプ
목포집
337
新沙駅8番出口へ (約120m)
島山大路
Starbucks
馬山屋
마산옥

カラフルで楽しい 雑貨みやげ

テーマのある旅 特集9

ソウルの雑貨はデザインも
色使いもポップ。
伝統手法の刺繍や組紐も、
使いやすいものがたくさんある。

キャラクター

LINEフレンズとKAKAO TALKのキャラクター人気は不動。タレントとコラボした商品もどんどん出てきている。

⬆「BT21」というタグがついているのは人気アイドルグループBTSのブランド。赤いハートのキャラは「TATA」

⬆LINEフレンズの付箋

⬆KAKAOの仲間たちがドリンクマーカーに! (グラスは別)

引っ張ると耳がピンと立つよ。冬の毛糸の帽子バージョンも話題になった。

➡カップに密着するシリコーンの蓋でLINEのコニーが海水浴?

ハングルグッズ

読めないけど味があるハングル文字。書いてある言葉の意味を想像するのも面白い。

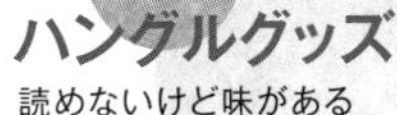
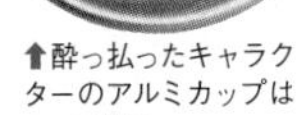
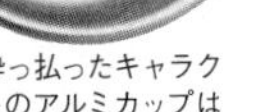

⬆酔っ払ったキャラクターのアルミカップはマッコリ用

⬆携帯ボトル「1日中飲むぞ」の意

⬆焼酎をくいっと飲む小さなグラス。左から「一杯どうぞ」「うまい酒だ」「よっしゃ。その調子」ダイソーの大型店舗などで

⬆ビールジョッキ「キャ〜冷たい」の意

ソウルのショップ

⬆天女と殿のソックス。ダイソーの大型店舗などで

⬆ソウルの風景がデザインされたステッカー

⬆韓国のB級グルメが描かれたスマホカバー

ご当地デザイン

ソウルの流行や歴史も、ユニークなセンスでかわいくデザイン。持っていて楽しい自分みやげ。

⬆チメク（チキン&ビール）文化をポーチに刺繍

⬆ピビンパプもエコバッグに

⬇手提げバッグ

⬆韓服がかわいいピンバッジ 購入店 Object ▶P.243

⬆刺繍入りの携帯楊枝入れ

⬆野の花をモチーフにしたコースターは手軽なおみやげに

伝統モチーフ

定番の巾着から本格的な刺繍が施された小物まで。華やかな色彩で目移りしそう。

⬆ボトルに着せて小さな韓服をインテリアに

⬆メガネケースは筆記用具入れにも活用できる

⬆フェルトの質感があたたかいキーホルダー

⬅色違いで揃えたい刺繍入り巾着

★ ショップ

A LINEフレンズ……P.241
B KAKAOフレンズ……P.241
C ART BOX……P.242
D サムジキル……P.240
E 10×10……P.242
F 国際刺繍院……P.240
G ウリミ……P.240

人気 인기 殿堂入り!

韓国コスメ決定版! COSMETICS

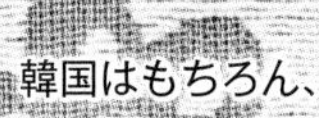

韓国はもちろん、
世界でも注目されている韓国コスメ。
次々と魅力的な新商品が発表されるけれど
一方で、長く愛されるコスメも人気だ。
大人のデリケートな肌にも優しい高品質、
いつでも補充ができる安心価格のものを中心に、
トレンドコスメもプラスして紹介しよう。
ショップ情報は▶P.228

MAP P.211-A2

トニーモリー 토니모리 **Tonymoly**

₩1万5000/500㎖

ワンダーセラミドモチトナー

원더 세라마이드 모찌 토너

Wonder Ceramide Mochi Toner

発売以来100万個以上売れた大ベストセラー。トロミがあり重ねると保湿力がアップ。大容量プチプラで惜しみなく使えるのも魅力。スプレー容器に詰め替えてミストにしたり、コットンパックなど幅広く活用できる。

O

アイソイ 아이소이 **Isoi**

卓越ローション

난 열 에센스 안부러워, 탁월로션

Excellent Lotion

化粧水、乳液、クリームを合わせたような保湿力抜群の乳液。自然由来成分を豊富に含み、なじませた後はもっちり吸い付くような感触でメイク持ちを格上げしてくれる。ラベンダー精油のナチュラルな香りも心地よい。

O

アイソイ 아이소이 **Isoi**

モイスチャーDr.クリーム

모이스춰 닥터 크림

Moisture Dr. Cream

みずみずしいジェル状クリーム。肌の脂質に似たティーツリーセラミドと5種類のヒアルロン酸を配合。肌バリアを健やかに整えて、与えたうるおいを長時間キープ。敏感肌も安心して使える。

C

ヘラ 헤라 **Hera**

ブラッククッション

블랙 쿠션

Black Cushion

密着力が高く少量でも優れたカバー力を肌で実感できる。ツヤのあるセミマットな仕上がりで重ねるごとにまるで韓国女優のような美肌に。カラー展開も豊富な上マスクにつきにくい処方が嬉しい。

C

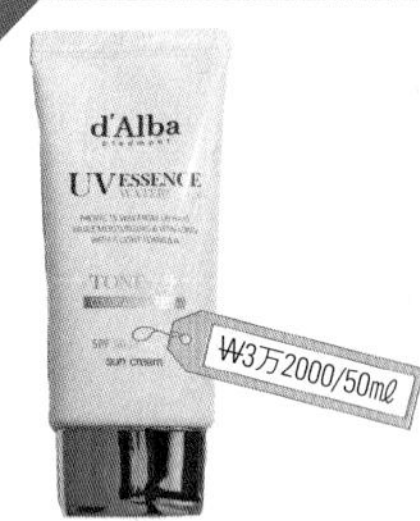

ダルバ 달바 **d'Alba**

ウォーターフル トーンアップサンクリーム

워터풀 톤업 선크림

Waterful Toneup Suncream

日焼け止め特有の白浮きやヨレがなくスキンケア感覚で使える。ピンクがかったテクスチャーで自然にトーンアップした顔色を演出。透明感あるツヤ肌になれるのですっぴんメイクにもおすすめ。

監修:ジャヨンミ（加来紗緒里）さん
ソウル在住。ブログ「韓国コスメ イヤギbyジャヨンミ」を主宰。情報誌等の寄稿やコスメや美容に関する旅のサポートなど活動範囲は多彩。
@jayeonmi_beauty

T

カヒ
가히 **Kahi**

リンクルバウンスマルチバーム
링클바운스 멀티밤
Wrinkle Bounce Multi Balm

スティック型コスメブームの火付役。済州島産の発酵オイルやサーモン由来のコラーゲンを配合し、即効性のある保湿、しわ改善、ツヤ肌を実感できる。抑えるようになじませればメイクの上からでも使える。

C

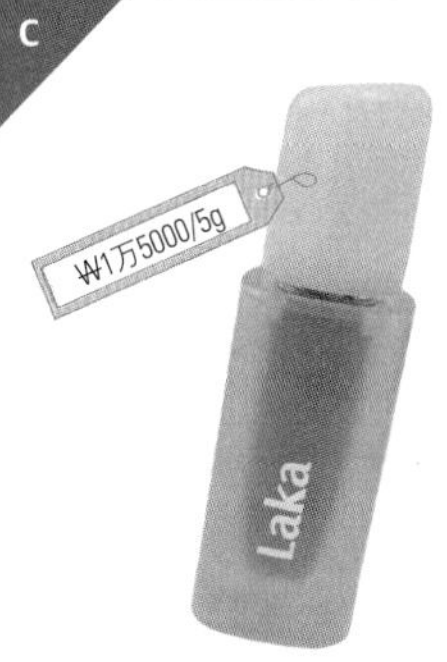

ラカ 라카 **Laka**

フラワーキャプチャーティント
플라워 캡쳐 틴트
Flower Capture Tint

花びらの色彩と肌触りをマットな質感のティントで表現。鮮明な発色ながら柔らかな印象を与え韓国女子っぽいリップメイクになる。滑らかに伸び、ムラのないきれいな仕上がりと適度な保湿力も◎。

O

アイソイ 아이소이 **Isoi**

BRリップトリートメントバーム
불가리안 로즈 립 트리트먼트 밤
BR Lip Treatment Balm

BTSメンバーが使ったことで世界的に入手困難になった話題のアイテム。口に入っても安全な成分にこだわり最高級のローズ精油をはじめ、植物オイルと天然色素でほんのり色づくツヤツヤの唇に。

O

リリーバイレッド
릴리바이레드 **Lilybyred**

ムードキーボード
무드키보드
Mood Keyboad

アクセント、ライナー、ハイライトなど目の周りのメイクに必要なカラーを集めた10色パレット。単色でも重ねても美しく透明感ある発色が新しい。肌トーン別に3種類のほか季節限定カラーもある。

O

スキンフード 스킨푸드
Skinfood

キャロットカロテンカーミングウォーターパッド
캐롯 카로틴 카밍 워터 패드
Carrot Carotene Calming Water Pad

済州島産の無農薬ニンジン由来のβカロテンを配合。肌への刺激が少ない厚めのエンボスコットンパッドにたっぷりエッセンスを含み、拭き取り化粧水としても、部分マスクとしても便利なアイテム。

T

バニラコ 바닐라코
Banila co.

クリーンイットゼロクレンジングバーム
클린잇제로 클렌징밤
Clean it Zero Cleansing Balm

固形バームからオイル状に変化し、濃いメイクもしっかりと溶かし出す。すすぎ時は水に触れると乳化して洗い上がりはしっとり。発売以来ブランドでもリピート率トップを独走し長く愛されている。

C

ワンオーセブン
원오세븐
107

チャーガゼリー弱酸性クレンザー
차가 젤리 약산성 클렌저
Chaga Jelly Low pH Cleanser

ゼリーのようなテクスチャーに肌鎮静を助ける緑茶の葉、7年間熟成したビネガーをブレンドした弱酸性の洗顔フォーム。ベルガモットの心地よい香りで、洗い上がりはつっぱらずしっとり肌に。

O

スカイボトル
스카이보틀
Skybottle

パフュームハンドクリーム
퍼퓸 핸드크림
Perfumed Hand Cream

つけた瞬間立ち上る香りに思わずうっとり。誰にでも好まれるベタつかない使用感で柔らかな手に。ずっと嗅いでいたくなる普遍的な心地よさを追求した5種類の香りはテスターでぜひ試してみて。

O

ダシュ　다슈
Dashu

デイリーUVカット ゴルフパッチ
데일리 유브이 컷 골프 패치
Daily UV Cut Golf Patch

ユニークな貼るタイプの日焼け止め。ゴルフやテニス、スポーツ観戦など屋外活動用に開発され、伸縮性、吸湿、通気性に優れた素材が使われている。火照る肌に清涼感を与えるメンソール入り。

C

ハクスリー
헉슬리
Huxley

ハンドリフレッシャー
핸드 리프레셔
Hand Refresher

植物性エタノールにサボテン由来の保湿成分を配合した消毒ジェル。モロッコの風景からインスピレーションを得た香りが穏やかに持続し気分までリフレッシュしてくれる。アルコール成分は55%。

T

ラゴム
라곰
Lagom

サンジェル プラス
셀러스 선 젤 플러스
Sun Gel+

白浮きゼロ、ジェルクリームのようにさっぱりとした日焼け止め。抗酸化成分、保湿成分を配合し紫外線から肌を守りつつ、メラニン生成も抑制してくれる。清々しい香りにもリフレッシュされる。

T

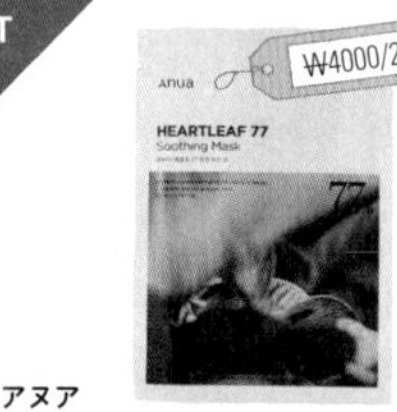

アヌア
아누아　**Anua**

ドクダミ77 スージングマスク
어성초 77 진정 마스크
Soothing Sheet Mask

肌の赤みや火照りを素早く落ち着かせてくれるレスキューマスクとして定評がある。植物繊維のシート素材にはドクダミを含むエッセンスがたっぷり含まれ、柔らかな肌当たり。密着力も優秀。

T

ラネージュ
라네즈
Laneige

リップスリーピングマスク
립 슬리핑 마스크
Lip Sleeping Mask EX

皮脂腺がなく乾燥して角質が浮きやすい唇を寝ている間に集中ケアできる専用パック。油水分のバランスが良く、朝まで潤いと栄養ベールで唇を包み込み、滑らかでふっくらとした状態に整えてくれる。

C

シコル
CHICOR

全国に20店舗以上展開する総合ビューティストア。ハイクラスの人気ブランド商品も自由に試せる雰囲気で、韓国版セフォラとも呼ばれている。地下階を含む3フロアの江南駅店はソウル最大規模。

URL www.chicor.com

T

テムテム
TEM TEM

厳選コスメが常時ディスカウント価格で購入できる。定番人気商品のほか、他店では見られないネットで人気のブランドなど最新アイテムも揃う。明洞に3店舗展開。ビューティマニアは要チェックだ。

O

オリーブヤング
OLIVE YOUNG

1200店舗以上のネットワークを誇る韓国最大級のビューティストアチェーン。明洞と江南の大型店はソウルの店舗でもダントツの品揃え。定期的に行われるセールはお得に買い物できるチャンス。

URL www.oliveyoung.co.kr

リーズナブルで高品質! コスメ雑貨もCheck!

かわいくて、高品質なのが
韓国のコスメ雑貨。
ドラッグストアで
手軽に買えるのも◎。

水を含ませて使うとしっとりツヤ肌になれるパフ

C

ツーリフ　툴리프　**Toolif**

オールデイ クッションパフセット

올데이 쿠션 퍼프 세트

Allday Cushion Puff Set

パクトにぴったりな円形パフ。高密度のルビーセルを使用し、肌あたりが非常に柔らかくファンデーションなどを均一になじませて、ツヤのある仕上がりに。プレストパウダーとの相性も良い。

C

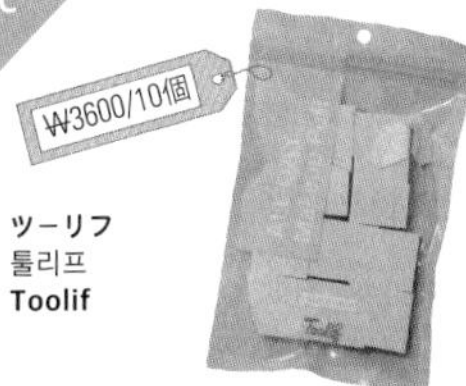

ツーリフ
툴리프
Toolif

オールデイ フルカバー エッジパフ

올데이 풀커버 웨지 퍼프

Allday Full Cover Edge Puff

天然ゴムと合成ゴムをミックスし、耐久性を向上。小鼻の周りや目もとの細かな部分など幅広く使える変形6面形。ファンデをなじませる段階で使うと、メイクがきれいに仕上がり崩れにくくなる。

T

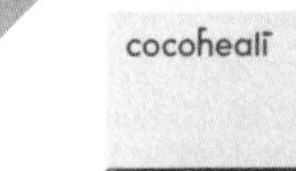

ココヒーリー
코코힐리
Cocoheali

キューブネイル

큐브 네일

Cube Nail

剥がせる水性マニキュア。キッズ向けに開発された商品だが、発色が美しくふっくらとした仕上がりで大人も満足できる。3色セットなのでアイデア次第で楽しみ方の幅が広がる。全3種類。

C

シコル
시코르　**Chicor**

ブラシ クレンジング パレット

브러시 클렌징 팔레트

Brush Cleansing Pallette

ブラシ洗浄用のシリコンパッド。片手を差し込んで使える形でさまざまな形状と大きさのブラシに対応できる凹凸模様が3パターン刻まれている。水平部分はクッションファンデのパフ洗浄にも使える。

T

ピカソ
피카소
Piccasso

メイクアップスパチュラ

메이크업 스파츌라

Makeup Spatula

メイクアップアーティストが考案したベース用ツール。リキッドファンデとの相性が良く、薄く滑らかに均一に塗り広げることができる。仕上げはスポンジ使用を推奨。発売後売り切れ続出で話題に。

O

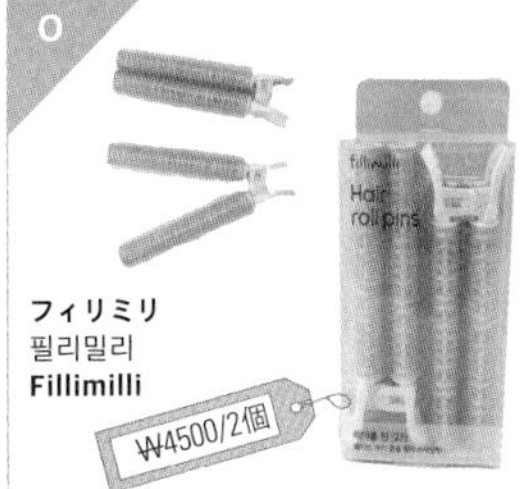

フィリミリ
필리밀리
Fillimilli

ヘアロールピン

헤어롤 핀

Hair Roll Pins

マジックテープを装着したヘアクリップ。毛先のカールにも使えるが、特に髪の根元にボリュームを与えたい時に便利。髪の根本を挟んで10分ほど放置するか軽くドライヤーを当てるとよい。

O

フィリミリ
필리밀리
Fillimilli

ナチュラルラッシュ ミニ

내추럴 래쉬 미니

Natural Lashes Mini

ナチュラル盛りがトレンドの韓国メイクに欠かせない部分つけまつ毛。隙間を埋めるように付属のグルーで付ける。とても軽く一般的なつけまつ毛より外れにくいのもメリット。長さの違う2種類入り。

＼まだある！／
オリーブヤングで買える プチプラコスメ

オリーブヤングは、全国に1200店舗以上も展開するドラッグストア。コスメのほか雑貨や生活用品、お菓子などの人気商品を幅広く扱っている。

安く買うなら

とにかく安く買いたい人は、明洞や東大門のディスカウントショップに行ってみよう。東大門のザ マスクショップ ▶P.232 やストロベリーショップ P.214-B2 では、人気商品やシーズン落ちのコスメが格安で購入できる。品揃えはその時の運。消費期限も確かめて。

O スキンフード 스킨푸드 **Skinfood**

スーヴィッド マスクシート
수비드 마스크시트
Sous Vide Mask Sheet

プチプラ充実のラインナップ。イラストの野菜が主成分で、左上にテクスチャーが英語表記され使用感が理解しやすい。トナーはさっぱり、エッセンスはもっちり、エマルジョンは栄養感がある。

O エチュード 에뛰드 **Etude**

ルックアットマイアイズ
룩 앳 마이 아이즈
Look at my eyes

発色、密着力共に優秀な単色アイシャドウの定番。お気に入りを1色から購入できる。最近は複数のカラーがセットになったパレットも種類が豊富で人気なのであわせてチェックしておきたい。

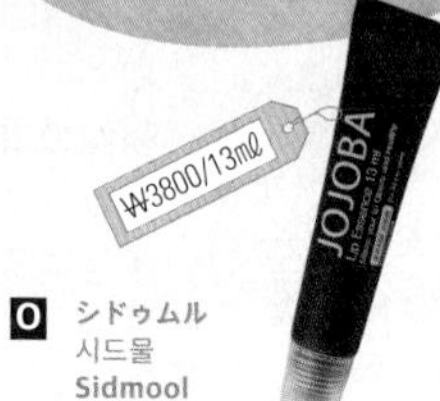

O シドゥムル 시드물 **Sidmool**

ホホバリップエッセンス
호호바 립 에센스
Jojoba Lip Essence

ホホバオイル配合で浸透力が高く、角質を抑えてうるツヤな唇に。口コミで人気が高まりオンライン専用だったが、一部の大型店舗で取り扱いを開始。ソウルでは明洞店と江南店で購入可能だ。

男性化粧品も注目度UP！

イケメン揃いのソウルでは、メンズコスメも高品質で種類が豊富。肌年齢を巻き戻して少年肌をゲット！

O アイディアル フォーメン 아이디얼 포맨 **Ideal for Men**

パーフェクト オールインワン ミルク
퍼펙트 올인원 밀크
Perfect All In One Milk

吸収が早く保湿力が長く続く、ベタつかない、穏やかな香り、使いやすい容器など使用感の評価が高いロングセラー。肌のハリを改善する成分も配合されている。使い方は洗顔後の肌につけるだけ。

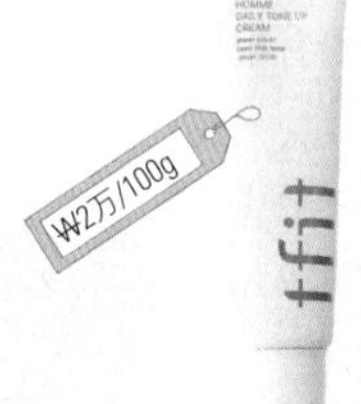

A ティフィット 티핏 **Tifit**

オム デイリー トーンアップクリーム
옴므 데일리 톤 업 크림
Homme Daily Tone Up Cream

スキンケア感覚で肌につけるだけで肌のくすみやムラに働きかけ、自然で明るいトーンに整えるクリーム。皮脂腺の多い男性肌のために油水分コントロール成分を配合。ハーブの香りも心地よい。

C スウェッガー 스웨거 **Swagger**

パフューム シャワージェル
향수 샤워젤
Perfume Shower Gel

洗練された穏やかな香りが持続する全身用洗浄剤。気になる汗の臭いなどを抑え、必要な潤いは残してしっとり洗い上げる。シンプルな透明デザインのボトルがおしゃれでプレゼントにも最適。

今さら聞けない!?

コスメ用語

クッションファンデ
쿠션파운데이션

パクト型の容器にセットされたスポンジに、リキッドファンデが浸透していて付属のパフでスタンプのようにポンポンとつける。スキンケアも兼ね手を汚さずに使えるので外出時のお直しにも便利。

カタツムリエキス
달팽이/タルペンイ

自己治癒力の高いカタツムリの粘液から得た、肌再生を助ける成分で数年前に流行した。ほかにヘビ毒<シンエイク/씨네이크>や蜂毒<ボンドク/봉독>などもトレンドに。最近はツボクサから得た成分のシカ<시카>が人気。

BBクリーム
BB크림

レーザーなど皮膚科での施術後の跡をカバーし、肌再生を促すベース兼用のクリーム。紫外線カット機能をもち、しっかりと赤みや肌ムラを隠すカバー力のあるテクスチャーが主流。

CCクリーム
CC크림

BBクリームの進化版としてカバー力よりスキンケア効果を重視し、メイク感は低いがナチュラルで透明感のある素肌っぽい仕上がり。化粧下地としても使える。

ティント
틴트

ほのかな色、染めるという英語に由来し、肌に浸透するように色素が定着するメイク商品を指す。リップ系が圧倒的に多いが、眉毛やチークなど種類は幅広い。

ウォームトーン、クールトーン
웜톤,쿨톤

日本ではイエベ、ブルベでなじみのあるパーソナルカラーを表現する言葉。暖色系をウォームトーン、寒色系をクールトーンと呼び、口紅やアイシャドウなどのカラー系からファンデーションまで、幅広く使われている。

○○無
○○무/○○ム

パラベンフリー、合成成分フリーなど、肌への刺激が疑われる成分不使用であることを示すときに使われる。例えば<5無/5무>とあれば5種類の成分を使用していないという意味。

睡眠パック
수면팩/スミョンペク

クリームの後、スキンケアの最後の段階で就寝前に使う、洗い流し不要のパック。パックの代わりにマスクと呼ばれるケースも多い。

便利用語

日本語	韓国語
2022年5月31日製造	2022년5월31일 제조
有効期限2025年5月31日(までに消費すること)	2025년5월31일 까지
色白・明るい肌	밝은피부
色黒・健康肌	건강피부
ほうれい線	팔자주름
しみ	기미
そばかす	주근깨
ほくろ	점
つや	윤기

日・韓・英　単語集

日本語	韓国語	英語
化粧水	토너	Toner
乳液	로션	Lotion
美容液	세럼, 에센스, 앰플	Serum, Essence, Ampoule
クリーム	크림	Cream
保湿(水分)	보습, 수분	Moisturizing
クレンジング(メイク落とし)	클렌징	Cleansing
洗顔フォーム	폼클렌징	Cleansing foam
シートマスク	마스크팩	Sheet Mask
敏感肌	민감성피부, 예민피부	Sensitive Skin
脂性肌	지성피부	Oily Skin
乾燥肌	건성피부　악건성피부	Dry Skin
水分不足型オイリー肌	수부지	Dry & Oily Skin
肌タイプ	피부타입	Skin type
アンチエイジング	안티에이징	Anti-Aging
(目の)くま	다크써클	Dark Circles

コスメ

ミョンドン
明洞
江北・中心部

ネイチャーリパブリック明洞ワールド店 네이처리퍼블릭 명동월드점

●ネイチョリポブリク ミョンドンウォルドゥジョム／Nature Republic

MAP P.211-B3 地下鉄 424 **明洞駅**6番出口徒歩1分

住 52, Myeongdong 8-gil, Jung-gu 住 중구 명동8길 52
旧 중구 충무로1가 24-2 TEL (02) 753-0123
URL www.naturerepublic.com @naturerepublic_kr
開 9:00～21:00 休 無休 日 可（日本語担当者常駐） CC ADJMV

自然派コスメの草分け的存在。海洋深層水、カタツムリエキスなどにもいち早く着目し商品開発をしてきた。グリーンの外観が目立つ明洞ワールド店は明洞のランドマーク的存在で同社の最大店舗。

シンダドン
新堂洞
江北・Nソウルタワー東

ザ マスクショップ 더마스크샵 ●ドマスクシャプ／The Mask Shop

MAP P.214-B2 地下鉄 635 **新堂駅**10番出口徒歩3分

住 36, Toegye-ro 73-gil, Jung-gu
住 중구 퇴계로73길 36 旧 중구 신당동 251-55 승근빌딩
TEL 070-4221-9557 URL maskshopkorea.com
開 13:00～翌3:00、 休 土、旧正月とチュソク連休
日 不可 CC ADJMV

東大門のファッションビルをクルーズするときに欠かせない有名店。安売り店ながらスタイルナンダの3CEブランドもフォローしている。夜はレジが長蛇の列となるので20:00前に行くようにしたい。

from Seoul パレットを自分好みに 作る工程も楽しい特別な体験！

江南駅を出てすぐの好立地

エスポア江南店では、アイメイクやフェイスメイクに使える約30種類のカラーパウダーから最大3つ選び、その場で容器にプレス加工するサービスを₩2万で行っている。目の前で全ての工程が行われる様子は見ているだけで楽しい。最後にベルが鳴らされたら完成品を手渡してくれる。表面につけるエンボス模様も5種類から選択可能で、スタッフが色選びを手伝ってくれるほか、見本も充実している。

目の前で加工してくれる

▶エスポア江南店 에스쁘아 강남점
MAP P.47-D2
住 415, Gangnam-daero, Seocho-gu
住 서초구 강남대로 415
旧 서초구서초동 1306-8
TEL (02) 3477-0428 URL www.espoir.com
開 11:00～21:00
休 1/1、旧正月、チュソク 日 不可 CC ADJMV
交 地下鉄2号線 222 、新盆唐線 D07 **江南駅**10番出口徒歩1分

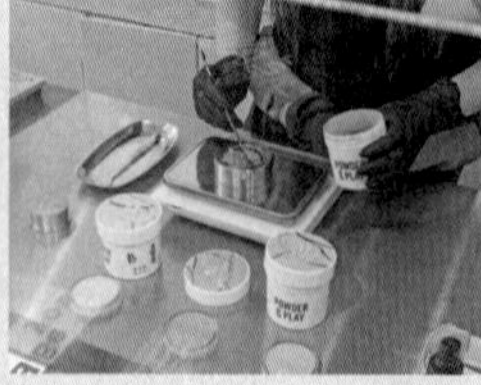
自分だけのオリジナルパレットが作られていく

ビューティークルーがていねいに対応してくれる

info 明洞のコスメショップはコロナ禍で多くが閉店したが、観光客が戻り始めたことにともなって再オープンしている。明洞エリアだが、以前とは異なる建物に再オープンする店も多い。

ミョンドン
明洞
江北・中心部

スキンフード 明洞店 스킨푸드 명동점 ●SKINFOOD

MAP P.211-B2 地下鉄 424 明洞駅6番出口徒歩2分

住 28, Myeongdong 8-gil, Jung-gu 住 중구 명동8길 28
旧 중구 명동2가 52-10 TEL (02) 3789-3199 URL theskinfood.com
開 12:00～20:00 休 1/1、旧正月、チュソク 日 可 CC ADJMV

体によい食べ物には肌を美しくする力があるという考えから、世界各地の食材から得た成分をコンセプトにしたコスメを展開している。なかでもブラックシュガーシリーズはスクラブを始め人気のシリーズで、リーズナブルな価格もリピートしやすい理由のひとつだ。明洞店はコロナ禍でも運営を続けた数少ない店舗のひとつ。

ミョンドン
明洞
江北・中心部

スタイルナンダ ピンクホテル 스타일난다 핑크호텔

●Style Nanda Pink Hotel

MAP P.211-B2 地下鉄 424 明洞駅6番出口徒歩3分

住 37-8, Myeongdong 8-gil, Jung-gu
住 중구 명동8길 37-8 旧 중구 명동1가 65-2
TEL (02) 752-4546 URL stylenanda.com
開 11:00～23:00 休 1/1、旧正月、チュソク 日 不可 CC JMV

日本でも大人気のファッションブランド。コスメは「3CE」を展開。明洞のフラッグシップストアは「ホテル」がコンセプトのピンク色のキュートな5階建て。コスメは1、2階で、上階はファッションとカフェになっている。フォトコーナーがあり、女子グループでにぎわっている。

ミョンドン
明洞
江北・中心部

ホリカホリカ 明洞店 홀리카홀리카 명동점

●HOLIKA HOLIKA

MAP P.211-B3 地下鉄 424 明洞駅6番出口徒歩1分

住 1, Myeongdong 8ga-gil, Jung-gu
住 중구 명동8가길 1 旧 중구 충무로2가 66-12
TEL (02) 6365-3360 URL holikaholika.co.kr
開 11:00～23:00 休 無休 日 可 CC ADJMV

幅広く手頃な価格帯のコスメが揃うブランド。定番人気はセラミド成分配合のスキンケア、グッセラシリーズや、マスカラ、葉の形がかわいい容器のアロエジェルなど。トレンドカラーが充実しているネイルやアイシャドウもプチプラで高品質だ。

ミョンドン
明洞
江北・中心部

ラネージュ 라네즈 ●ラネジュ／Laneige

MAP P.211-A2 地下鉄 424 明洞駅6番出口徒歩4分

住 8, Myeongdong 8-gil, Jung-gu
住 중구 명동8길 8 旧 중구 명동2가 50-17 태평양 아모레
TEL (02) 754-1970 URL www.laneige.com ◎showroom_laneige
開 11:00～22:00 休 無休 日 不可 CC JMV

シンプルでクリアなイメージでMZ世代を中心に人気のブランド。睡眠中にケアできるスリーピングシリーズや、みずみずしく保湿力の高いウォーターバンクが定番人気。明洞のフラッグシップ店では自分に合ったオリジナルのファンデーションが作れる（要予約）。

info 明洞には同じブランドの店が何軒もあるが、多くはフランチャイズで品揃えが微妙に違う。目当てのコスメが決まっている場合は根気よく探すといい。

₩1400

⬅かわいいキャラでもしっかり辛い

₩1450

⬅辛ラーメンなら「ブラック」のほうがおすすめ

インスタント食品

麺類をはじめ、レトルトや缶詰などソウルの味を再現できるアイテムがいっぱい。

₩2250

⬆レトルトのおかずも意外においしい

₩3480（5袋入）

⬆ノンフライ麺が登場し、たちまち人気に

₩3480（4袋入）

⬆冷麺もインスタントで

スーパー&手軽に買える

特集 テーマのある旅 11

町のあちこちにある
コンビニやスーパーマーケット。
韓国テイストを持ち帰って、
日本でも思い出の味を楽しみたい。

⬇ツナ缶も韓国味。ご飯にかけるだけでOK！

各₩1480

小分けの調味料が便利

日本で韓国の味が再現できる調味料も、おみやげにおすすめ。特にゴマ油やコチュジャンは、さすが本場、味や風味が濃い。チューブに入ったものが手軽で便利だ。

たちどころに韓国味⬆

韓国海苔

定番中の定番だけど、新製品も続々登場。おいしい&健康がキーワード。

₩9880（32袋入）

⬆有名なブランド両班海苔

₩2980

⬆ふりかけタイプの韓国海苔は豆腐やサラダのトッピングにもおすすめ

各₩2350

➡味のりに小魚やごまをプラスしてヘルシーなつまみに

コンビニでプチプラみやげ

スナック菓子

チーズやガーリックをプラスして、濃い味にするのが韓国スタイル。

⬆コーンとチーズはテッパンの組み合わせ

₩1250

⬆チーズフレーバーのスナック

₩1100

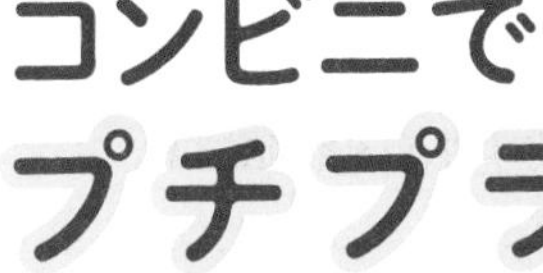

⬅ピリ辛ポテト

₩1100

₩1350

⬆バターの豊かな香りと、薄いのにしっかりした硬さがクセになるバター・ワッフル

飲み物

溶かせばすぐ飲める各種ドリンク。韓国ならではの味を持ち帰ろう。

₩3400

⬆ノンカフェインで胃にも優しいとうもろこし茶は煎った香ばしい香り

₩4980

⬆コグマ（さつま芋）ラテの素。カフェで定番の味を手軽に味わえる

₩4500

⬆「ミスカル」。湯で溶いて健康ドリンクに、そのままピンス（かき氷）にかけてもおいしい

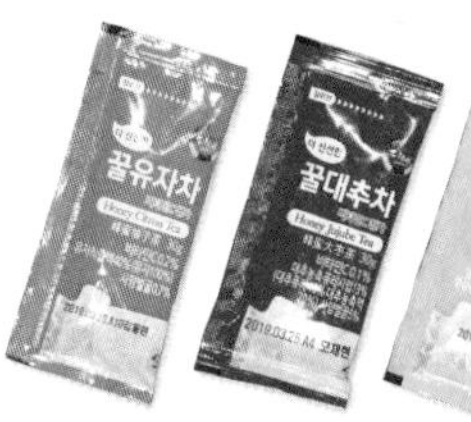

₩9400

⬆大きめのマグカップに入れて湯を注げば柚子茶に

個包装のペースト3種×各5包

バラマキのコツ

個包装の飴を数種類購入し､韓国らしい巾着に入れてプレゼントすれば､安くても手作り感が出て喜ばれる｡巾着は何回も使えて同僚女子受けもバッチリ。

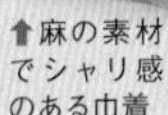

₩1000

⬆麻の素材でシャリ感のある巾着

₩1200

₩1600

⬆左はマッコリ風味の飴、右はアーモンドキャンディー

町でよく見る大手のコンビニチェーン

CU
シーユー
URL cu.bgfretail.com

7-ELEVEN
セブン-イレブン
7elevenkorea

GS25
ジーエス25
URL gs25.gsretail.com

emart24
イーマート24
URL emartcompany.com

大型マート

ソウルではスーパーマーケット方式の店をマート「Mart」という。大型店では生鮮食品だけでなく、日用品や衣類、家具なども扱っている。ロッテとemartが2大手で、一般的にロッテのほうがより高級感があり、品揃えはemartに軍配があがるといわれている。

ソウル駅(ヨク)
江北・中心部
生鮮 日用品

ロッテマートソウル駅店 롯데마트 서울역점

●ロッテマトゥ ソウルヨクチョム／LOTTE Mart

MAP P.22-B2 地下鉄 133 426 ソウル駅1番出口徒歩1分

住 405, Hangang-daero, Jung-gu
住 중구 한강대로 405 旧 중구 봉래동2가 122-11
TEL (02) 390-2500 URL www.lottemart.com
開 10:00～24:00 休 第2·4日曜 日 少し通じる CC ADJMV

ソウル駅に直結し、おみやげを買う外国人観光客でいつもいっぱい。日本語のPOPも多いので商品がよくわかる。₩3万以上で付加価値税が即時値引きになるレジも多いので、パスポートの携帯を忘れずに。

観光客に便利なそのほかの店舗 ●金浦空港店 Map P.304 ●永宗島店（仁川空港）Map P.302左上 ●蚕室店 Map P.50-A2 ●清涼里店 Map P.39-D1

龍山(ヨンサン)
江北・Nソウルタワー西
生鮮 日用品

emart 龍山店 이마트 용산점

●イマトゥ ヨンサンジョム

MAP P.26-A3 地下鉄 135 龍山駅2番出口直結

住 55, Hangang-daero 23-gil, Yongsan-gu
住 용산구 한강대로23길 55 旧 용산구 한강로3가 40-999
TEL (02) 6323-2200 URL emart.com emart_yongsan
開 10:00～23:00 休 第2·4日曜 日 不可 CC ADJMV

龍山駅直結のI'Park mall ▶P.245 の地下1・2階部分にある大型スーパー。食料品は地下2階にあり、韓国海苔やインスタント食品は大型店ならではの品揃え。地下1階は生活雑貨やフードコートがある。

観光客に便利なそのほかの店舗 ●仁川国際空港店 Map P.302 ●タイムズスクエア店 Map P.52-A3 ●麻浦店 Map P.33-D2 ●汝矣島店 Map P.53-C3 ●清渓川店 Map P.38-A2

from Seoul

大型マートの利用法

弾丸旅行の場合、到着時や帰国時に大型マートに寄っておみやげを買うという人は多いはず。便利なのが、なんといっても空港鉄道 A'REX直結のソウル駅に隣接しているロッテマートだ。

スーツケースは持ち込める？

大きな荷物を持っている場合は、暗証番号式の無料のロッカーか、所定の荷物預かり所に預けること。ロッカーはいつも混んでいて空きがないことが多いが、買い物の間だけなのでそれなりに回転する。
待てない場合は、有人の荷物預かり所へ。棚などはなく、床に置いておくだけだが、ちゃんと管理をしてくれる。スーツケースなら、調味料などの重いおみやげもストレスなし。店舗によってはコイン式ロッカーもあるが、荷物を出すとコインは戻ってくる。有人の預かり所も無料なので利用価値は高い。

₩100コインを忘れずに

大型のカートを利用するときは、₩100を入れて、連結されているチェーンを外す。カードやスマホ決済がメインの韓国だが、ここでは小銭が必要だ。帰るときに戻ったコインを取り忘れないように！

info 高速ターミナル駅にはemartのプライベートブランド専門店もある。また、東大門歴史文化公園駅から東へ3～4駅の往十里駅は、地下鉄4路線の乗換駅。駅直結のemart往十里店も便利。

小規模マート

町に点在するスーパーマーケットも「Mart」という。おもに食品を扱い雑貨や文具は少ない。ここ数年は明洞に「Mart」が激増していたがコロナ禍以降、閉店、撤退が相次いでいる。

仁寺洞（インサドン）
江北・中心部
おみやげ

ハーモニーマート仁寺洞店 하모니마트 인사동점
●ハモニマトゥ インサドンジョム

MAP P.206-A2 地下鉄 131 鐘閣駅3-1番出口徒歩5分

住 38 Insadong 5-gil, Jongno-gu
住 종로구 인사동5길 38 旧 종로구 관훈동 198-42
TEL (02) 739-5624
開 8:00～23:00 休 無休 日 不可 CC ADJMV

活気ある仁寺洞周辺にある便利なスーパー。閉店してしまった明洞店と比べると、ばらまき用おみやげなどの品揃えは少なく、地元の小さなスーパーという印象が強い。₩3万以上の購入で店から5km圏内のホテルまで宅配可。

江南（カンナム）
江南・中心部
おみやげ 酒類

ローズマート 로즈마트
●ロズマトゥ／ROSE Mart

MAP P.48-A2 地下鉄 221 駅三駅3番出口徒歩4分

住 43, Nonhyeon-ro 85-gil, Gangnam-gu
住 강남구 논현로85길 43 旧 강남구 역삼동 741-12
TEL (02) 556-4566 開 9:00～翌1:00 休 無休 日 不可 CC ADJMV

ワインやマッコリなど酒類をメインに扱っている小規模マート。スナック菓子や、生鮮食品、日用品も販売している。

明洞（ミョンドン）
江北・中心部
おみやげ

コリアマート 코리아마트
●Korea Mart

MAP P.211-B3 地下鉄 424 明洞駅8番出口徒歩2分

住 11, Myeongdong 8ga-gil, Jung-gu
住 중구 명동8가길 11 旧 중구 충무로2가 66-27
開 8:30～翌1:00 休 無休
日 不可 CC ADJMV

菓子の大袋を並べていて、遠くからでもよく目立つ激安POPで客を集める店。

大学路（テハンノ）
江北・中心部
生鮮 おみやげ

レモンマート大学路店 레몬마트 대학로점 ●レモンマトゥ

MAP P.217-A1 地下鉄 420 恵化駅1番出口徒歩2分

住 144, Daehak-ro, Jongno-gu
住 종로구 대학로 144 중원빌딩 旧 종로구 혜화동 185
TEL (02) 3672-2231
開 8:00～22:00 休 1/1、旧正月、チュソク 日 不可 CC ADJMV

大学路の劇場街にあるビルの地下1階にある。生鮮食品の扱いがメインだが、おみやげ用の食品も取り揃えている。

info 明洞にたくさんあったバラマキみやげが揃う「マート」は、コロナ禍でほとんど撤退した。大型のダイソー明洞店も閉店したが、観光案内所の近くのビル地下 MAP P.211-A2 に小さな店舗がある。

テーマのある旅 特集12

ソウル薬令市で買いたい

韓方素材

ソウル薬令市は韓国最大の韓方薬市場。さまざまな生薬が取り扱われているが、なかでも高麗人参と鹿茸は韓方の花形として高い人気を誇る。

高麗人参の飴なども売られている(左) パッケージには本物と証明するシールが貼られている(右)

高麗人参 고려인삼（コリョインサム）

韓方の代表的な生薬で、オタネニンジンの根を乾燥させたもの。高い強壮効果があるほか、古くから「不老長寿の薬」として知られるようにアンチエイジングの効果も高い。健康で美しい肌を保ちたい女性に人気。

クムサンインサム ▶P.239 のご主人（上）
きれいな箱に詰められた最高級品（下）

高麗人参の種類と年数

高麗人参には水参、白参、紅参の3種がある。収穫したままのものが水参、皮をむいて天日で乾燥させたものが白参、皮ごと蒸して天日で乾燥させたものが紅参といい、素材ではなく、収穫後の加工法に違いがある。また、主成分であるサポニンは、栽培年数に応じて含有量が増えるため、4年根よりも6年根のほうが、栄養価が高く、値段も高い。

鹿茸 녹용（ノキョン）

鹿の角は毎年生え替わるが、鹿茸とは春に新しい角が生え始め、まだ固くなりきっていない成長段階のものを切り取って、加工、乾燥させたもの。疲労回復や胃腸機能の改善などに効くほか、精力増強にも効果があるとされる。他の韓方素材と一緒に煎じたり、お酒（ホワイトリカーなど）に漬け込んで鹿茸酒にすることも。

ヨンボジェヤク ▶P.239 のご主人（左） 粉末状のものもある(中)
棚に陳列されている鹿茸（右）

韓方薬

ソウル薬令市（ヤンニョンシ）
江北・Nソウルタワー東
薬剤販売 韓方

東光総合物産 동광종합물산

●トングァン チョンハプ ムルサン

MAP P.215-A2 地下鉄 125 祭基洞駅2番出口徒歩5分

住 21-1, Yangnyeongjungang-ro, Dongdaemun-gu
住 동대문구 약령중앙로 21-1 旧 동대문구 제기동 1141-51
TEL (02) 962-3934 URL www.dkmart.net
開 6:00～18:00 休 日、1/1、旧正月とチュソクは不定期
日 可 CC ADJMV

1990年代の創業。ナツメや五味子（オミジャ）、クコの実などを専門に扱う韓方薬剤店でその品質に定評がある。韓国産の五味子茶600g₩1万7900、中国産霊芝250g₩6000、500g₩1万1000など。日本語担当者常駐。

ソウル薬令市（ヤンニョンシ）
江北・Nソウルタワー東
高麗人参 韓方

クムサンインサム 금산인삼

●錦山人参

MAP P.215-A3 地下鉄 125 祭基洞駅2番出口徒歩3分

住 13-1, Yangnyeongjungang-ro, Dongdaemun-gu
住 동대문구 약령중앙로 13-1 旧 동대문구 제기동 1140-28
TEL (02) 965-5335 開 8:30～18:30 休 日･祝、旧正月とチュソクの連休
日 少し CC ADJMV

ブランドにこだわらず選び抜いた品数豊富な高麗人参専門店。この店が専門に扱う紅参は人参を9回蒸して9回乾かしたもの。特上紅参5個入りの缶で₩25万。上等紅参10個入り缶で₩15万など。

ソウル薬令市（ヤンニョンシ）
江北・Nソウルタワー東
鹿茸 韓方

ヨンボジェヤク 용보제약

MAP P.215-A2 地下鉄 125 祭基洞駅2番出口徒歩5分

住 54, Yangnyeongseo-gil, Dongdaemun-gu
住 동대문구 약령서길 54 旧 동대문구 제기동 892-29
TEL (02) 959-4370 開 10:00～18:00
休 土･日、祝、1/1、8/15、旧正月とチュソク連休
日 不可（日本語価格表あり） CC ADJMV

鹿茸（鹿の袋角を乾燥させたもの）は韓方の薬剤でも貴重とされ、アンチエイジングや骨粗しょう症予防などに効果があるとされる。鹿茸の加工技術の高さで知られ、4種の特許を取得している。

from Seoul

韓方を簡単に飲む方法

韓方は、体質や症状に合った処方をしてもらえる、いわばオリジナルの調合薬。せっかくなら効果的に飲みたいもの。しかし、正しく煎じるには土瓶などの道具もいるし手間もかかる。
そう感じるなら、薬局で煎じてパウチしてくれるサービスはいかがだろう。本来は、煎じている香りも薬効のうちというが、パウチを開けて、鍋で温めるだけでも香りが楽しめる。処方した韓方医、薬局で受け付けてくれる。
煎じる時間は3～5時間。水分が入ると重くなるのはいたしかたないところ。宅配便などで日本に送ってもらうこともできる。

薬令市のある祭基洞駅では駅も韓方薬の博物館みたいに展示がされています。京東市場は高麗人参や粉末状の韓方、薬膳料理の材料の市場でとても珍しい雰囲気です。（埼玉県　小林祥子　'19年1月）

伝統工芸

仁寺洞(インサドン)
江北・中心部
雑貨 陶器

ウリミ 우리美 ●ウリ美

MAP P.206-B2 地下鉄328 安国駅6番出口徒歩3分

住 12, Insadong 10-gil, Jongno-gu
住 종로구 인사동10길 12 旧 종로구 관훈동 30-7
TEL (02) 722-3744 開 10:00～18:30
休 旧正月、チュソク当日 日 不可 CC ADJMV

店内の工房でオーナーが手作りした雑貨が売られている。韓国の白い陶器シリーズは日本人好み。巾着袋、ポジャギ（韓国の風呂敷）のランチョンマット、のれん、メガネケースなども人気。

仁寺洞(インサドン)
江北・中心部
ショッピングモール 雑貨

サムジキル 쌈지길 ●サムジギル／Ssamzigil

MAP P.206-B2 地下鉄328 安国駅6番出口徒歩3分

住 44, Insadong-gil, Jongno-gu
住 종로구 인사동길 44 旧 종로구 관훈동 38
TEL (02) 736-0088
ssamzigil_official
開 10:30～20:30 休 無休 日 店舗による CC 店舗による

カジュアル小物で有名な韓国ブランド「サムジ」プロデュースのショッピングモール。地下1階から地上4階のフロアごとに「○○キル（○○通り）」という呼び名が付けられていて、「アレッキル」、1階は「チョゴルムキル」など固有名になっている。

仁寺洞(インサドン)
江北・中心部
刺繍 雑貨

国際刺繍院 국제자수원
●ククチェチャスウォン

MAP P.206-B2 地下鉄328 安国駅6番出口徒歩3分

住 41, Insadong-gil, Jongno-gu
住 종로구 인사동길 41 旧 종로구 관훈동 189
TEL (02) 723-0830 URL www.kjasuwon.com
開 10:00～20:00 休 無休
日 可 CC ADJMV

伝統刺繍の作家チャン・オギムさんと門下生の作品を展示、販売している。クッションやテーブルクロスなどからカバンや小銭入れまで幅広い。アクセサリーの素材にもなるクルミボタンも人気。

北村(プクチョン)
江北・中心部
アクセサリー 雑貨

阿園工房 아원공방 ●アウォンゴンバン／Ahwon Gongbang

MAP P.210-A3 地下鉄328 安国駅6番出口徒歩6分

住 3, Bukchon-ro 5ga-gil, Jongno-gu
住 종로구 북촌로5가길 3 旧 종로구 소격동 143
TEL (02) 735-3482 URL www.ah-won.com ahwoncraft
開 10:00～19:00 休 月、旧正月とチュソク当日
日 不可 CC ADJMV

1980年代から創作を続ける金属工芸の工房。シルバーのアクセサリーやインテリア雑貨はどれも精緻でかわいらしく、1点ものが多い。

info ポジャギは風呂敷のように物を包んだりするのに使う布。はぎれ布をつなぎ合わせたパッチワークや刺繍などその種類はさまざま。

キャラクターグッズ

江南店

弘大店

PLAY仁寺洞店前

LINEフレンズ

라인프렌즈 ●ラインプレンジュ

URL store.linefriends.co.kr

▶フラッグシップストア江南店 플래그십 스토어 강남점 MAP **P.47-D2**
地下鉄 222 **江南駅**10番出口徒歩3分
住 437, Gangnam-daero, Seocho-gu 住 서초구 강남대로 437
旧 서초구 서초동 1305-3 TEL (02) 536-3232
開 11:00～22:00 休 無休 日 不可 CC ADJMV

▶フラッグシップストア弘大店 플래그십 스토어 홍대점 MAP **P.35-D2**
地下鉄 239 **弘大入口駅**1番出口徒歩3分
住 141 Yanghwa-ro, Mapo-gu
住 마포구 양화로 141 旧 마포구 동교동 160-5
TEL (02) 322-9631 開 12:30～20:30 休 無休 日 不可 CC ADJMV

▶PLAY 仁寺洞店 플레이 인사동점 MAP **P.206-A1**
地下鉄 328 **安国駅**6番出口徒歩3分
住 49 Insadong-gil, Jongno-gu
住 종로구 인사동길 49 旧 종로구 관훈동 155-2
TEL (02) 6954-2940 開 11:30～19:30 休 無休 日 不可 CC ADJMV

弘大(ホンデ)店は韓国最大のフラッグシップストア。特にBTSとコラボしたBT21グッズが大人気だ。江南大路の目抜き通りに面する江南(カンナム)店は、写真映えする展示も充実している。明洞店は2023年2月現在休業中。

弘大店

ソウル駅店

フォトスポットがあちこちに

KAKAOフレンズ

카카오프렌즈 ●カカオプレンジュ

URL store.kakaofriends.com

▶フラッグシップストア弘大店 플래그십 스토어 홍대점 MAP **P.35-D1**
地下鉄 239 **弘大入口駅**8番出口徒歩1分
住 162, Yanghwa-ro, Mapo-gu
住 마포구 양화로162 旧 마포구 동교동 165-5
TEL (02) 6010-0104 開 10:30～22:00
休 無休 日 不可 CC ADJMV

▶フラッグシップストア江南店 플래그십 스토어 강남점 MAP **P.47-D2**
地下鉄 222 **江南駅**8番出口徒歩1分
住 429, Gangnam-daero, Seocho-gu
住 서초구 강남대로 429 旧 서초구 서초동 1305-7
TEL (02) 6494-1100 開 10:30～22:00 休 無休 日 不可 CC ADJMV

▶ソウル駅店 서울역점 MAP **P.22-B2**
地下鉄 133 426 **ソウル駅**構内
住 405, Hangang-daero, Yongsan-gu
住 용산구 한강대로 405 旧 용산구 동자동 43-205
TEL 010-2743-6546 開 8:00～22:00 休 無休 日 不可 CC ADJMV

韓国では利用者ナンバーワンのSNSアプリ、KAKAO TALKのキャラクターグッズがあふれるお店。店内はグッズもさることながら、キャラクターと一緒に撮れる撮影スポットがいっぱい！

info KAKAOフレンズフラッグシップストア弘大店にはコンセプトミュージアムが併設されている。ただしイベント限定で、開いていないこともある。

カロスキル
江南・中心部
雑貨 文房具

ARTBOX カロスキル店 아트박스 가로수길점

●アトゥバクス カロスキルジョム

MAP P.221-B3 地下鉄 337 新沙駅8番出口徒歩4分

住 139, Dosan-daero, Gangnam-gu
住 강남구 도산대로 139 旧 강남구 신사동 538
TEL (02) 549-6776 URL www.artboxmall.com
開 11:00~22:30 休 無休 日 不可 CC ADJMV

カカオフレンズとラインフレンズに迫る人気キャラ、ガラパゴスフレンズのグッズがいっぱい。トレンドの発信地カロスキルの島山大路側にあるこの店はソウル屈指の品揃え。

仁寺洞(インサドン)
江北・中心部
ショッピングモール 雑貨

仁寺洞マル 인사동마루

●インサドンマル／Insadong Maru

MAP P.206-B2 地下鉄 328 安国駅6番出口徒歩3分
地下鉄 130 329 534 鍾路3街駅5番出口徒歩6分

住 35-4, Insadong-gil, Jongno-gu
住 종로구 인사동길 35-4 旧 종로구 관훈동 196-10
TEL (02) 2223-2500 開 10:30~20:30(カフェ・食堂~20:00)
休 無休 日 店舗による CC 店舗による

韓国人デザイナーのショップが多く入る複合施設。ハンドメイドの雑貨やファッションアイテムをおもに扱っている。ミュージアムキムチ間 ▶P.255 も入っているほか伝統音楽の公演が行われることもある。

文具・雑貨

弘大(ホンデ)
江北・Nソウルタワー西
プチプラ 雑貨

BUTTER 弘大店 버터 홍대점 ●ボト ホンデジョム

MAP P.35-D2 地下鉄 239 弘大入口駅1番出口直結

住 153 Yanghwa-ro, Mapo-gu
住 마포구 양화로 153 旧 마포구 동교동 159-8
TEL (02) 338-5742 URL www.buttershop.co.kr
開 11:30~21:00 休 無休 日 不可 CC ADJMV

ポップで色鮮やかなデザインがソウルっ子に大人気のプチプラ雑貨屋さん。新商品のリリースを頻繁に行っており、キッチン用品から文具、アロマグッズまで揃う。COEXなどにも店舗がある。

大学路(テハンノ)
江北・中心部
文具 手帳グッズ

10×10 大学路店 텐바이텐 대학로점

●テンバイテン テハンノジョム

MAP P.217-B1 地下鉄 420 恵化駅1番出口徒歩3分

住 31, Daehak-ro 12-gil, Jongno-gu
住 종로구 대학로12길 31 旧 종로구 동숭동 1-45
TEL (02) 741-9010 ◎ 10x10_daehakro
開 11:00~22:30 休 無休 日 不可 CC ADJMV

1階はバラエティーグッズの店、2階は文具店になっている。人気の秘密は、今ソウルで流行中のオリジナル文具のパーツが豊富だから。店内にはワークスペースもあり、手帳などをカスタマイズできる。₩1万以上買うとコーヒーがサービスされる。

info 建大入口駅近くにあるCommon Ground MAP P.41-D2 はコンテナを利用したショッピングモール。1階と2階は小さくてもキラリと光る個性的なブランドが集められている。3階は飲食店が並ぶ。

北村（プクチョン）
江北・中心部
雑貨 文房具

OBJECT三清店 오브젝트 삼청점

●オブジェクトゥ サムチョンジョム

MAP P.210-B3 地下鉄 328 安国駅2番出口徒歩5分

住 6, Bukchon-ro 5-gil, Jongno-gu
住 종로구 북촌로5길 6 旧 종로구 재동 11
TEL 070-4829-9008 URL www.insideobject.com 開 12:00〜20:00
休 1/1、旧正月とチュソク当日 日 不可 CC ADJMV

文具やアクセサリー、キッチン雑貨など韓国の若手作家による個性的な雑貨が売られている。

高速ターミナル（コソク）
江南・中心部
生活雑貨

JAJU 新世界百貨店江南店 자주 신세계백화점강남점

●ジャジュ シンセゲベッカジョムカンナムジョム

MAP P.46-A1 地下鉄 339 734 923 高速ターミナル駅直結

住 176 Sinbanpo-ro, Seocho-gu
住 서초구 신반포로 176 旧 서초구 반포동 19-3
TEL (02) 3479-1343 URL www.jaju.co.kr
開 デパートに準ずる 休 デパートに準ずる
日 不可 CC ADJMV

シンプルでかわいいデザインで人気のブランド。全国に展開しており、高速ターミナルに隣接する新世界百貨店の地下1階にもある。9階には系列レストランJAJU TABLEがあり、行列ができるほど人気。

キッチン用品

清潭洞（チョンダムドン）
江南・中心部
青磁 白磁 キッチン用品

チョン・ソヨンの食器匠 정소영의 식기장

●チョンソヨンエ シッキジャン

MAP P.44-B2 地下鉄 729 清潭駅8番出口徒歩5分

住 9, Samseong-ro 141-gil, Gangnam-gu
住 강남구 삼성로141길 9 旧 강남구 청담동 30-22
TEL (02) 541-6080 URL sikijang.com
開 10:30〜12:00、13:00〜19:00 休 日・月、12/25、1/1、旧正月とチュソク連休 日 不可 CC ADJMV

現代のライフスタイルに合うようにアレンジされた青磁や白磁を多く扱う陶磁器ギャラリー。普段使いのマグカップや皿などシンプルだが味わいのある品々が棚にびっしりと並んでいる。

書籍

鍾路（チョンノ）
江北・中心部
書籍 地図

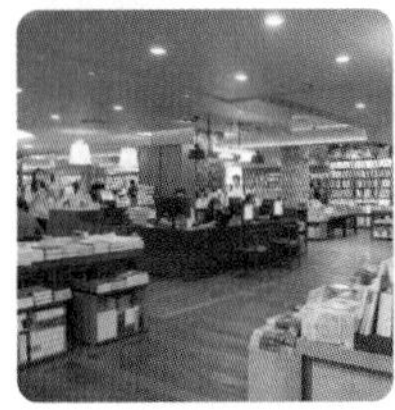

教保文庫光化門店 교보문고 광화문점

●キョボムンゴ クァンファムンジョム／KYOBO Book Centre

MAP P.19-C3 地下鉄 533 光化門駅4番出口直結

住 B1, 1, Jong-ro, Jongno-gu 住 종로구 종로 1 교보생명빌딩 지하 1층
旧 종로구 종로1가1-1 TEL (02) 397-3400
URL www.kyobobook.co.kr ◎ kyobobook_online
開 9:30〜22:00 休 1/1、旧正月とチュソク当日 日 不可 CC ADJMV

韓国最大級の書店で、地下1階の広大なフロアにさまざまな書籍や地図などを置いており、本を探すならまずここに来るといいだろう。日本語の雑誌や書籍もある。

OBJECTは小物を探す人でいつもにぎわってます。顔文字のように「サラン（愛）사랑」「インセン（人生）인생」とデザインされたおちょこがかわいかった。（大阪府 さらんえべとり '19夏）

食品・菓子

広蔵市場(クァンジャンシジャン)
江北・Nソウルタワー東
韓菓 おこし

クァンジャン チョンガクカンジョン 광장총각강정
●広蔵総角カンジョン

MAP P.216上 地下鉄 129 鍾路5街駅10番出口徒歩2分

住 67-1, 88, Changgyeonggung-ro, Jongno-gu
住 종로구 창경궁로 88 1층 67-1호 旧 종로구 예지동 6-1
TEL 010-3932-5949 開 10:00〜19:00(土〜22:00、日〜19:30)
休 日、旧正月とチュソク当日 日 不可 CC ADJMV

カンジョン（韓国のおこし）は、一般的に固い菓子だが、ここのカンジョンは砂糖や保存料を一切使わず韓国いち柔らかいと評判。一度食べはじめたら止まらなくなる、懐かしい味。ドラカンジョン400g₩8000、ナッツ入りドラカンジョン400g₩1万2000など。

南大門(ナンデムン)
江北・中心部
韓国のり キムチ

ソウル商会 서울상회
●ソウルサンフェ

MAP P.212-A3 地下鉄 425 会賢駅5·6番出口徒歩3分

住 2, Namdaemunsijang 4-gil, Jung-gu
住 중구 남대문시장4길 2 旧 중구 남창동 34-1
TEL (02)778-8149 URL www.seoulco.com
開 8:00〜22:00 休 無休 日 可 CC ADJMV

南大門市場の一角にあり、日本語の看板が目立つ店構え。韓国みやげの定番、韓国海苔やキムチの種類が豊富で、品質のよさも自慢。柚子茶や高麗人参もリーズナブル。

デパート

明洞(ミョンドン)
江北・中心部
おみやげ

ロッテ百貨店本店 롯데백화점 본점
●ロッテペクァジョム ポンジョム／Lotte Department Store

MAP P.212-B1 地下鉄 202 乙支路入口駅7番出口すぐ

住 81, Namdaemun-ro, Jung-gu 住 중구 남대문로 81 旧 중구 소공동 1
TEL 1577-0001 URL www.lotteshopping.com 開 10:30〜20:00
休 月曜に不定休、旧正月とチュソク当日
日 可 CC ADJMV

明洞のほど近くにあり、スタッフはほぼ全員簡単な日本語が通じるので安心。10〜12階にはロッテ免税店本店も入っている。地下の食品売り場は品揃え豊富でおみやげ探しにもピッタリ。13・14階はフードコートになっている。

明洞(ミョンドン)
江北・中心部
おみやげ

新世界百貨店本店 신세계백화점 본점
●シンセゲペクァジョム ポンジョム

MAP P.212-B2·3 地下鉄 425 会賢駅7番出口徒歩2分

住 63, Sogong-ro, Jung-gu
住 중구 소공로 63 旧 중구 충무로1가 52-5 TEL 1588-1234
URL www.shinsegae.com only_shinsegae
開 10:30〜20:00、金〜日·祝10:30〜20:30 休 月1回不定休（月曜）、旧正月、チュソク 日 少し通じる CC ADJMV

南大門市場と明洞の間にある韓国最古の百貨店。本館と新館があり、新館の上階は新世界免税店になっている。地下のフードマーケットにはイートインスペースがある店も多い。

info 新世界百貨店本店の本館は1930年創業、三越百貨店京城店として建てられた。第二次世界大戦後は米軍に接収されたあと、東和百貨店となり、その後1963年から新世界百貨店となっている。

押鴎亭洞(アプクジョンドン)
江南・中心部
おみやげ

現代百貨店 狎鴎亭本店 현대백화점 압구정본점

●ヒョンデペクァジョム アプクジョンポンジョム／Hyundai Department Store

MAP P.43-D1 地下鉄 336 狎鴎亭駅6番出口直結

住 165, Apgujeong-ro, Gangnam-gu
住 강남구 압구정로 165 旧 남구 압구정동 429 현대백화점본점
TEL (02) 547-2233 URL www.ehyundai.com the_hyundai
開 10:30～20:00（金～日～20:30） 休 無休（月1回月曜に不定休）
日 可 CC 店舗により異なる

地下鉄3号線の狎鴎亭駅と地下2階で直結している。地下1階の食品売り場はおみやげ品も豊富で、スイーツの品揃えもいい。6階のスカイガーデンは芝生が植えられた都会のオアシスでカフェもある。

押鴎亭洞(アプクジョンドン)
江南・中心部
おみやげ

ギャラリア百貨店名品館 WEST 갤러리아백화점

●ゲルロリアペクァジョム／Galleria Department Store

MAP P.44-A・B1 地下鉄 K212 狎鴎亭ロデオ駅7番出口すぐ

住 343, Apgujeong-ro, Gangnam-gu 住 강남구 압구정로 343
旧 강남구 압구정동 494 갤러리아백화점 TEL (02) 3449-4114
URL dept.galleria.co.kr galleriadept
開 10:30～20:00、金～日・祝10:00～20:30 休 無休（月1回月曜に不定休）、1/1、旧正月とチュソク連休 日 可 CC 店舗により異なる

韓国屈指の高級デパートで、海外の有名ブランドのショップが数多く入っている。地下1階の食品売場GOURMET494では輸入食材のほかデリやカフェなども併設。店前の江南ドルも人気スポット。

ショッピングモール

龍山(ヨンサン)
江北・Nソウルタワー西
複合商業ビル 免税店

I'PARK mall 아이파크몰

●アイパクモル

MAP P.26-A3 地下鉄 135 龍山駅2番出口直結

住 55, Hangang-daero 23-gil, Yongsan-gu
住 용산구 한강대로23길 55 旧 용산구 한강로3가 40-999
TEL (02) 2012-0101 URL www.hdc-iparkmall.com iparkmall
開 10:30～20:30、金～日・祝10:30～21:00
休 不定休、旧正月、チュソク 日 不可 CC ADJMV

龍山駅の駅ビルとなっている建物で、新龍山駅からも歩道橋で結ばれている。東館、西館、デジタル館、新羅免税店などいくつかの棟に分かれており、じっくり見て回ると1日がかりだ。

高速ターミナル(コソク)
江南・中心部
激安複合モール

GOTO モール 고투몰

●コトゥモル／GOTO Mall

MAP P.46-A1 地下鉄 339 734 923 高速ターミナル駅直結

住 200, Sinbanpo-ro, Seocho-gu
住 서초구 신반포로 200 旧 서초구 잠원동 68-17
TEL (02) 535-8182 URL www.gotomall.kr
開 10:00～22:00（店舗による） 休 無休 日 不可 CC 店舗による

長さ880mにわたる細長い地下商店街で激安ファッションで有名。周囲には百貨店もあり、おみやげをまとめてショッピングするのにもちょうどいい。大まかに売っているエリアが分かれている。次また来られるように、店の番号と最寄りの出口番号は必ず控えておこう。

info GOTOモールの店の中には客に見せる表の部分の服にのみ値札をつけて、サイズが合わなかったりすると値札のない別のものを持ってくるような店も。必ずその都度値段を確認しよう。

高速ターミナル（コソク）
江南・中心部
巨大複合商業施設

セントラルシティ 센트럴시티

●セントゥロルシティ／Central City

MAP P.46-A1・2　地下鉄 339 734 923 高速ターミナル駅直結

住 176, Sinbanpo-ro, Seocho-gu
住 서초구 신반포로 176　旧 서초구 반포동 19-3 센트럴시티
TEL (02) 6282-0114　URL www.shinsegaecentralcity.com
開 店舗による　休 店舗による　日 不可　CC 店舗による

高速バスターミナルや新世界百貨店、マリオットホテルなどさまざまな施設がある。ヤングプラザと呼ばれるエリアを中心にセントラルパークやグルメゾーンのファミーユステーションなどに分かれている。

蚕室（チャムシル）
江南・東部
巨大複合商業施設

ロッテワールドモール 롯데월드몰

●ロッテウォルドゥモル／Lotte World Mall

MAP P.50-A・B2 地下鉄 216 814 蚕室駅1・2番出口直結

住 300, Olympic-ro, Songpa-gu
住 송파구 올림픽로 300　旧 송파구 신천동 29 롯데월드타워
TEL (02) 3213-5000　URL www.lwt.co.kr/mall　開 9:00～22:00(店舗による)
休 店舗による　日 不可　CC 店舗による

ロッテワールドタワーの地下2階～6階部分にあるショッピングモール。フードコートにはレトロな町並みを再現した食堂街のほか、朝食で有名なbillsも入っている。地下1階には水族館があり、7階から上は映画館や劇場などの施設がある。

永登浦（ヨンドゥンポ）
江南・西部
巨大複合商業施設　高級

タイムズスクエア 타임스퀘어

●タイムスクェオ／TIMES SQUARE

MAP P.52-A3　地下鉄 139 永登浦駅直結

住 15, Yeongjung-ro, Yeongdeungpo-gu
住 영등포구 영중로 15　旧 영등포구 영등포동4가 442
TEL (02) 2638-2000　URL www.timessquare.co.kr
開 10:30～22:00（店舗による）　休 旧正月、チュソク
日 不可　CC 店舗による

床面積30万m²と、韓国最大級のショッピング空間。地下はスーパーemart、上階は映画館やホテルになっている。レストランフロアは話題の店が出店することも多く、トレンド発信地として注目されている。

ファッションビル

明洞（ミョンドン）
江北・中心部
ブランド

ロッテアベニューエル 롯데에비뉴엘

●ロッテエビニュエル／Lotte Avenue L

MAP P.212-B1　地下鉄 202 乙支路入口駅7番出口徒歩3分

住 73, Namdaemun-ro, Jung-gu
住 중구 남대문로 73　旧 중구 남대문로2가 130
TEL (02) 771-2500　URL www.lotteshopping.com/branchShopGuide/floorGuideSub?cstr=0394　開 10:30～20:00、金～日・祝10:30～20:30
休 月1回月曜に不定休、1/1、旧正月、チュソク　日 不可　CC ADJMV

ロッテ百貨店に隣接しているが、こちらはブランドショップが並んでいる。有名ブランドをひととおり見るならほかの百貨店やブランドショップ街よりも見やすいだろう。

info 韓国ではレジ袋が有料だったが、より厳しい環境対策として使い捨てプラスチック(レジ袋、カフェ等のプラカップなど)の使用が禁止された。これまで以上にエコバックが必携だ。

明洞（ミョンドン）
江北・中心部
ティーン向け

ロッテヤングプラザ明洞店 롯데영플라자

●ロッテヨンプラジャ／Lotte Young Plaza

MAP P.212-B1 地下鉄 202 乙支路入口駅7番出口徒歩3分

住 67, Namdaemun-ro, Jung-gu 住 중구 남대문로 67 旧 중구 소공동 29-1
TEL (02) 2118-5110 URL www.lotteshopping.com/branchShopGuide/floorGuideSub?cstr=0370 開 10:30～20:00（金～日～20:30）
休 月1回不定休（月曜）、旧正月、チュソク
日 不可 CC ADJMV

アベニューエルよりもリーズナブルなブランドが多く入っているファッションビル。ストリートカジュアル系が多いが、日本のUNIQLOや無印良品なども入っている。

東大門（トンデムン）
江北・Nソウルタワー東
トータルファッション

ハローエーピーエム

헬로에이피엠 ●ヘルロエイピエム／hello apM

MAP P.214-A2 地下鉄 205 422 536 東大門歴史文化公園駅14番出口徒歩1分

住 253, Jangchungdan-ro, Jung-gu
住 중구 장충단로 253 旧 중구 을지로6가 18-35 헬로우APM
TEL (02) 6388-1114
開 24時間営業（おもに10:00～翌4:00）
休 無休 日 店舗による CC 店舗による

東大門エリアを代表するファッションビルで、地下1階から地上10階まであり、カジュアルからビジネスウェアまで幅広いジャンルの店が集まっている。

東大門（トンデムン）
江北・Nソウルタワー東
ブランド

DOOTA MALL 두타몰

●トゥタモル

MAP P.214-A2 地下鉄 128 421 東大門駅8番出口徒歩2分

住 275, Jangchungdan-ro, Jung-gu
住 중구 장충단로 275 旧 중구 을지로6가 18-12
TEL (02) 3398-3115 URL www.doota-mall.com
開 8:00～22:00 休 無休 日 不可 CC 店舗による

東大門歴史文化公園の向かいにあるファッションモール。特にスポーツ用品に強く、地下1階と1階であらゆるブランドが並ぶ。東大門最大級、64種類のワインがグラスで楽しめるタップショップバー、チーズが溶け出すとんかつなど話題の店には事欠かない。

東大門（トンデムン）
江北・Nソウルタワー東
皮革

クァンヒ ファッションモール

광희패션몰 ●クァンヒペションモル／光熙ファッションモール

MAP P.214-B2 地下鉄 128 421 東大門駅7番出口徒歩5分

住 21, Majang-ro 1-gil, Jung-gu
住 중구 마장로1길 21 旧 중구 신당동 777 광희시장
TEL (02) 2238-4352 URL www.kwangheesijang.com
開 20:00～翌5:00（土5:00～日20:00は休み）
休 旧正月とチュソクほか不定休 日 店舗による CC 店舗による

皮革製品の卸売で有名なファッションビル。3～5階はQueen's Squareというレディースカジュアルのフロアになっている。光熙市場（クァンヒシジャン）の名前でも知られる。

info 東大門周辺のファッションビルは、夜の20:00頃に営業を始めて、そのまま翌朝まで開いているところが多い。かつて卸売のバイヤーたちが地方からバスで乗り付けたという商習慣の名残だそうだ。

金浦国際空港の免税売店

免税ショッピング

韓国のVATと免税対象

韓国のVAT（付加価値税、日本の消費税に相当）は10%。外国人観光客が指定店で1店舗につき₩3万以上の買い物をした場合、最大9%が還付され、これをタックスリファンドという。なお、現地で消費する飲食や交通費には適用されない。

免税店での手順

このマークのある店が還付対象店

買い物をする

「TAX FREE」マークがある店舗で₩3万以上の買い物をする。安い品物でも同じ店であれば合算できる。合計で₩3万以上購入した場合免税の対象となる。

リファンド・チェックを発行してもらう

支払いのときにリファンド・チェック（免税書類）を発行してもらう。長いレシートのような紙をくれるので、氏名、パスポート番号、住所などを記入する。

帰国時の空港での手続き

タックスリファンド機で還付

仁川国際空港、金浦国際空港には「KIOSK」というタックスリファンド機がある。日本語にも対応しているので自分でパスポートなどをスキャンして手続きする。還付額が₩7万5000未満であれば税関手続きは不要なので、購入商品を見せる必要はない。

対象商品が手荷物（機内持ち込み）の場合

KIOSKを利用できない場合は、搭乗チェックインの後の税関に購入商品を見せ、その後タックスリファンド・カウンターで返金手続きをする。商品は開封せずに持っていること。税関で輸出証明のスタンプを押してもらったら、搭乗フロアの免税カウンターに行く。

対象商品が機内預け荷物の場合

搭乗チェックインのときにタックスリファンド対象商品が含まれることを告げ、預け入れ荷物の手続きをし、ボーディングパスとバゲージタグを受け取る。係員の指示に従い、スーツケースを持って税関で輸出の手続きを取る。スタンプを押してもらったら、購入商品をスーツケースに入れ、税関職員の指示に従って預ける。最後に搭乗フロアの免税カウンターで返金の手続きをする。

VATの還付が受けられる条件

▶韓国滞在6ヵ月未満の外国人であること
▶購入から3ヵ月以内に税関に申請すること
▶商品は未開封、未使用であること
▶代理人の申請は不可。税関では本人が手続きすること

タックスリファンド代行会社

▶グローバルブルー
URL www.globalblue.com
▶グローバルタックスフリー
URL global-taxfree.jp
▶ktツーリストリワード
kt_tourist_reward
▶キューブリファンド
URL www.cuberefund.com
▶イージータックスリファンド
URL www.easytaxrefund.co.kr
ほかに数社ある

グローバルタックスフリーのタックスリファンド機

市中のカウンターで還付手続き

明洞や蚕室にタックスリファンド会社のカウンターがある。ここで手続きするとクレジットカードに返金される。帰国時の空港でタックスリファンドカウンターに書類を提出する必要があるが商品を見せる必要はない。

▶市中での手続きの注意

市中のカウンターで還付を受けたとき、現金ならそのぶんの保証金としてクレジットカードに仮決済される。出国時に書類を提出していないと、仮決済の分が引き落とされ、結局還付がなかったということになる。

▶空港での手続きを忘れずに

クレジットカードで還付を希望して手続きを怠ったときは、カードに還付されないので、やはり還付がなかったということになる。空港での手続きをお忘れなく。

金浦国際空港の国際線が再開されたものの、免税店の半分は閉まっていました。免税店目当てなら仁川国際空港をおすすめします。（東京都　さだこ　22年1月）

即時還付制度

タックスリファンドは、原則として購入商品を税関に見せる必要があるため、スーツケースに入れられなかったり、EMSで送ることができず、何かと不便だった。そのため2016年2月からその場で還付してもらえる制度ができた。

即時還付制度の手順

「TAX FREE」マークがある店舗で₩3万以上、買い物をする。パスポートを提示すると店員がスキャンし、自動的に還付額を差し引いた商品代金が提示されるので、それを支払えばOK。1回の購入金額が₩30万未満で、滞在期間中最大₩100万まで利用可能だ。

対象となる店舗・商品

百貨店はもちろん、明洞などの観光地にあるオリーブヤングなどの人気コスメ店、コンビニでも対応をはじめている。生鮮食料品などを除き、スーパーやコンビニの菓子なども対象になる。専用の機械を設置する必要があるため、外国人観光客の多い店舗に限られるが、今後も広がりそうだ。

免税店での買い物

韓国にはロッテ免税店、新羅免税店といった大型免税店がたくさんある。海外の高級ブランドを狙うなら、免税店もおさえておきたいスポットだ。

免税店で買って空港で受け取り

免税店での買い物は、はじめから免税の金額なので空港での手続きは必要ない。ただし、購入商品は輸出品として空港の制限エリア（出国手続きの後）で渡される。手荷物になるのであまり大きいものは適さない。

免税店にはパスポートを持参すること。帰国便も聞かれるのでメモをしておこう。免税店から空港までは店が購入商品を運んでくれる。出発便によって締め切りが設定されているので、最終日に買い物を予定している人はウェブサイトなどで確認しておこう。

空港免税店

空港免税店で最後のお買い物♪

出国審査の後の制限エリアにあるショップも免税店。同じものなら市中の店より安い。ただし、品揃えは市中の免税店にはかなわない。空港免税店も楽しみたいなら仁川国際空港から帰国するのがおすすめ。免税店の品揃えはアジアでも屈指の充実ぶりだ。金浦国際空港にも免税店はあるが、仁川国際空港に比べてだいぶ規模が小さい。

日本国内でも還付申請はできる!

グローバルブルーなど一部の代行会社は書類が揃っていれば、郵送もしくはEメールで手続きが可能。

ただし、税関でリファンド・チェックにスタンプを押してもらうところまでは韓国の出国空港での手続きとなる。これを怠った場合は還付はされない。

たばこ免税の範囲

紙巻たばこ200本
葉巻たばこ50本
加熱式たばこ個装等10個
その他のたばこ250g

（注1）免税数量は、それぞれの種類のたばこのみを購入した場合の数量であり、複数の種類のたばこを購入した場合の免税数量ではありません。

（注2）「加熱式たばこ」の免税数量は、紙巻たばこ200本に相当する数量となります。

URL www.customs.go.jp/kaigairyoko/cigarette_leaflet_j.pdf

オンライン免税店の利用

近年では免税店ウェブサイトのオンラインショッピングで買い物をし、現地の帰国空港で受け取るシステムが、実店舗よりも安いといわれている。買う物が決まっている人は、とりあえずウェブで値段をチェックして、実店舗と比べてみるといいかも。

▶航空券が必要

出発60日前から購入が可能だが、日本にいたとしても航空券（の番号）が必要。

新羅免税店

URL www.shilladfs.com

▶専用アプリ

iPhone

Android

ロッテ免税店

URL jp.lottedfs.com

▶専用アプリ

iPhone

Android

仁川国際空港は店や設備が充実していて、おみやげも買え、ゆっくりお茶もできます。広いのでゲートも多く、早めに着いていないと、時間が思いのほかかかるので要注意。（埼玉県　小林祥子　'19冬）

おもな免税店

光化門（ファンファムン）
江北・中心部

東和免税店 동화면세점

●トンファミョンセジョム／Dongwha Duty Free

MAP P.19-C3 地下鉄 533 光化門駅6番出口徒歩1分
地下鉄 132 201 市庁駅3番出口徒歩5分

住 149, Sejong-daero, Jongno-gu
住 중구 을지로 30 旧 종로구 세종로 211 광화문빌딩
TEL 1688-6680 URL ir.dwdfs.com
◎ dongwhadutyfree 開 11:00～18:00
休 月 日 可 CC 店舗により異なる ブランド数約600

明洞（ミョンドン）
江北・中心部

ロッテ免税店明洞本店 롯데면세점 명동본점

●ロッテミョンセジョム ミョンドンポンジョム／Lotte Dutyfree

MAP P.212-B1 地下鉄 202 乙支路入口駅7番出口直結

住 30, Eulji-ro, Jung-gu
住 중구 을지로 30 旧 중구 소공동 1 롯데호텔
TEL 1688-3000 URL jpm.lottedfs.com ◎ lottedutyfree
開 9:30～18:30 休 旧正月とチュソク当日 日 可
CC 店舗により異なる ブランド数約620、ロッテ百貨店 ▶P.244 9～12階、ロッテホテルソウル新館1階、ロッテワールドタワー店 MAP P.50-A2

明洞（ミョンドン）
江北・中心部

新世界免税店明洞本店 신세계면세점 명동점

●シンセゲミョンセジョム ミョンドンジョム／Shinsegae Duty Free

MAP P.212-B2・3 地下鉄 424 明洞駅5番出口徒歩5分
地下鉄 425 会賢駅7番出口徒歩2分

住 77, Toegye-ro, Jung-gu
住 중구 퇴계로 77 旧 중구 충무로1가 54 신세계백화점
TEL (02) 6276-2220 URL www.shinsegaedf.com
開 9:00～20:30 休 無休 日 可 CC 店舗により異なる
ブランド数約600、新世界百貨店 ▶P.244 8～12階

龍山（ヨンサン）
江北・Nソウルタワー西

新羅 I'PARK 免税店 신라아이파크면세점

●シルラアイパクミョンセジョム／Shilla I-Park Duty Free

MAP P.26-A3 地下鉄 135／京義・中央線 K110 龍山駅直結
地下鉄 429 新龍山駅3番出口徒歩5分

住 55, Hangang-daero 23-gil, Yongsan-gu
住 용산구 한강대로23길 55 旧 용산구 한강대로23길 55
TEL 1688-8800 URL www.shillaipark.com/estore/kr/ko
開 9:30～17:30 休 無休 日 可 CC 店舗により異なる
ブランド数約600

---

from Seoul

航空会社による手荷物検査

空港で免税品を買う人、免税品を空港受け取りにする人は、手荷物の重量や大きさ、個数の制限を航空会社のウェブサイトで確認しておくこと。格安航空会社の中には搭乗口に計りを置いて手荷物を計量するところがある。安く買い物をしても、超過料金を取られたのでは残念なこと。化粧品など重くなりがちなので注意しよう。

info 多くの国ではホテルの宿泊は免税の対象にならない場合が多いが、韓国では一部のホテルでは宿泊税の還付 P.272 が受けられる。

文化体験
エンターテインメント

韓服を着る！ 韓服 ハンボク 한복

韓服を着て写真を撮ったり散策したり。景福宮など古宮での記念撮影も思い出になる。

仁寺洞（インサドン）
江北・中心部
韓服レンタル

公主韓服 공주한복 ●コンジュハンボク／Princess Hanbok

MAP P.206-B2　地下鉄 328 安国駅6番出口徒歩3分

住 40, Insadong-gil, Jongno-gu
住 종로구 인사동길 40　旧 종로구 관훈동 37
TEL (02) 730-1235　URL princesshanbok1950.modoo.at
開 10:00〜18:00　休 無休
料 高級韓服（2時間₩2万、4時間₩2万5000）、プレミアム韓服（2時間₩3万5000、4時間₩4万5000）、いずれも基本ヘアセッティング込み、オプションの髪飾り（₩2000）は本書持参でサービス
日 可（日本人スタッフ在勤）　CC ADJMV

伝統韓服からモダン韓服まで品揃え豊富。クリーニングやメンテナンスも徹底している。男性用も豊富なのでカップルで訪れる人も多い。ロッカーも無料で利用できる。

清潔に管理されている

友達と色違いで選ぶのも楽しい

ヘアアレンジもしてくれる

髪飾りも豊富

仁寺洞（インサドン）
江北・中心部
韓服レンタル

ハンボクダムダ 한복담다

MAP P.206-B3　地下鉄 130 329 534 鍾路3街駅5番出口徒歩5分

住 2F, 14, Insadong-gil, Jongno-gu
住 종로구 인사동길 14번지 2층　旧 종로구 인사동 39
TEL (02) 517-1042　URL www.hanbokdamda.com
開 9:30〜19:00　休 無休
料 伝統韓服₩1万（2時間）、フュージョン韓服（2時間）₩1万5000
日 不可　CC ADJMV

仁寺洞にある韓服レンタル専門店。クラシカルなものからモダンなものまでデザインは豊富。ロッカーもあるので荷物を預けて財布やスマホだけを持って散策に出かけられる。また、併設のスタジオでプロカメラマンに撮影してもらうこともできる。

自分に合った服を探せる

スタバの上階にある

スタジオでの撮影ができる

ヘアアレンジは別料金

info 韓服レンタルができる仁寺洞や北村周辺では韓服姿で入るのにぴったりな茶店が多いが、食材をこぼしたりして服を汚さないように注意しよう。クリーニングには別料金が必要となる。

手作りに挑戦 伝統の技

チョントン コンイェ
전통 공예

韓国の手工芸や料理を学んで文化を知ろう。短時間でも楽しめるプログラムも多い。

ブクチョン
北村
江北・中心部
民画 カード作り

嘉会民画博物館 가회민화박물관

●カフェミヌァパンムルグァン／ Gahoe Museum

MAP P.210-B2 地下鉄328安国駅2番出口徒歩7分

住 52, Bukchon-ro, Jongno-gu
住 종로구 북촌로 52　旧 종로구 가회동 28
TEL (02) 741-0466　URL www.gahoemuseum.org
gahoemuseum
開 3～11月10:00～18:00　12～2月10:00～17:00
※最終入場40分前、体験プログラムは閉館1時間前まで
休 月、旧正月とチュソク当日　料 ₩2000、高校生以下₩1000

朝鮮王朝時代に描かれた民画（約460点）や護符（約750点）など当時の庶民の生活がわかるさまざまな民俗学的資料を収蔵、展示している。民画をモチーフにしたコースターやカード、鬼面拓本や伝統文様押しなど各種体験プログラム（₩2000～1万8000）も用意されている。

インサドン
仁寺洞
江北・中心部
博物館 料理教室

トック博物館 떡박물관

●トクパンムルグァン／ Tteok Musesm

MAP P.208-B1 地下鉄130 329 534鍾路3街駅6番出口徒歩5分
地下鉄328安国駅4番出口徒歩9分

住 71, Donhwamun-ro, Jongno-gu
住 종로구 돈화문로 71　旧 종로구 와룡동 164-2 인산빌딩
TEL (02) 741-5447　URL www.tkmuseum.or.kr
開 10:00～18:00　休 日曜、1/1、旧正月とチュソク当日
料 ₩3000、18歳以下₩2000、3歳未満･65歳以上無料

韓国伝統料理研究所内にある。館長自ら収集したトック（餅）作りに使われる杵や臼、木型のほか韓国各地の餅を使った料理のサンプルが展示されている。上階の実習室では伝統料理やトック、キムチ作りの体験（10人から1週間前までに要予約）もできる。

from Seoul 無料で手軽、HiKR Groundでティーセラピー体験

選べる韓方茶は4種類。無料で試飲もできる

韓国観光公社のHiKR Groundは日本語窓口もある観光案内所になっており、文化展示や休憩スペースもある。中心となる展示はK-POPや映画など最新ポップカルチャーだが、そのなかでティーセラピーが体験できるブースがある。タッチパネルでいくつかの質問に答えると、自分にピッタリの韓方茶を選んでもらえる。

▶韓国観光公社HiKR Ground（ハイコーグラウンド）
MAP P.19-C·D3
住 40, Cheonggyecheon-ro, Jung-gu
住 중구 청계천로 40, 2～5F
旧 중구 다동 10, 2～5F
TEL (02) 729-9497
URL kemi.io/hikrground_official
hikrground_official
開 観光案内所（5階）10:00～19:00
2～4階10:00～19:00
休 無休（2～4階のみ月）
交 地下鉄1号線131鐘閣駅5番出口徒歩5分

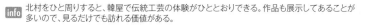

info 北村をひと周りすると、韓屋で伝統工芸の体験がひととおりできる。作品も展示してあることが多いので、見るだけでも訪れる価値がある。

北村（ブクチョン）
江北・中心部
アクセサリー作り

北村伝統工芸体験館 북촌전통공예체험관

●プクチョンチョントンコンイェチェホムグァン

MAP P.210-B2　地下鉄328 安国駅2番出口徒歩10分

住 24-5, Bukchon-ro 12-gil, Jongno-gu
住 종로구 북촌로12길 24-5　旧 종로구 가회동 11-91
TEL (02) 741-2148
開 3～10月10:00～18:00　11～2月10:00～17:00
休 旧正月とチュソク当日
料 無料　各種体験₩1万～　日 不可

韓屋を利用した体験型施設で、鍾路区が運営している。楮紙(こうぞかみ)人形（こうぞという木の樹皮で作った紙の人形）や韓紙を使ったアクセサリー作りなどが体験できる。予約不要で短時間でできるものが多いので、時間がない旅行者でも気軽に楽しめる。韓服試着体験などもできるほか、曜日別にいろいろな体験プログラム（木曜は下記の金箔宴）が用意されている。

北村（ブクチョン）
江北・中心部
金箔しおり作り

金箔宴 금박연 ●クンバギョン／KumBakYeon

MAP P.210-B1　地下鉄328 安国駅2番出口徒歩10分

住 24-12, Bukchon-ro 12-gil, Jongno-gu
住 종로구 북촌로12길 24-12　旧 종로구 가회동 11-18
TEL (02) 730-2067　URL kumbakyeon.modoo.at
開 10:00～17:00、土9:00～15:00　休 日・月、1/1、旧正月とチュソク当日
料 入場料₩2000、金箔韓紙カード（額は別途）₩5万ほか、各種体験₩1～6万　日 可

韓国の金箔工芸はおもに絹などの生地の上に施されることが多い。金箔が施された生地はかつては王族しか使用が許されなかったという。この工房は5代にわたって続いており、金箔をはめる木型作りから箔押しなど金箔工芸の各工程を見学できる。また、体験コーナーではしおりやカード、リボンなどに金箔をあしらう製作体験ができる。

北村（ブクチョン）
江北・中心部
組紐飾り作り

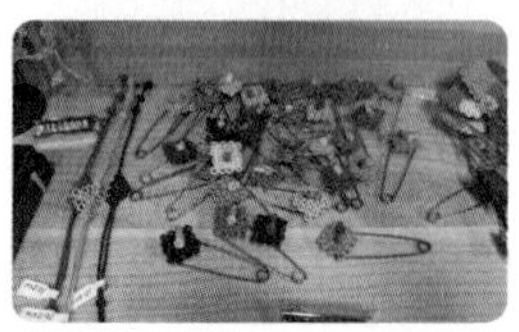

東琳メドゥプ工房 동림매듭공방 ●トンニムメドゥプコンバン

MAP P.210-B2　地下鉄328 安国駅2番出口徒歩8分

住 10, Bukchon-ro 12-gil, Jongno-gu
住 종로구 북촌로12길 10　旧 종로구 가회동 11-7
TEL (02) 3673-2778　URL shimyoungmi.com
開 10:00～18:00　休 月、旧正月とチュソク当日
料 入場料₩1000　ストラップ・腕輪₩8000　手作り体験₩8000～
日 少し

メドゥプとは韓国の組紐飾りのことで、韓服や屋内の装飾、儀式や日常生活など幅広い場面で使われてきた。宮中のメドゥプ技術を受け継いだ沈英美さんが館長をつとめるこの工房では、メドゥプを使った携帯ストラップ、アクセサリー作りの体験ができる。工房で作られたメドゥプを展示、販売するコーナーもある。

info 景福宮と昌徳宮に挟まれている北村は、朝鮮王朝時代には王族や両班が大きな屋敷を構える高級住宅地だった。現在のように中小の韓屋が密集するようになるのは1930年代頃から。

清涼里（チョンニャンニ）
江北・Nソウルタワー東
料理教室 市場散策

OME cooKING Lab 오미 요리연구소

●オミヨリヨングソ／五味料理研究所

MAP P.39-C1 地下鉄 124 清涼里駅1番出口徒歩8分

住 22-1, Gosanja-ro 46-gil, Dongdaemun-gu
住 동대문구 고산자로46길 22-1 旧 동대문구 제기동 774
TEL 010-5060-5250 URL www.5-tastes.com omecookinglab
開 9:00～18:00（要予約） 休 1/1、旧正月とチュソク連休
料 各コース55US$（3時間） 日 不可（英語可） CC ADJMV

プロの女性シェフが定番韓国料理を伝授。日本語クラスはないが英語はOK。作った料理を味わった後は京東市場を散策する。火・木曜はチメク（チキン&ビール）のコースもあり90US$。

●料理クラス（要予約）
月：サムゲタンほか
火：プルゴギほか
水：韓国屋台グルメ
木：キムチ、スユク（薄切り豚）ほか
金：ビビンパプほか
土：プルゴギ、鍋物ほか
日：韓国スイーツ、お茶

薬令市から移転、写真は移転前の様子

明洞（ミョンドン）
江北・中心部
ポジャギ パッチワーク

草田纖維キルト博物館 초전섬유퀼트박물관

●チョジョン ソミュキルトゥパンムルグァン

MAP P.213-C3 地下鉄 424 明洞駅3番出口徒歩5分

住 66, Toegye-ro 18-gil, Jung-gu
住 중구 퇴계로18길 66 제일빌딩 旧 중구 남산동1가 20
TEL (02) 753-4075 URL www.jculture.co.kr/museum
開 10:00～17:00 ※最終入場30分前
休 日祝（企画展、特別展期間中は無休）
日 可 料 ₩8000、8～18歳・64歳以上₩4000、7歳以下₩3000

韓国の風呂敷ポジャギやパッチワークのチョガッポのほか、19世紀に仕立てられた婚礼用の韓服、国内外のキルト作品を展示している博物館。世界の民俗人形コレクションも興味深い。韓国編み物界の巨匠キム・スニ館長は名匠第1号で、日本語が堪能。博物館のロビーでは小袋、ティッシュケースなどを作る体験（₩1万、2週間前に予約が必要）が行われている。

仁寺洞（インサドン）
江北・中心部
博物館 料理教室

ミュージアムキムチ間 뮤지엄김치간

●ミュジオムキムチガン／Museum Kimchikan

MAP P.206-B2 地下鉄 328 安国駅6番出口徒歩5分

住 4-6F, 35-4, Insadong-gil, Jongno-gu
住 종로구 인사동길 35-4 인사동마루, 4-6층
旧 종로구 관훈동 196-10 TEL (02) 6002-6456
URL www.kimchikan.com/jp
開 10:00～18:00 ※最終入場17:30 休 月、1/1、クリスマス、旧正月とチュソク連休 料 ₩5000（博物館のみ） 日 不可（体験プログラムは音声ガイドあり） CC ADJMV

仁寺洞マルの4～6階にある。キムチ作りの過程や伝統を多角的に知ることができる博物館。キムチ作り体験は水曜（白菜キムチ）・木曜（水キムチ）の14:20～15:00、参加費はひとり₩2万。体験プログラムの予約は最低4日前までに英文メールでmuseum@pulmuone.comへ。

info ミュージアムキムチ間では、キムチの材料の白菜やにんにくで作られたスタンプでエコバッグを装飾するプログラム（11:00～11:40と15:00～15:40の1日2回、₩6000）をやっている。

人気の舞台 公演 コンヨン 공연

ソウルのエンターテインメントは韓国語がわからなくてもメチャメチャ楽しい公演がいっぱい！

左上：劇中で使用される野菜は流通できない野菜を使用し、使用後は家畜の餌にするなど環境にも配慮／右上：キャストは9チームに分かれており、交代で各劇場を回っている／左下：調理シーンは最大の見せ場のひとつ／右下：静寂の中でのパフォーマンスもメリハリがきいている

明洞（ミョンドン）
江北・中心部
弘大（ホンデ）
江北・Nソウルタワー西
ノンバーバル
90分 明洞劇場386席
弘大劇場323席

NANTA 난타

●ナンタ／乱打

世界中で公演されているNANTAはソウルでは明洞と済州島の常設劇場で観ることができる。厨房内のあらゆる物を楽器に見立て、息の合った乱れ打ちの競演の中で、結婚披露宴の料理を作り上げるというストーリーが進んでいく。言葉がいらないノンバーバルパフォーマンスなので韓国語がわからなくても大丈夫。子ども連れなどファミリーにもおすすめだ。

コロナ禍で長らく公演を休止していたが、2023年2月15日から再開された。平日は20:00からの1回公演、週末は14:00と17:00の2回公演を予定しており、4月からは平日も2回の日が増える予定だ。ウェブサイトから予約購入ができ。座席も選べるようになっているが、観客参加型なので1階が楽しい。また、さまざまな割引プランが用意されている。

公演会場＆公演情報

明洞ナンタ劇場　명동난타극장 ●ミョンドンナンタククチャン

MAP P.211-A1　地下鉄 202 **乙支路入口駅**5番出口徒歩5分
地下鉄 424 **明洞駅**6番出口徒歩7分
住 3F, 26, Myeongdong-gil, Jung-gu　住 중구 명동길 26, 3층
旧 중구 명동2가 50-14 유네스코빌딩 3층
TEL (02) 739-8288　URL www.nanta.co.kr
開 2/15～4/5 平日20:00、土・日14:00と17:00　4/16～4/30火・水20:00、木・金17:00と20:00、土・日14:00と17:00　5月以降のスケジュールは随時ウェブサイトで発表
休 月　料 VIP席₩6万6000、S席₩5万5000、A席₩4万4000　日 可　CC AMV

info 大学路にあるNANTAアカデミー MAP P.20-B2 では実際の公演のリズムで使われている太鼓を叩く体験レッスンがある。最低5名から60分₩3万。公式サイトから問い合わせ、予約ができる。

CHEF 셰프 ●シェフ

チョンノ
鍾路
江北・中心部

ダンスパフォーマンス | ボイスパフォーマンス | 80分 | 376席

レストランの厨房が舞台

BIBAPというタイトルからリニューアル。ブレイクダンスやマーシャルアーツなど、個性豊かな才能をもったシェフがビビンパプを作り上げていくというのがテーマ。アカペラやボイスパーカッション、ラップなどさまざまなボイスパフォーマンスが織り込まれている。観客参加型のパフォーマンスで最後には試食もすることができるユニークな舞台。

公演情報
開 新型コロナ感染流行の影響で公演は一時中止されています

公演会場
CINE CORE 시네코아 ●シネコア
MAP P.19-D3 地下鉄 131 **鐘閣駅**4番出口徒歩5分
住 B2F, 386, Samil-daero, Jongno-gu
住 종로구 삼일대로 386 시네코아빌딩 지하2층
旧 종로구 관철동 33-1 TEL (02) 766-0815

個性派シェフの競演

ブレイクダンスの凄技

ボイスパフォーマンスも見どころ

from Seoul 100以上の劇場がひしめく 演劇の町、大学路（テハンノ）

演劇情報が得られるマロニエ公園は、夏の週末にパフォーマンスが行われることでも有名だ

恵化駅から梨花洞壁画村のふもとあたりまでの一帯には、小劇場が点在している。マロニエ公園にある「よい公演案内センター」には上演中のパンフレットが並んでおり、おすすめの公演を紹介してくれる。

▶よい公演案内センター MAP P.217-B2
住 104, Daehak-ro, Jongno-gu
住 종로구 대학로 104 마로니에공원
旧 종로구 동숭동 1-124
TEL 1599-7838
URL www.daehakroticket.com
開 10:00～20:00
休 月、旧正月とチュソク連休
交 地下鉄4号線 420 **恵化駅**2番出口徒歩1分

info CHEFはイギリスのエディンバラで毎年行われるヨーロッパ屈指の芸術祭、エディンバラ・フェスティバル・フリンジに2010年に参加し、高い評価を受けた。

大学路(テハンノ)
江北・中心部
ブラックコメディ
100分 150席 字幕あり

死ぬほど面白い話

죽여주는 이야기 ●チュギヨジュヌン イヤギ

ブラックコメディ1位に選ばれた演劇。観客を劇中に参加させた初の試みでも知られ、2006年5月から上演が続いている。再観覧数1位を誇る。

公演情報
開 14:00～、22:00～／土14:00～、16:30～、19:00～／日13:30～、16:00～、18:30～
休 月、1/1、旧正月、チュソク 料 ₩2万
日 日本語字幕あり CC ADJMV

公演会場
サミョンジェ劇場 삼형제극장 ●三兄弟劇場
MAP P.217-B3 地下鉄 420 恵化駅2番出口徒歩10分
住 72, Ihwajang-gil, Jongno-gu 住 종로구 이화장길 72
旧 종로구 동숭동 199- 33 TEL (02)6326-1333

大学路(テハンノ)
江北・中心部
コメディ
100分 200席

屋根部屋のネコ

옥탑방 고양이 ●オクタプパン コヤンイ

作家を夢見て屋根部屋で暮らし始めたジョンウンと契約トラブルで同居する羽目になったキョンミンとの同居生活を描く。

公演情報
rnbplay_official 開 15:00～、17:30～、20:00～、土・日11:50～、14:00～、16:15～、18:30～、20:30～
休 無休 料 ₩3万5000 日 不可 CC ADJMV

公演会場
ティンティンホール 틴틴홀 ●Tintin Hall
MAP P.217-B2 地下鉄 420 恵化駅2番出口徒歩4分
住 24, Daehak-ro 10-gil, Jongno-gu 住 종로구 대학로 10길 24
旧 종로구 동숭동 1-97 TEL (02)764-8760

大学路(テハンノ)
江北・中心部
コメディ 専用劇場
90分 230席

怪しい興信所 수상한 흥신소 ●スサンハン フンシンソ

国家公務員試験準備中の主人公が繰り広げるコメディは想像を超えるストーリー展開。2010年の初演から200万人の観客を動員したロングラン作品。

公演情報
susanghan_place 開 14:00～、17:00～、20:00～／土12:00～、14:30～、17:00～、19:30～日13:00～、15:30～、18:00～／月14:00～、17:00～
休 無休 料 ₩3万5000 日 不可 CC ADJMV

公演会場
キューシアター 큐씨어터
●キュシオト
MAP P.217-B2 地下鉄 420 恵化駅2番出口徒歩5分
住 79, Daehak-ro 8ga-gil 住 종로구 대학로 8가길 79
旧 종로구 동숭동 1-74 TEL (02)744-7420

---

from Seoul

演劇の殿堂　JTNアートホール

2017年に「大学路芸術マダン」がリニューアルし、名前も新たになった。れんが調のヨーロッパを思わせるようなファザード、中に入ると200～300席と小規模ながらの舞台が4つあり、多彩な舞台が楽しめる。

▶JTNアートホール JTN아트홀 MAP P.20-B2
住 26, Ihwajang-gil, Jongno-gu
住 종로구 이화장길 26
旧 종로구 이화동 139
TEL (02)779-1595 URL jtnarthall.com
交 地下鉄 420 恵化駅2番出口徒歩12分

info マロニエ公園のマロニエ(セイヨウトチノキ)は1920年代に京城大学時代に植えられたもの。公園南側にある芸術家の家は京城大学本館だった建物だ。

豪華な空間 カジノ、統合型リゾート

ソウルには外国人向けのカジノがある。ホテルとしても設備は豪華で、利用価値が高い。

仁川市（インチョンシ）
仁川国際空港周辺
統合型リゾート カジノ レストラン スパ

パラダイスシティ 파라다이스 시티

●PARADISE CITY

MAP P.302 空港鉄道 A01 仁川国際空港第1ターミナル駅 3Cゲートから無料シャトルバスで約3分

住 186, Yeongjonghaeannam-ro 321beon-gil, Jung-gu, Incheon
住 인천광역시 중구 영종해안남로321번길 186
旧 인천광역시 중구 운서동 2874
TEL 1833-8855 URL www.p-city.com
開 24時間 休 無休 日 可 CC ADJMV

仁川国際空港の近くにある統合型リゾートで、5つ星ホテルにレストラン、スパ、エンタメ施設などが揃い、2019年3月には屋内型遊園地もオープン。なかでも24時間営業のカジノは韓国最大規模で、日本人スタッフも多い。仁川国際空港からはシャトルバスが第1ターミナルは30分ごと、第2ターミナルは60分間隔で運行。

三成洞（サムソンドン）
江南・中心部
カジノ 外国人専用

セブンラックカジノ江南店 세븐럭카지노

●Seven Luck Casino

MAP P.45-D3 地下鉄 219 三成駅5・6番出口徒歩10分

住 58, Teheran-ro 87-gil, Gangnam-gu
住 강남구 테헤란로87길 58
旧 강남구 삼성동 159 컨벤션별관
TEL (02) 3466-6100 URL www.7luck.com
開 24時間 休 無休 日 可 CC ADJMV（キャッシングのみ）

COEXのスターフィールド・コエックスモール直結のカジノ。韓国観光公社直営で、明洞や釜山にも支店がある。日本語で書かれた遊び方ガイドがあるので安心して楽しめる。ドレスコードがあるので、ラフな服装での入店は避けよう。入店時にパスポートの提示が必要。また、19歳未満は入店できない。

広津区（クァンジンク）
ソウル郊外
カジノ 外国人専用

パラダイスカジノ・ウォーカーヒル

파라다이스카지노 워커힐 ● Paradise Casino Walkerhill

MAP 折込表-D2 地下鉄 214 江辺駅1・5・6番出口から出てテクノマート向かいから無料シャトルバス。地下鉄 546 クァンナル駅1番出口からも無料シャトルバス運行

住 B1F, 177, Walkerhill-ro, Gwangjin-gu
住 광진구 워커힐로 177, 지하1층
旧 광진구 광장동 22-1 워커힐호텔
TEL 1899-0700 URL www.paradisecasino.co.kr
開 24時間 休 無休 日 可 CC ADJMV（キャッシングのみ）

漢江を見下ろす丘に建つ、グランドウォーカーヒルソウルホテルの敷地内にある。1968年創業の歴史あるカジノで外国人専用。洗練されたサービスやディーラーの腕前は国際的にも高い評価を受けている。

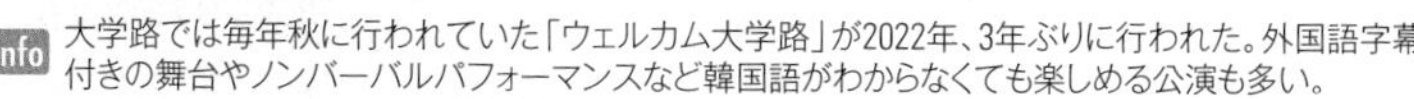
info 大学路では毎年秋に行われていた「ウェルカム大学路」が2022年、3年ぶりに行われた。外国語字幕付きの舞台やノンバーバルパフォーマンスなど韓国語がわからなくても楽しめる公演も多い。

気軽に体験！
ユネスコ無形文化遺産
キムジャン文化

韓国の味覚に唐辛子は欠かせない。
なかでもキムチは、食卓に何種類も並び彩りを添えてくれる。
2013年、韓国の「キムジャン文化」が
ユネスコの無形文化遺産に登録された。
旅行者でも体験できる、おいしくて楽しい文化だ。

「キムジャン」とは、キムチを漬ける行事を指す。冬の厳しい韓国で、冬越しできる漬物は貴重な野菜だ。
秋に収穫した白菜を、親戚一同あるいは地区の人々が集まり、まず塩漬けにし、翌日以降に合わせ調味料やヤンニョム（薬念）をすり込んでいく。なにしろ何百キロ単位の白菜の山。これがなかなかの重労働なのだ。
漬けたキムチは、参加した人が家庭に持ち帰る。地区で漬けたものは、参加できないお年寄りや、施設などにも配られる。助け合いの精神が垣間見える、すばらしい習慣だ。

このキムチ作り、親戚の集まりに参加するのは難しいものの、町で行われている行事なら、飛び入りで参加できることが多い。その年の気温や白菜の出来具合によって開催日が決まるので、狙って行くことは難しいものの、当たったら参加してみたい。その日は屋台なども出てにぎやかなイベントになる。

キムチの上に牡蠣がのっている。ゆで豚や豚足の脂の甘みとよく合う

韓国では、白菜キムチは浅漬けでも古漬けでも酸味が出たものもおいしく食べる。この時期、漬けたてのフレッシュなキムチを楽しみにしている人も多い。
キムジャンという大仕事を終えた後の定番料理は、白菜キムチ、ゆで豚、牡蠣という取り合わせ。初冬となり旨味がのった牡蠣に、まだヤンニョムがなじんでない、若いキムチがよく合う。
ポッサムというこの料理、ソウルの専門店、チャングン クルポッサム P.154なら1年中楽しめるので、キムジャンの時期に行けない人は、ぜひ試してほしい。

長いテーブルに積まれた白菜。地区のイベントでは半割になった塩漬けの白菜が持ち込まれ、ヤンニョムを刷り込む作業をボランティアや旅行者が楽しむ

ソウルのリラクセーション

特集13 テーマのある旅

リラクセーション チムジルバンでできること

チムジルバンは、サウナやお風呂を備えた韓国の「健康ランド」。
食事や宿泊もできてしまう旅行者にも便利な存在だ。

韓国のサウナではタオルで「羊巻き(ヤンモリ)」がお約束

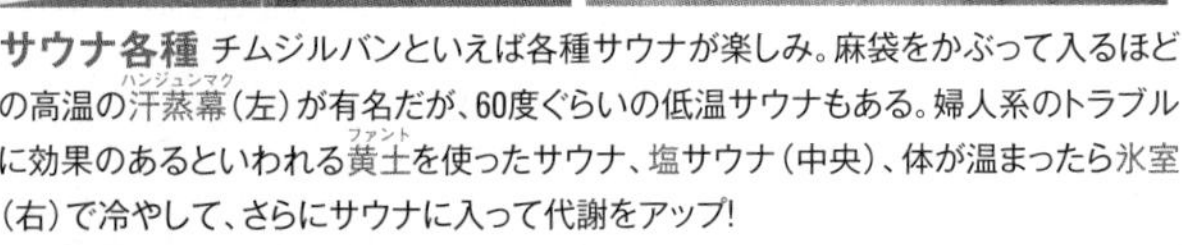

サウナ各種 チムジルバンといえば各種サウナが楽しみ。麻袋をかぶって入るほどの高温の汗蒸幕(ハンジュンマク)(左)が有名だが、60度ぐらいの低温サウナもある。婦人系のトラブルに効果のあるといわれる黄土(ファント)を使ったサウナ、塩サウナ(中央)、体が温まったら氷室(右)で冷やして、さらにサウナに入って代謝をアップ!

足湯 温めた小石の中に足を入れる。全身がじんわりと温まる。

大広間 寝転がったりテレビを見たり自由に過ごせる。オンドル部屋や森林浴のできるコーナーもある。

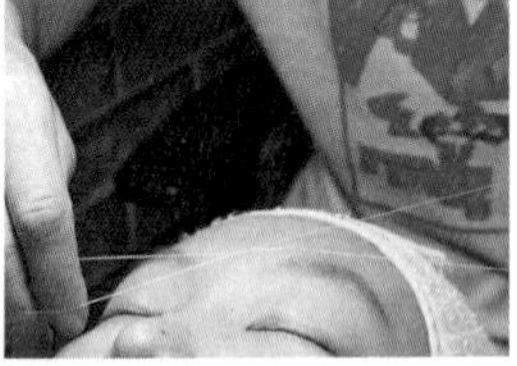

産毛抜き シルクの糸を2本使い、産毛を絡め取って抜く美顔術。眉やもみあげまわりもきれいになり、化粧のノリもよくなるといわれている。

from Seoul 国を挙げてバックアップ メディカルツーリズム

韓国ではメディカルツーリズムに力を入れている。ティーセラピーといった韓方茶の手軽な体験の紹介から、病院の選択や予約まで支援。韓方や鍼灸を使った伝統療法だけでなく、西洋医学など幅広く相談にのる。美容整形や人間ドックなど疾病ではない分野もフォロー。全国のウェルネス旅行、宿泊をともなうヒーリングツアーなどの資料も揃う。

▶メディカルコリア
清渓川沿いにあるメディカルコリア案内センター MAP P.19-D3 などで相談可能。仁川国際空港(第1ターミナル1階)にも窓口がある。
URL www.medicalkorea.or.kr

info 新型コロナの流行で、多くのチムジルバンが閉業･時短営業を余儀なくされました。時短営業をしているところは入浴エリアだけの営業としていることが多く、男女共用のサウナや休憩スペース、↗

アカスリ 裸で受けるので、大浴場で行う。並んでいる台の上に寝転んで、スタッフにアカスリをしてもらう。すべすべ、スッキリで気持ちがいい。

大浴場 男女別の大浴場には薬草湯のほか、打たせ湯、サウナもある。

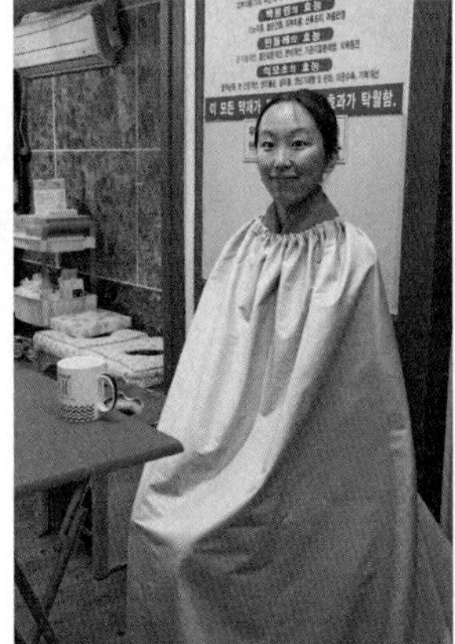

よもぎ蒸し 乾燥よもぎを燃やしてその煙で蒸す療法。婦人病などによいとされる。

睡眠 24時間営業のプルカマサウナでは、仮眠にも対応できる。グループや家族で使える個室もある。

シッケと卵 サウナを何度も往復するチムジルバンでは水分補給は大切。シッケという甘酒のようなドリンク（アルコールは入らない）と、ゆで卵が定番。食堂では食事もできる。

利用の手順

1. 入口で料金を払う。昼より夜が高い。浴場使用だけだと安いが、館内着は支給されずサウナに行けない。
2. 靴箱に靴を入れ、鍵を更衣室の受付に渡す。
3. ロッカーの鍵、館内着、タオルを渡してくれるので着替える。アカスリなどの申し込みはここで。
4. 男女共用スペースのサウナや娯楽施設へは館内着で。

＼もっとある！／

ソウルならではの、おすすめプログラム

せっかく韓国にいるのなら、韓国の伝統的な施術を受けてみてはどうだろう。
美容も医療も長い歴史に裏打ちされた技がある。

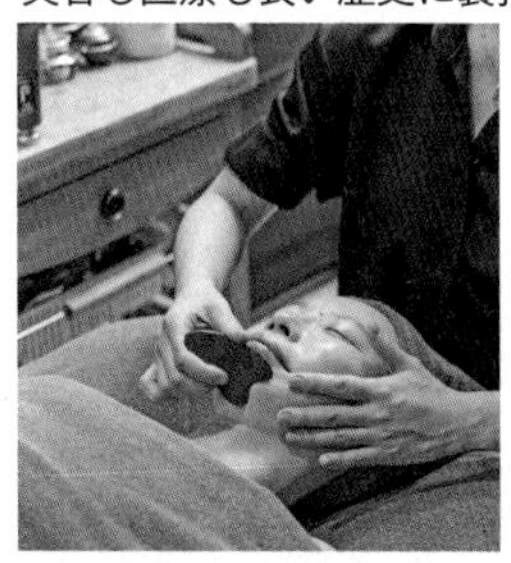

クァッサ 専用の道具を使い皮膚の上を滑らせるようにマッサージし、体のめぐりを整え肌や体調を整える。

オフィ＆フーSPA明洞 ▶P.266

施術は体調や体質を考慮し自己責任で

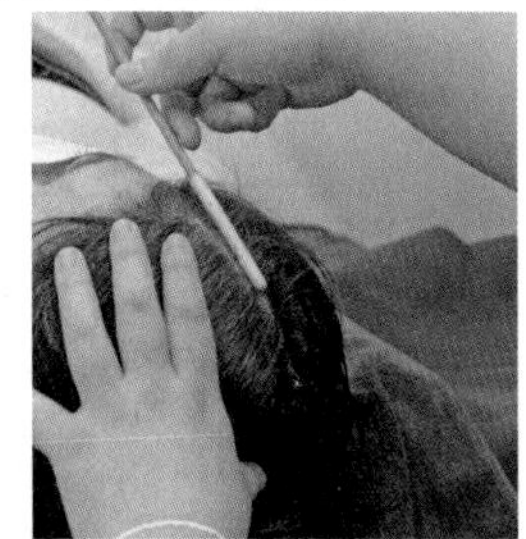

頭皮ケア ヘッドスパは男女を問わず人気。韓方を配合した薬剤を塗布したり、経絡マッサージを取り入れたりするのはソウルならではの技。

イ・ムンウォン韓方クリニック ▶P.267

韓方処方 問診をして韓方薬を処方するのも韓国ならでは。自分で煎じるのが難しければ、当日煮出してもらい、ドリンクで持ち帰ることも。

冨山韓医院 ▶P.267

info ↘仮眠室が利用できません。このページでは一般的なサービスの紹介として掲載しました。それぞれのチムジルバンで、すべてのサービスがあるわけではありませんのでご注意ください。

弘大（ホンデ）
江北・Nソウルタワー西
チムジルバン 仮眠施設

建物の横に入口がある

薪で炊く今や珍しい昔ながらの方法が人気の汗蒸幕

チムジルバン 弘大24時プルカマサウナ
홍대24시불가마사우나

MAP P.35-D1 地下鉄239／京義･中央線K314／空港鉄道A03 **弘大入口駅**4番出口徒歩4分

住 B2F, 1, Sinchon-ro, Seodaemun-gu
住 서대문구 신촌로 1, B2층 旧 서대문구 창천동 510-2,
TEL 0507-1378-3304
開 24時間 休 無休 料 平日昼₩8000、夜間₩1万1000、チムジル服₩2000、週末料金あり、12時間以上の滞在は1時間ごとに₩1000加算 日 不可 CC ADJMV

弘大入口駅から近く、周辺に大学が多い立地で学生にも人気のサウナ。受付のある地下2階に男女別の浴場、地下1階にチムジルバン、レンタル個室、休憩室、食堂があり男女共用スペースとなる。週末夜間は大変混雑するので、ゆっくりサウナを楽しむなら平日の日中がおすすめだ。

大ホールはオンドル仕様であたたか

●メニュー例
アカスリ(全身) ₩2万5000
アカスリ(背中) ₩1万5000
キュウリパック ₩1万5000
オイルマッサージ ₩6万

レセプションで希望を伝えよう

三成洞（サムソンドン）
江南・中心部
チムジルバン 仮眠施設 スパ

ビルに入りエレベーターで地下に降りると受付がある

明るく開放的な共有スペース

チムジルバン クラブKソウル
클럽케이서울 ●club k seoul

MAP P.49-C1 地下鉄220／水仁･盆唐線K215 **宣陵駅**9番出口徒歩3分

住 B1F, 524, Seolleung-ro, Gangnam-gu
住 강남구 선릉로 524, B1층 旧 강남구 삼성동 140-3
TEL (02) 539-8181 URL clubkseoul.com
開 24時間 休 無休 料 入浴のみ5時間まで₩1万2000（5時間以降1時間につき₩2000加算）、サウナ12時間まで₩1万5000、週末₩1万7000（12時間以降1時間につき₩2000加算）、チムジル服₩2000 日 不可 CC ADJMV

宣陵駅から近いサウナ兼複合フィットネス施設。既存サウナのイメージを一新する明るく洗練されたインテリアで、入浴、チムジルバン、運動を軸に読書やゲーム、アートを楽しめるモダンな空間が素敵。男女別の個室利用は無料。施設内での飲食はカフェメニューになるのでしっかり食事するなら外部で済ませておこう。

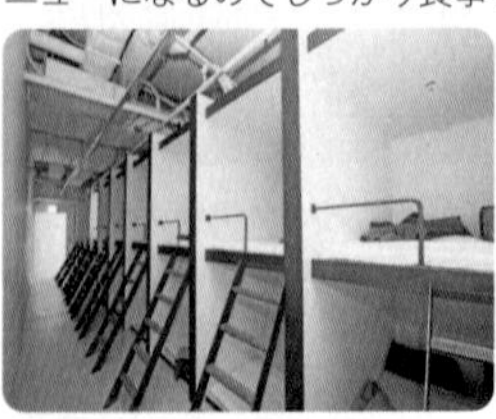
仮眠室は男女別にある

浴場ほか5種類のサウナを完備

info 弘大24時プルカマサウナはビルに入ったらエレベーターで地下2階の受付へ移動する。英語表記などはないので、初めての訪問時は少しわかりにくい。

サムソンドン
三成洞
江南・中心部
韓方スパ　男性可

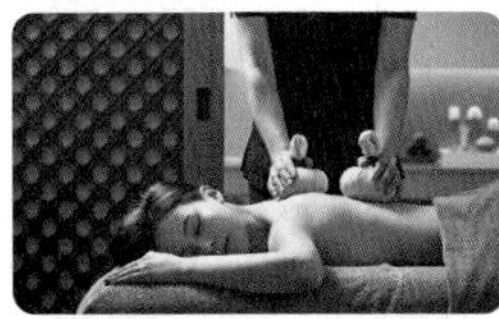

マッサージ SPA1899 Donginbi 大峙店

스파 1899(동인비) ●スパ1899 トンインビ

MAP 折込表-D3　地下鉄 219 **三成駅**2番出口徒歩4分

住 B2F, KT&G Tower, 416 Yeongdong-daero, Gangnam-gu
住 강남구 영동대로 416 케이티앤지 서울사무소 B2층
旧 강남구 대치동 1002
TEL (02) 557-8030　URL www.spa1899.kr
開 10:00～22:00　休 旧正月連休とチュソク連休
日 施術基本会話可　CC ADJMV

KT&Gタワーの地下2階にある、韓国人参公社のスパ。肌に塗る人参こと彤人秘（トンインビ）などを使ったスローエイジングのプログラムが人気。SPA1899ならではの技法でスローエイジングの効能を全身に行き届かせる。

●メニュー例
スローエイジング120分　₩25万

ミョンドン
明　洞
江北・中心部
完全予約制　日本人対応

ヘッドスパ Lufe'li 루페리 ●ルフェリ

MAP P.213-C2　地下鉄 424 **明洞駅**2番出口徒歩1分

住 402, 132, Toegye-ro, Jung-gu
住 중구 퇴계로 132 경양빌딩402　旧 중구 남산동3가 13-31
TEL 010-7600-2454　URL ameblo.jp/lufeliseoul
開 10:00～、13:00～、15:30～、18:00～　休 日、旧正月とチュソク連休
日 可（日本人施術者）　CC ADJMV

日本人施術者のサロン。韓方を使ったヘッドスパが一番人気。ミネラルヘアデトックスは頭皮や髪に蓄積したシリコンなどの化学物質を除去し、pHバランスを整え、ミネラルを補給し健康で若々しい髪に導く。完全予約制でLINE、KAKAO TALK（ID：lufeliseoul）でも予約できる。

●メニュー例
ヘッドスパ₩6万
ミネラルヘアデトックス（S）₩3万

ミョンドン
明　洞
江北・中心部
日本人対応

よもぎ蒸し SSOOK 쑥 ●スック

MAP P.213-C2　地下鉄 424 **明洞駅**2番出口徒歩1分

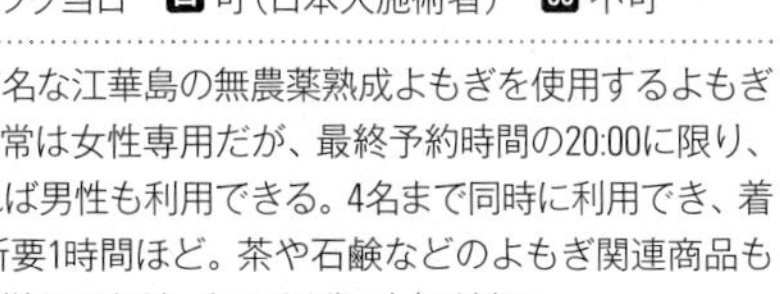

住 402, 132, Toegye-ro, Jung-gu
住 중구 퇴계로 132 경양빌딩402
旧 중구 남산동3가 13-31
TEL 010-6743-0927　URL ameblo.jp/ssookseoul
開 12:00～20:00（予約なしでも利用可）
休 旧正月とチュソク当日　日 可（日本人施術者）　CC 不可

高級品として有名な江華島の無農薬熟成よもぎを使用するよもぎ蒸し専門店。通常は女性専用だが、最終予約時間の20:00に限り、女性同伴であれば男性も利用できる。4名まで同時に利用でき、着替えも含めて所要1時間ほど。茶や石鹸などのよもぎ関連商品も高品質のものを揃えており、おみやげに人気がある。

●メニュー例　よもぎ蒸し45分　₩2万9000

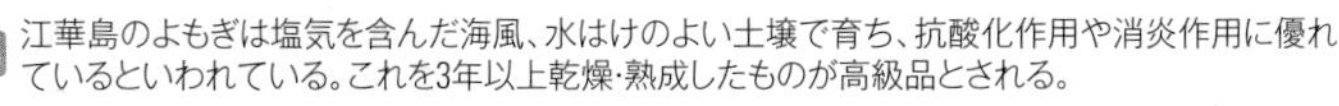

info 江華島のよもぎは塩気を含んだ海風、水はけのよい土壌で育ち、抗酸化作用や消炎作用に優れているといわれている。これを3年以上乾燥・熟成したものが高級品とされる。

明洞（ミョンドン）
江北・中心部
韓方スパ　完全予約制
日本人対応

マッサージ　オフィ&フーSPA明洞

오휘&후 스파

●OHUI&WHOO SPA

MAP P.213-C2　地下鉄 424 明洞駅8番出口徒歩1分

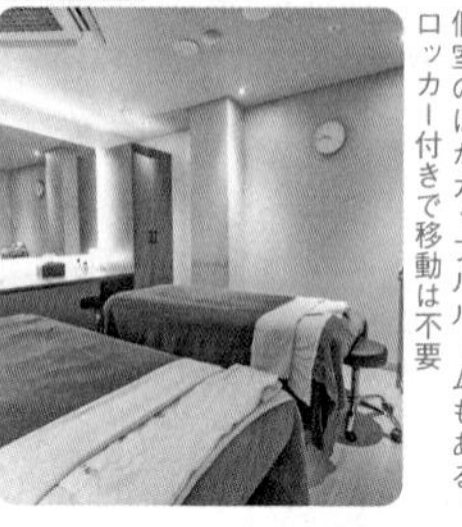
個室のほかカップルルームもある。ロッカー付きで移動は不要

住 5F, 41, Myeongdong 10-gil, Jung-gu
住 중구 명동10길 41, 5층　旧 중구 충무로2가 7-1
TEL 0507-1364-5252
開 10:00〜22:00（入店は19:30まで）
休 旧正月とチュソク連休、12/25　日 可　CC ADJMV

プレミアム化粧品OHUI(オフィ)、后(フー)、SU:M37°(スム37)を使ったケアを受けられるスパ。2022年に江南の論峴から移転。熟練スタッフによるかっさや経絡などの伝統技法を取り入れたマッサージは至福の時。化粧品の特別企画セットも購入可能。

一般店舗にはない豪華なコスメセットもあるので要チェック

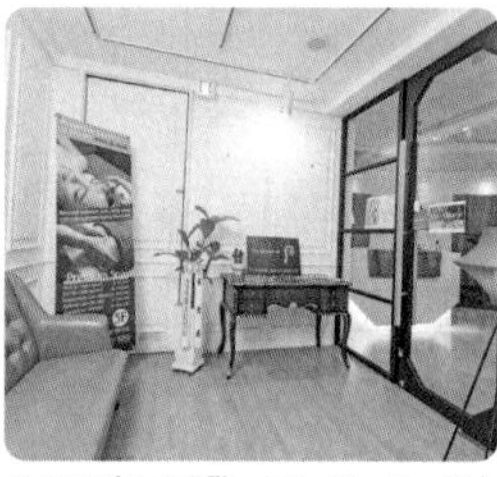
スパはビルの5階。エレベーターで上がると入り口がある

●メニュー例
フェイシャルケア60分　₩15万
スペシャルケア120分　₩35万

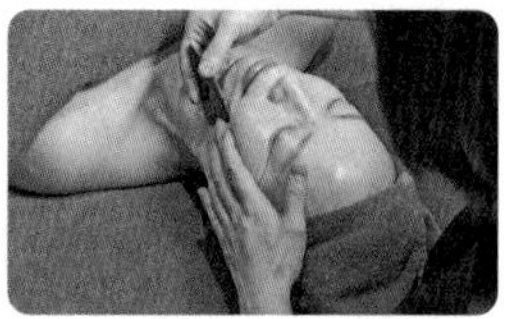
確かな技術力は有名セレブからも信頼されている

狎鴎亭洞（アプクジョンドン）
江南・中心部
アートメイク　眉毛

アートメイク　Be & Me Clinic

압구정비앤미의원

●アプクジョンビエンミウィウォン

MAP P.44-A1　地下鉄 K212 狎鴎亭ロデオ駅6番出口徒歩6分

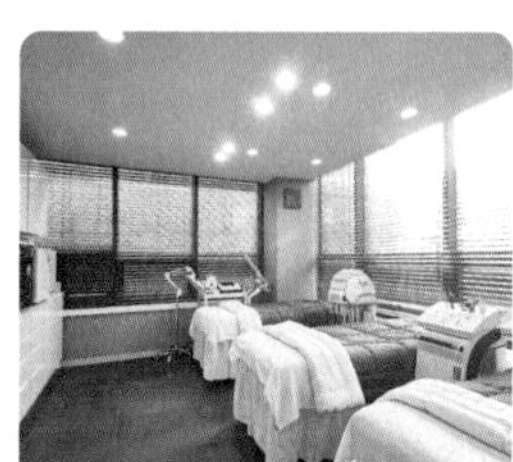
広々と明るい施術室

住 5-10, Apgujeong-ro, 46-gil, Gangnam-gu
住 강남구 압구정로46길 5-10　旧 강남구 신사동 660-16
TEL (02) 3445-6766　URL www.benme.co.kr
benme_
開 9:30〜13:00 14:00〜21:00、水9:30〜13:00 14:00〜19:00、土9:30〜13:00 14:00〜17:00（施術最終受付は90分前）
休 日・祝、1/1、旧正月とチュソク当日翌日　日 少し　CC ADJMV

20年以上の経験を持つスタッフが、一人ひとりに合わせて施術するアートメイクの技術の高さで知られる店。眉毛の方向や太さに合わせて植毛するように色を入れるエンボブロー、眉毛の間に色を入れていくグラデーションブローなどの施術を行っている。

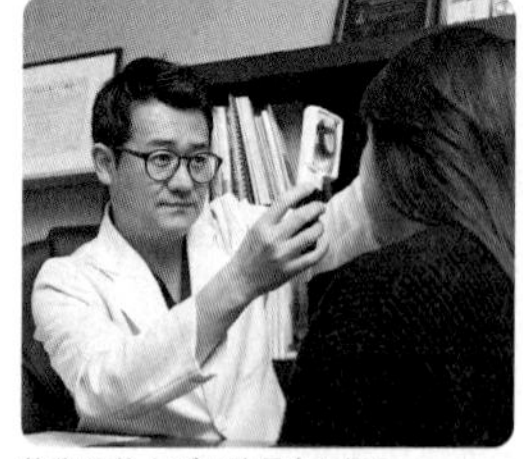
施術の仕上げは院長自ら行う

モダンインテリアの受付と待合室

●メニュー例
エンボブロー
Embo Eyebrow（60分以内）₩30万
グラデーションブロー
Gradation Eyebrow（60分以内）₩16万　※イベント価格
コンボアイブロー
Combo Eyebrow（60分以内）₩40万
※随時イベントあり。公式インスタグラムを参照

info 美容先進国の韓国では日本人スタッフや日本語が堪能な施術者も少なくない。施術に関する希望を的確に伝えられるメリットはもちろん、近隣のおいしい店なども聞いてみるといい。

ソウル薬令市(ヤンニョンシ)
江北・Nソウルタワー東
韓医院 韓方

●メニュー例
韓方20日分処方　₩25万～

韓方処方 富山韓医院
부산한의원
●プサンハニウォン

MAP P.215-A3 地下鉄 125 祭基洞駅2番出口徒歩2分

住 123, Wangsan-ro, Dongdaemun-gu
住 동대문구 왕산로 123　旧 대문구 제기동 1138
TEL 010-50595246（日本語通訳） URL blog.livedoor.jp/pusanhaniwon（予約も可能） 開 10:30～12:00、13:00～17:00
休 第1·3日曜、旧正月連休、チュソク連休　日 可　CC ADJMV

内科、小児科、神経科、皮膚科の診療が可能。日本語で作成された問診表をもとに脈診などを行い、治療内容を決める。無理に韓方をすすめることもなく、韓方薬の値段もリーズナブルで日本人にも人気。

ソウル薬令市(ヤンニョンシ)
江北・Nソウルタワー東
韓医院 韓方カフェ

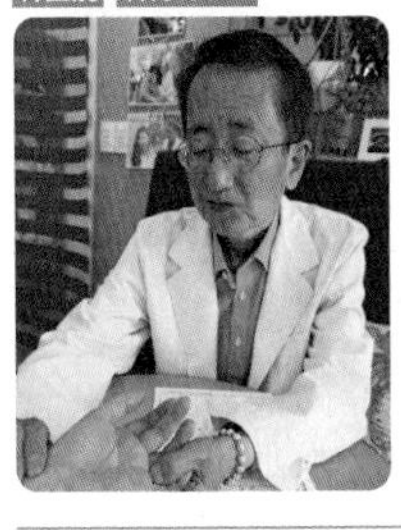

韓方処方 タミガ 다미가 ●茶美家

MAP P.215-A3 地下鉄 125 祭基洞駅2番出口徒歩2分

住 5, Yangnyeongjungang-ro, Dongdaemun-gu
住 동대문구 약령중앙로 5　旧 동대문구 제기동 1140-55 대산빌딩
TEL 0507-1422-5599　開 9:00～20:00（L.O.19:00）
休 月、旧正月とチュソク連休
日 少し　日メ あり　CC ADJMV

問診や舌診、脈診などを経て最適な韓方を処方してくれる。未病に対するソフトな体質改善の処方も得意。韓方カフェを併設しており、毎日飲めるソフトな韓方茶の相談にものってくれる。三花茶₩5000。

清潭洞(チョンダムドン)
江南・中心部
ヘッドスパ 育毛・脱毛ケア
日本語対応 完全予約制

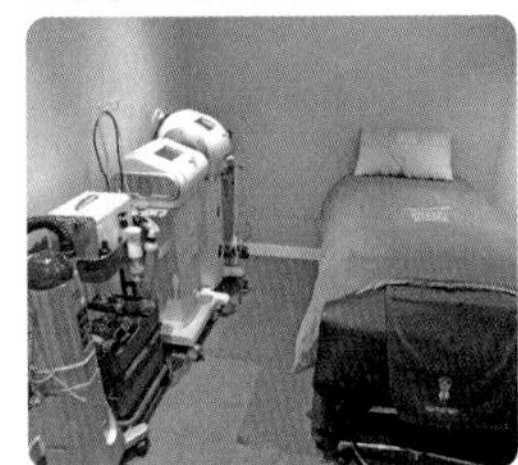

個室でゆっくり施術を受けられる

データをもとに診察、日常のケアもやさしく指導してくれる

頭皮ケア イ・ムンウォン韓方クリニック
이문원한의원 ●イ・ムンウォンハンイウォン
Lee Moon Won Korean Medicine Clinic

MAP P.44-B2 地下鉄 730 水仁·盆唐線 K213 江南区庁駅4番出口徒歩4分

住 33, Seolleung-ro 132-gil, Gangnam-gu
住 강남구 선릉로132길 33　旧 강남구 청담동 37-11
TEL 070-7492-5254　URL leemoonwon.com
開 月～水10:00～18:00、金10:00～21:00、土9:00～16:30
休 木·日、旧正月とチュソク　日 可　CC ADJMV

イ院長は、頭皮と髪のケアで数々の特許をもつスペシャリスト。年齢や性別に関わらず相談に応じており、最近ではコロナ後遺症などで増えている脱毛治療も対応。診察では、頭皮のpHや毛根の状態を測定。ヘッドスパではすべて自然由来の植物から抽出された韓方を、診断に基づいて調合しオーダーメイドの処方でしっかりケアをしてくれる。ヘッドスパはまさに極上の癒やしの時間だ。

症状に合わせて処方される韓方

●メニュー例
頭皮毛髪再生コース　₩49万5000
癒し&リラックスコース　₩49万5000
プログラム（健毛）　₩39万5000
プログラム（育毛）　₩39万5000
Luxury & K-beautyプログラム　₩29万5000
Beauty-Scalp コース　₩25万
Beauty-Hair コース　₩25万
Basic-Hair コース　₩17万
Basic-Scalp コース　₩17万

info タミガの韓方カフェは韓医院で診療を待っている患者にお茶を出していたことが始まり。お茶の種類がよくわからない時はカウンターに声をかければ日本語の問診表をもらうことができる。

ノニョンドン
論峴洞
江南・中心部
マッサージ 指圧

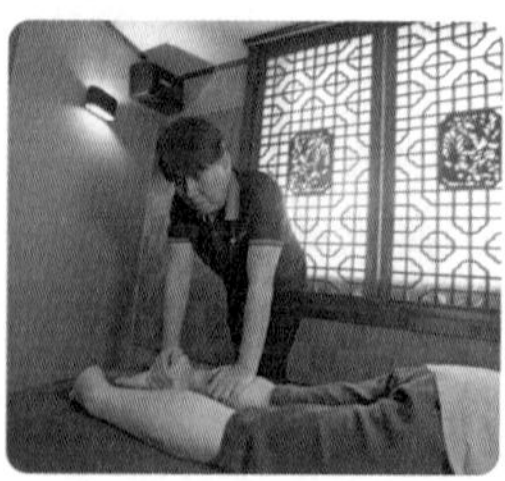
ク・ドンミョン院長による足マッサージ。スチームタオルやオイルも使う施術

マッサージ ク・ドンミョン快癒マッサージ江南本店

구동명쾌유마사지 강남본점

●クドンミョン ケユマサジ カンナムポンジョム

MAP P.43-D3　地下鉄 731 鶴洞駅7番出口すぐ

住 3F, 177, Hakdong-ro, Gangnam-gu
住 강남구 봉은사로 175 태석빌딩 3층　旧 강남구 논현동 58-7
TEL (02) 548-0150　URL www.kyouhand.com
開 9:00〜翌4:00、日9:00〜24:00（最終受付1時間前）
休 無休　日 施術基本会話可　CC ADJMV

芸能人御用達のマッサージ店。ク・ドンミョン院長はスポーツ選手時代からマッサージに興味を持ちはじめ、20年間の臨床経験を通じて「快癒手技療法」という手法を編み出した。筋骨格の疲れや痛みの原因を探し出して元から改善を図っている。小顔経絡骨気マッサージは顎から頭皮までを丹念に施術する。

広々とした施術室

ふたりで受けられる施術室

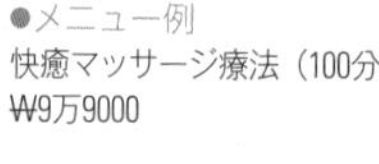
●メニュー例
快癒マッサージ療法（100分）
₩9万9000

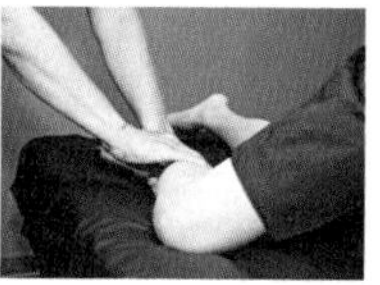

チョンダムドン
清潭洞
江南・中心部
エステ スパ

地下1階のプレミアム韓方スパの雪花秀SPAはラグジュアリーな空間を演出している

スパ 雪花秀 SPA

설화수스파

●ソルァススパ／Sulwhasoo Spa

MAP P.44-A1　地下鉄 K212 狎鴎亭ロデオ駅5番出口徒歩10分

住 18, Dosan-daero 45-gil, Gangnam-gu
住 강남구 도산대로 45길 18　旧 강남구 신사동 650
雪花秀 SPA　TEL (02) 541-9272
雪花秀BALANCE SPA　TEL (02) 541-9273　URL www.sulwhasoo.com
開 10:00〜21:00　休 第1月曜、旧正月とチュソク当日
日 少し（予約電話や簡単な案内）　日メ あり　CC ADJMV

雪花秀は韓国を代表するコスメブランドのひとつ。ここは地下1階地上4階からなるフラッグシップストア。地下1階にはプレミアム韓方スパの雪花秀SPAが、4階には雪花秀SPAよりリーズナブルなカジュアル韓方スパの雪花秀BALANCE SPAがある。

落ち着いた内装の施術室

紅参水の足湯の後、角質を取る

●メニュー例
Intense Ginseng Journey
背中&フェイスケア100分　₩30万
Balance Touch　₩17万
（フェイス&ボディケア70分）

info エステ店は、予約が必須。特にアフターコロナの需要回復で、なかなか予約が取れない店もある。日本語の対応を希望する場合はスタッフも限られるので、旅程が決まったらすぐ予約しよう。

ソウルのホテル

滞在を楽しむ インテリア自慢のホテル

近年のソウルでは、デザインにこだわったユニークなホテルが増えてきた。
ここでは、特徴のある2軒を紹介しよう。

社会貢献にも取り組むおしゃれホテル

Hotel Cappuccino カプチーノ

遊び心いっぱいにデザインされホテル内のあちこちに多彩なフォトスポットがある。2ベッド（4人まで）、2段ベッドの部屋もあり、友人との滞在にもぴったり。ひとり₩10万ほどの手頃な料金でアーバンスタイルを楽しめるホテルが少ないソウルだが、ここなら江南エリアならではの、カジュアルで個性的な滞在が楽しめる。
眺めのいいレストラン、ルーフトップカフェバーも人気がある。

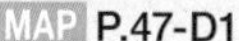

1 観葉植物のグリーンがアクセントのスーパーツイン（ダブル×2） 2 窓から江南の風景が眺められるバスルーム 3 韓国の新人アーティストや世界的デザイナーの家具やグッズが並ぶカフェ 4 テラスからの夕景を楽しんで 5 2段ベッドのQuad-Roomもスタイリッシュ 6 ベーシックなStudio 7 ペットと泊まれ、宿泊代の一部が動物愛護の寄付になる部屋もある 8 不要になった服を寄付するためのボックス

MAP P.47-D1

タックスリファンド対象

地下鉄 926 彦州駅1番出口徒歩3分

住 155 Bongeunsa-ro, Gangnam-gu 住 강남구 봉은사로 155
旧 강남구 논현동 206-1 호텔 카푸치노
TEL (02) 2038-9501 URL hotelcappuccino.co.kr
CC ADJMV WiFi あり

日本家屋をリノベーション

Nook Seoul ヌーク ソウル

1930年代に建てられた日本家屋を改築したホテル。ホテルが建つ厚岩洞(ファムドン)は、ソウル駅や南山公園に近く、日本人が多く住んでいたところ。高層ビルと大通りを背に坂を少し登ると、再開発から取り残された古い家屋の並ぶ一角に出る。
オーナーのイ・ホヨンさんは、この古い建物を活かしてホテルに改築。むき出しの土壁はガラスで保護し、隠れた竹の骨組みをインテリアとして見せたり、障子の明かりがほのかに光る照明で演出する。ニューヨークやロンドンで買った西洋アンティークも、不思議とマッチしている。
1軒屋に1日1組。レセプションはないので予約時に時間を決めて鍵を開けてもらう。そのときに30分程度英語で建物の歴史をレクチャーしてくれる。古い梁や磨かれた急階段、日本人にとってはどこか懐かしい空間を、ぜひ。

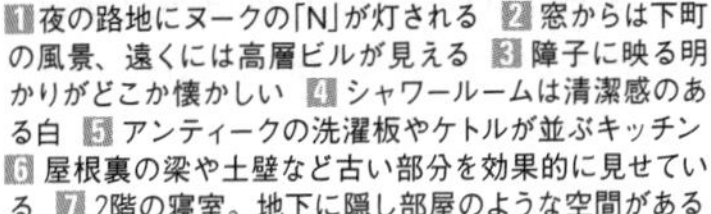

1 夜の路地にヌークの「N」が灯される 2 窓からは下町の風景、遠くには高層ビルが見える 3 障子に映る明かりがどこか懐かしい 4 シャワールームは清潔感のある白 5 アンティークの洗濯板やケトルが並ぶキッチン 6 屋根裏の梁や土壁など古い部分を効果的に見せている 7 2階の寝室。地下に隠し部屋のような空間がある

MAP P.23-C3

地下鉄 133 426 ソウル駅10番出口徒歩8分

住 6-2, Sowol-ro 2na-gil, Yongsan-gu
住 용산구 소월로2나길 6-2
旧 용산구 후암동 439-3
TEL 010-8284-2886
URL nookseoul.com
CC ADJMV WiFi あり

派手なエントランスの中級宿

ホテルの基礎知識

韓国ではホテルや観光客向けのコンドミニアムに対して、5段階の等級評価をしており、星の数で表されている。ただし1～2つ星は施設自体の数が少ないため、安宿を探すなら星なしのほうが選択肢が広い。中高級ホテルのなかにも等級評価がされておらず星なしもある。

ビジネス利用も多い高級ホテル

高層ホテルの醍醐味は眺望

レジデンスには洗濯機が付いていることも多い

モーテルの部屋

モーテル？　ホテル？
名前がホテルであっても、ラブホテル仕様だったり、逆にモーテルという名でも地味なホテルの場合もある。どちらの場合も、女性でも問題なく宿泊できる。

韓国標準のSE型（左）は、ヨーロッパのC型も使える。中央の複合形は日本やアメリカの(A)、ヨーロッパの(C) コンセントが使用できる。英国式（BF）は使用できない

星付きホテル

5つ星、4つ星

大型の高級ホテルで、国際基準を満たしており、数は全体の2割ほど。洗浄便座付きトイレ、バスタブもたいてい備えている。

5つ星にはソウル新羅ホテル ▶P.283 など韓国資本のほか、コンラッドやJWマリオットなど外資系ホテルが連なる。実勢価格で₩20～40万ぐらい。4つ星にはプレジデントホテル ▶P.287 、コリアナホテル ▶P.287 などがあり、₩10万～15万ぐらい。

3つ星

中級クラスのホテル。スカイパーク明洞1 ▶P.276 、相鉄フレッサイン明洞 ▶P.292 、イビスなどビジネスホテルも3つ星が多い。₩8～12万ぐらい。

モーテル

モーテルのなかには外観がお城だったり、駐車場に目隠しがあったり、日本のラブホテルに近いものがある。そういったところは、日中に休憩利用の設定をしているが、一般客も普通に宿泊できる。予約の必要がなく値段も安いのでフレキシブルに旅をしたい人には利用価値は高い。₩5~8万が目安。

ゲストハウス

ドミトリー（相部屋）の部屋があり、共同のキッチンなどを備えた宿。洗濯ができたり、同宿の人と情報交換でき、若い人の利用が多い。オーナーの意向が強く出るので、飲酒や消灯などルールが細かい宿もある。₩3万前後。

ユースホステル

韓国のユースホステルは公営で、青少年の活動施設として研修施設の意味合いが強い。ソウルなどで「ホステル」の名が付いているのは民営でゲストハウスに近い。

ホテル以外の宿泊施設

宿泊施設のなかには、旅館、山荘と名の付くものがある。ホテルよりは格下で、中長期滞在する人向け。トイレやシャワーも部屋にないことが多く、外国人観光客には向かない。₩3～5万ぐらい。

このマークが付いているホテルは2023年1月現在、タックスリファンドの対象。ホテルのフロントで外国人観光客が宿泊費を支払い、手続きした場合、付加価値税分の一部の払い戻しが受けられる。

韓屋ホテル

韓国伝統の建築を生かしたホテル。古い建物をリノベーションしている施設と、新築の宿がある。オンドル部屋（後述）が基本なので、自分で布団を敷いて寝る。ホステルタイプを除き、部屋にはシャワーとトイレ、テレビが付く。デスクやソファはないことが多い。₩5万ぐらい～。

韓屋ホテルも風情がある

民泊

韓国でも民泊が流行しており、ウェブサイトにもたくさん出ている。しかし行政機関への届出なしに営業しているところもあるようなので、利用は自己責任で。

ホテルの設備

トイレとバスルーム

一般に星の数と設備やアメニティは比例するが、欧米資本のホテルの場合は、バスタブ、洗浄便座、スリッパなどの有無には重きをおかないところも多く、5つ星、4つ星でもないことがある。韓国ではトイレットペーパーを流さずに備え付けの籠に入れることが多いが、3つ星クラス以上のホテルなら便器に流せることが多い。

モーテルの猫足バスタブ

テレビやエアコンのリモコン操作

ホテルにあるリモコンはハングルだけのものが多く、しかもテレビ・エアコンとの一体型もあり、リモコンが解読できないと部屋の温度も変えられない羽目になる。以下に代表例を挙げたので参考にしてほしい。

エアコン用リモコン

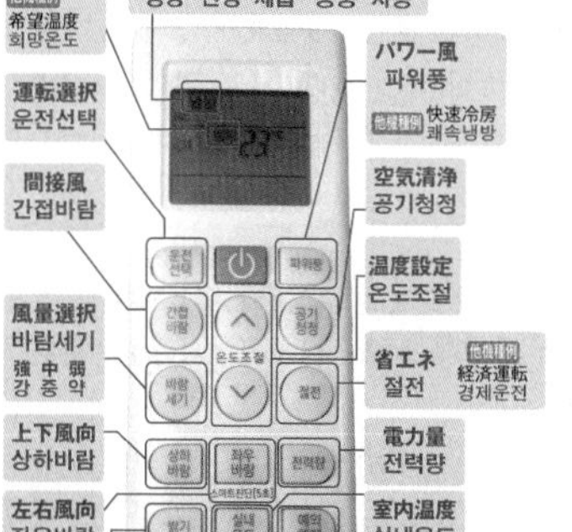

統合型リモコン
室内照明／テレビ／エアコン

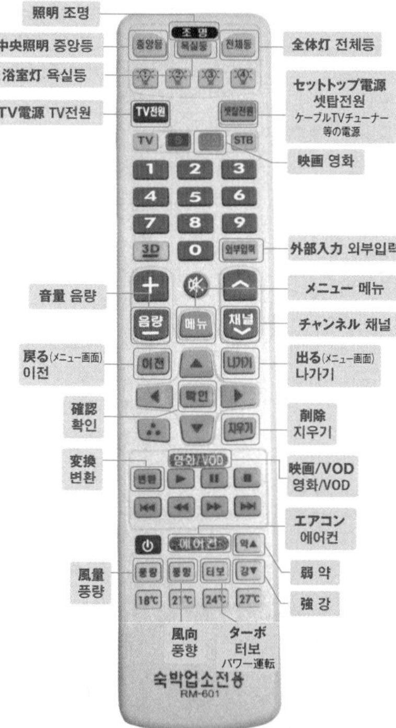

他機種例

簡易メニュー 간편메뉴　画面モード 화면모드
情報表示 정보표시　マルチメディア 멀티미디어
放送案内 방송안내　消音 조용히

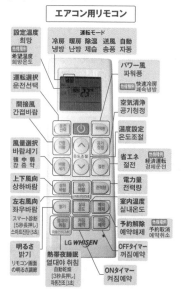

「タックスリファンド」の対象ホテルは変更されることも多い。本書の情報は2023年1月現在のもので、最新情報はURL vkc.or.kr/en/pr-center/click-korea/hotel-tax-refundで確認できる。

スマホの各種コネクタが完備されているところもある。USBケーブル用の充電コンセントを備えているホテルも多い

オンドルのあるファミリールーム。布団を敷いて寝る

ホテル関連基本単語

予約	예약	イェヤク
チェックイン	체크인	チェクイン
チェックアウト	체크아웃	チェクアウッ
パスポート	여권	ヨックォン（旅券）
客室番号	방번호	パンボノ
フロント	프런트	プロントゥ
客室	객실	ケクシル
空室	빈방	ピンバン
満室	만실	マンシル
延泊	연박	ヨンバク
浴室	욕실	ヨクシル
浴槽	욕조	ヨクチョ
朝食	조식	チョシク
Wi-Fi	와이파이	ワイパイ
パスワード	비밀번호	ピミルボノ（秘密番号）
トイレ	화장실	ファジャンシル（化粧室）
トイレットペーパー	화장지	ファジャンジ
カギ	열쇠	ヨルスェ
宅配便	택배	テクペ（宅配）

朝食コーナーに、コーヒーマシンやトースター、カップラーメンが置いてある安宿。なぜかポップコーンも定番

コーヒーセット、湯沸かしポット

部屋にはたいていケトルとインスタントコーヒーとティーバッグ、カップのセットがある。安い宿の場合は共有スペースにマシンが備えられているだけのこともある。

水はミネラルウオーターがサービスされるか、共有スペースに給水器がある。冷蔵庫に飲み物が入っている場合、伝票がなければ無料、伝票があればミニバーで有料となる。

インターネット

ほとんどのホテルでWi-Fiは部屋でも共有スペースでも使える。またパソコンを部屋に置いているホテルも少なくない。

土足厳禁？

布団を敷いて寝る韓屋ホテルは、建物の入口か部屋の入口で靴を脱ぐ。ベッドのホテルでも、入口に段差があったり、シャワールームにスリッパが備えられていたら、部屋には靴を脱いで入ること。

オンドル部屋

オンドルは寒い韓国の冬を快適に過ごすための床暖房システム。燃料こそ石炭からガスに替わったが、現代の一般家庭でもオンドル部屋を備えている。オンドル部屋で寝るときは、暖かさを感じられるよう敷き布団は日本よりもかなり薄くなっている。ふだん柔らかいベッドで寝ている人は、布団を余分にもらっておくといい。

予約と利用

予約

個人でホテルを予約するなら、なんといってもインターネットの予約サイトが便利。高級ホテルを利用する予定なら航空券とホテルだけのツアーのほうが安いことも多い。

チェックイン、チェックアウト

チェックインは15:00以降に設定し、チェックアウトは10:00～12:00を締め切りとしているホテルが多い。ホテルの支払いを保証するためにチェックインの際にクレジットカードを求められることがある。安いホテルはチェックイン時に支払いをすませることが多い。

3つ星以下のホテルはレセプションが常駐していないことも多い。チェックインが遅くなる場合はあらかじめ連絡を入れておいた方がいい。

ホテルでの食事

ツアーで利用するような大型のホテルを個人で予約する場合は₩1～2万で朝食を付けることができる。2つ星以下のホテルやゲストハウスでは、原則として朝食は出ないが、トーストやカップラーメンをサービスすることがある。キッチン付きのゲストハウスなら、スーパーで食材を買ってきて、自炊ができる。町へ出て粥などの朝食を試すのもおすすめ。

2021年オープン　このマークで示した開業年は、新しさの目安として2021年以降にオープンした施設に付けています。

手頃な滞在 ツーリストホテル 관광 호텔

旅行者が一番使いやすい₩10万前後のホテルを検証した。設備や対応の差が大きいクラスだ。

明洞の世宗ホテル ▶P.278

Point

- 相場は₩7～15万
- 都心にあって便利
- 江北は比較的安い物件が見つかるが古かったり狭いことがある
- 江南で₩12万以下の場合、ラブホっぽい施設に当たることがある
- ユニークなデザインホテルもこのクラスにある
- 設備や広さはまちまち
- 星の数はあくまで目安に

江北(カンブク)／市庁(シチョン)　4つ星　チェーンホテル　モダン

新羅(シルラ)ステイ 光化門(クァンファムン) 신라스테이 광화문

●Shilla Stay Gwanghwamun

MAP P.19-C3

地下鉄 131 鐘閣駅2番出口徒歩6分

ベッドと、窓際にカウチがある

フロントは8階／洗面台は化粧品を置く充分なスペースがある

住 71, Sambong-ro, Jongno-gu
住 종로구 삼봉로 71　旧 종로구 수송동 51-8
TEL (02) 6060-9000　URL www.shillastay.com
CC ADJMV　WiFi あり

2019年4月宿泊時の情報（料金は2023年1月調査）

T 23㎡　1738号室　₩12万3900
チェックイン15:00～　チェックアウト12:00
日本語：通じにくい
立地　繁華街／オフィス街／コンビニ2軒先
室内　明るい／フローリング／仕事可能な大きさのデスク／ドレッサーなし／空調よく効く／リモコン説明なし／チャンネル案内あり
コンセント　SE型机1、洗面台1、ケトル台1／複合形ベッドサイド1
アメニティ　中厚タオル地バスローブ／つま先開きの中厚使い捨てスリッパ／冷蔵庫空／ミネラルウオーター500㎖2本／ティーバッグ（紅茶、緑茶）、ティーバッグ式コーヒー、砂糖／グラス＋紙コップ
バスルーム　新しい／バスタブあり、狭いが深い／シャワーの湯、出るのが少し遅い／温水洗浄便座あり／シャワー仕切り固定ガラス／排水標準／ゴミ箱に袋掛けなし

江北(カンブク)／東大門(トンデムン)

4つ星　地下鉄駅至近

国都(ククト)

호텔국도

●Hotel Kukdo

MAP P.24-A1　地下鉄 204 535 乙支路4街駅10番出口徒歩1分

住 164, Eulji-ro, Jung-gu
住 중구 을지로 164　旧 중구 을지로4가 310
TEL (02) 6466-1234　URL www.hotelkukdo.com
料 W ₩9万5250～　T ₩8万8500～
CC ADJMV　WiFi あり

info 宿泊月が記された物件については、2019年宿泊時に個人の感想を含む、実際の宿泊体験に基づいた記述です。目安としてご利用ください。料金につきましては2023年1月時のものを表記しております。

江北（カンブク）／市庁（シチョン）

3つ星

トーマス明洞（ミョンドン）

호텔 토마스 명동 ●Hotel Thomas Myeongdong

MAP P.212-A2　地下鉄 132 201 **市庁駅**7番出口徒歩3分

住 26, Sejong-daero 16-gil, Jung-gu
住 중구 세종대로16길 26　旧 중구 북창동 12-1
TEL (02) 777-9500　URL www.hotelthomas.co.kr
料 Ⓦ Ⓣ ₩8万5500～
CC ADJMV　WiFi あり

江北（カンブク）／市庁（シチョン）

3つ星

ニューソウル

뉴서울호텔 ●New Seoul Hotel

MAP P.19-C3　地下鉄 132 201 **市庁駅**4番出口徒歩3分

住 16, Sejong-daero 22-gil, Jung-gu
住 중구 세종대로22길 16　旧 중구 태평로1가 29-1
TEL (02) 3701-0544／3701-0555　URL www.newseoulhotel.co.kr
newseoulhotel
料 Ⓦ ₩6万～　Ⓣ ₩7万～　CC ADJMV　WiFi あり

江北（カンブク）／明洞（ミョンドン）

3つ星

メトロ

메트로호텔 ●Metro Hotel

タックスリファンド対象

MAP P.213-C1　地下鉄 202 **乙支路入口駅**5・6番出口徒歩2分

住 14, Myeongdong 9ga-gil, Jung-gu
住 중구 명동9가길 14　旧 중구 을지로2가 199-33
TEL (02) 752-1112　URL www.metrohotel.co.kr
metrohotelkorea
料 Ⓦ ₩8万8000～　Ⓣ ₩13万2000～
CC ADJMV　WiFi あり

江北（カンブク）／明洞（ミョンドン）

3つ星　日本人の利用が多い

スカイパーク明洞（ミョンドン）1

호텔 스카이파크 명동 1 ●Hotel Skypark Myeongdong 1

MAP P.211-A3　地下鉄 424 **明洞駅**6番出口徒歩3分

住 15, Myeongdong 8na-gil, Jung-gu
住 중구 명동8나길 15　旧 중구 충무로1가 24-23
TEL (02) 6900-9301　URL www.skyparkhotel.com
料 Ⓦ Ⓣ ₩7万5900～
CC ADJMV　WiFi あり

江北（カンブク）／明洞（ミョンドン）

3つ星　地下の食堂も人気

サボイ

사보이호텔 ●Savoy Hotel

MAP P.211-A3　地下鉄 424 **明洞駅**6番出口徒歩3分

住 10, Myeongdong 8na-gil, Jung-gu
住 중구 명동8나길 10　旧 중구 충무로1가 23-1
TEL (02) 772-7700　URL www.savoyhotel.co.kr
料 Ⓦ ₩6万5000～　Ⓣ ₩7万9300～
CC ADJMV　WiFi あり

info 2つ星、3つ星のツーリストホテルには、ランドリーサービスはないが、コインランドリーが設置されているところが多い。

江北／仁寺洞

3つ星 日本人に人気

イビスアンバサダーソウル仁寺洞

이비스 앰배서더 서울 인사동

●Ibis Ambassador Seoul Insadong

MAP P.207-C1 地下鉄 130 329 534 鍾路3街駅4番出口徒歩3分

タックスリファンド対象

住 31, Samil-daero 30-gil, Jongno-gu
住 종로구 삼일대로30길 31 旧 종로구 익선동 34-3
TEL (02) 6730-1101 URL ibis.ambatel.com/insadong
料 W T ₩8万2650～
CC ADJMV WiFi あり

江北／仁寺洞

3つ星

ソンビ

호텔썬비 ●Hotel The Sun Bee

MAP P.206-B2 地下鉄 131 鐘閣駅3-1番出口徒歩4分

住 26, Insadong 7-gil, Jongno-gu
住 종로구 인사동7길 26 旧 종로구 관훈동 198-11
TEL (02) 730-3451 URL www.hotelsunbee.com
料 W ₩9万9000～ T ₩11万7000～
CC ADJMV WiFi あり

江南／カロスキル

4つ星

ザ リバーサイド

더 리버사이드호텔 ●The Riverside Hotel

MAP P.43-C2 地下鉄 337 新沙駅5番出口徒歩5分

住 6, Gangnam-daero 107-gil
住 서초구 강남대로107길 6 旧 서초구 잠원동 6-1
TEL (02) 6710-1100 URL www.riversidehotel.co.kr
riversidehotel.korea
料 W ₩8万2000～ T ₩9万7000～
CC ADJMV WiFi あり

江南／論峴洞

4つ星

ベストウェスタンプレミア江南

베스트웨스턴 프리미어 강남 호텔 ●Best Western Premier Gangnam

MAP P.47-D1 地下鉄 926 彦州駅1番出口徒歩4分
地下鉄 925 新論峴駅3番出口徒歩5分

住 139, Bongeunsa-ro, Gangnam-gu
住 강남구 봉은사로 139 旧 강남구 논현동 205-9
TEL (02) 6474-2000 URL www.bestwestern.jp
料 S ₩19万8571～ W T ₩21万2857～
CC ADJMV WiFi あり

江南／清潭洞

4つ星

リビエラ清潭 호텔리베라청담

●Hotel Riviera cheongdam／ホテル リベラ チョンダム

MAP P.45-C1 地下鉄 729 清潭駅13番出口徒歩5分

住 737, Yeongdong-daero, Gangnam-gu
住 강남구 영동대로 737 旧 강남구 청담동 53-7
TEL (02) 3438-4000 URL www.hotelriviera.co.kr
料 S W ₩10万5000～
CC ADJMV WiFi あり

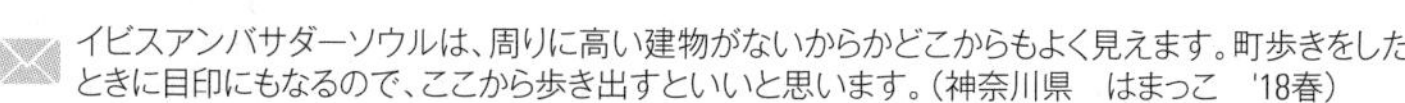

イビスアンバサダーソウルは、周りに高い建物がないからかどこからもよく見えます。町歩きをしたときに目印にもなるので、ここから歩き出すといいと思います。（神奈川県　はまっこ　'18春）

カンブク　ミョンドン
江北／明洞　4つ星　地下鉄駅至近　クラシック　ツアー利用も多い

世宗（セジョン） 세종호텔
●Sejong Hotel

MAP P.213-D2

地下鉄 424 明洞駅10番出口すぐ
リムジンバス6001·6015仁川

古いが広さは充分／エントランスは老舗の風格

1501室からはNソウルタワーの夜景が見える／洗面スペースはやや狭い

住 145, Toegye-ro, Jung-gu
住 중구 퇴계로 145　旧 중구 충무로2가 61-3
TEL (02) 773-6000　URL www.sejong.co.kr
CC ADJMV　WiFi あり

2019年4月宿泊時の情報（料金は2023年1月調査）
W 26㎡　1501号室　₩8万7065～
チェックイン15:00～　チェックアウト12:00
日本語：通じる
立地　繁華街／コンビニ2軒先／空港バス停15m／眺望Nソウルタワー正面
室内　やや暗い／フローリング／デスク兼用ドレッサー狭い／空調旧型ダイヤル式日本語説明あり／リモコン日本語説明あり
コンセント　SE型机1、床2、ベッドサイド1
アメニティ　薄手ワッフルバスローブ／消毒済サンダル／冷蔵庫空／ミネラルウオーター500㎖2本／ティーバッグ（玄米茶）、インスタントブラックコーヒー／ワイングラス、タンブラー、コーヒーカップ
バスルーム　古い／バスタブあり、やや浅い／シャワー標準、湯量多く熱い湯すぐ出る／洗濯ロープあり／シャワーカーテン／排水良／温水洗浄便座あり／ゴミ箱に袋掛けなし

カンナム　シンサドン
江南／新沙洞　4つ星　繁華街　1階コンビニ

レックス観光 렉스 관광 호텔
●Hotel LEX

MAP P.43-C3

地下鉄 337 新沙駅3番出口徒歩3分
リムジンバス6009仁川

広々としていて居心地はよい

洗面台の物置スペースが狭い／ビジネス街にある

住 588, Gangnam-daero, Gangnam-gu
住 강남구 강남대로 588　旧 강남구 논현동 18-2
TEL (02) 511-4488　URL www.lexhotel.co.kr
CC ADJMV　WiFi あり

2019年4月宿泊時の情報（料金は2023年1月調査）
T 21㎡　195号室　₩10万～
チェックイン 15:00～　チェックアウト12:00
日本語：通じる
立地　繁華街／ビジネス街／大通り沿いで騒音あり／コンビニ1階／フロントまわり暗め
室内　明るい／フローリング／土足禁止／ドレッサー兼用デスク／家庭用空調よく効く／リモコン解説なし／チャンネル案内なし
コンセント　デスクまわり電源使用不可、SE型ベッドサイドに4口タップあり
アメニティ　薄いワッフルバスローブ／サンダル／冷蔵庫空／ミネラルウオーター500㎖3本／ティーバッグ（緑茶）、インスタントコーヒー、ミルクミックスコーヒー／マグカップと紙コップ
バスルーム　やや古い／バスタブ深い／シャワー標準、湯量多く熱い湯すぐ出る／温水洗浄便座あり／シャワーカーテン／排水よい／ゴミ箱の袋掛けあり

自分で室温を調節できないタイプの宿は、冬は窓を締め切ると暑すぎ、開けると寒すぎて寝苦しかったです。冬は自分で温度調整できる宿がおすすめです。（東京都　オダ　'22年12月）

カンブク トンデムン
江北／東大門
4つ星 地下鉄駅至近 モダン カップル、女子旅

ザ デザイナーズ DDP

호텔 더 디자이너스 DDP
●Hotel The Designers DDP

MAP P.25-C1
地下鉄 205 422 536 **東大門歴史文化公園駅**5番出口徒歩4分
リムジンバス6001仁川／6021金浦（運休中）

椅子のところの擦りガラスの向こうがバスルーム

カフェコーナー

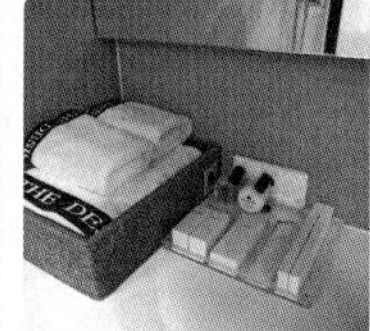

アメニティは充実

住 293, Toegye-ro, Jung-gu
住 중구 퇴계로 293 旧 중구 쌍림동 156-6
TEL (02) 2285-5401
CC ADJMV WiFi あり

2019年4月宿泊時の情報（料金は2023年1月調査）
W 16㎡ 1705号室 ₩8万761～
チェックイン15:00～ チェックアウト13:00
日本語：通じない
立地 繁華街／コンビニ3軒隣／空港バス停20m
室内 暗い／床タイル／机小さい（引き出しなし）／ドレッサーなし／空調デジタル（操作わかりにくい）／リモコン日本語説明あり
コンセント SE型デスク1、ベッドサイド2、洗面台1／複合式デスク1／USBポートデスク2
アメニティ 中厚バスローブ／サンダル／冷蔵庫空／ミネラルウオーター500mℓ2本／ティーバッグ（ハーブティー）、ティーバッグ式コーヒー／ワイングラス、マグカップ
バスルーム 新しい／バスタブ大きく深い／シャワー標準＋雨降らし／湯量普通、熱い湯すぐ出る／温水洗浄便座あり／シャワーの仕切りなく便器に水かかる／排水標準／バスルームくもりガラス張り／ゴミ箱の袋掛けあり

カンブク ミョンドン
江北／明洞
3つ星 地下鉄駅至近

プリンスソウル

호텔프린스서울 ●Hotel Prince Seoul

MAP P.213-C2 地下鉄 424 **明洞駅**2番出口徒歩1分

住 130, Toegye-ro, Jung-gu
住 중구 퇴계로 130 旧 중구 남산동2가 1-1
TEL (02) 752-7111 URL www.princeseoul.co.kr
料 W T ₩7万2000～ CC ADJMV WiFi あり

カンブク ミョンドン
江北／明洞
3つ星

G3 忠武路

G3 호텔 충무로 ●G3 Hotel Chungmuro

2022年オープン

MAP P.24-A1 地下鉄 331 423 **忠武路駅**6番出口徒歩1分

住 7, Chungmu-ro, Jung-gu
住 중구 충무로 7 旧 중구 필동1가 44-1
TEL (02) 2277-9980 URL www.g3hotel.co.kr
料 W T ₩9万9000～ CC ADJMV WiFi あり

カンブク イテウォン
江北／梨泰院
3つ星 デザイナーズホテル

インペリアルパレスブティックホテル

임피리얼 팰리스 부티크 호텔 ●Imperial Palace Boutique Hotel

MAP P.28-B2 地下鉄 630 **梨泰院駅**2番出口徒歩5分

住 221 Itaewon-ro, Yongsan-gu
住 용산구 이태원로 221 旧 용산구 한남동 737-32
TEL (02) 3702-8000 URL imperialpalaceboutiquehotel.com
料 W ₩5万6938～ T ₩6万1258～ CC ADJMV WiFi あり

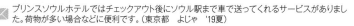

プリンスソウルホテルではチェックアウト後にソウル駅まで車で送ってくれるサービスがありました。荷物が多い場合などに便利です。（東京都 よじゃ '19夏）

江南（カンナム）／堂山（タンサン） 3つ星 おしゃれ 1階に家庭用プリンターあり

ロフト

호텔 로프트

●Hotel Loft

MAP 折込表-A2

地下鉄 237 913 堂山駅6番出口徒歩10分
リムジンバス6008仁川·金浦（運休中）

部屋にパソコンがあり、ロビーにプリンターもある

駅から少し遠い

シャワールームも別にある

住 72, Seonyudong 2-ro, Yeongdeungpo-gu
住 영등포구 선유동2로 72
旧 영등포구 당산동5가 33-10
TEL (02) 2671-9995 URL hotel-loft.co.kr
CC ADJMV WiFi あり
W 33m² 504号室 ₩9万

2019年5月宿泊時の情報（料金は2023年1月調査）

チェックイン 17:00～ チェックアウト12:00
日本語：通じない

立地 商業地／住宅街／周辺ラブホテルあり／コンビニ遠い／スーパーマーケット近隣

室内 とても暗い／フローリング／土足禁止／壁際のデスクにパソコン備え付け／ドレッサーなし／クロゼットなしでハンガーラックのみ／空調よく効く／リモコン説明英語／チャンネル案内なし

コンセント SE型机1、床2、洗面台1／複合型机2

アメニティ 中厚バスローブ／サンダルと薄い使い捨てスリッパ／冷蔵庫に無料の炭酸飲料、缶ビール1、ミネラルウオーター500mℓ2本／ティーバッグ（レモンティー、コーヒー）／マグカップ

バスルーム バスタブあり、別置きで深く大きい／標準シャワー＋雨降らし／湯量標準、熱い湯すぐ出る／温水洗浄便座あり／シャワー、バスタブ、トイレ完全独立／洗面台浅く水が飛び散る／ゴミ箱に袋掛けあり

江南（カンナム）／三成洞（サムソンドン） 3つ星 スタイリッシュ 都心空港ターミナル至近

ユリエン

유리앤호텔

●Hotel Uri &

MAP P.49-D1

地下鉄 219 三成駅5番出口徒歩4分
リムジンバス6103仁川

少々手狭だがこざっぱりとして使いやすい部屋

大通りに面したホテル

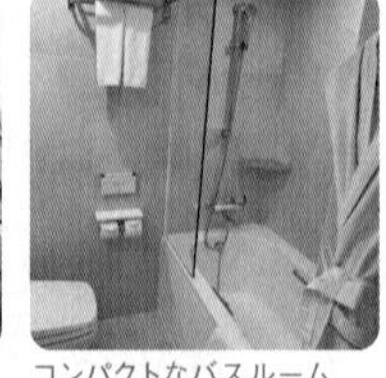

コンパクトなバスルーム

住 20, Samseong-ro 96-gil, Gangnam-gu
住 강남구 삼성로96길 20 旧 강남구 삼성동 158
TEL (02) 500-2300 URL www.uri-nhotel.com
CC ADJMV WiFi あり

2019年6月宿泊時の情報（料金は2023年1月調査）

W 20m² 312号室 ₩12万1000
チェックイン15:00～ チェックアウト11:00
日本語：通じる

立地 ビル街／建物きれい／コンビニ大通り角（少し遠い）／空港アクセス良好

室内 少し暗い／絨毯／壁付き大きなデスク／ドレッサーなし／クロゼット、ハンガーなし（フックのみ）／空調壁面操作盤、よく効く／リモコン日本語説明なし／番組表あり

コンセント SE型ベッドサイド2、洗面台1／複合型デスク2

アメニティ 薄手ワッフルバスローブ／薄い使い捨てスリッパ／冷蔵庫空／ミネラルウオーター500mℓ2本／ティーバッグ（緑茶）、インスタントコーヒー／コーヒーカップ

バスルーム 新しい／バスタブやや小さいが深い／シャワー標準、湯量標準、湯はすぐ出る／温水洗浄便座あり／シャワー仕切り固定ガラス／排水標準／ゴミ箱に袋掛けあり

info ロフトから南西に行ったところにある永登浦伝統市場 MAP P.52-A2 はローカル感あふれる市場。南側の入口あたりがスンデ通りになっている。

優雅な滞在

高級ホテル 고급 호텔

5つ星ホテルは南山周辺エリアや江南の大通り沿いに多い。4つ星ホテルは主要駅周辺に多い。

ウェスティン朝鮮ソウル ▶P.282

Point

- 相場は₩20万～、最高級なら₩40万台
- カジノやスパを併設する巨大リゾートホテル
- レストランは韓、洋、中、和が揃う
- 有名チェーン系ホテルの高級ブランド
- 眺望や環境重視で駅や市街地から遠い物件も多い
- 空港や免税店への独自のバスルートがある場合も
- 外資系のホテルでは、温水洗浄便座がないことがある
- 多くのホテルで日本語が通じるが、欧米系のホテルでは通じないことがある

江北（カンブク）／市庁（シチョン）　地下鉄駅直近　デパートあり

ロッテホテルソウル

롯데호텔 서울

●Lotte Hotel Seoul

MAP P.212-B1

地下鉄 202 乙支路入口駅8番出口徒歩2分
リムジンバス6701仁川

伝統デザインをモチーフにした落ち着いた室内

乙支路のランドマーク

深めのバスタブ付き

住 30, Eulji-ro, Jung-gu
住 중구 을지로 30　旧 중구 소공동 1
TEL (02) 771-1000　URL www.lottehotel.com
CC ADJMV　WiFi あり

2019年7月宿泊時の情報（料金は2023年1月調査）

W 40㎡　2307号室　₩24万
チェックイン15:00～　チェックアウト12:00
日本語：通じる

立地　繁華街／ロッテ百貨店直結／コンビニ大通り向かい、または地下道（少し遠い）

室内　明るい／絨毯／仕事可能なスタンドライト付きデスク／ドレッサーあり／空調よく効く／リモコン日本語説明あり／番組表あり

コンセント　複合型デスク2／BF型（英国で多い）もOKの複合型デスク1／SE型ドレッサー2／A型（日本用110V対応）デスク1

アメニティ　厚手タオル地バスローブ／使い捨てスリッパとサンダル／冷蔵庫ミニバー／ミネラルウオーター500mℓ2本／ティーセット多様／カップ類シャンパングラス、タンブラーなど多様

バスルーム　バスタブ深い／シャワー浴槽と独立ブース2カ所／湯量多く熱い湯すぐ出る／温水洗浄便座あり／シャワーとトイレ仕切りあり

ガラストップのデスク

ウェルカムドリンクに梅酒

ロッテホテルソウルは、立地も設備も最高。ホテルとロッテ百貨店はつながっているので、最終日におみやげを買って、そのまま空港バスに乗って日本に帰れました。（神奈川県　はまっこ　'18春）

快適な滞在

4★5つ星ホテル

星が示されたプレート。古いプレートは花のマーク

4つ星、5つ星クラスは設備がよいことはもちろん、レセプションで日本語が通じなくても、日本語ができるスタッフがひとりぐらいはいるので、困りごとの対応も期待できる。4つ星はレストランが少ないが、5つ星だと各種料理が楽しめる。

★★★★★ 5つ星ホテル ★★★★★

江北（カンブク）／市庁（シチョン）

伝統 韓国最古

ウェスティン朝鮮（チョソン）ソウル

웨스틴 조선 호텔 서울 ●The Westin Chosun Seoul

MAP P.212-B1　地下鉄 132 201 市庁駅6番出口徒歩4分

住 106, Sogong-ro, Jung-gu
住 중구 소공로 106 旧 중구 소공동 87-1
TEL (02) 771-0500 URL www.echosunhotel.com
josunhotelsandresorts
料 W T ₩34万～（税・サ別） CC ADJMV WiFi あり

江北（カンブク）／市庁（シチョン）

伝統 地下鉄駅至便

ザ プラザ

더 플라자 ●The Plaza

MAP P.212-A1　地下鉄 132 201 市庁駅6番出口すぐ

住 119, Sogong-ro, Jung-gu
住 중구 소공로 119 旧 중구 태평로2가 23
TEL (02) 771-2200 URL www.hoteltheplaza.com
theplazaseoul
料 W T ₩21万6000～（税・サ別） CC ADJMV WiFi あり

江北（カンブク）／光化門（クァンファムン）

評判の中華料理 景福宮近く

フォーシーズンズ ホテルソウル

포시즌스호텔 서울 ●Four Seasons Hotel Seoul
ポシジュンスホテル ソウル

MAP P.19-C3　地下鉄 533 光化門駅7番出口徒歩3分

住 97, Saemunan-ro, Jongno-gu
住 종로구 새문안로 97 旧 종로구 당주동 30
TEL (02) 6388-5000 URL www.fourseasons.com
料 W ₩46万7500～ T ₩52万3600～ CC ADJMV WiFi あり

江南（カンナム）／狎鴎亭（アプクジョン） MAP P.43-D1

地下鉄 336 狎鴎亭駅3番出口徒歩1分

アンダーズ ソウル 江南

안다즈 서울 강남
Andaz Seoul Gangnam

住 854, Nonhyeon-ro, Gangnam-gu
住 강남구 논현로 854 旧 강남구 신사동 603
TEL (02) 2193-1234 URL www.hyatt.com
料 W T ₩28万8000～
CC ADJMV WiFi あり

江南（カンナム）／汝矣島（ヨイド） MAP P.53-C2

地下鉄 527 汝矣ナル駅1番出口徒歩5分

フェアモント アンバサダーソウル

페어몬트 앰배서더 서울
Fairmont Ambassador Seoul

2021年オープン

住 108, Yeoui-daero, Yeongdeungpo-gu
住 영등포구 여의대로 108 旧 영등포구 여의도동 22
TEL (02) 3395-6000 URL fairmont-seoul.com
料 W T ₩31万1600～
CC ADJMV WiFi あり

info ウェスティン朝鮮ホテルは1914年の創業で、朝鮮半島初のエレベーターが設置されたホテル。設計は神戸異人館の風見鶏の館でも知られるドイツ人建築家ゲオルグ・デ・ラランデ。

江北／南山

元迎賓館 歴史あり

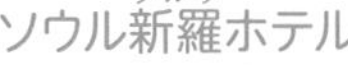

ソウル新羅ホテル

서울 신라 호텔 ●The Shilla Seoul

MAP P.25-C2 地下鉄 332 東大入口駅5番出口徒歩5分

住 249, Dongho-ro, Jung-gu
住 중구 동호로 249 旧 중구 장충동2가 202
TEL (02) 2233-3131 URL www.shilla.net
theshillaseoul
料 W T ₩32万～
CC ADJMV WiFi あり

江北／南山

歴史あり 屋外プール

アンバサダー ソウル プルマンホテル

앰배서더 서울 풀만 호텔 ●The Ambassador Seoul A Pullman Hotel
エンベソド ソウルプルマンホテル

タックスリファンド対象

MAP P.24-B2 地下鉄 332 東大入口駅1·6番出口徒歩5分

住 287, Dongho-ro, Jung-gu
住 중구 동호로 287 旧 중구 장충동2가 186-54
TEL (02) 2275-1101 URL www.ambatel.com
theambassador_seoul
料 W T ₩25万6500～ CC ADJMV WiFi あり

江北／南山

梨泰院近隣 スパ自慢

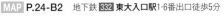

バンヤン ツリー クラブ & スパ ソウル

반얀트리 클럽 앤 스파 서울 ●Banyan Tree Club & Spa Seoul

MAP P.24-B3 地下鉄 632 ポディゴゲ駅1番出口徒歩15分

住 60, Jangchungdan-ro, Jung-gu
住 중구 장충단로 60 旧 중구 장충동2가 201 반얀트리
TEL (02) 2250-8000 URL www.banyantreeclub.com
banyantree_seoul
料 W ₩60万～ CC ADJMV WiFi あり

江北／東大門

地下鉄直結 東大門の中心

JW マリオット東大門スクエアソウル

JW 메리어트 동대문스퀘어 서울
●JW Marriott Dongdaemun Square Seoul

MAP P.214-A1 地下鉄 128 421 東大門駅9番出口直結

住 279, Cheonggyecheon-ro, Jongno-gu
住 종로구 청계천로 279 旧 종로구 종로6가 289-3
TEL (02) 2276-3000 URL www.jwmarriottddm.com
jwmarriott_dongdaemun
料 W T ₩28万2400～ CC ADJMV WiFi あり

江北／梨泰院

梨泰院近隣 展望自慢

グランドハイアットソウル

그랜드 하얏트 서울 ●Grand Hyatt Seoul

MAP P.28-A·B2 地下鉄 631 漢江鎮駅1番出口徒歩14分

住 322, Sowol-ro, Yongsan-gu
住 용산구 소월로 322 旧 용산구 한남동 747-7
TEL (02) 797-1234 URL www.hyatt.com/ko-KR/home
grandhyattseoul
料 W T ₩28万500～ CC ADJMV WiFi あり

info ソウル新羅ホテルの最上階（23階）には韓国で初めてミシュランの3つ星を獲得したレストラン、羅宴（ラヨン）がある。

江北／梨泰院

梨泰院近隣　デザイン

モンドリアン ソウル 梨泰院

몬드리안 서울 이태원 ●Mondrian Seoul Itaewon

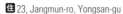

MAP P.28-A3　地下鉄 630 梨泰院駅4番出口徒歩15分

住 23, Jangmun-ro, Yongsan-gu
住 용산구 장문로 23　旧 용산구 이태원동 22-76
TEL (02) 2076-2000　URL all.accor.com
料 W T ₩15万3000～
CC ADJMV　WiFi あり

江南／高速ターミナル

地下鉄駅直結　交通ハブ

JW マリオットホテルソウル

JW 메리어트 호텔 서울 ●JW Marriott Hotel Seoul

MAP P.46-A2　地下鉄 339 734 923 高速ターミナル駅直結

住 176, Sinbanpo-ro, Seocho-gu
住 서초구 신반포로 176　旧 서초구 반포동 19-3
TEL (02) 6282-6262　URL www.marriott.com
jwmarriottseoul
料 W T ₩28万8000～（税・サ別）　CC ADJMV　WiFi あり

江南／三成洞

交通至便　スパ自慢

パークハイアットソウル

파크 하얏트 서울

Park Hyatt Seoul

MAP P.49-D1　地下鉄 219 三成駅1・2番出口すぐ

住 606, Teheran-ro, Gangnam-gu
住 강남구 테헤란로 606　旧 강남구 대치동 995-14
TEL (02) 2016-1234　URL www.hyatt.com
料 W ₩46万～　T ₩53万～
CC ADJMV　WiFi あり

江南／蚕室

交通至便　眺望自慢

ソフィテル アンバサダー

소피텔 앰배서더 ●Sofitel Ambassador

MAP P.50-B2　地下鉄 216 814 蚕室駅10番出口徒歩3分

タックスリファンド対象

住 209 Jamsil-ro, Songpa-gu
住 송파구 잠실로 209　旧 송파구 신천동 29-1
TEL (02) 2092-6000　URL www.sofitel-seoul.com
料 W ₩33万7500～　T ₩36万4500～（税・サ別）
CC ADJMV　WiFi あり

2021年オープン

江北／龍山

MAP P.26-A3

地下鉄 135 K110 龍山駅3番出口直結

ノボテルアンバサダー ソウル龍山

노보텔 앰배서더 서울 용산

Novotel Ambassador Seoul Yongsan

住 95, Cheongpa-ro 20-gil, Yongsan-gu
住 용산구 청파로20길 95　旧 용산구 한강로3가 40-969
TEL (02) 2223-7777　URL sdc-club.com
料 W ₩19万9750～　T ₩24万2250～
CC ADJMV　WiFi あり

タックスリファンド対象

- スーパー、百貨店隣接で買い物に便利
- 複数のブランドのホテルが建物内に併存

江南／駅三洞

MAP P.48-B2

地下鉄 221 駅三駅・8番出口徒歩5分

朝鮮パレスソウル江南

조선팰리스서울강남

Josun Palace Seoul Gangnam

住 231, Teheran-ro Gangnam-gu
住 강남구 테헤란로 231　旧 강남구 역삼동 676
TEL (02) 727-7200　URL jpg.josunhotel.com
料 W ₩37万4100～　T ₩41万7600～
CC ADJMV　WiFi あり

2021年オープン

- 1914年創業の老舗ホテルがリニューアル
- ラグジュリアスなデザイン

info フランスのホテルグループ、アコーホテルズは、韓国では韓国資本のアンバサダー・グループと合弁でホテル事業を展開している。

江南／三成洞（カンナム／サムソンドン）
COEX隣接

グランドインターコンチネンタル ソウルパルナス
그랜드 인터컨티넨탈 서울 파르나스
●Grand InterContinental Seoul Parnas

MAP P.49-D1　地下鉄 219 三成駅5·6番出口すぐ

住 521, Teheran-ro, Gangnam-gu
住 강남구 테헤란로 521　旧 강남구 삼성동 159-8
TEL (02) 555-5656　URL seoul.intercontinental.com/grandicparnas
Instagram grand_intercontinental
料 Ⓦ Ⓣ ₩44万8941〜　CC ADJMV　WiFi あり

江南／三成洞（カンナム／サムソンドン）

COEX隣接

インターコンチネンタルソウル COEX

인터컨티넨탈 서울 코엑스 ●InterContinental Seoul COEX

MAP P.45-D3　地下鉄 929 奉恩寺駅7番出口徒歩5分

住 524, Bongeunsa-ro, Gangnam-gu
住 강남구 봉은사로 524　旧 강남구 삼성동 159-8
TEL (02) 3452-2500　URL seoul.intercontinental.com/iccoex
Instagram intercontinental_coex
料 Ⓦ Ⓣ ₩27万9341〜　CC ADJMV　WiFi あり

江南／蚕室（カンナム／チャムシル）
ファミリーにおすすめ

ロッテホテルワールド
롯데 호텔 월드 ●Lotte Hotel World

タックスリファンド対象

MAP P.50-A2　地下鉄 216 814 蚕室駅3番出口徒歩1分

住 240, Olympic-ro, Songpa-gu
住 송파구 올림픽로 240　旧 송파구 잠실동 40-1
TEL (02) 411-7777　URL www.lottehotel.com/world-hotel
料 Ⓦ Ⓣ ₩24万6500〜
CC ADJMV　WiFi あり

江南／蚕室（カンナム／チャムシル）
ロッテワールドタワー76〜101階

シグニエルソウル
시그니엘서울 ●Signiel Seoul

MAP P.50-A2　地下鉄 216 814 蚕室駅1·2番出口徒歩3分

住 76-101F, Lotte World Tower, 300, Olympic-ro, Songpa-gu
住 송파구 올림픽로 300　旧 송파구 신천동 29
TEL (02) 3213-1000　URL www.lottehotel.com
料 Ⓦ ₩52万〜　Ⓣ ₩57万〜
CC ADJMV　WiFi あり

江南／汝矣島（カンナム／ヨイド）　MAP P.53-C2
地下鉄 526 915 汝矣島駅3番出口徒歩8分

コンラッド ソウル
콘래드 서울
Conrad Seoul

住 10, Gukjegeumyung-ro, Yeongdeungpo-gu
住 영등포구 국제금융로 10　旧 영등포구 여의도동 23
TEL (02) 6137-7000　URL conrad.hiltonhotels.jp
Instagram conradseoul　料 Ⓦ ₩32万3646〜　Ⓣ ₩33万1737〜
CC ADJMV　WiFi あり

- 国際金融センタービル内
- 高層階からの漢江の眺め

江南／金浦空港（カンナム／キンポコンハン）　MAP P.304外
地下鉄 516 雨装山駅1·2番出口からタクシー

メイフィールド
메이필드호텔
Mayfield Hotel & Resort

住 94, Banghwa-daero, Gangseo-gu
住 강서구 방화대로 94　旧 강서구 외발산동 426
TEL (02) 2660-9000　URL www.mayfield.co.kr
料 Ⓦ Ⓣ ₩14万8500〜
CC ADJMV　WiFi あり

タックスリファンド対象

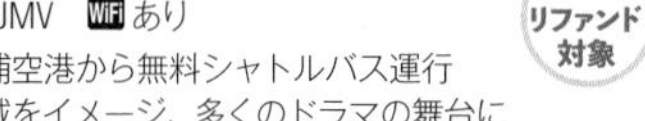

- 金浦空港から無料シャトルバス運行
- 古城をイメージ、多くのドラマの舞台に

info シグニエルソウルは、ソウルスカイがあるロッテワールドタワーの76〜101階を占める超高層ホテル。ロッテグループのホテルはもちろん、韓国で最もラグジュアリーなホテルのひとつ。

仁川市（インチョンシ）／松島国際都市（ソンドククチェドシ）

買い物に便利

松島（ソンド）セントラルパークホテル

송도 센트럴파크 호텔 ● The Central Park Hotel Songdo

MAP P.328右　仁川地下鉄 I137 **セントラルパーク駅**3番出口徒歩5分

住 193, Techno park-ro, Yeonsu-gu, Incheon
住 인천시 연수구 테크노파크로 193　旧 인천시 연수구 송도동 38
TEL (032) 310-5000　URL www.centralparkhotel.co.kr
料 W T ₩10万6590～
CC ADJMV　WiFi あり

仁川市（インチョンシ）／松島国際都市（ソンドククチェドシ）

韓屋ホテル

慶源齋（キョンウォンジェ）アンバサダー仁川（インチョン）

경원재 앰배서더 인천 ●Gyeongwonjae Ambassador Incheon
キョンウォンジェ エンベソド インチョン

MAP P.328右　仁川地下鉄 I137 **セントラルパーク駅**3番出口徒歩5分

住 200, Techno park-ro, Yeonsu-gu, Incheon
住 인천시 연수구테크노파크로 200　旧 인천시 연수구 송도동 24-11
TEL (032) 729-1101　URL gyeongwonjae.ambatel.com/incheon
料 W T ₩22万9500～
CC ADJMV　WiFi あり

仁川市（インチョンシ）／松島国際都市（ソンドククチェドシ）

公園の展望

シェラトングランド仁川（インチョン）ホテル

쉐라톤 그랜드 인천 호텔 ● Sheraton Grand Incheon Hotel

MAP P.328右　仁川地下鉄 I136 **仁川大入口駅**4番出口徒歩8分

住 153, Convensia-daero, Yeonsu-gu, Incheon
住 인천시 연수구 컨벤시아대로 153　旧 인천시 연수구 송도동 6-9
TEL (032) 835-1000　URL www.marriott.co.jp
sheratongrandincheonhotel
料 W T ₩20万7000～（税･サ別）　CC ADJMV　WiFi あり

江北（カンブク）／広津区（クァンジング）　MAP 折込表-D2

地下鉄 546 **クァンナル駅**、地下鉄 214 **江辺駅**から無料シャトルバス

グランドウォーカーヒルソウル
그랜드 워커힐 서울
Grand Walkerhill Seoul

住 177, Walkerhill-ro, Gwangjin-gu
住 광진구 워커힐로177　旧 강남구 삼성동 142-41
TEL 1670-0005　URL www.walkerhill.com
料 W T ₩22万5040～　CC ADJMV　WiFi あり

- カジノ併設
- 峨嵯山のふもと漢江沿い

江北（カンブク）／西大門区（ソデムング）　MAP 折込表-B1

地下鉄 324 **弘済駅** 1番出口からタクシー

スイスグランドホテル
스위스 그랜드 호텔
Swiss Grand Hotel Seoul

住 353, Yeonhui-ro, Seodaemun-gu
住 서대문구 연희로 353　旧 서대문구 홍은동 201-1
TEL (02) 3216-5656　URL www.swissgrand.co.kr
料 W T ₩15万7000～
CC ADJMV　WiFi あり

- 白蓮山のふもとの豊かな自然環境
- 梨泰院、弘大に無料送迎バスあり

江北（カンブク）／麻浦（マポ）　MAP P.33-C3

地下鉄 528 **麻浦駅**4番出口徒歩4分

ナル ソウル Mギャラリー アンバサダー
나루 서울 - 엠갤러리
Naru Seoul MGallery Ambassador

住 8 Mapo-daero, Mapo-gu
住 마포구 마포대로 8　旧 마포구 마포동 450 나루
TEL (02) 6410 1000　URL www.hotelnaruseoul.com
料 W ₩26万3500～　T ₩29万7500～
CC ADJMV　WiFi あり

- 漢江を見下ろすプール

2022年オープン

仁川市（インチョンシ）／仁川国際空港（インチョンクチェコンハン）　MAP P.302

空港鉄道 A10 **仁川国際空港1ターミナル駅**徒歩13分

グランドハイアット仁川（インチョン）
그랜드하얏트인천
Grand Hyatt Incheon

住 208, Yeongjonghaeannam-ro 321beon-gil Jung-gu, Incheon
住 인천시 중구 영종해안남로321번길 208
旧 인천시 중구 운서동 2850-1
TEL (032) 745-1234　URL www.hyatt.com
料 W T ₩20万9000～　CC ADJMV　WiFi あり

- 仁川国際空港から無料シャトルバスあり

---

info 仁川国際空港から車で15分の場所にある慶源齋アンバサダー仁川は、仁川の迎賓館のような存在として建てられた豪華韓屋ホテル。併設のレストランSURAも予約が取りにくいほどの人気。

4つ星ホテル

江北／市庁

地下鉄駅至近

プレジデント

프레지던트 호텔 ●Hotel President

MAP P.212-A・B1 地下鉄 132 201 市庁駅6番出口徒歩5分
地下鉄 202 乙支路入口駅8番出口徒歩3分

住 16, Eulji-ro, Jung-gu
住 중구 을지로 16 旧 중구 을지로1가 188-3
TEL (02) 753-3131 URL www.hotelpresident.co.kr
hotelpresident_korea 料 ₩9万2700～ W₩9万3900～ T₩9万5700～ (税・サ別) CC ADJMV WiFi あり

江北／市庁

地下鉄駅至近

コリアナ

코리아나 호텔 ●Koreana Hotel

MAP P.19-C3 地下鉄 533 光化門駅6番出口徒歩3分
地下鉄 132 201 市庁駅3番出口徒歩4分

住 135, Sejong-daero, Jung-gu
住 중구 세종대로 135 旧 중구 태평로1가 61-1
TEL (02) 2171-7000 URL www.koreanahotel.com
HotelKoreana
料 W T ₩9万6000～ CC ADJMV WiFi あり

江北／忠武路

リーズナブル

PJ

호텔 PJ ●Hotel PJ

MAP P.24-A1 地下鉄 331 423 忠武路駅8番出口徒歩5分
地下鉄 204 535 乙支路4街駅10番出口徒歩5分

住 71, Mareunnae-ro, Jung-gu
住 중구 마른내로 71 旧 중구 인현동1가 2-35
TEL (02) 2280-7000 URL hotelpj.co.kr
hotel_pj
料 W T ₩8万8000～ CC ADJMV WiFi あり

江北／明洞

明洞駅至近

パシフィック

퍼시픽 호텔
●Pacific Hotel

MAP P.213-C3 地下鉄 424 明洞駅3番出口徒歩2分

住 2, Toegye-ro 20-gil, Jung-gu
住 중구 퇴계로20길 2 旧 중구 남산동2가 31-1
TEL (02) 777-7811 URL www.thepacifichotel.co.kr
料 W T ₩12万5000～
CC ADJMV WiFi あり

江北／明洞

明洞の中心部

ロイヤルホテルソウル

로얄 호텔 서울 ●Royal Hotel Seoul

MAP P.213-C1 地下鉄 202 乙支路入口駅5番出口徒歩5分
地下鉄 424 明洞駅8番出口徒歩5分

住 61, Myeongdong-gil, Jung-gu
住 중구 명동길 61 旧 중구 명동1가 6-3 TEL (02) 756-1112
URL www.royal.co.kr royalhotel_seoul
料 S₩14万9000～ W₩15万9000～ T₩16万9000～
CC ADJMV WiFi あり

info プレジデントホテルが面するソウル広場は、市民の憩いの場となっておりイベントもよく行われている。冬期にはスケート場もオープンする。

江北(カンブク)／麻浦(マポ)

乗り換え至便

グラッド麻浦(マポ)

글래드 마포 ●GLAD Mapo／グラッドマポ

MAP P.33-D2 地下鉄 529 626／空港鉄道 A02／京義·中央線 K312 **孔徳駅**8·9番出口徒歩1分

住 92, Mapo-daero, Mapo-gu
住 마포구 마포대로 92 旧 마포구 도화동 25-13
TEL (02) 2197-5000 URL www.glad-hotels.com
Instagram gladhotels
料 Ⓦ Ⓣ ₩8万～ CC ADJMV WiFi あり

江北(カンブク)／麻浦(マポ)

乗り換え至便

ソウルガーデン

서울 가든호텔 ●Seoul Garden Hotel

MAP P.33-C3 地下鉄 528 **麻浦駅**3番出口徒歩3分
地下鉄 529 626／空港鉄道 A02／京義·中央線 K312 **孔徳駅**8·9番出口徒歩5分

住 58, Mapo-daero, Mapo-gu
住 마포구 마포대로 58 旧 마포구 도화동 169-1 TEL (02) 710-7111
URL www.seoulgarden.co.kr Instagram seoulgardenhotel
料 Ⓦ Ⓣ ₩9万3651～ CC ADJMV WiFi あり

江北(カンブク)／明洞(ミョンドン)

コスパがよい

フォーポイント バイ シェラトン朝鮮 ソウル明洞

포 포인츠 바이 쉐라톤 조선 서울 명동

●Four Points by Sheraton Josun, Seoul Myeongdong

MAP P.213-D1 地下鉄 203 330 **乙支路3街駅**12番出口徒歩2分

住 36 Samil-daero 10-gil, Jung-gu,
住 중구 삼일대로10길 36 旧 중구 저동2가89
TEL (02) 6466-6000 URL www.marriott.com
料 Ⓦ Ⓣ ₩9万～
CC ADJMV WiFi あり

江南(カンナム)／駅三洞(ヨクサムドン)

COEX隣接

ノボテルアンバサダーソウル江南(カンナム)

노보텔 앰배서더 서울 강남

●Novotel Ambassador Seoul Gangnam

MAP P.47-D1 地下鉄 925 **新論峴駅**4番出口徒歩5分

住 130, Bongeunsa-ro, Gangnam-gu
住 강남구 봉은사로 130 旧 강남구 역삼동 603
TEL (02) 567-1101 URL www.ambatel.com
Instagram novotel_gangnam
料 Ⓦ Ⓣ ₩19万5500～ CC ADJMV WiFi あり

江南(カンナム)／駅三洞(ヨクサムドン)

コスパがよい

サムジョン

삼정호텔 ●Samjung Hotel／ホテル三井

MAP P.47-D1 地下鉄 926 **彦州駅**8番出口徒歩3分
地下鉄 925 **新論峴駅**4番出口徒歩8分

住 150, Bongeunsa-ro, Gangnam-gu
住 강남구 봉은사로 150 旧 강남구 역삼동 604-7
TEL (02) 557-1221 URL www.samjunghotel.co.kr
Instagram hotelsamjung
料 Ⓦ Ⓣ ₩10万～ CC ADJMV WiFi あり

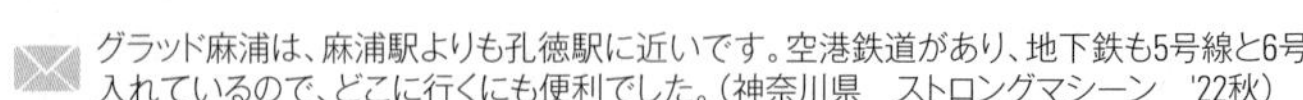

グラッド麻浦は、麻浦駅よりも孔徳駅に近いです。空港鉄道があり、地下鉄も5号線と6号線が乗り入れているので、どこに行くにも便利でした。(神奈川県 ストロングマシーン '22秋)

江南／三成洞
交通至便 眺望自慢

新羅ステイ三成
신라스테이 삼성
●Shilla Stay Samsung

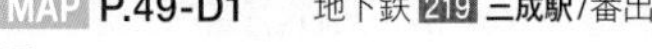

MAP P.49-D1 地下鉄 219 三成駅7番出口すぐ

住 506, Yeongdong-daero, Gangnam-gu
住 강남구 영동대로 506 旧 강남구 삼성동 168-3
TEL (02) 532-5000 URL shillastay.com
料 W T ₩13万6800～（税・サ別）
CC ADJMV WiFi あり

江南／金浦空港
空港送迎バスで5分

ロッテシティホテル金浦空港
롯데시티호텔 김포공항
●Lotte City Hotel Gimpo Airport

タックスリファンド対応

MAP P.304 地下鉄 512 902 金浦空港駅3番出口ロッテモールから直結

住 38, Haneul-gil, Gangseo-gu
住 강서구 하늘길 38 旧 강서구 방화동 886
TEL (02) 6116-1000 URL www.lottehotel.com/gimpo-city
lottecityhotels
料 W T ₩14万2120～ CC ADJMV WiFi あり

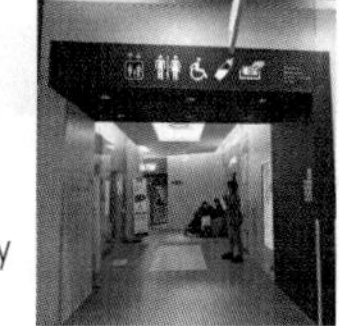
ロッテモールからはここを入る

江南／永登浦
デパート隣接 交通ハブ

コートヤード バイ マリオット ソウル タイムズ スクエア
코트야드 메리어트 서울 타임스퀘어
●Courtyard by Marriott Seoul Times Square

MAP P.52-A3 地下鉄 139 永登浦駅6番出口徒歩7分
地下鉄 524 永登浦市場駅3番出口徒歩11分

住 15, Yeongjung-ro, Yeongdeungpo-gu
住 영등포구 영중로 15 旧 영등포구 영등포동4가 442
TEL (02) 2638-3000 URL www.marriott.co.jp
courtyardseoul
料 W ₩14万4000～ T ₩15万4000～ CC ADJMV WiFi あり

仁川市／松島国際都市
地下鉄駅至近

スカイパーク仁川松島
호텔 스카이파크 인천 송도
●Hotel Skypark Incheon Songdo

MAP P.328右 仁川地下鉄 I136 仁川大入口駅1番出口すぐ

住 233, Convensia-daero, Yeonsu-gu
住 연수구 컨벤시아대로 233 旧 연수구 송도동 10-2
TEL (032) 717-0700 URL skyparkincheonsongdo.com
料 W ₩22万 T ₩25万
CC ADJMV WiFi あり

水原市／水原駅
地下鉄駅至近

ノボテルアンバサダー水原
노보텔 앰배서더 수원
●Novotel Ambassador Suwon

タックスリファンド対象

MAP P.332-A2 地下鉄 P155 K245 水原駅4番出口徒歩3分

住 902, Dukyoungl-daero, Paldal-gu, Suwon-si
住 수원시 팔달구 덕영대로 902 旧 수원시 팔달구 매산로1가 18-7
TEL (031) 547-6600 URL www.ambatel.com/novotel/suwon
novotelsuwon
料 W T ₩13万6000～ CC ADJMV WiFi あり

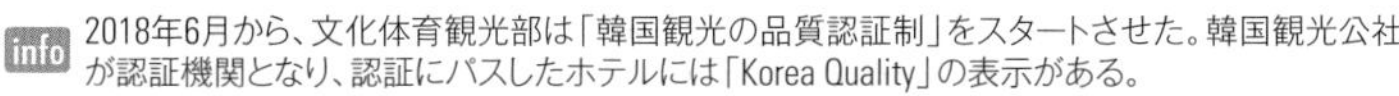

info 2018年6月から、文化体育観光部は「韓国観光の品質認証制」をスタートさせた。韓国観光公社が認証機関となり、認証にパスしたホテルには「Korea Quality」の表示がある。

長期滞在に レジデンス、アパート 레지던스 아파트

レジデンスタイプのホテルなら自炊ができて部屋も広いので、家族や友人との利用もおすすめ。

炊飯器が備えられているのは東アジアならでは

長期滞在する人も多くジムやプールがあるところも少なくない

Point

- 相場は₩7万～30万
- ホテルタイプと個人オーナーが事業用にアパートの貸し部屋や一軒家を管理するものがある
- **ほぼ備えられているキッチン設備、家電**
  コンロ、電子レンジ、炊飯器、冷蔵庫、電気ポット、洗濯機、食器や鍋（使用後は自分で洗って収納する）
  施設により有無が異なる家電
  食洗機、アイロン、コーヒーメーカー、トースター（調味料、洗剤などはほとんど備えられていない）

ホテルタイプと個人オーナータイプの違い

- ホテルタイプは、チェックイン前後の荷物預かりが可能
- 個人オーナータイプは鍵の受け渡しや暗証番号の事前連絡が必要
- ホテルタイプは、毎日、掃除とタオル交換がある
- 個人オーナーの物件は個性的なものもある

江南（カンナム）／汝矣島（ヨイド）　ビジネス利用が多い　スパ、ジム、ゴルフレンジあり

マリオット エグゼクティブアパートメント ソウル

메리어트 이그제큐티브 아파트먼트 서울

●Marriott Executive Apartments Seoul

MAP P.52-B2

地下鉄526 915汝矣島駅2番出口徒歩5分
リムジンバス6019仁川

寝室は狭いがリビングがあるのでスペースは充分

温水洗浄便座はない

居住用レジデンスも併設

住 8, Yeoui-daero, Yeongdeungpo-gu
住 영등포구 여의대로 8　旧 영등포구 여의도동 28-3
TEL (02) 2090-8000　URL www.marriott.co.jp
CC ADJMV　WiFi あり

2019年5月宿泊時の情報（料金は2023年1月調査）

1DK 46㎡　808号室　₩27万5000～
チェックイン15:00～　チェックアウト12:00
日本語：通じない（英語OK）

立地　ビジネス街／コンビニ地下／仁川空港バス停前／眺望は公園の緑／駅までの道は住宅

室内　明るい／リビングは暗いがデスクライトあり／フローリング（一部大理石）／デスクは大きくガラス面で楕円／ドレッサーあり／空調よく効く／リモコン解説なし／チャンネル案内英語

コンセント　SE型机1、寝室1、リビング1、キッチン2／複合型リビング1、寝室1

アメニティ　極厚タオル地バスローブ／つま先開きの中厚使い捨てスリッパ／冷蔵庫有料ドリンク＋空スペース　ミネラルウオーター500mℓ2本／ティーバッグ（ハーブティー）、ティーバッグ式コーヒー、ドリップコーヒー1杯分／食器類充実

バスルーム　新しい／バスタブ深い／バスタブ外シャワー、通常ヘッド＋雨降らし／湯量多く熱い湯すぐ出る／温水洗浄便座なし／排水標準／ゴミ箱に袋掛けなし

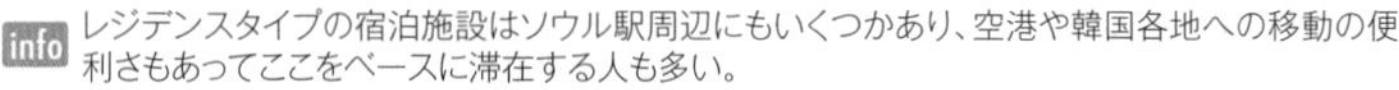
info レジデンスタイプの宿泊施設はソウル駅周辺にもいくつかあり、空港や韓国各地への移動の便利さもあってここをベースに滞在する人も多い。

カンブク トンデムン
江北／東大門 ホテルフロアあり プールあり

ノボテルアンバサダー ソウル東大門

노보텔 앰배서더 서울 동대문

● Novotel Ambassador Seoul Dongdaemun

MAP P.24-B1

地下鉄 205 422 536 東大門歴史文化公園駅12番出口徒歩5分
リムジンバス6001仁川／6021金浦

ワンルームだが広々としている

屋上庭園ではパーティもできる

アメニティの原料のサトウキビやシアバターなどはフェアトレードのものを使用

住 238, Eulji-ro, Jung-gu
住 중구 을지로 238 旧 을지로6가 58-5, 20층
TEL (02) 3425-8000 URL www.ambatel.com/novotel/dongdaemun CC ADJMV WiFi あり

2019年5月宿泊時の情報（料金は2023年1月調査）
W 26㎡ 923号室 ₩17万1000～
チェックイン15:00～ チェックアウト12:00
日本語：1階案内台通じる、フロント通じない
立地 繁華街／コンビニ2軒隣／空港バス停至近
室内 明るい／フローリング／円形デスク＋カフェテーブル／ドレッサーなし／空調よく効く／室内設定タブレット操作解説なし／リモコン解説なし／チャンネル案内あり
コンセント SE型床3、キッチン1／複合型ベッドサイド1、洗面台2／USBベッドサイド2
アメニティ 中厚タオル地バスローブ／つま先開きの中厚使い捨てスリッパ／冷蔵庫空／ミネラルウオーター500mℓ2本／ティーバッグ（ハーブティー、緑茶、紅茶、コーヒー）、ネスプレッソ／食器類2セットずつ多様
バスルーム 新しい／バスタブなし／標準シャワー＋雨降らし、湯量多く熱い湯すぐ出る／温水洗浄便座あり／シャワーブースとトイレは別／排水標準／ゴミ箱はキッチンのみ袋掛けあり

カンブク インサドン
江北／仁寺洞 繁華街 観光至便 中長期滞在利用も多い

オラカイ 仁寺洞スイーツ

오라카이 인사동 스위츠

● Orakai Insadong Suites

MAP P.207-C2

地下鉄 130 329 534 鍾路3街駅5番出口徒歩3分

仕事用のデスクがあるメインベッドルーム

観光に便利、食事処も多い鍾路5街

ダイニングスペースも広い

シャワーブースは別にある

住 18, Insadong 4-gil, Jongno-gu
住 종로구 인사동4길 18 旧 종로구 낙원동 272
TEL (02) 6262-8888 URL insa.orakaihotels.com
CC ADJMV WiFi あり

2019年5月宿泊時の情報（料金は2023年1月調査）
2DK 52㎡ 1909号室 ₩20万2970～
チェックイン16:00～ チェックアウト11:00
日本語：通じない
立地 観光地／飲食店街／昌徳宮や宗廟の展望／コンビニ路地向かい側
室内 明るい／フローリング＋寝室は絨毯／仕事可能な大きさのデスク／ドレッサーなし／空調よく効く／洗濯機等家電案内英語／リモコン＆チャンネル案内英語
コンセント SE型机2、その他各寝室、キッチン、洗面台等多数
アメニティ 極薄地バスローブ／サンダル／冷蔵庫空／ミネラルウオーターなし／ティーバッグ等なし／食器類充実／トースター、レンジあり
バスルーム やや古い／バスタブ深く大きい／シャワー通常ヘッド＋雨降らし／湯量標準、熱い湯すぐ出る／温水洗浄便座あり／シャワーブース完全独立／洗面台が浅く水が飛び散る／排水良好／ゴミ箱に一部袋掛けあり

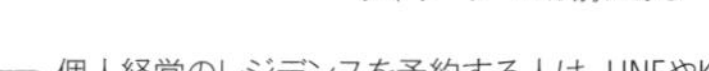

info 個人経営のレジデンスを予約する人は、LINEやKAKAO TALKのアカウントを持っていると直接やり取りしやすくて便利。

やっぱり安心 日系ホテル 일본계 호텔

ここ数年、日系ホテルの進出が相次いでいる。設備やサービスに定評のある日系ホテルも選択肢に。

スプラジール東大門

Point

- 相場はビジネスユース₩6～、観光向け12万～
- 日本語が通じる
- コンセントやユニットバスなど日本と同じ仕様が多い
- 温水洗浄便座完備
- 朝食付き、大浴場があるホテルもある
- コインランドリーがある場合も多い
- 日本のビジネスホテルと同様のシステム
- 会員特典やポイントが利用できる

江北(カンブク)／仁寺洞(インサドン)

3つ星 地下鉄至近

ホテル呉竹荘(くれたけそう) 仁寺洞

호텔 쿠레타케소 인사동
●Hotel Kuretakeso Insa-Dong

MAP P.207-C2 地下鉄 130 329 534 **鍾路3街駅**5番出口徒歩2分

住 20, Insadong-gil, Jongno-gu
住 종로구 인사동길 20 旧 종로구 인사동 20-9
TEL (02) 738-6100 URL www.kuretake-inn.com/insa-dong/
kuretakeso 料 Ⓦ Ⓣ ₩7万5000～
CC ADJMV WiFi あり

ビジネスホテルのなかでは広い浴室

小さなゴミ入れなど細かい配慮がある

トリプルルームもあり、机も比較的広い

鍾路3街駅からも近い

江北(カンブク)／明洞(ミョンドン)

3つ星 明洞の中心部

ソラリア西鉄ホテル ソウル明洞

タックスリファンド対象

솔라리아 니시테츠 호텔 서울 명동
●Solaria Nishitetsu Hotel Seoul Myeongdong

MAP P.211-B2 地下鉄 424 **明洞駅**8番出口徒歩3分
地下鉄 202 **乙支路入口駅**5番出口徒歩7分

住 27, Myeongdong 8-gil, Jung-gu
住 중구 명동8길 27 旧 중구 명동2가 31-1 엠 플라자
TEL (02) 773-1555 URL www.solariaseoul.com solaria_myeongdong
料 Ⓢ₩9万～ Ⓦ ₩12万～ Ⓣ ₩12万5000～
CC ADJMV WiFi あり

info 日系ホテルの会員特典は、ホテルの公式サイトから予約することが利用の条件であることが多く、他社が行うホテル予約サイトを通して予約した場合は、対象外になることが多いので注意。

江北／明洞
3つ星 明洞の中心部

相鉄フレッサイン 明洞

소테츠 프레사 인 명동

●Sotetsu Fresa Inn Myeong-dong

MAP P.211-B1 地下鉄 424 **明洞駅**8番出口徒歩4分
地下鉄 202 **乙支路入口駅**5番出口徒歩5分

住 48, Myeongdong-gil, Jung-gu
住 중구 명동길 48 旧 중구 명동2가 33-1
TEL (02) 6377-0203 URL sotetsu-hotels.com/fresa-inn sotetsuhotels
料 W ₩7万958～ T ₩7万8054～
CC ADJMV WiFi あり

江北／明洞
2つ星 ロボットホテル

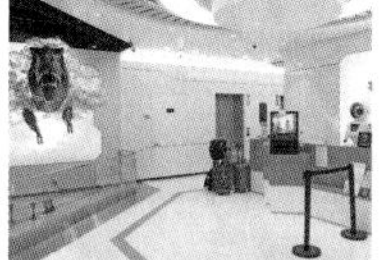

変なホテル ソウル 明洞

헨나 호텔 서울 명동

●Henn-na Hotel Seoul Myeongdong

2021年オープン

MAP P.213-D2 地下鉄 424 **明洞駅**10番出口徒歩2分

住 59, Myeongdong 8ga-gil, Jung-gu
住 중구 명동8가길 59 旧 충무로2가 12-5
TEL 070-8057-1131 URL www.hennnahotel.com/seoul.myeongdong
料 W ₩11万5000～ T ₩10万～
CC ADJMV WiFi あり

江北／市庁
4つ星 ラインフレンズ客室あり

相鉄ホテルズ ザ スプラジール 明洞

소테츠호텔즈 더 스프라지르 명동

●Sotetsu Hotels The Splaisir Myeong-Dong

MAP P.212-A2 地下鉄 132 201 **市庁駅**7番出口徒歩6分

住 15, Namdaemun-ro 5-gil, Jung-gu
住 중구 남대문로5길 15 旧 중구 북창동 93-42
TEL (02) 772-0900 URL sotetsu-hotels.com/splaisir sotetsuhotels
料 S ₩8万8200～ W ₩8万8200～ T ₩9万2400～
CC ADJMV WiFi あり

江北／市庁
3つ星 1階コンビニ

グレイスリーソウル

그레이스리 서울

●Gracery Seoul

MAP P.212-A2 地下鉄 132 201 **市庁駅**7番出口徒歩6分
地下鉄 425 **会賢駅**6番出口徒歩6分

住 12, Sejong-daero 12-gil, Jung-gu
住 중구 세종대로12길 12 旧 중구 남대문로4가 17-19
TEL (02) 6936-0100 URL gracery.com hotel_gracery_seoul
料 W T ₩17万6000～
CC ADJMV WiFi あり

江北／東大門

2つ星 地下鉄駅至近

東横 INN ソウル東大門 2

토요코인 서울동대문2

●Toyoko Inn Seoul Dongdaemun II

タックスリファンド対象

MAP P.214-A3 地下鉄 205 422 536 **東大門歴史文化公園駅**4番出口すぐ

住 325, Toegye-ro, Jung-gu
住 중구 퇴계로 325 旧 중구 광희동2가 14-1
TEL (02) 2272-1045 URL www.toyoko-inn.com ToyokoINN_JP
料 S ₩7万4000～ W ₩8万5000～ T ₩9万6000～
CC ADJMV WiFi あり

東横INNを定宿にしています。海外の東横INN限定ですがインターナショナルカードを持っていると2割引になるうえに、10泊すると無料宿泊がついてくるのがうれしい。（大阪府　ぽれぽれ　'18秋）

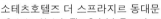

江北（カンブク）／東大門（トンデムン）

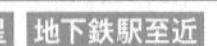

4つ星　地下鉄駅至近

相鉄ホテルズ ザ スプラジール 東大門

소테츠호텔즈 더 스프라지르 동대문

●Sotetsu Hotels The Splaisir Tongdaemun

MAP P.214-A3　地下鉄 205 422 536 **東大門歴史文化公園駅**4番出口すぐ

住 226, Jangchungdan-ro, Jung-gu

住 중구 장충단로 226　旧 중구 광희동2가 17

TEL (02) 2198-1212　URL sotetsu-hotels.com/splaisir　sotetsuhotels

料 W ₩7万5000～　T ₩10万1250～

CC ADJMV　WiFi あり

江北（カンブク）／麻浦（マポ）

4つ星　交通至便

ロイネットホテル ソウル麻浦

2022年オープン

로이넷호텔 서울 마포

●Roynet Hotel Seoul Mapo

MAP P.33-C3　地下鉄 529 626 ／空港鉄道 A02 ／京義中央線 K312 **孔徳駅**1番出口徒歩5分

住 67, Mapo-daero, Mapo-gu

住 마포구 마포대로 67　旧 마포구 도화동 573

TEL (02) 3702-0300　URL www.daiwaroynet.jp/seoulmapo

料 W ₩6万6919～　T ₩8万303～

CC ADJMV　WiFi あり

江南（カンナム）／永登浦（ヨンドゥンポ）

2つ星　コスパよい

東横（とうよこ） INN ソウル永登浦（ヨンドンポ）

タックスリファンド対象

토요코인 서울영등포

●Toyoko Inn Seoul Yeongdeungpo

MAP P.52-B3　地下鉄 138 525 **新吉駅**3番出口徒歩5分
地下鉄 139 **永登浦駅**5番出口徒歩7分

住 293, Singil-ro, Yeongdeungpo-gu

住 영등포구 신길로 293　旧 영등포구 영등포동1가 106

TEL (02) 6959-1045　URL www.toyoko-inn.com　ToyokoINN_JP

料 S ₩6万3000～　W ₩7万4000～　T ₩8万5000～

CC ADJMV　WiFi あり

江南（カンナム）／駅三洞（ヨクサムドン）

3つ星　大浴場あり

ドーミーイン ソウル江南（カンナム）

도미인 서울 강남

●Dormy Inn SEOUL Gangnam

MAP P.47-D1　地下鉄 925 **新論峴駅**4番出口徒歩5分

住 134, Bongeunsa-ro, Gangnam-gu

住 강남구 봉은사로 134　旧 강남구 역삼동 603-1

TEL (02) 548-5489　URL www.hotespa.net/dormyinn/　HotespaN

料 S ₩10万9900～　W ₩12万9900～　T ₩14万9900～

CC ADJMV　WiFi あり

江南（カンナム）／瑞草洞（ソチョドン）

2つ星　リムジンバス乗り場至近

東横（とうよこ） INN ソウル江南（カンナム）

토요코인 서울강남

●Toyoko Inn Seoul Gangnam

MAP P.47-D3　地下鉄 222 D07 **江南駅**5番出口徒歩6分

住 323, Gangnam-daero, Seocho-gu

住 서초구 강남대로 323　旧 서초구 서초동 1337-27

TEL (02) 3472-1045　URL www.toyoko-inn.com　ToyokoINN_JP

料 S ₩7万4000～　WT ₩9万6000～

CC ADJMV　WiFi あり

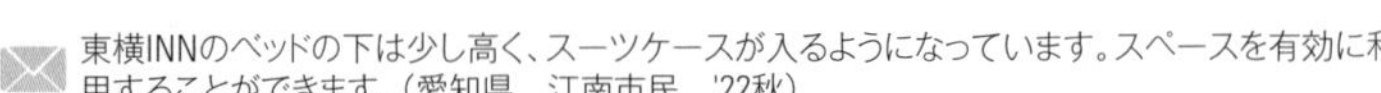
東横INNのベッドの下は少し高く、スーツケースが入るようになっています。スペースを有効に利用することができます。（愛知県　江南市民　'22秋）

比べて見つける コスパ重視系ホテル

シャワーとトイレが付いたシングルで、できるだけ安くというクラス。探せば居心地のいい宿もある。

このレベルのホテルは市販品のシャンプー類を備え付けていることが多い

Point

- 相場は₩5～12万
- シャワー付きシングルのレベルでの最安値
- 都心にあっても、駅から少し離れたり裏通りにある
- 部屋は狭いことが多く、ツインでもふたりの荷物を広げるのは難しい
- ラブホテル兼業の場合もある
- フロントが24時間オープンしていない場合があり、チェックイン時間が制限される

江北（カンブク）／東大門（トンデムン） 4つ星 ツアー利用も多い コスパがいい

アトリウム 호텔 아트리움 •Hotel Atrium

MAP P.20-B3
地下鉄 129 **鍾路5街駅**1番出口徒歩6分

住 106, Changgyeonggung-ro, Jongno-gu
住 종로구 창경궁로 106 旧 종로구 인의동 48-26
TEL (02) 767-9800 URL www.seanhotelgroup.com/hotels/atrium-jongno CC ADJMV WiFi あり

2019年4月宿泊時の情報（料金は2023年1月調査）
T 25㎡ 1008号室 ₩11万
チェックイン15:00～ チェックアウト11:00
日本語：通じる、フロントで積極的な声掛けあり
立地 繁華街／ビジネス街／隣は高層マンション／コンビニかなり先
室内 明るい／絨毯／ドレッサー兼用仕事可能な大きなデスク／空調よく効く／リモコン説明なし
コンセント SE型デスク1、洗面台1
アメニティ 極薄いバスローブ／サンダル／冷蔵庫空／ミネラルウオーター500mℓ3本／ティーバッグ（紅茶、緑茶）、インスタントコーヒー、砂糖なし／コーヒーカップ
バスルーム やや古い／バスタブあり、大きく深い／シャワー標準／温水洗浄便座あり／バスタブ仕切りシャワーカーテン／排水標準／ゴミ箱に袋掛けあり

ダブル＋シングルベッドが備えられたトリプルルーム

団体ツアーでの利用も多い

少し古いが掃除は行き届いている

江北（カンブク）／仁寺洞（インサドン） 2つ星 観光地

仁寺洞（インサドン）ミニホテル 인사동 미니호텔 •Insadong Mini Hotel

MAP P.206-B1 地下鉄 328 **安国駅**6番出口徒歩3分
住 26, Insadong 14-gil, Jongno-gu
住 종로구 인사동 14길 26 旧 종로구 관훈동 84-4
TEL (02) 733-1355
料 S₩6万5450～ W₩7万4800～
CC ADJMV WiFi あり

モーテルにはなぜかポップコーンの製造機やカップラーメンが置かれていることがちょくちょくあります。いつでも食べられて小腹がすいたときに便利。（神奈川県　天王町人　'18夏）

江北／東大門 2つ星 老舗 サウナ付き 朝食付き

ヨンビン

영빈호텔

●Young Bin Hotel／迎賓ホテル

MAP P.25-C1

地下鉄 205 422 536 **東大門歴史文化公園駅**5番出口徒歩8分

このクラスでは広めの部屋

古いが大きな浴槽

地下にはアカスリもあるサウナがある

住 18, Toegye-ro 56-gil
住 중구 퇴계로56길 18　旧 중구 쌍림동 240
TEL (02) 2277-1141　URL www.youngbinhotel.co.kr
CC ADJMV　WiFi あり

2019年5月宿泊時の情報（料金は2023年1月調査）

W 30㎡　506号室　₩5万8232

チェックイン14:00〜　チェックアウト12:00

日本語：通じる

立地　繁華街とビジネスエリアの中間／コンビニやや遠い／眺望なし

室内　明るい／フローリング／土足禁止／小さい円形の机／ドレッサーあり／空調よく効く／リモコン説明なし／チャンネル案内なし

コンセント　SE型ドレッサー1、ベッド下1

アメニティ　バスローブなし／サンダル／冷蔵庫空／ミネラルウオーター500mℓ2本／ティーバッグ（紅茶）、砂糖ミルク入りインスタントコーヒー／マグカップ／カードキーではない

バスルーム　古い／バスタブあり、標準／シャワー湯量標準、熱い湯すぐ出る／温水洗浄便座あり／バスタブに仕切りなし／洗面台の排水不調／ゴミ箱に袋掛けあり

江北／東大門 2つ星 交通の便がよい

ガオン ゴールデンパーク東大門

호텔가온골든파크 ●Hotel Gaon Golden Park Dongdaemun

MAP P.214-B1　地下鉄 128 421 **東大門駅**4番出口徒歩4分　地下鉄 127 636 **東廟前駅**6番出口徒歩3分

住 77, Jong-ro 44-gil, Jongno-gu
住 종로구 종로44길 77　旧 종로구 창신동 406-4
TEL (02) 741-5071
料 S ₩7万〜　W T ₩9万〜　CC ADJMV　WiFi あり

江北／ソウル駅 2つ星 安いが好立地

MK リバティーハウス MK 리버티 하우스 ●MK Liberty House

MAP P.22-B2　地下鉄 133 426／空港鉄道 A01 **ソウル駅**3番出口徒歩3分

住 5, Cheongpa-ro 95-gil, Yongsan-gu
住 용산구 청파로95길 5　旧 용산구 서계동 220-3
TEL 010-5391-0309　URL mklibertyhouse.modoo.at
料 S ₩3万7000〜 W ₩4万4000〜　CC ADJMV　WiFi あり

江北／梨泰院 2つ星 観光地

梨泰院イン 이태원 인 ●Itaewon Inn

MAP P.28-A3　地下鉄 629 **緑莎坪駅**3番出口徒歩6分

住 9, Noksapyeong-daero 32-gil, Yongsan-gu
住 용산구 녹사평대로32길 9　旧 용산구 이태원동 34-91
TEL (02) 749-4528　URL www.itaewoninn.com
料 W ₩3万3000〜　T ₩3万5000〜　CC ADJMV　WiFi あり

info ソウルでは一年中蚊を見かけ、格安ホテルやモーテルでは冬場でも蚊に悩まされることも。蚊が出没する宿では、部屋に殺虫剤が置かれている所も多い。

江南（カンナム）／駅三洞（ヨクサムドン） 3つ星 広々とした部屋 朝食付き

カパス
카파스 호텔
● Capace Hotel

MAP P.48-B2
地下鉄 221 駅三駅1番出口徒歩4分

清潔感のある部屋

浴槽はジャクージ付き

朝食もこのクラスでは上等

住 21, Eonju-ro 89-gil, Gangnam-gu
住 강남구 언주로89길 21 旧 강남구 역삼동 719-20
TEL (02) 6205-3900 URL www.capace.co.kr
CC ADJMV WiFi あり

2019年6月宿泊時の情報（料金は2023年1月調査）
W 25m² 706号室 ₩10万9395
チェックイン15:00～ チェックアウト12:00
日本語：通じない
立地 ビジネス街／大通り裏道、中級ホテルの多いエリア／コンビニ建物まわりこんですぐ／ビルに囲まれ眺望なし
室内 やや暗い／リフォーム済み／白木と石で清潔感あり／フロアは石材／土足禁止／壁付き広いデスク／ドレッサーなし／空調よく効く／テレビとエアコン共用リモコン、解説なし
コンセント SE型ベッドサイド1、洗面台2／複合型デスク2
アメニティ 薄手ワッフルバスローブ／サンダル／冷蔵庫空／ミネラルウオーター500mℓ2本／ティーバッグ（緑茶）、インスタントコーヒー／コーヒーカップ、グラス
バスルーム 新しい／バスタブ大きく深い、ジャクージ付き／シャワー標準、水圧やや弱い、湯はすぐ出る／温水洗浄便座あり／バスタブ仕切りなし／バスタブの排水は遅い／ゴミ箱に袋掛けあり

江南（カンナム）／駅三洞（ヨクサムドン） 空港アクセス良好

ステイホテル江南（カンナム）
스테이호텔 강남
● Stay Hotel Gangnam

MAP P.48-A2
地下鉄 221 駅三駅3番出口徒歩3分
リムジンバス6020仁川

おしゃれで清潔感のある部屋

卵型の独立バスタブ

路地裏だがわかりやすい

住 15-4, Nonhyeon-ro 87-gil, Gangnam-gu
住 강남구 논현로87길 15-4
旧 강남구 역삼동 736-52
TEL (02) 568-6200 URL stayhotel.com
CC ADJMV WiFi あり

2019年6月宿泊時の情報（料金は2023年1月調査）
W 25m² 1203号室 ₩12万9965
チェックイン15:00～ チェックアウト12:00
日本語：通じない
立地 ビジネス街／大通り裏道／飲み屋街／ビルに囲まれ眺望なし／コンビニ少し遠い
室内 わりと明るい／タイル／白を基調とした清潔感ある部屋／机壁付き普通／ドレッサーなし／クロゼットなし（ハンガーのみ）／空調よく効く／リモコン、チャンネル説明なし
コンセント SE型ベッドサイド2、洗面台2／複合型デスク2
アメニティ 中厚タオル地バスローブ／サンダル／冷蔵庫空／ミネラルウオーター500mℓ2本／ティーバッグ（ハーブティー）、ドリップコーヒー、砂糖／マグカップ
バスルーム 新しい／トイレ鏡張り／卵型床置きのバスタブ／通常ヘッドシャワー＋雨降らし／湯量やや少ない、熱い湯すぐ出る／温水洗浄便座あり／トイレ、シャワー、バスタブ完全独立／排水良好／ゴミ箱に袋掛けあり

info 駅三洞を東西に貫くテヘラン路は、イラン革命前のパフラヴィー王朝時代の1977年、テヘラン市長が韓国を訪問したことを記念して名付けられた。テヘランにもソウル通りがある。

オンドル体験

韓屋ステイ 한옥 스테이

ソウルにも築100年を超える韓屋がまだまだ残っている。伝統家屋で宿泊するのもいい体験だ。

オーナーの個性も楽しめるリノベーションした韓屋ステイ

Point

- 相場に幅がある。施設のレベルや規模、築年数によって₩3万～20万超まで
- 小さくても韓屋には中庭がある
- オンドル部屋 ▶P.274 が基本
- 布団が薄いので腰が痛くなる人もいる
- テーブルや椅子はない

江北／西村

ナグネハウス 나그네하우스
●Nagne House

MAP P.209-B3

地下鉄 327 景福宮駅2番出口徒歩1分

住 6, Jahamun-ro 1na-gil, Jongno-gu
住 종로구 자하문로1나길 6
旧 종로구 체부동 64
TEL (02) 725-7377 URL nagnehouse.com
nagnehouse
CC ADJMV WiFi あり

芝生と石で済州島の海を表現

肌に触れる寝具は高級なシルク製品を使用している

築200年の韓屋を社長みずからリノベーションしたゲストハウス。世界130ヵ国以上を旅した多国籍な価値観を持つ社長が各国で買い集めた素材と韓国の伝統をミックスさせ、日の出と夕焼けがコンセプトのおしゃれな韓屋ゲストハウスに仕上げた。西村という伝統的な地にありながら、遠い異国に来たような情緒が味わえる。韓屋ながらカード式キーで、24時間安全に出入り可能。予約はウェブサイトまたはインスタグラムのダイレクトメッセージから英文で。LINE IDはryugoya。カフェバー ▶P.198 も併設している。

西アジアの遊牧民風のインテリア（カフェスペース）

シャワーとトイレはコンパクトだが各部屋にある

雑貨が色々飾られている

オキナインコのミル

info オンドル部屋はガランとした部屋に布団を敷いたりちゃぶ台を置いたりして使う。布団はたくさん入っているが、人数分以上使いたい場合は断ってから出すこと。

とにかく安い ゲストハウス 게스트 하우스 ホステル 호스텔

ドミトリーのあるホテルをホステル、またはゲストハウスという。オーナーの経営方針により施設の客層や雰囲気が変わる。

滞在の情報やお礼のメモが貼られたコーナー

共同のキッチンを使うことができる

Point

- 相場は₩2万～8万
- ドミトリー（相部屋）がある
- シングルでもトイレやシャワーは部屋になく共同
- 国際ユースホステルではなく、独立系（民営）
- キッチンや洗濯機が使える（共同）
- 諸外国からの旅人との情報交換ができる
- 韓屋タイプ、ビルディングタイプなどさまざま
- 従業員がいない時間帯が多く、チェックイン時間やサービスが制限される
- 門限などが厳しい場合もあるので事前に確認が必要
- 共同生活に近い部分があるので、片付けや飲酒などのマナーを守れる人が適している

新村（シンチョン）・梨大（イデ） 韓屋 ドミトリー 女性専用
江北・Nソウルタワー西

iCOS ゲストハウス 1

아이코스 게스트하우스 1
●iCOS Guest House 1 for Female

MAP P.32-B1

地下鉄 240 新村駅5番出口徒歩5分
リムジンバス6002仁川

韓屋スタイル、チェックイン時間を事前に連絡すること

料金なりの広さだがエアコン完備

共同のトイレ＆シャワー

住 15, Gosan 3-gil, Mapo-gu
住 마포구 고산3길 15　旧 마포구 노고산동 33-5
CC ADJMV　WiFi あり

2019年5月宿泊時の情報（料金は2023年1月調査）
幅90cmのベッド＋α　₩4万7000
チェックイン14:00～　チェックアウト12:00
日本語：通じない、オーナー英語堪能で親切
立地　学生街／コンビニやや遠い
室内　明るい／絨毯／土足禁止／小さい机あり（椅子なし）／ドレッサーなし（小さい鏡あり）／空調リモコン不調で稼働せず／テレビなし／ゴミ箱袋掛けあり／カードキーではない
コンセント　SE型1
アメニティ　バスローブなし／使い古しの白スリッパ／タオル1枚／バナナサービス
共同設備　キッチンに冷蔵庫、給水（湯）器、レンジ等
共同トイレ（バスルーム）　バスタブなし／シャワー、湯量少ないが熱い湯すぐ出る／温水洗浄便座なし／トイレとシャワーの仕切りなし／排水標準
共同洗濯場　洗濯ロープ・物干し場あり／洗濯機あり

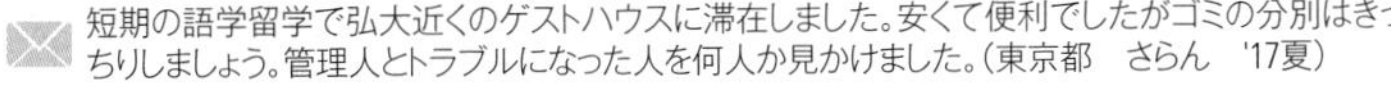
短期の語学留学で弘大近くのゲストハウスに滞在しました。安くて便利でしたがゴミの分別はきっちりしましょう。管理人とトラブルになった人を何人か見かけました。（東京都　さらん　'17夏）

江北／梨大

バーあり　若者向き

ビル1階には日本料理レストランも

遠くからも目立つ建物

ウィーゴーイン ホステル
위고인 호스텔

● Wegoinn Hostel

MAP P.30-B3　地下鉄 241 **梨大駅**1番出口徒歩5分
地下鉄 242 **新村駅**4番出口徒歩7分

住 20, Insadong-gil, Jongno-gu
住 서대문구 신촌로 141　旧 서대문구 대현동 104-4
TEL (02) 393-9922　wegoinnhostel_wegoinn
料 S ₩7万～　W T ₩8万～　4人部屋₩12万～
CC ADJMV　WiFi あり

2019年にオープンしたホステル。ビルの上層階を利用している。個室のほか、4人部屋のドミトリーもあるが、見知らぬ人との共用ではなく、1グループでのみ利用可。レセプションは9:00～22:00のオープンで、それ以外の時間帯でもセルフチェックインが可能になっている。英語を話すスタッフもいる。

最新の設備を備えており快適

グループ利用にぴったりのドミトリー

江北／弘大

閑静　庭付き一軒家

バロアト2号店 호텔 바로아토 2 호점

● Budget Hotel Baro_Ato 2

MAP P.35-D1　地下鉄 239 ／京義·中央線 K314 ／空港鉄道 A03 **弘大入口駅**2番出口徒歩5分

住 26-14 Donggyo-ro 25gil,Mapo-gu
住 마포구 동교로25길 26-14　旧 마포구 동교동 204-27
TEL (02) 336-2614　URL www.baroato.com
料 S ₩7万2000～　W ₩9万6000～　CC ADJMV　WiFi あり

江北／明洞

交通至便　地下鉄駅至近

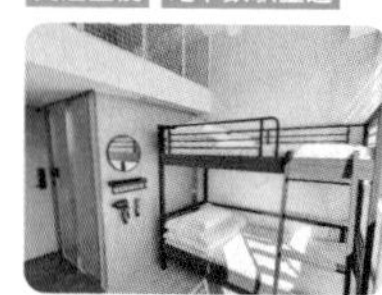

ヨロゲストハウス 욜로 게스트하우스

● Yolo Guesthouse

2022年オープン

MAP P.213-C3　地下鉄 424 **明洞駅**3番出口徒歩4分

住 2-8, Toegye-ro 20na-gil, Jung-gu
住 중구 퇴계로20나길 2-8　旧 중구 남산동2가 32-3
TEL 010-2459-4993　URL www.yologuesthouse.com
料 3人部屋₩7万5000～　CC ADJMV　WiFi あり

江北／東大門　MAP P.25-C1

地下鉄 332 **東大入口駅**2番出口徒歩3分

JCイン東大門
JC INN 동대문

JC INN Dongdaemun

住 42, Dongho-ro 30-gil, Jung-gu
住 중구 동호로30길 42　旧 중구 장충동2가 12-6
TEL 070-4135-0727
料 S ₩5万～　W ₩5万5000～
CC ADJMV　WiFi あり

江北／ソウル駅　MAP P.23-C3

地下鉄 133 426 ／空港鉄道 A01 **ソウル駅**12番出口徒歩3分

24ゲストハウス ソウル駅
24게스트하우스 서울역점

24 guesthouse Seoul Station

住 41 Huam-ro 57-gil, Yongsan-gu
住 용산구 후암로57길 41　旧 용산구 동자동 35-125
TEL (02) 754-8124　料 S ₩5万～　W T ₩6万5000～
CC ADJMV　WiFi あり

info ゲストハウスやホステルのレセプションは24時間開いている所が少ないので、深夜到着のときなどは、事前に到着予定時刻にチェックインできるか確認した上で予約しよう。

ソウルの歩き方

仁川国際空港第2ターミナル

空港から市内へ

仁川国際空港
MAP P.302
URL www.airport.kr

手荷物配送サービス T-Luggage
URL tluggage.co.kr
仁川、金浦の両空港と地下鉄駅、または地下鉄駅間の荷物の配送を行う。仁川国際空港では韓進HANJINの宅配窓口、金浦国際空港では地下鉄駅内のT-Luggage窓口にて受け付ける。ソウル駅、弘大入口、明洞、江南、蚕室の各駅。
料W2万～(荷物の大きさ、利用日により異なる)

ソウルの空の玄関口はおもに国際線の仁川国際空港と国内線と羽田、関空などの路線がある金浦国際空港のふたつ。

仁川国際空港から市の中心部へ

第1ターミナルの到着ロビー

2018年に第2ターミナルがオープンし、ますます便利になった仁川国際空港。第1ターミナルと第2ターミナルはシャトルバスで20分ほどかかるので、待ち時間も含めて時間に余裕をもとう。

手荷物配送サービス 空港で手荷物を預け、地下鉄駅で受け取ることができる配送サービスがある。手ぶらで観光することができるので便利。ソウルからの出発時にも利用できる。

永宗大路 Yeongjong-daero 영종대로
コンシム 공심 R
H ザ・ホテル永宗
仁川エアステイ H
クイーン H
H ジューン
R 大清花 대청화
麦酒広場 맥주광장 R
デイズホテル&スイーツ H
R 江南うどんチブ 강남우동집
P.236 S ロッテマート
雲西駅 운서역 Unseo A08
흰바위로 Huinbawi-ro
ゴールデンチューリップ H
空港新都市 コンハンシンドシ 공항신도시
0 100 200m

雲西駅 운서역 Unseo A08 左上図
SKY72 GOLF & RESORT 스카이칠십이 골프앤리조트
仁川国際空港2ターミナル駅 인천공항2터미널역 Incheon Int'l Airport Terminal 2 A11
仁川国際空港 第2ターミナル
IATシャトルトレイン
搭乗塔
空港貨物ターミナル駅 공항화물청사역 Incheon Int'l Airport Cargo Terminal A09
空港鉄道
仁川国際空港 第1ターミナル
仁川国際空港1ターミナル駅 인천공항1터미널역 Incheon Int'l Airport Terminal 1 A10
ベストウェスタン・プレミア仁川エアポート H
P.286 グランドハイアット仁川 H
P.236 emart S
H ホテルビュー仁川
P.259 パラダイスシティ E
パラダイスシティ駅
H アートパラディソ
仁川空港磁気浮上鉄道(仁川リニア)※2023年2月現在運休中

仁川国際空港周辺
インチョンククチェコンハン
인천국제공항
0 500m 1km

info TRIPEASY (URL tripeasy.co.kr)は、仁川国際空港と各ホテル間の手荷物配送サービス。空港の窓口は搭乗階3階のチェックインカウンター(第1ターミナルはN、第2ターミナルはF)にある。

A'REX（空港鉄道）

第2ターミナルの空港鉄道の改札

ソウル駅まで乗り換えなしで行くことができ、直通列車ならノンストップでソウル駅まで行く。第1ターミナル、第2ターミナルとも地下の交通センターに乗り場がある。直通列車と一般列車は乗り場も改札も別。

切符の種類　ソウル駅までの通常の1回券と地下鉄の乗り換えが可能な統合型があり、いずれも改札を出たらデポジット払い戻し機で切符を返して₩500を受け取る。一般列車改札では**交通カード** ▶P.310 の購入、利用も可能。

リムジンバス

重い荷物を持ってターミナル駅まで歩くのは大変だし、ソウル駅に着いてもホテルは遠い。リムジンバスはそういう人にとって便利。第1ターミナルはBとCのカウンター近く3～7番出口を出たところにソウル行きバス乗り場がある。第2ターミナルは地下の交通センターから出る。

Kリムジン　2021年にKALリムジンから社名変更した。停車駅が少ないので、所要時間が短い。チケットは空港のチケット売場のほか車内でも購入可能。

エアポートリムジン　3列座席と4列座席があり、市内各地とソウル近郊を幅広く網羅している。T-moneyなど交通カードでも支払い可能。

Kリムジン

URL www.klimousine.com
料 ₩1万8000

▶6701番（市庁方面）
ソウルガーデン、ロッテシティホテル麻浦、コリアナホテル、ザ・プラザホテル、ウェスティン朝鮮ホテル、ロッテホテルソウルなど

▶6702番（南山方面）
ソウルガーデン、ロッテシティホテル麻浦、ラマダソウル南大門、相鉄ホテルズ・ザ・スプラージール東大門、JWマリオット東大門スクエアソウル、グランドハイアットなど

▶6703番（江南方面）
ノボテルアンバサダーソウル江南、インターコンチネンタルソウルCOEXなど

▶6705番（蚕室／東ソウル方面）
ロッテホテルワールド、グランドウォーカーヒルソウルなど

エアポートリムジン

URL www.airportlimousine.co.kr
料 ₩1万6000～1万8000

▶6001番（東大門方面）
ソウル駅、明洞、東大門歴史文化公園駅など

▶6002番（清凉里駅方面）
合井駅、新村駅、鍾路3路駅、新設洞駅、清凉里駅など

▶6015番（明洞方面）
麻浦駅、孔徳駅、忠正路駅、明洞駅、乙支路4路駅など

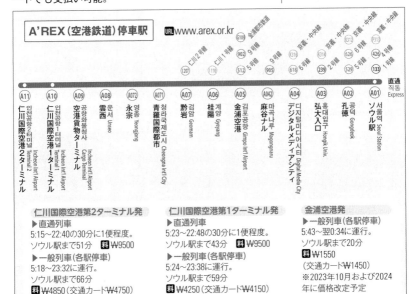

A'REX（空港鉄道）停車駅

URL www.arex.or.kr

直通 직통 Express

駅番号	駅名	한국어	English	乗り換え
A11	仁川国際空港2ターミナル	인천공항2터미널	Incheon Int'l Airport Terminal 2	
A10	仁川国際空港1ターミナル	인천공항1터미널	Incheon Int'l Airport Terminal 1	
A09	空港貨物ターミナル	공항화물청사	Incheon Int'l Airport Cargo Terminal	
A08	雲西	운서	Unseo	
A072	永宗	영종	Yeongjong	
A071	青羅国際都市	청라국제도시	Cheongna Int'l City	
A07	黔岩	검암	Geoman	1207 仁川2号線
A06	桂陽	계양	Gyeyang	1110 仁川1号線
A05	金浦空港	김포공항	Gimpo Int'l Airport	512 5号線、902 9号線、G109 金浦都市鉄道
A042	麻谷ナル	마곡나루	Magongnaru	905 9号線
A04	デジタルメディアシティ	디지털미디어시티	Digital Media City	618 6号線、K316 京義・中央線
A03	弘大入口	홍대입구	Hongik Univ.	239 2号線、K314 京義・中央線
A02	孔徳	공덕	Gongdeok	529 5号線、626 6号線、K312 京義・中央線
A01	ソウル駅	서울역	Seoul Station	133 1号線、426 4号線、P313 京義・中央線

仁川国際空港第2ターミナル発

▶直通列車
5:15～22:40の30分に1便程度。
ソウル駅まで51分　料 ₩9500

▶一般列車（各駅停車）
5:18～23:32に運行。
ソウル駅まで66分
料 ₩4850（交通カード₩4750）

仁川国際空港第1ターミナル発

▶直通列車
5:23～22:48の30分に1便程度。
ソウル駅まで43分　料 ₩9500

▶一般列車（各駅停車）
5:24～23:38に運行。
ソウル駅まで59分
料 ₩4250（交通カード₩4150）

金浦空港発

▶一般列車（各駅停車）
5:43～翌0:34に運行。
ソウル駅まで20分
料 ₩1550
（交通カード₩1450）
※2023年10月および2024年に価格改定予定

info A'REXと地下鉄の乗り換えには、いずれの駅でも乗り場が離れており、かなり時間がかかる。重い荷物がある場合などはリムジンバスやタクシーの利用を検討しよう。

金浦国際空港
MAP P.304
TEL 1661-2626
URL airport.co.kr/gimpojpn/main.do

金浦空港の案内板

市内への鉄道は地下の乗り場へ

金浦国際空港から市の中心部へ

羽田、関空など、一部の国際便と国内便が発着する金浦国際空港。ソウル中心に近く、東京で考えると、仁川空港が成田空港だとすれば、金浦空港は羽田空港に近い存在だ。ターミナルは国際線と国内線に分かれており、地下鉄や空港鉄道の駅はちょうどその間にある。

◎A'REX（空港鉄道）

金浦国際空港からソウル駅への空港鉄道は**一般列車**を利用する。A01 **ソウル駅**まで所要約20分。途中 A02 **孔徳駅**、A03 **弘大入口駅**にも停車する。

◎地下鉄

金浦国際空港には5号線と9号線の2路線が乗り入れている。

地下鉄5号線　明洞方面へ 534 **鍾路3街駅**まで1本で行くことができる。所要約45分。

地下鉄9号線　江南へは9号線の利用が便利。急行列車を使えば 923 **高速ターミナル駅**まで27分、936 **オリンピック公**

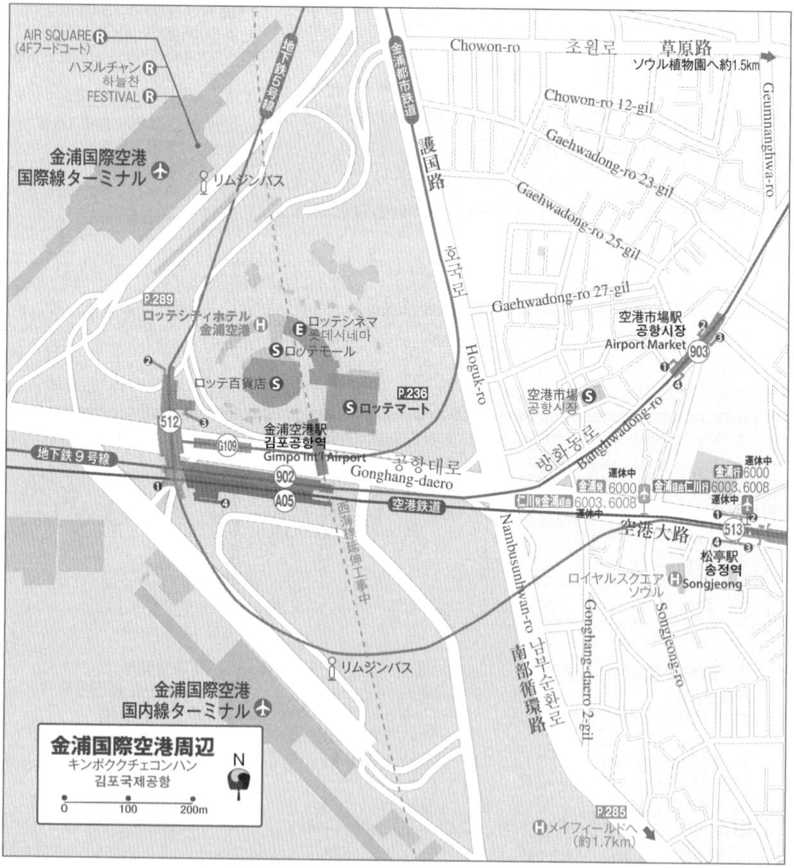

金浦国際空港周辺
キンポククチェコンハン
김포국제공항
0　100　200m

AIR SQUARE (4Fフードコート)
ハヌルチャン 하늘찬
FESTIVAL
金浦国際空港 国際線ターミナル
リムジンバス
地下鉄5号線
金浦都市鉄道
護国路 호국로 Hoguk-ro
Chowon-ro 초원로 草原路
ソウル植物園へ約1.5km
Chowon-ro 12-gil
Gaehwadong-ro 23-gil
Gaehwadong-ro 25-gil
Gaehwadong-ro 27-gil
Geumnanghwa-ro
P.289 ロッテシティホテル金浦空港
ロッテシネマ 롯데시네마
ロッテモール
ロッテ百貨店
P.236 ロッテマート
金浦空港駅 김포공항역 Gimpo Int'l Airport
512　G109　902　A05
地下鉄9号線
공항대로 Gonghang-daero
空港鉄道
西海線延伸工事中
空港市場駅 공항시장 Airport Market 903
空港市場 공항시장
방화동로 Banghwadong-ro
運休中 金浦発 6000
仁川発金浦経由 6003、6008 運休中
金浦行 6000 運休中
金浦経由仁川行 6003、6008 運休中
空港大路
513
松亭駅 송정역 Songjeong
ロイヤルスクエアソウル
Nambusunhwan-ro 남부순환로 南部循環路
Gonghang-daero 2-gil
Songjeong-ro
リムジンバス
金浦国際空港 国内線ターミナル
P.285 メイフィールドへ（約1.7km）

info 金浦空港駅は、首都圏電鉄西海線の延伸工事が行われており、2023年中旬には開通する予定。

園駅まで約50分で到着する。1回券、交通カードともに利用可能。

リムジンバス

金浦国際空港の国際線ターミナルから市内へのリムジンバスは、6・7番乗り場。仁川国際空港行きの乗り場もあるので間違えないようにしよう。2023年5月現在、ソウル中心部へ行くリムジンバスは、ソウル大方面や光明総合バスターミナル方面など、一般的な日本の旅行者が利用しないよう便が多い。

市内バス

国内線ターミナルへの巡回バスの5番乗り場を挟んだ4番乗り場から発着。なお、市内バスには大きな荷物は載せられない。飛行機に預けるような大きな荷物がある場合は、地下鉄やタクシーを利用しよう。

仁川発の帰国時に便利な都心空港ターミナル

事前にチェックインして身軽に仁川国際空港へ

仁川国際空港から出国（金浦国際空港発は利用不可）の際には、ソウル駅地下2階のA'REX直通列車乗り場横にチェックインカウンターがあり、ここで搭乗手続きや出国審査ができる。機内預け荷物も預けられるので身軽に仁川国際空港に行ける。大韓航空やアシアナ航空など利用できる会社が決まっているので事前に確認を。

明洞までのタクシー料金の目安

	仁川国際空港	金浦国際空港
一般型車両（3人まで）	₩5万5000〜6万8000	₩2万5000〜3万3000
模範&大型タクシー	₩9万2000〜10万	₩4万〜5万4000

エアポートリムジン
URL www.airportlimousine.co.kr
▶6003番 九老、ソウル大方面
▶6008番
永登浦、仁川空港方面
▶6014番
光明総合バスターミナル方面

金浦国際空港発のおもな市内バス
料 ₩1600（交通カード₩1500）
▶601番 景福宮、鍾路3街方面
▶605番 ソウル駅方面
▶6629番 永登浦方面

都心空港ターミナル（ソウル駅）
交 地下鉄1·4号線 133 426 ソウル駅
URL www.arex.or.kr
▶利用可能なおもな航空会社
大韓航空の国際便
アシアナ航空の国際便
チェジュ航空の国際便（グアム、サイパンなどアメリカおよび中国路線を除く）
ティーウェイ航空の国際便（グアム、サイパンなどアメリカ路線を除く）
ジン・エアーの国際便（グアム、サイパンなどアメリカ路線を除く）
エアプサンの国際便
エアソウルの国際便
※2023年8月現在

エクスプレス（直通）チケット売り場の隣にチェックインカウンターがある

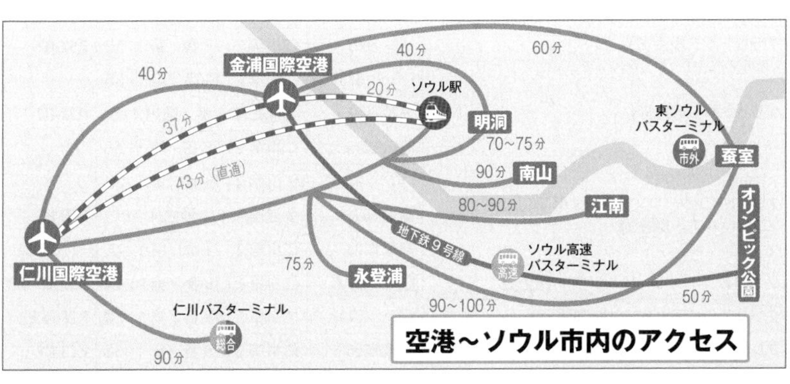

info 都心空港ターミナルはソウル駅のほか、江南にもあったが、コロナ禍のため2020年2月から休業ののち廃業し、空港リムジンバスの発着拠点となっている。

リムジンバスが近隣に停まるホテル

表の見方

●仁川第 2：19 番→仁川国際空港第 2 ターミナルの 19 番バス乗り場から出発

リムジンバスの注意

●往路と復路でルートが異なる路線がある

本書地図のリムジンバス停留所

仁川発 6009 仁川国際空港から市内行きのバス停

仁川行 6009 市内から仁川国際空港行きのバス停

6701 仁川発 6701 仁川行 市内行きと仁川国際空港行きの両方が停車するバス停

ホテル名（50 音順）	バス番号	空港の停留所	MAP
アロフトソウル江南	高級 6006	仁川第 2：14 番／第 1：4B	P.45-C1
アロフトソウル明洞	K リムジン 6701	仁川第 2：18 番／第 1：3B	P.212-B2
アンバサダーソウル プルマンホテル ▶P.283	K リムジン 6702	仁川第 2：18 番／第 1：3B	P.24-B2
E レジデンス	高級 6009	仁川第 2：15 番／第 1：4A	P.43-C3
イビスアンバサダー明洞	一般 6021※	金浦国際 6 番／国内 4 番	P.213-C1
	高級 6015	仁川第 2：28 番／第 1：5B	
インターコンチネンタルソウル COEX ▶P.285	K リムジン 6703	仁川第 2：19 番／第 1：3B	P.45-D3
インペリアルパレス ブティックホテル ▶P.279	高級 6030※	仁川第 2：32 番／第 1：6B	P.28-B2
インペリアルパレスホテル	K リムジン 6703	仁川第 2：19 番／第 1：3B	P.44-A3
ウェスティン朝鮮ソウル ▶P.282	K リムジン 6701	仁川第 2：18 番／第 1：3B	P.212-B1
AC ホテルソウル江南	高級 6020	仁川第 2：16 番／第 1：4B	P.48-A2
	高級 6000※	金浦国際 6 ／国内 4	
L7 明洞	一般 6021※	金浦国際 6 番／国内 4 番	P.213-D2
	高級 6001	仁川第 2：29 番／第 1：5B	
	高級 6015	仁川第 2：28 番／第 1：5B	
エントラ	高級 6006	仁川第 2：14 番／第 1：4B	P.45-C1
オークウッドプレミア	一般 6103	仁川第 2：30 番／第 1：7A	P.49-D1
カプチーノ ▶P.270	K リムジン 6703	仁川第 2：19 番／第 1：3B	P.47-D1
国都 ▶P.275	一般 6021※	金浦国際 6 番／国内 4 番	P.24-A1
	高級 6015	仁川第 2：28 番／第 1：5B	
グラッドホテル汝矣島	一般 6007	仁川第 2：27 番／第 1：6B	P.52-B2
グラッド麻浦 ▶P.288	K リムジン 6702	仁川第 2：18 番／第 1：3B	P.33-D2
	一般 6021※	金浦国際 6 番／国内 4 番	
	高級 6015	仁川第 2：28 番／第 1：5B	
グランドインターコンチネンタルソウルパルナス ▶P.285	K リムジン 6703	仁川第 2：19 番／第 1：3B	P.49-D1
	高級 6000※	金浦国際 6 ／国内 4	
	高級 6103	仁川第 2：21 番／第 1：7A	
グランドウォーカーヒルソウル ▶P.286	K リムジン 6705	仁川第 2：19 番／第 1：4A	折込表 -D2
グランドハイアットソウル ▶P.283	K リムジン 6702	仁川第 2：18 番／第 1：3B	P.28-A・B2
グレイスリーソウル ▶P.293	高級 6005 ※	仁川第 2：29 番／第 1：5B	P.23-C1

※一般リムジン6021番、高級リムジン6000･6005･6030番は2023年8月現在運休中
バスのルートや停留所は予告なく変更されることがあります

ホテル名（50 音順）	バス番号	空港の停留所	MAP
ケンジントン汝矣島	一般 6007	仁川第 2：27 番／第 1：6B	P.53-C1
コートヤード バイ マリオット ソウル タイムズ スクエア ▶P.289	一般 6007	仁川第 2：27 番／第 1：6B	P.52-A3
ゴールデンソウル	一般 6008	金浦国際 6 ／国内 4	折込表 -A2
	一般 6008	仁川第 2：24 番／第 1：6A	
	高級 6000 ※	金浦国際 6 ／国内 4	
コリアナ ▶P.287	K リムジン 6701	仁川第 2：18 番／第 1：3B	P.19-C3
コンラッドソウル ▶P.285	一般 6007	仁川第 2：27 番／第 1：6B	P.53-C2
ザ デザイナーズ汝矣島	一般 6007	仁川第 2：27 番／第 1：6B	P.52-B1
ザ プラザ ▶P.282	K リムジン 6701	仁川第 2：18 番／第 1：3B	P.212-A1
サミットホテル東大門	K リムジン 6702	仁川第 2：18 番／第 1：3B	P.25-C1
サムジョン ▶P.288	K リムジン 6703	仁川第 2：19 番／第 1：3B	P.47-D1
ザ リバーサイド ▶P.277	高級 6009	仁川第 2：24 番／第 1：4A	P.43-C2
	高級 6500 ※	仁川第 2：24 番／第 1：4B	
GMS	一般 6007	仁川第 2：27 番／第 1：6B	P.52-A3
G3 忠武路 ▶P.279	高級 6001	仁川第 2：29 番／第 1：5B	P.24-A1
	高級 6015	仁川第 2：28 番／第 1：5B	
	一般 6021 ※	金浦国際 6 番／国内 4 番	
JW マリオットホテルソウル ▶P.284	高級 6020	仁川第 2：16 番／第 1：4B	P.46-A2
JW マリオット東大門スクエアソウル ▶P.283	K リムジン 6702	仁川第 2：18 番／第 1：3B	P.21-C3
シグニエルソウル ▶P.285	K リムジン 6705	仁川第 2：19 番／第 1：4A	P.50-A2
新羅ステイ西大門	高級 6005 ※	仁川第 2：29 番／第 1：5B	P.22-B1
	一般 6002	仁川第 2：30 番／第 1：5B	
新羅ステイ麻浦	K リムジン 6701	仁川第 2：18 番／第 1：3B	P.33-C2
	K リムジン 6702	仁川第 2：18 番／第 1：3B	
	一般 6021 ※	金浦国際 6 番／国内 4 番	
	高級 6015	仁川第 2：28 番／第 1：5B	
新羅ステイ駅三	K リムジン 6703	仁川第 2：19 番／第 1：3B	P.48-B1
新羅ステイ三成 ▶P.289	高級 6006	仁川第 2：14 番／第 1：4B	P.49-D1
	K リムジン 6703	仁川第 2：19 番／第 1：3B	
	高級 6000 ※	金浦国際 6 ／国内 4	
スイスグランドホテル ▶P.286	高級 6005 ※	仁川第 2：29 番／第 1：5B	折込表 -B1
スカイパークセントラル明洞	一般 6021 ※	金浦国際 6 番／国内 4 番	P.213-C1
	高級 6015	仁川第 2：28 番／第 1：5B	
スカイパーク東大門 1	一般 6021 ※	金浦国際 6 番／国内 4 番	P.24-B1
	高級 6001	仁川第 2：29 番／第 1：5B	
スカイパーク明洞 1 ▶P.276	一般 6021 ※	金浦国際 6 番／国内 4 番	P.211-A3
	高級 6001	仁川第 2：29 番／第 1：5B	
	高級 6015 ※	仁川第 2：28 番／第 1：5B	

※一般リムジン6021番、高級リムジン6000･6005･6030番は2023年8月現在運休中
バスのルートや停留所は予告なく変更されることがあります

ホテル名（50 音順）	バス番号	空港の停留所	MAP
スカイパーク明洞 3	一般 6021※	金浦国際 6 番／国内 4 番	P.213-D2
	高級 6001	仁川第 2：29 番／第 1：5B	
	高級 6015	仁川第 2：28 番／第 1：5B	
スター	高級 6000※	金浦国際 6 ／国内 4	P.48-A2
	高級 6020	仁川第 2：16 番／第 1：4B	
スタンフォード	一般 6012	仁川第 2：31 番／第 1：5B	P.37-C1
ステイホテル江南 ▶P.297	高級 6000※	金浦国際 6 ／国内 4	P.48-A2
	高級 6020	仁川第 2：16 番／第 1：4B	
相鉄ホテルズ ザ スプラジール ソウル東大門 ▶P.294	Kリムジン 6702	仁川第 2：18 番／第 1：3B	P.214-A3
ソウルガーデン ▶P.288	Kリムジン 6702	仁川第 2：18 番／第 1：3B	P.33-C3
	高級 6015	仁川第 2：28 番／第 1：5B	
	Kリムジン 6701	仁川第 2：18 番／第 1：3B	
	一般 6021※	金浦国際 6 番／国内 4 番	
朝鮮パレスソウル江南 ▶P.284	Kリムジン 6703	仁川第 2：19 番／第 1：3B	P.48-B2
ティーマークグランド	高級 6001	仁川第 2：29 番／第 1：5B	P.212-A3
東横 INN ソウル江南 ▶P.294	高級 6009	仁川第 2：15 番／第 1：4A	P.47-D3
	高級 6500※	仁川第 2：15 番／第 1：4B	
東横 INN ソウル東大門 2 ▶P.293	一般 6021※	金浦国際 6 番／国内 4 番	P.214-A3
	高級 6001	仁川第 2：29 番／第 1：5B	
	Kリムジン 6702	仁川第 2：18 番／第 1：3B	
ドーミーインソウル江南 ▶P.294	Kリムジン 6703	仁川第 2：19 番／第 1：3B	P.47-D1
トラベロッジ東大門ソウル	一般 6021※	金浦国際 6 番／国内 4 番	P.24-B1
	高級 6001	仁川第 2：29 番／第 1：5B	
ナイアガラ	高級 6018	仁川第 2：27 番／第 1：6B	折込表 -A2
ナインツリー東大門	一般 6021※	金浦国際 6 番／国内 4 番	P.24-B1
	高級 6001	仁川第 2：29 番／第 1：5B	
ナインツリー明洞	一般 6021※	金浦国際 6 番／国内 4 番	P.213-C2
	高級 6001	仁川第 2：29 番／第 1：5B	
	高級 6015	仁川第 2：28 番／第 1：5B	
ニュー国際	Kリムジン 6701	仁川第 2：18 番／第 1：3B	P.19-C3
ニューソウル ▶P.276	Kリムジン 6701	仁川第 2：18 番／第 1：3B	P.19-C3
ノブレス駅三	高級 6020	仁川第 2：16 番／第 1：4B	P.48-A2
	高級 6000※	金浦国際 6 ／国内 4	
ノボテルアンバサダーソウル江南 ▶P.288	Kリムジン 6703	仁川第 2：19 番／第 1：3B	P.47-D1
ノボテルアンバサダーソウル東大門 ▶P.291	一般 6021※	金浦国際 6 番／国内 4 番	P.24-B1
	高級 6001	仁川第 2：29 番／第 1：5B	
パークハイアットソウル ▶P.284	Kリムジン 6703	仁川第 2：19 番／第 1：3B	P.49-D1
ハミルトン	高級 6030※	仁川第 2：32 番／第 1：6B	P.28-A3
ハンドピックド	高級 6019	仁川第 2：27 番／第 1：6B	折込表 -B3
ビスタウォーカーヒルソウル	Kリムジン 6705	仁川第 2：19 番／第 1：4A	折込表 -D2

※一般リムジン6021番、高級リムジン6000・6005・6030番は2023年8月現在運休中
バスのルートや停留所は予告なく変更されることがあります

ホテル名（50 音順）	バス番号	空港の停留所	MAP
フェアフィールドバイマリオット	一般 6007	仁川第 2：27 番／第 1：6B	P.52-A3
フェアモント アンバサダーソウル ▶P.282	一般 6007	仁川第 2：27 番／第 1：6B	P.53-C2
フォーシーズンズホテルソウル ▶P.282	一般 6002	仁川第 2：30 番／第 1：5B	P.19-C3
フォーポイント バイ シェラトン	高級 6001	仁川第 2：29 番／第 1：5B	P.22-B3
フォーポイント バイ シェラトン朝鮮 ソウル明洞 ▶P.288	一般 6021※	金浦国際 6 番／国内 4 番	P.213-D1
	高級 6015	仁川第 2：28 番／第 1：5B	
ブランホテル江南	Kリムジン 6703	仁川第 2：19 番／第 1：3B	P.48-B2
プリンスソウル ▶P.279	高級 6001	仁川第 2：29 番／第 1：5B	P.211-B3
フレイザープレイス ソウルセントラル	高級 6005※	仁川第 2：29 番／第 1：5B	P.22-B1
フレイザープレイス南大門	高級 6005※	仁川第 2：29 番／第 1：5B	P.23-C1
プレジデント ▶P.287	Kリムジン 6701	仁川第 2：18 番／第 1：3B	P.212-A･B1
ペイト江南	高級 6009	仁川第 2：15 番／第 1：4A	折込表 -C3
	高級 6500	仁川第 2：15 番／第 1：4B	
ベイトンソウル東大門	高級 6001	仁川第 2：29 番／第 1：5B	P.24-B1
ベストウェスタンプレミア江南 ▶P.277	Kリムジン 6703	仁川第 2：19 番／第 1：3B	P.47-D1
マリオット エグゼクティブアパートメント ソウル ▶P.290	高級 6019	仁川第 2：27 番／第 1：6B	P.52-B2
メイプレイスソウル東大門	高級 6011	仁川第 2：31 番／第 1：5B	P.20-B2
メルキュールアンバサダー ソウル弘大	一般 6002	仁川第 2：30 番／第 1：5B	P.35-D2
ラマダソウル東大門	高級 6001	仁川第 2：29 番／第 1：5B	P.24-B1
ラマダホテル & スイート	Kリムジン 6702	仁川第 2：18 番／第 1：3B	P.22-B2
リビエラ清潭 ▶P.277	高級 6006	仁川第 2：14 番／第 1：4B	P.45-C1
レックス観光 ▶P.278	高級 6009	仁川第 2：15 番／第 1：4A	P.43-C3
ロイネットホテル ソウル麻浦 ▶P.294	Kリムジン 6701	仁川第 2：18 番／第 1：3B	P.33-C3
	Kリムジン 6702	仁川第 2：18 番／第 1：3B	
	一般 6021※	金浦国際 6 番／国内 4 番	
	高級 6015	仁川第 2：28 番／第 1：5B	
ロッテシティホテル九老	一般 6004	仁川第 2：26 番／第 1：6A	折込表 -A3
ロッテシティホテル麻浦	Kリムジン 6701	仁川第 2：18 番／第 1：3B	P.33-C2
	Kリムジン 6702	仁川第 2：18 番／第 1：3B	
	一般 6021※	金浦国際 6 番／国内 4 番	
	高級 6015	仁川第 2：28 番／第 1：5B	
ロッテホテルソウル ▶P.281	Kリムジン 6701	仁川第 2：18 番／第 1：3B	P.212-B1
ロッテホテルワールド ▶P.285	Kリムジン 6705	仁川第 2：19 番／第 1：4A	P.50-A2
	高級 6000※	金浦国際 6 ／国内 4	
	高級 6006	仁川第 2：14 番／第 1：4B	
ロフト ▶P.280	一般 6008	金浦国際 6 ／国内 4	折込表 -A2
	一般 6008	仁川第 2：24 番／第 1：6A	

※一般リムジン6021番、高級リムジン6000･6005･6030番は2023年8月現在運休中
バスのルートや停留所は予告なく変更されることがあります

青の車体は幹線バス

ソウルの市内交通

券売機は日本語表示対応

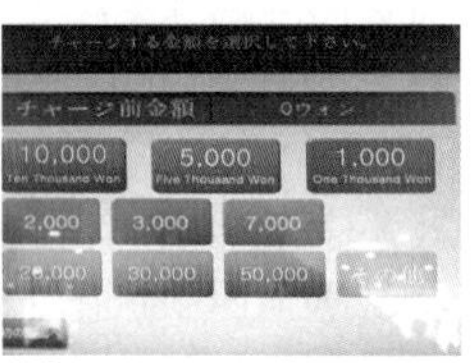

交通カードのチャージもできる

空港の自販機でも買える

ソウルには地下鉄、市内バス、タクシーなどさまざまな交通機関がある。うまく使い分けて効率よくソウルを巡ろう。

料金システム

地下鉄、市内バスとも運営する会社はたくさんあるが、統一の料金システムを採用しており、違う会社の路線を乗り継いでもそのたびに運賃がかかるということはない。

乗り継ぎの注意　交通カード（下記参照）を使えば市内バスを乗り継ぐ場合にも追加料金はかからないし、地下鉄→バス、バス→地下鉄と乗り継いでも30分以内なら追加料金はかからない。ただし地下鉄の改札を出てまた入る場合や、同じ路線の市内バスを使う場合は、乗り継ぎとはみなされず新たに料金がかかる。

交通カード

JR東日本のSuicaのような改札でタッチするICカード。ストラップタイプやスマートフォンに組み込むモバイルタイプもある。タクシーやコンビニの支払い、コインロッカーや公衆電話にも使えて便利。旅行者が使いやすいのは、どこでも売っているプリペイド式のカード。料金はデザインやスタイルによりさまざまで、Suicaなどとは違いカード本体の料金は返還されないが、チャージ分は払い戻し（₩500の手数料が必要）することができる。交通カードは発行会社によりさまざまで、ソウルでは以下のようなものが買える。

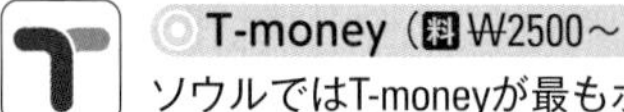

◎T-money（料 ₩2500～）

ソウルではT-moneyが最も ポピュラー。コンビニでも販売されている。韓国全土での通用度も最も高く、まずはこれを持っていれば間違いない。

T-money

◎cashbee（料 ₩2500～）

おもに釜山（プサン）で使われているカードだが通用度はT-moneyに続き、ほぼ全国で使える。もちろんソウルでもチャージ、使用ともに問題ない。最近はソウルでも販売する場所が増加中。

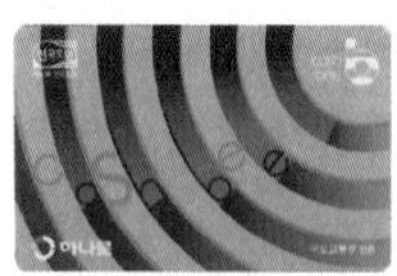

cashbee

◎Rail Plus Card（料 ₩1000～）

KORAIL（韓国鉄道公社）の駅にある自動販売機で購入できるカード。KORAIL駅構内の券売機やコンビニエンスストア「Story Way」でチャージ可。全国的な通用度は上の2枚にやや劣るが、ソウルでの使用についてはソウル地下鉄、市内バスともに問題はない。

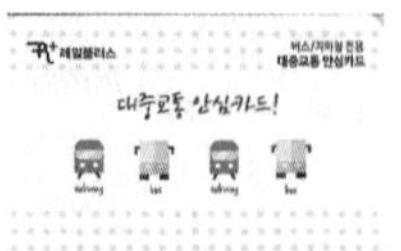

Rail Plus Card

info　2022年に登場したWOWPASS ▶P.13 には、T-moneyの機能が付いている。ただし、WOWPASSの自動両替機でチャージしたお金は、クレジットカードやデビットカードのように使う口座にチャージ↗

ソウルの地下鉄

ソウルの地下鉄は1～9号線があり、ほかに盆唐線など路線名が付いたものも含めて首都圏電鉄と呼ばれている。いずれの路線でも紙の切符は使われておらず、交通カードの利用が一般的。

駅名表記と番号

駅番号駅名が表示されている

各駅名はハングル、アルファベット（英語）、漢字（中国語）、カタカナで表記されている。駅番号は1号線なら101～などとおもに路線番号と連動しているので、何号線かすぐにわかる。

急行が走る路線

KORAILの京仁線と京釜線とソウル地下鉄1、9号線では急行列車も運行されている。停車駅に注意しよう。

行き先に注意

九老駅を境に仁川行きと水原行きで大きく方向が違う1号線のほか、5号線も江東駅で枝分かれしている。2号線は環状部分と支線部分に分かれている。

ソウル交通公社（1～9号線）
TEL 1577-1234
URL www.seoulmetro.co.kr

新盆唐線株式会社
TEL (031) 8018-7777
URL www.shinbundang.co.kr

KORAIL
1、3、4号線の郊外部分と盆唐線、京義·中央線、京春線
TEL 1544-7788
URL www.letskorail.com

地下鉄料金
料 ₩1350～(交通カード₩1250～)
1回券は₩500のデポジットあり
2023年10月7日より₩1500（交通カード₩1400）、2024年より₩1650（交通カード₩1550）に変更予定

地下鉄の運行時間
5:30頃～24:00頃（路線により異なる）

10分以内なら途中下車可
地下鉄は降りた同じ駅での途中下車が可能（KORAIL管轄駅は対象外）。現在は2024年6月30日までの実証実験中で、改札外のトイレに行きたい、反対側のホームに行けない、というときに利用可。交通カード利用者が対象。

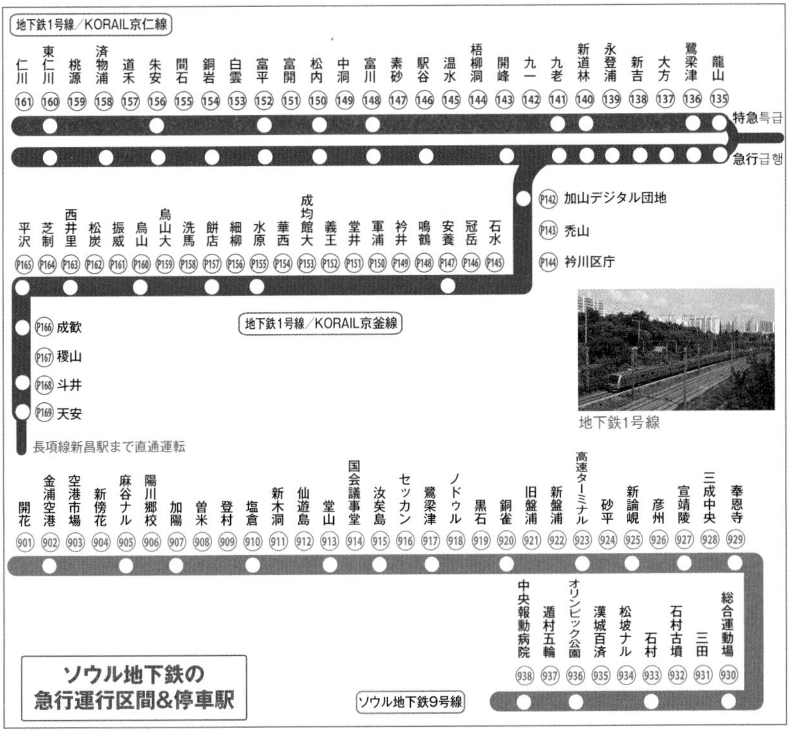

ソウル地下鉄の急行運行区間&停車駅

地下鉄1号線／KORAIL京仁線

仁川 161、東仁川 160、桃源 159、済物浦 158、道禾 157、朱安 156、間石 155、銅岩 154、白雲 153、富平 152、富開 151、松内 150、中洞 149、富川 148、素砂 147、駅谷 146、温水 145、梧柳洞 144、開峰 143、九一 142、九老 141、新道林 140、永登浦 139、新吉 138、大方 137、鷺梁津 136、龍山 135

特急 특급 / 急行 급행

地下鉄1号線／KORAIL京釜線

石水 P145、冠岳 P146、安養 P147、鳴鶴 P148、衿井 P149、軍浦 P150、堂井 P151、義王 P152、成均館大 P153、華西 P154、水原 P155、細柳 P156、餅店 P157、洗馬 P158、烏山大 P159、烏山 P160、振威 P161、松炭 P162、西井里 P163、芝制 P164、平沢 P165

P142 加山デジタル団地
P143 禿山
P144 衿川区庁

P166 成歓
P167 稷山
P168 斗井
P169 天安
長項線新昌駅まで直通運転

地下鉄1号線

ソウル地下鉄9号線

開花 901、金浦空港 902、空港市場 903、新傍花 904、麻谷ナル 905、陽川郷校 906、加陽 907、曽米 908、登村 909、塩倉 910、新木洞 911、仙遊島 912、堂山 913、国会議事堂 914、汝矣島 915、セッカン 916、鷺梁津 917、ノドゥル 918、黒石 919、銅雀 920、旧盤浦 921、新盤浦 922、高速ターミナル 923、砂平 924、新論峴 925、彦州 926、宣靖陵 927、三成中央 928、奉恩寺 929、総合運動場 930、三田 931、石村古墳 932、石村 933、松坡ナル 934、漢城百済 935、オリンピック公園 936、遁村五輪 937、中央報勤病院 938

info されるため、T-moneyとして使うことができない。地下鉄の券売機やコンビニなどでT-money用として別個に現金で韓国ウォンをチャージしなくてはならない。

1回券も
カードタイプ

江華島行き3000番バス

市内バスの料金
URL bus.go.kr
▶広域バス
料 ₩3100～(交通カード₩3000～)
▶支線バス・幹線バス
料 ₩1600～(交通カード₩1500～)
▶循環バス
料 ₩1500～(交通カード₩1400～)
▶マウルバス
料 ₩1300～(交通カード₩1200～)

便利な広域バス路線
▶ソウル⇔江華島
金浦バス3000番
新村→弘大入口→松亭駅→江華ターミナル
▶ソウル⇔仁川
仁川バス1300番
ソウル駅→新村→弘大入口→松島
仁川バス1301番
ソウル駅→新村→弘大入口→松島国際都市
仁川バス1400番
ソウル駅→新村→弘大入口→仁川ターミナル
▶ソウル⇔水原
広州バス1007番
蚕室→石村→水西駅→水原華城→水原駅→水原大
水原バス3000番
江南駅→良才駅→水原駅
水原バス7770番
舎堂駅→水原駅
▶ソウル⇔坡州
坡州バス9710番
崇礼門→ソウル駅→坡州三陵→汶山

1回券の使い方

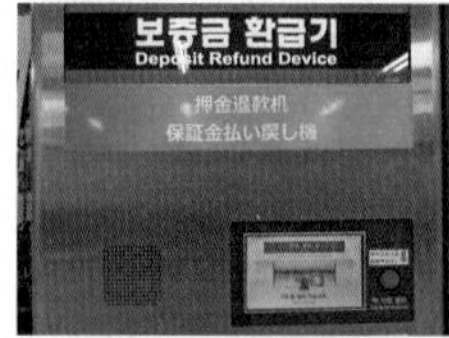

1回券の₩500払い戻し機

カード型で、購入は駅の自販機だが、画面では日本語も選べるので購入は簡単。デポジット₩500を含めて購入し、下車後改札を出てから払い戻し機にカードを入れて₩500硬貨を受け取る。

交通カードの使い方

改札の読み取り部分にタッチ

日本のSuicaなどと同じで、改札機にタッチして通過する。チャージは1回券の自販機と共通。所定の場所にカードを置いて現金を投入しチャージする。領収証も発行できる。

ソウルの市内バス

ソウルを走るバスは、ひと目でわかるように色で分けられている。一般的に赤（水色）→青→緑（支線バス）→黄→緑（マウルバス）の順に距離が短くなる。
路線は複雑だが、交通アプリ ▶P.313 を使えば目的のバスが簡単に探せ、運行や接近状況までわかる。交通カードはバスに乗るときも降りるときもタッチする。現金払い（乗車時）でも乗れるが、小銭を用意しておこう。

広域バス（赤・水色）

ソウルと水原（スウォン）、仁川（インチョン）、DMZがある坡州（パジュ）など近隣都市を結ぶ座席バス。バスターミナルや水原駅を経由せずに水原華城（スウォンファソン）に行く場合など、うまく使えばとても使い勝手がいい。なお、停車する停留所が少ない急行タイプは水色。

幹線バス（青）

市内バスながら長い距離を走る座席バスが青い幹線バス。江北と江南を結んだり、周囲の町まで行くものもある。地下鉄で何度も乗り換えが必要な場所を移動したりするときに幹線バス1本で行けることがある。

支線バス、マウルバス（緑）

駅から行きづらい場所を結ぶのが緑の支線バス。なかでも小型の車体（普通の車体のことも）で短い距離を走る緑バスをマウルバスと呼ぶ。ソウル駅から光化門、三清洞方面へ行く鍾路区11番バスなど使い勝手がよい路線も多い。

循環バス（黄）

特定のルートをぐるぐると回っているのが循環バスだが、現在残っているのは南山循環バスのみ。このルートは南大門市場や景福宮、仁寺洞周辺などとNソウルタワーのある南山を時計回りに結んでおり、旅行者にも人気のルートだ。約10分間隔で運行している。

info バスを降りるときに交通カードをタッチしてから30分以内に乗り、再びタッチすれば、乗り継ぎとみなされ追加料金なしで乗れる。ソウル市の場合は4回まで無料。

乗換センター

市内バスのターミナルのことを乗換センターという。清涼里駅やロッテワールドのある蚕室などにあるが、いちばん規模の大きいのがソウル駅の乗換センター。シティツアーバスやリムジンバスも停まる市内バスの一大拠点だ。

ソウル駅前の乗換センター

ソウル観光に便利なアプリ

目的地への経路検索に便利な地図アプリや交通系のアプリはソウル旅行の必須アイテムだ。

NaverMap、KakaoMap ▶P.351

韓国における地図アプリの2強で、ともにルート検索に優れている。位置情報を使って現在地から目的地までの行き方がすぐに検索できるほか、地図をタッチしてピンポイントで任意の場所から場所への行き方が検索できる。また、どちらもホテルやレストラン、ショップ、見どころなどをお気に入りとして登録することができるので、宿泊するホテルや行きたい場所をあらかじめ調べて保存しておくとよいだろう。Naverは日本語、Kakaoはアルファベットでの地図表示が可能。使い方はよく似ているので、どちらかひとつはインストールしておきたい。

NaverMapの画面

経路検索もできる

T-money機能付き旅行者向けトラベルカード

T-moneyの交通カードに見どころの割引などの特典が付いた旅行者向けカードは以下のものがある。

メトロポリタンパス（Mパス）
ソウル地下鉄、空港鉄道（一般列車）、市内バス（広域バスは除く）が乗り放題になる。返還時にはカードの料金（₩5000）＋チャージ済みの金額が手数料を除いて返還される。

ディスカバーソウルパス
景福宮などの古宮やNソウルタワーなどの入場料が含まれるほかNANTAなどの公演が割引になる。

コリアツアーカード
見どころの入場料や韓服レンタル、DMZツアーなど幅広い割引が受けられる。

メトロポリタンパス（Mパス）
URL tmoneympass.co.kr　Instagram tmoney_insta
料 1日券₩1万5000　2日券₩2万3000
3日券₩3万500　5日券₩4万7500
7日券₩6万4500（17:00以降の購入は₩3000割引）
▶購入できる場所
仁川空港第1ターミナル1階5番出口前、地下1階空港鉄道一般列車ゲート前
ソウル駅10番出口前の「T-moneyタウン」
地下鉄2号線乙支路入口駅5番出口のⓘ

ディスカバーソウルパス
URL www.discoverseoulpass.com
Instagram discoverseoulpass_jp
料 24時間券₩5万　48時間₩7万　72時間券₩9万
▶購入できる場所
仁川空港や主要な見どころなどで購入できるほか、オンラインでの購入も可能。

コリアツアーカード
URL www.koreatourcard.kr/jp
料 ₩4000
▶購入できる場所
全国の主要コンビニなど

info 朝3:00～6:30に市内バス（深夜バスを除く）に交通カードを使って乗車した場合、早朝割引が適用され、2割引になる。

ソウルのタクシー

ソウルにはさまざまなタクシーの種類がある。流しで圧倒的に多いのは一般タクシーだが、4人以上は乗れないので、用途に応じて選ぼう。

一般タクシー

オレンジ色やシルバー車体など、いろいろあるのが一般タクシー。日本と比べると安く乗ることができる。手を挙げて停めて乗車する。支払いは基本的に交通カードやクレジットカードでも可能。

模範タクシー

高級感ある模範タクシーは、車体上部に모범(モボム)と表示されており、事故歴がないなど一定の基準を満たしたドライバーが運転している。ぼったくりの心配が少なく、トラブルの心配も少ない。その分料金がやや高い。

ジャンボ（大型）タクシー

ジャンボタクシーは6人以上乗れる大型の黒塗りタクシーで、運賃体系は模範タクシーと同じ。ジャンボタクシーに似た「コールバン」という車がタクシーを装って営業していることもある。こちらはメーターがなく、法外な料金を取るという報告がたびたびあるので注意。

インターナショナルタクシー

外国語の話せるドライバーが運転するタクシーで原則24時間前までに予約しなくてはならない。一般タクシーよりやや高いが、日本語が通じる安心感がある。仁川空港からソウル市内へは地区ごとに定額料金制になっている。

Kakao T、Uber

近年ソウルは流しのタクシーがつかまりづらく、配車アプリを使ったサービスが便利だと利用者を増やしてきている。Kakao TもUberもアプリは日本語に対応しており便利。ただし、住所を入力する場合、ハングルまたはアルファベットで入力する必要がある。

from Seoul タクシー利用時の注意

ドアの開閉は自分で　タクシーのドアは自動ではないので開閉は自分で。降車時は後方から来るバイクや自転車に注意して開け、閉め忘れに注意。

トランクに荷物を入れるとき　市内から乗り込むときは、運転手はよほどのことがないと手伝わないが、お願いすればフォローしてくれる。

深夜のタクシー　終電後のタクシーは争奪戦。白タクも横行しているので気をつけて。Kakao Tなどで、予約をしておいたほうがいい。

一般タクシー

ジャンボタクシー

コールバン

一般タクシー

▶初乗り

料 ₩4800(1.6kmまで)

▶追加料金

料 131mごとに₩100、または30秒ごとに₩100

▶深夜割増

22:00～23:00、2:00～4:00に2割増し。23:00～翌2:00に4割増し。₩10単位で四捨五入して払う

模範・ジャンボタクシー

▶初乗り

料 ₩7000(3kmまで)

▶追加料金

料 151mごとに₩200、または36秒ごとに₩200

▶深夜割増

22:00～翌4:00に2割増し。

インターナショナルタクシー

TEL 1644-2255

URL www.intltaxi.co.kr

仁川空港からソウル市内へは、一般タクシーが地区に応じて₩7万～9万5000、模範とジャンボが₩10万～14万。

info Kakao Tのアプリ払いに海外のクレジットカードは対応していないが、運転手に直接支払うときには、海外のクレジットカードで普通に支払うことができる。

from Seoul タクシーアプリ、Kakao Tの使い方

①アカウントを作成

Kakao Tを始めるにはKakaoトークなどと共通のKakaoアカウントが必要。アカウントを作ってからアプリの指示に従ってKakao Tの認証作業を行う。

②タクシーを選択

使用するにはまずホーム画面からタクシーをタップする。

③出発地を選択

現在地情報から、どこでタクシーに乗るかをピンで指定。タクシーの向きなども指定することができる。

④到着地を選択

「目的地はどこですか」をタップすると、テキスト入力で設定できるが、入力はハングルかアルファベットのみ。地図マークをタップすると、地図をスクロールすることで指定できる。

⑤車種や予想料金の表示

出発地と到着地を設定すると、呼び出すことができるタクシーの種類と予想料金、ルートなどが表示される。

⑥車種の選択

「一般呼び出し」をタップすると、さらに中型、大型、決算手段などが選択できる。

⑦決算手段の選択

日本のクレジットカードではアプリ払いができないので、運転手に払う「直接決済」を適用。

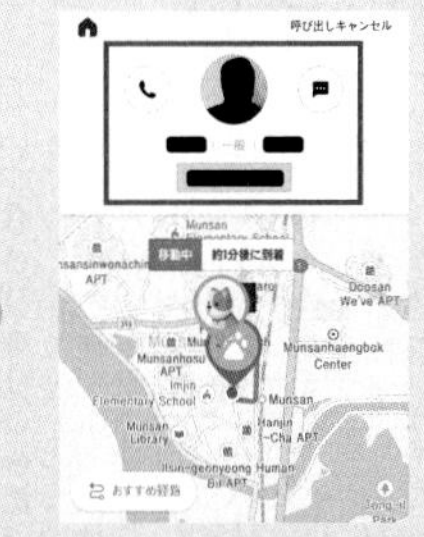

⑧タクシーを呼び出す

「呼び出す」をタップすると、近くのタクシーを呼び出してくれ、運転手の名前、車種、ナンバープレート、到着までの時間が表示される。

⑨乗車、下車、評価

ナンバープレートをたよりにタクシーを見つけ乗車。目的地に着いたら、直接運転手さんに支払う。その後運転手を星の数で評価して終了。

ソウルは東京よりも電気自動車が普及している印象を受けました。電気自動車のタクシーにも乗りました。静かで快適でした。（埼玉県　きあ　'22秋）

イエローバルーン シティバス
TEL 1544-4239
URL www.seoulcitytourbus.co.kr
夜間コースは19:00発、₩1万5000

タイガーバス
TEL (02) 777-6090
URL www.seoulcitybus.com

seoulcitytourbus.official

タイガーバス

ソウルシティツアー

色々な人が乗り込んできてパフォーマンスをしていく面白いツアーにあたることも

ソウルは交通が発達していて便利だが、見どころをピンポイントでつないで巡ってくれるツアーバスはありがたい。イエローバルーン（ノランプンソン）シティバスとタイガーバスの2社が運行している。どちらのツアーバスも乗り降り自由（夜間ツアーを除く）になっており、気が

ソウルの市内観光バス

鍾路区　景福宮　昌徳宮　光化門　延世大学　梨花女子大　ソウル駅　弘益大学　東大門　南山公園　ソウルの森　聖水大橋　漢江　龍山区　龍山公園　漢南大橋　汝矣島　江南　銅雀大橋　オリンピック公園

一部の便のみ運行

イエローバルーン シティバス 伝統文化コース
9:30～17:10の40分毎　料₩2万

101 DDP
102 中部市場
103 乙支路3街
104 乙支路入口
105 青瓦台
106 通仁市場
107 光化門広場
108 ソウル駅
109 南大門市場
110 南山ケーブルカー
111 明洞
112 鐘閣
113 仁寺洞
114 宗廟
115 広蔵市場
116 東廟
117 ソウル風物市場
118 ソウル薬令市場
119 馬場洞畜産市場
120 新堂洞中央市場

イエローバルーン シティバス
ハイライトコース
9:50～17:30の40分毎
料₩1万5000

201 DDP
202 ソウルの森
203 トゥクソム遊園地
204 ロッテワールド
205 バラ広場
206 漢城百済博物館
207 オリンピック公園
208 建国大学
209 聖水駅
210 漢陽大学

タイガーバス
都心古宮南山コース
9:30～16:30の1時間毎
所要1時間30分　料₩2万4000

1 光化門
2 明洞
3 南山谷 韓屋村
4 アンバサダーソウル
5 奨忠壇公園
6 Nソウルタワー
7 ハイアットソウル
8 DDP
9 大学路
10 昌慶宮
11 昌徳宮
12 仁寺洞
13 青瓦台
14 景福宮
15 世宗文化会館
16 光化門

タイガーバス
パノラマコース
9:00～18:00の35～45分毎
2023年2月現在運休中

1 光化門
2 明洞
3 南山ケーブルカー
4 ミレニアムソウルヒルトン
5 南山図書館
6 ハイアットソウル
7 江南駅
8 セビッソム
9 63City漢江遊覧船
10 汝矣ナル駅
11 弘大
12 弘大入口駅
13 梨花女子大
14 農業博物館
15 ソウル歴史博物館
16 世宗文化会館

タイガーバス
夜間コース
19:30発（7・8月20:00）　所要1時間30分　料₩2万
途中下車不可。Nソウルタワー、セビッソムまたは銅雀大橋で30分間停車。

タイガーバス
アラウンド江南コース
10:30～17:30の1時間毎
2023年2月現在運休中

1 江南駅
2 メリディアン・ソウル
3 サムジョンホテル
4 宣陵・靖陵
5 奉恩寺・ロッテ免税店
6 COEX、SMTOWN
7 ロッテワールド
8 ロッテワールドタワー
9 オリンピック公園
10 蚕室総合運動場
11 三成駅
12 K-POPエンターテイメント
13 K Star ROAD
14 ロデオ通り
15 現代百貨店
16 カロスキル
17 セビッソム
18 高速バスターミナル
19 ソレマウル
20 教大駅
21 サムスンd'light

info 韓国の紙幣は₩1000札、₩5000札、₩1万札、₩5万札の4種類。肖像画の人物は、₩1000札が李滉（イ・ファン）、₩5000札が李珥（イ・イ）で、どちらも16世紀の儒家。₩1万札は朝鮮王朝第4代国↗

スタート地点近くにあるチケットオフィスでも買える

向いたところで乗り、また次のバスに乗ることができる。バスは40分～1時間おきに運行されている。
チケットはオンラインのほか、乗り場でも空きがあれば買うことができる。その日の最終バスまで有効。

レトロなトロリータイプの観光バスも走っている

オプショナルツアー

シティツアーバス以外にもソウルではさまざまなツアーが出ているが、ここでは代表的なものを紹介しよう。

無料のウオーキングツアー

ソウル文化観光解説ボランティアが案内してくれる無料（入場料や文化体験料は参加者負担）のウオーキングツアー。日本語ができるボランティアもいる。全34コースが設定されている。ウェブサイト（URL dobo.visitseoul.net）から要予約。

DMZツアー ▶P.343 にも掲載

ソウルから板門店まではわずか50km、日帰りでも訪れやすいDMZ（非武装地帯）周辺は、ツアーに参加しないと行けないところが多い。ソウルからさまざまなツアーが催行されているが、基本的に事前予約が必要となる。また、月曜や祝日はほとんどのツアーが催行されない。

水原 ▶P.329 と周辺

世界遺産の水原華城へは多くの旅行会社がツアーを催行している。半日ツアーから韓国民俗村 ▶P.116 やエバーランド ▶P.113 と一緒に回る1日ツアーなどプランも多い。

DMZツアーは多くの観光バスが出発する

全羅北道シャトルバス
TEL (02) 2063-3543
URL jbshuttle.com
外国人専用の日帰りシャトルバス。全州、群山、南原、内蔵山の4つのコースがある。ガイドなどはつかないが、往復10US$と格安で移動できる。

おもなツアー予約サイト

ソウル発の各種ツアーのほか、チムジルバン ▶P.262 、NANTA ▶P.256 などの公演、空港送迎サービスなどさまざまな手配ができる。実際に利用した人の口コミも掲載されているので、申込みの際の参考になる。

地球の歩き方 URL **arukikata.specialoffer.veltra.com**
ソウルを中心に釜山、済州島発着の効率よく観光できるツアーや宿泊付きのランドパッケージなどを扱う。

KONEST URL **www.konest.com**
ソウルはもちろん韓国全土を扱うオンライン専門の旅行会社。他のサイトでは扱わないテーマパークや期間限定イベント、各種体験などサービス内容や情報量がとにかく豊富。

ソウルナビ URL **www.seoulnavi.com**
主要ツアーがジャンル別にランキング形式で掲載されていてわかりやすい。エリア情報や特集記事なども参考になる。

VELTRA URL **www.veltra.com/jp/asia/korea/seoul**
現地オプショナルツアー予約の専門サイト。ジャンル別に約200以上のツアー、手配代行を扱う。専用アプリあり。

info 王で、ハングルを創出したことでも知られる世宗（セジョン）大王。₩5万札は₩5000札の肖像、李珥の母で、詩や絵画に才能を発揮した申師任堂（シン・サイムダン）。

公共交通機関では行きづらい龍仁大長今パークは送迎プランが人気

KORAILツアー
URL www.korailtour.com
korailtour

郊外のテーマパーク、韓流ドラマロケ地

龍仁大長今パーク ▶P.114 やエバーランド ▶P.113 、プチフランス ▶P.118 などソウル中心部から鉄道やバスを乗り継いで行く郊外のテーマパークなどは送迎と入場券がセットになったプランが各種あるほか、ドラマのロケ地に特化したツアーもある。

KTXで日帰りツアー

高速鉄道のKTXを使った日帰りツアーは、世界遺産の慶州をはじめ、百済の古都公州、江原道のドラマロケ地めぐりなどが出ている。混載ツアーではなく、KTXで移動後に現地ガイドが案内する場合が多い。

from Seoul 旅行者でも利用OK！　観光地でのちょい乗りも便利な

レンタサイクル「タルンイ」

タルンイのステーションは地下鉄駅付近にあることが多い

タルンイ（ 따릉이 ）は2015年から導入されているレンタサイクルシステム。スマホアプリやインターネットで支払いを済ませてから利用する前払いのシステム。江北を中心に多くのレンタルスポットがあり、旅行者でも気軽に利用できる。

クレジットカードに注意　外国で発行されたクレジットカードにも対応しているが、3Dセキュア（本人認証サービス）登録済みのカードに限られる。詳しくはカード発行会社に確認を。

Buy ticket

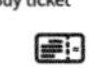
Season ticket

Daily ticket

Group ticket

Gift Season Ticket

Gift Daily Ticket

Non-Member

①サイトにアクセス
URL www.bikeseoul.comまたはアプリをダウンロードする。Non-Member（非会員）を押すとホーム画面に戻り、日本語が選択できる。

HOME
이용권
ソウル自転車「タルンイ」の一日利用券
自転車貸出当日のみ利用可能で、
回数に関係なく、自転車の貸出が可能です

②利用券を購入・支払い
クレジットカード（3Dセキュア対応のみ）で支払う。

③レンタル番号を確認
支払手続きが終わると8桁のレンタル番号が表示される。

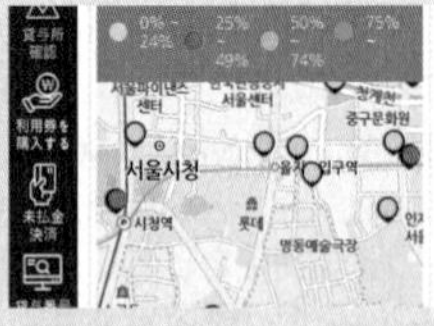

④利用するスポットを探す
地図は韓国語のみだが近隣で空いている場所が検索できる。

⑤タッチパネルでロック解除
画面下のボタンを押すと電源が入る。Foreign Touristをタッチして8桁のレンタル番号を2回に分けて4桁ずつ入力してロックを解除。

⑥出発＆スポットに返却
ロックが解除されたらレバーを引いて自転車を出す。返却は逆の手順で、ステーションに自転車を入れたあと、レバーを押し込めば完了。

info タルンイ返却時のスタンドが満車の場合、停まっている自転車のパネル横にある補助ロックをレバーに装着して返却することができる。タッチパネルにメッセージが出たら返却完了となる。

ソウル近郊の町

貿易港として栄えた面影が残る

仁川広域市

仁川 Incheon

インチョン
인천

●www.incheon.go.kr　●市外局番032　●人口295万3333人

仁川駅前観光案内所
MAP P.324-A2
TEL (032) 777-1330
URL jap-itour.incheon.go.kr
開 9:00〜18:00

仁川シティツアー
広い仁川市内の見どころを効率的に見て回るのに便利な循環バス。ハーバーラインやシティラインなどがある。セントラルパークの発着場所は仁川都市歴史館 MAP P.328右 。いずれも月曜運休。コースの詳細は下記ウェブサイトを参照。
URL citytour.ito.or.kr/citytour
料 ハーバーライン₩5000
海ライン₩1万
2コース共通券₩1万2000

道を挟んで右側が旧日本租界、左側が旧清国租界

仁川は国際空港があり、ソウルの玄関口として知られているが、もともとはソウルの外港の役割を担って発展してきた町。町の中心は東仁川(トンインチョン)で、チャイナタウンや日本租界などに近代の歴史的建造物を多く見ることができる。一方、空港は永宗島(ヨンジョンド)にあり、本土とは2本の橋でつながっている。

歩き方

旧租界と松島

関羽像は人気のフォトスポット

旧租界　1883年の開港以来、仁川には多くの中国人商人をはじめ、外国人が住む租界が形成された。仁川駅前は旧清国租界、その奥が日本の旧租界になっており、多くの歴史的建造物が保存されている。町の中心は東仁川駅周辺。

松島(ソンド)　「ワタリガニ通り」があり、新鮮なワタリガニの鍋や蒸し料理、ケジャンなどを楽しむことができる。近年は南部の松島国際都市(ソンドククチェドシ)の開発が進む。

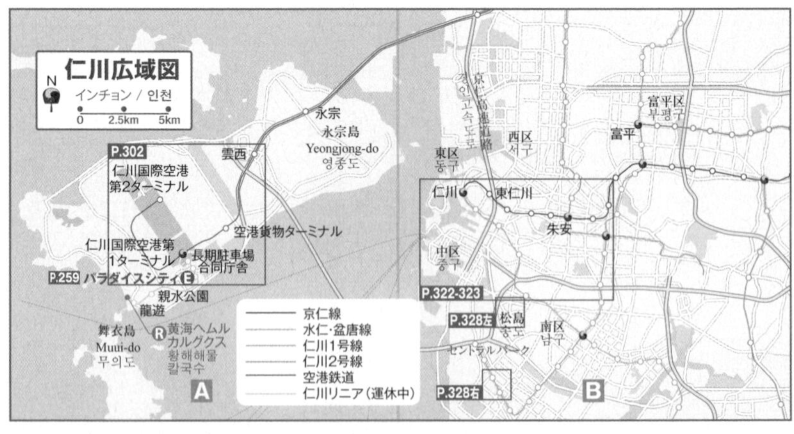

info 中華街にある萬多福（マンダボク 만다복） MAP P.324-A2 は珍しい白いチャジャンミョンを出す店。韓国3大チャジャンミョンといわれるほど評判。100年チャンポンもある。

ACCESS

● ソウルから 서울 Seoul			所要時間	料金
地下鉄1号線普通	ソウル駅➡仁川駅	5:30～23:22の5～10分に1便（週末減便）	約1時間10分	₩1950
地下鉄1号線急行	龍山駅➡東仁川駅	5:35～23:16の5～20分に1便（週末減便）	約48分	₩1950
広域バス 1300、1400番	ソウル駅➡仁川総合T	6:00～翌1:00の15～25分に1便（週末減便）	1時間20分～	₩3000
市外バス	東ソウル総合T➡仁川総合T	7:40～21:00の30分に1便程度	約1時間10分	₩5400（一般）

● 利川から 이천 Icheon			所要時間	料金
市外バス	利川総合T➡仁川総合T	9:50 12:35 14:20 17:30 18:20 19:20	約1時間15分	₩7500（一般）

● 水原から 수원 Suwon			所要時間	料金
地下鉄水仁・盆唐線	水原駅➡仁川駅	5:31～22:59の間20～30分に1便	約1時間10分	₩2250
市外バス	水原総合T➡仁川市庁	6:40～22:20の間30～40分に1便	約1時間30分	₩6400（一般）

T…バスターミナル

グルメ

チャジャンミョン 仁川名物といえばチャジャンミョン。中華街では各店舗工夫をこらしたチャジャンミョンが味わえ、食べ比べも楽しい。

炒飯にもチャジャンミョンの餡が

サワラ 東仁川では酒のツマミとしてサワラ（サムチ）の開きが愛されており、サワラ通りと呼ばれる通りまで。夜遅くまで楽しむ人が多い。

サワラにはやっぱりマッコリ！

旅のポイント

仁川はドラマ『トッケビ～君がくれた愛しい日々～』の撮影が行われた町で、旧租界周辺でロケ地巡りを楽しむ人も多い。

どのシーンで出てきたかもわかる

ターミナルから町の中心部へ

仁川国際空港から仁川市内へ

仁川国際空港第1ターミナルからは306番座席バスが東仁川駅へ、第2ターミナルからは307番座席バスが東仁川駅経由で仁川駅まで行く。運賃は₩2400（交通カード₩2250）と格安だが、座席バスは飛行機の機内持ち込みサイズ以上の荷物は載せることができない。荷物が大きいならタクシーの利用も検討を。仁川駅まで₩3万～。

仁川駅と東仁川駅

地下鉄1号線直通の京仁線急行と特急 ▶P.311 の終点は東仁川駅。仁川駅は各駅停車のみ。特急を使えば龍山駅から東仁川まで約48分で着く。

仁川総合バスターミナルから仁川市内へ

高速バス、市外バスともに総合バスターミナルの発着で中心部からは距離がある。中心部へは I126 仁川ターミナル駅から仁川地下鉄1号線で4駅目の I130 源仁斎（ウォニンジェ）駅で水仁・盆唐線に乗り換え、終点の K272 仁川駅で下車。松島国際都市へは仁川地下鉄1号線で I137 セントラルパーク駅まで11駅。

便利な荷物託送サービス

仁川空港に到着後、手ぶらで仁川へ移動、ゆっくり観光してソウルのホテルで荷物を受け取り宿泊。そんな旅を可能にするのがT-Luggageの荷物託送サービス。これを使えば空港で荷物を預けて仁川をゆっくり観光し、夜、ソウル駅、弘大入口駅、明洞駅などで荷物を受け取ることができる。逆に午前中にソウル駅、弘大入口駅、明洞駅などのカウンターで荷物を預け、仁川を観光して空港で受け取ることもできる。

URL tluggage.co.kr

料 Sサイズ₩2万～（荷物の大きさによる）

総合バスターミナル

info 共和春（キョンファチュン 공화춘） MAP P.324-A2 はチャジャンミョンの老舗。現在のチャジャンミョン博物館にあった店舗が1980年頃に閉店したあと、四半世紀を経て再開された。

仁川市街
インチョン / 인천
0 250 500m
A
B
1
2
3
P.328
永宗島方面&
月尾島遊覧船
月尾島
文化通り
월미도문화거리
P.328
月尾文化館
월미문화관
月尾島 P.327
월미도
月尾公園
월미공원
月尾テーマパーク
월미테마파크
韓国移民史博物館
한국이민사박물관
月尾島展望台
월미도전망대
仁川港
인천항
小月尾島
소월미도
仁川駅
인천역
Incheon
161
オリンポス
自由公園
자유공원
ハーバーパーク
P.324
Chamoejeon-ro
참외전로
京仁線
東区
Dong-gu
동구
東仁川駅
동인천역
160
Dongincheon
中区
Jung-gu
중구
東仁川
サワラ通り
동인천삼치거리
P.79
Uhyeon-ro
Solbit-ro
Injung-ro
인중로
松林路
송림로
Songnim-ro
ハンミ書店
桃源駅
도원역
159
Dowon
仁川サッカー場
인천축구전
新浦駅
신포역
Sinpo
Injung-ro
Naehang-ro
내항로
内港路
水仁線
Seohae-daero
崇義駅
숭의역
Sungui
Seokjeong-ro
Gyeongin-ro
Michu-ro
Inju-daero
인주대로
Jangcheon-ro
Inhang-ro 인항로
仁港路
Yongo-ro
용오로
龍峴洞アンコウ通り
용현동물텀벙거리
ソンジン
ムルトムボン
성진물텀벙
Dokbae-ro
독배로
仁荷大駅
인하대역
Inha Univ.
仁川海洋センター
인천해양센터
仁川総合水産
フェセンター
인천종합수산
회센터
P.327
仁川総合魚市場
ファンヘシクタン P.83
황해식당
遊覧船
仁川港沿岸
旅客ターミナル
Naehang-ro 내항로
内港路
Chukhang-daero 축항대로
縮港大路
西海大路
서해대로
Maesohol-ro
매소홀로
トッペ路
Maesohol-ro
Yeonanbudu-ro
연안부두로
第二京仁高速道路
Nojeoksan-ro
Aam-daero
아암대로
児岩大路
仁川港
인천항
西海大路
Biryu-daero
Ongnyeon-ro 옥련로
Dokbae-ro
한진로
Neungheodae-ro
능허대로
ハンナル路
凌虚台路
Hannaru-ro
仁川港第1国際
旅客ターミナル

C
D
カジェウル駅
가재울역
Gajaeul
朱安国家産団駅
주안국가산단역
Juan National Industrial Complex
銅岩駅
동암역
Dongam
道禾駅
도화역
Dohwa
済物浦駅
제물포역
Jemulpo
朱安駅
주안역
Juan
間石駅
간석역
Ganseok
京仁線
文化会館
문화회관
寿鳳公園
수봉공원
仁川自由会館
인천자유회관
トラベル
弥鄒忽区
Michuhol-gu
미추홀구
ソクバウィ市場
석바위시장
市民公園駅
시민공원역
Citizens Park
仁川地下鉄2号線
ソクバウィ市場駅
석바위시장역
Seokbawi Market
仁川市庁駅
인천시청역
Incheon City Hall
南洞区
Namdong-gu
남동구
セントラルプラザ
ホームプラス
統一総合市場
동일종합시장
南部総合市場
남부종합시장
新基市場
신기시장
芸術会館駅
예술회관역
Arts Center
仁川総合芸術会館
ロッテ百貨店
新世界百貨店
emart
鶴翼市場
학익시장
官校公園
관교공원
仁川ターミナル駅
인천터미널역
Incheon Bus Terminal
仁川総合ターミナル
仁川SK幸福ドリーム球場
인천SK행복드림구장
文鶴競技場
문학경기장
文鶴競技場駅
문학경기장역
Munhak Sports Complex
2nd Gyeongin expressway
제2경인고속도로
仁川地下鉄1号線
松島駅
송도역
Songdo
延寿区
Yeonsu-g
연수구
仙鶴駅
선학역
Seonhak
仁川市立博物館
인천시립박물관
護仏寺
호불사
P.328左
仁川上陸作戦記念館
P.328
인천상륙작전기념관
大学公園
대학공원
新延寿駅
신연수역
Sinyeonsu
延寿駅
연수역
Yeonsu
水仁線
Yeomjeon-ro
염전로
塩田路
Bangchuk-ro
방축로
송림로
松林路
Songnim-ro
Janggogae-ro
장고개로
チャンゴゲ路
京仁高速道路
경인고속도로
Baekbeom-ro
백범로
白凡路
Gajwa-ro
가좌로
佳佐路
Yeolumul-ro
Gyeongwon-daero
경원대로
慶源大路
열우물로
ヨルムル路
Seokjeong-ro
석정로
石井路
Chamoejeon-ro 참외전로
Subong-ro
수봉로
Dokjeong-ro
장천로
Juan-ro
주안로
朱安路
Gyeongin-ro
경인로
京仁路
Hannaru-ro
하나루로
Inju-daero
인주대로
インジュ大路
Inha-ro
인하로
仁荷路
Michuhol-daero
미추홀대로
ミチュホル大路
ハンナル路
Soseong-ro
소성로
メソホル路
매소홀로
Maesohol-ro
노적산로
邵城路
Biryu-daero
비류대로
ビリュ大路
玉蓮路
한나루로
Hambangmoe-ro
함박뫼로
1
2
3
158
157
156
155
154
I216
I217
I218
I219
I220
I221
I124
I125
I126
I127
I128
I129
K265
K267

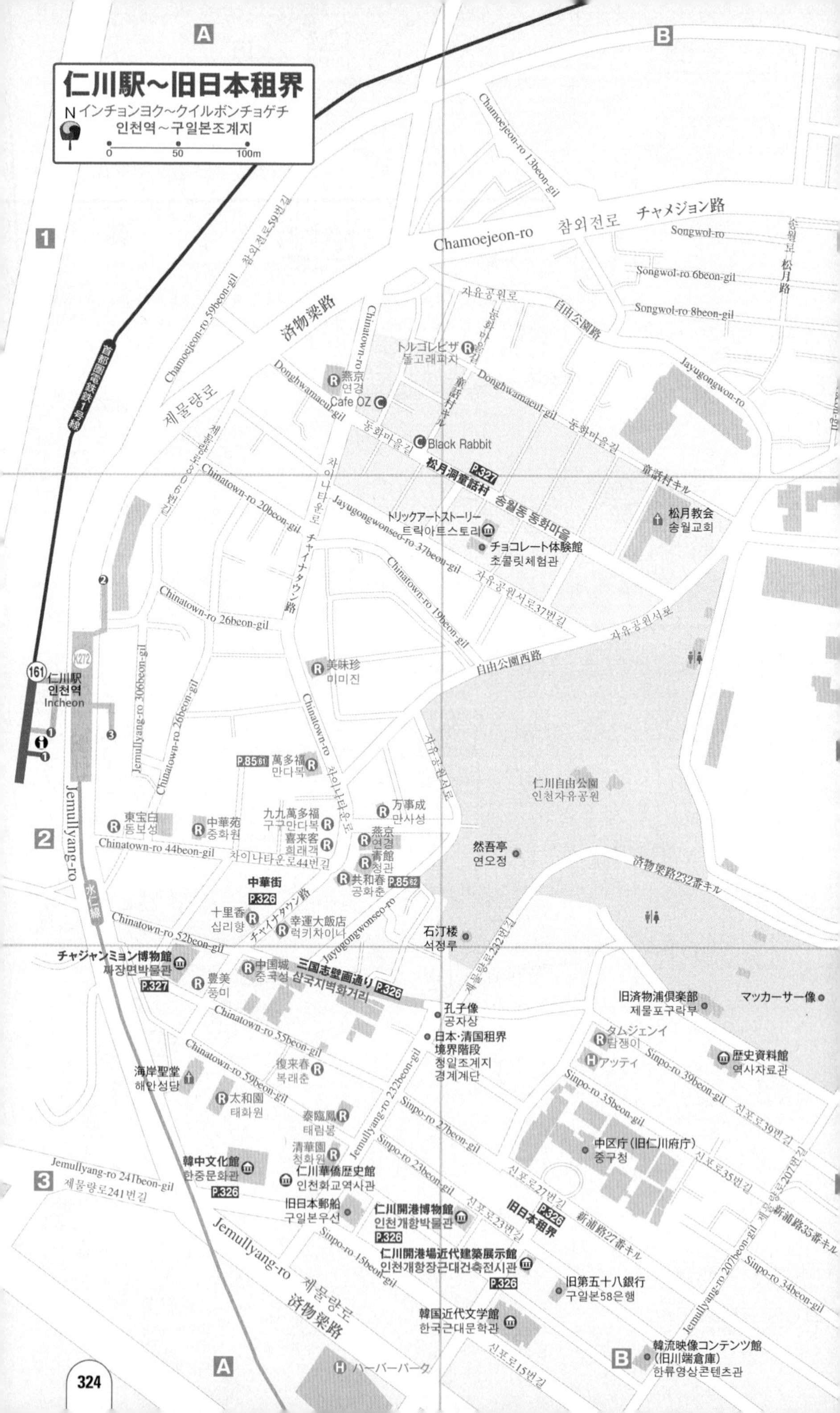

仁川駅～旧日本租界
インチョンヨク～クイルボンチョゲチ
인천역～구일본조계지
0
50
100m
Chamoejeon-ro
참외전로
チャメジョン路
Chamoejeon-ro 13beon-gil
Songwol-ro
Songwol-ro 6beon-gil
Songwol-ro 8beon-gil
松月路
자유공원로
自由公園路
済物梁路
제물량로
Chamoejeon-ro 59beon-gil
참외전로59번길
首都圏電鉄1号線
Chinatown-ro
Donghwamaeul-gil
동화마을길
Jayugongwon-ro
トルゴレピザ
돌고래피자
燕京
연경
Cafe OZ
Black Rabbit
童話村キル
P.327
松月洞童話村 송월동 동화마을
松月教会
송월교회
トリックアートストーリー
트릭아트스토리
チョコレート体験館
초콜릿체험관
Chinatown-ro 20beon-gil
Jayugongwonseo-ro 37beon-gil
자유공원서로37번길
차이나타운로
チャイナタウン路
Chinatown-ro 19beon-gil
Chinatown-ro 26beon-gil
자유공원서로
自由公園西路
美味珍
미미진
仁川駅
인천역
Incheon
Jemullyang-ro 306beon-gil
Chinatown-ro 26beon-gil
P.85
萬多福
만다복
仁川自由公園
인천자유공원
東宝白
동보성
中華苑
중화원
九九萬多福
구구만다복
喜来客
희래객
万事成
만사성
燕京
연경
青館
청관
共和春
공화춘
P.85
然吾亭
연오정
Chinatown-ro 44beon-gil
차이나타운로44번길
Jemullyang-ro
水仁線
中華街
P.326
十里香
십리향
幸運大飯店
럭키차이너
Jayugongwonseo-ro
済物梁路232番キル
石汀楼
석정루
Chinatown-ro 52beon-gil
チャジャンミョン博物館
짜장면박물관
P.327
豊美
풍미
中国城
중국성
三国志壁画通り
삼국지벽화거리
P.326
제물량로232번길
孔子像
공자상
日本·清国租界境界階段
청일조계지 경계계단
旧済物浦倶楽部
제물포구락부
マッカーサー像
Chinatown-ro 55beon-gil
タムジェンイ
탐쟁이
アッティ
歴史資料館
역사자료관
Chinatown-ro 59beon-gil
海岸聖堂
해안성당
復来春
복래춘
太和園
태화원
泰臨鳳
태림봉
Jemullyang-ro 232beon-gil
Sinpo-ro 39beon-gil
신포로39번길
Sinpo-ro 35beon-gil
Sinpo-ro 27beon-gil
中区庁（旧仁川府庁）
중구청
신포로35번길
清華園
청화원
韓中文化館
한중문화관
P.326
仁川華僑歴史館
인천화교역사관
Jemullyang-ro 241beon-gil
제물량로241번길
旧日本郵船
구일본우선
Sinpo-ro 23beon-gil
신포로23번길
仁川開港博物館
인천개항박물관
P.326
신포로27번길
旧日本租界
P.326
新浦路27番キル
제물량로207번길
新浦路35番キル
Jemullyang-ro
Sinpo-ro 15beon-gil
仁川開港場近代建築展示館
인천개항장근대건축전시관
P.326
旧第五十八銀行
구일본58은행
Jemullyang-ro 207beon-gil
Sinpo-ro 34beon-gil
제물량로
済物梁路
韓国近代文学館
한국근대문학관
신포로15번길
ハーバーパーク
韓流映像コンテンツ館（旧川端倉庫）
한류영상콘텐츠관

市内交通

ソウル地下鉄1号線の終点、仁川駅

地下鉄は仁川1号線と2号線が南北に走っていて、桂陽駅と黔岩駅で空港鉄道（A'REX）に接続している。ソウル地下鉄1号線が乗り入れており、鉄道の使い勝手がよい。市内バスの路線も充実しており、ソウルへ行く広域バスもある。

仁川広域市地下鉄公社
TEL (032) 451-2114
URL www.ictr.or.kr
料 初乗り₩1250

市内バス
▶一般バス
料 ₩1550（交通カード₩1500）
▶空港座席バス
料 ₩2650（交通カード₩1900）

タクシー
▶一般タクシー
料 初乗り₩3800（2km）
▶模範タクシー
料 初乗り₩6500（3km）

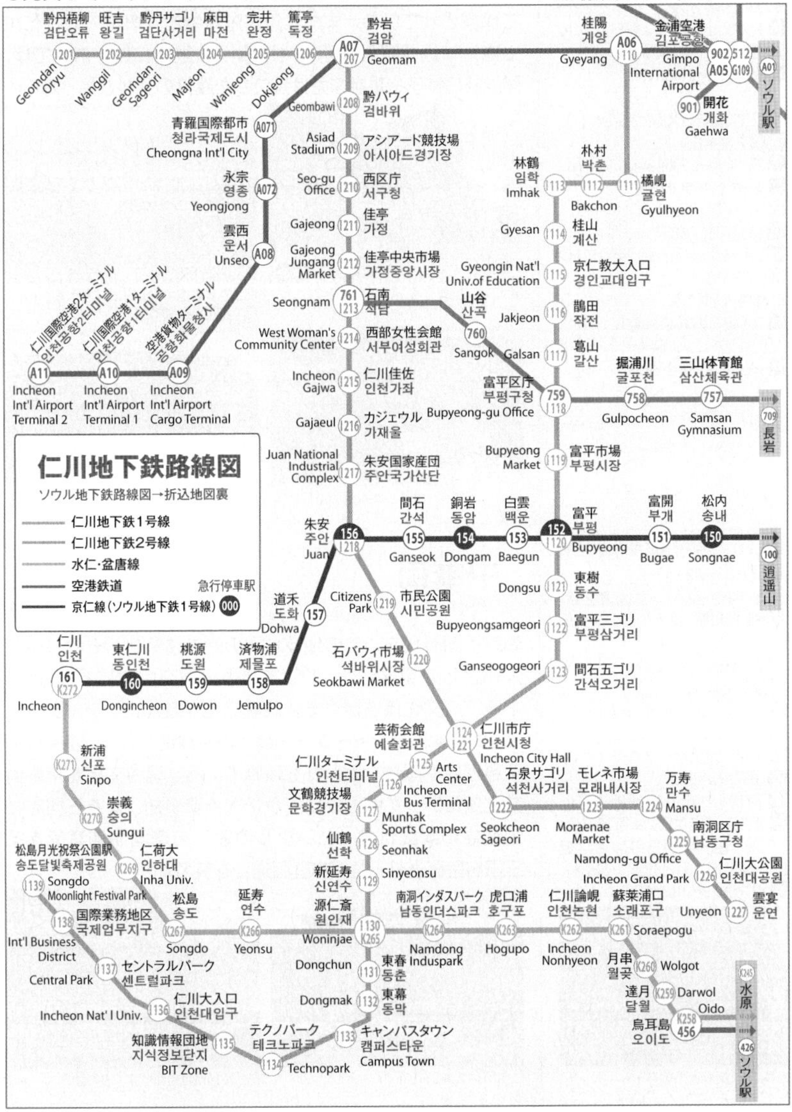

仁川地下鉄路線図

ソウル地下鉄路線図→折込地図裏

- 仁川地下鉄１号線
- 仁川地下鉄2号線
- 水仁・盆唐線
- 空港鉄道
- 京仁線（ソウル地下鉄1号線）
- 急行停車駅 000

黔丹梧柳 검단오류 1201 Geomdan Oryu
旺吉 왕길 1202 Wanggil
黔丹サゴリ 검단사거리 1203 Geomdan Sageori
麻田 마전 1204 Majeon
完井 완정 1205 Wanjeong
篤亭 독정 1206 Dokjeong
黔岩 검암 A07 1207 Geomam
黔バウィ 검바위 1208 Geombawi
アシアード競技場 아시아드경기장 1209 Asiad Stadium
西区庁 서구청 1210 Seo-gu Office
佳亭 가정 1211 Gajeong
佳亭中央市場 가정중앙시장 1212 Gajeong Jungang Market
石南 석남 761 1213 Seongnam
西部女性会館 서부여성회관 1214 West Woman's Community Center
仁川佳佐 인천가좌 1215 Incheon Gajwa
カジェウル 가재울 1216 Gajaeul
朱安国家産団 주안국가산단 1217 Juan National Industrial Complex
朱安 주안 156 1218 Juan
市民公園 시민공원 1219 Citizens Park
石バウィ市場 석바위시장 1220 Seokbawi Market
仁川市庁 인천시청 1124 1221 Incheon City Hall
石泉サゴリ 석천사거리 1222 Seokcheon Sageori
モレネ市場 모래내시장 1223 Moraenae Market
万寿 만수 1224 Mansu
南洞区庁 남동구청 1225 Namdong-gu Office
仁川大公園 인천대공원 1226 Incheon Grand Park
雲宴 운연 1227 Unyeon

青羅国際都市 청라국제도시 A071 Cheongna Int'l City
永宗 영종 A072 Yeongjong
雲西 운서 A08 Unseo
空港貨物ターミナル 공항화물청사 A09 Incheon Int'l Airport Cargo Terminal
仁川国際空港1ターミナル 인천공항1터미널 A10 Incheon Int'l Airport Terminal 1
仁川国際空港2ターミナル 인천공항2터미널 A11 Incheon Int'l Airport Terminal 2
桂陽 계양 A06 1110 Gyeyang
金浦空港 김포공항 902 512 A05 G109 Gimpo International Airport
開花 개화 901 Gaehwa
A01 ソウル駅

橘峴 귤현 1111 Gyulhyeon
朴村 박촌 1112 Bakchon
林鶴 임학 1113 Imhak
桂山 계산 1114 Gyesan
京仁教大入口 경인교대입구 1115 Gyeongin Nat'l Univ.of Education
鵲田 작전 1116 Jakjeon
葛山 갈산 1117 Galsan
富平区庁 부평구청 759 1118 Bupyeong-gu Office
富平市場 부평시장 1119 Bupyeong Market
富平 부평 152 1120 Bupyeong
東樹 동수 1121 Dongsu
富平三ゴリ 부평삼거리 1122 Bupyeongsamgeori
間石五ゴリ 간석오거리 1123 Ganseogogeori
芸術会館 예술회관 1125 Arts Center
仁川ターミナル 인천터미널 1126 Incheon Bus Terminal
文鶴競技場 문학경기장 1127 Munhak Sports Complex
仙鶴 선학 1128 Seonhak
新延寿 신연수 1129 Sinyeonsu
源仁斎 원인재 1130 K265 Woninjae
東春 동춘 1131 Dongchun
東幕 동막 1132 Dongmak
キャンパスタウン 캠퍼스타운 1133 Campus Town
テクノパーク 테크노파크 1134 Technopark
知識情報団地 지식정보단지 1135 BIT Zone
仁川大入口 인천대입구 1136 Incheon Nat' l Univ.
セントラルパーク 센트럴파크 1137 Central Park
国際業務地区 국제업무지구 1138 Int'l Business District
1139

山谷 산곡 760 Sangok
掘浦川 굴포천 758 Gulpocheon
三山体育館 삼산체육관 757 Samsan Gymnasium
709 長岩

間石 간석 155 Ganseok
銅岩 동암 154 Dongam
白雲 백운 153 Baegun
富開 부개 151 Bugae
松内 송내 150 Songnae
100 逍遥山
道禾 도화 157 Dohwa
済物浦 제물포 158 Jemulpo
桃源 도원 159 Dowon
東仁川 동인천 160 Dongincheon
仁川 인천 161 K272 Incheon

新浦 신포 K271 Sinpo
崇義 숭의 K270 Sungui
仁荷大 인하대 K269 Inha Univ.
松島月光祝祭公園駅 송도달빛축제공원 K268 Songdo Moonlight Festival Park
松島 송도 K267 Songdo
延寿 연수 K266 Yeonsu
南洞インダスパーク 남동인더스파크 K264 Namdong Induspark
虎口浦 호구포 K263 Hogupo
仁川論峴 인천논현 K262 Incheon Nonhyeon
蘇莱浦口 소래포구 K261 Soraepogu
月串 월곶 K260 Wolgot
達月 달월 K259 Darwol
烏耳島 오이도 K258 456 Oido
K245 水原
426 ソウル駅

info 仁川総合魚市場にある食堂、ファンヘシクタン（황해식당） MAP P.322-A2 は、魚市場で買った水産物を持っていくと調理代金を払えば鍋や蒸し物などを作ってくれる。

仁川の見どころ

旧日本租界
Old Japanese Quarter

インチョンイルボンチョゲジ
인천 일본 조계지

1876年、日朝修好条規の締結により、多くの日本人が流入し居住した租界。1910年代、朝鮮国内の租界は撤廃されるが、旧日本租界は発展を続け、太平洋戦争末期には1万人を超える日本人が居住した。当時の旧日本領事館や旧日本第58銀行、旧日本郵船、日本家屋街などは歴史的建造物として保護されている。また仁川開港博物館（旧第一銀行仁川支店）や近代建築展示館（旧第十八銀行仁川支店）では、開港時の様子や現存または焼失した建築の資料が見られる。

きれいに整備された日本家屋街

旧日本領事館は中区庁として使われている

ハーバーパークホテルから眺める日本家屋街

旧日本郵船の建物は仁川アートプラットフォームの倉庫となっている

旧日本租界

MAP P.324-A3~B3
交 地下鉄1号·水仁·盆唐線 161 K272 仁川駅1番出口から徒歩約10分

仁川開港博物館

MAP P.324-B3
住 89, Sinpo-ro 23beon-gil, Jung-gu
住 중구 신포로 23번길 89
旧 중구 중앙동1가 9-2
TEL (032) 764-0488
URL ijcf.or.kr/load.asp?subPage=522.04
開 9:00～18:00
※最終入場17:30
休 月（祝日の場合は翌日）、1/1、旧正月とチュソク連休
料 ₩500、3～18歳₩300

仁川開港場近代建築展示館

MAP P.324-B3
住 77, Sinpo-ro 23beon-gil, Jung-gu
住 중구 신포로 23번길 77
旧 중구 중앙동2가 24-1
TEL (032) 764-0488
URL ijcf.or.kr/load.asp?subPage=522.03
開 9:00～18:00
※最終入場17:30
休 月（祝日の場合は翌日）、1/1、旧正月とチュソク連休
料 ₩500、3～18歳₩300

中華街
China Town

チャイナタウン
차이나타운

朝鮮王朝時代末、この地域が清の治外法権区域となり中国人街として発展した。1992年韓中の国交回復にともない、中華街の文化価値が見直され観光化が進んだ。チャジャンミョン（韓国式ジャージャー麺）の発祥地とされ、多くの中華料理店や屋台などが軒を連ねている。韓中文化館や華僑文化館といった中国の歴史が学べる資料館、また三国志と楚漢志の解説付き（ハングルのみ）の壁画が鑑賞できる三国志壁画通り・楚漢志壁画通りも有名だ。

仁川駅前の中華街正門

赤と黄色が目立つ中華街の町並み

中華街

MAP P.324-A2~A3
交 地下鉄1号·水仁·盆唐線 161 K272 仁川駅1番出口から徒歩約5分

韓中文化館

MAP P.324-A3
住 238, Jemullyang-ro, Jung-gu
住 중구 제물량로 238
旧 중구 항동1가 1-2
TEL (032) 764-9771
URL ijcf.or.kr/load.asp?subPage=522.01
開 9:00～18:00　※最終入場17:30　休 月（祝日の場合は翌日）、1/1、旧正月とチュソク連休
料 ₩1000、3～18歳₩700

京劇の壁画も人気のフォトスポット

info 『楚漢志』とは『史記』を原典に、項羽率いる楚と劉邦の漢に焦点を絞った話を指す。韓国での人気も高い。

チャジャンミョン博物館
Jjajangmyeon Museum
チャジャンミョン パンムルグァン 짜장면 박물관

旧共和春の建物を利用

韓国の人々が愛して止まない、チャジャンミョンの歴史と文化的価値にスポットライトが当てられた展示施設。チャイナタウンの一角にある老舗中華の旧店舗建物、共和春を補修し2012年オープンした。チャジャンミョンの始まりから移り変わり、そして韓国近代の食文化まで紹介している。チャジャンミョンの奥深い世界に触れた後は、近くの「チャジャンミョン通り」で本場の味にチャレンジしてみよう。

松月洞童話村
Songwol-dong Fairy Tale Village
ソンウォルドン トンファマウル 송월동 동화마을

松月洞童話村の入口

松月洞童話村は中華街北側に位置し、住宅街の壁がフォトジェニックな壁画で埋め尽くされ、まるでテーマパークのようなエリア。「白雪姫」や「不思議の国のアリス」などをモチーフにした壁画のほか、トリックアートも多く見られる。

仁川総合魚市場
Incheon Fish Market
インチョン チョンハプ オシジャン 인천 종합 어시장

エビなどを売るお店

韓国3大魚市場のひとつ。新鮮で安い魚介類を求めて訪れる、たくさんの業者や観光客でにぎわう。主に飲食店や大型小売商店向けに提供されているが、一般の消費者も購入でき、その場でさばいてもらうこともできる。市場の奥にあるお店に持っていけばさばいて料理もしてくれる。

月尾島
Wolmido Island
ウォルミド 월미도

仁川開港後、外国人や富裕層のリゾート地として発展。日本統治時代には遊園地が作られるなど観光開発され、この頃に埋め立てが進み、陸続きとなった。1980年代後半に

チャジャンミョン博物館
MAP P.324-A3
住 56-14, Chinatown-ro, Jung-gu
住 중구 차이나타운로 56-14
旧 중구 선린동 38-1
TEL (032) 773-9812
開 9:00～18:00 休 月、1/1、旧正月、チュソク
料 ₩1000、3～18歳₩700
交 地下鉄1号・水仁・盆唐線 161 K272 仁川駅から徒歩約5分

20世紀の店内を再現

松月洞童話村
MAP P.324-A1～B2
交 地下鉄1号・水仁・盆唐線 161 K272 仁川駅2番から徒歩約10分

赤ずきんちゃんの壁画

仁川総合魚市場
MAP P.322-A2
住 37, Yeonanbudu-ro 33beon-gil, Jung-gu
住 중구 연안부두로33번길 37
旧 중구 항동7가 27-69
TEL (032) 888-4241
URL www.asijang.com
開 5:00～21:00 休 無休
交 市内バス12、16-1、23、24、27番仁川桟橋魚市場（인천종합어시장）下車徒歩2分

月尾島
MAP P.322-A1
URL wolmi-do.co.kr
交 地下鉄1号・水仁・盆唐線 161 K272 仁川駅から市内バス45番「月尾島文化通り（월미도문화의거리）」下車徒歩10分

info 仁川総合魚市場はチョッカル（塩辛）やチャンジャ（タラの内臓の塩辛）など加工品も安い。味見もでき、おみやげ用にパック詰めをしてくれる店も多い。

月尾島遊覧船
MAP P.322-A1
住 36, Wolmimunhwa-ro, Jung-gu
住 중구 월미문화로 36
旧 중구 북성동1가 98-6
開 9:00～18:00　休 無休
料 ₩1万6000～

月尾文化館
MAP P.322-A1
住 131-22, Wolmi-ro, Jung-gu
住 중구 월미로 131-22
旧 중구 북성동1가 97-2
開 10:00～18:00　休 月、1/1
料 無料

松島国際都市
MAP P.328右
交 仁川地下鉄1号線 I137 セントラルパーク駅下車。

仁川上陸作戦記念館
MAP P.328左
住 138, Cheongnyang-ro, Yeonsu-gu
住 연수구 청량로 138
旧 연수구 옥련동 525-1
TEL (032) 832-0915
URL www.landing915.com
開 9:00～18:00　休 月（祝日を除く）、休日の翌日、1/1、旧正月とチュソク当日　料 無料
交 市内バス8、16、65-1番、丑峴小学校（축현 초등학교）または松島遊園地（송도 유원지）下車徒歩10分

「月尾文化通り（ウォルミドムヌァエコリ）」が整備され、多くの飲食店や屋台が軒を連ね、当時、若者の人気デートスポットとなった。
カップルや家族連れでにぎわう遊園地の「月尾島テーマパーク」、仁川の黄海が楽しめる「月尾島遊覧船（ユラムソン）」、結婚式や祝事、料理など韓国の伝統文化が学べる「月尾文化館（ムヌァグァン）」もおすすめ。

松島国際都市

New Songdo City

ソンド ククチェドシ
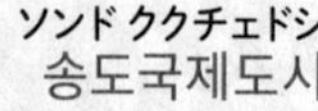

松島セントラルパーク

60階を超える超高層ビルが林立し「韓国のドバイ」とも呼ばれる松島国際都市。長さでは世界屈指の仁川大橋（総全長21.27km）を渡れば、わずか15分で仁川国際空港に着く立地のよさ。まだ開発途上の場所も多いが、高級ホテルも増えている。

仁川上陸作戦記念館

The Memorial Hall For Incheon Landing Operation

インチョンサンニュッチャクチョンキニョムグァン　인천상륙작전기념관

朝鮮戦争のターニングポイント

朝鮮戦争から休戦までの朝鮮半島の歴史が勉強できる博物館。マッカーサーが指揮した作戦の詳細のほか、朝鮮戦争で実際に使われた武器や装甲車などが展示されている。近くにワタリガニ料理の店が並ぶ名物通りがある。

info 松島セントラルパークは公園の中に韓屋村や大きな池があり、市民の憩いの場となっている。ボート遊びもできる。

正祖が築いた幻の都

京畿道 水原市

水原 Suwon

スウォン
수원

●www.suwon.go.kr ●市外局番031 ●人口12万2475人

南にそびえる八達門

水原は周囲5kmにもなる城郭と美しい4つの門が残る町。もともと、朝鮮王朝22代正祖（チョンジョ）が遷都を計画し城郭から建築を始めたが、城郭の完成後、正祖の死により遷都は頓挫、正式な宮殿が建つことはなかった。強固な城壁と伝統様式の4大門、眺めのよい西将台など見どころは多く、1997年に世界遺産に登録されている。ソウルから日帰り圏で重要かつ最も人気のある観光スポットだ。

ℹ水原総合観光案内所
MAP P.330-B2
住 924, Deogyeong-daero, Paldal-gu
住 팔달구 덕영대로 924
旧 팔달구 매산로1가 57-69
TEL (031) 228-4672
開 9:00〜18:00
水原駅、総合バスターミナル、水原華城など12ヵ所にある。

ソウル発水原華城行き広域バス
水原華城近くに停車する広域バスで、水原駅で市内バスに乗り換える必要がなく便利。
▶3000番
地下鉄2号･新盆唐線 222 D07 江南駅5番駅出口
▶7770番
226 433 舎堂駅4番出口
▶1007番
地下鉄2･8号線 216 814 蚕室駅3番出口

歩き方

水原駅は町の西端

水原駅は町の西にあり、周囲は繁華街。水原華城（ファソン）への市内バスは11、13番などに乗り八達門（パルタルムン）下車。

地下鉄光教駅　江南などソウル南側からは、新盆唐線を使って水原市内北部にある D18 光教中央駅まで行けば、水原華城へ行く1番の市内バスに乗り換えられる。

総合バスターミナルは町の南に

バスターミナルはふたつあるが、多くのバスが発着するのが水原総合バスターミナル。ソウルからの高速バスのほか、各地からの市外バスも発着。

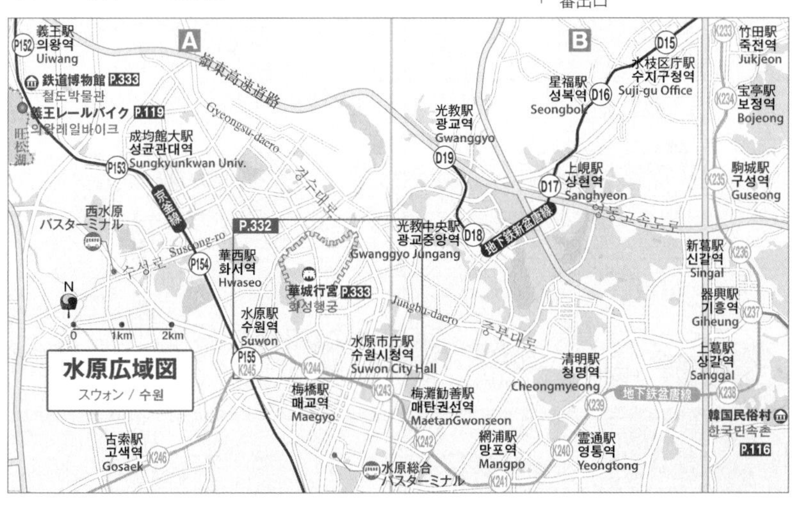

info 水原華城のすぐ東には、フライング水原 MAP P.331-C1 というアトラクションがある。ヘリウムガスを使った気球で、150mの上空から水原華城が眺められると人気。

A
B
北東敵台
북동적대
長安門
장안문
北西敵台
북서적대
チケット売り場
ソウル地下鉄
舎堂駅行き
広域バス7770番
北東砲楼
북동포루
龍淵
용연
八達路
팔달로
Paldal-ro
長安公園
장안공원
ヨンポカルビ
연포갈비
華虹門
화홍문
華城御車
1
北西砲楼
북서포루
地下鉄江南駅方面
広域バス3000番
水原駅方面
広域バス3000番
北舗楼
북포루
華城洞壁画村
행궁동벽화마을
수원천
華城御車
華西門
화서문
Jeongjo-ro
水原川
ニュー水原観光
西北角楼
서북각루
蚕室駅方面広域バス
1007番
水原鮮経図書館
수원선경도서관
移安庁
이안청
風化堂
풍화당
華寧殿
화령전
正祖路
水原市立IPARK美術館
수원시립아이파크미술관
水原華城博物館
수원화성박물관
正祖大王像
정조대왕상
洛南軒
낙남헌
水原駅方面
2
華城行宮
화성행궁
P.333
中陽門
중앙문
新豊楼
신풍루
華城御車
Changnyong-daero
창룡대로
정조로
수원천
水原華城広報館
수원화성홍보관
西将台
서장대
水原ホステル
トンダク通り
통닭거리
ヨンソントンダク
용성통닭
地下鉄江南駅方面
広域バス3000番
城神祠
성신사
華城行宮
うまいもの通り
화성행궁맛촌
孝園の鐘
효원의종
Jeongjo-ro
水原川
西舗楼
서포루
水原駅方面
広域バス3000番
南水門
남수문
正祖路
スンデタウン
순대타운
3
八達門
팔달문
Paldalmun-ro
南砲楼
남포루
南雉
남치
西南暗門
서남암문
水原南門市場
수원남문시장
八達市場
팔달시장
정조로
甬道西雉
용도서치
甬道東雉
용도동치
MEGA BOX
西南角楼
서남각루
B
A
Jungbu-daero
중부대로
華西門周辺の城壁

城壁の西南角にある暗門

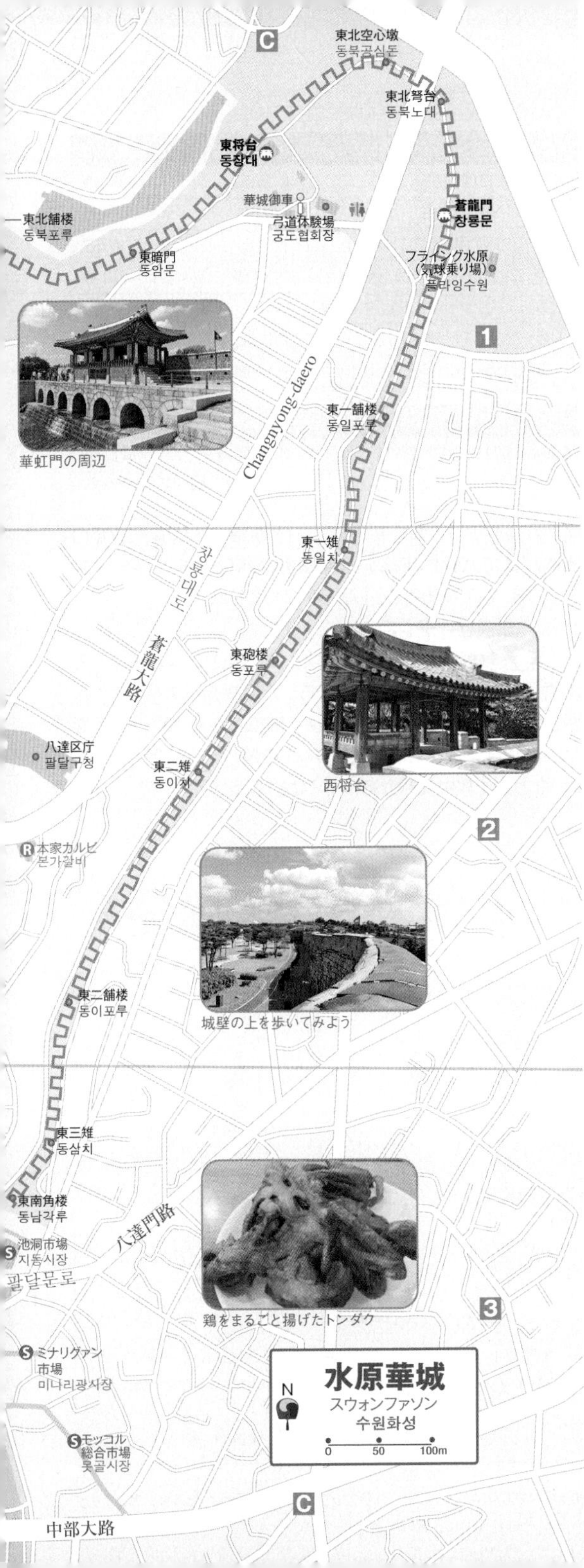

水原華城
スウォンファソン
수원화성

N
0 50 100m

C
東北空心墩
동북공심돈
東北弩台
동북노대
東将台
동장대
華城御車
弓道体験場
궁도협회장
蒼龍門
창룡문
東北舗楼
동북포루
東暗門
동암문
フライング水原
(気球乗り場)
플라잉수원
1
華虹門の周辺
Changnyong-daero
東一舗楼
동일포루
東一雉
동일치
창룡대로
蒼龍大路
東砲楼
동포루
西将台
八達区庁
팔달구청
東二雉
동이치
2
本家カルビ
본가갈비
城壁の上を歩いてみよう
東二舗楼
동이포루
東三雉
동삼치
東南角楼
동남각루
池洞市場
지동시장
팔달문로
八達門路
鶏をまるごと揚げたトンダク
3
ミナリグァン市場
미나리광시장
モッコル総合市場
못골시장
C
中部大路

華城行宮の乗り物

▶華城御車

レトロな車が引くミニトレイン。9:40始発、所要30分でおもな見どころを回る。

料 ₩4000

▶自転車タクシー ヘンカー

ひとり～ふたり乗りの風防付き自転車タクシー。冬期運休。所要1時間で各見どころを回る。

2023年1月現在休止中

城壁めぐりに便利な華城御車

トンダク通りと水原南門市場

MAP P.330-B2~B3

八達門周辺は市場となっているが、華城と一体となって整備されたことから「王の市場」とも呼ばれていて、その北側はチキンの店が連なるトンダク通りになっている。水原のトンダクは焼かずに大きな釜でパリッと揚げた香ばしい口あたりが人気。

トンダク通り

水原観光アプリ、タッチ水原

水原観光のためのアプリで、見学コースの提案や、各見どころのオーディオガイドによる説明、カフェやレストランでの予約も可能。日本語に対応している。

iPhone

●ソウルから 서울 Seoul			所要時間	料金
KTX	ソウル駅➡水原駅	8:14 10:14 16:04 18:55	約30分	₩8400
ITX	ソウル駅➡水原駅	5:37〜21:15の間10便	約30分	₩4800
KORAIL	龍山駅➡水原駅	5:37〜21:25の間1時間に1便程度	約30分	₩2600
地下鉄1号線普通	ソウル駅➡水原駅	5:20〜23:15の5〜10分に1便（週末減便）	約1時間	₩1950
地下鉄1号線急行	龍山駅➡水原駅	5:25〜23:21の5〜30分に1便（週末減便）	約45分	₩1950
広域バス8800番	ソウル駅➡水原総合🅃	5:10〜22:30の10〜25分に1便	約1時間	₩2800
広域バス3000番	江南駅➡水原駅	4:30〜翌1:00の15分に1便、八達門経由	約1時間	₩2800

●利川から 이천 Icheon			所要時間	料金
市外バス	利川総合🅃➡水原総合🅃	6:40〜21:00の30分に1便程度	約1時間10分	₩4700（一般）

🅃…バスターミナル

市内バス
▶一般バス
料 ₩1500（交通カード₩1450）

総合バスターミナルから市内へ 水原華城へは64、112番の市内バスで八達門下車。水原駅方面へは5、5-2、7-1、7-2、13-5、88、310、900番のバスで駅前市場下車。

カルビ通りは東水原

東水原サゴリ 水原名物ワンカルビの名店と呼ばれる店は東水原サゴリの周辺に集中している。水原総合バスターミナルからは300番のバス。水原駅からは10、10-2、10-5、37番など、水原華城からは八達門のバス停から20、20-1、62-1、83-1など、光教中央駅からは13-4などで行く。

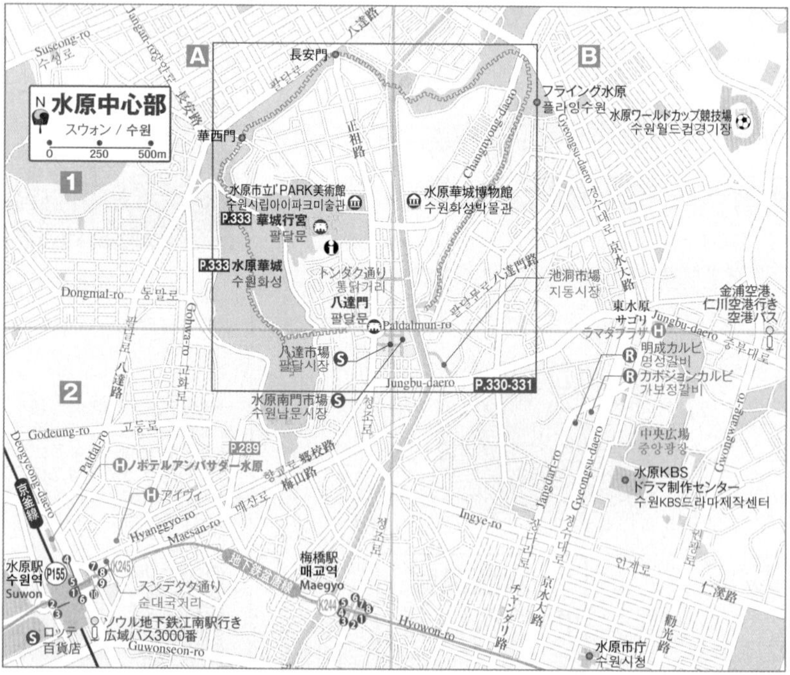

水原中心部 スウォン / 수원

info 水原ワールドカップ競技場は2002年サッカーワールドカップの試合が行われたスタジアム。サッカー博物館が併設されている。

水原の見どころ

水原華城
Hwaseong Fortress

スウォンファソン
수원화성

アーチの上に立つ華虹門

水原華城は、朝鮮王朝22代王の正祖(チョンジョ)が、父思悼世子(サドセジャ)を悼み、その墓を水原に移した際に築いた城壁や城門。正祖は完成後、遷都する意向であったと伝えられるが、完成直後に亡くなり、遷都は立ち消えとなり幻の都となった。朝鮮古来の築城法と西洋の近代的な建築技法でできた水原華城は高い価値を有する城として世界遺産に登録されている。

華城行宮
Hwaseong Haenggung Palace

ファソンヘングン
화성행궁

城壁から華城行宮を眺める

人気ドラマ『イ・サン』の主人公・正祖の時に建てられた行宮。行宮とは王が地方へ訪問する際などに泊まる施設だが、正祖は水原への遷都を計画していたため、御所としての機能も備えており、朝鮮時代の行宮のなかでは最大規模を誇る。行宮の建物の多くは日本統治時代に病院建設のために撤去されたが、その後復元工事を経て2003年から一般公開されている。

鉄道博物館
Railroad Museum

チョルトパンムルグァン
철도 박물관

水原に隣接する義王市(ウィワン)は、鉄道車両の生産会社や貨物基地、通称鉄道大学と呼ばれる韓国交通大学校·研究院など、鉄道関連施設がいくつもある「鉄道都市」。鉄道博物館もそのひとつで、屋内の本館展示室では、鉄道の歴史・関連映像・鉄道模型のジオラマなどが展示され、野外展示場では、各種車両が見られる。車両を改造した休憩室もある。

韓国最大の鉄道博物館

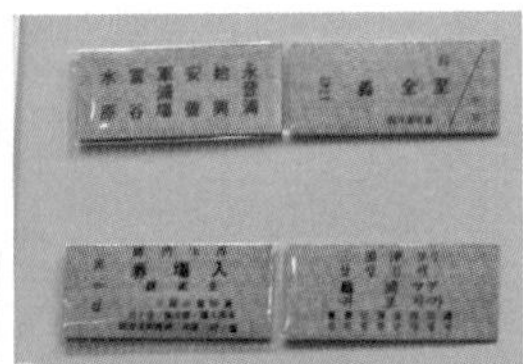
日本統治時代の切符

水原華城

世界遺産

登録英名:Hwaseong Fortress
登録年:1997年
登録基準:文化遺産(2)(3)

MAP P.332-A1~B1
住 16, Jeongjo-ro 777beon-gil, Paldal-gu
住 팔달구 정조로777번길 16
旧 팔달구 남창동 148-8
TEL (031) 290-3600
URL www.swcf.or.kr/?p=65
開 9:00~18:00　休 無休
料 水原華城、華城行宮、水原博物館共通券₩3500
交 市内バス11、13、20、64番などで八達門(팔달문)下車徒歩10分

華城行宮

MAP P.330-A2~B2
住 825, Jeongjo-ro, Paldal-gu
住 팔달구 정조로 825
旧 달구 남창동 6-2
TEL (031) 290-3600
URL www.swcf.or.kr/?p=62
開 9:00~18:00
水~日9:00~21:30
※最終入場30分前
休 無休
料 ₩1500、13歳以上の学生₩1000、₩小学生以下700
水原華城、華城行宮、水原博物館共通券₩3500
交 市内バス7-2、60、700-2番で華城行宮(화성행궁)下車徒歩2分

当時の調度品を再現

鉄道博物館

MAP P.329-A
住 142, Cheoldobangmulgwan-ro, Uiwang-si
住 의왕시 철도박물관로 142
旧 의왕시 월암동 374-1
TEL (031) 461-3610
URL railroadmuseum.co.kr
開 11~2月9:00~17:00
3~10月 9:00~18:00
休 月(祝日の場合は翌日)、旧正月とチュソク当日
料 ₩2000
交 地下鉄1号線直通京釜線 P152 義王駅2番出口徒歩10分

info 華城行宮はドラマや映画のロケ地としても有名で『イ・サン』はもちろん『宮廷女官チャングムの誓い』『雲が書いた月明かり』など多くの人気作品の撮影地となった。

支石墓（コインドル）は世界遺産

仁川広域市江華郡

江華島 Ganghwado Island

カンファド
강화도

●www.ganghwa.go.kr ●市外局番032 ●人口6万9048人

ソウルから漢江を下り、京義湾の河口にあたる島。対岸の金浦市（キンポ）との間には橋が架けられており、ソウルからバスで行ける行楽地。

歩き方

ソウルからは広域バスの利用が便利。仁川からのバスも江華島の中心にある江華総合バスターミナルに到着する。世界遺産の支石墓など島内の見どころへはここで郡内バスに乗り換えて移動する。

江華島の見どころ

江華支石墓 Ganghwa Dolmen Sites

カンファチソンミョ
강화지석묘

支石墓（コインドル）とは新石器時代から初期金属器時代にかけ世界各地で見られる巨石墓の一種。全世界で確認されている約6万の支石墓のうち約2万5000が韓国にある。江華島には約120の支石墓があり、最も有名な「江華支石墓」

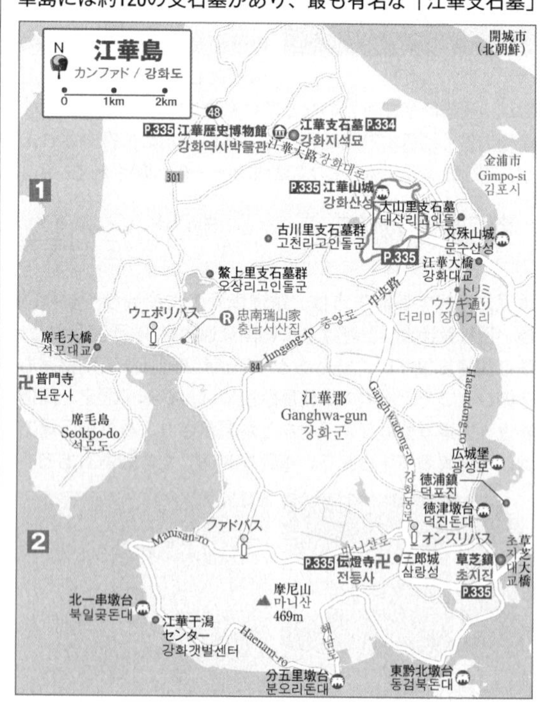

世界遺産
登録英名:Ganghwa Dolmen Sites
登録年:2000年
登録基準:文化遺産(3)

江華支石墓
MAP P.334-1
住 317, Bugeun-ri, Hajeom-myeon,
旧 하점면 부근리 317
TEL (032) 933-3624
開 随時　料 無料
交 18、23、25、27、28、30、32番のバスで江華歴史博物館、コインドル(강화역사박물관,고인돌)下車徒歩3分

江華島への行き方
▶ソウルから
ソウル地下鉄2号線 240 新村駅から3000番の広域バス
所要:約1時間40分
運賃:₩2900(交通カード₩2800)
▶仁川から
仁川地下鉄2号線 I207 黔岩駅から800番(始発は仁川総合ターミナル)
所要:約1時間20分
運賃:₩2000(交通カード₩1300)

観光案内所
開 9:00～18:00
▶江華総合バスターミナル案内所
MAP P.335

島内交通
▶郡内バス
料 一般バス₩1550
(交通カード₩1500)
▶市内バス
料 一般バス₩1550
(交通カード₩1500)

info 江華島にある摩尼山は、朝鮮の建国神話に登場する檀君ともゆかりが深い山。中朝国境の白頭山と済州島の漢拏山の中間にある山としても知られる。

は高さ2.6m長さ7.1m幅5.5m、この墓の族長は2500～3000人の集落の長であったと考えられている。

江華歴史博物館 Ganghwa History Museum カンファヨクサパンムルグァン 강화역사박물관

江華島における古代韓国史を知ることができる博物館。島内で出土した遺物や再現ジオラマなどを通じて、建国神話から近現代まで5000年といわれる韓国の歴史と文化を学ぶことができる。

江華山城 Ganghwa Fortress カンファサンソン 강화산성

江華山城は高麗時代の城跡。1232年、高麗の時の王、高宗が江華島に遷都した際、蒙古軍に対抗するために土で建てられた土城が江華山城。現在は城は再建されておらず城壁のみが往時をしのばせる。江華山城は城郭と周辺の景観が美しく調和し、散歩やドライブコースとして人気がある。山道を上ると遠くに北朝鮮の山々を望むこともできる。

草芝鎮 Chojijin Fortress チョジジン 초지진

江華島の南部の海沿いにあり江華海峡を守った元要塞。19世紀後半に朝鮮の開国を求めた、フランスとの「丙寅洋擾（へいいんようじょう）」、アメリカとの「辛未洋擾（しんみようじょう）」、日本との「江華島事件」などの軍事衝突事件の舞台。現在では、当時の砲弾跡がある古い松の木や、胸壁にとり囲まれた砲台跡に大砲が復元保存され、江華島の歴史を伝える観光スポットとなっている。

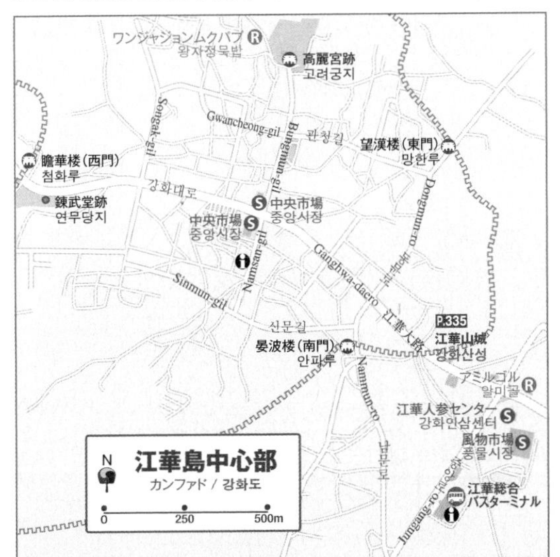

江華歴史博物館

MAP P.334-1
住 994-19, Ganghwa-daero Hajeom-myeon
住 하점면 강화대로 994-19
旧 하점면 부근리 350-4
TEL (032) 934-7887
URL www.ganghwa.go.kr/open_content/museum_history
開 9:00～18:00　※最終入場17:30　休 月（祝日の場合は翌日）、1/1、旧正月とチュソク当日
料 ₩3000
交 18、23、25、27、28、30、32番のバスで江華歴史博物館、コインドル（강화역사박물관,고인돌）下車徒歩3分

江華山城

MAP P.335
開 随時　休 無休　料 無料

草芝鎮

MAP P.334-2
住 624, Choji-ri, Gilsang-myeon
住 길상면 해안동로 58
旧 길상면 초지리 624
TEL (032) 930-7072
開 5～8月9:00～19:00
3・4・9・10月9:00～18:00
11～2月9:00～17:00
休 無休　料 ₩700
交 53、53A、71番のバス草芝鎮（초지진）下車徒歩10分

歴史事件の舞台となった草芝鎮

伝燈寺 전등사（チョンドゥンサ）

MAP P.334-2
高句麗時代の381年に建立されたという伝承がある韓国最古の寺。ユーモラスな千体の裸婦像がある大雄殿と薬師殿が有名。
住 37-41, Jeondeungsa-ro Gilsang-myeon
住 길상면 전등사로 37-41
旧 길상면 온수리 635
TEL (032) 937-0125
開 3～10月8:00～18:30
11～2月8:30～18:00
休 無休　料 無料
交 3、51、53、58、59、60-5、70番で伝燈寺（전등사）下車徒歩10分

info 普門寺（ポムンサ） MAP P.334-2 は、635年創建の古刹。境内から眺める美しい黄海も人気。江華総合バスターミナルから31A、31B、35A、35B、39A番のバスで普門寺（보문사）下車徒歩約10分。

「海割れ」現象で人気

京畿道華城市西新面済扶里

済扶島 Jebudo Island

チェブド
제부도

●tour.hscity.go.kr　●市外局番031　●人口678人

北朝鮮
江原道
金浦空港
仁川空港
ソウル
京畿道
済扶島
忠清北道
忠清南道

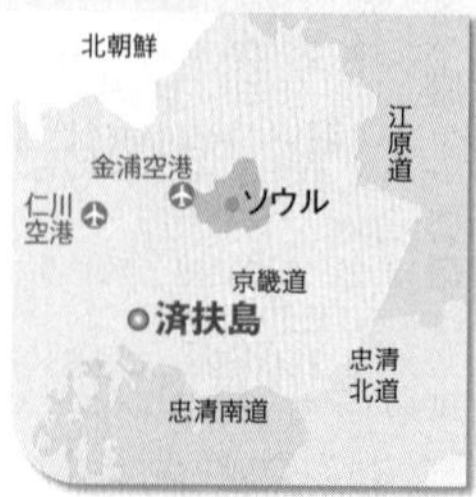

済扶島への行き方

▶ソウルから(衿井駅経由)
地下鉄1·4号線 P149 443 衿井駅4番出口から330番バス
運賃:₩2500

▶ソウルから(舍堂駅経由)
地下鉄2·4号線 226 433 舍堂駅10番出口から1002番バス

▶水原から
地下鉄1号·盆唐線 P155 K245 水原駅3番出口から1004、1004-1番バス

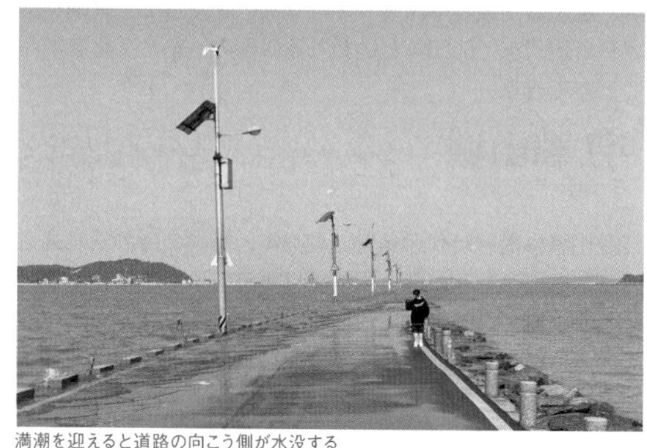

満潮を迎えると道路の向こう側が水没する

ソウルの南西、牙山湾(アサンマン)の入口付近にある小さな島。ソウルから1時間強で行ける行楽地として、年間100万人もの人が訪れる。人気の理由は1日に2回ある「海割れ」。干潟ならではの貝料理も味わおう。バードウオッチングや夕日の名所としても知られる。

蚕島
누에섬
前谷港
舍堂駅方面1002番
水原駅方面1004-1番
H-51、H-52、H-53番
前谷港
전곡항
西海バダ
서해바다
前谷里
Jeon-gok-ri
전곡리
嶼海浪(ソヘラン)済扶島海上ケーブルカー
서해랑제부도해상케이블카
アンゴリョム島
안고렴섬
済扶港
제부항
Haean-gil
해안길
トンナムフェッチプ
통나무회집
トルゴレ フェッチプ
돌고래횟집
済扶里
Jebu-ri
제부리
Jebumal-gil
Haean-gil
제부말길
Haean-gil
해안길
제부로
Jebu-ro
済扶路
H50番
済扶島入口
衿井駅方面330番
舍堂駅方面1002番
水原駅方面1004番
H51、H52、H53番
済扶島飲食文化通り
제부도음식문화거리
5 O'clock P.337
済扶ビーチランド
제부비치랜드
チョゲドゥレ インマッチュム P.177
ケッポル(干潟)体験場
갯벌체험장
済扶島
チェブド / 제부도
N
0
500m
1km

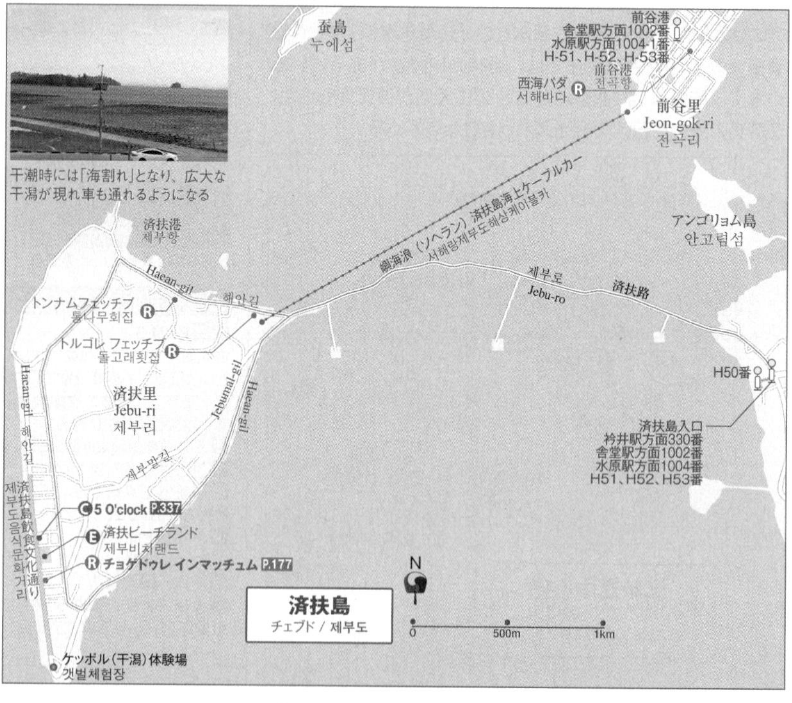

干潮時には「海割れ」となり、広大な干潟が現れ車も通れるようになる

info 刺身やカルグクスの店は済扶島内にもあるが、島へ渡る手前の済扶路沿いにもたくさんある。島への道が閉鎖されていたら、ここで時間待ちもいい。

歩き方

ケーブルカーに乗って空から島に渡る

本土と済扶島を結ぶ道路は、満潮時には水没するため、その間は島への出入りができなかった。ところが、2021年12月に海上ケーブルカーのソヘラン（嶼海浪）が開通し、満潮時でも本土との移動が可能に。本土側の出発地は前谷港。ソウル舎堂駅発の1002番バスはここが終点になっており、ケーブルカー乗り場まで徒歩5分。ソウルの衿井駅から乗る330番バスや水原駅発の1004番バスで来た場合は、済扶島入口のバス停でH-51、H-52、H-53番のバスに乗り換えて前谷港へ行くか、満潮時以外ならH-50番のバスに乗り換えてバスで済扶島へ渡る。

潮干狩りも楽しめる

島の西側はビーチになっている

海が割れたときに入場し、きれいな干潟で潮干狩りをする人も多い。アサリはもちろん、水が少なくなればカニやタコも現れるそうだ。売店でジョレンやミニ熊手を売っているので試してみよう。

干潟名産の海の幸

貝焼きが名物 ▶P.177

アサリをたっぷりのせたカルグクス（パジラッカルグクス）のほか、新鮮な刺身や焼き貝も島の名物だ。島西側の海水浴場の周辺には刺身屋（フェッチプ）が点在している。

島の北側にある灯台へ続く遊歩道

済扶島の乗り物

▶ソヘラン（嶼海浪） 済扶島海上ケーブルカー
開 10:00～19:00
（土･日･祝～20:00）
チケット売場は最終便の1時間前に閉鎖
休 不定期
料 一般片道₩1万6000
一般往復₩1万9000
クリスタル片道₩2万
クリスタル往復₩2万4000
一般は通常のゴンドラ、クリスタルは下がガラス張りで透けているゴンドラを使用する
URL www.seohaerang.com

海を見下ろすテラス席があるカフェ、5 O'Clock

C 5 O'clock MAP P.336
파이브어클락
●パイブオクルラク

2019年3月にオープンしたカフェ。3階部分は屋上になっており、海を眺めながらコーヒーとデザートが楽しめる。パティシエは日本留学経験があり、腕も評判で売り切れることが多い。
住 264, Haean-gil, Seosin-myeon, Hwaseong-si
住 화성시 서신면 해안길 264
旧 화성시 제부리 191-10
TEL 010-6456-9670
開 11:00～19:00（土～21:00）
休 無休

黄海を望むビーチ

Info ソヘランのゴンドラは一般とクリスタルが交互に来る。利用者は一般のゴンドラを選ぶ人が多いので、クリスタルを選んだ人は列が短く、早く乗れることが多い。

陶芸と温泉の町

京畿道利川市

利川 Icheon

イチョン
이천

●www.icheon.go.kr ●市外局番031 ●人口21万5077人

焼き物が並ぶ陶芸村の軒先

古くから陶芸の町として発展してきた利川。朝鮮王朝末期にその伝統が途絶えたものの、その後復興し、韓国随一の陶芸の里として知られるようになった。毎年春に開催される「利川陶磁器祭り」のほか、2年に1度奇数年に開催される「世界陶磁器ビエンナーレ」は世界の陶芸家が集まるイベントとして注目されている。
ソウルから1時間程度とアクセスもよく、温泉が湧き出ることから気軽な保養地としても人気だ。

ℹ観光案内所(雪峯公園内)
MAP P.339-A
TEL (031) 634-6770
URL tour.icheon.go.kr/site/tour/main.do
開 10:00~17:00

利川総合バスターミナル

歩き方

◎バスターミナルは町の中心部に

バスターミナルを中心に、利川温泉のあるホテル・ミランダから官庫市場にいたる地域が利川の中心で、中央サゴリの南側はおしゃれなお店が並ぶにぎやかなエリア。

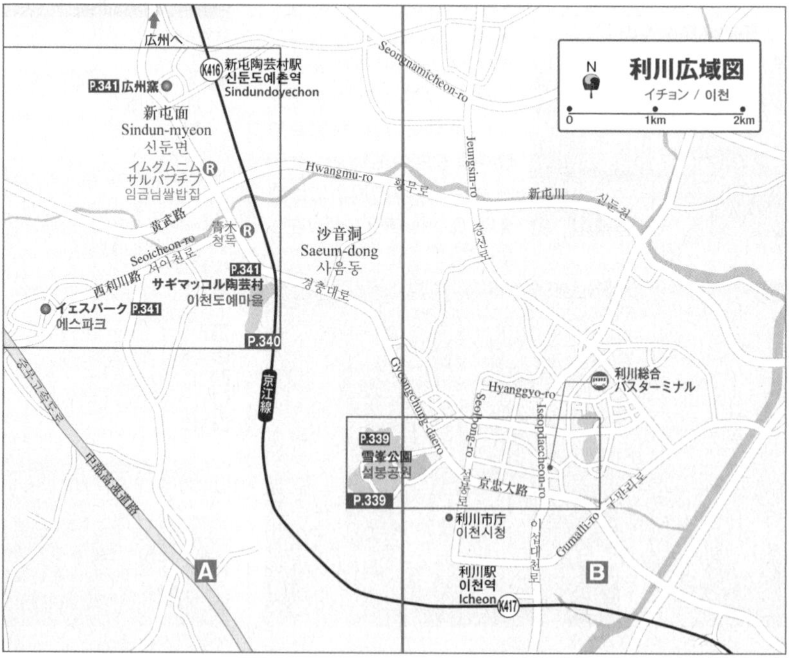

利川広域図
イチョン / 이천
0 1km 2km

広州へ
新屯陶芸村駅 신둔도예촌역 Sindundoyechon
K416
P.341 広州窯
新屯面 Sindun-myeon 신둔면
イムグムニム サルバプチプ 임금님쌀밥집
黄武路
青木 청목
Seoicheon-ro 서이천로
西利川路
P.341 サギマッコル陶芸村 이천도예마을
イェスパーク P.341 에스파크
P.340
沙音洞 Saeum-dong 사음동
경충대로
Seongnamicheon-ro
Jeungsin-ro 증신로
Hwangmu-ro 황무로
新屯川 신둔천
京江線
Gyeongchung-daero
Hyanggyo-ro
Seohong-ro 서홍로
Isopdaecheon-ro 이섭대천로
京忠大路
利川総合バスターミナル
P.339 雪峯公園 설봉공원
P.339
利川市庁 이천시청
Gumalli-ro 구만리로
利川駅 이천역 Icheon
K417
中部高速道路 중부고속도로
A
B

info 利川は古くから温泉保養地としても知られている。源泉があるのはバスターミナル近くのホテル・ミランダ。

鉄道駅から町の中心部へ

京江線の K417 利川駅は町の南2kmほどのところにあり、歩くと少し遠い。駅前のバス停からはほとんどの市内バスが利川総合バスターミナルへ行く。所要5分程度。

陶芸村へは新屯陶芸村駅も便利

ソウルから陶芸村を訪れるなら、利川駅ではなく K416 新屯陶芸村駅を利用するのもひとつの手。沙音洞方面へは駅前から24番のバスで行くことができる。

利川の見どころ

雪峯公園
Seolbong Park
ソルボンコンウォン
설봉공원

手入れが行き届いた美しい庭園

陶磁器と米どころとして有名な利川の雪峯山と鎮山の麓に位置する広大な公園。多くの緑と花々があふれており市民の憩いの場となっている。世界陶磁器ビエン

町の南にある利川駅

市内バス
▶一般バス
料 ₩1500（交通カード₩1450）
▶座席バス
料 ₩2500（交通カード₩2450）

タクシー
▶一般タクシー
料 初乗り₩3800（2kmまで）

雪峯公園
MAP P.339-A
住 128, Gyeongchung-daero 2709beon-gil, Icheon-si
住 이천시 경충대로2709번길 128
旧 이천시 관고동 356
TEL (032) 644-2682
開 随時　休 無休　料 無料
交 利川総合バスターミナルからタクシーで約10分

ACCESS

● ソウルから 서울 Seoul			所要時間	料金
市外バス	東ソウル総合T➡ 利川総合T	6:30～19:15の30分～2時間に1便	約1時間20分	₩5900（一般）
首都圏電鉄	江南駅➡利川駅	江南駅から新盆唐線で板橋駅まで行き京江線に乗り換え	約1時間	₩3150

● 仁川から 인천 Incheon			所要時間	料金
市外バス	仁川総合T➡ 利川総合T	6:10～17:00に7便	約1時間30分	₩7700（一般）

● 水原から 수원 Suwon			所要時間	料金
市外バス	水原総合T➡ 利川総合T	6:30～21:00の30分～1時間40分に1便	約1時間	₩5600（一般）

T…バスターミナル

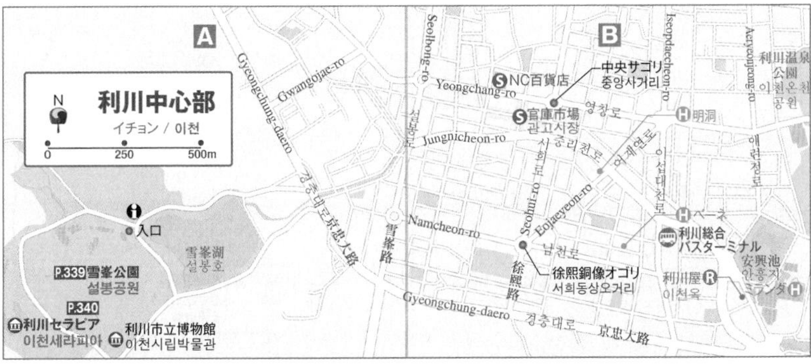

info 官庫市場（관고시장／クァンゴシジャン）は常設市と、2と5のつく日に開催される官庫五日市場（クァンゴオイルシジャン）がある。規模はそれほど大きくないが、米どころとあって飲食店も多い。

雪峯公園入口

利川セラピア

MAP P.339-A
住 167-29, Gyeongchung-daero 2697beon-gil, Icheon-si
住 이천시 경충대로 2697번길 167-29
旧 이천시 관고동 432-3
TEL (031) 631-6051
URL www.kocef.org
開 9:30～12:00、13:00～18:00 ※最終入場17:00 休 月(祝日の場合は翌日)、1/1、旧正月とチュソク当日
料 ₩3000、小学生～18歳₩2000 7歳以下、65歳以上無料

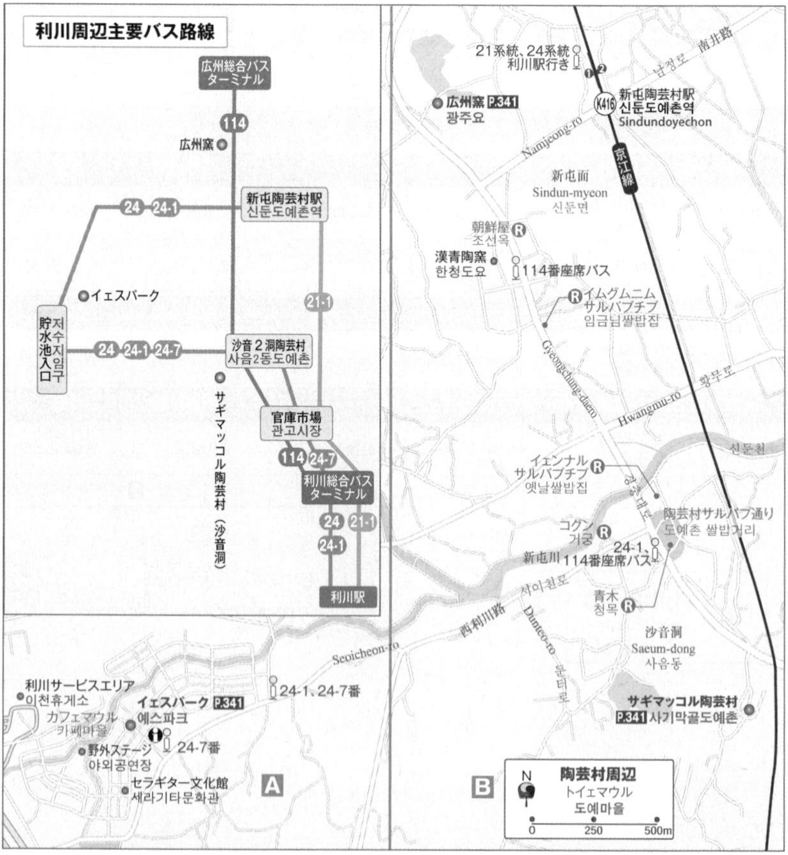

ナーレや利川陶磁器祭りといったイベントもこの公園で開かれる。また、ソ・ジソブ主演の大ヒットドラマ『ごめん、愛してる』のロケ地となったことでも知られる。

利川セラピア Icheon Cerapia
イチョンセラピア
이천세라피아

世界陶磁センター

雪峯公園のいちばん奥には陶芸のテーマパーク、セラピアがある。
セラミックCeramicとユートピアUtopiaを掛けて名付けられたように、陶芸を見て、触って、作って楽しむ施設。中心となるのは世界陶磁器センター(セラミックス創造センター)で、ここでは陶磁器の展示のほか、陶器の製作体験もできる。ほかにもさまざまなパビリオンがあり、陶磁器をいろいろな角度から楽しむことができる。

利川周辺主要バス路線

広州総合バスターミナル
114
広州窯
新屯陶芸村駅 신둔도예촌역
24 24-1
21-1
イェスパーク
貯水池入口 저수지입구
24 24-1 24-7
沙音２洞陶芸村 사음2동도예촌
サギマッコル陶芸村(沙音洞)
官庫市場 관고시장
114 24-7
利川総合バスターミナル
24 21-1 24-1
利川駅

利川サービスエリア 이천휴게소
カフェマウル 카페마을
イェスパーク P.341 예스파크
24-7番
24-1、24-7番
野外ステージ 야외공연장
セラギター文化館 세라기타문화관
A

21系統、24系統 利川駅行き
広州窯 P.341 광주요
新屯陶芸村駅 신둔도예촌역 Sindundoyechon
K416
京江線
南井路 남정로 Namjeong-ro
新屯面 Sindun-myeon 신둔면
朝鮮屋 조선옥
漢青陶窯 한청도요
114番座席バス
イムグムニムサルバプチプ 임금님쌀밥집
Gyeongchung-daero
黄楓路 황무로 Hwangmu-ro
신둔천
イェンナルサルバプチプ 옛날쌀밥집
陶芸村サルバプ通り 도예촌 쌀밥거리
コグン 거궁
24-1、114番座席バス
新屯川
青木 청목
西利川路 서이천로 Seoicheon-ro
Dunteo-ro 둔터로
沙音洞 Saeum-dong 사음동
サギマッコル陶芸村 P.341 사기막골도예촌
B
陶芸村周辺 トイェマウル 도예마을
0 250 500m

info 利川陶磁器祭りは、1987年から毎年4月末～5月にかけて開催される国際的なイベント。利川と周辺の窯元の展示・販売のほか、色々な体験イベントが行われる。URL ceramic.or.kr

サギマッコル陶芸村 サギマッコルトイェチョン
Sagimakgol Ceramic Arts Village 사기막골도예촌

製造工程を見学、体験ができる

韓国を代表する陶芸村。朝鮮時代、隣の広州(クァンジュ)に窯元が集められ400年以上にわたって王室の官窯を務めた。やがて、良質な土と燃料を産出する利川へと窯元が移り陶磁器の村となった。陶芸村では現在も80ほどの窯元が往時の製法で陶磁器を生産している。製造過程を見学したり、各窯元でのショッピングが楽しい。専門家の指導の下、オリジナル陶磁器を作ることもできる。

広州窯 クァンジュヨ
Kwangjuyo 광주요

登り窯

シンプルなデザインで日本にもファンが多い大手の陶磁器ブランド。ホテルのレストランに採用される高級品から日常使いできそうな器まで幅広い。白い器のシリーズは洋食にも日本食にも合う。登り窯の見学のほか、ショップもある。陶磁器祭りのときはセールを行っている。

イェスパーク（利川陶芸美術村） イェスパク
Ye's Park 예스파크

高速道路の利川インターチェンジのすぐそばにある陶芸村で、イェスパークのイェとは芸の意味。数多くの陶芸作家の工房やギャラリーが集まっており、パーク内のインフォメーションセンターでは、ここの作家さんが作った作品の展示も行われている。敷地は広く、カフェやレストランなども出店している。

from Seoul 利川の名物は韓定食

すごい数のおかず

朝鮮王朝時代に献上品として選ばれていた利川の米。現代でもその評価は高く、ご飯を中心にした韓定食を出す店が多い。米を引き立たせるおかずの種類も多く、どの店も競って品数を増やしている。

サギマッコル陶芸村

MAP P.340-B
住 12, Gyeongchung-daero 2993beon-gil, Icheon-si
住 이천시 신둔면 경충대로 2993번길 12
旧 이천시 사음동 544-6
TEL (031) 638-6381
URL blog.naver.com/sagimak2993
開 休 店舗により異なる
交 ソウルからバス
東ソウル総合ターミナルから8103番バスで沙音2洞・陶芸村（사음2동 도예촌）下車
利川ターミナル経由
東ソウル、ソウル高速ターミナルから利川総合ターミナルまで約1時間20分。座席バス114番に乗り沙音2洞陶芸村（사음 2동 도예촌）下車

広州窯

MAP P.340-B
住 3234 Gyeongchung-daero Sindun-myeon, Icheon-sii
住 이천시 신둔면 경충대로 3234
旧 이천시 신둔면 수광리 443-1
TEL (031) 632-4864
URL www.ekwangjuyo.com
Instagram kwangjuyo_official
開 9:00～18:00 休 祝 料 無料
交 京江線 K416 **新屯陶芸村駅**徒歩14分

イェスパーク

MAP P.340-A
住 123 Dojayesul-ro 62beon-gil Sindun-myeon, Icheon-si
住 이천시 신둔면 도자예술로 62번길 123
旧 이천시 신둔면 고척리 571-16
TEL (031) 631-5677
URL 2000yespark.or.kr
Instagram yespark.official
開 休 店舗・施設による
交 利川総合バスターミナル、利川駅から24、24-1、24-7「貯水池入口（저수지 입구）」徒歩2分

イェスパークのインフォメーション

info 韓定食の店は市内よりもサギマッコル陶芸村周辺のほうが多く、特に新屯川から沙音洞へ向かう途中の京忠大路沿いにはリルバブ通りと呼ばれる韓定食レストランが並ぶ地区がある。

京畿道坡州市

DMZ・板門店（非武装地帯） パンムンジョム DMZ · 판문점

DMZ (DeMilitarized Zone), Panmunjeom

●www.dmz.ne.kr ●市外局番031 ●人口44万6669人

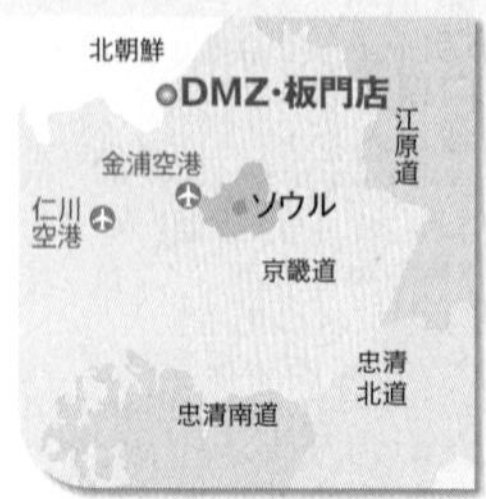

板門店の軍事停戦委員会の会議場

1945年、第2次世界大戦での日本の敗戦にともない、朝鮮半島はアメリカとソビエト連邦に北緯38度線で分割占領されることとなった。1948年には北（朝鮮民主主義人民共和国）と南（大韓民国）で別の国家が誕生、分断が固定化されてしまう。1950年、北朝鮮が南進し、朝鮮戦争が勃発する。その後、1953年には休戦協定が結ばれ、軍事境界線（休戦ライン）が新たに設けられた。このラインの南北約2kmが共同警備区域（JSA）として管理されている。2018年、南北首脳が板門店で歴史的会談をし、休戦から終戦に向けて協議が始まった。両者の今後の関係に注目が集まっている。なお、この地域は訪れるための許可や撮影制限がある。ツアーに参加するなど適切な方法で訪問しよう。

歩き方

京義線（キョンウィ）は汶山（ムンサン）駅まで

ソウルからの鉄道は京義線と呼ばれ、大韓帝国時代の1906年にソウル（当時の京城）と中国との国境にある新義州（シニジュ）とを結ぶ路線として開通した。韓国側に残された部分はソウル～都羅山（トゥラサン）間の55kmあまりで、普通列車は都羅山の3つ手前にある汶山駅まで。6kmほど先にある臨津江（イムジンガン）手前の臨津閣までは1日数便のシャトルトレインおよび58番バスが出ており、自由に動けるのはここまでだが、都羅山方面へのDMZツアー（韓国語のみ）に参加することもできる。

DMZでの注意

▶ツアー参加が原則

非武装地帯へは必ずDMZトレインやDMZツアーバスなどを予約する。当日はパスポートを持参する。

▶ツアーでの注意

服装の確認やパスポートのチェックが必要なので、出発30分前には集合場所にいるようにしよう。日・月・祝、軍の訓練日はツアーが催行されないので注意。

DMZトレイン

京義線

水～日の運行。都羅山駅でDMZツアー（韓国語）の申し込みができる。DMZトレインで龍山～都羅山往復＋DMZツアーを利用した場合₩3万6000。

※2023年8月現在運休中

▶龍山→都羅山

龍山10:08→ソウル10:15→汶山11:15→雲泉11:21→臨津江11:39→都羅山11:43

▶都羅山→龍山

都羅山16:27→臨津江16:40→雲泉16:44→汶山16:49→ソウル17:49→龍山17:54

都羅山駅

共同警備区域にあるモニュメント

板門店へは韓国軍のバスで移動

都羅展望台からの眺め

info もうひとつのDMZトレインが走っていた京元線は電化工事が行われており、2023年12月に延川駅までの工事が完了し、首都圏電鉄区間に組み込まれる予定。

ACCESS

●ソウルから 서울 Seoul			所要時間	料金
KORAIL	龍山駅➡汶山駅	5:21～23:48の10～30分に1便	約1時間10分	₩2150
DMZ Train	龍山駅➡都羅山駅	2022年12月現在運休中	約1時間35分	₩3万6000（往復）
広域バス7300番	弘大入口駅➡臨津閣	土・日・祝10:00～14:30の1時間～2時間30分に1便	約1時間30分	₩3500

グルメ

DMZエリアの坡州（パジュ）市は大豆の栽培が盛ん。長湍（チャンダン）郡産の長湍豆が特に有名だ。味噌もおいしい。

みやげ品でも買える

おみやげ

板門店の南側にある「自由の家」や一般の人が許可なしで訪問できる臨津閣国民観光地などにあるみやげ品店で記念品が買える。

DMZグッズを買って平和を祈念

注意

板門店は南北が共同で管理する共同警備区域（JSA）で、ツアーでの観光となるが、情勢の変化により当日でも中止されることがある。飲酒した状態での参加、ジーンズやミニスカートなどラフな格好は不可。必ずパスポートを持参のこと。望遠レンズの持ち込みには制限があるほか、撮影禁止エリアも多い。よく確認を。

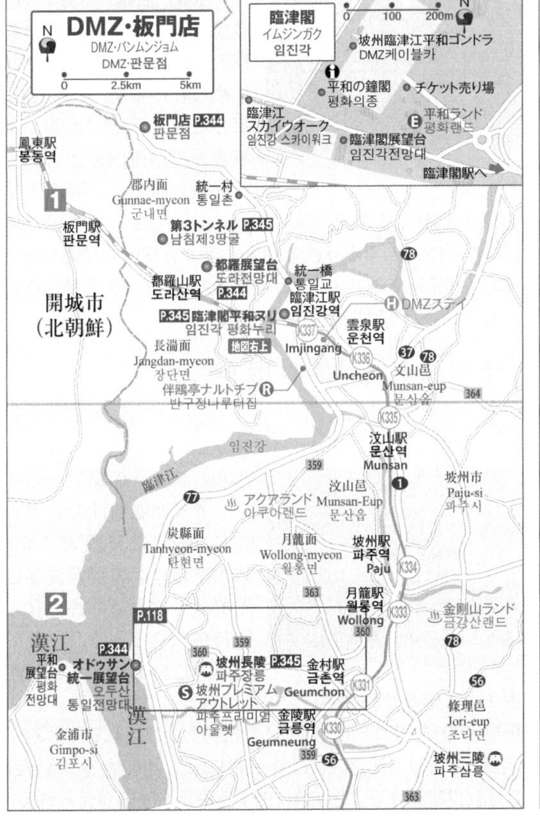

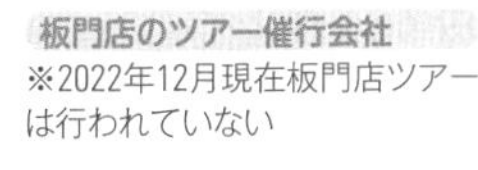

板門店のツアー催行会社

※2022年12月現在板門店ツアーは行われていない

▶板門店トラベルセンター
TEL (02) 771-5593～5
URL www.panmunjomtour.com
集合場所は光化門前のコリアナホテル8階。

以下の会社では板門店への日本語ツアーを取り扱う。

▶国際文化サービスクラブ
TEL (02) 755-0073
URL www.tourdmz.com
市庁駅近くのプレジデントホテル3階集合。

▶大韓旅行社（KTB）
TEL (02) 778-0150
URL www.go2korea.co.kr
市庁駅近くのプレジデントホテル10階集合。

▶中央高速観光
TEL (02) 2266-3350
URL www.jsatour.com
市庁駅近くのプレジデントホテル7階集合。

info 2022年12月現在、板門店へのツアーは行われていないが、板門店を含まないDMZツアーは催行されている。

DMZの見どころ

都羅展望台
Dora Observatory
トラチョンマンデ
도라전망대

モダンな展望台の建物

都羅展望台は軍事境界線に近い韓国軍管理下の展望台。展望台真下に軍事境界線の南方限界線があり、開城工業団地や北朝鮮の宣伝村などが一望できる。北朝鮮が一望できるため、写真撮影には制限がある。展望台の中では、韓国軍の兵士から日本語の説明を聞くことができる。

都羅展望台

MAP P.343-1
住 310, Je3ttanggul-ro Jangdan-myeon
住 장단면 제3땅굴로 310
旧 장단면 도라산리 산 14-2
TEL (031) 954-0303
開 ツアーでのみ見学可
※ツアーは月・祝は全社運休。いずれも予約必須。

北朝鮮側を見渡せる

板門店
Panmunjom
パンムンジョム
판문점

板門店の会議室の中では南北間を行き来できる

ソウルから48kmの地点に位置する板門店は、1953年の休戦協定後、国連軍と北朝鮮軍の共同警備区域（JSA）と定められた場所。DMZとは、軍の駐屯や武器の配置、軍事施設の設置が禁止された非武装地帯で、軍事境界線を挟んで南北それぞれ2km、計4kmにわたる。板門店では2018年4月に、11年ぶり通算3回目の南北首脳会談が開かれたほか、2019年にもアメリカのトランプ大統領による電撃訪問などで世界の注目を集めた。

板門店

MAP P.343-1
住 Daeseongdong-gil Gunnae-myeon
住 군내면 대성동길
旧 군내면 조산리
開 ツアーでのみ見学可
2022年12月現在ツアーは催行されていない

南北首脳会談の舞台となった橋

オドゥサン統一展望台
Odusan Unification Observatory
オドゥサン トンイル チョンマンデ
오두산 통일 전망대

会議場の中に入ることができる

平和と統一への願いを込めて、漢江(ハンガン)と臨津江(イムジンガン)の合流地点に1992年に建設された。韓国軍管理下の都羅展望台と異なり、事前の許可なしに自由に立ち入ることができる。この展望台から北朝鮮までの距離は約2km。
展望台の前方には北朝鮮の「宣伝村」と呼ばれる町並みが広がっており、望遠鏡などで一望することができる。展望台の1階と2階部分では北朝鮮に関する展示や映像が見られる。

オドゥサン統一展望台

MAP P.343-2／P.118
住 369, Pilseung-ro Tanhyeon-myeon
住 탄현면 필승로 369
旧 탄현면 성동리 659
TEL (031) 956-9600
URL www.jmd.co.kr
開 9:00～17:00　※最終入場16:00
休 月（祝日の場合は翌日）
料 ₩3000
交 京義線中央線 K331 **金村駅**または地下鉄3号線 309 **大化駅**からバス900番で、統一展望台入口（통일전망대입구）下車

info 臨津閣は、駐車場に隣接するインフォメーションの2階にレストランが集まっている。郷土料理である豆腐を使った料理を試してみたい。

臨津閣平和ヌリ
Imjingak Nuri Peace Park
イムジンガク ピョンファヌリ
임진각 평화누리

自由の橋とも呼ばれるトッケ橋

平和を願って造られた広大な公園。一般の人が許可なく訪れることができ、さまざまな施設で戦争の悲惨さや平和の大切さを感じ取ることができる。おすすめは南北の間を流れる臨津江にかかる鉄橋の「トッケ橋」。朝鮮戦争当時、爆撃によって破壊され橋脚だけが残っていたが、鉄骨や強化ガラスなどで改修し、臨津閣スカイウオークとして生まれ変わった。先端まで行くと臨津江を一望することができる。また、2020年10月には臨津江の上を通って対岸に渡るロープウエイ、坡州臨津江平和ゴンドラ（DMZケーブルカー）が新たに開通した。

第3トンネル
The 3rd Tunnel
チェサム タンクル
제3 땅굴

トロッコに乗って見学に出発

DMZ付近には、北朝鮮が韓国に攻め入るために掘ったとされるトンネルが4つあるといわれている。脱北者の証言から1978年に韓国軍が発見したのが第3トンネル。73mも掘り下げた地下深くに、全長1.3kmの長さのトンネルが造られた。観光客はエレベーターで地下に降り、トロッコで移動する。照明は整備されているが足下は濡れて滑ることがある。最奥までは徒歩で軍事境界線から約200m地点まで近づける。見学は指定されたツアーへの参加が必要。隣接のDMZ展示館やDMZ映像館でも南北分断の歴史を知ることができる。

坡州長陵
Paju Jangneung
パジュ チャンヌン
파주장릉

半世紀ぶりの公開

第16代朝鮮王の仁祖（インジョ）（1595～1649年）と仁烈王后の墓。仁祖は明朝寄りの外交政策をとったため、清朝のホンタイジ率いる大軍の侵略を受けた。南漢山城 ▶P.104 に籠城するも屈服し、三跪九叩頭の礼を以って服従させられた。

臨津閣平和ヌリ
MAP P.343-1
住 1400-5, Majeong-ri, Munsan-eup
住 문산읍 임진각로 177
旧 문산읍 마정리 1400-5
TEL (070) 4405-3323
URL ggtour.or.kr/info/imjingak/fg_imjingakDb.php
開 11～2月9:00～17:00
3～10月 9:00～18:00
※最終入場30分前　休 月
料 無料（トッケ橋₩2000、坡州臨津江平和ゴンドラW1万1000）
交 京義線中央線 K335 **汶山駅**から徒歩3分のハンジン1次、汶山駅(한진1차.문산역)のバス停からバス58番で、臨津閣(임진각)下車

朝鮮戦争中に砲撃された機関車

第3トンネル
MAP P.343-1
住 210-358, Je3ttanggul-ro Gunnae-myeon
住 군내면 제3땅굴로 210-358
旧 군내면 점원리 1082-1
TEL (031) 954-0303
開 ツアーでのみ見学可
※ツアーは月曜は全社運休。いずれも予約必須。

坡州長陵
世界遺産
登録英名:Royal Tombs of the Joseon Dynasty
登録年:2009年
登録基準:文化遺産（3）（4）（6）
MAP P.343-2／P.118
住 90, Jangneung-ro Tanhyeon-myeon
住 탄현면 장릉로 90
旧 탄현면 갈현리 산25-16
TEL (031) 945-9242
URL royaltombs.cha.go.kr
開 2～5·9·10月9:00～18:00
6～8月9:00～18:30
11～1月9:00～17:30
※最終入場1時間前
休 月（祝日の場合は翌日）
料 ₩1000
交 京義線中央線 K331 **金村駅**から市内バス33、36番で統一小学校(통일초등학교)下車、徒歩2分

info 坡州で世界遺産となっている朝鮮王陵としては坡州三陵 MAP P.343-2 もよく知られている。金村駅から38、799、9709番バスなどで行くことができる。

あなたの**旅の体験談**をお送りください

「地球の歩き方」は、たくさんの旅行者からご協力をいただいて、
改訂版や新刊を制作しています。
あなたの旅の体験や貴重な情報を、これから旅に出る人たちへ分けてあげてください。
なお、お送りいただいたご投稿がガイドブックに掲載された場合は、
初回掲載本を1冊プレゼントします！

ご投稿はインターネットから！

URL www.arukikata.co.jp/guidebook/toukou.html
画像も送れるカンタン「投稿フォーム」
※左記のQRコードをスマートフォンなどで読み取ってアクセス！

または「地球の歩き方　投稿」で検索してもすぐに見つかります

地球の歩き方　投稿

▶投稿にあたってのお願い

★ご投稿は、次のような《テーマ》に分けてお書きください。

《新発見》────ガイドブック未掲載のレストラン、ホテル、ショップなどの情報
《旅の提案》───未掲載の町や見どころ、新しいルートや楽しみ方などの情報
《アドバイス》──旅先で工夫したこと、注意したこと、トラブル体験など
《訂正・反論》───掲載されている記事・データの追加修正や更新、異論、反論など

※記入例「○○編20XX年度版△△ページ掲載の□□ホテルが移転していました……」

★データはできるだけ正確に。
ホテルやレストランなどの情報は、名称、住所、電話番号、アクセスなどを正確にお書きください。
ウェブサイトのURLや地図などは画像でご投稿いただくのもおすすめです。

★ご自身の体験をお寄せください。
雑誌やインターネット上の情報などの丸写しはせず、実際の体験に基づいた具体的な情報をお待ちしています。

▶ご確認ください

※採用されたご投稿は、必ずしも該当タイトルに掲載されるわけではありません。関連他タイトルへの掲載もありえます。
※例えば「新しい市内交通パスが発売されている」など、すでに編集部で取材・調査を終えているものと同内容のご投稿をいただいた場合は、ご投稿を採用したとはみなされず掲載本をプレゼントできないケースがあります。
※当社は個人情報を第三者へ提供いたしません。また、ご記入いただきましたご自身の情報については、ご投稿内容の確認や掲載本の送付などの用途以外には使用いたしません。
※ご投稿の採用の可否についてのお問い合わせはご遠慮ください。
※原稿は原文を尊重しますが、スペースなどの関係で編集部でリライトする場合があります。

旅の準備とテクニック

旅の必要書類

10年用（左）と5年用（右）
パスポート

パスポートの取得

パスポート（旅券）は旅行者が日本国民であることを証明し、渡航先の国に対して安全な通過や保護を要請した公文書。海外旅行はこれがないと始まらない。

◎5年有効と10年有効

パスポートには5年間有効のものと10年間有効のものがある（18歳未満は5年用旅券のみ申請可）。10年用は赤、5年用は濃紺。

◎パスポート申請の必要書類

❶一般旅券発給申請書　各旅券窓口のほか、市区町村のサービスセンターでも配布している所が多い。10年用と5年用で用紙が違うので注意しよう。

❷戸籍謄本：1通　発行日から6ヵ月以内のもの。本籍地の市区町村で発行してくれる。委任状があれば代理人でも交付される。郵送で取り寄せることもできる。

❸写真　本人のみが写っていて、6ヵ月以内に撮影されたもの。縦45mm×横35mm。顔の位置や余白のサイズ、髪型など規定があるので、証明写真ボックス等で撮影するのが安心。

❹身元を確認するための書類　運転免許証やマイナンバーカード、前回取得したパスポート（失効の場合は6ヵ月以内）などがあれば1点でOK。

◎パスポートの申請窓口

県庁などにあるパスポートセンター、住民登録している市区町村の窓口など都道府県により申請・発給場所が違う。一般的に申請は平日のみだが、受領は日曜日もできるところが多い。発行までは日曜、祝・休日を除いて1週間から10日はみておこう。

居所申請　学生または単身赴任などの理由で現住所と住民票の住所が一致していないとき、居所申請ができる場合もあるので問い合わせを。住民票の写しが必要になる。

◎パスポートの受領

パスポート申請時に窓口で渡されるパスポート受領証に交付される日付が記載されているので、それに従い窓口へ。受領には以下のふたつが必要。

❶パスポート受領証

❷旅券手数料　収入印紙と都道府県の収入証紙で納める。売り場は通常窓口近辺にある。

10年旅券：1万6000円　5年旅券：1万1000円　（申請時に12歳未満の人は6000円）。

パスポート申請の問い合わせ先

▶パスポート案内センター
TEL (03) 5908-0400（東京）
そのほかの各都道府県は旅券課に問い合わせを。

▶外務省 パスポートAtoZ
URL www.mofa.go.jp/mofaj/toko/passport/index.html
各都道府県の申請窓口へのリンク集
URL www.mofa.go.jp/mofaj/toko/passport/pass_6.html

パスポートに関する注意

国際民間航空機関（ICAO）の決定により、2015年11月25日以降は機械読取式でない旅券（パスポート）は原則使用不可となっている。日本ではすでにすべての旅券が機械読取式に置き換えられたが、機械読取式でも2014年3月19日以前に旅券の身分事項に変更のあった人は、ICチップに反映されていない。渡航先によっては国際標準外と判断される可能性もあるので注意が必要だ。
URL www.mofa.go.jp/mofaj/ca/pss/page3_001066.html

パスポートの残存期間

パスポートには有効期限があるが、各国では切れる日までに必要な最低期間を決めており、これを「残存期間」という。韓国は「入国時3ヵ月以上残っていること」と定められている。

info 民法が改正され2022年4月1日から、成年年齢が20歳から18歳に変更された。そのため10年間有効のパスポートが申請できる年齢も18歳以上から可能となった。

K-ETAの申請（電子渡航認証）

申請は出発72時間前まで　18～64歳の人は韓国へビザなしで渡航する場合K-ETA（ケーイーティーエー）と呼ばれる電子渡航認証を申請しなければならない（2023年8月現在、一時的に不要、欄外参照）。日本語にも対応しており、1回の申請で3年間有効。出国の72時間前までの申請が推奨されている。

K-ETAの申請に必要なもの

❶**パスポート**　顔写真のあるページを申請書にアップロードする必要がある（下記参照）。

❷**Eメールアドレスと電話番号**　アカウントの作成時に必要。電話番号は日本で使っているものでOK。

❸**証明写真（データ）**　jpg形式で容量は100キロバイト、縦横700ピクセル以下のもの。アプリ申請時はスマホで撮影してアップロード可。申請専用アプリ（欄外参照）を使うと画像データを自動的に調整してくれる。スマホで撮影した写真をブラウザ上でアップロードする場合は容量オーバーになってしまう。その場合はLINEなどの通話SNSアプリで画像を送信し、再度保存することでデータをサイズダウンできる。

❹**クレジットカードまたはデビットカード**　K-ETA申請の支払いはカードのみ。費用は₩1万300。

K-ETAの申請の手順

❶**www.k-eta.go.kr**にアクセス、Apply for K-ETAからアカウントを作成

❷パスポートデータをアップロード

❸今回の訪韓目的や現地滞在先（現地滞在先が複数ある場合は、最も多く滞在する宿泊先もしくは初日に滞在する宿泊先でOK）の入力と顔写真のアップロード

❹クレジットカードまたはデビットカードで支払い

❶**アカウント作成**
国籍やメールアドレスを入力。利用規約などは全て**同意する**を選択。

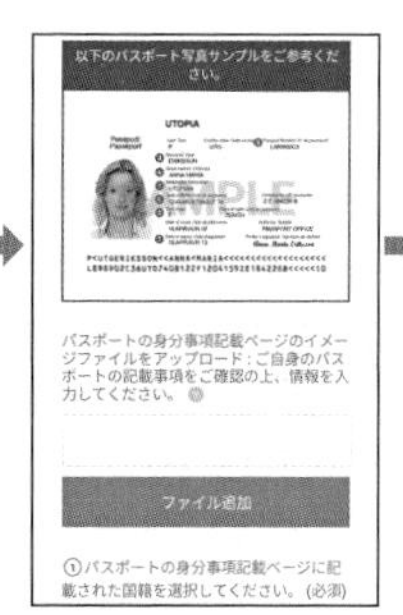

❷**アップロード**
写真のアップロードはjpg形式のみ。pdf形式はエラーになる。

❸**一般的な観光なら**
通常の場合は**観光**を選択、医療観光の場合は**疾病治療**。

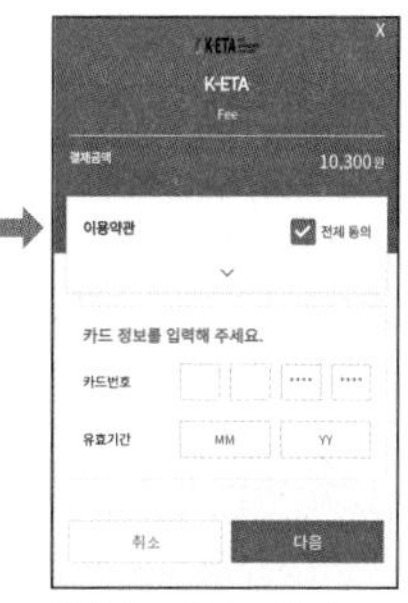

❹**支払いはカードで**
ここだけ韓国語。チェックを入れ、カード番号と有効期限を入力する。

K-ETAは暫定的に取得不要に

2023年4月1日から2024年12月31日まで、「2023～2024韓国訪問の年」と題したキャンペーンにより、日本を含む22の国や地域のパスポートをもつ渡航者はK-ETAの取得が一時的に不要となった。ただし、K-ETAを持っている場合は免除となる入国カードの記入、提出などは必要となる。また、すでにK-ETAを持っている人はK-ETAは有効期間内までそのまま利用可能。

K-ETA公式アプリ

K-ETAスマホアプリは手軽に申請できるが、システムの不具合が多数報告されている。PCブラウザからの申請も頭の片隅に留めておこう。

滞在先の郵便番号

滞在先のホテルの郵便番号がわからない場合はURL www.juso.go.krのサイトでホテル名のハングル表記、または英語名で住所検索をすると便利。

K-ETAの有効期限

K-ETAの有効期限は2年または3年間だが、その間にパスポートの有効期限が満了し、新たなパスポートに切り替えたり、姓名の変更など、パスポート情報に修正が加わった場合は、K-ETAを新たに取得しなくてはならない。

info　アメリカのESTAと異なり、乗り換えや乗り継ぎで機内や空港内に留まる場合はK-ETAおよびビザの取得は不要。

◎K-ETAの有効期限内に再び訪韓する場合

K-ETAは申請から3年間有効（2023年7月以前に申請した人は2年）だが、K-ETAを有効な状態に保っておくためには、韓国へ行く機会ごとにK-ETA Application Results→Edit Informationから現地滞在先情報などを更新する必要がある。

ビザ

90日以内はビザ不要　観光や通過、単純訪問、短期商用、会議、短期の語学研修などの目的の場合には90日間ビザなしで滞留することができる。

ビザが必要な場合　半年以上の語学研修や留学、会社の赴任での長期駐在、ワーキングホリデーを利用しての滞在はビザが必要（欄外参照）。詳細は韓国大使館のウェブサイトまたは韓国領事館へ。なお、領事館は担当地域が決まっている。

海外旅行保険

ケガや病気で現地の病院で治療を受けるとき、保険に入っていないと高額な医療費を請求されることになる。治療内容によっては数百万円に及ぶ場合も。海外旅行保険は、こうしたトラブルでかかった費用を補償してくれる。

基本補償と特約　疾病死亡や治療費、傷害死亡・後遺障害、携行品損害や賠償責任といった項目がおもな基本補償。特約はそれにプラスするオプションで、航空機遅延費用や旅行のキャンセル費用などがある。また、基本補償と特約がセットになったパッケージ型の商品もある。

インターネット契約限定プラン　渡航先、日数、年齢などが細分化され、従来型に比べると割安なのが特徴。韓国へ1週間旅行する場合の保険料の目安は2000～3000円と手頃だ。

トラブルに遭ったら　まずは保険会社の緊急ヘルプデスクやサポートセンターに電話。24時間対応可能な電話番号を控えておくこと。現地のサポートセンターに電話が通じないときは日本のコールセンターに電話をすることになるので、国際電話の掛け方もチェックしておこう。緊急の場合はホテルのスタッフなどに頼むのもいい方法だ。インターネット契約商品で申込時に書類の郵送を希望しない場合でも契約者番号等がわかる画面やメールをプリントアウトしておくと安心。

国際学生証

どこの国にも学割制度はあるが、基本的に自国の学生にしかその特権は認めていない。国際学生証International Student Identity Cardは、それを外国の学生にも適用させたもの。スマートフォンなどで表示するバーチャルカードなので発行もスピーディ。博物館、史跡、劇場、高速バスなどの交通機関などの入場料が割引または無料になる場合が多い。

大韓民国大使館領事部
管轄地域: 東京、千葉、埼玉、栃木、群馬、茨城
住 東京都港区南麻布1-7-32
URL overseas.mofa.go.kr/jp-ja/index.do

▶ビザの申請方法
ビザの申請にはあらかじめ領事民願24 URL consul.mofa.go.krで訪問日を指定しなければならなく、指定可能な訪問日は直近の平日のみ。訪問日を確定させ、ビザ獲得の目処が経ってから航空券を購入すること推奨されている。

大韓民国総領事館
▶駐札幌大韓民国総領事館
管轄地域: 北海道
▶駐仙台大韓民国総領事館
管轄地域: 東北6県
▶駐横浜大韓民国総領事館
管轄地域: 神奈川、静岡、山梨
▶駐新潟大韓民国総領事館
管轄地域: 新潟、長野、富山、石川
▶駐名古屋大韓民国総領事館
管轄地域: 愛知、岐阜、三重、福井
▶駐大阪大韓民国総領事館
管轄地域: 大阪、京都、滋賀、奈良、和歌山
▶駐神戸大韓民国総領事館
管轄地域: 兵庫、岡山、鳥取、香川、徳島
▶駐広島大韓民国総領事館
管轄地域: 広島、山口、島根、愛媛、高知
▶駐札幌大韓民国総領事館
管轄地域: 九州6県、沖縄

ワーキングホリデー
国ごとに年間の発給枠（韓国は1万人）が決まっている。申請方法など詳しくは下記のサイトを参照。
URL www.mofa.go.jp/mofaj/toko/visa/working_h.html

「地球の歩き方」ホームページで海外旅行保険について知ろう
「地球の歩き方」ホームページでは海外旅行保険情報を紹介している。保険のタイプや加入方法の参考に。
URL www.arukikata.co.jp/web/article/item/3000681/

国際学生証の取得
ISIC Japanのウェブサイトでのオンライン申請のみ。料金の支払いはPaypal経由のみなのでアカウントを前もって作成しておこう
▶ISIC JAPAN
URL www.isicjapan.jp

info 新型コロナウイルスの収束が見えない昨今において、短期旅行であっても海外旅行保険への加入は必要。補償対象となっているパッケージを選ぼう。

情報収集

光化門駅近くの観光案内所

韓国観光公社と観光案内所

韓国は、気軽に行ける隣国。実際200万人以上もの日本人が毎年韓国を訪れている。ネット上には韓国フリークのブログがたくさんあり、どれが必要な情報か迷うほど。韓国旅行がはじめてなら、まずは韓国観光公社を訪ねてみよう。

韓国観光公社（KTO） URL japanese.visitkorea.or.kr

オープン時間は月～金9:00～12:00、13:00～17:00。

東京 住 東京都新宿区四谷4-4-10　コリアセンター6階
TEL (03)5369-1755

大阪 住 大阪市中央区城見2-1-61　ツイン21 MIDタワー23階
TEL (06)6942-0847

福岡 住 福岡市博多区博多駅前2-1-1　朝日ビル5階
TEL (092)471-7174

ソウルの観光案内所

明洞や東大門、仁寺洞など主要観光地や地下鉄駅近くにある。日本語を話すスタッフがいる案内所も多い。運営母体は市や区など色々。

動く観光案内所

明洞や南大門、弘大など、観光客が多いエリアでは赤い帽子と上衣を身につけたスタッフが巡回しており、観光案内や道案内をする。ネームカードに「日本語」と書かれているスタッフは日本語での対応が可能だ。

インストールしておきたい便利アプリ

※インストールしない方のQRコードを親指などで隠しながら（iPhone用を読み込む場合はAndroidのQRコードを隠す）カメラで読み込むとスムーズにアプリサイトにアクセスできます。

韓国 No.1 地図アプリ
Naver Map
iPhone　Android
検索は韓国語のみだが日本語表示が一部可能。ルート検索機能も便利。

交通情報が充実
Kakao Map
iPhone　Android

日本語には対応していないが英語表示は可能。バスの運行情報にも対応。

韓国 No.1 配車アプリ
Kakao T
iPhone　Android
ソウルのほか、韓国全土でタクシーが呼べる。Kakao のIDが必要。

カメラで撮って翻訳できる
Naver Papago翻訳
iPhone　Android
料理メニューや看板を撮影すれば画像データから翻訳できる。音声認識対応。

韓国観光公社公式アプリ
韓国旅ガイド
iPhone　Android
コンテンツや最新ニュースの更新頻度が高い。地方の名物料理にも強い。

展示品の説明がわかる
国立博物館
iPhone　Android
ソウルほか各地の国立博物館の館内や主要展示物をガイド。日本語対応。

ソウルのおもな観光案内所 i

URL japanese.visitseoul.net

▶明洞 MAP P.23-D1
住 66, Eulji-ro, Jung-gu
住 중구 을지로 66
旧 중구 을지로2가 181
TEL (02)778-0333 開 9:00～18:00

▶光化門 MAP P.19-C3
住 149, Sejong-daero, Jongno-gu
住 종로구 세종대로 149, 면세점앞
旧 종로구 세종로 211
TEL (02)735-8688 開 10:00～19:00

▶東大門 MAP P.25-C1
住 249-1, Jangchungdan-ro, Jung-gu
住 중구 장충단로 249-1
旧 중구 을지로6가 18-20
TEL (02)2236-9135
開 10:00～翌1:00

▶梨泰院
地下鉄6号線 630 **梨泰院駅**構内
住 B 177, Itaewon-ro, Yongsan-gu
住 용산구 이태원로 지하 177
旧 용산구 이태원동 127
지하철6호선이태원역내
TEL (02)3785-0942 開 10:00～19:00

▶弘大 MAP P.35-D2
住 20, Hongik-ro, Mapo-gu
住 마포구 홍익로 20
旧 마포구 서교동 345-30
TEL (02)323-2240 開 10:00～19:00

赤い帽子のスタッフ

情報収集に役立つWEB・SNS

▶「地球の歩き方」
「地球の歩き方」公式サイト。ガイドブックの更新情報や、海外在住特派員の現地最新ネタ、ホテル予約など旅の準備に役立つコンテンツ満載。
URL www.arukikata.co.jp
arukikata_book

▶韓国観光公社
URL japanese.visitkorea.or.kr
twittkto

▶KONEST
URL www.konest.com
konest

▶VISIT SEOUL
URL www.visitseoul.net

info 明洞や仁寺洞の観光案内所ではインターネットが無料で使えるサービスを実施している。北村の観光案内所では町歩き詳細マップなども配布している。

仁川国際空港の両替所

両替、予算とお金

通貨

韓国の通貨はウォン（本書では₩で表記）。2023年3月現在、₩100=約10.4円。▶P.8

再両替

ウォンから日本円に再両替をする場合は、韓国国内で行ったほうがレートがよい。

空港で両替しておきたい目安

▶金浦空港から明洞まで

バス:₩1万　タクシー:₩4万

▶その日の食事代

₩2万など

クレジットカードのキャッシング

一般的に両替商で両替するよりも、クレジットカードのキャッシングのほうが金利やATM使用料を入れても有利に両替できる。韓国の場合はATMの利用料が₩4000～かかる。また、駅やコンビニにあるATMマシンは、日本など海外発行のカードに対応していないものがほとんどで、使えても引き出せる限度額が低かったり、手数料が高いことがある。海外発行のクレジットカードに対応しているマシンは「Global ATM」との表示があり、日本語にも対応している。

この表記があれば海外発行のクレジットカードでキャッシングができる

日本発行のクレジットカードはForeign Cardを選択

YOU MAY PAY FOR THIS TRANSACTION IN YOUR	
CASH WITHDRAWAL	KRW 300,000
ACCESS FEE	KRW 7,200
TOTAL AMOUNT	KRW 307,200
TERMINAL EXCHANGE RATE	KRW 1,031 =
TRANSACTION AMOUNT	JPY 29781

₩7200のATM利用料が差し引かれていることがわかる

クレジットカードが使えない場所

路上の屋台、広蔵市場や南大門市場などの食事屋台、東大門のファッション問屋など。

両替とレート

韓国の通貨はウォン（₩）。日本でも空港や両替所でウォンを手に入れることができるが、一般にレートはよくないので、韓国到着後に両替する方がいい。

両替する場所とレート

金浦空港ロビーにある銀行

両替レートは「空港の銀行」よりは「市中の銀行」さらに「市中の両替商」のほうが有利だといわれている。空港で町へ出るためのウォンを手に入れた後で、市中で両替したほうがいい。銀行の場合は、営業時間が短く書類を書く手間もあるので、両替商のほうが便利だ。どの両替機関でも日本円からウォンに両替できる。パスポートの提示を求めることは少ないが、念のため持っていたほうがいい。

また、両替には手数料がかかるので、短期の旅行で何度も両替するのは無駄。空港である程度の現金を手に入れたら、あとはクレジットカード払いをメインにするのも手だ。

クレジットカード

ATMは多言語対応のものが多い

韓国では、スーパーやコンビニ、タクシーなどクレジットカードの通用度は日本と同じくらい。地元の人は少額でもスマホ決済やクレジットカードで支払い、現金はほとんど使わない。

タッチ決済機能付きのカードとPINコード　現在発行されている最新型のクレジットカードは、ほぼすべてがタッチ決済機能付き。韓国ではタッチ決済する機会はあまりなく、タブレットにサインをすることが多いのでPIN（暗証番号）を確認しておこう。ATMでキャッシングをするときも、PINコードが必要だ。

日本円での決済は為替レートが不利　クレジットカードで支払う際に、日本円と韓国ウォンが選べる場合がある。現地通貨で決済したほうが一般的には有利なので、聞かれたらウォンを選択しよう。PINコードを打ち込む前に金額だけでなく通貨単位を確認し、レシートもその場で確認すること。

info コンビニATMは1回で引き出せる上限が₩10万までのことが多いが、銀行に設置されているATMならコンビニよりも上限が高いことが多いので、ATM利用料が節約できる。

デビットカード

クレジットカードと同じように使えるが、預金口座から即時引き落としとなる。口座残高以上は使えないのでクレジットカードより自己管理がしやすい。ATMでウォンも引き出しできる。

海外専用プリペイドカード

日本でウォンに両替するよりはレートがよく、クレジットカードのように審査がない。出発前にコンビニATMなどで日本円を入金し、その範囲内で現地のATMでウォンを引き出すことができる。入金の範囲内でショッピングもできる。2023年1月現在、おもに右記のようなカードが発行されている。

旅の予算

ファッションは良質なものでも安い

韓国の物価は日本よりも少し安いか同じぐらい。コンビニで売られているおにぎりは同じか高いぐらいだが、バスや列車の運賃は日本よりも安い。韓国旅行でいくらぐらいかかるのか、シミュレーションしてみよう。

デビットカード

JCB、VISAなどの国際ブランドから複数の金融機関がカードを発行している。

URL www.arukikata.co.jp/web/article/item/3000231/

▶JCBデビット

URL www.jcb.jp/products/jcbdebit

▶VISA

URL www.visa.co.jp

海外専用プリペイドカード

▶アプラス発行

GAIKA

URL www.gaica.jp

MoneyT Global

マネーティーグローバル

URL www.aplus.co.jp/prepaidcard/moneytg

▶トラベレックスジャパン発行

Multi Currency Cash Passport

マルチカレンシーキャッシュパスポート

URL www.travelex.co.jp/product-services/multi-currency-cash-passport

		高い			安い
航空券	時期や出発＆到着地によって大きく違う。LCCで務安など中小都市に行く便は往復で5000円という価格が出ることもある	日本航空 全日空、大韓航空 6万円～	LCC 羽田～ソウル便 3万円～	LCC深夜便 1～3万円	LCC地方線 5000～1万円
宿泊費	どんなスタイルで旅をするかで予算が大きくかわる。ゲストハウスで1泊2000円～	外資系ホテル リゾートホテル 2万円～	5～4つ星 1～2万円	中間クラス 1万円前後	ゲストハウス モーテル 3000円～
食費	韓国では大勢で食べると割安だがひとりご飯は高くつく	焼き肉、刺身 3000～5000円	定食 1000～1500円	ビビンパプ 1100円	ククス（麺） 900円
カフェ	カフェ巡りは韓国の楽しみのひとつ	ピンス（豪華かき氷）1000円前後			コーヒー 300～600円
交通費	近郊へは鉄道かバスで。値段はあまり変わらないので利便性を重視	タクシー市内 5km800円			市内交通 1回100～150円

●3泊4日でソウルを旅した場合の予算

LCCでソウル往復	航空券	3万円
中級クラスのホテルで宿泊　1泊1万円	宿泊費	3万円
DMZへ1日ツアー	ツアー代	6000円
市内バス、地下鉄代	市内交通	3000円
朝食はホテルで、昼食1000円、夕食1500円	食費	1万円
	合　計	7万9000円

info 2023年2月現在、PayPayやLINE Payなど日本で使用しているQRコード決済を韓国でそのまま使用することはできない。

仁川空港

入国と出国

国際観光旅客税
日本からの出国には、1回につき1000円の国際観光旅客税がかかる。原則として支払いは航空券代に上乗せされる。

機内への持ち込み制限
日本発、韓国発いずれも以下の制限がある。
▶手荷物にできないもの
刃物、危険物、液体、エアゾール、ジェルなど。ただし、ひとつ100mℓ以下で、縦横20cm程度の透明ビニール袋に入れた液体は持ち込み可能。なお、リップクリーム、ファンデーション、シートマスク、キムチ、塩辛、缶詰などゲル状のものは、液体と見なされる。
▶機内預けにできないもの
使い捨てライター(ひとり1個なら可)、電子機器用の予備バッテリー(個数や容量に制限がある場合もある)などは手荷物として持ち込めるが、機内預けにはできない。
▶機内預けにも、手荷物にもできないもの
キャンプ用ガスボンベ、危険物

顔認証ゲート
身長135cm以上でひとりで機械操作のできる人が対象になっており、それ以外の人や出国印が必要な人は、有人窓口に並び、出国審査を受けること。

ICN SMARTPASS
仁川国際空港から出国を行う場合、あらかじめモバイルアプリICN SMARTPASSに顔認識情報を登録しておけば、パスポートや搭乗券を提示することなく顔認証のみで保安検査場や搭乗ゲートを通過できる。もちろん、この場合でも出国審査時にはパスポートが必要。

仁川国際空港と金浦国際空港

近いとはいえ、韓国は外国。ここでは航空機で出入国をする場合を説明しよう。ソウルの空の玄関は仁川国際空港と金浦国際空港のふたつ。仁川国際空港は日本の各都市からのほか世界主要都市へのフライトが発着している。東京の羽田空港や大阪の関西国際空港からは金浦国際空港へのフライトが各社毎日運航している。

日本を出国

◎チェックイン

カウンターでの手続き　空港に着いたら出発フロアの掲示を見て、出発カウンターへ行く。eチケット（またはスマホのeチケット画面など）とパスポートを提示する。チェックインバゲージ（機内預け荷物）があれば渡して、ボーディングパス（搭乗券）とクレームタグ（荷物の番号が入った半券）をもらう。パスポートを返してもらうのを忘れずに。

チェックインバゲージ　機内に預けられる荷物、手荷物ともに航空会社によって個数や重さの制限があるので事前にウェブサイトで確認しておこう。特にLCC（格安航空会社）の場合は、無申告や超過荷物には厳しい。ウェブサイトで事前に預け荷物をオンライン予約すると割安になる。

◎手荷物検査、税関と出国審査

出国審査場の前に手荷物検査がある。機内に持ち込めるものには制限があるので注意。高額な外国製品を持ち出す人は、帰国時に課税されないよう「外国製品持ち出し届け」を税関に提出する。出国審査は成田や羽田空港では機械による顔認証もあるが、希望しないと出国印は押されない。

韓国に入国

機内で配られる入国の書類は、予め記入しておくとスムーズ。入国審査では入国カードまたはK-ETA取得画面とパスポートを

●韓国入国の際の免税範囲

現金・有価証券	韓国通貨または外国通貨で米ドル$1万相当以下
物品	総額米ドル$800以下の外国で購入した物品（おみやげ含む）
酒・たばこ・香水	酒2本（2ℓ以下で米ドル$400以下のもの）／紙巻きたばこ200本または葉巻50本またはその他250g／香水60mℓ
農産物・家畜	松の実1kg、牛肉10kg、ひとつ₩10万以下のその他の農産物　※ゴマ、唐辛子、犬猫、牛豚肉とハムなど、植物の種子、野菜、生花、果物は免税範囲内でも要申告
漢方薬	高麗人参300g、鹿の角150g、1品目3kgまでのその他の漢方薬
※輸入禁止品	武器、ナイフ類、麻薬類、国際的に取引が禁止されている動植物とそれを原料にした製品など

info 2023年内に大韓航空がアシアナ航空を買収合併する予定。その影響によって運行ダイヤが大幅に変更されるほか、傘下LCCの統廃合も予想される。

表

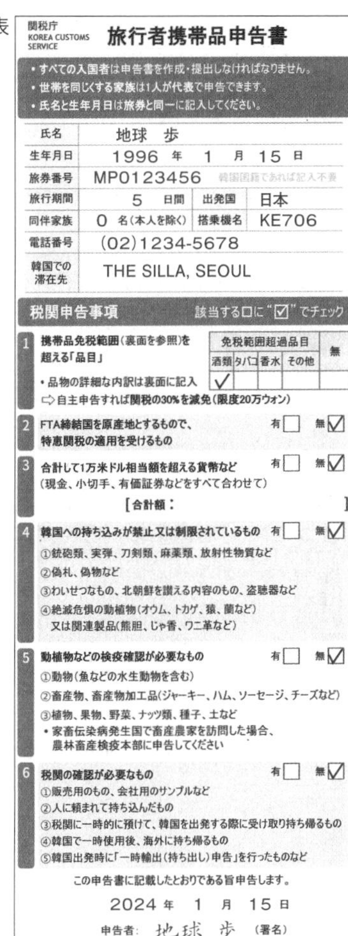

関税庁 KOREA CUSTOMS SERVICE

旅行者携帯品申告書

- すべての入国者は申告書を作成・提出しなければなりません。
- 世帯を同じくする家族は1人が代表で申告できます。
- 氏名と生年月日は旅券と同一に記入してください。

氏名	地球　歩		
生年月日	1996 年　1 月　15 日		
旅券番号	MP0123456　韓国国籍であれば記入不要		
旅行期間	5 日間	出発国	日本
同伴家族	0 名(本人を除く)	搭乗機名	KE706
電話番号	(02)1234-5678		
韓国での滞在先	THE SILLA, SEOUL		

税関申告事項　該当する□に"☑"でチェック

1 携帯品免税範囲(裏面を参照)を超える「品目」

免税範囲超過品目				無
酒類	タバコ	香水	その他	
✓				

・品物の詳細な内訳は裏面に記入
⇨自主申告すれば関税の30%を減免(限度20万ウォン)

2 FTA締結国を原産地とするもので、特恵関税の適用を受けるもの　有☐　無☑

3 合計して1万米ドル相当額を超える貨幣など（現金、小切手、有価証券などをすべて合わせて）　有☐　無☑
[合計額：　]

4 韓国への持ち込みが禁止又は制限されているもの　有☐　無☑
①銃砲類、実弾、刀剣類、麻薬類、放射性物質など
②偽札、偽物など
③わいせつなもの、北朝鮮を讃える内容のもの、盗聴器など
④絶滅危惧の動植物(オウム、トカゲ、猿、蘭など)又は関連製品(熊胆、じゃ香、ワニ革など)

5 動植物などの検疫確認が必要なもの　有☐　無☑
①動物(魚などの水生動物を含む)
②畜産物、畜産物加工品(ジャーキー、ハム、ソーセージ、チーズなど)
③植物、果物、野菜、ナッツ類、種子、土など
・家畜伝染病発生国で畜産農家を訪問した場合、農林畜産検疫本部に申告してください

6 税関の確認が必要なもの　有☐　無☑
①販売用のもの、会社用のサンプルなど
②人に頼まれて持ち込んだもの
③税関に一時的に預けて、韓国を出発する際に受け取り持ち帰るもの
④韓国で一時使用後、海外に持ち帰るもの
⑤韓国出発時に「一時輸出(持ち出し)申告」を行ったものなど

この申告書に記載したとおりである旨申告します。
2024 年　1 月　15 日
申告者：地球　歩　(署名)
<裏面に続く>

ARRIVAL CARD 入国申告書(外国人用)　※ Please fill out in Korean or English. ※ 韓国語又は英語で記入して下さい。
Family Name / 氏 ❶ CHIKYUU　Given Name / 名 ❷ AYUMI　❸ ☐Male / 男 ☑Female / 女
Nationality / 国名 ❹ JAPANESE　Date of Birth / 生年月日 ❺ 1 9 9 6 0 1 1 5　Occupation / 職業 ❻ OFFICE WORKER
Address in Korea / 韓国の連絡先　(☎：　)
❼ The Shilla, Seoul
※ 'Address in Korea' should be filled out in detail. (See the back side)
※ '韓国の連絡先'は必ず詳しく作成して下さい。(裏面参照)
Purpose of visit / 入国目的 ❽ ☑Tour 観光　☐Visit 訪問　☐Business 業用　☐Employment 就業　☐Others その他(　)
Signature / 署名 ❾ 地球歩

❶名字を活字体(ブロック体)のローマ字で書く

❷名前を活字体(ブロック体)のローマ字で書く

❸性別にチェックを入れる

❹国籍を英語で書く。日本人はJAPANESEと書く

❺生年月日を西暦で書く

❻職業を英語(下記参照)で書く。

❼宿泊ホテルの名前を英語で書き、右上の欄に電話番号を記入する

❽旅行の目的にチェックを入れる

❾普段使っている自分のサインを書く。漢字でもかまわない。パスポートのサインと同一であることが好ましい

【職業記入の例】
会社員：OFFICE WORKER
公務員：GOVERNMENT EMPLOYEE
主婦：HOUSEWIFE
自営業：SELF-EMPLOYED
学生：STUDENT
無職：WITHOUT OCCUPATION

裏

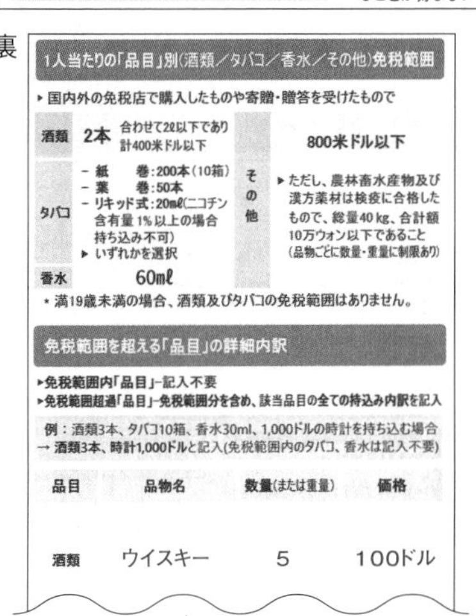

1人当たりの「品目」別(酒類／タバコ／香水／その他)免税範囲

▸国内外の免税店で購入したものや寄贈・贈答を受けたもので

酒類	2本　合わせて2ℓ以下であり計400米ドル以下	その他	800米ドル以下 ▸ただし、農林畜水産物及び漢方薬材は検疫に合格したもので、総量40kg、合計額10万ウォン以下であること(品物ごとに数量・重量に制限あり)
タバコ	－紙　巻：200本(10箱) －葉　巻：50本 －リキッド式：20mℓ(ニコチン含有量1%以上の場合持ち込み不可) ▸いずれかを選択		
香水	60mℓ		

・満19歳未満の場合、酒類及びタバコの免税範囲はありません。

免税範囲を超える「品目」の詳細内訳

▸免税範囲内「品目」-記入不要
▸免税範囲超過「品目」-免税範囲分を含め、該当品目の全ての持込み内訳を記入

例：酒類3本、タバコ10箱、香水30ml、1,000ドルの時計を持ち込む場合
→酒類3本、時計1,000ドルと記入(免税範囲内のタバコ、香水は記入不要)

品目	品物名	数量(または重量)	価格
酒類	ウイスキー	5	100ドル

提示しよう。指紋を登録されることもあるが係員の指示に従えば通常は質問をされることもなく、問題なく入国できる。

旅行者携帯品申告書　機内で配られるもうひとつの書類「携帯品申告書」は荷物を受け取った後、出口付近にいる係員に渡す。免税対象者は提出の必要がなくなった。(欄外参照)。

韓国を出国

日本帰国

機内で「携帯品・別送品申告書」が配られるので必要事項を書いておこう。2023年5月現在、日本帰国時に有効なワクチン証明書又は出国前検査証明書の提示は不要。詳しくは厚生労働省のウェブサイトを確認のこと。Visit Japan Webで検疫手続を事前にしておくと、ファストトラックでスムーズに入国できる。

旅行者携帯品申告書について

2023年5月1日から、免税の範囲内で韓国に入る場合は、税関検査場にて「旅行者携帯品申告書」を提出する必要がなくなった。免税範囲内であれば、申告書に記入することなく検査場で**Nothing to Declare**(税関申告なし)に進む。携行品が免税範囲を超える、あるいは、超えるかどうか判断しかねる場合は、申告書に記入したうえで、従来通り**Goods to Declare**(税関申告あり)にて税関職員に提出する。

帰国の際の証明書類について

厚生労働省のウェブサイトは以下の通り。
URL www.mhlw.go.jp/stf/seisakunitsuite/bunya/0000121431_00209.html

info 韓国入国の際の免税範囲が2022年9月から緩和され、物品は米ドル$600から米ドル$800まで引き上げ、酒の本数も1本から合計2本まで可能となった。

バゲージクレームで荷物を受け取ったら、税関申告書を提出して出口へ向かおう。Visit Japan Webを利用すれば事前に税関申告が可能だが、ターミナルによってはQRコードの読み取り機が少ない。混雑状況によっては機内で記入した申請書を提出した方がスムーズな場合もある。

日本帰国時の植物検疫について

香辛料や韓方を韓国みやげに選ぶ人も多い。その際に注意したいのが携行品の植物検疫。植物を海外から日本に持ち込む場合（海外へ持ち出す場合も含む）、植物の病害虫の侵入を防ぐために検疫を受ける必要がある。携行品の適否のイメージは下記の早見表で把握できる。帰国した際、判断に迷った場合は空港の植物検疫カウンターで検査をしよう。

	韓国出国時の検査	日本帰国時の検査
生唐辛子	必要	必要
乾燥唐辛子(ホール)	不要	必要
乾燥唐辛子(輪切り)	不要	必要
市場などの乾燥唐辛子(粉末)	不要	必要
小売店の乾燥唐辛子(粉末)	不要	不要
コチュジャン(二次加工品)	不要	不要

※市場で購入した商品など（簡易包装で、食品パッケージに表記がないもの）に関しては粉末など一次加工品であっても日本帰国時の検疫が必要となる場合がある。

Visit Japan Web

日本入国時の手続き「入国審査」、「税関申告」をウェブで行うことができるサービス。必要な情報を登録することでスピーディに入国できる。

URL vjw-lp.digital.go.jp

福岡空港利用時の留意点

福岡空港の国内線と国際線の連絡バスは、20分に1本程度しかなく11分かかるので最大で30分以上みておく必要がある。時間帯にもよるが、荷物検査から出国審査まで40分ほど並ぶことがあるので注意。

植物防疫所

▶横浜植物防疫所
TEL 03-5757-9790
TEL 045-211-7153（羽田空港支所）
URL www.maff.go.jp/pps/index.html
▶神戸植物防疫所
TEL 078-331-2376
TEL 072-455-1936（関西空港支所）

表

（A面）
日本国税関
税関様式C第5360号

携帯品・別送品申告書

下記及び裏面の事項について記入し、税関職員へ提出してください。
家族が同時に検査を受ける場合は、代表者が1枚提出してください。

搭乗機（船）名　　出発地
入国日　　年　　月　　日
氏名（フリガナ）
現住所（日本での滞在先）
電話　（　　）
職業
生年月日　　年　　月　　日
旅券番号（パスポート番号）
同伴家族　20歳以上　名　6歳以上20歳未満　名　6歳未満　名

※ 以下の質問について、該当する□に"✓"でチェックしてください。

1. 下記に掲げるものを持っていますか？　はい　いいえ
① 麻薬、銃砲、爆発物等の日本への持込みが禁止されているもの（B面1. を参照）□ □
② 肉製品、野菜、果物、動植物等の日本への持込みが制限されているもの（B面2. を参照）□ □
③ 金地金又は金製品 □ □
④ 免税範囲（B面3. を参照）を超える購入品・お土産品・贈答品など □ □
⑤ 商業貨物・商品サンプル □ □
⑥ 他人から預かったもの(スーツケースなど運搬用具や理由を明らかにされず渡されたものを含む) □ □
＊上記のいずれかで「はい」を選択した方は、B面に入国時に携帯して持ち込むものを記入してください。

2. 100万円相当額を超える現金、有価証券又は1kgを超える貴金属などを持っていますか？　はい □　いいえ □
＊「はい」を選択した方は、別途「支払手段等の携帯輸出・輸入申告書」を提出してください。

3. 別送品　入国の際に携帯せず、郵送などの方法により別に送った荷物(引越荷物を含む。)がありますか？
□ はい（　　個）　□ いいえ
＊「はい」を選択した方は、入国時に携帯して持ち込むものをB面に記入したこの申告書を2部、税関に提出して、税関の確認を受けてください。（入国後6か月以内に輸入するものに限る。）確認を受けた申告書は、別送品を通関する際に必要となります。

《注意事項》
海外又は日本出国時及び到着時に免税店で購入したもの、預かってきたものなど日本に持ち込む携帯品・別送品については、法令に基づき、税関に申告し、必要な検査を受ける必要があります。申告漏れ、偽りの申告などの不正な行為がある場合は、処罰されることがあります。

この申告書に記載したとおりである旨申告します。

署名

裏

（B面）

※入国時に携帯して持ち込むものについて、下記の表に記入してください。（A面の1. 及び3. ですべて「いいえ」を選択した方は記入する必要はありません。）

（注）「その他の品名」欄は、申告を行う入国者本人（同伴家族を含む）の個人的使用に供する購入品等に限り、1品目毎の海外市価の合計額が1万円以下のものは記入不要です。また、別送品も記入不要です。

酒類			本	＊税関記入欄
たばこ	紙巻		本	
	加熱式		箱	
	葉巻		本	
	その他		ｸﾞﾗﾑ	
香水			ｵﾝｽ	
その他の品名	数量	価格		

＊税関記入欄　円

1. 日本への持込みが禁止されている主なもの
① 麻薬、向精神薬、大麻、あへん、覚醒剤、MDMA、指定薬物など
② 拳銃等の銃砲、これらの銃砲弾や拳銃部品
③ 爆発物、火薬類、化学兵器原材料、炭疽菌等の病原体など
④ 貨幣・紙幣・有価証券・ｸﾚｼﾞｯﾄｶｰﾄﾞなどの偽造品など
⑤ わいせつ雑誌、わいせつDVD、児童ポルノなど
⑥ 偽ブランド品、海賊版などの知的財産侵害物品

2. 日本への持込みが制限されている主なもの
① 猟銃、空気銃及び日本刀などの刀剣類
② ワシントン条約により輸入が制限されている動植物及びその製品(ﾜﾆ・ﾍﾋﾞ・ﾘｸｶﾞﾒ・象牙・じゃ香・ｻﾎﾞﾃﾝなど)
③ 事前に検疫確認が必要な生きた動植物、肉製品(ｿｰｾｰｼﾞ・ｼﾞｬｰｷｰ類を含む。)、野菜、果物、米など
＊ 事前に動物・植物検疫カウンターでの確認が必要です。

3. 免税範囲（一人あたり。乗組員を除く。）
・酒類3本(760mlを1本と換算する。)
・紙巻たばこ200本（外国製、日本製の区分なし。）
＊ 20歳未満の方は酒類とたばこの免税範囲はありません。
・海外市価の合計額が20万円の範囲に納まる品物（入国者の個人的使用に供するものに限る。）
＊ 海外市価とは、外国における通常の小売価格(購入価格)です。
＊ 1個で20万円を超える品物の場合は、その全額に課税されます。
＊ 6歳未満のお子様は、おもちゃなど子供本人が使用するもの以外は免税になりません。

携帯品・別送品申告書の記載に御協力頂きありがとうございました。日本に入国（帰国）されるすべての方は、法令に基づき、この申告書を税関に提出していただく必要があります。引き続き税関検査への御協力をよろしくお願いします。

info 市中で買った酒やキムチは機内へ持ち込めないので、必ず預け荷物に入れること。出国審査後の制限エリアにある免税店などで買ったものは機内に持ち込むことができる。

ソウルから地方へ

ソウル南部市外バスターミナル

国内航空路線

ほとんどの国内線は金浦空港を使用している。仁川から金浦までは1時間ほどかかるので、国際線から乗り継ぐ人は時間に余裕を持つこと。

韓国の鉄道網

韓国の鉄道はKORAIL（コレイル＝韓国鉄道公社）が運営している。日本の新幹線にあたるKTXを中心に、全長4127kmほどの路線がある。発着時間は正確で、車内設備も快適。ソウルから大邱を通って釜山へ行く京釜（キョンブ）線が大動脈だ。地方間のローカル線は便数も少なく利用しづらい。

おもな列車の種類

韓国ではKTXのほか、特急、急行、各駅停車があるが、それぞれ愛称が付けられており、それらの列車の種類ごとに料金が決められている。

KTX（高速列車）

フランスのTGVシステムを導入した高速列車。最高時速は約300km/h。

路線　在来線に乗り入れて運行している区間も含めて、ソウルを中心に釜山や浦項、麗水、木浦、江陵など地方の主要都市を結んでいる。

車内設備　一般室は2+2の4列、特室は1+2の3列。KTX-山川は座席が回転する。食堂車はなく、車内販売のみ。

SRT（高速列車）

KORAILの子会社SR（Supreme Railways）が運営する高速鉄道。ソウルの始発は江南にある水西駅。

路線　水西～釜山のSRT京釜線と水西～木浦のSRT湖南線。KTXのように全羅線、慶全線への乗り入れはしていない。

車内設備　シート下部にコンセントが付いている。スーツケース置き場は狭い。

ITX-セマウル ITX-새마을（特急列車）

セマウル号の後継特急。セマウルは「新しい村」という意味で、朴正熙元大統領が提唱した農村改良運動（セマウル運動）にちなんだもの。

路線　京釜、湖南、全羅、中央の各線。

車内設備　シート下部にコンセントが付いている。全車両一般室で2+2の4列。スーツケース置き場は狭い。

主要国内航空線

▶便数の多い路線

便数が最も多い路線は金浦～済州路線。1日40便以上も発着する。次に多いのが金浦～釜山で1日15便程度。それ以外の路線は、多くても4～5便となる。

機内持ち込み制限

液体や危険物の持ち込み制限は、国際線とほぼ同じ。▶P.355

KORAIL

URL www.letskorail.com

最新の時刻表検索のほか、切符の予約も可能。

光明駅に停車中のKTX

KTXの特室（1等）

そのほかの列車

▶ムグンファ 무궁화

韓国の国花、ムクゲ（無窮花）から名付けられた急行列車。全国の路線で運行されており、同じ路線でも停車駅が違うパターンがある。

▶ヌリロ 누리로

ヌリは世界、ロは路で“世界の路”という意味をもつ急行列車。長項線のソウル～新昌間、全羅線の龍山～麗水エキスポ間、湖南線の龍山～光州間。車内設備は新しい。

▶ITX-青春 ITX-청춘

龍山～清涼里～春川の京春線で運行している急行電車。地下鉄と同じホームを使うが、交通カードは使えないため、チケットは別に購入する。ホームに券売機がある駅と、改札を通り直す駅がある。

info KORAILが乗り放題になるKORAIL PASSという旅行者向けの鉄道パスがある。KTXにも適応されるが、SRTはKORAIL PASSで乗ることができない。

ソウル駅東口

地下鉄車両にある妊婦優先席

そのほかのターミナル駅

▶**上鳳駅** 상봉역（サンボンヨク）
MAP 折込表D1
春川へ向かう京春線の各駅停車（交通カードの利用が可能）の多くはこの駅が始発となる。

▶**水西駅** 수서역（スソヨク）
MAP 折込表D3
SR（Supreme Railways）の運営するSRTのターミナル駅。京釜線、湖南線方面へのSRTはここが始発となる。地下鉄3号線と盆唐線が接続しており、江南方面からのアクセスは良好。

▶**永登浦駅** 영등포역（ヨンドゥンポヨク）
MAP P.52-A3
ターミナル駅ではないが、空港からのリムジンバスも発着する主要駅で、京釜線KTXも一部停車する。駅にはロッテ百貨店が併設されている。

龍山駅への移動での注意

ソウル駅から龍山駅に移動して湖南線や全羅線のKTXに乗る場合、ソウル～龍山と龍山からのKTXは別の切符を買う必要があるので注意しよう。日本のように通しで切符を買うことはできない。また、ソウル～龍山間は首都圏電鉄1号線で移動するのが便利だが、KORAILとは運賃系統が違うので、交通カードか1回券で乗る。

鉄道チケットの予約・購入

列車のチケットは、駅の窓口のほか一部の観光案内所や旅行会社でも購入可能。どの端末からでも全国すべての区間が購入できる。週末や祝日、学校が長期休暇になる夏は混雑しがちなので早めの予約が必要だ

駅での購入　駅には現金とクレジットカードが使用できる自動券売機がある。ただし、韓国国内カードのみで、国外発行のクレジットカードに対応していない機械も多い。英語画面が必ずあり、日本語が選択できるものもある。

ソウルのターミナル駅

ソウル駅がメインのターミナル駅だが列車によっては他の駅が始発の場合もある。

◎ソウル駅 서울역（ソウルヨク）MAP P.22-B2～B3

ソウルの玄関口、ソウル駅にはおもに京釜線のKTXと急行、普通列車やA'REX（空港鉄道）、地下鉄まで数多くの列車が発着する。駅前には市内バスのターミナルもあり、ロッテマートやアウトレットモールも備えている。日本統治時代に塚本靖設計で建てられた旧駅舎は文化駅ソウル284 ▶P.109 という文化施設になっている。

KORAILソウル駅　建物は地上4階、地下7階にいたる巨大な駅だが、KORAILの切符売り場、コンビニエンスストアやファストフード店、パン屋や弁当屋、鉄道案内所や観光案内所、コインロッカーなどはすべて2階のコンコースにある。ほぼ中央に3階へ上がるエスカレーターがあり、VIPラウンジやフードコートがある。プラットホームは1階に1～14番線まで並んでいる。仁川国際空港へのA'REXは駅の西側の地下ホーム、地下鉄1号線と4号線は駅の東側の地下ホームを利用する。

A'REX（空港鉄道）ソウル駅　発着するのは地下7階のプラットホーム。エスカレーターを上がると各駅停車の3階改札口、直通列車は地下2階の改札を利用する。

地下鉄1・4号線ソウル駅　地下鉄線は線路の東側に着く。A'REXとの乗り換えは、地下通路で線路の下を潜り抜けるため、乗り換えには10分ほどかかる。

◎龍山駅 용산역（ヨンサンヨク）MAP P.26-A3

龍山駅の切符窓口

五松駅以南の忠清道、全羅道方面へ直通する湖南線、全羅線方面へのKTXや在来線のターミナル駅。京義線を走るDMZトレインもこの駅が始発。また、仁川および水原方面への地下鉄1号線の特急や急行列車もこの駅が始発駅となる。

ソウル駅には海外で発行されたクレジットカードが使える券売機もありました。有人窓口が長蛇の列のときも、こちらは待ちなしでした。縦に細長い端末です。（東京都　丸山裕樹　'19夏）

清涼里駅 청량리역（チョンニャンニヨク） MAP P.39-D1

KTX江陵線、ITX青春も走る京春線など江原道方面の列車のほか、中央線経由で大邱、釜山へ向かう長距離列車などが発着するターミナル駅。

清涼里駅はソウル東部のターミナル駅

長距離バス路線

韓国の都市間移動は鉄道よりもバスが主流。高速道路網が発達しているので、所要時間も在来鉄道と大差ない。ただし、朝夕のラッシュ時に大都市を抜ける場合、連休や行楽シーズンの高速道路は渋滞する。

長距離バスの種類　都市間バスには高速バスと市外バスがあり、運賃も使用ターミナルも違う。

高速バス 고속버스（コソクポス）

目的地まで（おもに高速道路を使って）ノンストップで走るバス。高速ターミナルを使用する。高速バスには深夜バス（深夜優等高速バス심야우등고속버스（シミャウドゥンコソクポス））もある。高速バスの等級は大きく分けて以下の2つ。

一般高速バス 일반고속버스（イルバンコソクポス）

通路を挟んで2席ずつ4席シートの車両。

優等高速バス 우등고속버스（ウドゥンコソクポス）

通路を挟んでひとり席とふたり席がある車両。よりゆったり座れる。運賃は少し高い。

市外バス 시외버스（シウェポス）

おもに（高速道路の通っていないような）中小の町を結ぶ。主要な町をいくつか経由する直行バス직행버스（チケンポス）と、より小さな停留所にも停まる緩行バス완행버스（ワネンポス）がある。高速道路を使ってノンストップで目的地へ向かう市外バスも多く走る。しかし、これらを含め、市外バスは原則として市外バスターミナルを使用する。

チケット購入～乗車・降車

バスのチケット売場の窓口は方面別に分かれている。窓口の上に次発後発の出発時刻や行き先が書いてあればその方面の窓口だ。わからなければ、行き先を言えば窓口を教えてくれる。

バスの料金

同じ目的地でも高速バスか市外バスか深夜バスかで違う。さらに一般座席か優等座席かでも料金が変わってくる。

プラットホーム

チケットに書かれたプラットホーム番号を確認し、時間までに行くこと。基本的に指定席なので並ぶ必要はない。
バスに表記されている行き先はハングルだけなので、スタッフにチケットを見せて、乗るべきバスか確認しよう。

長距離バスの検索

▶高速バス統合
URL www.kobus.co.kr
日本語にも対応
▶東ソウル総合バスターミナル
URL www.ti21.co.kr
▶全国市外バス統合予約
URL txbus.t-money.co.kr
▶BUS TAGO
URL www.bustago.or.kr
▶釜山総合バスターミナル
URL www.bxt.co.kr

トイレ休憩に注意!

長距離バスの車内にはトイレがない。2時間ぐらいでトイレ休憩をする。ドライブインには同じようなバスがたくさん停まっているので、戻るときに間違えやすい。バスのナンバーや特徴をスマホで撮っておこう。

ドライブインでは軽食もある

バスのフロントに行き先が貼り出されるがハングルのみ

info 長距離バスの窓口には、海外発行のクレジットカードでは支払いができない所がある。

自動券売機と発車表示

ソウル高速バスターミナル

ソウル高速バスターミナル

MAP P.46-A1～A2
TEL (02) 535-4374
URL kobus.co.kr
交 地下鉄3·7·9号線
339 739 923 高速ターミナル駅

おもな京釜線乗場

- ▶1·2番　釜山総合／西部
- ▶3番　馬山　▶4番　昌原
- ▶5番　晋州
- ▶6番　蔚山、金海、統営
- ▶7·8番　東大邱、密陽
- ▶9番　慶州、浦項方面
- ▶10番　金泉、聞慶、尚州方面
- ▶11·12番　大田
- ▶13番　世宗
- ▶14·15番　天安
- ▶16番　公州、牙山

おもな嶺東線乗場

- ▶17番　鳥致院
- ▶18番　束草、襄陽
- ▶20番　東海、三陟
- ▶22番　江陵　▶23番　堤川
- ▶24·25番　原州
- ▶26番　龍仁　▶27番　利川
- ▶28番　驪州
- ▶29番　春川、鉄原方面
- ▶30番　安東、栄州方面
- ▶31番　安城　▶32番　平沢
- ▶33～35番　清州

◎荷物を預ける

大きな荷物は荷物室に預ける。荷物のタグなどもなく、係員のチェックも通常はないので自己責任で。

◎バスに乗る

チケットにQRコードやバーコードがあれば、運転席近くのリーダーに自分でかざして乗車する。ないチケットであれば運転手に渡す。半券をちぎって返してくれるので、降車までなくさないこと（半券をちぎらない係員もいる）。

◎車内の設備

高速バスも市外バスもあまり差はなく、新型車両が投入されている。車内のモニターでは降車案内やアニメなどが流れる。充電用USBコンセントを備える車両も多い。

◎バスを降りる

直通のバスは問題ないが、経由地のある市外バスで途中下車する場合は注意。バスターミナルの地名はハングルだけのことが多いので、所要時間やスマホのGPSを使って降車のタイミングを割り出し、そろそろだと思ったら運転手に早めに確認したい。

ソウルの主要バスターミナル

ソウルの主要バスターミナルはソウル高速バスターミナルをはじめ、3つあり、市外バスも方面別に分かれている。

ソウル高速バスターミナル 서울고속버스터미널（ソウルコソクポストミノル）

交通の要　江南の盤浦洞（バンポドン）にあり、地下鉄3号線、7号線、9号線が接続している。金浦空港からは9号線で1本だ。

2つのターミナル　地下鉄3号線の駅を挟んで、東側が高速バスターミナルで、西側が新世界百貨店とセントラルシティと呼ばれるバスターミナルになっている。隣り合っているためセントラルシティも含めて高速バスターミナルと呼ばれることが多い。どちらも高速バスのほか市外バスも発着している。

◎高速バスターミナル

鉄道線に準じて、京釜線、嶺東線などと呼ばれる。京釜線は大田など忠清道東部から慶尚道にかけての路線で、プラットホームの1～16を利用している。嶺東線はおもに京畿

●バスチケットの読み方

❶出発地　❷到着地
❸料金
❹一般（バスの座席のグレード）
❺出発日
❻本来は出発時刻と座席の欄
このチケットは「先着順の乗車、満席の場合は次の便に乗れる」と書いてある
❼プラットホーム番号

info 高速ターミナル駅直結のGOTOモール ▶P.245 のイーストゾーン、ウェストゾーンのそれぞれの端は飲食店エリアとなっており、手頃な料金で食事ができる。ちょっと休憩するのにもいい。

道から江原道にかけての路線で、プラットホームは17～35までを利用している。

セントラルシティ

新世界百貨店の一角に建っているが、こちらも大きなターミナル。忠清道西部から全羅道のいわゆる湖南線のバスがこちらを利用する。

セントラルシティのおもな湖南線乗場

- ▶2番 海南、務安方面
- ▶4番 光州方面
- ▶5番 木浦、益山方面
- ▶6番 順天、潭陽、南原方面
- ▶7番 麗水、光陽方面
- ▶8番 全州、群山、儒城方面
- ▶10番 高敞、淳昌方面
- ▶11番 忠州、清州方面
- ▶12番 保寧、洪城方面

東ソウル総合バスターミナル 동서울종합버스터미널

トンソウルチョンハプポストミノル

ソウル東部の広津区にあり、地下鉄2号線 214 江辺駅3番出口の目の前にある。

韓国全土へ行ける ソウル最大の市外バスターミナルで、ほぼ韓国全域からの市外バスが発着、数はそれほど多くはないが高速バス路線もある。特に多いのは京畿道東部から江原道、慶尚道方面への便で、光州や全州など全羅道方面への便も主要都市なら数十分間隔で発着している。

チケットは1階か2階 行き先によりチケットの売り場は1階と2階に分かれている。プラットホームはすべて1階にある。

東ソウル総合バスターミナル

MAP 折込表D2
TEL 1688-5979（テープ案内）
URL www.ti21.co.kr
交 地下鉄2号線 214 **江辺駅** 西口にある。東口は家電系デパートのテクノマート

東ソウルの切符売り場

ソウル南部市外バスターミナル 서울남부시외버스터미널

ソウルナムブシウェポストミノル

南部市外バスターミナル

東ソウルに次ぐ規模の市外バスターミナル。特に忠清道から全羅道にかけてのエリアはこちらにしか発着しないという路線も少なくない。龍仁大長今パークの最寄り、白岩（ペガム）方面のバスもここから。

ソウル南部市外バスターミナル

MAP 折込表C3
TEL (02) 521-8550
URL www.nambuterminal.com
交 地下鉄3号線 341 **南部ターミナル駅** 5番出口

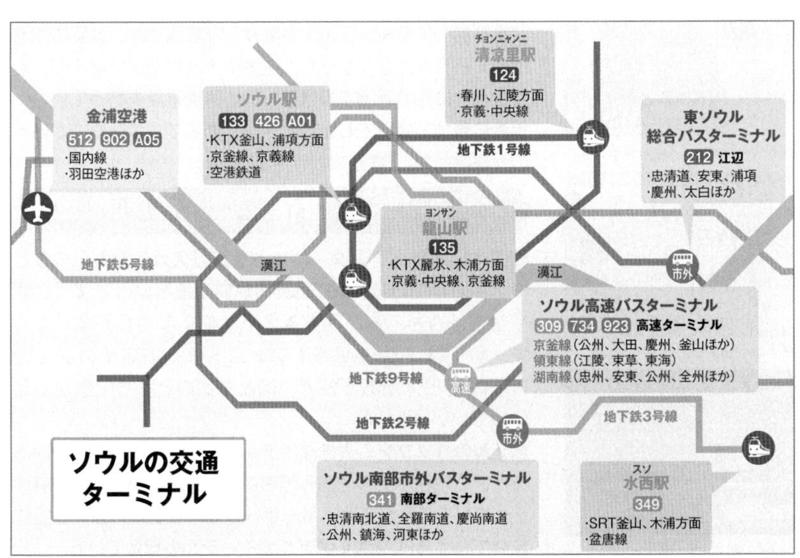

info 東ソウル総合バスターミナルのある江辺駅北側にはテクノマートという家電製品のショッピングモールがある。高句麗鍛冶屋村 ▶P.115 のある九里市方面へのバスはテクノマート前から出る。

ソウルの中央郵便局

郵便・通信事情

コスメの大量購入
韓国コスメをおみやげとして購入してEMSなどで送る場合、「標準サイズで一品目につき24個以内」という規定がある。また、自宅ではなく職場宛に送ってしまうと、営業のための輸入とみなされてしまい、税関でストップしてしまうことがある。
また、医薬品に当たる韓方素材や、使い捨てコンタクトレンズは2ヵ月分までとなっている。

郵便局

韓国の郵便システムはよく機能しており、遅配や誤配も比較的少ない。韓国から日本への航空便はがきの料金は₩430。3～4日で日本へ届く。郵便ポストは縦長で赤色。

荷物を送る

ショッピングが目的で韓国に行く人はもちろん、おみやげが多くなった場合は、現地から日本へ送るとラクだ。

小型包装物　2kgまでの小包は「small packet」として割安に送ることができる。普通郵便なので追跡や補償はない。3辺の合計が90cm以下、一辺が60cm以下。2kgで₩1万7680。

印刷物郵便　中身が雑誌や書籍だけなら「Printed Matter」として5kgまで送ることができる。中身が見えるよう少し開封する必要がある。

国際スピード郵便（EMS）　30kgまでの荷物を送ることができ、国際貨物のなかでは最短日数で着く。税関で時間がかからなければ日本へはおおむね3～4日で到着する。

荷物の送り方　上記の扱いはすべて郵便局。箱は郵便局でも売っており、ガムテープなどは備え付けられている。

帰国時の書類　帰国時に日本の税関に提出する「携帯品・別送品申告書」を2通提出する。

電話をかける

公衆電話　スマートフォンが普及した韓国では、公衆電話をほとんど見かけなくなった。空港や大きな駅にはあるが、必要なときに見つけ出すのは難しい。携帯電話を持っていない場合に緊急で電話をしたいときは、割高でもホテルでかけるのが現実的だ。（電話のかけ方 ▶P.8-9）

インターネット事情

韓国はいち早くインターネットを取り入れてきた国のひとつ。ホテルではほぼ100%Wi-Fiが繋がるといってよく、駅や空港はもちろん、鉄道車内でも使えることが多くなった。町ではフリーWi-Fiやファストフード店やカフェのWi-Fiサービスがあるので、ほとんどのところで繋がるといっていい。

ホテルのパソコン　大きなホテルにはビジネスセンターがあるが、小規模ホテルであってもロビーなどにパソコンが備えられていることが多い。キーボードはハングルだが、客室に無料で使えるPCを置くホテルやモーテルも増えている。

交通カードも使える公衆電話

地下鉄にもWi-Fiルーターが完備

ビジネスホテルの設備例

info 現地で電話番号が必要でないならレンタルWi-Fiルーターが安くて便利。予約なしでも仁川国際空港や金浦国際空港で借りられるが予約すると割引になる。

スマートフォンで通信する

国際ローミングに注意　日本で使用されている携帯電話のほとんどは国際ローミングに対応している。そのため、何も設定していないと現地到着後に自動的に現地の通信会社のネットワークに接続されてしまう。

高額請求も　もし知らずにデータ通信をすると高額な通信料金をあとで請求されることになる。1日使っただけでも数十万円という金額になりかねない。そんなことにならないよう、状況に合わせて接続方法を選ぼう。

◎無料Wi-Fiを使う

無料Wi-Fiが使える施設も多い

安く抑えたい　とにかく通信費を安くしたい。ときどき繋がればいいという人向け。

セキュリティが不安　セキュリティが緩いことが多く、不正アクセスによりパスワードやクレジットカード番号等の個人情報を抜き取られてしまう危険性も否定できない。セキュリティアプリやVPN等の対策をしておきたい。

遅い場所がある　空港内など、多くの人が接続する場合、通信速度がかなり遅くなることがある。

無料Wi-Fi

無料でWi-Fiが確実に繋がるのは空港、ホテル、カフェ。公共のseoul free wifi などは中心部に限られブツブツ切れたりするので使い勝手はいまひとつ。通信会社の無料Wi-Fiは、接続に韓国の携帯番号が必要だったり、韓国語で設定しなければならず、旅行者にはハードルが高い。町歩きのときに地図アプリなどネットを使う予定の人は、無料Wi-Fiに頼らないほうがいい。

Wi-Fiルーターをレンタル

常にWi-Fiをつなげていたい場合やセキュリティに不安がある場合は海外用モバイルルーターをレンタルする方法もある。

無料Wi-Fiのパスワードを聞く

無料Wi-Fiのなかでも、パスワードで接続を制限しているものもある。ホテルの場合はフロントのスタッフ、カフェの場合は店員にID（SSID）＝接続するアクセスポイントとパスワードを教えてもらい、接続しよう。カフェの場合はレシートにパスワードが書いてあることが多い。

INFORMATION

韓国でスマホ、ネットを使うには

スマホ利用やインターネットアクセスをするための方法はいろいろあるが、一番手軽なのはホテルなどのネットサービス（有料または無料）、Wi-Fiスポット（インターネットアクセスポイント。無料）を活用することだろう。主要ホテルや町なかにWi-Fiスポットがあるので、宿泊ホテルでの利用可否やどこにWi-Fiスポットがあるかなどの情報を事前にネットなどで調べておくとよい。ただしWi-Fiスポットでは、通信速度が不安定だったり、繋がらない場合があったり、利用できる場所が限定されたりするというデメリットもある。そのほか契約している携帯電話会社の「パケット定額」を利用したり、現地キャリアに対応したSIMカードを使用したりと選択肢は豊富だが、ストレスなく安心してスマホやネットを使うなら、以下の方法も検討したい。

☆海外用モバイルWi-Fi ルーターをレンタル

韓国で利用できる「Wi-Fiルーター」をレンタルする方法がある。定額料金で利用できるもので、「グローバルWiFi（【URL】https://townwifi.com/）」など各社が提供している。Wi-Fiルーターとは、現地でもスマホやタブレット、PCなどでネットを利用するための機器のことをいい、事前に予約しておいて、空港などで受け取る。利用料金が安く、ルーター1台で複数の機器と接続できる（同行者とシェアできる）ほか、いつでもどこでも、移動しながらでも快適にネットを利用できるとして、利用者が増えている。

▼グローバルWiFi

海外旅行先のスマホ接続、ネット利用の詳しい情報は「地球の歩き方」ホームページで確認してほしい。
【URL】http://www.arukikata.co.jp/net/

有料Wi-Fiを使う

無料のWi-Fiが心配という人は、有料Wi-Fiを買うというのもひとつの方法。大手の通信会社KTからKT Wi-Fiケーティー･ワイパイ（＝旧olleh Wi-Fi）のカードが販売されており、コンビニで簡単に入手できる。

海外パケット定額を利用する

海外パケット定額とは、1日当たりの料金が定額でデータ通信が使い放題になるサービス。1日単位で契約できるプランもあるので、ピンポイントで利用することもできる。

接続先に注意　気をつけたいのは、各社の定額サービスに対応する現地通信会社がそれぞれ異なる点。もしも非対応の通信会社に接続してしまった場合、定額料金が適応されず、従量制となり高額な通信料を請求される場合もある。

SIM（シム）カードを購入する

仁川空港のSIMカード販売カウンター

旅行者の場合、プリペイドタイプのSIMカードを購入することになるが、データ通信専用と音声通話付きのSIMカードがある。音声通話のみでデータ通信ができないタイプのSIMカードや、データ通信と電話の着信のみできるSIMもあるのでよく確認しよう。音声通話はSkypeやLINEのネット回線からできるので、通常はデータ通信専用タイプを購入すれば不便はない。

SIMカードが販売されている場所は主要空港の到着ロビーにある通信会社のショップや都市部のコンビニなど。町なかにあるモバイルショップでは手に入らないことが多い。SIMカードの登録にはデータ通信環境が必要なので空港やホテルのWi-Fiを使用しよう。説明書などは日本語で記載されていることも多い。データ通信のみのSIMカードであれば日本でAmazonや楽天などECサイトで手に入るので非常に便利。

レンタルWi-Fiルーター

レンタルWi-Fiルーターは持ち運び可能な小型のアクセスポイント。設定は基本的に不要で、タブレットやノートPCも同時に接続でき、特に何人かで旅行する場合は、共有できるのでお得感もある。回線の種類やデータ量により料金が変わってくるのでプランをよく検討してみよう。

手続き・使い方　ウェブサイトで予約し、出発空港（または金浦空港、仁川空港）で受け取るか、自宅に宅配をしてもらう。現地到着前にモバイルデータ通信をOFFにし、スマホの設定画面で本体に貼られているID（SSID）を選択し、パスワードを入力するだけだ。

KT Wi-Fiカードの使い方

コンビニなどで購入したKT Wi-Fiカードの使い方は簡単。スマホの設定でKT Wi-Fiのオープンになった IDにアクセスし、カードをスクラッチして出てくる12桁のPINコードを入力する。日本語画面に切り替えも可能。

ahamoと楽天モバイルの海外データ通信

ahamoは20GBの月間利用可能データ量で、追加料金や手続もなく、海外データ通信が利用できる。ただし、海外データ通信の利用開始から15日後からは速度制限がかかり、データ速度が128kbpsになる。楽天モバイル(Rakuten UNLIMIT VII)は2GBまで海外データ利用が無料で、超過後も1Gあたり500円でチャージすることができる。

SKテレコムのeSIM

日本の通販サイトなどでも簡単に入手できるSKテレコムのeSIMカードが登場した。eSIM対応のSIMフリー端末であれば、メールで届いたQRコードを読み込むことで手続きできる。面倒な設定をする必要がなく、韓国到着時に携帯をオンにすれば使うことができる。3日間から30日間までの滞在に対応。高速データ通信のほか、受信専用電話番号が割り当てられるため、現地での連絡先として利用でき（受信通話とSMS可能）、デリバリーを頼むこともできる。

URL www.skroaming.com

KTのプリペイドSIM

URL roaming.kt.com

データ通信のみの料金

- **5日用**　₩2万7500
- **10日用**　₩3万8500
- **30日用**　₩7万1500

仁川空港にあるWi-Fiルーターの返却窓口

韓国のSIMカードの説明書きにはアクティベートさせるために本体を何度か電源を入れたり切ったりする必要があると書かれていましたが、1回で認識できた。（愛知県　アハト　'17夏）

旅のトラブル

明洞の交番

日本からいちばん近い韓国だが、言葉も文化も違う外国。犯罪の多い国ではないが、それなりの緊張感をもって旅をしよう。

犯罪と不注意

スリと置き引き

窃盗のプロは、狙う相手を観察している。こちらをじっと見ているような人がいたら要注意だ。デパートや市場など混雑しているところ、地下鉄内ではスリに注意。特に買い物の際には注意力が散漫になりがち。バッグを体の近くに抱える、尻ポケットに財布を入れない、などは基本の対策だ。

荷物から目を離さない　チケットを買ったり、ホテルのチェックインのときに手荷物から目を離して置き引きに遭うケースもある。ホテルといえどもパブリックスペースは誰もが入り込める場所。油断しないようにしよう。

金銭トラブル

アジアの国では値段交渉が当たり前だと思っている人がいるが、韓国は定価のある国。屋台や市場にもちゃんと値札があるし、仮に値段の表記がなくても常識の何倍もの値段をふっかけてくるようなことは少ない。

客引きに注意　声をかけられてついていった店でぼったくりにあった、カジノで知り合った人にお金を借りたら法外な利息を請求されたという例が日本大使館に報告されている。知らない人に気を許さないのは旅の基本だ。

カード払いに注意　客引きに特売中だといわれ、クレジットカードで買い物をしたが帰国後にカード明細を確認したところ10倍の金額が請求されていたという事例も。カード払いのときはレシートをその場で確認するようにしよう。

痴漢

後ろから急に抱きつかれたり、すれ違いざまに胸をつかまれたりする被害がある。チムジルバン（韓国式のサウナ）で仮眠していたところ、胸や体を触られたということも。女性は特に夜間の行動には注意すること。

遺失物

忘れ物、落とし物も旅行者にとっては重要なトラブルのひとつだ。特にパスポートやスマホ、財布をタクシーやバスに置き忘れるケースが報告されている。帰国のスケジュールにも影響するので充分注意したい。タクシーでは領収書をもらうと、忘れ物に気づいたときに問い合わせがしやすい。

日本大使館の「安全マニュアル」

このページの情報は在韓国日本大使館の「安全マニュアル」を参考にした。より詳しい内容は以下を参照のこと。

URL www.kr.emb-japan.go.jp/people/anzen/safety_manual_2022.html

最新の安全情報を確認できる「たびレジ」に登録しよう

外務省の提供する「たびレジ」に登録すれば、渡航先の安全情報メールや緊急連絡を無料で受け取ることができる。出発前にぜひ登録しよう。

URL www.ezairyu.mofa.go.jp/index.html

緊急連絡先

▶**警察**

TEL 112

▶**消防・救急**

TEL 119

「Japanese Please」と言うか日本語で話し続けると、呼び出し音が鳴り日本語通訳者に接続される。119では「医療相談、病院及び薬局の案内」も同番号でできる。

観光警察もある

観光案内電話

TEL 1330

コリアトラベルホットラインが代行するサービス旅行中のトラブルや相談を日本語で24時間、無休で受け付ける。アナウンス後「3」番を選択。

韓国警察庁 LOST 112

URL www.lost112.go.kr

紛失時の対処や届けられた遺失物の画像等を掲載。

空港の遺失物管理所

▶**仁川国際空港**

TEL (032) 741-3110

アナウンス後「1」を選択

▶**金浦空港**

TEL (02) 2660-4097

日本とコンセントの形が一緒と思っていたら違う形でした。SE型の変換プラグを買おうと探しましたが、なかなか見つけられなかった。（千葉県　ウェーダー　'17夏）

在韓国日本大使館 ▶P.11
パスポート関連の領事部は大使館のビル8階

日本大使館が入るビル

クレジットカードをなくしたら
大至急カード発行金融機関に連絡し、無効化すること。万一の場合に備え、カード裏面の発行金融機関、緊急連絡先を控えておこう。現地警察に届け出て紛失·盗難届出証明書を発行してもらっておくと、帰国後の再発行の手続きがスムーズ。

悪徳タクシーの手口
ドアに漢字やカタカナで「日本語(可能)」や「自動ドア」などと書かれ、日本人観光客を狙っているケースも多いようだ。
また、正規のタクシーを悪徳運転手に又貸しするケースもあるようだ。「自家用コールタクシー」と呼ばれるレンタカーを使用した違法タクシーもトラブルの原因になる。

コールバン

バスに乗ったら
中·長距離バスの事故も少なくない。乗ったらシートベルトを締めよう。

コピー商品の購入は厳禁!
旅行先では、有名ブランドのロゴやデザイン、キャラクターなどを模倣した偽ブランド品や、ゲーム、音楽ソフトを違法に複製した「コピー商品」を、絶対に購入しないように。これらの品物を持って帰国すると、空港の税関で没収されるだけでなく、場合によっては損害賠償請求を受けることも。「知らなかった」では済まされないのだ。

パスポートをなくしたら

まず現地の警察署へ行き、紛失・盗難届出証明書を発行してもらう。次に日本大使館・領事館で旅券の失効手続きをし、新規旅券の発給または、帰国のための渡航書の発給を申請する。旅券の顔写真があるページと航空券や日程表のコピーがあると手続きが早い。令和5年3月27日以降は、戸籍謄本の提出が必要となるので注意。

交通トラブル

悪徳タクシー　不法請求（ぼったくり）の被害がいちばん多いのがタクシー。遠回りされたり、改造メーターを使っていたりというのは観光客にはわかりにくい。悪徳タクシーを避けるためには、向こうから声をかけてくるタクシーには乗らないこと。終電後にタクシー乗り場で並んでいるときに相乗りを持ちかけられても乗らないようにしよう。

違法タクシー

偽ジャンボタクシー　韓国には大きな荷物を持った客用の「コールバン」という運送手段がある。これはタクシーではないので、客とドライバーで相談して運賃を決めるシステムだ。この車両を「ジャンボタクシー」の外装に似せて営業し、タクシーだと思って乗車した客に法外な請求をする被害が出ている。

タクシープレートを確認　被害に遭わないためにはタクシーのナンバープレートのハングルが「바」「사」「아」「자」のいずれかであること、外装だけで判断せず、「TAXI」「JUMBO TAXI」「택시」の文字があることを確認しよう。ダッシュボード上に掲示されている運転手の身分証明書が実際の運転手と同一人物かもチェックしたほうがいい。ナンバープレートを控えておくと後で報告するときに役に立つ。

交通事故

信号の渡り方　歩行者用の信号は青信号が短いことがあるので、大通りを渡るときは注意。信号によっては青信号の残り時間が表示されるので無理をしないこと。

車両は右側　韓国は日本と反対で車両は右側通行。道路を横断するときは、左右両方向を確認すること。

アートメイクやマッサージ

無許可営業　美容大国の韓国だが、韓国警察によると外国人観光客を相手に、無資格でアートメイクやマッサージを行う業者が検挙される事例が報告されている。こういった店は衛生上問題があり、後に後遺症や肌トラブルが出ても補償されないので、当局が注意を呼びかけている。安易に客引きについていかずに、ウェブなどで店の信頼性や免許の有無を確かめてから利用しよう。

info 韓国では自動車は赤信号であっても歩行者がいない場合には右折できた。しかし、2023年1月22日から右折車用の信号機が赤の場合は、絶対に停車しなくてはならないようになった。

旅の韓国語

旅に出たら、まずは韓国語であいさつから始めてみよう。
興味がわいたら、ハングルにもチャレンジ。

【あいさつ】

こんにちは。
アンニョンハセヨ
안녕하세요.

ありがとう。
カムサハムニダ
감사합니다.

はい。／いいえ。
ネ／アニヨ
네. ／아니요.

やあ!／バイバイ!（親しい人へのあいさつ）
アンニョン
안녕!

はじめまして。
チョウム　ペプケッスムニダ
처음 뵙겠습니다.

よろしくお願いいたします。
チャル プタカムニダ
잘 부탁합니다.

ごちそうさま。
チャル モゴッスムニダ
잘 먹었습니다.

さようなら（残る人に）。
アンニョンヒ　ケセヨ
안녕히 계세요.

さようなら（行く人に）。
アンニョンヒ　カセヨ
안녕히 가세요.

またお会いしましょう。
ト ペヨ
또 뵈요.

ごめんなさい（軽く謝るとき）。
ミアナムニダ
미안합니다.

失礼しました（謝るとき）。
チェソンハムニダ
죄송합니다.

【便利フレーズ】

すみません（声をかけるとき）！
チョギヨ
저기요.

かまいません。／だめです。
ケンチャナヨ／アンデヨ
괜찮아요. ／안돼요.

はい、いいですよ(快く了解するとき)。
ネ、チョアヨ
네, 좋아요.

けっこうです（否定）。／いりません。
テッソヨ／ピリョオプスムニダ
됐어요. ／필요없습니다.

ありますか?
イッソヨ?
있어요?.

○○はどこですか?
○○オディエヨ?
○○ 어디예요?

私は○○といいます。
チョヌン ○○ラゴ　ハムニダ
저는 ○○라고 합니다.

韓国語はわかりません。
ハングンマル　モルラヨ
한국말 몰라요.

ゆっくりと話してください。
チョンチョニ　マレ　ジュセヨ
천천히 말해 주세요.

助けて!
サルリョジュセヨ
살려주세요.

日本語がわかる人はいますか?
イルボノ　アシヌン　ブン　ケシムニカ?
일본어 아시는 분 계십니까?

○○をなくしました。
○○ルル（ウル）　イロボリョッスムニダ
○○를（을）잃어버렸습니다.

シーン別会話

【タクシー】

タクシーを呼んでください。
テクシルル　プルロ　ジュセヨ
택시를 불러 주세요.

○○へ行きたい。
○○エ カゴシポヨ
○○에 가고 싶어요.

○○へ行ってから、●●に行ってください。
○○エ　カッタガ　●●ロ　カ　ジュセヨ
○○에 갔다가 ●●로 가 주세요.

3時間でいくらですか?
セシガン イヨンハミョン オルマエヨ?
3시간 이용하면 얼마예요?

この住所まで行ってください。
イ ジュソロ カ ジュセヨ
이 주소로 가 주세요.

ここで降ろしてください。
ヨギソ ネリョ ジュセヨ
여기서 내려 주세요.

T-moneyで支払います。
ティモニロ　ネルケヨ
티머니로 낼게요.

領収書をください。
ヨンスジュン　ジュセヨ
영수증 주세요.

【バス】

バス乗り場はどこですか?
ポス タヌンゴシ オディエヨ
버스 타는 곳이 어디에요?

○○までは何分くらいかかりますか?
○○カジヌン ミョップンチョンド コルリョヨ?
○○까지는 몇분정도 걸려요?

このバスは○○行きですか?
イ ポスヌン ○○カジ カヨ?
이 버스는 ○○까지 가요?

○○まで来たら教えてください。
○○カジ オミョン アルリョ　ジュセヨ
○○까지 오면 알려 주세요.

【カフェ・ショッピング】

ここで食べます(飲みます)。
ヨギソ モグルケヨ(マシルケヨ)
여기서 먹을게요(마실게요).

持ち帰ります。
カジョ ガルケヨ
가져 갈게요.

○○を●個ください。
○○ルル(ウル) ● ケ ジュセヨ
○○를(을) ● 개 주세요.

(トッピングを)はい、のせてください。
ネ、オルリョジュセヨ
네, 올려주세요.

いいえ、けっこうです(柔らかい否定)。
アニヨ、ケンチャナヨ
아니요, 괜찮아요.

いくらですか?
オルマエヨ?
얼마예요?

【レストラン】

○人です。
○ミョンイエヨ
○명이에요.

ひとりでもいいですか?
ホンジャインデ ケンチャヌルカヨ?
혼자인데 괜찮을까요?

メニューを見せてください。
メニュパン チョム ポヨ　ジュセヨ
메뉴판 좀 보여 주세요.

日本語のメニューはありますか?
イルボノ メニュパン イッソヨ?
일본어 메뉴판 있어요?

こっちです(店員さんを呼ぶ)。
ヨギヨ
여기요.

これは辛いですか?
イゴン メウォヨ?
이건 매워요?

これをください(メニューや物を指して)。
イゴ　ジュセヨ
이거 주세요.

○○をください。
○○ルル(ウル)ジュセヨ
○○를(을) 주세요.

辛くない料理はありますか?
アンメウン ヨリ イッソヨ
안 매운 요리 있어요?

(パンチャンを指さして)おかわりください。
イゴ トー ジュセヨ
이거 더 주세요.

○○と●●を半々にしてください。
○○ハゴ ●●ルル(ウル)パンバンシク ヘ ジュセヨ
○○하고 ●●를(을) 반반씩 해 주세요.

青唐辛子を抜いてください。
プッコチュ ペ ジュセヨ
풋고추 빼주세요.

辛くしないでください。
アンメプケ ヘ ジュセヨ
안 맵게 해 주세요.

(注文した)○○がまだ来ません。
(チュムナン)○○ガ　アジク　アンナワヨ
(주문한)○○ 가 아직 안 나와요.

残したものを持ち帰ります(包んでください)。
ナムギンゴン ポジャン ヘ ジュセヨ
남긴 건 포장해 주세요.

とてもおいしかったです。
アジュ マシッソッソヨ
아주 맛있었어요.

トイレはどこですか?
ファジャンシルン オディエヨ?
화장실은 어디예요?

▌韓国語初心者向けの学習本

『1時間でハングルが読めるようになる本』
著:チョ・ヒチョル　発行:Gakken

『イラストでわかる はじめてのハングル』
著:八田靖史　発行:高橋書店

『改訂版キクタントラベル韓国語』
編:HANA韓国語教育研究会　発行:アルク

【ホテル】

○泊で部屋がありますか?
○バク ムグル バン イッスルカヨ?
○박 묵을 방 있을까요?

トイレットペーパーがなくなりました。
ヒュジガ トロジョッソヨ
휴지가 떨어졌어요.

テレビがうまく映りません。
ティビガ チャル アン ナワヨ
TV가 잘 안 나와요.

シャワーのお湯が出ません。
シャウォギエソ トゥゴウン ムリ アン ナワヨ
샤워기에서 뜨거운 물이 안 나와요.

○○を貸してください。
○○ルル(ウル)ピルリョ ジュセヨ
○○를(을) 빌려 주세요.

エアコンがつきません。
エオコニ　アン　キョジョヨ
에어컨이 안 켜져요.

いちばん近いコンビニはどこですか。
クンチョエ ピョニジョミ イッソヨ?
근처에 편의점이 있어요?

○時まで荷物を預かってください。
○シカジ チムル ポグァネ ジュセヨ
○시까지 짐을 보관해 주세요.

(預けた)荷物を受け取りに来ました。
マッキョノウン チムル チャジュロワッソヨ
맡겨놓은 짐을 찾으러 왔어요.

Wi-Fiがつながりません。
ワイパイガ ヨンギョリ アンデヨ
Wi-Fi가 연결이 안돼요.

ゴミ箱だけ掃除してください。
スレギトンマン チウォジュセヨ
쓰레기통만 치워주세요.

コインランドリーはどこですか。
パルレバンウン オディエヨ?
빨래방은 어디예요?

数詞

「イチ、ニ」式の漢語と「ひとつ、ふたつ」のような固有語がある。数えるときは必ず固有語を使う。

0	ジェロ	제로
	ヨン	영
	コン	공
1	イル	일
1の固有語	ハナ	하나
2	イ	이
2の固有語	トゥル	둘
3	サム	삼
3の固有語	セッ	셋
4	サ	사
4の固有語	ネッ	넷
5	オ	오
5の固有語	タソッ	다섯
6	ユク	육
6の固有語	ヨソッ	여섯
7	チル	칠
7の固有語	イルゴプ	일곱
8	パル	팔
8の固有語	ヨドル	여덟
9	ク	구
9の固有語	アホプ	아홉
10	シプ	십
10の固有語	ヨル	열
11	シビル	십일
11の固有語	ヨラナ	열하나
12	シビ	십이
12の固有語	ヨルトゥル	열둘
13	シプサム	십삼
13の固有語	ヨルセッ	열셋
14	シプサ	십사
14の固有語	ヨルレッ	열넷
15	シボ	십오
15の固有語	ヨルタソッ	열다섯
16	シムニュク	십육
16の固有語	ヨルリョソッ	열여섯
17	シプチル	십칠
17の固有語	ヨリルゴプ	열일곱
18	シッパル	십팔
18の固有語	ヨリョドル	열여덟
19	シプク	십구
19の固有語	ヨラホプ	열아홉
20	イシプ	이십
20の固有語	スムル	스물

21	イシビル	이십일
21の固有語	スムラナ	스물하나
32	サムシビ	삼십이
32の固有語	ソルントゥル	서른둘
43	サシプサム	사십삼
43の固有語	マフンセッ	마흔셋
54	オシプサ	오십사
54の固有語	シンネッ	쉰넷
65	ユクシボ	육십오
65の固有語	イェスンタソッ	예순다섯
76	チルシムニュク	칠십육
76の固有語	イルンニョソッ	일흔여섯
87	パルシプチル	팔십칠
87の固有語	ヨドゥニルゴプ	여든일곱
98	クシッパル	구십팔
98の固有語	アフンニョドル	아흔여덟
100	ペク	백
1000	チョン	천
10000	マン	만
2倍	トゥベ	두배
3倍	セベ	세배
4倍	ネベ	네배
2分の1	イブネ イル	이분의 일
半分	パン	반
3分の1	サムブネ イル	삼분의 일
4分の1	サブネ イル	사분의 일
5分の1	オブネ イル	오분의 일
10分の1	シップネ イル	십분의 일
1.15	イルチョム イロ	일점 일오
1度	イルト	일도
2度	イド	이도
3度	サムド	삼도
第1	チェイル	제일
第2	チェイ	제이
第3	チェサム	제삼
ひとり分	イリンブン	일인분
ふたり分	イインブン	이인분
3人分	サミンブン	삼인분

1日	ハル	하루
2日	イトゥル	이틀
3日	サフル	사흘
4日	ナフル	나흘
5日	タッセ	닷새
1回	ハンボン	한번
2回	トゥボン	두번
3回	セボン	세번
1名	ハンミョン	한명
ひとり	ハンサラム	한사람
2名	トゥミョン	두명
ふたり	トゥサラム	두사람
3名	セミョン	세명
三人	セサラム	세사람
1枚	ハンジャン	한장
2枚	トゥジャン	두장
3枚	セジャン	세장
1本	ハンビョン	한병
2本	トゥビョン	두병
3本	セビョン	세병
1冊	ハングォン	한권
2冊	トゥグォン	두권
3冊	セグォン	세권
1秒	イルチョ	일초
10秒	シプチョ	십초
1分	イルブン	일분
5分	オブン	오분
30分	サムシップン	삼십분
1時間	ハンシガン	한시간
2時間	トゥシガン	두시간
10時	ヨルシ	열시
10時15分	ヨルシ シボブン	열시 십오분
10時30分	ヨルシ サムシップン	열시 삼십분
10時半	ヨルシパン	열시 반
1階	イルチュン	일층
2階	イチュン	이층
3階	サムチュン	삼층

●役に立つ単語●

【カレンダー】

今日	オヌル	오늘
明日	ネイル	내일
明後日	モレ	모레
毎日	メイル	매일
午前	オジョン	오전
午後	オフ	오후
夕方	チョニョクテ	저녁때
今朝	オヌル アチム	오늘 아침
今日の午後	オヌル オフ	오늘 오후
今晩	オヌル パム	오늘 밤
明晩	ネイル パム	내일 밤
毎朝	メイル アチム	매일 아침
今週	イボン チュ	이번 주
来週	タウム チュ	다음 주
再来週	タダウム チュ	다다음 주
毎週	メジュ	매주
日曜日	イリョイル	일요일
月曜日	ウォリョイル	월요일
火曜日	ファヨイル	화요일
水曜日	スヨイル	수요일
木曜日	モギョイル	목요일
金曜日	クミョイル	금요일
土曜日	トヨイル	토요일
月	タル	달
今月	イボン タル	이번 달
来月	タウム タル	다음 달
再来月	タダウム タル	다다음 달
1月	イルォル	일월
2月	イウォル	이월
春	ポム	봄
夏	ヨルム	여름
秋	カウル	가을
冬	キョウル	겨울
年	ニョン	년
今年	オレ	올해
来年	ネニョン	내년

【色】

白	フィンセク	흰색
黄色	ノランセク	노란색
緑	ノクセク	녹색
青	パランセク	파란색
赤	パルガンセク	빨간색
黒	カマンセク	까만색
明るい	パルグン	밝은
暗い	オドゥウン	어두운

【薬】

風邪薬	カムギヤク	감기약
胃薬	ウィジャンヤク	위장약
下痢止め	ソルサヤク	설사약
酔い止め	モルミヤク	멀미약
解熱剤	ヘヨルチェ	해열제
痛み止め	チントンジェ	진통제
食前	シクチョン	식전
食後	シック	식후

【町歩き】

ターミナル	トミノル	터미널
市内バスターミナル	シネボス トミノル	시내버스 터미널
高速バスターミナル	コソクボス トミノル	고속버스 터미널
統合バスターミナル	チョンハッポス トミノル	종합버스 터미널
停留所	チョンニュジャン	정류장
駅	ヨク	역
予約	イェヤク	예약
一般	イルバン	일반
優等	ウドゥン	우등
プレミアム	プリミオム	프리미엄
ロータリー	ロトリ	로터리
三叉路	サムゴリ	삼거리
4つ角	サゴリ	사거리
五叉路	オゴリ	오거리
前	アプ	앞
入口	イプク	입구
中央	チュンアン	중앙

【宿泊】

ホテル	ホテル	호텔
モーテル	モテル	모텔
ゲストハウス	ケストゥハウス	게스트하우스
韓屋ゲストハウス	ハノク ケストゥハウス	한옥 게스트하우스
オンドル部屋	オンドルパン	온돌방
宿泊	スクパク	숙박
禁煙	クミョン	금연
喫煙	フピョン	흡연

最重要ポイントをcheck！

韓国の歴史

観光に関する事象を中心に韓国の歴史をさっとおさらいしよう

B.C.1000-100頃	各地にコインドル（支石墓）が造られる
B.C.190頃	衛満が古朝鮮の王に。衛氏朝鮮が成立
B.C.108	衛氏朝鮮が漢の武帝に滅ぼされる
B.C.57	朴赫居世が後の新羅建国
B.C.37	朱蒙が高句麗建国
B.C.18	温祚が百済建国
紀元後（A.D.）	
4～5C後半	高句麗、仏教を導入し国家体制を強化、領土を広げ427年に平壌城へ遷都
501	百済、第25代武寧王即位
632	新羅、第27代善徳女王即位
660	百済、新羅と唐の連合軍に敗北、滅亡
668	高句麗、新羅と唐の連合軍に敗北、滅亡
676	新羅、三国統一
751	仏国寺、石窟庵創建
918	新羅弱体化、群雄割拠の時代になり王建が高麗を建国
936	高麗による朝鮮半島の統一
1231	モンゴルによる第1次高麗侵攻
1251	『八萬大蔵経』、復刻完成（海印寺）
1392	李成桂、恭譲王を追放し即位。高麗滅亡、朝鮮王朝に
1393	国号を朝鮮と改める。翌年、漢陽（現ソウル）に遷都
1419	第4代世宗即位
1443	『訓民正音』（ハングル）創製
16世紀	儒学思想が重んじられ、仏教寺院を弾圧
1592	文禄の役（壬辰倭乱）
1597	慶長の役（丁酉倭乱）、豊臣秀吉の死により日本軍撤退
1607	日本と国交回復。朝鮮通信使再開

国立公州博物館には百済時代の武寧王と王妃の墓から出土した黄金の財宝が展示されている

高敞・和順・江華などのコインドルは世界遺産に登録されている ▶P.334

新羅の首都は慶州。善徳女王の時代に造られたとされる瞻星台

王仁博士は日本に論語を伝えた伝説の賢者

晋州城は文禄の役で度重なる攻防戦が行われた地

1610	許浚が『東医宝鑑』を完成
1636	清軍による二度目の侵入（丙子胡乱）。第16代仁祖は南漢山城 ▶P.104 に籠城するが45日後に降伏
1794	第22代正祖、水原華城 ▶P.333 築城を開始
1862	晋州に端を発し農民決起、壬戌民乱起こる
1863	高宗即位。大院君が政権掌握
1865	景福宮 ▶P.90 の再建開始
1875	ソウル近郊で日本の軍艦と武力衝突。江華島事件（翌年、日朝修好条規調印）
1884	親日派クーデター、甲申政変失敗
1894	甲午農民戦争、日清戦争勃発
1895	閔妃殺害事件（乙未事変）
1897	国号を大韓帝国と改める
1904	日露戦争勃発
1905	第2次日韓協約調印（日本が韓国の外交権を掌握）
1909	安重根が伊藤博文をハルピン駅で射殺
1910	日本による韓国併合（日本の支配下となる）
1919	植民地支配に対する抵抗運動、三･一独立運動広がる
1940	創氏改名制度実施
1945	第2次世界大戦終結、日本の敗戦により朝鮮解放（8･15民族光復）。米ソが南北分割占領
1948	南に大韓民国、北に朝鮮民主主義人民共和国（北朝鮮）が成立
1950	北朝鮮、38度線を越え南に侵攻、朝鮮戦争勃発
1953	朝鮮戦争休戦
1963	朴正熙大統領就任
1965	日韓基本条約調印（日韓国交正常化）
1979	朴正熙大統領暗殺。全斗煥ら新軍部が実権掌握
1980	光州民主化運動おこる
1987	6･29民主化宣言。大統領直接選挙制の復活
1988	ソウルオリンピック開催
1991	大韓民国、朝鮮民主主義人民共和国、国連同時加盟
1997	タイに始まったアジア通貨危機により韓国経済悪化
2000	金大中と北朝鮮の金正日が第1回南北首脳会談
2002	日韓ワールドカップサッカー大会共催
2004	韓国高速鉄道KTX開通
2014	珍島沖で旅客船セウォル号が沈没
2018	平昌冬季オリンピック開催
2018	平壌にて南北首脳が「9月平壌共同宣言」に署名
2022	尹錫悦大統領就任

水原華城 ▶P.333

景福宮 ▶P.90

木浦の旧日本領事館

板門店 ▶P.344

韓国の旧大統領府、青瓦台 ▶P.100

冬季五輪を期にKTXは江原道へ

見どころ物件は、先頭文字（カタカナ優先）の音読み（漢字は日本語音読み）順に並んでいます。

見どころ INDEX

ソウル中心部 エリア別 ホテル レストラン カフェ INDEX

英単語などを除き、掲載名の韓国語読みの順に掲載しています

大学路・梨花洞

東大門・新堂・薬水

建大・聖水・ソウルの森

梨泰院・南山・ソウル駅

新村・梨大・麻浦

弘大・望遠洞・延禧洞

カロスキル・狎鴎亭洞・清潭洞

高速ターミナル・三成洞 駅三洞・論峴洞

蚕室

汝矣島・永登浦・堂山

金浦空港周辺

ソウル市内その他エリア

地球の歩き方 シリーズ一覧

2024年8月現在

＊地球の歩き方ガイドブックは、改訂時に価格が変わることがあります。＊表示価格は定価（税込）です。＊最新情報は、ホームページをご覧ください。www.arukikata.co.jp/guidebook/

地球の歩き方　ガイドブック

A　ヨーロッパ

A01	ヨーロッパ	￥1870
A02	イギリス	￥2530
A03	ロンドン	￥1980
A04	湖水地方＆スコットランド	￥1870
A05	アイルランド	￥2310
A06	フランス	￥2420
A07	パリ＆近郊の町	￥2200
A08	南仏プロヴァンス　コート・ダジュール＆モナコ	￥1760
A09	イタリア	￥2530
A10	ローマ	￥1760
A11	ミラノ　ヴェネツィアと湖水地方	￥1870
A12	フィレンツェとトスカーナ	￥1870
A13	南イタリアとシチリア	￥1870
A14	ドイツ	￥2420
A15	南ドイツ　フランクフルト　ミュンヘン　ロマンチック街道　古城街道	￥2090
A16	ベルリンと北ドイツ　ハンブルク　ドレスデン　ライプツィヒ	￥1870
A17	ウィーンとオーストリア	￥2090
A18	スイス	￥2200
A19	オランダ　ベルギー　ルクセンブルク	￥2420
A20	スペイン	￥2420
A21	マドリードとアンダルシア	￥1760
A22	バルセロナ＆近郊の町　イビサ島／マヨルカ島	￥1980
A23	ポルトガル	￥2200
A24	ギリシアとエーゲ海の島々＆キプロス	￥1870
A25	中欧	￥1980
A26	チェコ　ポーランド　スロヴァキア	￥2420
A27	ハンガリー	￥1870
A28	ブルガリア　ルーマニア	￥1980
A29	北欧　デンマーク　ノルウェー　スウェーデン　フィンランド	￥2640
A30	バルトの国々　エストニア　ラトヴィア　リトアニア	￥1870
A31	ロシア　ベラルーシ　ウクライナ　モルドヴァ　コーカサスの国々	￥2090
A32	極東ロシア　シベリア　サハリン	￥1980
A34	クロアチア　スロヴェニア	￥2200

B　南北アメリカ

B01	アメリカ	￥2090
B02	アメリカ西海岸	￥2200
B03	ロスアンゼルス	￥2090
B04	サンフランシスコとシリコンバレー	￥1870
B05	シアトル　ポートランド	￥2420
B06	ニューヨーク　マンハッタン＆ブルックリン	￥2200
B07	ボストン	￥1980
B08	ワシントンＤＣ	￥2420
B09	ラスベガス　セドナ＆グランドキャニオンと大西部	￥2090
B10	フロリダ	￥2310
B11	シカゴ	￥1870
B12	アメリカ南部	￥1980
B13	アメリカの国立公園	￥2640
B14	ダラス　ヒューストン　デンバー　グランドサークル　フェニックス　サンタフェ	￥1980
B15	アラスカ	￥1980
B16	カナダ	￥2420
B17	カナダ西部　カナディアン・ロッキーとバンクーバー	￥2090
B18	カナダ東部　ナイアガラ・フォールズ　メープル街道　プリンス・エドワード島　トロント　オタワ　モントリオール　ケベック・シティ	￥2090
B19	メキシコ	￥1980
B20	中米	￥2090
B21	ブラジル　ベネズエラ	￥2200
B22	アルゼンチン　チリ　パラグアイ　ウルグアイ	￥2200
B23	ペルー　ボリビア　エクアドル　コロンビア	￥2200
B24	キューバ　バハマ　ジャマイカ　カリブの島々	￥2035
B25	アメリカ・ドライブ	￥1980

C　太平洋／インド洋島々

C01	ハワイ　オアフ島＆ホノルル	￥2200
C02	ハワイ島	￥2200
C03	サイパン　ロタ＆テニアン	￥1540
C04	グアム	￥1980
C05	タヒチ　イースター島	￥1870
C06	フィジー	￥1650
C07	ニューカレドニア	￥1650
C08	モルディブ	￥1870
C10	ニュージーランド	￥2200
C11	オーストラリア	￥2750
C12	ゴールドコースト＆ケアンズ	￥2420
C13	シドニー＆メルボルン	￥1760

D　アジア

D01	中国	￥2090
D02	上海　杭州　蘇州	￥1870
D03	北京	￥1760
D04	大連　瀋陽　ハルビン　中国東北部の自然と文化	￥1980
D05	広州　アモイ　桂林　珠江デルタと華南地方	￥1980
D06	成都　重慶　九寨溝　麗江　四川　雲南	￥1980
D07	西安　敦煌　ウルムチ　シルクロードと中国北西部	￥1980
D08	チベット	￥2090
D09	香港　マカオ　深圳	￥2420
D10	台湾	￥2090
D11	台北	￥1980
D13	台南　高雄　屏東＆南台湾の町	￥1980
D14	モンゴル	￥2420
D15	中央アジア　サマルカンドとシルクロードの国々	￥2090
D16	東南アジア	￥1870
D17	タイ	￥2200
D18	バンコク	￥1980
D19	マレーシア　ブルネイ	￥2090
D20	シンガポール	￥2200
D21	ベトナム	￥2090
D22	アンコール・ワットとカンボジア	￥2200
D23	ラオス	￥2420
D24	ミャンマー（ビルマ）	￥2090
D25	インドネシア	￥2420
D26	バリ島	￥2200
D27	フィリピン　マニラ　セブ　ボラカイ　ボホール　エルニド	￥2200
D28	インド	￥2640
D29	ネパールとヒマラヤトレッキング	￥2200
D30	スリランカ	￥1870
D31	ブータン	￥1980
D33	マカオ	￥1760
D34	釜山　慶州	￥1540
D35	バングラデシュ	￥2090
D37	韓国	￥2090
D38	ソウル	￥1870

E　中近東　アフリカ

E01	ドバイとアラビア半島の国々	￥2090
E02	エジプト	￥2530
E03	イスタンブールとトルコの大地	￥2090
E04	ペトラ遺跡とヨルダン　レバノン	￥2090
E05	イスラエル	￥2090
E06	イラン　ペルシアの旅	￥2200
E07	モロッコ	￥1980
E08	チュニジア	￥2090
E09	東アフリカ　ウガンダ　エチオピア　ケニア　タンザニア　ルワンダ	￥2090
E10	南アフリカ	￥2200
E11	リビア	￥2200
E12	マダガスカル	￥1980

J　国内版

J00	日本	￥3300
J01	東京　23区	￥2200
J02	東京　多摩地域	￥2020
J03	京都	￥2200
J04	沖縄	￥2200
J05	北海道	￥2200
J06	神奈川	￥2420
J07	埼玉	￥2200
J08	千葉	￥2200
J09	札幌・小樽	￥2200
J10	愛知	￥2200
J11	世田谷区	￥2200
J12	四国	￥2420
J13	北九州市	￥2200
J14	東京の島々	￥2640
J15	広島	￥2200
J16	横浜市	￥2200

地球の歩き方　aruco

●海外

1	パリ	￥1650
2	ソウル	￥1650
3	台北	￥1650
4	トルコ	￥1430
5	インド	￥1540
6	ロンドン	￥1650
7	香港	￥1650
9	ニューヨーク	￥1650
10	ホーチミン　ダナン　ホイアン	￥1650
11	ホノルル	￥1650
12	バリ島	￥1650
13	上海	￥1320
14	モロッコ	￥1540
15	チェコ	￥1320
16	ベルギー	￥1430
17	ウィーン　ブダペスト	￥1320
18	イタリア	￥1760
19	スリランカ	￥1540
20	クロアチア　スロヴェニア	￥1430
21	スペイン	￥1320
22	シンガポール	￥1650
23	バンコク	￥1650
24	グアム	￥1320
25	オーストラリア	￥1760
26	フィンランド　エストニア	￥1430
27	アンコール・ワット	￥1430
28	ドイツ	￥1760
29	ハノイ	￥1650
30	台湾	￥1650
31	カナダ	￥1320
33	サイパン　テニアン　ロタ	￥1320
34	セブ　ボホール　エルニド	￥1320
35	ロスアンゼルス	￥1320
36	フランス	￥1430
37	ポルトガル	￥1650
38	ダナン　ホイアン　フエ	￥1430

●国内

北海道	￥1760
京都	￥1760
沖縄	￥1760
東京	￥1540
東京で楽しむフランス	￥1430
東京で楽しむ韓国	￥1430
東京で楽しむ台湾	￥1430
東京の手みやげ	￥1430
東京おやつさんぽ	￥1430
東京のパン屋さん	￥1430
東京で楽しむ北欧	￥1430
東京のカフェめぐり	￥1480
東京で楽しむハワイ	￥1480
nyaruco　東京ねこさんぽ	￥1480
東京で楽しむイタリア＆スペイン	￥1480
東京で楽しむアジアの国々	￥1480
東京ひとりさんぽ	￥1480
東京パワースポットさんぽ	￥1599
東京で楽しむ英国	￥1599

地球の歩き方　Plat

1	パリ	￥1320
2	ニューヨーク	￥1650
3	台北	￥1100
4	ロンドン	￥1650
6	ドイツ	￥1320
7	ホーチミン／ハノイ／ダナン／ホイアン	￥1540
8	スペイン	￥1320
9	バンコク	￥1540
10	シンガポール	￥1540
11	アイスランド	￥1540
13	マニラ　セブ	￥1650
14	マルタ	￥1540
15	フィンランド	￥1320
16	クアラルンプール　マラッカ	￥1650
17	ウラジオストク／ハバロフスク	￥1430
18	サンクトペテルブルク／モスクワ	￥1540
19	エジプト	￥1320
20	香港	￥1100
22	ブルネイ	￥1430
23	ウズベキスタン　サマルカンド　ブハラ　ヒヴァ　タシケント	￥1650
24	ドバイ	￥1320
25	サンフランシスコ	￥1320
26	パース／西オーストラリア	￥1320
27	ジョージア	￥1540
28	台南	￥1430

地球の歩き方　リゾートスタイル

R02	ハワイ島	￥1650
R03	マウイ島	￥1650
R04	カウアイ島	￥1870
R05	こどもと行くハワイ	￥1540
R06	ハワイ　ドライブ・マップ	￥1980
R07	ハワイ　バスの旅	￥1320
R08	グアム	￥1430
R09	こどもと行くグアム	￥1650
R10	パラオ	￥1650
R12	プーケット　サムイ島　ピピ島	￥1650
R13	ペナン　ランカウイ　クアラルンプール	￥1650
R14	バリ島	￥1430
R15	セブ＆ボラカイ　ボホール　シキホール	￥1650
R16	テーマパークｉｎオーランド	￥1870
R17	カンクン　コスメル　イスラ・ムヘーレス	￥1650
R20	ダナン　ホイアン　ホーチミン　ハノイ	￥1650

地球の歩き方　御朱印

- 1 御朱印でめぐる鎌倉のお寺　三十三観音完全掲載　三訂版 ¥1650
- 2 御朱印でめぐる京都のお寺　改訂版 ¥1650
- 3 御朱印でめぐる奈良のお寺 ¥1760
- 4 御朱印でめぐる東京のお寺 ¥1650
- 5 日本全国この御朱印が凄い！　第壱集　増補改訂版 ¥1650
- 6 日本全国この御朱印が凄い！　第弐集　都道府県網羅版 ¥1650
- 7 御朱印でめぐる全国の神社　開運さんぽ ¥1430
- 8 御朱印でめぐる高野山　三訂版 ¥1760
- 9 御朱印でめぐる関東の神社　週末開運さんぽ ¥1430
- 10 御朱印でめぐる秩父の寺社　三十四観音完全掲載　改訂版 ¥1650
- 11 御朱印でめぐる関東の百寺　坂東三十三観音と古寺 ¥1650
- 12 御朱印でめぐる関西の神社　週末開運さんぽ ¥1430
- 13 御朱印でめぐる関西の百寺　西国三十三所と古寺 ¥1650
- 14 御朱印でめぐる東京の神社　週末開運さんぽ　改訂版 ¥1540
- 15 御朱印でめぐる神奈川の神社　週末開運さんぽ　改訂版 ¥1540
- 16 御朱印でめぐる埼玉の神社　週末開運さんぽ　改訂版 ¥1540
- 17 御朱印でめぐる北海道の神社　週末開運さんぽ　改訂版 ¥1540
- 18 御朱印でめぐる九州の神社　週末開運さんぽ　改訂版 ¥1540
- 19 御朱印でめぐる千葉の神社　週末開運さんぽ　改訂版 ¥1540
- 20 御朱印でめぐる東海の神社　週末開運さんぽ ¥1430
- 21 御朱印でめぐる京都の神社　週末開運さんぽ　改訂版 ¥1540
- 22 御朱印でめぐる神奈川のお寺 ¥1650
- 23 御朱印でめぐる大阪　兵庫の神社　週末開運さんぽ　改訂版 ¥1540
- 24 御朱印でめぐる愛知の神社　週末開運さんぽ　改訂版 ¥1540
- 25 御朱印でめぐる栃木　日光の神社　週末開運さんぽ ¥1430
- 26 御朱印でめぐる福岡の神社　週末開運さんぽ　改訂版 ¥1540
- 27 御朱印でめぐる広島　岡山の神社　週末開運さんぽ ¥1430
- 28 御朱印でめぐる山陰　山陽の神社　週末開運さんぽ ¥1430
- 29 御朱印でめぐる埼玉のお寺 ¥1650
- 30 御朱印でめぐる千葉のお寺 ¥1650
- 31 御朱印でめぐる東京の七福神 ¥1540
- 32 御朱印でめぐる東北の神社　週末開運さんぽ　改訂版 ¥1540
- 33 御朱印でめぐる全国の稲荷神社　週末開運さんぽ ¥1430
- 34 御朱印でめぐる新潟 佐渡の神社　週末開運さんぽ ¥1430
- 35 御朱印でめぐる静岡 富士 伊豆の神社　週末開運さんぽ　改訂版 ¥1540
- 36 御朱印でめぐる四国の神社　週末開運さんぽ ¥1430
- 37 御朱印でめぐる中央線沿線の寺社　週末開運さんぽ ¥1540
- 38 御朱印でめぐる東急線沿線の寺社　週末開運さんぽ ¥1540
- 39 御朱印でめぐる茨城の神社　週末開運さんぽ ¥1430
- 40 御朱印でめぐる関東の聖地　週末開運さんぽ ¥1430
- 41 御朱印でめぐる東海のお寺 ¥1650
- 42 日本全国ねこの御朱印&お守りめぐり　週末開運にゃんさんぽ ¥1760
- 43 御朱印でめぐる信州 甲州の神社　週末開運さんぽ ¥1430
- 44 御朱印でめぐる全国の聖地　週末開運さんぽ ¥1430
- 46 御朱印でめぐる茨城のお寺 ¥1650
- 47 御朱印でめぐる全国のお寺　週末開運さんぽ ¥1540
- 48 日本全国 日本酒でめぐる　酒蔵&ちょこっと御朱印〈東日本編〉 ¥1760
- 49 日本全国 日本酒でめぐる　酒蔵&ちょこっと御朱印〈西日本編〉 ¥1760
- 50 関東版ねこの御朱印&お守りめぐり　週末開運にゃんさんぽ ¥1760
- 52 一生に一度は参りたい！　御朱印でめぐる全国の絶景寺社図鑑 ¥2479
- 53 御朱印でめぐる東北のお寺　週末開運さんぽ ¥1650
- 54 御朱印でめぐる関西のお寺　週末開運さんぽ ¥1760
- D51 鉄印帳でめぐる全国の魅力的な鉄道４０ ¥1650
- 御朱印はじめました　関東の神社　週末開運さんぽ ¥1210

地球の歩き方　島旅

- 1 五島列島　４訂版 ¥1870
- 2 奄美大島　喜界島　加計呂麻島（奄美群島①）4訂版 ¥1650
- 3 与論島　沖永良部島　徳之島（奄美群島②）改訂版 ¥1650
- 4 利尻　礼文　４訂版 ¥1650
- 5 天草　改訂版 ¥1760
- 6 壱岐　４訂版 ¥1650
- 7 種子島　３訂版 ¥1650
- 8 小笠原　父島　母島　３訂版 ¥1650
- 9 隠岐　３訂版 ¥1870
- 10 佐渡　３訂版 ¥1650
- 11 宮古島　伊良部島　下地島　来間島　池間島　多良間島　大神島　改訂版 ¥1650
- 12 久米島　渡名喜島　改訂版 ¥1650
- 13 小豆島～瀬戸内の島々１～　改訂版 ¥1650
- 14 直島　豊島　女木島　男木島　犬島～瀬戸内の島々２～ ¥1650
- 15 伊豆大島　利島～伊豆諸島１～　改訂版 ¥1650
- 16 新島　式根島　神津島～伊豆諸島２～改訂版 ¥1650
- 17 沖縄本島周辺１５離島 ¥1650
- 18 たけとみの島々　竹富島　西表島　波照間島　小浜島　黒島　鳩間島　新城島　由布島　加屋 ¥1650
- 19 淡路島～瀬戸内の島々３～　改訂版 ¥1760
- 20 石垣島　竹富島 西表島 小浜島 由布島 新城島 波照間島 ¥1650
- 21 対馬 ¥1650
- 22 島旅ねこ　にゃんこの島の歩き方 ¥1344
- 23 屋久島 ¥1760

地球の歩き方　旅の図鑑

- W01 世界２４４の国と地域　改訂版 ¥2200
- W02 世界の指導者図鑑 ¥1650
- W03 世界の魅力的な奇岩と巨石１３９選 ¥1760
- W04 世界２４６の首都と主要都市 ¥1760
- W05 世界のすごい島３００ ¥1760
- W06 地球の歩き方的！　世界なんでもランキング ¥1760
- W07 世界のグルメ図鑑　１１６の国と地域の名物料理を食の雑学とともに解説 ¥1760
- W08 世界のすごい巨像 ¥1760
- W09 世界のすごい城と宮殿３３３ ¥1760
- W10 世界197ヵ国のふしぎな聖地&パワースポット ¥1870
- W11 世界の祝祭 ¥1760
- W12 世界のカレー図鑑 ¥1980
- W13 世界遺産　絶景でめぐる自然遺産　完全版 ¥1980
- W15 地球の果ての歩き方 ¥1980
- W16 世界の中華料理図鑑 ¥1980
- W17 世界の地元メシ図鑑 ¥1980
- W18 世界遺産の歩き方　学んで旅する！　すごい世界遺産190選 ¥1980
- W19 世界の魅力的なビーチと湖 ¥1980
- W20 世界のすごい駅 ¥1980
- W21 世界のおみやげ図鑑 ¥1980
- W22 いつか旅してみたい世界の美しい古都 ¥1980
- W23 世界のすごいホテル ¥1980
- W24 日本の凄い神木 ¥2200
- W25 世界のお菓子図鑑 ¥1980
- W26 世界の麺図鑑 ¥1980
- W27 世界のお酒図鑑 ¥1980
- W28 世界の魅力的な道 ¥1980
- W29 世界の映画の舞台&ロケ地 ¥2090
- W30 すごい地球！ ¥2200
- W31 世界のすごい墓 ¥1980
- W32 日本のグルメ図鑑 ¥1980
- W34 日本の虫旅 ¥2200

地球の歩き方　旅の名言 & 絶景

- ALOHAを感じるハワイのことばと絶景100 ¥1650
- 自分らしく生きるフランスのことばと絶景100 ¥1650
- 人生観が変わるインドのことばと絶景100 ¥1650
- 生きる知恵を授かるアラブのことばと絶景100 ¥1650
- 心に寄り添う台湾のことばと絶景100 ¥1650
- 道しるべとなるドイツのことばと絶景100 ¥1650
- 共感と勇気がわく韓国のことばと絶景100 ¥1650
- 人生を楽しみ尽くすイタリアのことばと絶景100 ¥1650
- 今すぐ旅に出たくなる！　地球の歩き方のことばと絶景100 ¥1650
- 悠久の教えをひもとく　中国のことばと絶景100 ¥1650

地球の歩き方　旅と健康

- 地球のなぞり方 旅地図 アメリカ大陸編 ¥1430
- 地球のなぞり方 旅地図 ヨーロッパ編 ¥1430
- 地球のなぞり方 旅地図 アジア編 ¥1430
- 地球のなぞり方 旅地図 日本編 ¥1430
- 脳がどんどん強くなる！　すごい地球の歩き方 ¥1650

地球の歩き方　旅の読み物

- 今こそ学びたい日本のこと ¥1760
- 週末だけで70ヵ国159都市を旅したリーマントラベラーが教える自分の時間の作り方 ¥1540
- 史跡と神話の舞台をホロホロ！　ハワイ・カルチャーさんぽ ¥1760

地球の歩き方　BOOKS

- ハワイ ランキング&マル得テクニック！ ¥1430
- 台湾 ランキング&マル得テクニック！ ¥1430
- 御船印でめぐる船旅 ¥1870
- BRAND NEW HAWAII　とびきりリアルな最新ハワイガイド ¥1650
- FAMILY TAIWAN TRIP　#子連れ台湾 ¥1518
- GIRL'S GETAWAY TO LOS ANGELES ¥1760
- HAWAII RISA'S FAVORITES　大人女子はハワイで美味しく美しく ¥1650
- LOVELY GREEN NEW ZEALAND　未来の国を旅するガイドブック ¥1760
- MAKI'S DEAREST HAWAII ¥1540
- MY TRAVEL, MY LIFE Maki's Family Travel Book ¥1760
- いろはに北欧 ¥1760
- ヴィクトリア朝が教えてくれる英国の魅力 ¥1320
- ダナン&ホイアン　PHOTO TRAVEL GUIDE ¥1650
- とっておきのフィンランド ¥1760
- フィンランドでかなえる１００の夢 ¥1760
- マレーシア　地元で愛される名物食堂 ¥1430
- 香港　地元で愛される名物食堂 ¥1540
- 最高のハワイの過ごし方 ¥1540
- 子連れで沖縄　旅のアドレス&テクニック１１７ ¥1100
- 食事作りに手間暇かけないドイツ人、手料理神話にこだわり続ける日本人 ¥1100
- 台北　メトロさんぽ　MRTを使って、おいしいとかわいいを巡る旅 ¥1518
- 北欧が好き！　フィンランド・スウェーデン・デンマーク・ノルウェーの素敵な町めぐり ¥1210
- 北欧が好き！２　建築&デザインでめぐるフィンランド・スウェーデン・デンマーク・ノルウェー ¥1210
- 日本全国　開運神社　このお守りがすごい！ ¥1522
- 地球の歩き方　ディズニーの世界　名作アニメーション映画の舞台 ¥2420

地球の歩き方　スペシャルコラボ BOOK

- 地球の歩き方　ムー ¥2420
- 地球の歩き方　JOJO　ジョジョの奇妙な冒険 ¥2420
- 地球の歩き方　宇宙兄弟　We are Space Travelers! ¥2420
- 地球の歩き方　ムーJAPAN　～神秘の国の歩き方～ ¥2420

地球の歩き方　関連書籍のご案内

韓国や近場のアジア諸国への旅を「地球の歩き方」が応援します!

地球の歩き方　ガイドブック

- D09 香港　マカオ ¥1,870
- D10 台湾 ¥1,870
- D11 台北 ¥1,650
- D13 台南　高雄 ¥1,650
- D17 タイ ¥1,870
- D18 バンコク ¥1,870
- D19 マレーシア　ブルネイ ¥2,090
- D20 シンガポール ¥1,980
- D21 ベトナム ¥2,090
- D27 フィリピン　マニラ ¥1,870
- D33 マカオ ¥1,760
- D34 釜山　慶州 ¥1,540
- D37 韓国 ¥2,090
- D38 ソウル ¥1,870

地球の歩き方　aruco

- 02 aruco　ソウル ¥1,650
- 03 aruco　台北 ¥1,320
- 07 aruco　香港 ¥1,320
- 10 aruco　ホーチミン ¥1,430
- 22 aruco　シンガポール ¥1,320
- 23 aruco　バンコク ¥1,430
- 27 aruco　アンコール・ワット ¥1,430
- 29 aruco　ハノイ ¥1,430
- 30 aruco　台湾 ¥1,320
- 34 aruco　セブ　ボホール ¥1,320
- 38 aruco　ダナン　ホイアン ¥1,430

地球の歩き方　Plat

- 07 Plat　ホーチミン　ハノイ ¥1,320
- 10 Plat　シンガポール ¥1,100
- 16 Plat　クアラルンプール ¥1,100
- 20 Plat　香港 ¥1,100

地球の歩き方　リゾートスタイル

- R12 プーケット ¥1,650
- R13 ペナン　ランカウイ ¥1,650
- R15 セブ&ボラカイ ¥1,650
- R20 ダナン　ホイアン ¥1,650

地球の歩き方　旅の名言 & 絶景

共感と勇気がわく韓国のことばと絶景100 ¥1,650

地球の歩き方　BOOKS

ダナン&ホイアン　PHOTO TRAVEL GUIDE ¥1,650

マレーシア　地元で愛される名物食堂 ¥1,430

香港　地元で愛される名物食堂 ¥1,540

地球の歩き方　aruco　国内版

aruco　東京で楽しむ韓国 ¥1,430

※表示価格は定価（税込）です。改訂時に価格が変更になる場合があります。

あとがき

伝統文化と最先端のトレンドが調和する大都市ソウル。本書を片手に、観光もグルメもショッピングも、思う存分楽しんでください。ご協力いただいた全ての皆様に御礼申し上げます。

STAFF

制 作:斉藤麻理
編 集:どんぐり・はうす
大和田聡子、岩崎歩、
平田功、黄木克哲、柏木孝文
デザイン:株式会社アトリエ・プラン
表 紙:日出嶋昭男
地 図:黄木克哲(どんぐり・はうす)
校 正:三品秀徳

Producer:Mari Saito
Editors : Donguri House
Akiko Ohwada, Ayumu Iwasaki
Isao Hirata, Yoshinori Ogi, Takafumi Kashiwagi
Designers, Illustrated Maps:atelier PLAN Co., Ltd.
Cover Design:Akio Hidejima
Maps:Yoshinori Ogi (Donguri House)
Proofreading:Hidenori Mishina

協 力 フォトグラファー:岩間幸司、豊島正直　取材コーディネート:植平朋子、朴正欽、姜声秀、金志林
コスメ執筆:加来沙緒里　登山取材:平岡ひとみ
編集協力:岡崎暢子、韓興鉄、徐庚材、ヤン・ビンナラ、金賢珍、塩田桃
写真提供:坂巻亜弥子、韓国観光公社、©iStock

本書についてのご意見・ご感想はこちらまで
読者投稿　〒141-8425　東京都品川区西五反田 2-11-8
株式会社地球の歩き方
地球の歩き方サービスデスク「ソウル編」投稿係
https://www.arukikata.co.jp/guidebook/toukou.html
地球の歩き方ホームページ(海外・国内旅行の総合情報)
https://www.arukikata.co.jp/
ガイドブック『地球の歩き方』公式サイト
https://www.arukikata.co.jp/guidebook/

地球の歩き方 D38
ソウル 2023～2024年版

2023年 5月 2日　初版第1刷発行
2024年 8月23日　初版第4刷発行

Published by Arukikata. Co., Ltd.
2-11-8 Nishigotanda, Shinagawa-ku, Tokyo, 141-8425, Japan

著作編集　地球の歩き方編集室
発行人　新井 邦弘
編集人　由良 暁世
発 行 所　株式会社地球の歩き方
〒141-8425　東京都品川区西五反田 2-11-8
発 売 元　株式会社Gakken
〒141-8416　東京都品川区西五反田 2-11-8
印刷製本　大日本印刷株式会社

※本書は基本的に2022年8月～2022年12月(一部は2023年1月)の取材データに基づいて作られています。
発行後に料金、営業時間、定休日などが変更になる場合がありますのでご了承ください。
更新・訂正情報:https://www.arukikata.co.jp/travel-support/

●この本に関する各種お問い合わせ先
・本の内容については、下記サイトのお問い合わせフォームよりお願いします。
URL ▶ https://www.arukikata.co.jp/guidebook/contact.html
・広告については、下記サイトのお問い合わせフォームよりお願いします。
URL ▶ https://www.arukikata.co.jp/ad_contact/
・在庫については　Tel 03-6431-1250(販売部)
・不良品(落丁、乱丁)については　Tel 0570-000577
学研業務センター　〒354-0045　埼玉県入間郡三芳町上富 279-1
・上記以外のお問い合わせは　Tel 0570-056-710(学研グループ総合案内)

※本書は株式会社ダイヤモンド・ビッグ社より 1986 年 1 月に初版発行したもの(2019 年 10 月に改訂第 20 版)の最新・改訂版です。
学研グループの書籍・雑誌についての新刊情報・詳細情報は、下記をご覧ください。
学研出版サイト　https://hon.gakken.jp/